AF706918

Gustav Mahler

gefördert von
Stiftung Südtiroler Sparkasse

AUTONOME PROVINZ BOZEN SÜDTIROL
PROVINCIA AUTONOMA DI BOLZANO ALTO ADIGE
Deutsche Kultur

Gefördert von tirol Unser Land

Bezirksgemeinschaft Pustertal
Comunità Comprensoriale Valle Pusteria
Comunitè Comprensoriala Val de Puster

Gemeinde Toblach

REGIONE AUTONOMA TRENTINO-ALTO ADIGE
AUTONOME REGION TRENTINO-SÜDTIROL
REGION AUTONÓMA TRENTIN-SÜDTIROL

Die Drucklegung dieses Buches wurde ermöglicht durch
die Stiftung Südtiroler Sparkasse,
die Südtiroler Landesregierung/Abteilung Deutsche Kultur,
die Nordtiroler Landesregierung,
die Bezirksgemeinschaft Pustertal,
die Gemeinde Toblach
und durch die Autonome Region Trentino-Südtirol.

HUBERT STUPPNER

# Gustav Mahler

## Endstation Toblach

ATHESIA VERLAG

BIBLIOGRAFISCHE INFORMATION DER DEUTSCHEN NATIONALBIBLIOTHEK
Die Deutsche Nationalbibliothek verzeichnet diese Publikation in der Deutschen Nationalbibliografie; detaillierte bibliografische Daten sind im Internet abrufbar: http://dnb.d-nb.de

2017 · Zweite Auflage

Umschlagentwurf: Arch. Christoph Mayr-Fingerle
Design & Layout: Athesia-Tappeiner Verlag

ISBN 978-88-6839-280-2

www.athesia-tappeiner.com
buchverlag@athesia.it

*Man braucht nicht dabei zu sein, wenn man unsterblich wird.*

*(Gustav Mahler)*

Drei Wiener Freunden gewidmet:

- Günter Neuhold, dem vielseitigen Kapellmeister und Vermittler österreichisch-imperialer Opulenz;
- Peter Guth, dem musikalischen Botschafter der Wiener Operette;
- Peter Keuschnig, dem »Getreuen Korrepetitor« der »Wiener Schule« und der Moderne

# Inhalt

# Endstation Toblach

Obwohl Mahler wie kaum ein anderer Komponist erforscht und gedeutet ist, umgibt ihn bis heute eine Aura der Fremdheit und Unnahbarkeit. Das liegt vor allem an der romantischen Dimension seiner Musik, am dialektalen Einschlag seiner Lieder und Symphonien – an der »Schicht des Dinghaften« und »Naiven« (Adorno)[1] – und an der Weltabgewandtheit seiner Person selbst. Wo sein Zeitgenosse Richard Strauss laut und leutselig auf die Welt zuging, entzog sich ihr Mahler und mied das »Weltgetümmel«. Das mag wohl auch der Grund sein, dass niemand von seinen Zeitgenossen auf die Idee kam, seine Stimme, seine Blicke, seine Bewegungen in Stummfilm und Ton festzuhalten. Wir wissen dank einer seltenen Stummfilm-Aufnahme, wie sein um fünf Jahre älterer Dirigentenkollege Arthur Nikisch das Orchester fixierte und den Taktstock schwang, und wir besitzen sogar eine Aufnahme der Stimme von Johannes Brahms, der gegen Ende des 19. Jahrhunderts ins Kohlenmikrophon rief: »Johannes Brahms – Doktor Johannes Brahms aus Wien – grüßt Thomas Edison in New York!«[2] Mahler hat Brahms um 14 Jahre überlebt und dennoch kam Thomas Alva Edison, der Brahmsens Stimme mit dem Phonographen festhielt, nicht auf die Idee, auch Gustav Mahler vor das Mikrophon zu bitten, der in New York vier Saisonen lang, sozusagen vor seiner Haustür, wirkte. Ebensowenig unternahm die New Yorker »Columbia Phonograph Company«, die ab 1903 die Stimmen der Stars der »Met« – u. a. von Marcella Sembrich und Antonio Scotti – aufnahm und am 21. Februar 1907, ein Jahr nach Erfindung des Radios – Puccinis Grußbotschaft an Amerika mit dem begeisterten Ausruf »America for ever!« festhielt, den Versuch, Mahler zu einem ähnlichen Gruß an die amerikanische

Fan-Gemeinde zu bewegen.[3] So müssen wir mit Photographien, mit Karikaturen, mit Schattenbildern und einer pianistischen Einspielung auf dem Welte-Mignon-Rollenklavier Vorlieb nehmen, um uns auszumalen, wie Mahler sich äußerte, in welchem Ton er einerseits Musiker im »New York Philharmonic Orchestra« anherrschte (»You! You! You play that passage alone!«[4]) und wie umgänglich er andererseits bei entspannter Konversation sein konnte. Die am 5. November 1905 in Leipzig vom Komponisten eingespielten vier Ausschnitte aus eigenen Werken fördern über den Anschlag und die sehr eigenwillige Handhabung der Zeitmaße einiges über Mahlers Stimmungsschwankungen zu Tage. Im ersten Satz der *Fünften,* den Mahler auf gestanzte Rollen übertrug, entsteht das Bild eines extrem nervösen Musikers, der sich mit roh trillernden Bässen und doppelt punktierten Rhythmen von seiner heftigsten Seite präsentiert, aber ebenso ungeschminkt – in den weich gespielten rührseligen Sexten des Konduktes – seine Neigung zu trivialer Sentimentalität offenbart. Noch heftiger und auffahrender klingt die Melodie des chromatisch absteigenden Klagegeschreies im Geschwindmarsch des Mittelteils, der sich in der Oktavverdopplung der rechten Hand wie ein Lamento anhört. Ganz anders die extrem frei und launisch gespielten Lieder – »Ging heut' morgen über's Feld«, »Ich ging mit Lust durch einen grünen Wald« und das »Himmlische Leben« aus dem Schlusssatz der *Vierten* – die einen heiteren, gesprächigen, ja geschwätzigen Mahler wiedergeben, der, statt zu klagen, spannende Märchengeschichten erzählt und sich dabei selbst wie ein Kind zu freuen scheint.[5] So vermittelt uns, wenn schon nicht die Sprechstimme, ein Teil seiner am Klavier gespielten Musik den Eindruck von seinem Wesen und seinem Umgangston: Nicht »der Dichter«, sondern »der Musiker spricht«. Und er spricht umso deutlicher, als er in seiner Musik Motive mit Ausrufezeichen versieht, rasche Sätze in helle Aufregung versetzt und das inbrünstige »Espressivo« der langsamen Sätze bis zur Weißglut treibt.

Mahler, der Komponist der Übertreibung, gab sich aufgrund dieser Verdinglichung ständig Blößen. Und er war sich dessen sogar bewusst. Als er Bruno Walter die *Dritte* vorstellte, meinte er, »das Ganze« sei »leider wieder von dem so übel beleumdeten Geiste des Humors« und seiner »Neigung zu wüstem Lärm angekränkelt«.[6] Was an Mahlers Musik so anziehend wirkt, ist in der Tat die Rückhaltlosigkeit des Ausdrucks, es ist der Schmerz, der Schrei, der Schwall und die Wehleidigkeit, die das Selbstmitleid und die Tröstung nach sich ziehen. Es ist musikalischer Existenzialismus ante litteram, Verlautbarung von Ontologie, in der Sprache Heideggers: Seiendes, nicht Sein, existenzielle Klangrede und nicht makelloses Kunstwerk. »So viel Einsamkeit, Verzweiflung und schmerzhafte Schönheit«, schwärmt Thomas Quasthoff über den »anarchisch-naiven Volkston« in Mahlers Liedern.[7] Wie im späteren Existenzialismus dargelegt, war Mahlers zentrales Welterlebnis die Sorge: Sorge um die Seinen, Sorge um die eigene kreative Fruchtbarkeit und Sorge um die Beständigkeit der zwischenmenschlichen Beziehungen, vor allem der Liebe. Sein Leben war im Heideggerschen Sinne ein »Dasein zum Tode« und der Tod das Thema, das ihn zu erschütternder Tröstung durch Schönklang hinriss. Mahlers Werk durchzieht diese ergriffene und ekstatische Existenzialität, die im Kierkegaardschen Sinne eben eine »Krankheit zum Tode« war.

Das Heideggersche Diktum, dass »jeder der andere und keiner er selbst sei«, traf auf Mahler am wenigsten zu: Er floh das Leben, an dem die anderen teilhatten, er erlebte und genoss Freuden – besonders die Sommerfreuden – anders als die Masse der Zeitgenossen und noch weniger komponierte er, wie es »der geläuterte Geschmack« der Akademiker der Tonkunst vorsah. Er trat ständig aus den Gewöhnlichkeiten heraus, um – wie Kafka später auch – die Absurditäten des Lebens aus der schiefen Perspektive zu betrachten.

Dieses absonderlich Existenzielle affizierte auch Mahlers Natur- und Ferienverhalten. Sommerfrischen bedeuteten für ihn nicht Ausspannung, sondern höchste Anspannung und die ostinate Annäherung an einen imaginären Inspirations-Pol, an dem die Nadel seines schöpferischen Kompasses in optimaler Weise ausschlagen und die Einfälle wie von selbst aus seinem Unbewussten aufsteigen konnten. Die Suche nach dem landschaftlichen Optimum, das ihn in Erfinderlaune versetzen sollte, vollzog sich bei ihm willkürlich und absolut neurotisch: Er ließ sich dabei nicht nur klimatisch leiten, sondern er folgte gewissermaßen einem siebten Sinn, der sich aus Pantheismus, Naturberauschung, »Lichtzwang«, Hochgebirgsschauer und romantischer »Waldeinsamkeit« zusammensetzte. Seine Landschaftsvorlieben von Berchtesgaden, Steinbach am Attersee, Kitzbühel, Steinach am Brenner, Ridnaun,

Vahrn, Bad Aussee, Maiernigg, Schluderbach und Toblach glichen sich in der Vorliebe für offene Horizonte mit hoch aufragenden Felsen als Hintergrund. Das Auge des Romantikers Mahler war nämlich in höchstem Maße affektiv besetzt und die Suche nach dem idealen Ort in dem Maße von innerer Bewegtheit begleitet, als sie ihn zu wahrer Schaffenswut verführte. Dem ersten Satz der »Dritten«, die er – wie ein Prometheus am Felsen – im Anblick des Höllengebirges am Attersee komponierte, gab er den Titel »Der Sommer marschiert ein«: Er dachte dabei an den Gott des Waldes Pan und an die von diesem durchwehte Natur. Zu Bruno Walter, der diese Felswand anstaunte, meinte er: »Sie brauchen gar nicht mehr hinzusehen – das habe ich schon alles wegkomponiert.«[8] Ähnlich mythisch empfand er die Dolomiten-Riesen vom Neunerkofel bis zu den Drei Zinnen: diese sah er mit seinem inneren Auge sogar tanzen. »Die Dolomiten tanzen es miteinander«[9], war einer seiner Lieblingssprüche in Toblach. Dass er das Verb »tanzen«, außer für den phantastischen Höhenflug in seinen letzten Werken, auch für die Bruchlandung in der Ehe gebrauchte und darin sogar den Teufel bemühte, der »es mit ihm tanzte«,[10] beweist, wie erregt seine Phantasie inmitten dieser von Bergriesen umgebenen Natur war.

Sommer, das war für Mahler Synonym für Hitze – metaphorisch für das Ausschweifende und Dionysische in der Musik –, aber auch für »Südwind« und Gewitter, im übertragenen Sinne für »die Raserei des Untergangs«, die Thomas Mann durch die Übertragung von Mahlers Kränklichkeit auf die Figur des Gustav Aschenbach dem sterbenden 19. Jahrhundert andichtete. So gesehen wäre Toblach, wie der Lido von Venedig, ein metaphysischer Ort des Untergangs und der Endzeit. Toblach war Mahlers Rückzugstätte nach dem Rauswurf aus der Wiener Hofoper und nach dem Tod des geliebten Töchterchens, also ein Ort der Flucht, des Abstiegs und der Aufgabe. Nach Toblach zog Mahler als Geschlagener, als Verlierer, als »Untergeher«. Wie Aschenbach war ja sein ganzes Wesen früher auch »auf Ruhm gestellt« gewesen und wie bei Aschenbach war das »tapfer Sittliche an ihm, dass seine Natur von nichts weniger als robuster Verfassung und zur ständigen Abspannung nur berufen, nicht eigentlich geboren war« (»Der Tod in Venedig«). Toblach also ein Ort der Ermüdung und des existenziellen »Ubi existam«. So wie Thomas Manns Held Aschenbach im Anblick des schönen Jünglings des eigenen physischen Verfalls gewahr wird, so wurde Mahler in Toblach schmerzhaft die Unwiederbringlichkeit der Frische der Jugend bewusst. Was nämlich in Venedig für Aschenbach der schöne Tadzio, war für ihn in Toblach die ihm abhanden kommende lebenshungrige Alma. In der dramatischen Ehekrise wurde dem alternden Egomanen Mahler die Unvereinbarkeit von Kunst und Leben zum Problem. »Das Leben ein Traum« (Calderon) oder »Der Traum ein Leben« (Grillparzer), nämlich die Sublimation des Eros, die Mahlers vom Schaffen bestimmtes Dasein erfüllte, ging mit dem prallen Leben, das die junge Frau an seiner Seite repräsentierte, nicht mehr konform. Mahlers Leitmotiv in Toblach war denn auch das bittere lateinische »Vita fugax!« und sein Motto das »Leb wol!«, das er im Partiturentwurf der *Neunten* mit den Worten ausdrückte: »O Jugendzeit! Entschwundene! O Liebe! Verwehte!« So darf es auch nicht wunder nehmen, dass es ihm in diesem Zustand der Resignation, im regenreicher Toblacher Sommer 1910, wie dem Helden von Thomas Manns »Tod in Venedig« im Scirocco von Venedig erging: er steckte sich – wie Gustav Aschenbach mit der Cholera – mit Angina an, die ihn neun Monate später das Leben kostete: Endstation Toblach.

# I. Mahlers Gefühl der Fremdheit – Abstammung und Peripherie

## Die jüdische Sehnsucht nach Geborgenheit. Das nie gestillte Verlangen nach Heimat: »Wohin ich geh'? … / Ich wandle nach der Heimat, meiner Stätte!« *(»Das Lied von der Erde«)*

Die Wurzeln von Mahlers Pessimismus lagen vermutlich nicht nur in Veranlagung und Temperament, sondern tiefer in einer ethnisch bedingten jüdischen Erblast aus der tausendjährigen semitischen Diaspora. Stefan Zweig hat in seiner *Welt von Gestern* die Einbürgerung seiner Volksgenossen in die verschiedenen europäischen Gastgeberländer als das erste und dringendste Interesse des jüdischen Volkes bezeichnet und dabei den Begriff Heimat zu einer Art Metapher für die Sehnsucht nach dem verlorenen Paradies gedeutet: »Nun ist Anpassung an das Milieu des Volkes oder des Landes, inmitten dessen sie wohnen, für Juden nicht nur eine äußere Schutzmaßnahme, sondern ein tief innerliches Bedürfnis. Ihr Verlangen nach Heimat, nach Ruhe, nach Rast, nach Sicherheit, nach Unfremdheit drängt sie, sich der Kultur ihrer Umwelt leidenschaftlich zu verbinden.«[1]

Die gesellschaftspolitische Vision der vollen jüdischen Assimilierung des deutschen Aufklärers Moses Mendelssohn, dem Lessing in seinem Ideendrama *Nathan der Weise* ein bleibendes Denkmal gesetzt hat, fand auch in den Kronländern der Habsburger Monarchie Verbreitung und Anhänger. Die Lage der jüdischen Minderheit war da nämlich um einiges prekärer als im aufgeklärten Staat Friedrichs II, der bekanntlich schon Mitte des 18. Jahrhunderts die Maxime aufgestellt hatte, dass in seinem Staat »jeder nach seiner Façon selig« werden könne. Zur gleichen Zeit war den Juden in Böhmen und Mähren das Betreten der Städte an Sonn- und Feiertagen verboten, eine Beschränkung, die Franz II 1798 noch verschärfte, indem er verfügte, dass in den »königlichen« Städten Iglau, Znaim und Brünn jüdischer Zuzug ganz und gar untersagt sei, ein Verbot, das noch lange ins 19. Jahrhundert hinein Gültigkeit besaß.[2]

In Österreich wurde der Prozess der Emanzipation des Judentums vom allgemeinen Toleranzpatent Josephs II von 1781 eingeleitet und vom besonderen »Mährischen Toleranzpatent« ergänzt.[3] In diesem ordnete der Souverän an, dass die Juden in den böhmischen und mährischen Gebieten deutsche Schulen einrichten sollten und wo das nicht möglich sei, die deutsche christliche Schule zu besuchen hätten. Diese erste einschneidende Maßnahme zur Assimilierung der Juden in Mähren, die auf eine Eindeutschung der vormals Jiddisch sprechenden Volksgruppe abzielte, wurde also von Staats wegen verfügt; eine zweite ging von den Juden selbst aus, namentlich von dem Wiener Rabbiner Isaac Noah Mannheimer und dem Kantor und Musiker Salomon Sulzer, die um 1825 in Wien den jüdischen an den christlichen Gottesdienst anpassten und endgültig mit dem Ashkenazy-Synagogenritus aufräumten, der häufig mit profanen Gesängen auf Jiddisch und in lärmende chassidische Tänze ausartete. Dieser sogenannte »Wiener Ritus«, der auf deutscher Predigt gründete und von einem Kantor mit Gesängen im Stile christlicher Choräle ergänzt wurde, verbreitete sich von Wien aus in der Folge auch in Böhmen und Mähren.

Der österreichisch-jüdische Assimilierungsprozess bestand also hauptsächlich in einer progressiven Germanisierung durch Schule und Synagogenpredigt, ein spezifisch Mendelssohnscher Weg, der die Juden mit den Traditionen der Habsburger Monarchie vertraut machte und dabei einen deutsch-österreichischen Patriotismus förderte. Zwar war dieser Prozess langwieriger und hindernisreicher als in anderen deutschen Gebieten, weil einerseits der hohe prozentuale Anteil an Juden in der katholischen Bevölkerung Ängste und Vorurteile schürte und andererseits die periodischen Migrationsströme von verarmten, asozialen Ostjuden samt fundamentalistischen Rabbinern, religiösen Eiferern und sephardischen Klezmern, die periodisch über Polen, Galizien und die Ukraine nach Österreich hereinkamen, vom Judentum ein sehr ungünstiges Bild verbreiteten, von dem sich natürlich die assimilierungsbereite Schicht der ansässigen Juden distanzierte.

Doch diesen Eindeutschungsbemühungen standen bis 1848 äußerst harte Maßnahmen gegen die innerstaatliche Bewegungsfreiheit und die jüdische Familienbildung gegenüber. Erstere Restriktion behinderte die Anwesenheit der Juden in den Städten durch knapp bemessene Stadtaufenthaltsscheine, die in der Regel mit Schutzgeldern von den »Zaruck« – so nannten die Tschechen die Einwanderungsgendarmen – erkauft werden mussten, die zweite – das bis 1848 gültige »Familiantengesetz« – kontrollierte die jüdische Population durch das Eheverbot für alle Sprösslinge nach dem Erstgeborenen: eine drastische Kontingentierung, die einer Geburtenkontrolle für Juden gleichkam. Sie führte dazu, dass um die Mitte des 19. Jahrhunderts die Anzahl der jüdischen Familien in Böhmen die 8.600 und in Mähren die 5.400 Einheiten nicht überschritt.[4] Darüber hinaus blieben gegen die Israeliten nach wie vor die alten Vorurteile bestehen und auch nach der Restauration, gab es Attacken auf Juden, etwa 1848, als eine aufgebrachte Arbeiterschaft das Prager Ghetto stürmte, weil sie jüdische Wucherer hinter den gestiegenen Getreidepreisen vermutete. Noch 1853 war Juden jeglicher Grundankauf verboten und 1855 auch der Zugang zu Notars- und Lehrerberufen untersagt. Schwer zu sagen, ob es der beharrliche Einbürgerungswille der Juden war, der den Assimilierungsprozess weiter vorantrieb, oder ob die österreichische Staatsraison, um den Vielvölkerstaat zusammenzuhalten, zu immer weiteren Konzessionen gegenüber dieser ständig durch Einwanderung wachsenden Volksgruppe bereit war.

Die Anpassung an die Landesgepflogenheiten brachte für die assimilierten Juden nicht nur ökonomische Vorteile. Die Mittelschicht pflegte in den so genannten freien Berufen stramme Haltung und österreichisches Arbeits-Ethos und das jüdische Kleinbürgertum widmete sich mit Fleiß dem Handel und den Manufakturen. Diese lange und geduldig geübte Bereitschaft zur Assimilierung erfuhr durch die k. u. k. Dezemberverfassung von 1867 die entscheidende gesetzliche Belohnung. Verständlich, dass die von Gleichstellung Gesegneten es dem Kaiser in Form von Patriotismus und loyaler Reichsbürgerschaft dankten. Verständlich auch, dass diese Kultur, die den Juden nach all den Verfolgungen und Progromen solches gewährte, zum Leitbild für die Erziehung der Kinder wurde und Vorbildcharakter in Kunst und Wissenschaft annahm.

## Das Enklave-Dasein deutschsprachiger Juden im böhmisch-mährischen Umfeld. Bildung als Behauptungswille: »Der Narzißmus der kleinen Differenzen…« *(Sigmund Freud)*

Der Assimilierungsstress war in einigen deutschen Enklaven des Vielvölkerstaates allerdings größer als in anderen Kronländern, nämlich da, wo sich eine deutsche Minderheit gegen ein mehrheitlich fremdsprachiges Umfeld behaupten musste, wie im deutschsprachigen Gebiet von Iglau, das von einer tschechisch sprechenden Mehrheit umgeben war, die sowohl zu den Deutsch-Österreichern als auch zu den Juden ein kühles bis feindliches Verhältnis unterhielten. Hier war bei den eingebürgerten Juden umso mehr deutsche Identität gefragt, einerseits um in der Gemeinschaft Schutz zu finden und andererseits die Einbürgerung bis zu dem Punkt voranzutreiben, dass keiner der deutschen Mitbürger an der Loyalität der Juden in ihren Reihen zu zweifeln brauchte. Sigmund Freud hat diese besondere psychoanalytische Dynamik der Abgrenzungen gegenüber Andersgearteten analysiert und ist zum Schluss gekommen: »Es ist immer möglich, eine größere Menge von Menschen in Liebe aneinander zu binden, wenn nur andere für die Äußerungen der Aggression übrig bleiben. Ich habe mich einmal mit dem Phänomen beschäftigt, daß gerade benachbarte und auch sonst nahe stehende Gemeinschaften sich gegenseitig befehden und verspotten […]. Ich gab ihm den Namen ›Narzißmus der kleinen Differenzen‹ […]. Man erkennt nun darin eine bequeme und relativ harmlose Befriedigung der Aggressionsneigung, durch die den Mitgliedern der Gemeinschaft das Zusammenhalten erleichtert wird.«[5]

Für die nach Iglau eingewanderten Juden ging es darum, die »Aggressionsneigungen« innerhalb der neuen Gemeinschaft durch Anpassung und Einbürgerung zu minimieren, im konkreten Fall der

Mahlers, sich voll an die neuen kleinstädtischen Gepflogenheiten anzupassen und sich ganz im Sinne der Kultur der Stadt einzudeutschen. Bernhard Mahler übersiedelte schon wenige Monate nach Aufhebung der Siedlungsrestriktionen (Mitte 1860) vom heruntergekommenen böhmischen Provinzkaff Kalischt (heute Kalisté), in dem die Mahlers in einem »armseligen Häusl ohne Fensterscheiben«[6] hatten leben müssen und praktisch kein soziales Leben hatten, ins 40 km entfernte Iglau. Das war der entscheidende, die Existenz sichernde Schritt. Das 20.000 Seelen zählende Städtchen war mehrfach befestigt und gab das Bild einer sauberen und kultivierten Stadt, in der sich Juden gut assimilieren konnten.[7] In Iglau benannte Bernhard Mahler sein bescheidenes Unternehmen in »Liqueur-, Rum-, Rosoglio-, Punch-, Essenzen- & Essig-Fabrik« um und unterstrich damit seinen erheblichen sozialen Aufstieg. Drei Jahre vergingen und Bernhard Mahler wurde mitsamt seiner Familie definitiv Bürger von Iglau, ein Status, der zwölf Jahre später mit dem Ankauf eines zweistöckigen, geräumigen Hauses in der Pirnitzergasse Nr. 265 gekrönt wurde. Den Komplex, ein jüdischer Zugereister in einem fremden Land zu sein, wurde Gustav Mahler Zeit seines Lebens freilich nie los: »Oft sagte er«, erinnert sich Alma Mahler, »Ich bin dreifach heimatlos: als Böhme unter den Österreichern, als Österreicher unter den Deutschen und als Jude in der Welt.«[8] Mahler kompensierte diesen Fremdheitskomplex, der hauptsächlich jüdische Wurzeln hatte, durch Arriviertheit und ein starkes Geltungsbedürfnis. Eine Haltung, die auch Vater Bernhard durch die auffällig breite Titulierung seines Unternehmens an den Tag legte. Betrachtet man die Ablichtungen des Familienoberhauptes Mahler, dann blickt einem ein entschlossener und gebieterischer Mann entgegen, dominant, aufrecht, direkt. Der Aufbruch ist ihm ins Gesicht geschrieben. Dass er obendrein, bei aller cholerischen und jähzornigen Art, die ihm nachgesagt

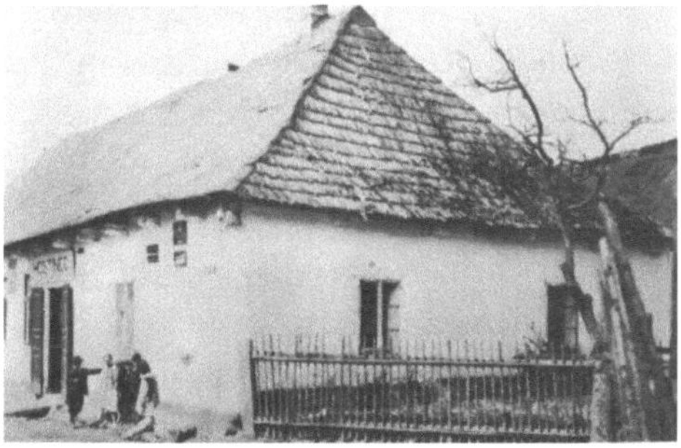

Mahlers Geburtshaus in Kalischt, Böhmen

wurde, in gewissen Maßen auch gebildet gewesen sein muss, belegt sein Übernahme »Kutschbockgelehrter«, entsprechend seiner Gepflogenheit, in jüngeren Jahren auf seinem Fuhrwerk neben Likören auch Bücher mitzuführen und zu lesen.

Der in jeder Hinsicht anstrengende Prozess der zivilen und sozialen Anpassung wirkte sich indes weniger positiv auf das Verhältnis der Eltern untereinander aus. Dass Bernhard Mahler und Marie Hermann nicht zusammenpassten, geht aus zahlreichen Äußerungen Mahlers hervor, ein Scheitern, das neben den enormen psychologischen Belastungen der Anpassung an die neue Gemeinschaft wohl hauptsächlich dem Umstand zuzurechnen ist, dass ihre Ehe keine Liebesheirat war. Die Mutter litt unter der eher grobschlächtigen und triebgelenkten Umgangsart ihres Mannes, was neben den rasch aufeinander folgenden Geburten zusätzliche Belastungen verursachte. Verständlich, dass der äußerst feinfühlige, der Mutter ähnliche Gustav der leidenden »jiddischen Mame« näher stand als dem Vater. Wie wir aus der späteren Analyse von Sigmund Freud wissen, ging die Identifikation Gustavs mit der leidenden Mutter so weit, dass er deren Niedergeschlagenheit als Schuldkomplex internalisierte, sich quasi für dessen Leid verantwortlich fühlte, und dieses Gefühl ein Leben lang als Weltschmerz mit sich herumtrug. Der tieftraurige Blick des Knaben Gustav Mahler, der jenem späteren von Kafka zum Verwechseln ähnlich sieht, die hängenden Mundwinkel und das lebenslange Mitleid für die leidende Kreatur hatten wohl in dieser stark symbiotischen und empathischen Beziehung zur Mutter ihren psychoanalytischen Grund.

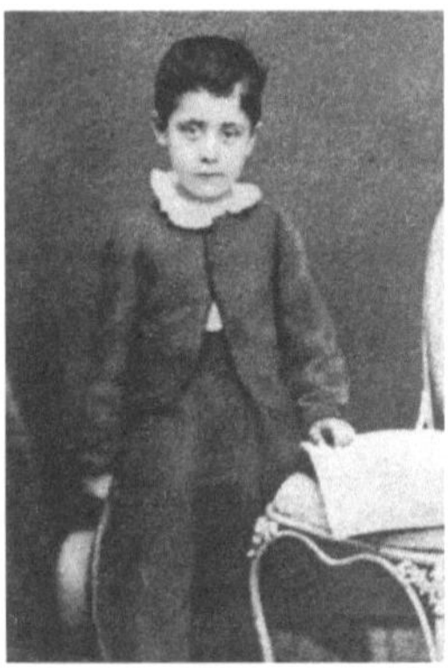

Gustav Mahler mit 6 Jahren

Dazu kam die Allgegenwart des Todes. Der Erstgeborene, Isidor, verstarb wenige Wochen nach der Geburt, sechs weitere Geschwister verschieden in früher Kindheit, der um zwei Jahre jüngere Lieblingsbruder Ernst verstarb dreizehnjährig an einer Herzbeutelentzündung. Eine Kindheit voller Trauer und Abschiede also, die wie eine depressive Hypothek auf dem späteren hyperaktiven Leben lastete.

## Die Familie als Grund nie enden wollender Sorge und Trauer: »In Meran braucht Ihr nicht an das Geld zu denken, sondern lasst es Euch dort wol sein …« *(Gustav Mahler an seine Geschwister)*

Aus den zahlreichen Briefen Mahlers an seine Familie, die unlängst unter dem Titel *Liebste Justi, Briefe an die Familie* veröffentlicht wurden [9], entsteht ein Bild permanenter Plackerei und Ängstlichkeit, ein Szenario, in dem Gustav, der in der Fremde lebte, mit den ständigen Schwierigkeiten konfrontiert, zur emotionalen Projektionsfläche aller familiären Ängste um Gesundheit und Fortkommen wurde. Die Problemfamilie Mahler mit einer leidenden Mutter, die 14 Kinder zur Welt brachte, mit einem stets aufgeregten, herzleidenden Vater, zwei beruflich ziellosen Brüdern und drei Schwestern, von denen eine, Justine, Gustav pausenlos alles klagte, war für den aufstrebenden Musiker Gustav alles eher als ein ruhiger Hafen. Es muss dem jungen Musiker, der sich auf dem steinigen Weg nach oben befand, wahrlich unendlich viel Kraft gekostet haben, in dieser nach jüdischer Tradition überschwänglichen Familiarität den beschwerlichen Berufsweg seiner musikalischen Karriere einzuschlagen und sich zu behaupten. Die kontinuierliche Einbindung in die Probleme des Familienlebens ließen in ihm niemals die Nabelschnur zu Iglau reißen, sie steigerte sogar sein Abhängigkeitsgefühl und erhöhte seine Verantwortung für die Seinen auch über den Tod der Eltern hinaus. Wie sehr er aus der Ferne die Geschicke seiner Familie, die mit ihren impulsiven und chaotischen Mitgliedern ständig uneins zu sein schien, in die Hand nahm und zu lenken versuchte, beweist ein Brief, den er Anfang Juni 1886 aus Prag an seine Schwester Justine schrieb und in dem er die Schwester beschwor, »alles zu ertragen«, was auch kommen möge, auf den Vater »Rücksicht zu nehmen«, »der eben wunderlich ist, wie alle kranken Menschen«, auf die Mutter achtzugeben, »dass sie sich gehörig schont« und vor allem, »nicht Öl in's Feuer zu gießen, wenn es Zank giebt«. [10]

Am 18. Februar 1889 starb nach vergeblichen Kuraufenthalten in Karlsbad Vater Bernhard Mahler, im selben Jahr, am 11. Oktober, verschied die Mutter Marie und kurz vorher, am 27. September, die älteste Schwester Leopoldine, »Poldi«, die anscheinend einem Gehirntumor erlag.[11] Dies bedeutete für Gustav nichts weniger, als dass er von nun an die Rolle des Alleinerziehers zu übernehmen hatte. In einem Brief an den Leipziger Opern-Intendanten Staegemann schilderte er Ende 1889 seine familiäre Situation: »Eine jüngere Schwester und einen Bruder lasse ich ihn Wien erziehen, und noch ein anderer (etwas älter) ist jetzt beim Militär. Meine Schwester ist sehr leidend, da sie durch die entsetzlichen physischen Anstrengungen an dem Krankenbette meiner Eltern, und allen damit zusammenhängenden Erschütterungen in ihrem Nervensystem buchstäblich zerrüttet ist.«[12]

Der zu immer wichtigeren Engagements fortschreitende Dirigent erhöhte von Jahr zu Jahr seine finanziellen Zuwendungen an die Seinen. Hatte er noch zu Lebzeiten der Eltern die Tantiemen aus den erfolgreichen Bühnenaufführungen der *Drei Pintos* als »sichere Rente« für Vater und Mutter anlegen lassen,[13] so sandte er nun monatlich an die Geschwister – von denen zwei, Alois und Otto, in Wien lebten, die jüngere Schwester Justine hingegen meistens bei ihm – kleinere und größere Geldbeträge und wurde nicht müde, neben diesen Zuwendungen, direkt oder über seine Lieblingsschwester Justine, zu mahnen, zu warnen, zu vermitteln. Als sein jüngster Bruder, Otto, das Studium am Wiener Konservatorium an den Nagel hängte, setzte der in Hamburg mit sämtlichen großen Wagner-Opern Beschäftigte alle Hebel in Bewegung, um diesen durch allerlei Zuwendungen und Erholungsangebote[14] zum Weiterstudium zu motivieren, und als auch das nichts fruchtete, ihn wenigstens zur Annahme einer untergeordneten Stellung in Bremen und Leipzig zu bewegen, vergebens. Gleichzeitig hatten aber auch die anderen Geschwister, Justine und Alois, ihre Nöte. Auch für sie sorgte der für alle sich verantwortlich fühlende Bruder. Als im Dezember 1892 Justine und Alois, beide kränkelnd, sich auf Kur nach Meran begaben, zahlte der spendable Bruder nicht nur den gesamten Aufenthalt über mehrere Monate, sondern mahnte auch, auf der Reise »absolut nicht zu sparen« und erster Klasse zu reisen, da dort die Wagen besser geheizt und »ventilirt sind« als in der zweiten: »In Meran braucht Ihr nicht an das Geld zu denken, sondern lasst Euch dort wol sein – und wol werden. Wenn das Geld zu Ende geht, dann schreibt mir, und ich sende weiteres.«[15]

Dabei waren Mahlers finanzielle Mittel, zuerst in Prag, dann in Leipzig, Budapest und Hamburg, wo er rasch Karriere machte, nicht unerschöpflich. Als im April 1892 Justine mit der treuen Begleiterin Natalie Bauer-Lechner einen dreimonatigen Sommerurlaub in Berchtesgaden plante, erinnerte der besorgte Kapellmeister die spendierfreudige Schwester, dass seine Einkünfte nicht unbegrenzt waren: »Könnt Ihr *subtrahieren?* – dann setzt freundlichst die Ziffer meines Monatseinkommens und subtrahiert davon das, was ich *durchschnittlich* an Euch einzusenden habe [...] fasse Dich freundlichst bei der eigenhändigen Nase [...]. Überlege Dir, wie man es *anstellt,* sich nach der Decke zu strecken.« [16] Dieselbe Sorge um die jüngste Schwester Emma, der er den Besuch einer Tanzschule zwar erlaubte, es aber für »unpassend« hielt, dass sie »mit einem Fremden einen Ball« besuchte, und die er ermahnte: »Vor allem gewöhne Dich daran, gegen mich rückhaltlos wahr zu sein – also auch alles Unangenehme zu berichten, so wie es die Justi tut.« [17]

Im Falle des glücklosen jüngsten Bruders Otto halfen auch die reichlichen Geldzuwendungen nichts. Otto, dessen Lage nach verfehltem beruflichen Anschluss hoffnungslos geworden war, schoss sich am 6. Februar 1895, zweiundzwanzigjährig, eine Kugel in den Kopf. »Ich habe Gustav heute das Bild gezeigt, nun tut es mir leid, er ist so furchtbar traurig geworden«, schrieb Justine zwei Wochen später an die Freundin Ernestine Löhr, bei der Otto gewohnt hatte. [18] Als Gustav Mahler 35 und in den besten Jahren war, blieben ihm also von den zwölf Geschwistern nur noch drei, eine vom Tod überschattete Lebensbilanz, die am treffendsten das bekannte, von emotionaler und sozialer Misere geprägte jiddische Lied besingt:

> Zen brider sainen mir gewesn,
> hob'n mir gehandelt mit lain,
> einer is gestorb'n, sint geblib'n nain.
>
> Nain brider sainen mir gewesn,
> hob'n mir gehandelt mit fracht,
> einer is gestorb'n, sint geblib'n acht.
>
> Acht brider sainen mir gewesn,
> hob'n mir gehandelt mit ribn,
> einer is gestorb'n, sint geblieb' sibn ... (etc.)

**Refrain:**

Oj! Schmerl mit dem Fidele, […]
Tewje mit'n bass,
Schpil'sche mir a lidele […]

## Mahlers depressive Charakterstruktur – Regressive Tendenzen:

### »Kennst Du einen glücklichen Menschen auf dieser Erde, so nenne mir ihn schleunigst …«

*(Gustav Mahler an Emil Freund)*

Der überlieferte Spruch aus Kindestagen von Gustav Mahler, er wolle am liebsten Märtyrer werden – ein im Grunde nicht allzu ernst zu nehmender Wunsch aus dem Munde eines Kindes – korrespondiert in eigenartiger Weise mir jenem von Rudolf Stefan überlieferten Satz Mahlers, den dieser aus einem Brief Mahlers an Fritz Löhr zitiert: »Nur das Gefühl, daß ich für meine Meister leide und doch vielleicht einmal einen Funken ihres Feuers in die Seele der armen Menschen werfen kann, stählt meinen Mut.« [19] Mahlers Schmerzensbetonung, sein persönliches Leiden und das Mitleiden mit Eltern und Geschwistern deuten auf eine eindeutig depressive Charakterstruktur hin. Der häufige Bezug auf das »Leiden der Kreatur« und die rhetorische Frage, ob man denn »glücklich sein könne, solange es irgend einen auf der Welt gibt, der leidet«, weisen in dieselbe Richtung. Aus den zahlreichen Briefen Mahlers mit all ihren Hilfe- und Geldangeboten an die Eltern und Geschwister liest man das Leitmotiv der depressiv veranlagten Persönlichkeit heraus: »Ich bin, weil ich helfe.« Gewiss hat auch die Großfamilie diese Charakterstruktur Mahlers begünstigt, in dem Sinne, dass durch die innerfamiliäre Solidarisierung und das Aufpassen auf die Geschwister eine Art »Parentifizierung« stattgefunden hat, die sich ein Leben lang als Sorge im Allgemeinen und als existenzielles Bedrohtsein im Besonderen geäußert hat. Im Übrigen sprechen auch Mahlers philosophische Gewährsmänner, vor allem Schopenhauer und Dostojewski, [20] für eine solche Hypothese. Für Starez Sosima in den *Brüdern Karamasow*, wie übrigens auch für das Judentum, ist das Mitleid das Fundament der Moral, das einzig zählende sittliche Motiv. Moralischen Wert, sagt

Schopenhauer, hat nur die aus Mitleid geborene Handlung: »Neminem laede, immo omnes, quantum potes, iuva – Verletze niemanden, vielmehr hilf allen, soweit du kannst!« Schopenhauers Gedanke, der auch eine radikale Genussaskese beinhaltet, gemahnt an Buddha und die fernöstliche Verzichtethik: Da der Mensch in allem Wesen sein eigenes Ich und in allem Leiden sein eigenes Leid erkennt, schaudert ihm vor allem Leben und dessen Genüssen. Eine extrem depressive Weltsicht: »Denn alles Streben entspringt aus Mangel, aus Unzufriedenheit mit seinem Zustande, ist also Leiden, solange es nicht befriedigt ist. Keine Befriedigung aber ist dauernd, vielmehr ist sie stets nur der Anfangspunkt eines neuen Strebens. Das Streben sehen wir überall gehemmt, überall kämpfend, kein letztes Ziel des Strebens, also kein Maß und Ziel des Leidens.«[21]

Mahlers Mitleidsethik ging einher mit einer intensiven subjektiven Emotionalität, die aus dem Bewusstsein des allgegenwärtigen Leids sich musikalisch in hochexpressive Adagios hineinsteigerte. Im Finale der »Dritten« und im Schlusssatz der »Neunten« ist diese Erregung in breiten, stark anschwellenden Klangströmen am intensivsten dargestellt. In einem Brief an die Geliebte Anna von Mildenburg erklärte Mahler, was es bei ihm mit dieser gewaltigen Emotionalität auf sich hatte und wie die darin ausgedrückte »Liebe« – »Was mir die Liebe erzählt« – zu verstehen sei: »Aber in der Symphonie, liebes Anni, handelt es sich doch um eine andere Liebe, als Du vermutest. Das Motto zu diesem Satz (Nr. 7) lautet: ›Vater, sieh an die Wunden mein! Kein Wesen laß verloren sein!‹«[22]

Mahler hat mit seiner depressiven Neigung die aufwühlenden Ereignisse seines Lebens immer als überbordenden Affekt erlebt, so wie es literarisch die »Sturm und Drang«-Literatur ausdrückt und wie es die moderne Psychiatrie als »bipolare affektive Störung« bei manisch Depressiven definiert. Sergej Rachmaninow, auch ein Depressiver, hat sein periodisches Abfallen in psychische Tiefs ebenfalls in breiten, hochexpressiven, von Gefühl triefenden langsamen Sätzen ausgelebt. Als er einmal von einer Dame gefragt wurde, warum er denn immer nur traurige Musik schreibe, soll er geantwortet haben: »Kennen Sie vielleicht eine andere?« Dieser große Pianist und Komponist hatte sich 1897 als Vierundzwanzigjähriger, nach dem Fiasko seiner ersten

Symphonie, in psychiatrische Beratung begeben müssen und fand erst nach langer Behandlung mit Hypnose zum Komponieren zurück. Gustav Mahler, von dem zwar keine so gravierende Depression bekannt ist, befand sich zwanzigjährig in einer ähnlich desperaten Situation, als er nach dem Ende der Bad Haller-Saison ohne Arbeit, ohne echte Berufsperspektive, erfolglos auch als Komponist und inmitten deprimierender Krankheits- und Todesnachrichten nur noch Unglück sah. In einem Brief an seinen Mitschüler Emil Freund brachte er diese seine Weltuntergangsstimmung mit den »Erschütterungen« in Zusammenhang, die der Wahnsinn Hans Rotts und der zu befürchtende von Anton Krisper in ihm auslösten: »Überall ist das Elend zu Hause und es legt die seltsamsten Kleider an, um die armen Menschenkinder zu verspotten. Kennst Du einen glücklichen Menschen auf dieser Erde, so nenne mir ihn schleunigst; bevor mir noch das bisschen Lebensmut entwischt ist.«[23]

Indiz für eine depressive Veranlagung und die Zustände dauernder Niedergeschlagenheit ist vor allem die extreme Lärmempfindlichkeit. Laut einer Äußerung von Mahler gegenüber Natalie Bauer-Lechner bestand diese Lärmempfindlichkeit bereits seit Kindestagen und nicht erst ab dem Zeitpunkt intensiver kompositorischer Tätigkeit. Mahler habe schon als Kind gewünscht, »unser Herrgott hätte doch jeden Menschen so ausgestattet, daß im Nu, wenn er zu laut wird, ihn etwas wie ein innerlicher ›Knüppel aus dem Sack‹ tüchtig prügeln und sofort zum Schweigen bringen sollte«.[24]

Aus der unbefriedigenden Wahrnehmung der Wirklichkeit entsteht laut Freud allgemein eine Rückkehr in frühere Stadien, er nennt sie – auf pathologische Phänomene bezogen – Regression. Zwar ist dieses Schema auf Normale wie Künstler nicht ohne weiteres anwendbar, doch lassen sich daraus Einsichten ableiten, die besonders beim depressiv veranlagten Mahler plausibel erscheinen. Mahlers Musik verabschiedet sich im Zustand des Traurigseins aus der Gegenwart und kehrt in der Phantasie zu den verlorenen Paradiesen der Kindheit zurück. Die Realitätswahrnehmung kippt beim sensiblen depressiven Künstler zum Traum und evoziert als Trost im Leiden entspannte, naive Paradiese: «Das Träumen ist im ganzen ein Stück Regression zu den früheren Verhältnissen des Träumers, ein Wiederbeleben seiner Kindheit, der in ihr herrschend gewesenen Triebregungen und verfügbar gewesenen Ausdrucksweisen.«[25]

## Der Einfluss der Peripherie auf Mahlers Charakter: »… die passive Phantasie unausgefüllter Räume …« *(Robert Musil)*

Hugo von Hofmannsthal hat das vielschichtige Naturell des österreichischen, an der Peripherie Europas lebenden Menschen mit »ein Hauch von Slawischem, ein Glanz von Italienischem, aber aus der tiefsten Deutschheit geschöpft« definiert.[26] Hermann Bahr hat in ähnlicher Weise die Melange des Wiener Blutes nach dessen ethnisch-kultureller Zusammensetzung definiert: »Die Wiener sind Deutsche, Tschechen, Kroaten, aber von den anderen Nationen beleuchtet, mit denen sie leben, und in diesem Lichte sieht das Deutsche, das Slawische anders aus, es wird beweglicher, flüssiger, es hat keine Schwere mehr, es wird sublimiert, es ist sozusagen nur noch ein Abglanz von sich selbst. Daher auch, was man ja nicht verschweigen darf, die Gefahr, in der solche Menschen leicht sind, sich zu verflüchtigen: sie steigen leicht zu hoch, und der Wind weht sie weg, nicht gleich, aber doch in der zweiten und dritten Generation.«[27] Andere haben das Naturell des »Homo austriacus« noch komplizierter und differenzierter gesehen: »Ein Landesbewohner«, schreibt Robert Musil in seinem *Mann ohne Eigenschaften*, »hat mindestens neun Charaktere, einen Berufs-, einen National-, einen Staats-, einen Klassen-, einen geographischen, einen Geschlechts-, einen bewussten, einen unbewussten und vielleicht auch noch einen privaten Charakter; er vereinigt sie in sich, aber sie lösen ihn auf, und er ist eigentlich nichts als eine kleine, von diesen vielen Rinnsalen ausgewaschene Mulde, in die sie hineinsickern und aus der sie wieder austreten«. Deshalb, so Musil, habe jeder Erdenbewohner auch noch einen »zehnten Charakter«, der nichts anderes sei als »die passive Phantasie unausgefüllter Räume«, die es dem Menschen gestatte, »nur nicht das ernst zu nehmen, was seine mindestens neun Charaktere tun und was mit ihnen geschieht«.[28] Wenn Musil seinen »Landesbewohnern« ein so segmentiertes, windschiefes und widersprüchliches Naturell zuschreibt, um wie viel uneinheitlicher und zerrissener muss der aus einem böhmischen Kaff in eine deutsch-mährische Enklave eingeschleuste, von dort in die von Tschechen, Slowaken, Polen, Magyaren, Bosniaken, Ulanen, Ruthenen bevölkerte »Mulde« Wien eingewanderte und schließlich zum katholisch-apostolischen Glauben konvertierte Jude Mahler gewesen sein.

Für eine tiefenpsychologische Betrachtungsweise der Musikcharaktere und deren stilistische Neigungen sind Überlegungen zu Abstammung und Verwurzelung der Komponisten in einem geografischen oder kulturellen Gebiet das psychoanalytische Pendant zur Analyse frühkindlicher Erfahrungen und Triebschicksale. Dabei spielen vor allem zwei gegensätzliche »Orte« eine entscheidende, wiewohl nicht ausschließliche Rolle: der Ort des »Zentrums« und der Ort der »Peripherie«.

»Zentrum« ist der Topos positiven, logischen und konsequenten Denkens und Handelns, das ist ein metaphorisches Gebiet, in dem der Hegelsche »Weltgeist« bläst, wo pragmatische Aufbruchstimmung herrscht, wo Fortschrittsglaube und technologisches Bewusstsein dominieren. »Zentrum«, das ist die Stadtkultur, die avancierte Kunst, das künstlerische Material auf dem letzten geschichtlichen Stand, die Mode, der »dernièr cri«, die Aktualität. Der Aufruhr der Jugend, die Innovation, die Kunst-Revolutionen, sie finden meist im »Zentrum« statt. Die Lebenshaltung ist im »Zentrum« optimistisch, die Kleidung modisch, die Technik auf dem letzten Stand.

Ganz anders die »Peripherie«. Dort schauen die Menschen melancholischer aus, sie gehen langsamer, kleiden sich altmodisch, »streichen sich ruhig«, wie Stefan Zweig seinerzeit feststellte, »über ihre wohl gepflegten Bärte«, halten viel auf Tradition und alte Gebräuche. Die »Peripherie« ist also, gegenüber dem fortschrittlich gesinnten Zentrum, ein Ort der Zeitlosigkeit, der Rückwärtswendung, der Konservierung und insgesamt eine des Stillstandes und Pessimismus. Während im Zentrum die Jugend optimistisch in die Zukunft blickt, schauen die Menschen der Peripherie zurück und leben wehmütig von Erinnerungen. In der Peripherie ist auch die Neigung zu Depression höher als im Zentrum, wo das »Prinzip Hoffnung« die Menschen ideologisch am Fortschritt partizipieren lässt. Natürlich gibt es auch Überschneidungen von »Zentrum« und »Peripherie«, vor allem in kleineren Städten oder sekundären Hauptstädten. So beheimatete etwa das historische Wien,

Hauptstadt und geistig-politisches Zentrum eines Vielvölkerstaates, gewiss mehr »Peripherie« als etwa London, Paris und Berlin, in denen homogene Kulturen dem Politoptimismus und dem Positivismus förderlicher waren als in der habsburgischen Metropole.

Peripherie lässt sich am markantesten in der Literatur ablesen. »Peripherie« und »Zentrum«, die Gegensatzpaare wie Dialekt und Hochsprache. Die Literatur der Peripherie bevorzugt die parataktische Erzählform, verliert sich in endlosen Episoden und Nebenschauplätzen, erzählt abseits der Haupthandlung Anekdoten. Jaroslav Haseks Schelmenroman vom *Braven Soldaten Schwejk* wäre ein typisches Beispiel für Literatur der »Peripherie«: dialektal, umgangssprachlich und vor allem fabulierend.

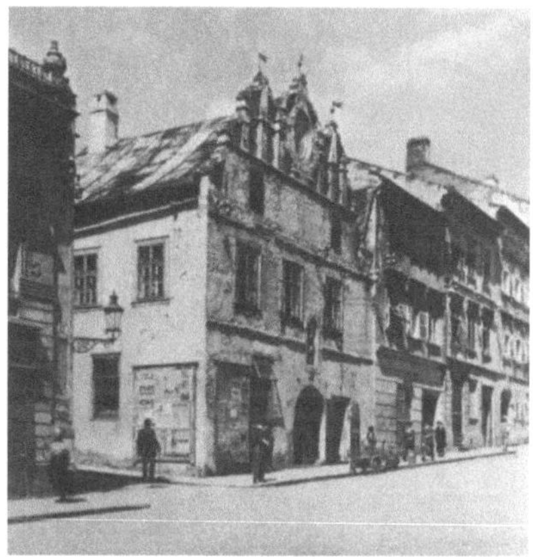

Mahlers Elternhaus in der Pirnitzer Gasse in Iglau

Es zählt allerdings zu den Paradoxen der »Peripherie«, dass sie manchmal Rückständigkeit in Fortschritt und Weltfremdheit in Originalität verwandelt. Außer Mahler entstammten die Alfred Roller, Josef Hoffmann, Sigmund Freud, Karl Kraus und Stefan Zweig der fruchtbaren mährischen Peripherie. Victor Adler, der Begründer der österreichischen Sozialdemokratie, stammte aus Prag, der Volksschauspieler Josef Kainz aus Ungarn, der Dirigent Felix Weingartner aus Istrien, Julius Epstein, Mahlers Klavierlehrer, aus Agram in Kroatien. Laut Volkszählung lebten um 1880 in der Reichshauptstadt 437.000 Wiener, die nicht in Wien geboren waren, davon allein 26,7 Prozent Böhmen und Mähren.[29]

Mahlers »Peripherie« konnte man vor allem an dessen Art, sich zu kleiden, ablesen. Alma erwähnt in ihren Erinnerungen, dass sie als junges Paar durch ihre »Erscheinung allenthalben unliebsames Aufsehen« erregten. Mahler trug »sogenannte Reformkleider (von Kolo Moser gezeichnet), war selbst in den teuersten Gewändern schäbig angezogen, ging immer barhäuptig, den Hut in der Hand, den Kopf nach vorn stechend, dazu hatte er diesen merkwürdigen Gang, dieses unrhythmische, stolpernde Vorwärtsstürmen«.[30] Mahler verstand sich selbst in seiner Rolle als Hofoperndirektor nie auf Repräsentation und Eleganz und konnte sich nur schwer in die angesagte Etikette fügen. Alfred Roller hat später diese lässigen Unangepasstheiten Mahlers, etwa seine Unart, beschädigte Kleider zu tragen, mit der Detailtreue eines Bühnendekorateurs reflektiert und aufgezählt: Überröcke, die »bloß auf dem obersten Knopf geschlossen« waren, »Fäuste«, die »in die Taschen geklemmt« waren, die Krawatten »zu irgend einem schiefen Knoten geschlungen«, neue Hüte »mit den Fäusten an den Krempen gepackt und auf die Ohren herabgesetzt«, Touristenanzüge beim Wandern, deren »Rock er gerne an einer Fangschnur über die Schulter hängte«, die Kappe »an die Brust des derben Leinenhemdes genadelt«, »gelbe Schnürstiefel« kombiniert mit »dünnen schwarzen Kniestrümpfen«, die »langen Nachthemden zu Reithemden verkürzt«. Nicht alles war jedoch Marotte oder Unachtsamkeit, manches ganz bewusst »pour tromper le bourgeois«. Alfred Roller erinnert sich an eine Eulenspiegelei Mahlers, die irgendwie Kafkas surreale Phantasie antizipiert:

> Seine Geringschätzung der eigenen Kleidung war manchmal nicht frei von der für ihn so kennzeichnenden Schelmerei. Es machte ihm mitunter ein kindliches Vergnügen, Leute, die sehr streng auf äußere Form hielten, durch seinen lässigen Aufzug zu verwirren. Einst war das Seidenfutter seines Überrockes schadhaft geworden. Mahler, weit entfernt sich mit einer solchen Nebensächlichkeit zu belasten, ließ den Schaden ungebessert, der geradezu ins Groteske wuchs. Ja gerade dadurch wurde er ihm zur Quelle eines sonderbaren Spaßes: ›Das wäre doch sehr wertvoll zu wissen, was der feierlich-korrekte Türhüter des Obersthofmeisters empfinden mag, wenn er mir bei meinen Dienstbesuchen diesen zerrissenen Rock abnimmt oder anlegt. Er trägt seinen Frack so feierlich und verzieht keine Miene, ich versichere Sie, keine Miene, wenn er mir in den Rock hilft, der doch wirklich ein zerrissener Rock ist. Wie mag sich die Weltordnung in einem solchen Kopfe darstellen und welche Stufe mag mir in ihr zugewiesen sein! Merkwürdig! Ganz merkwürdig!‹ Ich brachte es nicht übers Herz, diese wochenlang währende Idylle zu stören und an zuständiger Stelle, nämlich bei Frau Alma, des zerrissenen Rockfutters Erwähnung zu tun.[31]

## Das gründerzeitliche Wien: Mahlers Vorstellung vom »Weltgetümmel«: »... wie es mich darnach zieht, wieder einmal Menschen zu sehen«

*(Gustav Mahler an Albert Spiegler)*

Das existenzielle Gefühl der Fremdheit, das der Junge aus der Provinz in die Reichshauptstadt mitnahm, verstärkte sich in der Großstadt zusätzlich. Wien, das 1880 beinahe eine Million Einwohner hatte, war seit Mitte der Sechzigerjahre im urbanistischen Umbau begriffen und gerade dabei, sich zum glanzvollen »Babel an der Donau« zu entwickeln. Die Befestigungsbauten und Stadtmauern, die größtenteils auf die Zeit der Türkenkriege zurückgingen, waren geschleift und an deren Stelle die monumentale Ringstraße angelegt worden, jene Prachtstraße, die – mit der Oper, zwei Museen, der Votivkirche, der Universität, dem Parlament, der Börse, dem Rathaus – einer ganzen Epoche ihren Namen gab: die »Ringstraßenkultur«, eine Glanzepoche, die, von Großbanken und Aktiengesellschaften finanziert, das Bild eines grenzenlosen Wachstums ergab und die gleichzeitig, in der präpotenten Epiphanie des Geldes, die Ahnung von Endzeit und Untergang verbreitete. Mit dieser Umgestaltung wuchs auch die Zahl der Einwohner. Gegenüber 1800, als Wien ca. 215.000 Einwohner hatte, vervierfachte sich bis in die Gründerzeit die Bevölkerung auf ca. 900.000 Einwohner und verachtfachte sich sogar bis 1900 auf 1,79 Millionen, eine gigantische Bevölkerungsexplosion, die mit der kulturellen Vielfalt der Zuwanderer auch ein explosives ethnisches, politisches und soziales Konfliktpotenzial in die Stadt brachte.[32] Victor Adler, Mitglied des »Pernerstorfer Kreises«, in dem auch Mahler verkehrte, kritisierte vehement die menschenunwürdigen »Schlafhöhlen«, in denen, »10 m lang, 8 m breit und höchsten 2,2 m hoch«, über 40 Personen, ohne Betttuch, ohne Decke, mit »Wanzen und Läusen« als ständige Bettbegleiter, nächtigen mussten: »In einem dieser Schlafsäle, wo 50 Menschen schlafen, liegt in einer Ecke ein Ehepaar. Die Frau hat vor zwei Wochen in demselben Raum, in Gegenwart der 50 halbnackten, schmutzigen Männer, in diesem stinkenden Dunst entbunden.«[33]

In den Palais freilich, die diese Bauarbeiter fertigten und in denen allein der großbürgerliche Salon das Volumen einer einzigen »Schlafhöhle« hatte, ging es hoch her: Da konnte man den Mammon, der an den Ziegelarbeitern gespart wurde, mit Händen greifen, da wurde auf Glanz und Gloria angestoßen und mit gemalter Mythologie an den Wänden Statussymbolik zelebriert. Der Kontrast zwischen unten und oben konnte da nicht größer sein, was Wien auf die Dauer zu einem politisch unsteten und gefährlichen Pflaster machte. »Dieses Reich«, schrieb ein Diplomat jener Zeit aus Wien an seinen Sohn, »ist ganz anders als die übrige Welt. Denk Dir den Kaiser und seine Regierung auch nur für ein Jahr fort, und die Nationen werden übereinander herfallen. Die Regierung formt das Gitter, das den Zoo der wilden Tiere von der Außenwelt abtrennt, und es gibt nirgendwo so viele und so gefährliche politische Bestien wie bei uns.«[34] Spannungen bauten sich vor allem auch in der Leopoldstadt und in der Gegend um den Karmelitermarkt auf, wo sich die aus den Ostgebieten – aus Galizien, der Bukowina, aus Polen, der Ukraine – eingewanderten Ostjuden mit geringer Assimilierungsbereitschaft konzentrierten und die Hälfte aller in Wien lebenden Juden ausmachten.[35] Gegen dieses Elend musste das höfische Zeremoniell, mit dem sich etwa der Kaiser mit Gefolge beim täglichen Kirchgang in St. Stephan sehen ließ, wie ein herzloser Anachronismus ausnehmen, vor dem die Ärmsten, wie später Kafkas Antihelden vor dem Gesetz, in den Boden versanken.

Das Lebensgefühl der Gründerzeit war Wucht, Opulenz, Dekorativismus, Repräsentation, Pomp, Historismus, kurz: die Inszenierung des schönen Scheins. Ihr vordergründigster Interpret, Ausstatter der grandiosen k. u. k. Interieurs, war Hans Makart. Sein Repertoire: Figuren und Heroen aus Mythologie und Geschichte, üppig und fleischlich, dicht aufeinandergedrängt in einem imaginären Garten der Lüsternheit. Auf der breiten Straße des Glücks, die eben die Ringstraße repräsentierte, in den Theatern, in den Separees und in den privaten Salons gaben sich Hochgestellte wie Hochstapler, k. u. k. Appellierte und Arrivierte, Financiers und Börsenmakler, Entertainer und Künstler ein Stelldichein, wobei sie alle scheinbar nur eines wollten: sich auf kurzweilige und verschwenderische Weise amüsieren. Die Magnaten traten als Dilthey'sche Willensmenschen auf, die Künstler frönten dem Geniekult à la Nietzsche und die Neutöner waren allesamt Wagnerianer. Worauf es ihnen ankam, war Pathos und Kraft: »Für jede hohe Welt muß man geboren sein«, philosophierte Friedrich Nietzsche. Die neuen aus dem beschleunigten Geldverkehr hervorgegangenen Eliten beanspruchten Macht und Machtgewinn. Sie waren allesamt Liberale und schwärmten von der Freiheit des Menschen, in Wirklichkeit aber meinten sie freie Hand in der Gesellschaft. Ihre Vornehmheit war stets fordernd: »Der vornehme Mensch ehrt in sich den Mächtigen«, meinte Nietzsche. So ergingen sich die oberen Stützen der Gesellschaft in Renommage, so schufen sich die Unternehmer Opportunitäten und gefielen sich die Künstler im Rausch des Schaffens.

Etwas weiter unten, auf der Ebene des Vergnügens, versetzten die Brüder Johann, Josef und Eduard Strauß die Wiener in einen wahren Tanz- und Vergnügungsrausch. Schon gehörig von Jacques Offenbach mit seinen »Bouffonerien« und dem Cancan in Erregung versetzt, geriet diese »Hautevolee« der Gründerzeit mit »Wein, Weib und Gesang« und ähnlichen anzüglichen Nummern völlig außer Rand und Band. »Alles Walzer!«, hieß die Parole. *Wiener Blut* und *La vie Parisiènne*, zwei Seiten derselben Münze. Alles zur Volksbelustigung und alles für Geld. Ein florentinisches Bankenkonsortium investierte in das Unternehmen Johann Strauß und spekulierte mit den Walzerumsätzen. Die Straußsche »Fledermaus«, die 1874 in Wien ihr Debüt feierte, war das perfekte Spiegelbild dieser vergnügungssüchtigen, Champagner entkorkenden Spaßgesellschaft. Ständig auf dem Absprung zum Paradieren auf der Ringstraße und zum Soupieren mit distinguierten Herren und honetten Damen, für die der gefeierte Prager Pianist Alfred Grünfeld »Diner-Walzer« komponierte, machten die Wiener Gründerzeit-Bonviveure die Nacht zum Tag und feierten alle Tage blau: »Komm mit mir zum Souper, es ist ganz in der Näh! [...] Ballerinen leicht beschwingt, in den blendendsten Toiletten, fesseln dich mit Rosenketten, wenn die Polka lockend klingt!«, heißt es in der »Fledermaus«. Auch im Musiktheater dasselbe Phänomen. Das Hohe und Feine ging durch Vaudeville und Pointe buchstäblich in die Hosen, die Musik ging in die Beine und die Oper verkam zur Operette. Darin manifestierten sich Musik und Gesellschaft in der anschaulichsten und sinnlichsten Weise: die Ästhetik des Vergnügens als ultimative Erfahrung des Individualismus und Liberalismus: »S' ist mal bei mir so Sitte: chacun à son goût!.«

Dieser hemmungslose Hedonismus drang durch die offenen Fenster der Bourgeoisie auch an die Öffentlichkeit, er erfasste die

Straße, infizierte den Prater und drang in die zahlreichen Theater und Unterhaltungs-Etablissements ein; dort holte sich das Volk Anregungen und machte es ihren Vorbildern nach. Hermann Bahr hat einmal bemerkt, dass die Wiener auch deshalb gerne ins Theater gehen, weil sie dort lernen, wie man sich benimmt, wie man »Allweil fidel« ist, wie man honorig »Küss die Hand« und »Servus!« sagt, wie man Komplimente und Heiratsanträge macht. So wurde dieses Ball- und Operetten-Ambiente zur Erziehungsanstalt der exzessiv auf Glanz und Gloria ausgerichteten Epoche, die das Maximum ihrer Etikette darin sah, wie man mit Champagnergläsern prostet, zum Tanz auffordert und Mädchen vernascht.

Der Glanz dieser Welt des Scheins muss auf einen Jungen wie Mahler, der aus der rückständigen Peripherie kam, ambivalent und verwirrend gewirkt haben. Mahler war nach Wien gekommen, um etwas Großes zu werden, also wird ihn das Pathos der Größe angezogen und der Wirrwarr der Vielvölkermetropole samt der Banalität des Vergnügens, die diesem Grandiosen beigemischt war, abgestoßen haben. Albert Spiegler, einem Freund aus dem »Pernerstorfer Kreis«, gestand er den »Ekel, den dieses schale Durcheinander, wie in einem Ameisenhaufen«, in ihm hervorrief.[36] In der Tat offenbarte die glanzvolle Metropole spätestens 1873 beim ersten großen Börsenkrach den ganzen Schwindel des auf Pump vermehrten Glücks und Geldes, ließ sozusagen durch das krachende Gebälk tief in ihre innere Zerrissenheit und Dekadenz hineinblicken. Auf diesem instabilen Pflaster schlug sich die nie ganz gelungene Synthese der heterogenen Einflüsse des Vielvölkerstaates als Ambiguität, als Ambivalenz, als zwielichtiger Abglanz nieder. Das von Hofmannsthal als »halb-beschrittner Weg und halb vollend'te Tat« beschriebene Unschlüssige, Unvollendete und Mediokre war Wiens »peripherer« Charakter. Er resultierte aus der Unvereinbarkeit von barockem Katholizismus und freisinnigem Fortschrittsglauben, von düster melancholischer Gruftästhetik und hedonistischer Weltzugewandtheit, von phantastischer Aufbruchstimmung und wehleidiger Nabelschau. Was in anderen Metropolen sich als mächtiger Zukunftsglaube gebärdete, kippte hier in melancholische Nörgelei. Liebe geriet heftiger zu Hass als anderswo, Tiefe rascher zu Banalität, die Wachheit rascher zu Schläfrigkeit, das Leben zum Traum und der zwischenmenschliche

Umgang zur Intrige. Der äußere Fortschritt ging da haarscharf an inneren Abgründen vorbei und der »Freitod«, der im Deutschen die Überlegenheit des gebietenden Willens über die Physis zum Ausdruck bringt, wurde österreichisch in »Selbstmord« übersetzt, um der Tat auch noch das verbrecherische, der katholischen Konfession zuwiderhandelnde Sündenmahl anzuhängen. Diese österreichischen »Peripherie« mit dem permanent schlechten Gewissen hat tausende Existenzen auf dem Gewissen, nicht nur: Sie hat den mit Schuldkomplexen befrachteten Tod auch noch zelebriert und stilisiert. Diese zutiefst defätistische Kultur hat im wehleidigen Räsonnieren über das Unwiederbringliche, über die verlorenen Paradiese der Kindheit, über den Trieb und den Verfall der Vitalität, über die Abnahme des Eros und schlussendlich über das Scheitern mehr Gedanken verloren als jede andere Kultur weit und breit. Und hat am Ende über die ungelösten Widersprüche auch noch Witze gerissen: »Die Lage ist hoffnungslos, aber nicht ernst«.

## Gustav Mahler unter Sonderlingen und Außenseitern: »Dazu eine Menge großer und kleiner, jüdischer und nichtjüdischer Unarten ...«

*(Heinrich Krzyzanowski über Gustav Mahler)*

Mahler schloss sich in Wien einem Freundeskreis ausschließlich männlicher Gleichgesinnter an, die wie er in Opposition zum offiziellen Gesellschafts- und Musikverständnis standen: unter ihnen die Sozialdemokraten Victor Adler und Engelbert Pernerstorfer, der Nietzsche-Anhänger Siegfried Lipiner und die Musiker Hugo Wolf, Hans Rott und Rudolf Krzyzanowski. Erstere reflektierten die Krise des Liberalismus, der besonders nach dem Börsenkrach 1873 einbrach und bei den Wahlen 1897 endgültig von den reaktionären deutschnationalen Kreisen zu Fall gebracht wurde, die zweiten suchten Antworten auf die Krise der Tonalität, die, von Wagner eingeleitet, jeder Form von Tradition den Boden unter den Füßen entzog. Der »Pernerstorfer Kreis« war also eine Art Asyl für Abweichler und Renegaten. Wie Mahler entwickelte auch Hugo Wolf, der in denselben Jahren den Kompositionskurs von Krenn am Konservatorium besuchte, eine große Aversion gegen den traditionellen Theorieunterricht. Beide, Wolf und Mahler, verdienten sich durch private Klavierstunden ein Zugeld. Dabei hatte es Hugo Wolf, der von zu Hause wenig Unterstützung erhielt, noch schwerer als Mahler, zumal er 1877 wegen eines Scherzes – angeblich ein fingierter Drohbrief an den Rektor – vom Konservatorium entlassen wurde und mit siebzehn vollständig auf sich allein gestellt war. Dieselben frustrierenden Erfahrungen am Konservatorium machten auch noch zwei weitere Kommilitonen: Hans Rott, der bei Anton Bruckner Orgel studierte und ein glühender Brucknerianer war, als Komponist von den führenden musikalischen Instanzen aber nicht ernst genommen wurde, und Rudolf Krzyzanowski, ebenso wie Mahler Kompositionsschüler. Alle vier, Wolf, Mahler, Rott und Krzyzanowski, wurden Gesinnungsfreunde und bildeten eine Art Geheimloge gegen die offizielle Musikszene und die Graubärte des konservativen Stillstands. Zu diesem Viererkleeblatt gesellten sich bald auch weitere Musikstudierende, wie der aus Laibach stammende Anton Krisper und der Wiener Rudolf Pichler, sowie die Intellektuellen Siegfried Lipiner, dichtender Nietzsche-Anhänger, weiters Fritz Löhr, der Archäologie studierte, und der Bruder von Rudolf Krzyzanowski, Heinrich, der Schriftsteller-Ambitionen hatte. Das Zentrum dieses Zirkels war nicht Mahler, sondern der um zwei Jahre ältere Hans Rott. Heinrich Krzyzanowski erinnert sich an die Treffen dieses Freundeskreises, der sich meistens bei Hans Rott in einer Klosterzelle traf, wo der bettelarme Organist und angehende Komponist als Lohn für den Orgeldienst in der Piaristen-Kirche wohnen durfte:

> Jedenfalls waren wir damals oft und gern in der weiß getünchten Zelle des fast unbewohnten Klosters […] Zuweilen, wenn sich eine größere Gesellschaft zusammenfand und das nötige Kleingeld vorhanden war, gings dann hinüber in die Gastwirtschaft zum Roten Hahn, bei ganz anderen Gelegenheiten wie z. B. am Weihnachtsabend 77 oder 78 oder Sylvester blieben wir auch bis tief in die Nacht bei Bier und Wein in entsetzlichem Tabakqualm in der Rott'schen Einsiedelei. Zu wundern, woher die nötigen Sitzgelegenheiten für so viele Personen kamen, denn acht zumindest dürften ihrer doch gewesen sein. Von den jungen Männern, die damals häufig mit Rott verkehrten, nenne ich die Musiker: Rudolf Krzyzanowski, Gustav Mahler, Anton Krisper aus Laibach, Rudolf Pichler aus Wien […], Hugo Wolf […]; Nichtmusiker: die Brüder John und Fritz Löhr, Josef Reif, Josef Seemüller, Baron Liliencron (übrigens ein

ausgezeichneter Cellospieler) und schließlich meine Wenigkeit [...] vom wirtschaftlichen Standpunkt aus war die Gesellschaft ziemlich gemischt: von der fröhlichen Armut bis an die Grenzen des Reichtums hinauf waren alle Stufen vertreten [...]. Die Habenichtse gebärdeten sich wenigstens von Zeit zu Zeit wie diese. Ihnen war das Leihhaus wohlbekannt. Dem Verpfänden der Sachwerte oder Wertsachen [...] folgte regelmäßig das der Pfandscheine, die dann vielleicht verkauft wurden. Vorschüsse auf Unterrichtshonorare spielten eine große Rolle und es läßt sich nicht behaupten, daß die Beträge, die man sich auf solche Art verschaffte, immer auf die zweckmäßigste Art mit wohlbedenkender Sparsamkeit verwendet wurden. Wer möchte das auch von solcher Jugend erwarten, die beständig von Not gehetzt, doch im Bewusstsein eigener Kraftfülle der Zukunft vertrauend von der Stunde kauft, was zu haben ist! Künstlerische Begabung und genaues Rechnen mit dem Wirtschaftsgeld passen schlecht zusammen und gar wo dieses von vorne herein unzulänglich ist.«[37]

Das von der »Peripherie« geprägte kulturelle Überich Mahlers geriet also schon früh unter dem Einfluss nonkonformistischer Freunde ins Außenseitertum. Es wiederholte sich der im 19. Jahrhundert häufig begangene Pfad der künstlerischen Geheimbündelei als Opposition zu geltenden Normen und nicht hinterfragten Traditionen. So hatten sich auch E.T.A. Hoffmann und Robert Schumann verhalten, Ersterer als Mitglied des Berliner Literatenzirkels *Die Serapionsbrüder* und Schumann als aktives Mitglied der *Davidsbündler*, die sich 1833 im Leipziger Lokal *Zum Arabischen Coffe Baum* trafen und den »Philistern« den Kampf ansagten.

Mahlers Neigung, zu den geltenden gesellschaftlichen und ästhetischen Normen auf Distanz zu gehen und den unbequemeren Weg des Außenseitertums zu gehen, brachte ihn auch in die Nähe von Anton Bruckner. Das Verbindungsglied war Richard Wagner, der in Wien, nach den *Tannhäuser-* und *Lohengrin*-Premieren, das Idol aller »Zukunftsmusiker« war. Bruckner wurde seinerseits durch seine uneingeschränkte Wagner-Begeisterung und durch den offenen Antagonismus zu Brahms ein Gewährsmann für die oppositionell denkenden Jüngeren, Hans Rott und Gustav Mahler an der Spitze. Hans Rott war sogar Bruckners Lieblingsschüler. Komplexer war Mahlers Verhältnis zu Bruckner. Wahrscheinlich zog ihn Bruckners ländliche Naivität an, die allerdings viel weniger reflektiert war als die

Mahlers. Heinrich Krzyzanowski, der Bruder des Mahler-Freundes Rudolf, meinte sogar, Bruckner sei der echte Naive gewesen, was Mahler durchaus sein wollte.[38] Wie man aus späteren Äußerungen Mahlers gegenüber der Freundin Natalie Bauer-Lechner weiß, schätzte Mahler Johannes Brahms sogar höher als Bruckner ein, da in seinen Augen Brahms eine vollkommenere Übereinstimmung von Form und Gehalt erreichte als Bruckner. Der Hauptgrund für Mahlers Parteiergreifung für Bruckner lag wohl darin, dass dieser in den Jahren des Studiums in Wien der Prügelknabe der Wiener Kritik war. Der Student Mahler muss einerseits den Mut zu solchem Außenseitertum bewundert haben und andererseits mit viel Einfühlungsvermögen den Schmerz des Geschmähten nachempfunden haben. Der erste Bruckner-Eklat fiel ins Jahr 1876, als die Philharmoniker in einem »Gesellschaftskonzert« im Musikverein am 20. Februar unter Bruckners Leitung dessen *Zweite Symphonie in c-moll* spielten. Trotz wohlwollender Zustimmung des Publikums nach den ersten Sätzen und ungeachtet der Komplimente des Musikvereinsdirektors Johann Herbeck, der sogar fand, dass »wenn Brahms diese Symphonie komponiert hätte, der Saal vor Applaus demoliert worden wäre«, brach am Ende ein heilloses Gelächter aus, das den Komponisten mit Hohn und Spott überschüttete und der Kritik den Anlass zum totalen Verriss gab. Auf Bruckners Leibgericht »G'selchtes mit Knödl und Kraut« anspielend, schrieb ein Kritiker lakonisch: »Der Mensch ist, was er isst.«[39] Den zweiten Misserfolg gab es am 16. Dezember 1877 mit der *Dritten*, wiederum mit den Philharmonikern und dem ungeübten Dirigenten Bruckner, der selbst dirigieren musste, weil sich in Wien kein Dirigent fand, der das Werk hätte einstudieren wollen. Auch dieses Mal endete die Uraufführung in einem Desaster: Das Publikum verließ nach jedem Satz scharenweise den Saal, bis am Ende nur noch ein paar Bruckner-Schüler in den Rängen zu sehen waren. Am Schluss sollen einige seiner Anhänger – darunter Gustav Mahler und Krzyzanowski – versucht haben den vollkommen erschlagenen Meister zu trösten, der aber mit den Worten abgewehrt haben soll: »Laßt's mi aus, die Leut woll'n nix von mir wissen.«[40] Diese auch von Hanslick geschmähte *Dritte* fand an demselben Abend einen Verleger, der bald darauf Mahler und Rudolf Krzyzanowski mit dem Klavierauszug beauftragte.[41]

Es hat also den Anschein, dass Mahler schon früh eine Art Empathie für den Misserfolg entwickelte, mit der er sich ein besonderes Einfühlungsvermögen für die Geschmähten und Gescheiterten anerzog. Ein Einfühlungsvermögen, das stärker war als die musikalischen Gemeinsamkeiten, die sich im Bezug auf Bruckner mehr auf die breite, ausladende Form der Sätze und auf die markante Unisono-Wucht einiger Hauptthemen beschränkt – etwa am Anfang der *Fünften*, wo das Trompeten-Solo auf Bruckners *Dritte* verweist.

Mahlers Verhältnis zu seinen Kommilitonen war auf Grund der heterogenen, zum Teil neurasthenischen Temperamente nicht ungetrübt. Es gab Rivalitäten, Antipathien und homophile Eifersüchteleien. Laut Heinrich Krzyzanowski habe zwischen Rott und Mahler schon deshalb nie eine »richtige Freundschaft« bestanden, weil einerseits Rott es nicht vertrug, dass Rudolf Krzyzanowski auch mit Mahler »eng und innig befreundet« war, und weil ihn andererseits »eine Menge großer und kleiner, jüdischer und nichtjüdischer Unarten« von dem »zappelnden, hüpfenden, stoßenden« »kleinen koboldartigen« Mahler abstießen.[42]

## Mahlers Identifikation mit den geschlagenen Helden der Literatur: »Bücher fresse ich immer mehr und mehr! Sie sind ja doch die einzigen Freunde, die ich mit mir führe!« *(Gustav Mahler)*

Mahlers Abneigung gegen den Akademismus ging einher mit einer sehr starken eidetischen Begabung, nämlich mit der Fähigkeit, Bilder aus Einbildung und Natur direkt in Tonagglomerate umzusetzen. Den Stoff dazu lieferten sowohl das durch Heimweh aufgeladene Gedächtnis von Kindheitseindrücken, die Lieder und Märchen, als auch die Lektüre wesensverwandter romantischer Geschichten. Mahler besaß darüber hinaus eine eindrucksvolle, wohl weitgehend unbewusste kindliche Naivität, die es ihm erlaubte, in Figuren und Situationen der Geschichten affektiv aufzugehen und sich voll mit ihnen zu identifizieren, wohl auch eine jüdisch-chassidische Eigenschaft, nämlich mit »Bildern zu tanzen«. Seine langjährige Begleiterin Natalie Bauer-Lechner erzählt,[43] dass es in ihrer ersten intensiven Diskussion mit Mahler nicht um Musik, sondern um Goethes Bildungsroman zu Wilhelm Meister ging, in dem dieser von sich sagt: »mich selbst, ganz wie ich da bin, auszubilden, das war dunkel von Jugend auf mein Wunsch und meine Absicht« – Goethes Entwicklungsroman als Spiegelbild des eigenen Lebens- und Bildungswillens, nämlich, wie Wilhelm Meister sich in der Kunst zu bewähren.

Von Mahlers außerordentlicher ästhetischer Reizbarkeit im Umgang mit Literatur zeugen mehrere Episoden aus seinem Leben. Als er, nach der Rückkehr aus Amerika, mit dem Schönbergkreis und Zemlinsky zusammentraf und mit ihnen Themen des Komponierens diskutierte, soll er zu Schönberg gesagt haben: »Lassen Sie die jungen Leute, die bei Ihnen lernen, doch Dostojewski lesen – das ist wichtiger als der Kontrapunkt.«[44] Während Brahms zeit seines Lebens mit seinem Freund Joseph Joachim Kontrapunktübungen austauschte, um sich seines Handwerks zu versichern, holte sich Mahler Einfall und Inspiration aus der Literatur: »Bücher fresse ich immer mehr und mehr! Sie sind ja doch die einzigen Freunde, die ich mit mir führe! Und was für Freunde! Gott, wenn ich die nicht hätte!«[45]

Die Literaturwahl Mahlers hatte allerdings eine ganz andere Ausrichtung als bei Liszt oder Wagner, die beide in den großen Klassikern und Romantikern, Dante, Shakespeare, Cervantes, Tasso, Lord Byron, Goethe, Schiller, Victor Hugo, Lamartine, aufgingen, und ihr megalomanes Ich in deren Heroen widerspiegelten. Mahlers Lektüre wies andere Schwerpunkte auf: Sie war breit gefächert und reichte von Platon bis Euripides, von Shakespeare bis Cervantes, von Kant bis Schopenhauer, von Nietzsche bis Wagner, von Friedrich Albert Langes *Geschichte des Materialismus* bis *Zend-Avesta oder über die Dinge des Himmels und des Jenseits* von Gustav Theodor Fechner und Eduard von Hartmanns *Das Problem des Lebens.* Von den Schriftstellern interessierten ihn vorwiegend Dichter und Denker, die letzte Fragen der Existenz erörterten, allen voran Goethe und Dostojewski – von Goethe fast alles, von Dostojewski hauptsächlich *Die Brüder Karamasow.* Untersucht man Mahlers reichhaltige Korrespondenz, so findet man darin zahlreiche Spuren der ständigen und temporären Lektüre. Als Alma mit ihrer zweiten Tochter niederkam, las ihr Mahler aus Kant vor.[46] Er las aber auch Peter Rosegger und *Brehms Tierleben.* Doch die Literatur, die ihm als schöpferischen Musiker am nächsten ging, war die romantische, vor allem die Gedichte-Sammlung *Des Knaben Wunderhorn* von Clemens

Brentano und Achim von Arnim, Jean Pauls kauzig-groteske Romane, insbesondere *Siebenkäs* und *Titan*, sowie E.T.A. Hoffmann.[47]

Die Vorliebe des jungen Mahler für die Märchen der Brüder Grimm und die Volksliedtexte aus *Des Knaben Wunderhorn* der Romantiker Clemens von Brentano und Achim von Arnim enthüllen ein eher infantiles, von allerlei Schauermärchen eingeschüchtertes Ich. Auch sind Mahlers Traumfiguren nicht die großspurigen Helden des Nibelungenliedes, sondern die mit allerlei Mängeln behafteten, aus ärmlichen Verhältnissen und oft vergeblich nach einem besseren Leben trachtenden kleinen Leute: Kinder, die um Brot betteln, Mittellose, die dem »allerliebsten Schatz Ade sagen« müssen, Kleinhäusler, die »um schlimme Kinder artig zu machen«, einen »Herrn kommen lassen«, Kuckucke, »die zu Tode fallen«, alles in allem Geschichten von *Scheiden und Meiden*, von Soldaten, die nicht siegen oder desertieren, von »Rittern, die zum Tor hinaus reiten« und »dem Mägdlein Ade! sagen«. Das Repertoire der frühen Lieder ist selbst im scheinbar unbekümmerten *Ringel, ringel Reih'n!* voll von schauriger Melancholie. Alle frühen Texte und Opernprojekte, die der junge Mahler als Großprojekte in der Schublade hatte, zeugen von einem Weltbild des Scheiterns. Der Opernstoff der *Argonauten*, zu denen der junge Mahler eine Ouvertüre komponierte – vermutlich von Wagners germanischer Megamythologie *Der Ring des Nibelungen* beeinflusst –, stellt das Motiv des Misserfolges in den Mittelpunkt, der sogar dem größten Aufgebot an Helden der Mythologie passiert ist. Dasselbe Scheitern im Opernsujet *Rübezahl*, der am Beginn als übermächtiger Berggeist auftritt, am Ende aber von einem einfachen, schlauen Landweib aufs Kreuz gelegt und ausgelacht wird: möglicherweise eine Kompensationsfigur für unbewusste Minderwertigkeitsgefühle eins egozentrischen Ichs, das von Größe träumt, aber an der Wirklichkeit scheitert, oder, aus der Sicht der einfachen Frau, die dem Rübezahl-Protz eins auswischt: der Ehrgeizige aus der Peripherie, der wie das »Tapfere Schneiderlein« es der Welt zu zeigen weiß.[48]

Mahlers Synästhesie mit Texten und poetischen Vorlagen aus der klassisch-romantischen Literatur ist besonders in den Jahren der Formung eines selbstständigen Ichs sehr deutlich. In dieser Zeit, scheint es, verdinglichte Mahler in besonderem Maße seine Phantasie durch Vertiefung in seelenverwandte Stoffe der Literatur, und Textwahl wie musikalische Gestaltung wurden zum Ventil eines sich immer wieder aufbäumenden und doch resignierenden Charakters. In den frühen Kompositionen kehrt bei Mahler immer wieder das Motiv des Wanderers wieder, ein romantischer Topos für das existenzielle Scheitern des Künstlers, der sich auf die Verlockungen der Musik einlässt, ein Unglück, das in Schuberts *Winterreise* oder in Schumanns *Zwei Gesellen* nach Eichendorff beschrieben wird.

Karl Kraus meinte einmal in Polemik gegen die Psychoanalyse, dass er den Weg in die Kindheit »nach reiflicher Überlegung doch lieber mit Jean Paul als mit Sigmund Freud machen« wolle. So wurde für Mahler das Märchen zum Traumschiff, mit dem er in das imaginäre Paradies der Kindheit reiste. Mahler nannte am Beginn seine Erste Symphonie, mit Anspielungen an die eigene Jugend, »Symphonische Dichtung« und gab ihr in Folge den Programmtitel *Titan* nach Jean Paul, in dem nach Auskunft des Dichters »jeder Himmelstürmer seine Hölle findet«. Bruno Walter erinnert sich, dass er mit Mahler immer wieder über Jean Paul sprach: »Über den großen Roman sprachen wir oft und namentlich die Gestalt des Roquairol, deren Einfluß im Trauermarsch der Ersten zu spüren ist, war uns Gegenstand eingehender Erörterung. Mahler behauptete, daß jeder begabte Mensch einen solchen Roquairol, das heißt den sich selbst spiegelnden, zersetzenden, höhnischen, gefährdeten Geist mehr oder weniger in sich trage und erst nach dessen Überwindung durch entschiedene Tätigkeit in den Besitz seiner gesunden Kräfte gelange.«[49] Dass dieser Dichter Mahler gefiel, ist aus dem Vergleich der skurrilen Vielfalt der Figuren Jean Pauls mit der ebenso lebendigen und witzigen Instrumentierung Mahlers verständlich. Jean Paul, der phantastische Realist mit dem Sinn für das Banale und Abstruse ebenso wie für das Alltägliche und Zauberhafte, dieser Goethe der kleinen Leute, der im *Siebenkäs* einen Erstgeborenen in einer unterirdischen Höhle acht Jahre lang »gegen die Schönheiten der Natur und die Verzerrungen der Menschen abhärten lässt« und die Geschichte eines Armenadvokaten erzählt, der seine unglückliche Ehe mit einer Putzmacherin beendet, indem er den eigenen Tod vortäuscht; Jean Paul, der ein »vergnügtes Schulmeisterlein Wutz« erfindet, das so arm ist, dass es sich keine Bücher leisten kann und deshalb selber welche schreibt und »in seiner tanzenden, taumelnden Phantasie nichts als Sphärenmusik hört«; Jean Paul, der Phantast, der in einer Art Bildungsroman mit dem Titel *Flegeljahre* einem Erbschaftsanwärter zur Prüfung seiner Erbwürdigkeit die unglaublichsten Dinge abverlangt, ihn in allen Berufen, vom Klavierstimmer bis hinauf zum Pfarrer, auf die Probe stellt und ihn erst »auf dem Totenbett ausruhen lässt«; Jean Paul, der Romantiker, der in der Beschreibung von Liebesbegegnungen von »Blumenblicken« spricht, von »Brennpunkten menschlicher Entzückung« und vom »inneren Menschen, der keine Zunge hat«, dieser Jean Paul ist dem Tondichter Mahler am ähnlichsten. Wie in Jean Paul die Figuren »zittern, weinen und schmachten«, so schafft Mahler in synästhetischer Assonanz Stimmungen und Bilder, die vom grellen Licht der Natur und von den Schatten des Daseins helldunkel beleuchtet sind.

Mahler wurde, so scheint es, von den romantischen Texten nicht nur inspiriert, sondern sogar in synästhetische Erregung versetzt. Er stellte dabei eine Art Assonanz und Mimesis her, die das in Worten Gesagte zum Tönen brachte. Die Bilder flossen ihm quasi als eidetische Entsprechungen durch die Harmonien, die Instrumentierungen als Farb-Schichtungen in die Musik ein. So im dritten Satz der *Ersten*, der ursprünglich den Titel *Des Jägers Leichenbegängnis* trug, in dem Mahler mit der Bezeichnung *Ein Totenmarsch in Callots Manier* auf E.T.A Hoffmanns Erzählband *Phantasiestücke in Callots Manier* verwies, der Callots Kupferstich-Kompositionen mit allerlei Fabelgetier zum Vorbild für seine skurrilen Geschichten genommen hatte.[50] Gewiss spielte in Mahlers Phantasie auch die pianistische Deutung zahlreicher Hoffmannscher Figuren durch Schumann eine Rolle, namentlich die Charaktere der *Phantasiestücke, Kreisleriana*, *Carnaval*, die er als angehender Pianist kennen und spielen lernte. Das Gleiche gilt von der Schumannschen *Humoreske*, ein Paradestück des Pianisten Mahler, in der allerdings Jean Paul die Schumannsche Phantasie beflügelte. Paul Stefan, einer, der Mahler gut kannte, hat schon früh die besondere Übereinstimmung von Mahlers Poesie mit den Phantasiefiguren E.T.A. Hoffmanns, insbesondere mit dem *Kapellmeister Kreisler* erkannt, als er ein Jahr nach Mahlers Tod schrieb: »Kreislers Wiedergeburt auf der Ebene des irdischen Lebens heißt Gustav Mahler.« »Das Wildeste, Schauerlichste ist dir eben recht.«[51] Aber auch Schumann stand Pate bei Mahlers Aufgehen in der Literatur, speziell jener des Erzromantikers

E.T.A. Hoffmann. In Schumanns *Fastnachtsrede von Florestan, gehalten nach einer Aufführung der letzten Symphonie von Beethoven* ist Mahlers symphonisches Programm im Kern antizipiert: »Es scheinen im Werk die Dichtergattungen enthalten zu sein, im ersten das Epos, im zweiten der Humor, im dritten die Lyrik, im vierten (die Vermischung aller) das Drama.«[52]

Die Literaturbesessenheit machte Mahler bereits als Studenten zu einem Sonderling. Friedrich Eckstein, ein Jahr jünger als Mahler, ein Polyhistor und späterer Mitarbeiter Sigmund Freuds, erinnert sich an einen »jungen Mann«, der, »eher klein von Gestalt« mit einer »sonderbar wippenden Art seines Ganges«, mit einem »überaus bewegten und schmalen Gesicht«, einem »sehr pointierten Sprechen von stark österreichischer Klangfarbe«, eine »ungewöhnliche Reizbarkeit« zeigte und »immer einen Pack Bücher oder Noten unter dem Arm« trug.[53]

## Mahlers Eigenheiten und Schrullen: »Er schwang den Hut in der Rechten hin und her, stampfte zu Zeiten mit dem linken Fuß, als wollte er den Erdboden ruhig machen …« *(Ernst Decsey)*

Mahlers Äußeres, sein Auftreten und sein Benehmen beschrieben eine hochneurotische Persönlichkeit von unangepassten Verhaltensweisen. Das konnte man vor allem von seinem Gang ablesen, von seinen unbewussten Zuckungen, von seinen Grimassen, von seiner zeitweiligen Zerstreutheit und Geistesabwesenheit. Dem Komponisten des *Evangelimann*, Wilhelm Kienzl, fiel an Mahler vor allem eine exzessive Nervosität und ein charakteristisches »wiederholtes Aufstampfen mit dem rechten Fuß« auf.[54] Laut Felix Salten, dem Feuilleton-Chef der »Zeit«, war dieser Gang so auffällig »stolpernd«, dass sich die Menschen in Wien nach ihm umdrehten:

> Die Leute auf der Straße kannten ihn; und das Volk, das nichts von ihm wusste, als seinen Namen, las ihm den Ruhm und die Bedeutung vom Antlitz. Sie blickten alle nach ihm, wie sie nach Johannes Brahms schauten, wenn er barhaupt vorüber ging und von dem sie auch nichts wussten; wie sie auf Bruckner achteten, wenn er in seinen immer schwarzen, immer den mächtigen Leib umschlotternden Kleidern einherschob.

> So schauten sie auch auf Mahler, wenn er über die Straßen schritt, mit seinem stolpernden Gang, zögernd und dann wieder eilig, innehaltend, als vergesse er in seinen Gedanken des Gehens und als müsse er sich immer von neuem erst des Unterwegsseins besinnen. Sie schauten ihm nach und lächelten. Er aber wusste nicht, daß hier Leute waren, daß sie lächelten und daß sie ihn kannten. Er wusste wohl auch nur selten und undeutlich, daß er berühmt sei. Er ging durch dieses Leben, ganz versunken in seine Kunst und in seine Arbeit […]. Er verzehrte sich im Feuer seines Schaffens, brannte lodernd und allzu schnell zu Ende.[55]

Natalie Bauer-Lechner erinnerten Mahlers Schritte an ein mit den Füßen zuckendes »Rössel oder an einen Blinden, der den Weg nicht sieht, die Beine hebt und mit dem Fuße stampfend, den Boden berührt.«[56] Daraus schloss der ungarische Geigenvirtuose Carl Flesch, dass Mahler ein »hochgradiger Neurastheniker« war, ihm fiel auf, dass er »auch im Ruhezustand sein rechtes Bein« wie von einem Tick »marionettenhaft nach vorne schlenkerte.«[57] Den Schriftsteller und Musikkritiker Ernst Décsey amüsierte bei Mahlers Gang vor allem das Spiel mit dem Hut: »Er schwang den Hut in der Rechten hin und her, stampfte zu Zeiten mit dem linken Fuß, als wollte er den Erdboden ruhig machen, lachte halbkindlich-vertraut, halb teufelhaft-froh und focht mit dem Hut weiter.«[58]

Ähnliche Schrullen fielen dem Schulbub Otto Klemperer auf, der in Hamburg Mahler beim Nachhausegehen begegnete: »Er hielt seinen Hut in der Hand und schien nicht ordentlich gehen zu können«, erinnert sich Klemperer. »Er zuckte beim Gehen, blieb plötzlich stehen und schien einen Klumpfuß zu haben.«[59] In einer weiteren Mitteilung an Alma nach Mahlers Tod erinnerte sich Klemperer weiter, dass Mahler damals auch die Angewohnheit hatte, »Fratzen zu schneiden«, was auf ihn den Eindruck eines »See-Ungeheuers« machte.[60] Auch Arthur Schnitzler, der Mahler persönlich nur flüchtig kannte, blickte dem Maestro auf die Füße. Als Mahler starb, notierte er in seinem Tagebuch: »Heute Nacht starb Gustav Mahler. Ich habe ihn ein einziges Mal gesprochen, Spätherbst 1905 bei Rosé. Gesehen zuletzt voriges Jahr Sommer in der Kärtnerstraße, und ging ihm, wenn mich meine Erinnerung nicht täuscht, ein paar Schritte nach, weil mich sein Gang interessierte.«[61] Viele hielten dieses Stampfen für ein Zeichen der Ungeduld oder des Zorns, ein Zucken, das sich allerdings auch beim Lachen einstellte. Roller schrieb Mahlers »Stampfen« und »Schlenkern« mit dem rechten Bein dem Phänomen des »Zuckfußes« zu, der bei pathologischer Degeneration in »Veitstanz« ausarten kann. Mahler soll, so Roller, »als Kind an unfreiwilligen Bewegungen der Extremitäten gelitten haben«. Dieses Zucken trete nicht selten bei geistig besonders regen Kindern auf, verschwinde aber im Normalfall mit der Reifung. Bei Mahler, so Roller, sei noch ein Rest in Form dieses Zuckens mit dem rechten Bein übriggeblieben. Beim Gehen habe es sich »in der Form von ein bis drei kurzen aus dem Rhythmus fallenden Schritten« geäußert. »Beim Stehen in einem leichten Aufstampfen, in einer Art Tretens auf dem Platz. Sein unvergleichlich starker Wille hielt diesen Reiz für gewöhnlich gebannt. Wurde der Wille aber irgendwie abgelenkt oder entspannt, dann stellte sich jedes Mal dieses auffällige Gehaben des rechten Beines ein.«[62]

Dieses Zucken könnte freilich auch eine bleibende Folgeerscheinung eines Infekts mit Streptokokken in der Kindheit gewesen sein, zumal man ja weiß, dass Streptokokken-Infektionen in Mahlers Familie endemisch waren und zu Herzschädigungen oder anderen bleibenden Reaktionen führten und möglicherweise in der postinfektiösen Phase »Chorea Sydenham« oder »Veitstanz« bewirkten. Bei diesen »dissoziativen Störungen« handelt es sich um mentale Prozesse, die vom Bewusstsein abgespalten ablaufen. Es sind Störungen, bei denen es zu einem zeitweiligen Verlust von physischen und psychischen Funktionen, wie Entspannung, Erinnerungsvermögen, Wahrnehmung der eigenen Umgebung kommen kann. Alma Mahler erwähnt in ihren Erinnerungen dazu den häufig unvermittelten Stimmungswechsel und die oft unbegründete Rücknahme von gemeinsam getroffenen Entscheidungen.[63] Über das zeitweilige Aussetzen von Erinnerung erzählt Alma Mahler eine Episode, die sich in Misurina zutrug: Mahler schlug im Hotel laut eine Türe zu und erschrak darüber so sehr, dass er »kochend vor Wut« hervorstieß: »Da hat jetzt ein Kerl auf dem Gang eine Tür zugeschlagen! Ich habe gerade nachgedacht, und dieser Hund hat mich gestört. Ich werde mich beschweren!« Alma und ihre Mutter lachten und bemerkten, dass er doch selbst die Türe zugeschlagen habe.[64]

Alle Beobachter stimmen darin überein, dass Mahlers Stimmung sich wie das Wetter in kürzester Zeit ändern konnte. War er einsilbig und wortkarg, so konnte ihn eine interessante Gesellschaft im Nu blitzlebendig und gesprächig machen und im nächsten Augenblick ein falsches Wort zum Verlassen eines Raumes veranlassen, so wie ihm zuweilen in einem Anfall von »kindlicher, ja kindischer Heiterkeit« »ausgelassen und übermütig wie ein Bub« die Spottlust entglitt und er sehr verletzend wirken konnte.[65] In Gesellschaft, schreibt Alma, »verbreitete er manchmal eine Atmosphäre, als läge eine Leiche unter dem Tisch«.[66]

Nach dem Zeugnis von Natalie Bauer-Lechner waren diese heftigen Stimmungswechsel in jüngeren Jahren sogar noch häufiger. Sie erzählt, dass er einmal »wie ein Wirbelwind«, »redselig und in glänzendster Laune ins Haus stürzte«, um sie abzuholen, aber schon nach kürzester Zeit »wie ein Grab verstummte« und »kein Wort mehr sprach«. Diese unvermittelte Selbstvergessenheit äußerte sich auch darin, dass er in Gesellschaft eine Zigarette rauchend den schwarzen Kaffee mit der Zigarette umrührte und den Kaffee, »in der Meinung, er habe Rauch im Munde, über den Tisch der Hausfrau ins Gesicht blies«.[67] Alfred Roller berichtet, dass er Mahler »manchmal inmitten des Zimmers lange regungslos auf einem Bein« habe stehen sehen, »die eine Hand in die Hüfte gestemmt, die andere an die Wange des nachdenklich gesenkten Kopfes gelegt, den Fußrücken des Spielbeines in die Kniekehle des Standbeines geschmiegt, die Augen vor sich hin auf den Boden gerichtet.«[68] Wenn Mahler seinen Gedanken nachhing, war seine Reizbarkeit am höchsten; da konnte es geschehen, dass er erschrocken auffuhr und einen Augenblick die Orientierung in der Realität verlor. Alma erzählt, dass er bei solchen Gelegenheiten gerne Schopenhauers Satz aus »Die Welt als Wille und Vorstellung« zitierte: »Wieviele geniale Gedanken sind schon durch einen Peitschenknall vernichtet worden.«[69]

Lange Wanderungen im Gebirge machte Mahler meist allein, doch auf den Spaziergängen am Nachmittag, ungefähr nach vier Uhr, nahm er gerne auch seine Begleiter mit auf eine Wanderung: in früheren Jahren die Schwester Justine und die Verehrerin Natalie Bauer-Lechner, später Alma. Alfred Roller erzählt, dass Mahler dabei allerlei Zeitmaße einschlug, vom Adagio-Schreiten bis zum »flotten Marschtempo«: »Im langsamen Schreiten setzte er, beinahe zierlich, einen Fuß vor den anderen und streckte die Beine in den Kniekehlen stramm. Er ging so in einer ›schmalen‹ Spur. Im Eilschritt aber, in dem sich die weiteren Spaziergänge vollzogen, trug er den Oberkörper leicht vorgeneigt, das

Kinn vorgestreckt und trat fest, fast stampfend, auf. Diese Gangart hatte etwas Stürmisches, etwas ausgesprochen Triumphales.«[70] Der ungarische Psychoanalytiker Michael Balint hat in der Beschreibung psychischer Charaktere den »Philobaten« – von batein = gehen – als besonders auffällig hervorgehoben. Im Philobatismus, so Balint, manifestiere sich ein Drang nach frustrationsloser, harmonischer Welt, nach Loslösung von psychischen Hemmnissen und nach Ausblick in große Weiten.

## Mahlers Physiognomie und Temperament: »... er war wie ein Wasserstrahl aus einem Rohr, ... ein Luftzug durch ein aufgestoßenes Fenster ... Er trat nicht ein, er brach herein« *(Hermann Bahr)*

Mahler war nach Auskunft von Alfred Roller »ungewöhnlich kurzschädelig. Er hatte sozusagen überhaupt keinen Hinterkopf. Die Impetuosität seines Wesens drückte sich in dem mächtigen Kuppelgewölbe der Stirn aus«, die mit zunehmendem Alter das Antlitz immer mehr beherrschte. Auffallend war außerdem an Mahlers Kopf der energische Unterkiefer und die »schlangenartigen Strähnen« seines Haars, die »dem Kopf jene bezeichnende Ähnlichkeit mit einer antiken tragischen Maske« verliehen. Die Körpergröße betrug ungefähr 160 Zentimeter. »Sein Körper«, schreibt Roller, »war von großem Ebenmaß und ausgesprochen männlichen Proportionen. Die Schultern waren breiter, als der bekleidete Körper vermuten ließ, und vollkommen symmetrisch gebaut«. »Geradezu sehenswert« fand Roller »wegen der Klarheit der Formen« die Rückenmuskulatur und meinte dazu: »Ich konnte diesen prachtvoll modellierten, braungebrannten Rücken nie ansehen, ohne an ein fites Rennpferd erinnert zu werden.« Mahlers Hand war hingegen »kurz und breit, und die Finger ohne Verjüngung wie abgehackt endigend«.[71] Mahler war entgegen der landläufigen Meinung also muskelstark, was ihn zu stundenlangem Stehen in der Oper, zum Platzieren von schweren Bühnenrequisiten und zum Heben von erstaunlichen Gewichten befähigte, wie das der eigenen herzschwachen Schwester Justi, die er in Budapest häufig bis in den dritten Stock trug. Noch größer waren Mahlers innere Kraft und seine schier unerschöpfliche Energie, jene Vitalität, die ihm in den zahllosen musikalischen Aufschwüngen wie aus dem Gesicht zu gleichen scheint. Wilhelm Kienzl erinnerte Mahler an die »dämonische« Figur des *Kapellmeister Kreisler* nach E.T.A. Hoffmann.[72] Auch Hermann Bahr, der sowohl bei Mahler als auch bei dem nicht minder überspannten Hugo Wolf »das Typische des schaffenden Künstlers« vor dem Persönlichen hervortreten sah, verwies auf den skurrilen Hoffmannschen Kapellmeister und meinte, dieser Kreisler müsse nicht nur in der Steiermark gewesen sein, sondern auch in Böhmen, wo er möglicherweise neben der steirischen eine »böhmische Linie eröffnet habe«. Bahr verglich Mahlers vehementes Naturell mit einem »Wasserstrahl aus einem Rohr«, mit »einem Luftzug durch ein aufgestoßenes Fenster«. »Er trat nicht ein, er brach herein«, schreibt er, nachdem er einmal in Wien im Beisein des Hamburger Intendanten Bernhard Pollini Zeuge eines Auftritts Mahlers wurde. Bahr erschrak beinahe, wie »der Unbekannte kreisend durchs Zimmer schoß« und auf einmal »stampfend« wieder fort war, »wie wenn ein Windstoß plötzlich wieder erlischt, wie wenn ein Wasserstrahl plötzlich wieder abgedreht wird«. Pollini, der Mahler ja zur Genüge kannte, soll dann zum verwunderten Herman Bahr gesagt haben: »Eine närrische Nummer, der Kapellmeister, was?« Hermann Bahr, der in jener Zeit Romain Rollands Roman *Jean Christophe* las, konnte sich nicht der Bemerkung enthalten: »Aber das ist ja Mahler, wie er leibt und lebt!«[73]

Als einen »genialen Kerl« bezeichnete ihn Hans von Bülow, in dessen Haus der amerikanische Pianist Sigismund Stojowski einmal Mahler begegnete und in ihm den authentischen »romantischen Musiker-Poeten« erkannte, »eine fantastische, wie aus einer Erzählung E.T.A. Hoffmanns entsprungene Figur: das bleiche, ausgezehrte Gesicht, der asketische Blick hinter den Brillengläsern, die gespannte Nervosität«.[74]

Bruno Walter, der Mahler näher stand als jeder andere, sah in ihm den »Urtyp des Romantikers«; ihm fiel besonders das »maßlos Eruptive seines Wesens« auf, das einen »zu tiefen Leiden geneigten und befähigten Menschen«, einen »Asketen, Gottsucher so extrem und radikal« zu erkennen gab.[75] Felix Salten sah ihn ihm den Typus des »Führers«, des »Schönheitsfinders«: »Man fühlte: er war über seinem Amt und über seinem Werk. Man fühlte: was er in seine Hand nahm, das riß er zu sich empor. Es mußte zu ihm hinauf. Und was von ihm ausging, das kam gleichsam von oben her, von der Höhe eines Mannes, der als Mensch immer noch mehr bedeutete als seine größte Leistung.«

Dem Feuilleton-Chef der »Zeit« fiel besonders Mahlers »Kindlichkeit der Seele« auf, die ihm »aus den hellen Augen strahlte« und »wie ein merkwürdig zwingendes und eroberndes Lächeln um die schmalen Lippen schwebte«, so wie auch die »schwingende Kraft seiner Stimme«, die in naiver Art Ironie verbreitete und nebenbei Gedanken als »Aphorismen von schneidender Schärfe« aussprach.[76]

Der Musikkritiker des »Neuen Wiener Journals« und Freund Sigmund Freuds, Max Graf, nahm an dem »dämonischen Mann«»Ströme nervöser Energie« wahr, besonders wenn dieser, »klein und mit scharf geschnittenen Zügen, bleich und von asketischem Aussehen an das Pult des Kapellmeisters« stürzte und seinen Taktstock nach vorwärts schießen ließ, »daß er wie die Zunge einer Giftschlange zu stechen schien«. Dabei kam ihm in der Dunkelheit des Saales die Silhouette in voller Bewegung wie eine Flamme vor, »die vom Wind hin und her geblasen wird«.[77]

Im Dämmerlicht erschien Mahlers Profil wie das eines Mönchs. Alma erinnert sich an eine Seefahrt in Maiernigg bei mondheller Nacht, in der ihr Mahler mit dem »langen, weißen Gesicht, mit der ehernen, hohen Stirn« wie phosphorig zu leuchten schien. »Er sah erschreckend aus, wie der Tod als Mönch verkleidet.« Und sie fügt hinzu: »So muß Savonarola ausgesehen haben, wie er in dieser Nacht.«[78]

Auch Roller fiel das Maskenhafte von Mahlers Gesicht auf: »Aber während die einen Ernst, Strenge, asketische Starrheit als vorherrschenden Ausdruck bezeichnen, nennen andere Lebhaftigkeit, Nervosität, Ungeduld und Flackerigkeit, und wieder andere Härte, Kälte, Unnahbarkeit, Hochmut.« Im Grunde, meint Roller, waren alle diese Besonderheiten »Regungen einer großen, leidenschaftlichen Menschenseele«. Zur Äußerung seiner oft jäh wechselnden Stimmungen verwandte Mahler zwei Stimmregister. Diese lagen, laut Alfred Roller »unvermittelt nebeneinander. Ein sehr sonores, baritonales, in dem sich seine ruhige Rede bewegte, und ein klingendes, tenorales, das bei gesteigerter innerer Lebhaftigkeit benützt wurde«.[79]

## Stimmungen und Signale der Peripherie: »Die Welt muss romantisiert werden…« *(Novalis)*

Mahler hat sich noch in Hamburg, wo er als arrivierter Dirigent im »Zentrum« angekommen war, zu den einfachen und archaischen Ausdrucksformen der »Peripherie« bekannt: »Ich habe nur einen Wunsch: in einer kleinen Stadt, wo es keine ›Traditionen‹ gibt und keine Wächter der ›ewigen Gesetze der Schönheit‹, unter einfachen, naiven Menschen zu wirken und im engsten Kreise mir und den Wenigen, die mir folgen können, genug zu tun.«[80] Vergleicht man im Verweis auf diese Absonderlichkeiten Mahlers musikalische Syntax, den Periodenbau, den Tonfall, die Semantik seiner Tonsprache mit den Standards der Materialentwicklung der Komposition am Ende des 19. Jahrhunderts, dann fallen zunächst der asymmetrische Duktus der Melodiebögen, die drastische Reduzierung chromatischer Komplexität und die Naivität der Diatonik auf. Man kann diese Eigenheiten besonders deutlich an den ostentativ einfachen Weisen im Volkston erkennen, Weisen, die nicht ganz künstlich sind, sondern der »Peripherie« abgelauscht erscheinen, jenem episch-diskursiven Singen der Menschen auf dem Lande. Gerade am dialektalen Volkslied Mahlers sind die gravierenden Unterschiede zum Volkslied der Hochsprache, etwa jenem von Johannes Brahms, deutlich zu erkennen. Brahms betrachtete das Volkslied als ein thematisch klar strukturiertes Gefüge, das er variierte, Mahler hingegen imitierte das ungebundene Fabulieren der Märchen abseits rigider Formrestriktionen und ließ sich von typisch märchenhaften Redewendungen wie Jauchzern, Tierlauten, Naturtönen, Jagd-Signalen inspirieren.

Die elementare Kraft der blumigen, zwischen grell und dunkel changierenden Tonbilder der frühen Werke, vor allem der Lieder aus der Jugendzeit und der *Lieder eines fahrenden Gesellen*, mit Naturlauten, Lockrufen und sanft wiegenden Bewegungen, ist das Resultat einer drastischen Reduzierung der kompositorischen Komplexität und Mehrdeutigkeit. Mahler hatte die Gabe, Rührung durch Wendungen »im Volkston«, d. h. durch Assonanzen an Trivialmusik und an Klänge im Freien, herbeizuführen und dabei weder banal noch altmodisch zu wirken. Die sparsam implantierten harmonischen Spannungen finden alle im Binnenraum der elementaren harmonischen Stufen statt oder treten als schrille Signale aus der Melodie heraus. Das durch Einfachheit erzeugte Naive der Lieder bedeutet Traum, Sehnsucht, Wärme: die musikalische Nestwärme des Märchens und der Peripherie. Außerhalb der geltenden Gesetze des Weltgeistes Musik, der zu immer dichteren Tonnetzen voranschreitet, setzt sich der junge Mahler mit archaischen und naturnahen Tonmustern in Opposition zur Chromatik, die unaufhaltsam die Tonalität zersetzt, und gestaltet die Modernität der Idylle im Volkston, so als gelte es, das verlorene Paradies durch frühkindliches musikalisches Lallen wiederzugewinnen. Mit changierenden Stimmungen, mit Anspielungen auf Naturlautliches und Infantiles revitalisiert und romantisiert er die Musik, wie einst Novalis die Poesie.

In Mahlers frühen Liedern fällt eine sonderbare Vorliebe für liegenbleibende Bässe auf, Orgelpunkte, die ein Gefühl von Zeitlosigkeit und Unveränderbarkeit verbreiten. In *Frühlingsmorgen* kreist eine bogenförmige, im »Siciliano«-Rhythmus sich wiegende Begleitfigur elf Takte lang über einem gleich bleibenden Grundton, in *Erinnerung* begleitet eine ruhelose, ostinat insistierende Triolenlinie das gesamte Lied, in *Hans und Grete* ruht der Hauptteil des Liedes auf der Tonika F. In *Ablösung im Sommer* wechselt das Bass-Ostinato, das wie ein Signalmotiv das ganze Lied hindurch hüpft und zwischen der Tonika F und der Dominante F lockt. In *Scheiden und Meiden* begleitet eine einzige punktierte 6/8-Bewegung eine Melodie, die über weite Strecken auf gebrochenen Akkord-Konstellationen im Tonika-Bereich angelegt ist. Die harmonische Faktur bewegt sich, mit Ausnahme einiger episodischer Rückungen in ferne Tonbereiche oder chromatisch changierender Harmonien, grundsätzlich im Tonika-Dominant-Ambitus. Durch die Aussparung des Subdominanten-Bereichs vermeidet Mahler die Annäherung dieser Elementardiktion von Rhythmus, Melodik und Harmonie an den Kunstbereich. Zusätzlich markiert Mahler die Melodie durch allerlei charakteristische Lockrufe und Natursignale. Am auffälligsten ist wohl das ostinate Fallen der Melodie in die Terzposition auf der Tonika, ein Fallen, ein jodelnder Lockruf der Peripherie, der häufig den Umweg über die Dominant-None nimmt.

## Mahlers musikalische Traumschrift: »Das urtümliche Bild hat vor der Klarheit der Idee die Lebendigkeit voraus …« *(Carl Gustav Jung)*

»Das Schaffen und die Entstehung eines Werkes«, meinte einmal Mahler Natalie Bauer-Lechner gegenüber, »sind mystisch vom Anfang bis zum Ende, da man, sich selbst unbewußt, wie durch fremde Eingebung etwas machen muß, von dem man nachher kaum begreift, wie es geworden ist.«[81] Mit dieser Aussage bekannte sich Mahler zu einer Art »Traumschrift«. Für Freud gehören zur »Traumschrift« zweierlei Elemente: das vorbewusste Material und der unbewusste Wunsch. Auf die Musik bezogen hieße dies, dass zum Vorhandensein von Einfällen auch das Verlangen gehört, diese zu erwecken und zu einem Werk zu formen: Schaffenslust als Formwille. Mahler erkannte diese psychoanalytische Dynamik an, als er Natalie Bauer-Lechner gegenüber vom Vorhandensein latenter Materialien, die allmählich aus dem Unbewussten auftauchen, sprach: »ungeborene Gedanken, Wendungen, die unter günstigen Bedingungen entstehen könnten und dann auch entstehen. Sie bilden nach und nach das Material, welches latent in einem ruht und das unter der Arbeit, wenn man nur anklopft, einem wieder auftaucht und immer aus dem Vollen schöpfen läßt.«[82] Mahler bestätigte für sich also Freuds Analyse, indem er geltend machte: »Man weiß, daß unser zweites Ich im Schlafe tätig ist, das wächst und wird und hervorbringt, was das wahre Ich vergeblich suchte und wollte. Dafür hat vor allem der Schaffende unzählige Beweise.«[83]

Ähnlich wie Freud hat Jung dem Unbewussten selbst eine ordnende, strukturierende Funktion zugewiesen und dabei, im Verweis auf Schopenhauer, den Begriff »urtümliches Bild« und »geniale Stimmung« ins Gespräch gebracht. Schopenhauer, meint Jung, habe klar erkannt, daß die »Idee«, das heißt das »urtümliche Bild«, nur im Gefühlszustand einer »genialen Stimmung« entstehen könne: »Das urtümliche Bild hat vor der Klarheit der Idee die Lebendigkeit voraus. Es ist ein eigener lebender Organismus, ›mit Zeugungskraft‹ begabt, denn das urtümliche Bild ist eine vererbte Organisation der psychischen Energie.«[84]

Mahlers »urtümliche Bilder« sind auf der niedrigsten Ebene der Syntax alle jene Motive, vor allem Intervalle, die affektiv aufgeladen sind und sich als die tragenden Bausteine seiner beseelten Prosodie erweisen. Es sind dies in erster Linie Jagd- und Militärsignale, Vorhalte als Seufzermotive, naive Auftaktquarten und Rufquarten, große und kleine Sexten, meist von der Dominante in die melodieselige Mediante aufsteigend, Oktaven, die wie tiefes Einatmen hinaufgezogen werden, und unvermittelt ineinander übergehende kleine und große Terzen. Diese Intervalle geben in der Mehrzahl der Lieder dem Melos ein seltsam beseeltes Gesicht. In zahlreichen Liedern treten diese naiven Mensch-, Natur- und Tierweisen sogar gehäuft auf, wie im Lied *Hans und Grete*, in dem über einem ostinaten Bass eine Kette von Auftakt- und Rufquarten mit einer jodelnden Juche!-Sexte wetteifert. Immer wieder bedient sich Mahler der Auftakt-Quarte. In *Zu Strassburg auf der Schanz* mutiert die Volkslied-Auftakt-Quarte zur militärischen und stößt Fanfaren-Quarten wie Exerzier-Appelle aus. Die makabre Auftaktquarte, die im Bass *Des Heiligen Antonius von Padua Fischpredigt* einen auf der Stelle rumorenden düsteren Reigen markiert, ist vollkommen anders gepolt als die Auftaktquarte mit Balladen-Ton von *Scheiden und Meiden*, die sich zur Auftakts-Oktave dehnt und im jähen Wetterumschlag von Dur nach Moll die Ambivalenz des Mahlerschen Glücksbegriffes versinnbildlicht. Der Ambivalenz von Frohsinn und Niedergeschlagenheit gehorchen auch die zahlreichen Rührseligkeits-Sexten – z. B. *Das ist der Herz allerliebste dein* in *Wo die schönen Trompeten blasen* –, auch sie sind, wie die zwischen Moll und Dur changierenden Terzen von *Die zwei blauen Augen von meinem Schatz,* mal fröhlich, mal traurig besetzt. Zweifelsohne gehen diese musikalischen Vorlieben auf das frühkindliche Staunen gegenüber dem herrlichen Zerimoniell zurück, das den Knaben Mahler angesichts der ein- und ausrückenden Truppen in helle Erregung versetzte. Der Musikwissenschaftler Guido Adler, Mahlers Landsmann, nennt gerade diese Eindrücke als die wichtigste Quelle Mahlerscher Motivik:

> In Iglau, der national umbrandeten deutschen Sprachinsel, wuchs der Knabe heran; er fand reiche musikalische Nahrung in den Volksliedern der beiden Stämme, unter denen er seine Jugend verbrachte. Seine Phantasie wurde angeregt durch die sagenumwobene Waldlandschaft und das muntere Treiben der Garnison, deren Signale symbolische Bedeutung bei ihm gewannen. Morgen- und Abendappell, Rufe und Exerziermotive setzten sich bei ihm in Klangbilder um, die sich um die Gestalt des alten

deutschen Landsknechtes verdichteten. Sie tauchen in lebendiger Erfrischung immer wieder auf, auch in Liedern und Instrumentalwerken der späteren Zeit, so in »Reveglie«[!], »Tambour-Geselle«, »Der Schildwache Nachtlied«, »Der Gefangene im Turm«, »Wo die schönen Trompeten blasen«, im ersten und letzten Satz der dritten, im Variationensatz der vierten Symphonie usw. Daraus erklärt sich auch Mahlers Vorliebe für Marschrhythmen aller Art, die sich in seinen Werken immer wieder finden, Freud und Leid begleiten – die schönste Verklärung findend im ersten Satz der fünften Symphonie, dem leidenschaftlich erregten Trauermarsch in Cis-Moll, gleichsam eine Steigerung der Stimmung im gleichartigen Satze der »Eroica« von Beethoven. Wie ein roter Faden gehen die Eindrücke seiner Jugend durch sein Schaffen während des ganzen Lebens.[85]

Der prosodische Jargon Mahlers setzt sich aus mehreren Schichten zusammen, der vom Einfachsten und Primitivsten bis zum Raffiniertesten und Kunstvollsten hinauf alle Gattungen umfasst. In aufsteigender Entwicklung sind dies der vorbewusste Bereich mit Ringelrein, Kinder-Singsang, Jagdmotiven, Jodlern, Naturlauten, Rufen, Fanfaren, Echos und Signalen, dann etwas höher, auf der Ebene des Dialekts, die Ländler, Märsche und Kondukte, weiter höher der Bereich der musikalischen Umgangssprache, das dem Volkslied nachempfundene Kunstlied und die sentimental verdinglichten Espressivo-Sätze, und schließlich, in der Kunstsphäre, die herrlich konstruierten und gewaltig kulminierenden Finalsätze. Diese Typologien sind so prägnant, dass sie sich dem Hörer unmittelbar mitteilen. So ist die Prosodie des ersten Satzes der *Vierten* ganz Grazie und Galanterie im Stile der Wiener Klassik, beschrieben aus der Perspektive des Historismus. Der Hauptgedanke des ersten Satzes der *Dritten,* der fast notengetreu das Thema des letzten Satzes der *Ersten* von Brahms aufgreift, ist musikalische Hochsprache in perfekter Diktion. Der Trauermarsch am Beginn der *Fünften* ist prosodisch im Dialekt böhmischer Begräbnisse verfasst, während das *Adagietto* und das Scherzo aus derselben Symphonie Quintessenz österreichischen Überschwangs im »Finis Austriae« sind.

Die Grundcharakteristik von Mahlers Prosodie ist die unvermittelte musikalische Inbrunst, der Hang zu ekstatischem Erleben und ein gewisses ozeanisches Gefühl im Anschwellen der Klangfluten, Eigenschaften, die dem plötzlichen Erwachen des Affektes im Traume gleichen. Mahlers Klangentladungen brechen oft unvermittelt über entspannte konsonante Tonfelder herein und schrecken den auf Kontemplation und Entspannung eingestellten Zuschauer auf. Sie gleichen, wenn man Freud zu Rate zieht, der überproportionierten Intensität eines unbewussten Traum-Affekts. [86]

Die im Irrationalen verankerte Phantasie Mahlers hat eine stark verdinglichte Metaphernsprache und eine archaisch konnotierte Symbolik bewirkt. Musikalische Verdinglichung bedeutet: den Ausdruck so zu verdeutlichen, dass er beim Hören als Affekt, Signal oder Farbe wiedererkannt wird. Wenn ein musikalischer Vorhalt die Deutlichkeit eines Seufzers annimmt, wenn ein herabgezogenes Glissando wie eine Streicheleinheit wirkt oder die hohen Flageolette das Flimmern der warmen Luft umschreiben, dann tritt Verdinglichung ein, oder, wie C. F. Jung schreibt, der Konkretismus: »Das konkretistische Denken ist stets auf die Sinnlichkeit bezogen.« Fühlen, sagt Jung, ist im Grunde primitiv, konkretistisch und archaisch. Das Ich geht mit Hilfe des Konkretismus eine Art *»partecipation mystique«* mit der Außenwelt ein und vermischt Denken und Fühlen. [87]

Mahler hat sich immer wieder in Naturbeschreibungen und Bildern über seine Musik geäußert, so etwa, wenn er Natalie Bauer-Lechner gegenüber das Andante der *Vierten* mit dem »Lächeln der heiligen Ursula« verglich, das ihn »mit tiefer Traurigkeit« an das »wie durch Tränen lachende Antlitz seiner Mutter« erinnerte, »die auch unendlich gelitten, aber alles immer liebend aufgelöst und vergeben habe«. [88]

Für die Zeitgenossen Mahlers, die in der klassischen Tradition erzogen und aufgewachsen waren, bedeutete diese Form des musikalischen Animismus, der das Göttliche und die Natur musikalisch benannte, ein Problem. »Wenn das noch Musik ist«, soll der ihm sonst wohlgesinnte Hans von Bülow kopfschüttelnd gemeint haben. [89] Musik als Ausdruck eines geläuterten Stils, Musik als Sublimation und Affirmation konstruktiver Prinzipien, das war die Richtung der Musik bis Mahler. Dass nun aus dem »interesselosen Wohlgefallen« ein »interessiertes Wohlgefallen« werden sollte, das sahen die Hüter deutscher Tradition als Verfall des Sublimen. Genau das, meinte Hans von Bülow, sei bei Mahler das »symphonische Problem«: die starke Hervorkehrung des Inhalts zu Lasten der Form, ein Verdinglichungs-Vorwurf auf den Mahler folgendermaßen antwortete: »Aber nun ist es die Welt, die Natur als

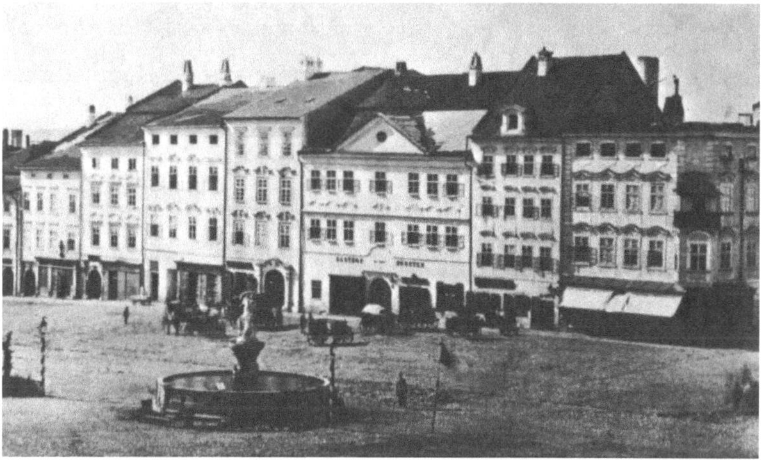

Iglau, Teil des Stadtringes mit Neptunbrunnen

Ganzes, welche sozusagen aus unergründlichem Schweigen zum Tönen und Klingen erweckt ist.«[90] Der Drang zur Verdinglichung affizierte bei Mahler aber nicht nur die Form, sondern auch Dichte, Agogik und Dynamik: Das musikalisch geäußerte Gefühl läuft sozusagen auf den Höhepunkten über und tendiert in den heftigsten Momenten zum Überschlagen der Stimme: Das Gefühl wird, wie Carl Gustav Jung schreibt, zum »Affekt, der Körperinnervationen auslöst«.[91]

Diese Verdinglichung vom einfachen Gefühl zum Affekt steigert sich in Mahlers Prosodie in den heftigsten Äußerungen zu wahrer Vehemenz und kondensiert in den Klimaxpunkten zu physischer Kraftentfaltung.

# II. Mahlers Feriengewohnheiten von Berchtesgaden bis Schluderbach

## Die Sommerfrische zur Zeit der k. u. k. Belle Époque: »Mir ist es in Ischl immer, als ob die Berge ringsum nur eine Art Decoration wären, die man auf die Wiener Ringstraße gestellt hat …« *(Karl Kraus)*

Die Ferieneuphorie, die in der Gründerzeit das Lebensgefühl der Menschen der k. u. k. Monarchie erfasste, kam im letzten Drittel des 19. Jahrhunderts in der Reichshauptstadt Wien auf. Dort war nach 1860 durch risikobereite Unternehmer und zukunftsorientierte Investitionsgesellschaften ein rasantes Wirtschaftswachstum in Gang gekommen, das sowohl materiell als auch psychologisch ungeahnte Freiräume für Freizeit, Urlaub und Reisen aufschloss. In diese Freiräume wuchs ein neuer Wirtschaftszweig hinein: der Tourismus und mit ihm die spezifisch alpine Form der »Sommerfrischen«. Voraussetzung für beide waren die 12.312 km Bahnstrecken, die in der Monarchie zwischen 1866 und 1880 realisiert wurden, davon allein zwischen 1866 und 1873, dem Jahr des Börsenkraches, 9.472 km.[1] Bereits 1849 konnte man von Wien aus durchgehend bis Laibach fahren. 1854 wurde die Semmeringbahn eröffnet, Europas erste Gebirgsbahn, 1857 war die Strecke Wien-Triest komplett, 1860 wurde Wien durch die Westbahn über Linz nach Gmunden mit Salzburg verbunden. 1867 vollendete die k. u. k. priv. Südbahn-Gesellschaft die Brennerbahn von Kufstein bis Ala. Das Salzkammergut konnte man bereits 1869 von der Reichshauptstadt aus mit der Bahn erreichen. Nach und nach nahmen auch zahlreiche Lokalbahnen in ländlichen Gebieten den Betrieb auf: 1875 die Strecke Wörgl-Bischofshofen, die Kremstalbahn, die auch in Bad Hall hielt, und die 1893 fertig gestellte Salzkammergut-Lokalbahn. 1871 verband die Südbahn Villach mit Franzensfeste durch das Pustertal. Entlang der Strecken und in der Nähe der Bahnhöfe entstanden großräumige Hotels und Tourismusanlagen. So wurde im Jahr der Eröffnung der Pustertaler Bahn, 1871, auch der Bau des »Grandhotels« in Toblach in Angriff genommen. Mit welcher durchschlagenden Kraft sich das k. u. k. Ingenieurwesen der bis dahin unberührten Natur bemächtigte, veranschaulichen die Baustatistiken: die Trasse von Toblach bis Franzensfeste wurde in nur zwei Jahren, bei einem täglichen Aufwand von 966 Arbeitern, 281 Technikern und 58 Pferden, realisiert.[2]

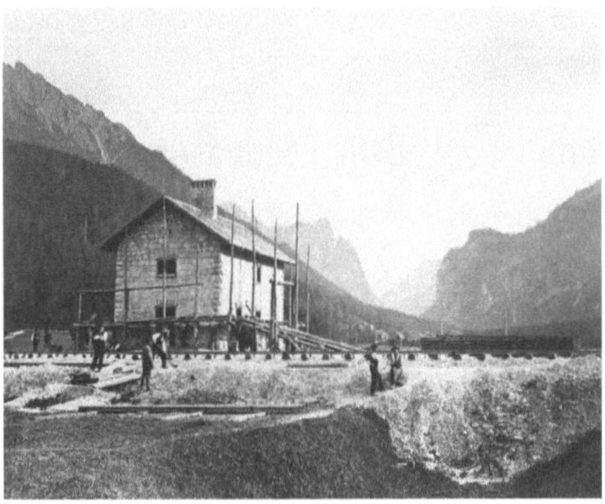

Bau des Bahnhofs Toblach 1870

Die Eisenbahn machte die Gesellschaft mobil: Zunächst beförderten Erste Klasse-Waggons die Wohlbetuchten, dann die zweite und dritte Klasse auch die breiten Massen. In der Ferienzeit leerten sich die Städte dadurch so sehr, dass Karl Kraus für das überfüllte Ischl den Werbespot von der »Vermählung von Stadt und Land« lancierte und die Vorstellung nicht loswurde, dass Ischls sommerliche Flaniermeile nichts anderes als eine Verlängerung der Wiener Ringstraße sei: »Mir ist es in Ischl immer, als ob die Berge ringsum nur eine Art Decoration wären, die man auf die Wiener Ringstraße gestellt hat«.[3]

Der reine Naturbegriff des romantischen Wanderers, der einst Alexander von Humboldt zu Fuß nach Ischl, Hallstadt und Bad Aussee gehen ließ, das verklärte Auge, das Kaspar David Friedrich vor der Stille des Hochwaldes hatte erschauern lassen und bei den romantischen Dichtern metaphysisch-transzendentale Assoziationen geweckt hatte, war also mit dem Beginn des Eisenbahn-Tourismus endgültig vorbei.

Nun reiste man nicht mehr tagelang in Kutschen durch die Gegend, sondern bestieg einen Zug und quartierte sich in komfortablen Pensionen oder Hotels nahe den Eisenbahnstationen ein.

Das Übersiedeln auf das Land mit »Gläsern und Geschirr in Kisten und Körben«[4] nannte man »Menagieren«, vom französischen »ménage« (Haus, Familie): Es bedeutete soviel wie mit Sack und Pack dem Arbeitsalltag entfliehen und ganz neue Erfahrungen machen.

Der frivolen Ferien-Beschwingtheit folgten allerlei Ausschweifungen und sentimentale Affären auf dem Fuße. Weit verbreitet war der lockere, wenngleich literarisch veredelte Umgang mit dem »süßen Mädel«, von dem die allgegenwärtige *Fledermaus* doppeldeutig im Couplet *Spiel ich die Unschuld vom Lande*, singt. Das »süße Mädel«, das war im kollektiven Unbewussten der »Ringstraßen-Galanterie« das unverbrauchte, aber leicht zu gebrauchende Weibliche auf dem Lande, ein Klischee, das besonders in Schnitzlers Erzählungen und Dramen bis zum Exzess ausgereizt ist, von *Liebelei* bis *Fräulein Else*, Geschichten, die immer wieder »im Sommerwind« (Schnitzler) oder in einem Hotelzimmer spielen und von erotischen Eskapaden und gebrochenen Herzen erzählen. In seiner Autobiographie *Jugend in Wien* kommt Schnitzler später noch einmal auf diesen gründerzeitlichen weiblichen Archetypus des »süßen Mädels« zurück, das er in der Phantasie des »jungen Herrn« als erotisch dienstbar darstellte:

> Kleidung von einfachem Geschmack und dem gewissen Grisettentypus – der Gang hin und her wiegend – behend und unbefangen – die Stimme hell – die Sprache in natürlichem Dialekt vibrierend: was sie spricht – nur so, wie sie eben sprechen kann – ja muß, das heißt lebenslustig, mit einem leisen Anklang von Übereiltheit […] Leichtsinnig mit einem abwehrenden Anflug von Sprödigkeit.

Der Trend des »Ringstraßen«-Ferientourismus ging zunächst in Richtung Baden, Semmering und Salzkammergut. An den Anhöhen des Semmering entstanden in der Gründerzeit zahlreiche luxuriöse Villen und Hotels, darunter das 1882 erbaute »Südbahnhotel« und das 1888 fertig gestellte »Panhans-Hotel«. – Der Semmering entwickelte sich um die Jahrhundertwende zum bevorzugten Treffpunkt zahlreicher Wiener Intellektueller: Arthur Schnitzler, Peter Altenberg, Karl Kraus. Am Semmering arbeitete Arthur Schnitzler an seiner 1895 am Burgtheater aufgeführten Tragikomödie *Liebelei*. Hier quartierten sich steinreiche Pensionisten ein, aber auch ausgediente Politiker und Schauspieler. Hier verbrachte der Wiener Volksunterhalter Josef Kainz die letzten Wochen vor seinem Tod. Er starb 1910, in dem Jahr, als sich Gustav Mahler dort ein Grundstück für sein Altersdomizil kaufte.

Auch Baden bei Wien, das seit jeher eine Mischung aus Heilbädern und Hochadel darstellte, entwickelte sich rasch zu einem beliebten Treffpunkt der Wiener und der internationalen High Society. Johannes Brahms hat da »manch glückliche Stunde verlebt und manche hübsche Noten geschrieben«, während im Gegenzug Mark Twain den »Schein, den Schwindel und die Aufgeblasenheit« der Gäste dieses Nobelortes verachtete

In der Gründerzeit teilten sich die Sommerfrischen der Wiener High Society im Salzkammergut in zwei Klassen: einerseits die aristokratischen Rendezvous-Orte Ischl, Wolfgangsee mit St. Gilgen, Gmunden und Traunsee, wo die Habsburger, die Württemberger und Hannoveraner Ferien machten, und andererseits die Sommerfrischorte um den Attersee im Norden und im Ausseer Land im Süden. In Letzteren stieg das wohlhabende, hauptsächlich jüdische Bürgertum ab oder ließ sich in Luxusvillen nieder. Ischl, auch die »Sommerfrische der Wiener Operette« genannt, galt vor allem dem vaterländischen Adel als feine Adresse. Dort stand die Kaiservilla, von wo aus der populäre Kaiser Franz Joseph die sommerlichen Regierungsgeschäfte tätigte, Gesandte empfing und bei Jagdausflügen oder Spaziergängen die Huldigung seiner Untertanen entgegennahm. In Ischl fand die Verlobung zwischen Kaiser Franz Joseph und Elisabeth von Bayern statt, und von Ischl aus trat »Sisi« ihre letzte Reise nach Genf an, wo sie Wochen später ermordet wurde. Von Ischl aus ging der von Kaiserin Elisabeth verlassene Monarch zu Fuß die Schauspielerin Katharina Schratt in Frauenstein-St. Wolfgang besuchen, wo diese mit Hauspersonal und Haustieren logierte, bis sie dem Monarchen 1889 nach Ischl folgte und sich in der Villa Felizitas einquartierte. In Ischl traten Kaiser Wilhelm I und sein Kanzler Bismarck auf. Die Gründerzeit veranstaltete hier die exquisitesten Feste und machte den Ort zum Inbegriff des kaiserlich-königlichen Hedonismus des ausgehenden 19. Jahrhunderts. Hier bildeten sich zur Befriedigung der Claqueure allerlei Aristokratenzirkel und Prominentencliquen, während sich das von überallher strömende Ferienvolk an den Mehlspeisen der k. u. k. Konditorei Zauner gütlich tat und sich angesichts unzähliger Barone und Komtessen die Augen ausschaute. Einer, den man jeden Sommer in Ischl sehen konnte, war Anton Bruckner, der ab 1863 alljährlich zu Kaisers Geburtstag, am 18. August, auf der Orgel spielte und sich mit dem Titel »Organist des Kaisers« brüstete. Später kamen auch Johannes Brahms, der Walzerkönig Johann Strauß, der populäre Gesangskomiker und Schauspieler Alexander Girardi, der Operettenkomponist und Militär-Kapellmeister der »Hoch- und Deutschmeister«, Carl Michael Ziehrer, sowie der berühmte Wiener Klavierlehrer Theodor Leschetitzky. Über die verregneten Ischler Sommer schrieb Johann Strauß 1894 an einen Freund: »Mein Aufenthalt hier vollkommen nach meinen Wünschen. Erstens perfektes Regenwetter! Das lebhafte Rauschen des nahe liegenden Baches unendlich sympathisch, und im geheizten Zimmer Noten schreiben! Je mehr es draußen stürmt und tobt, desto wonniglicher ist mir zu Mute! Nur kein Sonnenschein zur Arbeit!«[5]

In Ischl soll Katharina Schratt, die manchmal den Gesangskomiker Girardi zusammen mit dem Kaiser zum Essen einlud, den »Girardi-Rostbraten« erfunden haben, einen mit Gemüse bedeckten Braten für den vegetarisch orientierten Gesangskomiker.[6] Hierher wanderte und radelte Gustav Mahler, der am Attersee Ferien machte und in den Sommern 1894, 1895 und 1896 Johannes Brahms besuchte.

Prominente Sommerfrischler auch am Traunsee: Friedrich Hebbel besaß dort eine Villa, und in Altmünster-Traunsee lebte in ihren alten Tagen Mathilde Wesendonck. Gmunden war der Sommersitz von Erzherzog Johann Salvator, bekannt auch als Komponist dreier Walzer, *Gruß an Linz*, *Am Traunsee* und *Stimme aus dem Süden*, Letzterer von Johann Strauß instrumentiert und von diesem 1884 zur Uraufführung gebracht.[7] Der andere »Walzermacher«, Josef Strauß, der Gmunden zum Feriensitz erkor, dichtete schon 1868: »Ich mag nix geigen, / ich mag nix mehr schreiben / [...] Ich möchte gern ein Häuserl, / ein Garten dabei. / Ich kommet mein Lebtag / nach Wien nimmer nei.«[8] Am Traunsee residierten auch die habsburgischen Nebenlinien Toskana und Este. Im Landsitz der Erzherzogin Elisabeth und ihres Gemahls Erzherzog Karl Ferdinand diente der junge Leo Slezak als Gärtner.[9] Bad Goisern am Hallstätter See, Kreis Gmunden, war der Sommersitz des berühmten österreichischen Landschaftsmalers Emil Jakob Schindler, des Vaters von Alma Maria Schindler, der späteren Gattin von Gustav Mahler.

Bürgerlicher ging es hingegen im steirischen Ausseerland zu, das wegen der Heiratsaffäre des Erzherzogs Johann mit der Postmeister-Tochter Anna Plochl schon seit den Zwanzigerjahren des Jahrhunderts in aller Munde war und später enthusiastisch vom Naturanbeter Nikolaus Lenau, der dort ebenfalls in Sophie von Löwenthal eine weibliche Seele verehrte, besungen wurde. Das Postmeisterhaus der Familie Plochl auf dem Weg von Bad Aussee zum Grundlsee und die »Villa Meran« auf einer Anhöhe am Grundlsee waren touristische Attraktionen und erhöhten den Reiz der Landschaft, wo der Erzherzog-Johann-Jodler Jagdstimmung verbreitete *(Wo ich geh' und steh')*. In Alt-Aussee las im August 1894 der Redakteur der *Neuen Freien Presse* und Burgtheater-Autor Theodor Herzl seinen Kollegen, unter ihnen Hugo von Hofmannsthal und Arthur Schnitzler, aus seinem neuen Lustspiel *Die Glosse* vor, während einige Jahre später Hofmannsthal am selben Ort aus seinem *Rosenkavalier* las. [10]

Das Ausseerland wurde aber nicht nur wegen seiner Naturschönheiten, des Blickes auf die Trisselwand und den idyllischen Toplitz- und Grundlsee beliebt, sondern auch wegen der Anwesenheit zahlreicher internationaler Prominenter, wie der Fürstin Marie von Hohenlohe-Schillings, der Frau des späteren deutschen Reichskanzlers, die als passionierte Jägerin in der Gegend nicht weniger als vier Jagdhäuser besaß. Letztere spielte als Gönnerin des Bruckner-Schülers Felix Mottl eine gewichtige Rolle in der Ermittlung eines Nachfolgers des Wiener Hofopern-Direktors Wilhelm Jahn 1897, in Opposition zu Gustav Mahler. [11] Das Ausseer Land – Bad Aussee, Altaussee, Grundlsee und Obertressen – war das Feriendomizil der stillen Naturanbeter: Theodor Herzl, Sigmund Freud, Johannes Brahms. Hugo von Hofmannsthal hatte seinen Sommersitz in einem Bauernhaus in Obertressen, wo auch Hermann Bahr und Arthur Schnitzler gelegentlich vorbeischauten. Rainer Maria Rilke weilte vorübergehend mit seiner Cousine in Bad Aussee. Der Miniaturist Peter Altenberg, der häufig in der Gegend war, beschrieb die Aura dieser Sommeridylle, indem er das kleine Ferienglück und die große Sommer-Langeweile karikierte:

> Nach dem Speisen ging sie auf ihr kühles Zimmer. Um fünf, sechs machte sie einen Spaziergang mit den Eltern, den Geschwistern. Abends speiste die Familie unter grünen Laubengängen, die im elektrischen Lichte schimmerten. Der Tag war lang bis zum Abend. Hie und da kam ein Jüngling vorbei, der sie liebte. Müde und ruhig widmete sie ihm die Stunden, die er ihretwegen dort verbrachte. Er ruderte sie auf den See hinaus – er fühlte sich sehr glücklich. Sie saß am Steuersitze.

Das begehrteste Ferienziel im Salzkammergut, vor allem für die Künstler, war jedoch das Gebiet um den Attersee, der im Volksmund das »oberösterreichische Meer« genannt wurde. Hier trafen sich Sommerresidenzler aller bürgerlichen Schichten, reiche Villenbesitzer, wie die Khevenhüllers, die dem Kaiser unsympathisch waren und den regelmäßigen Schiffsverkehr auf dem See besorgten, ebenso Schriftsteller und Künstler aller Sparten. 1873 hielt sich Gottfried Keller in See bei Unterach auf, »wo ein Rudel Wiener, Herren und Frauen immer in Bauernwirtschaften leben«. An schönen Tagen soll der kauzige Schweizer mit Pinsel und Stift in Begleitung eines örtlichen Fräuleins lange Spaziergänge unternommen haben, dann ebenso lange geschrieben und abends, nach Kegeln und allerlei Geplauder, »bis tief in die Nacht hinein gezecht« haben.[12] Am Berghof in Unterach verkehrten u. a. Brahms und Hofmannsthal und hier hatte der Julius Epstein-Schüler, Pianist und Komponist Ignaz Brüll seine Villa. In Unterach verkehrte auch der ungarisch-jüdische Komponist Carl Goldmark, der Autor der damals viel gespielten Oper »Die Königin von Saba«. Der Dritte im Bunde und mit beiden befreundet war Gustav Mahler, der in Steinbach in einem ländlichen Gasthaus logierte und in einer einsamen Komponierhütte auf der Seewiese an der *Zweiten* und *Dritten Symphonie* arbeitete. Hermine Brüll, die Tochter des Komponisten, erinnert sich an die Besuche von Gustav Mahler: »Oft kam er allein zu Rad auf den Berghof (nach Unterach), oft aber begleiteten ihn seine Schwestern und Bruno Walter, der damals bei ihnen wohnte. An einem Vormittag brachte Mahler seine *Zweite Symphonie* für zwei Klaviere arrangiert, um sie mit Ignaz (Brühl) zu spielen. Ignaz spielte sie mit Mahler prima vista, so, als ob er die Symphonie schon gekannt hätte. Ich sang das Urlicht.«[13]

In Unterach, im Hause seines Gönners Friedrich Eckstein, arbeitete u. a. Hugo Wolf während der Ferien 1888 an seinen *Eichendorff- und Mörike-Liedern.*

Am Attersee ging auch bei einem weiteren großen Künstler die Arbeit gut vonstatten: Gustav Klimt malte nach 1900 in den vielen Sommern, die er in der Villa Paulick in Weißenbach verbrachte, unsterbliche Gemälde, in denen das satte Grün der Landschaft und die von Efeu bewachsenen Fassaden der Sommerdomizile dominieren.

## Operetten und Kurkonzerte: Mahlers Kontakt mit der Sommerfrische-Hautevolee. Erstmaliges sommerliches Pulsieren der kompositorischen Ader: »Wo ist Lipiner? … Es ist wahrhaft rücksichtslos von ihm, daß er den Rübezahl mit seiner Bagage in der Welt herumschleppt … Möchte gern daran weiter arbeiten …«

*(Gustav Mahler, Bad Hall, Sommer 1880)*

Zur Unterhaltung der Sommerfrischler übersiedelten auch Intendanten, Schauspieler und Sänger aufs Land. In allen Nobelorten von Gmunden bis Baden, von Teplitz bis Ischl gab es Kurtheater, in denen die »Novitäten« der Saison nachgespielt oder neue Stücke vorgestellt wurden. Durch die Anwesenheit des Kaisers wurde das Ischler Sommertheater zu einer Art Hoftheater, an dem nicht nur die beliebtesten Hofsänger und Hof-Entertainer wie der allseits beliebte Alexander Girardi auftraten, sondern auch mächtig protegierte Halbsänger, die in Anwesenheit der höfischen Prominenz ein Debüt wagten, so wie es die Schauspielerin Adele Sandrock, die Geliebte Arthur Schnitzlers, tat, die beim Versuch ins Opernfach zu wechseln in der Rolle der »Margarethe« von Gounod den alten Kaiser zur erzürnten Frage veranlasste: »Ist das ein Witz oder war es ernst gemeint?« [14] Im Ischler Theater las im Sommer 1893 Karl Kraus aus Gerhard Hauptmanns *Die Weber* und schockierte damit das aristokratische Publikum. Im Sommer 1897 gab es in Ischl die Premiere von Schnitzlers *Abschiedssouper* aus dem *Anatol*-Zyklus und im Gmundener Theater die österreichische Erstaufführung von *Freiwild,* ebenfalls von Schnitzler, ein Drama gegen den k. u. k. Duellkodex, das »in einem Badeort in der Nähe von Wien« spielt und einen Flirt, eine »naive« junge Schauspielerin, einen Theaterdirektor, einen Oberleutnant, einen »Spieler und Schuldenmacher« sowie eine öffentliche Ohrfeige zum Inhalt hat.

Der Sommer gestaltete sich in dieser Zeit besonders für die Theaterunternehmer aus der Provinz, die das Jahr über von Oktober bis April oft mühsam über die Runden kamen, als günstige Gelegenheit, für sich und die schlecht bezahlten Darsteller ein Zubrot zu verdienen. So wechselten sie von Juni bis September in die Kurtheater, nach Marienbad, Karlsbad, Bad Teplitz, Schönau, Bad Reichenhall und spielten da, in reduzierter Besetzung, Operetten, Possen, Schwänke.

Gustav Mahlers erstes Engagement als Dirigent am *Cur-Theater Bad Hall*, 30 Kilometer südlich von Linz im Traunviertel, fiel genau mit diesem immer weiter expandierenden sommerlichen Ferienbetrieb zusammen. Wie aus der von Katharina Ulbrich recherchierten Gagen-Abrechnung des Bad Haller »Cur-Theaters« hervorgeht, leistete Mahler in Hall vom 1. Juni bis zum 1. September 1880, mit einer zweiwöchigen Unterbrechung in der zweiten Juli-Hälfte, für monatlich 30 Gulden und 6 Gulden Reisegeld seinen ersten Dienst als Kapellmeister eines wenn auch kleinen Theaterorchesters.[15] Es war der Theateragent Gustav Lewy, der den frisch gebackenen Abgänger der Akademie nach Bad Hall vermittelte, eine Erfahrung, zu der Mahlers Klavierlehrer Julius Epstein zum Erlernen des Metiers unbedingt riet. In Mahlers Zuständigkeit fiel das Korrepetieren und Dirigieren von Operetten und Singspielen, die Besorgung der Bühnenmusik, aber auch das Einrichten von Partituren, das Begleiten am Klavier bei Auf-

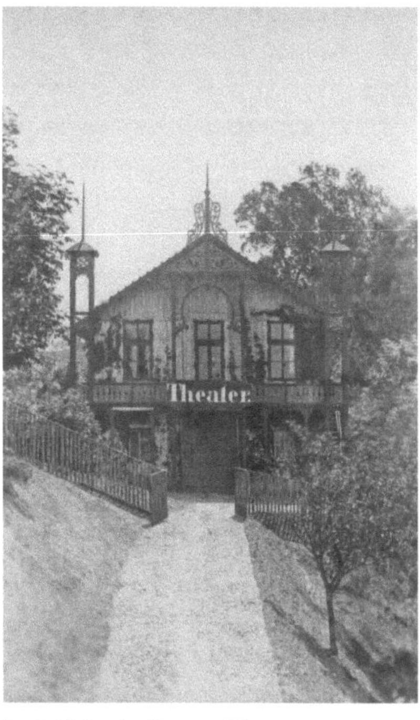

Das Bad Haller »Cur-Theater«, 1880

tritten von Sängern, Notenverteilen, Pulte disponieren und Übernahme von Chargenrollen. Katharina Ulbrich schätzt die Anzahl der gespielten Stücke im Sommer 1880 auf 48 Titel, darunter ein Unterhaltungshit aller Theater jener Zeit, die Operette *Die Hochzeit bei Laternenschein* von Jacques Offenbach, die mit dreizehn Aufführungen der erfolgreichste Titel auch des Bad Haller Sommers war.[16] Das aus Holz gebaute Bad Haller »Cur-Theater« hatte nur eine kurze Lebenszeit: es wurde 1870 errichtet und bereits 1883 wieder geschlossen.[17] Es fasste gerade 139 Plätze und konnte mangels elektrischen Lichts nur bei Tag bespielt werden. Intendant war im Sommer 1880 der Gesangskomiker Carl Ludwig Zwerenz, ein Enkel des berühmten Wiener Hofschauspielers Costenoble.

Der Name Zwerenz taucht in Theaterannalen mehrerer k. u. k. Kreisstädte auf, wo er mit seiner Theatertruppe einen weit positiveren Eindruck hinterließ, als ihm Alma Mahler in ihren »Erinnerungen« zubilligt. Ihr zufolge soll Direktor Zwerenz den unerfahrenen Gustav Mahler nicht nur für allerlei Statistenrollen eingespannt, sondern auch zum »Kindsen« seines Töchterchens Mizzi missbraucht haben.[18] Wie die meisten privaten Spielensembles des 19. Jahrhunderts war auch das Theaterunternehmen Zwerenz ein Familienbetrieb. »Director« Zwerenz war nicht nur der Verantwortliche der Truppe, sondern auch der führende Gesangskomiker und »Oberregisseur«. Ihm zur Seite stand die Gattin Eveline Zwerenz, der die Rolle einer »Localsängerin« zugeteilt war. Im Kinderwägelchen, das Mahler manchmal um das Theater schieben musste, wuchs bereits die nächste Generation heran, jene Mizzi Zwerenz, die später als Operettensängerin in Wien einigen Ruhm erlangte. Paare findet man auch unter den Regisseuren und Sängern. So war der »Lokalkomiker« und Regisseur Max Baumann mit seiner angetrauten Elise Baumann, die für die Rollen der »jugendlichen Liebhaberin« auserkoren war, fester Bestandteil der Zwerenz-Truppe. Man findet diese Besetzung auch in Bozen, wo Zwerenz 1878 – 1879 und 1881 – 1882 als einer der erfolgreichsten Direktoren in der hundertjährigen Geschichte des »Kaiserkron-Theaters« die Presse auf seiner Seite hatte. Als Zwerenz nach einjähriger Leitung des Bozner Theaters ans Theater von Iglau ging, betrieb eine theaterfreudige Bürgerschaft, eingedenk des positiven Eindrucks, den seine erste Intendanz hinterlassen hatte, dessen baldigste Rückkehr: So liest man in der *Bozner Zeitung* vom Februar 1881:

> Theaterdirektor C. L. Zwerenz, der hier noch immer im besten Andenken steht, schreibt uns aus Iglau, daß er für die Saison 81/82 die Übernahme der beiden Theater von Bozen und Meran anstrebe. Selbstverständlich müsse er, was Bozen betrifft, auf günstigere Zusicherungen reflectiren, da unter den alten drückenden Verhältnissen jedem Theaterunternehmer alle Garantie des Bestehens, aller Erfolg vorweg genommen wäre. Herr Zwerenz darf unseres Erachtens am ehesten auf ein freundliches Entgegenkommen der Logenbesitzer rechnen, da er [...] nach jeder Richtung glänzende Proben gegeben hat. Und daß Herr Zwerenz sein Repertoire stets durch die neuesten Erscheinungen zu ergänzen weiß, ersehen wir aus der uns eingesandten Liste, die alle neuesten Operetten, Carneval in Rom, Glocken von Corneville, Donna Juanita, Indigo, Boccaccio, Madame Herzog, Lohengelb [Parodie des Lohengrin] usw. enthält.
> Wir unsererseits können im Interesse des Theaterpublicums nur wünschen, daß wieder ein Mann vom Schlage des Hrn. Zwerenz die Leitung unserer Bühne übernähme, selbstverständlich wünschen wir dabei auch, daß man – ihn leben lasse.

In Bozen brachte Zwerenz für die Saisonen 1878–1879 und 1881–1882 ein stattliches Ensemble von 25 Sängern und Schauspielern, einen Chor von 6 Frauen und 6 Männern und ein Operettenorchester unter der Leitung des Direktors des Bozner Geigers und Musikvereinsdirektors Hans Zipperle auf. In Bad Hall bediente sich Zwerenz eines vergleichsweise kleinen Ensembles: Gustav Mahler mit eingerechnet, nur 15 Akteure. Über den Rang und künstlerischen Stellenwert der Protagonisten dieses Ensembles gibt die Honorierung beredten Aufschluss: Herr und Frau Zwerenz beanspruchten für sich monatliche 60 Gulden, der Regisseur Max Baumann erhielt 40 Gulden und Gustav Mahler, der Kapellmeister, nur 30 Gulden. Director Zwerenz hatte in Bozen vor allem mit einem »Novitäten«-Theater Erfolg, das auch vor Skandal-Stücken nicht zurückschreckte. Als er im Frühjahr 1879 das brandneue Vaudeville *Niniche* von Alfred Hennequin und Alfred Millaud mit Spielern in »dezenten Badekostümen« auf die Bühne brachte, erntete er einen großen Lacherfolg, während dieselbe Inszenierung in Meran vom Casino-Comité aus Sittlichkeitsgründen »strengstens untersagt wurde«.[19] Dagegen scheint das Bad Haller Repertoire, das mit einer kleinen Besetzung weniger Spielmöglichkeiten hatte, auf billige Lach- und Liebesschwänke beschränkt gewesen zu sein, worauf Titel wie *Eine verfolgte Unschuld*, *Die gebildete Köchin*, *Rezept gegen Schwiegermütter* verweisen.

In Bad Hall wurde Mahler auch mit den Ferienusancen der Sommer-High-Society vertraut. Alma Mahler berichtet, dass sich eine »Gesellschaft eleganter Adliger« um den jungen interessanten Kapellmeister scharte und ihn für ihre kulturell-snobistischen »Zusammenkünfte« anwarb. Alma Mahler schreibt, dass sich Gustav Mahler so sehr mit diesen Gesellschaften abgab, dass er den Theaterdienst vernachlässigte und frühzeitig gefeuert wurde, was allerdings, angesichts der vorliegenden Abrechnungen über die voll ausbezahlten Bezüge an Mahler für die gesamte Sommersaison nicht wahr sein kann.[20]

Im Museum »Forum Hall« liegt ein Brief Mahlers an einen Freund aus dem Lipiner-Kreis, Albert Spiegler, auf, in dem zum ersten Mal Mahlers sommerlicher Drang nach kompositorischer Betätigung durchbricht: Mahler suchte verzweifelt nach der Sommer-Adresse Lipiners, der sein Manuskript *Rübezahl* zurückhielt und ihn damit am Komponieren hinderte: »Wo ist Lipiner? Es ist wahrhaft rücksichtslos von ihm, daß er den Rübezahl mit seiner Bagage in der Welt herumschleppt [...]. Möchte gern daran weiter arbeiten, obwohl mir vor Ärger beinahe die Lust schon vergangen ist [...]. Wenn ich zu allen Widerwärtigkeiten noch diese selbst geschaffenen über mich ergehen lassen muß, so überläuft mir wahrlich die Galle«.

## Mahlers Abneigung gegen die Leere und Heuchelei des gründerzeitlichen Ferienideals. Mahlers Naturschwärmerei: »Wird's nun Lenz in meinem Busen?« *(Gustav Mahler an Fritz Löhr)*

Das von kurzweiliger Genuss- und Erlebnissucht geprägte Ferienideal der Gründerzeit war freilich nicht jenes des Idealisten Gustav Mahler. Mahler empfand Natur und Freizeit, empfindsam und gefühlsüberschwänglich wie er war, im Sinne Rousseaus als urtümliche reine Kraft im Gegensatz zur konventionsbesetzten Kultur. Er idealisierte alles Spontane und Natürliche und verabscheute das schale Vergnügen der oberflächlichen zeitgenössischen Gesellschaft. Bereits im Juli 1879 hatte er dem Jugendfreund Steiner gegenüber seine tiefe Aversion gegen das »Allweil fidel«-Ideal der städtischen Sommerfrischler bekundet. Aus der ungarischen Puszta, wo er, von der wohlhabenden Wiener Familie Baumgartner engagiert, den Kindern des Hauses während der Sommerferien Klavierunterricht geben und als Klavierspieler »die Familie in musikalische Begeisterung versetzen« sollte, hatte er sich Mitte Juli in einem langen Brief an den Jugendfreund Josef Steiner – »wie eine Mücke im Spinnetz« – in einer emphatischen, dem goetheschen *Werther*« nachempfundenen Sprache Luft gemacht:

> Lieber Steiner, [...] alles ist so öde um mich herum, und hinter mir knacken die Zweige eines dürren, ausgetrockneten Daseins zusammen [...] Die höchste Glut der freudigsten Lebenskraft und die verzehrendste Todessehnsucht; beide thronen abwechselnd in meinem Herzen [...] Wenn mich der scheußliche Zwang unserer modernen Heuchelei und Lügenhaftigkeit bis zur Selbstentehrung getrieben hat, wenn der unzerreißbare Zusammenhang mit unseren Kunst- und Lebensverhältnissen imstande war, mir Ekel vor allem, was mir heilig ist, Kunst, Liebe, Religion, ins Herz zu schleudern, wo ist dann ein anderer Ausweg als Selbstvernichtung. Gewaltsam zerreiße ich die Bande, die mich an den eklen schalen Sumpf des Daseins ketten, mit der Kraft der Verzweiflung klammere ich mich an den Schmerz, meinen einzigen Tröster [...]. Nun lebe ich hier auf einer ungarischen Puszta, bei einer Familie, die mich auf den Sommer gemietet hat; ich habe den Knaben Klavierunterricht zu erteilen und hie und da die Familie in musikalische Begeisterung zu versetzen, da sitze ich nun wie eine Mücke im Spinnennetz, und zapple [...]. Doch wenn ich des Abends hinausgehe auf die Heide und einen Lindenbaum, der dort einsam steht, ersteige, und ich sehe von dem Wipfel meines Freundes in die Welt hinaus: vor meinen Augen zieht die Donau ihren altgewohnten Gang und in ihren Wellen flackert die Glut der untergehenden Sonne; hinter mir im Dorfe klingen die Abendglocken zusammen, die ein freundlicher Lufthauch zu mir hinüber trägt, und die Zweige des Baumes schaukeln im Winde hin und her, wiegen mich ein, wie die Töchter des Erlkönigs und die Blätter und Blüten meines Lieblings schmiegen sich dann zärtlich an meine Wangen. – Überall Ruhe! Heiligste Ruhe! Nur von fern her tönt der melancholische Ruf der Unke, die traurig im Rohre sitzt. –
>
> Da ziehen die blassen Gestalten meines Lebens wie die Schatten längst vergangenen Glückes an mir vorüber, und in meinen Ohren klingt das Lied der Sehnsucht wieder. – Und wir wandeln wieder auf bekannten

> Gefilden zusammen, und dort steht der Leiermann, und hält in seiner dürren Hand den Hut hin.[21]

Und zwei Tage später:

> Lieber Steiner! […] Seltsames Verhängnis, das mich auf den Wogen meiner Sehnsucht bald im Sturme umherwirft, bald im lachenden Sonnenschein fröhlich dahinweht. Ich fürchte nur, daß mich im Sturme einst eine Klippe zerschellt – meinen Kiel hat sie schon oft berührt! Es ist sechs Uhr früh! Ich war draußen auf der Weide, ich bin bei Fárkas, dem Hirten, gesessen, ich habe dem Klange seiner Schalmei gelauscht. Ach, wie klang sie traurig, und doch so traurig, und doch so leidenschaftlich verzückt, die Volksweise, die er spielte […][22]

Die beiden nacheinander niedergeschriebenen Bekenntnisse im Stile der Goetheschen *Leiden des jungen Werther* geben Einblick in die nachpubertäre, stets von Schaudern und Überschwang geprägte Erregtheit des jungen Stürmers und Drängers Mahler, der sich mit Hilfe einer perfekten Mimesis von Literatur geistig und gefühlsmäßig in die Stimmung der kommenden »Sturm und Drang«-Kompositionen versetzt.

Diese Zivilisations-Aversion Mahlers, vermischt mit einem stark pantheistischen Naturgefühl, nahm in den kommenden Monaten durch das Schwärmen für Josephine Poisl, die Tochter eines Iglauer Postbeamten, an Intensität zu.[23] Im Zustand der Verliebtheit lud der Jüngling Mahler, in dem es auch weltanschaulich gärte, im Frühjahr des darauffolgenden Jahres diesen Freund zu einer Fußwanderung durch den Böhmerwald ein: »Zu Fuß durch den *Böhmerwald* (einziger Urwald in Europa, und ganz fremder und eigenartiger Volksstamm mit *wunderbaren Frauen*) dann ebenso durch das Fichtelgebirge. Eger – Baireuth (sic) – *Nürnberg* – und zum Schluß noch *Oberammergau* zu den Passionsspielen – binnen 3 Wochen sind wir fertig.«[24]

Aus dieser Wanderung wurde am Ende nichts, denn für den Sommer 1880 akzeptierte der zwanzigjährige Mahler das erwähnte Engagement im Sommertheater von Bad Hall, doch entspricht der Plan genau der Naturphilosophie, die Mahler ein drei viertel Jahr zuvor in den zitierten Steiner-Briefen dargelegt hatte: ein von romantischer Literatur gespeistes pantheistisches Weltbild, in dem die Natur zum Spiegel seelischer Regungen, sentimentaler Aufregungen und wiedergefundener Ruhe wird.

Das in den Sommermonaten 1879 in der ungarischen Puszta vehement aufgebrochene »mal de vivre« und die berufliche Orientierung bestimmten in den folgenden Jahren Mahlers Ferieneinstellung. Einerseits wuchs in ihm die Distanz zur Freizeitkultur der Gründerzeit, vor allem nach der sommerlichen Kurorchester-Erfahrung in Bad Hall 1880, andererseits war er dabei, sich die Basis für eine tragfähige Karriere zu schaffen: als Erster Theaterkapellmeister am Landschaftlichen Theater in Laibach, als Kapellmeister am Königlichen Theater in Olmütz, 1883, als Musik- und Chordirektor in Kassel, 1885, und als Zweiter Kapellmeister am Deutschen Theater in Prag, 1886. Die paar entspannten Wochen zu Hause in Iglau in den Sommern 1881 bis 1886, mit Abstechern zum Freund Fritz Löhr in Perchtoldsdorf am südwestlichen Stadtrand von Wien,[25] waren ja keine Ferien, da der Jüngling im geschäftigen Hause seiner Eltern doch stets von den zahlreichen Geschwistern und Nachbarn abgelenkt und in seiner Musikwelt gestört war. Wie sehr sich Mahler nach einer menschenleeren Natur sehnte, beweist ein weiterer Brief des fünfundzwanzigjährigen Mahler aus Kassel, den er im April 1885 an seinen Jugendfreund Fritz Löhr schrieb, in dem er unverhohlen homophile Gefühle für den Jugendfreund artikulierte: »[...]. Sonntag Nachmittag [...]. Mein lieber Fritz! Meine Fenster stehen offen und der sonnige, duftende Frühling schaut zu mir herein, überall unendlicher Friede und Ruhe. Zu dieser schönen Stunde, die mir geschenkt ist, will ich mit Dir zusammen sein. – Habe Dank für alles, Brief, Blumen und Verse [...]. Mit dem Frühling ist es wieder gar lind in mir geworden. Von meinem Fenster aus sehe ich über die Stadt hin auf die Berge und Wälder, und die freundliche *Fulda* zieht sich behaglich durch; wenn so die Sonne nun ihre farbigen Lichter hineinwirft, da weißt Du ja, wie sich alles in einem löst [...]. Die Menschen um mich herum, die mich durch den Lärm ihrer Geschäfte unsäglich quälen, sind heute alle draußen [...]. Und siehe, da bist Du mir mit einem Male so nahe [...].

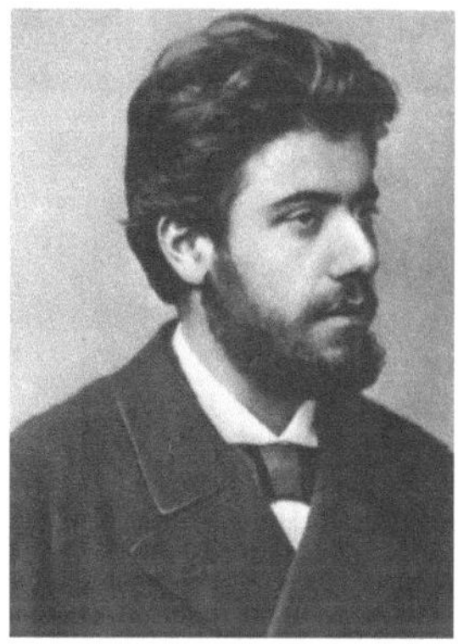

Gustav Mahler um 1881

Ich sehe uns auf diesen blinkenden Pfaden dort zwischen Wiesen und Bergen; und bin mit Dir und habe Dich.«[26]

Mahler fand in Fritz Löhr einen völlig gleich gestimmten Naturanbeter. Was das Wandern betraf, stand dieser zu Mahler wie Eichendorff zu seinem Bruder, mit dem dieser neunzehnjährig mit einer Gitarre im Arm den Böhmerwald von Brünn nach Budweis durchmaß und den Wald überschwänglich besang: *Wer hat dich, du schöner Wald.*

Fritz Löhr schrieb dazu später: »Zusammen spazieren gegangen sind wir in jener Zeit unseres Zusammenlebens furchtbar viel und mit Leidenschaft [...]. Orgiastische Hingabe an die Natur, ein inniges Gefallen an den Reizen altösterreichischer Siedlungen und ihrer Erinnerungen, das warmgefühlte Einvernehmen unserer Seelen, das war der Inhalt dieser sentimentalen Wanderungen, gesprochen wurde nicht allzuviel von ihnen.«[27]

Ende Juli 1887 fuhr Mahler nach Bad Reichenhall ins Berchtesgadener Land, quartierte sich dort zwei, drei Tage lang ein, besuchte den Thumer See bei Bad Reichenhall, reiste dann nach Innsbruck und von dort weiter zum Starnberger See, wo er den Rest seiner Ferien als Gast bei den Brüdern Krzyzanowski, Rudolf und Heinrich, verbrachte.[28]

Im Sommer 1890, in der Zeit des dreijährigen Engagements an der Budapester Oper, unternahm Mahler mit seiner Schwester Justine eine Italienreise, die aber, laut einer Mitteilung von Friedrich Löhr, nicht die »unvergleichlichen Schätze der bildenden Kunst des Landes, die Museen und Kunstsammlungen« zum Ziel hatte, sondern einzig und allein Italiens Naturschönheiten galt. Nach der Rückkehr von dieser Italienreise verbrachte er den Rest der Ferien im Haus des Freundes Löhr in Hinterbrühl, 17 km südwestlich von Wien: »mit voller Wohltat für Mahler – so hohe Naturschönheit, Behaglichkeit und in jedem Augenblicke die erwünschte Ungebundenheit der Lebensführung«, wie Löhr bemerkt. Nach der Feststellung des Gastgebers war für Mahler noch nicht die »neue Zeit des großen Schaffens« gekommen, denn es »gor in ihm heiß und kraftvoll der Wechsel sommerlichen Lebens, dem er sich ungestüm beweglich hingab, auch ausbündig heiter gesprächig, wenn nicht ein plötzliches Sinnen jede Umgebung für ihn versinken ließ«.[29] Auch im darauffolgenden Sommer schlummerte der kreative Eros Mahlers noch. Auf die Italienreise 1890 folgte eine skandinavische im Sommer 1891.

Dabei empfand Mahler, der alleine reiste, die Stille und Einsamkeit der norwegischen Landschaft als deprimierend, wie er aus Hamburg im darauffolgenden Spätherbst oder Winter 1891/92 an Emil Freund schrieb: »[...] alles, nur nicht dieses ewige, ewige Alleinsein!«[30]

Mahler brauchte Gesellschaft, um in dieser allein zu sein, ohne sich einsam zu fühlen, denn Einsiedelei war niemals seine Sache.

## Mahlers erste Ferien in Berchtesgaden, Sommer 1892: »Da der Ort so einsam ist, so taugt er entschieden nicht ... Also Häuserl weiter!«

*(Gustav Mahlers an seine Schwester)*

Die eigentlich »ersten Ferien« verbrachte Mahler nach eigenen Worten erst im Sommer 1892, als er sich in Berchtesgaden, das er bereits von seinem mehrtägigen Aufenthalt in Bad Reichenhall 1887 kannte, von den Strapazen des ersten Jahres als Erster Kapellmeister am Hamburger Stadttheater erholte.[31] In Mahlers Leben war inzwischen eine Frau getreten, die ihm zwar von seiner Wiener Konservatoriumszeit bekannt war, die aber so gut zuhören konnte, dass sie Mahler ab Oktober 1890, als sie sich in Budapest wieder trafen, jeden Sommer aufs Land mitnahm und ihr zehn Jahre lang alle Geheimnisse seines Schaffens anvertraute: Natalie Lechner, geschiedene Bauer. Ihr entfernter Verwandter Herbert Killian charakterisierte sie wie folgt: »Für sich selbst nichts fordernd, war sie bereit alles zu geben und zu opfern. ›Einem großen Menschen, dem zu helfen und zu dienen, dessen Genius zu bewundern, von dem zu lernen‹ war ihre Divise.«[32]

Waren die früheren Sommerferien, sofern sie nicht mit der Familie in Iglau oder bei Emil Freund in Seelau, nordwestlich von Iglau, verbracht wurden, einem spontanen Wandern durch Wald und Flur mit Jugendfreunden gewidmet, so entschied sich Mahler nun zu einem sesshafteren Ferienmodell, das in erster Linie der inzwischen immer intensiver hervortretenden Kompositionsneigung untergeordnet wurde: ruhige Wohnungen, aber nicht in einsamer Gegend und vor allem weit weg von Lärm und Klavier spielenden Nachbarn. Mahler schrieb im Februar 1892 aus Hamburg an seine Schwester Justi, die sich zusammen mit der treuen Begleiterin Natalie Bauer-Lechner um die Organisation der gemeinsamen Sommerferien kümmern sollte, und gab Anweisungen über Lage des Hauses, Zimmerdisposition und Reservierung eines »ordentlich abgesonderten Zimmers von den anderen« für sich allein: »Liebste Justi! […] Heute bekam ich den Brief der Natalie. – Da der Ort so einsam ist, so taugt er entschieden nicht für einen dreimonatigen Aufenthalt. Das kenne ich aus Erfahrung! Den ersten Monat ist alles herrlich. Den 2. geht man verloren herum, und im 3. reißt man verzweifelt aus, und erträgt lieber die dickste Stadtluft, wenn man nur unter Menschen ist. Also Häuserl weiter!«[33] In diesem Sommer durchkreuzte allerdings eine mehrwöchige Opernverpflichtung nach London Mahlers Ferienpläne. Die beiden Frauen, Justi und Natalie, schlugen nun für die verkürzte Ferienzeit Perchtoldsdorf bei Wien vor, was Mahler jedoch entschieden ablehnte, vor allem wegen des lauten und »clavierigen« Perchtoldsdorf.[34] Ihn drängte es nach Berchtesgaden, »wo es im Sommer sehr heiß sein soll«.[35] Dort mieteten die Frauen in Erwartung Mahlers die Villa Hechler am Salzberg.[36] Natalie Bauer-Lechner erzählt in ihren Erinnerungen von einem bewegten Sommer, in dessen Verlauf Mahler »sich viel zu viel Gäste auf den Hals lud«. Es habe ein ständiges »Kommen und Gehen von den nächsten bis zu den entferntesten Freunden« gegeben. Das war wohl auch der Grund, warum Mahler diesen Sommer noch nicht zum Komponieren kam. Außerdem war die nach der Londoner Tournee verbliebene Ferienzeit bis zur Wiedereröffnung des Theaters in Hamburg, Mitte August, äußerst knapp bemessen. Nur der Katastrophenfall, der aus Hamburg gemeldet wurde, verlängerte Mahlers Ferien in diesem Sommer. Am 15. August berichteten die Zeitungen nämlich vom Ausbruch der Cholera in Hamburg, eine Nachricht, die Mahler auf der Rückfahrt nach Hamburg ereilte und die ihn veranlasste, nach Berchtesgaden in den Kreis seiner zwei betreuenden Frauen zurückzukehren.[37]

In diesem Berchtesgadener Sommer traten bereits einige Neigungen und Verhaltensweisen des Sommerfrischlers Mahler zutage, die für dessen Ferien-Ortswahl bestimmend waren: ein mächtiges alpines Szenario, hoch aufragende Felswände, Logierung außerhalb des Dorfes, traumhafter Blick auf grüne Wiesen und autonomer, vom Gastgeber unabhängiger Haushalt. Was die Wohnungswahl betrifft, so erinnert sich Natalie Bauer-Lechner insbesondere an Mahlers Vorliebe für kleine und niedrige Zimmer, die in ihrer Form die späteren engen Komponierhäuschen ankündigten: »Nach gemeinsamen Ausflügen und dem Abendmahl brach aber die schönste Zeit für Gustav und mich erst an. Da nahm er mich in sein Stüberl hinauf, das unter dem Dache des Hauses lag: winzig klein, mit niedriger, schiefer Decke und dem dürftigsten Mobiliar, daß es mehr einer Schiffskajüte als einem Zimmer glich, doch hatte es einen wunderschönen Balkon mit dem prächtigsten Blick auf Berchtesgaden.«[38]

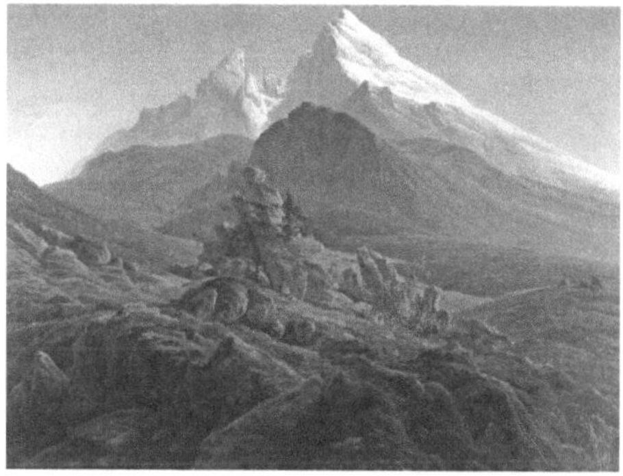

Caspar David Friedrich, Der Watzmann, 1824 (Berchtesgaden)

## Mahlers Sommer in Steinbach am Attersee, 1893 – 1896: »... daß die meisten, wenn sie von ›Natur‹ sprechen, nur immer an Blumen, Vöglein, Waldesluft etc. denken ...« *(Gustav Mahler am Attersee)*

Schon Ende September 1892 war Mahler begierig zu wissen, wohin seine Begleiterinnen im nächsten Sommer fahren wollten.[39] Er verspürte nun verstärkt den Drang zur Komposition und war deshalb äußerst wählerisch, was die Ferienvorschläge der Frauen betraf: wenn schon Salzkammergut, dann musste die Örtlichkeit abgeschieden und ruhig sein. Die Wahl fiel auf Steinbach am Attersee. Dort, in der Gemeinde Unterach, quartierte er sich im Gasthof am See »Zum Höllengebirge« ein und verbrachte die Sommer 1893 bis 1896. Mahlers Neffe Alfred Rosé besuchte 1928 mit seiner Mutter Justine den Ort und beschrieb ihn, laut Schilderungen von Mahlers Lieblingsschwester, so:

> Wie immer suchte Justine Mahler auch im Mai des Jahres 1893 einen landschaftlich schönen, von gesellschaftlichem Trubel entfernten, vor allem äußerst ruhigen Sommeraufenthalt für ihren Bruder, der gerade in der Ferienzeit auf ein inspirierendes Ambiente angewiesen war. Man

> fand dieses schließlich in Steinbach, das nicht nur allen Anforderungen entsprach, und, auch von großer Wichtigkeit, billig war, sondern gegenüber von Nußdorf lag, wo Mahlers Freunde Viktor Adler und Engelbert Pernerstorfer mit Familie den Sommer verbrachten. Im Gasthaus wurden fünf Räume gemietet. Mahler, seine beiden Schwestern Justine und Emma und die langjährige Freundin des Hauses, Natalie Bauer-Lechner, teilten sich die sehr primitiv ausgestatteten Zimmer. Fehlende Möbelstücke wurden einfach aus rohem Holz zusammengezimmert und mit billigem Kreton verkleidet. Ein ledernes Sofa, das je nach Bedarf aus einem Zimmer ins andere transportiert wurde, bildete das Luxusstück der Einrichtung. Eine Piano-Firma stellte Mahler einen Stutzflügel zur Verfügung [...]. Ständige Gäste im Gasthof gab es nicht. Es kamen höchstens hie und da Touristen.[40]

Für Mahler präsentierte sich diese neue Form der Sommerfrische nicht nur als der perfekte Rückzug aus der lärmenden Großstadt und als Erholung vom Theater, sondern auch als Chance für einen kreativen Neubeginn nach Jahren des kompositorischen Stillstandes. Nachdem er nach dem »greulichen Misserfolg« der *Ersten* in Pest[41] die Komposition für einige Jahre auf Eis gelegt hatte, reizte es ihn nun, mit dem in Hamburg wiedergewonnenen Selbstvertrauen etwas Ordentlichen zu schaffen und es den Großkopfeten des Zentrums mit neuen Schöpfungen zu zeigen, vor allem jenem arroganten »Generalmusikdirektor der deutschen Nation«, Hans von Bülow, der die Mahlersche Bearbeitung der *Drei Pintos* von Carl Maria von Weber als »ein Monstrum von orthographischer und syntaktischer Unreinlichkeit [...] und einen infamen, antiquierten Schmarrn« abgetan hatte.[42] Bülows demonstrative Verschließung gegenüber seiner Musik wurmte den jungen Komponisten: Er verwand es nicht, dass dieser beim Vorspielen der *Totenfeier* – des ersten Satzes der *Zweiten* – in »nervöses Entsetzen geraten«, sich demonstrativ die Ohren zugehalten und das Werk mit dem Satz liquidiert hatte, dass dagegen der »Tristan eine Haydnsche Symphonie« sei.[43] Der Gang in ein verstecktes Ferienexil war also auch eine Form der Trutzhaltung des »Jetzt erst recht« gegenüber den Beckmessern der klassischen Tradition, die mit Brahms an der Spitze den Komponisten Mahler nicht nur nicht akzeptierten, sondern auch dessen Handwerk in Frage stellten. Mahler litt unter dieser Ablehnung – trotz glänzender Erfolge als Kapellmeister – sehr. Deshalb erlebte er die ländliche Peripherie beinahe als Asyl, wo er auf der Flucht vor den Demütigungen und Zurücksetzungen der dominierenden städtischen Musikrichtungen wieder aufleben konnte. Ferien stellten sich für Mahler also nicht nur als eine Regeneration nach den Strapazen einer langen Saison dar, sondern auch als eine Distanzierung von den Ehrenkodizes des musikalischen deutschen »Weltgeistes«. Das ästhetische Prinzip der deutschen Musik hieß nämlich bei den konservativen Altklassikern wie bei den fortschrittlichen »Neudeutschen«: Kultur; bei Mahler hingegen Natur. Natur – im Sinne eines pantheistischen Weltbegriffs –, die Mahler gerade in den Ferien zu erfassen suchte. So betonte er gegenüber dem Prager Musikwissenschaftler Dr. Richard Badka: »Mich berührt es ja immer seltsam, daß die meisten, wenn sie von ›Natur‹ sprechen, nur immer an Blumen, Vöglein, Waldesluft etc. denken. Den Gott Dionysos, den großen Pan kennt niemand. So: da haben Sie schon eine Art Programm – d. h. eine Probe, wie ich Musik mache. Sie ist immer und überall nur Naturlaut! Das scheint mir das zu sein, was Bülow zu mir einst mit dem sinnvollen Worte ›Symphonisches Problem‹ bezeichnet hatte. Eine andere Art von Programm erkenne ich, wenigstens für meine Werke nicht an [...]. Aber nun ist es die Welt, die Natur als Ganzes, welche sozusagen aus unergründlichem Schweigen zum Tönen und Klingen erweckt ist.«[44]

Ein einsames Haus am See, abseits der üblichen Fremdenverkehrsrouten war für Mahler die Grundvoraussetzung für den selbst auferlegten Rückzug von der Kultur in die Natur. Dazu bedurfte es vor allem der Stille, der inneren wie der äußeren: Stille als Suspendierung alltäglicher Lebensformen, Stille als Aufheben von zivilisatorischen Verbindlichkeiten, Stille als Hineinhören in eigene unerhörte Klangräume. Mahler forderte Ruhe nicht so sehr, um ungestört sich ausschlafen zu können, sondern um sein inneres Ohr zu erwecken und sich selbst kreativ erregen zu können. Und er wusste, wie sehr diese Erregbarkeit von eigenen und klimatischen Stimmungsschwankungen abhing und wie rasch diese ins Gegenteil umschlagen konnten. Natalie Bauer-Lechner bestätigt diese extreme Labilität mit dem Satz Mahlers: »Glaub' mir, alles Kunstschaffen hängt eng mit der Irritabilität zusammen!« Seine Umgebung nahm dieses Wechselbad der Gefühle vor allem während der schöpferischen Phasen in den Ferien wahr.[45]

Auf dem Hintergrund dieses starken Bedürfnisses nach stiller Introspektion versteht man erst recht die ganze Hygiene der Lärmisolierung, mit der Mahler für die kommenden Sommer mit penetrantem Nachdruck ans Werk ging. Die Maßnahmen zur Erreichung einer perfekten Abschirmung von äußeren Störungen wurden schrittweise gesetzt. Im ersten Sommer misslangen sie Mahler, denn er merkte, dass die Stille der Gegend allein nicht genügte, sie musste auch noch von natürlichen und menschlichen Geräuschen aller Art in der unmittelbaren Umgebung gesäubert werden. Dennoch gelang ihm schon im ersten Sommer kompositorisch einiges Beachtliches: ›Sind das zwei wunderschöne Themen, die ich heute aus der Skizze zum Andante meiner Zweiten aufgegriffen habe‹, [...] sagte Mahler, ›[...] und wie fein und kostbar der Schatz aus der eigenen Fülle verarbeitet ist [...]. Und nur so, in vollen Zügen lässt sich's richtig schaffen. Das ist nichts, wenn einer mit einem armseligen Ding von Thema sich herumschlägt, das er variiert und fugiert und mit der er, weiß Gott wie lange, haushalten muß, um einen Satz hindurch auszukommen.‹[46]

Mahler hielt regelmäßig kurzen Mittagsschlaf, danach las er, laut Alfred Rosé, häufig aus *Don Quichotte* von Cervantes oder aus Nietzsches *Also sprach Zarathustra* vor. Nicht anders pflegten es Wagner und Cosima, die sich nach einem schöpferisch erfüllten Tag gegenseitig aus der Weltliteratur vorlasen. Auf den Spaziergängen, die er am Nachmittag mit den Seinen unternahm, blieb Mahler manchmal zurück, um in einem Notenbüchlein, das er immer dabei hatte, Momenteinfälle festzuhalten. Alfred Rosé erfuhr von seiner Mutter Justine, dass er insbesondere 1893 während der Arbeit am Finale der *Zweiten Symphonie* sehr »erregt und nervös« war, so sehr, »dass seine Schwestern um seine Gesundheit fürchteten und sich fast wünschten, er möge zu schreiben aufhören«. »Müller und Mühle mögen geschützt sein«, meinte ein übernervöser und lärmempfindlicher Mahler im Sommer 1893 gegenüber Natalie Bauer-Lechner, »wenn die Räder nur nicht klapperten und damit die Grenzen aufs unverschämteste überschritten und in dem Bereich eines fremden Geistes so viel Störung und Schaden anrichteten«.[47] Mahler war nach wie vor auf der Suche nach einer vollkommen lärmfreien Zone im Sommer. Die Lösung, das war ihm nun bewusst, war die Errichtung einer eigenen Komponierhütte abseits vom Wohngebäude. Ende August 1893 schrieb er kurz nach Beendigung der Ferien am Attersee von Hamburg aus, an die Schwester, die in seinem Auftrag in Steinbach am Attersee nach alternativen Plätzen, u. a. in See bei Unterach, Ausschau hielt: »Liebste Justi, [...]. Ich bin ganz traurig, daß aus der Wohnung in See nichts geworden ist! Ich habe die größte Angst, die Wohnung in Steinbach wieder zu nehmen, und rathe noch immer entschieden davon ab. Es wäre *schrecklich, keine* Ruhe zu haben, denn, wie ich sehe, ist gar nicht daran zu denken, daß ich hier in Hamburg je welche bekomme. – Eben, daß ich hier sitze an dem Dir wolbekannten Platz beim Schreibtisch, spielt eine Militärkapelle im Zoologischen Garten, eben daselbst brüllen Löwen, ausländische Ochsen (schade, daß keine Klapperschlangen da sind – die würden gewiß klappern) – vor dem Fenster brüllt geradezu eine Schar von ungefähr 10 Jungen und 15 Mädchen den ganzen Tag aus Leibeskräften; im Hause, im 2. Stock singt eine Dame, und spielt ein Herr Clavier.«[48] Eine Woche später, am 3. September, gab Mahler der Schwester Justine und der Freundin Natalie, die noch weiter in Steinbach verweilten, die Anweisung, für den Sommer 1894 in der Nähe der bereits bewohnten Absteige in Steinbach-Attersee eine Art »Musikpavillon« erbauen zu lassen.[49] Er unterstrich in einem weiteren Brief an Justi, sie möge dafür Sorge tragen, dass das Häuschen rechtzeitig fertig werde, damit es gut austrocknet sei und er dabei nicht Rheumatismus bekomme.[50]

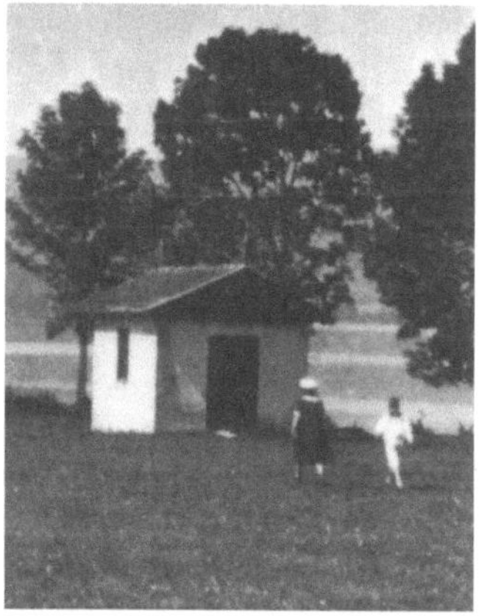

Mahlers Komponierhäuschen am Attersee

Besagtes Komponierhäuschen bestand nach Auskunft des Neffen, Justines Sohn Alfred Rosé, aus einem »quadratischen Raum, der nach allen Seiten hin Doppelfenster hatte«, einer Glastür als Eingang und aus einem primitiven Dachstuhl mit Holzbrettern. In dieses Refugium ließ Mahler einen kleinen Ofen, ein paar Stühle und den geborgten Stutzflügel bringen: er nannte es nach einem Wunderhorngedicht *Schützelputzelhäusl, da tanzen die Mäusl.*[51]

Über die weiteren Strategien Mahlers, sich eine absolut lärmfreie Zone zu organisieren, berichtet weiter der Neffe Alfred Rosé, dass das Allerwichtigste »unbedingte Ruhe in der Nähe des Arbeitshäuschens« war. Auch schon das geringste Geräusch störte Mahler. Gegen kreischende Krähen wurden auf der Wiese große Vogelscheuchen aufgestellt und Landleuten ein Gulden bezahlt, »damit sie ihre Sensen und Sicheln nicht in Hörweite dengelten«. Gegen schreiende Dorfjungen erwehrte man sich, indem man diesen ein paar Kreuzer gab. »Ein wenig geistreicher Scherz eines berühmten Komikers, der in Unterach wohnte, war es, einem Leierkastenmann einen Gulden zu geben, damit er den ganzen Vormittag vor dem ›Mahlerhäuschen‹ sein Instrument bearbeitete. Nun mußte Mahlers Schwester dem Manne für sein Stillschweigen zwei Gulden zahlen, und so zog der, ohne sich gemüht zu haben, mit einem Gewinn von drei Gulden vergnügt weiter.«[52]

Im zweiten Atterseer Sommer 1894 hatte Mahler das Gleichgewicht zwischen innerer und äußerer Natur so weit stabilisiert, dass er seine neu gesetzten kompositorischen Ziele und die damit verbundene gewaltige Anstrengung angehen konnte. Er erlegte sich dabei einen eisernen Arbeitsrhythmus auf. Vom 1. Juni bis Ende August zog er sich jeden Vormittag zur Arbeit ins Komponierhäuschen zurück: Frühstück um halb sieben, Mittagessen um zwölf, dazwischen ohne Unterbrechung in Klausur. War die Tür zum Komponierhäuschen geschlossen, durfte er unter keinen Umständen gestört werden. Manchmal, wenn die Arbeit gut voranging, mussten die Angehörigen sogar bis drei Uhr nachmittags mit dem Mittagessen warten. Für die Wochen, in denen er komponierte, durfte nur einfaches, leichtes Essen mit Quellwasser serviert werden, kein Alkohol. Er rauchte mäßig Zigaretten und nur selten Zigarren. Das Herumreichen einer Zigarre bedeutete stets, dass er mit dem Fortgang der Komposition zufrieden war. Nach wichtigen Zwischenabschlüssen nahm Mahler die gesamte Gesellschaft zu einem Tagesausflug mit. Am 7. Juli, an seinem Geburtstag, lud er alle in die »Moosstuben«, drei, vier Stunden im Gebirge, zu einer Geburtstagsfeier ein, zu der immer eine dreigetürmte »schwarzweißbraune Geburtstagstorte« angeschnitten wurde.[53] Die Arbeit, die ihm wunderbar gelang, steigerte Mahlers Selbstbewusstsein ins Unermessliche und ließ die Grundstimmung von der Dauerdeprimiertheit das Jahr über zu strahlendem Ichbewusstsein aufklaren. Im Vollbewusstsein seines Könnens schrieb Mahler am 10. Juli 1894 an den Physiker Arnold Berliner: »Ich bin natürlich mitten im Arbeiten. Der 5. Satz ist grandios und schließt mit einem Chorgesang, dessen Dichtung von mir herrührt [...]. Es ist ein kühnes Stück von mächtigstem Aufbau. Die Schlußsteigerung ist kolossal.«[54]

Mahlers Selbstwertgefühl stieg von Sommer zu Sommer. Am 29. Juli 1894 meldete er brieflich seinem Freund Friedrich Löhr »die glückliche Ankunft eines gesunden, kräftigen letzten Satzes der II.« mit dem Zusatz: »Vater und Kind befinden sich den Umständen angemessen [...]. Es erhielt in der heiligen Taufe den Namen: ›Lux lucet in tenebris‹«.[55]

Im Sommer 1895 arbeitete Mahler an der *Dritten Symphonie.* »Mit der hoffe ich Geld zu verdienen«, soll er zu Natalie Bauer-Lechner gesagt haben, »denn das ist Humor und Heiterkeit, ein ungeheures Lachen über die ganze Welt!«[56] Die Unbekümmertheit der Sommeridylle beschleunigte Mahlers Schaffensprozess aufs Höchste. Wie rasch und selbstverständlich ihm die Arbeit von der Hand ging, bezeugt Natalie Bauer-Lechner, wenn sie im April 1896 rückblickend auf die überaus fruchtbare Zeit des Sommers 1895 vermerkt: »*Was mir die Blumen erzählen.* Dieses Stück war es, das Mahler letzten Sommer, kaum nach Steinbach gekommen, komponiert hatte. Gleich am ersten Nachmittage, als er aus seinem Häuschen auf die Wiese hinaussah, wo es in Gras und Blumen ganz eingebettet lag, ward es entworfen und in einem Zuge zu Ende geführt. ›Wer die Örtlichkeit nicht kennt‹, sagte Mahler, ›müsste sie fast erraten, so einzig ist sie in ihrer Lieblichkeit, wie geschaffen, den Anstoß zu einer solchen Inspiration zu geben.‹«[57] Ende des Sommers 1895 ging eine Postkarte an Friedrich Löhr: »Der Sommer brachte mir die III., wahrscheinlich das Reifste und Eigenartigste, was ich bisher gemacht.«[58]

Im vorletzten Atterseer Sommer, 1895, unternahm Mahler ausgedehnte Wanderungen und Fußmärsche. Anfang Juli 1895 hielt er sich mehrere Tage in Ischl auf und besuchte bei der Gelegenheit auch Brahms, der nach den Worten Mahlers »riesig liebenswürdig« war. Dann stieg er zur Zwiesel-Alm am Fuße des Dachsteins auf, besuchte den Langbathsee im Höllengebirge und wanderte in der Gemeinde Altaussee.[59]

Doch so glücklich und fruchtbar die Atterseer Sommer auch waren, nach jedem Sommer, der die Schaffenseuphorie Mahler in höchste künstlerische Stratosphären getragen hatte, kam kurz danach der harte Fall auf den Boden der Wirklichkeit: Misserfolge über Misserfolge für den Komponisten Mahler. Zwischen »altclassischen und neudeutschen Zöpfen«, wie er sich in einem Brief an die Schwester Emma vom 15. Dezember 1893 ausdrückte[60], war für ihn kein Platz in den Programmen der Konzerthäuser Deutschlands. Nach der Weigerung von Bülows, Mahlers *Humoresken* (die »Wunderhorn-Lieder«) zu dirigieren, weil sich der Stellvertreter der »Heiligen Dreifaltigkeit Wagner, Liszt und Brahms«, »in den eigentümlichen Stil« der »gütigst zugesandten Gesänge nicht hineinzudenken und – zu empfinden« vermochte,[61] kam ein Jahr darauf auch die Ablehnung des Verlagshauses Schott, dieselben, nach einer Anhörung im Konzert unter Mahlers eigener Leitung am 13. November 1893 in Wiesbaden, drucken zu wollen. Die Uraufführung der revidierten Fassung der *Ersten* am 27. September 1893 in Hamburg unter der Leitung des Komponisten war ebenfalls kein Erfolg, ebenso wenig die vom Komponisten selbst finanzierte Aufführung der ersten drei Sätze der *Zweiten* in den Philharmonischen Konzerten von Berlin am 4. März 1895, auch diese unter der Leitung des Komponisten. Diese Misserfolge trafen Mahler tief, vor allem auch weil Dirigenten-Kollegen kühl bis ablehnend reagierten. Carl Muck soll nach dem Zeugnis von Wilhelm Kienzl während der Aufführung *der Zweiten* sogar ein »Scheußlich!« zu Richard Strauss gezischt haben.[62] Am 3. April 1895 dankte Mahler in einem Brief dem Berliner Musikschriftsteller Dr. Oskar Bie, der sein Berliner Konzert wohlwollend besprochen hatte, und verlieh seiner Trostlosigkeit in den Worten Ausdruck: »Wie lähmend ist dieser fortwährende Windmühlenkampf. Auf Verständnis unter meinen ›Zunftgenossen‹ rechne ich schon lange nicht mehr. Ich fühle, daß diejenigen, welche mir einst folgen werden, nicht dort zu suchen sind, wo Musik und Ähnliches ›gemacht‹ wird. Meine Musik ist ›gelebt‹, und wie sollen sich diejenigen zu ihr verhalten, die nicht ›leben‹, und zu denen nicht ein Luftzug dringt von dem Sturmflug unserer großen Zeit.«[63] Noch pessimistischer klingt der Brief vom 30. März 1895 an den Berliner Musikkritiker Oskar Eichberg, der das Berliner Konzert vom 4. März 1895 ebenfalls wohlwollend rezensiert hatte: »Wenn Sie meinen Leidensweg als Autor kennen würden, wenn Sie die sich seit 10 Jahren ewig wiederholenden Zurückweisungen, Enttäuschungen, ja Demütigungen beobachten könnten – wie ich Werk auf Werk, sowie es entstanden, in mein Pult verschließen muß […]. Die Schwingen, die immer wieder von neuem gelähmt werden, müssen endlich erlahmen.«[64] Mahlers Stimmung verdüsterte sich noch mehr, als anlässlich der Aufführung der *Ersten Symphonie,* der *Lieder eines Fahrenden Gesellen* und des ersten Satzes der *Zweiten* am 16. März 1896 in der deutschen Reichshauptstadt Karten für nicht einmal 50 Mark verkauft wurden, was für Mahler einen großen finanziellen Verlust bedeutete, der alle Garantien einschließlich der Organisation hatte übernehmen müssen.

Der letzte Sommer in Steinbach am Attersee, 1896, begann zunächst im Zeichen von »Widerwärtigkeiten« und »Gegenströmungen«: Kein Klavier war da und Mahler hatte seine Skizzen zum ersten Satz der *Dritten* in Hamburg vergessen. Als beides nach ein paar Tagen eintraf, war zunächst die Situation gerettet und die Sommerarbeit konnte beginnen. Die beiden Begleiterinnen, Justine und Natalie, die Mahler liebevoll umsorgten und ihm durch Zettelchen in den Kleidern Ratschläge zu warmer Kleidung, wasserdichten Stiefeln oder Wetterumschwüngen zukommen ließen, sorgten dafür, dass die gewohnte positive Ferienstimmung wieder zurückkehrte. Durch diese liebevolle Versorgung und Ruhe, die sie verbreiteten, füllte sich Mahlers Inspiration wiederum mit Natur an und ließ ihn musikalisch im Pantheismus der sommerlichen Erscheinungswelt schwelgen: »Das sind fast nur noch Naturlaute«, meinte Mahler: »Und schaurig ist, wie sich aus der unbeseelten Materie heraus – ich hätte den Satz auch nennen können: ›Was mir das Felsengebirge erzählt‹ – allmählich das Leben losringt, bis es sich von Stufe zu Stufe in immer höheren Entwicklungsformen differenziert: Blumen, Tiere, Mensch, bis ins Reich der Geister, zu den ›Engeln‹. Über der Einleitung zu diesem Satz liegt wieder jene Stimmung der brütenden Sommermittagsglut, in der kein Hauch sich regt, alles Leben angehalten ist, die sonngetränkten Lüfte zittern und flimmern.«[65]

Doch nicht nur um Sommerglut ging es in diesem Sommer: Im Leben Mahlers gab es spätestens seit Herbst 1895 eine neue Frau, in die er sich Hals über Kopf verliebte hatte und die sein ganzes Wesen in Hochstimmung, aber auch in große seelische Konflikte brachte: Anna von Mildenburg, dramatischer Sopran, zwölf Jahre jünger als Mahler, Mitglied des Hamburger Stadttheater-Ensembles. Mahlers »Schutzengel«, die Schwestern Justine und Emma sowie die Freundin Natalie, die in den Ferien den gewohnten sommerlichen Haushalt führten, standen jedoch zwischen ihm und der Geliebten, die auf der Südseite der Alpen, im Kanaltal, bei ihren Eltern weilte und mit Mahler nur brieflich verkehren konnte. Diese für Mahler komplizierte Situation erhöhte einerseits die Sehnsuchtsspannung, schützte ihn aber andererseits vor Zeit- und Libidoverlust in der Endphase der Komposition seiner *Dritten*. In dem Zwiespalt zwischen Verlangen nach der Geliebten und der nötigen Schaffens-Askese hatte Mahler alle Mühe, sein seelisches Gleichgewicht und die Konzentration zu bewahren. Am 20. Juni schrieb er der Geliebten nach Malborghet im Kanaltal: »Liebste, Einzige! [...] Ich habe mich über der Arbeit etwas versessen, [...] ich muß sehen, was ich diesen Sommer zusammenbringe. *Es geht nicht vom Fleck;* ich bin so zerstreut. Diesen ganzen Tag ging ein Südwind; trotzdem er schlechtes Wetter bringt, war ich ihm doch nicht gram; ich bildete mir so gern ein, daß er mir ein Stück Deines Atems herübertrug; er hatte die Richtung aus Görz! Sei mir innigst gegrüßt, mein liebes Mädchen«, und am 29. Juni 1896, nachdem er in einem Brief vom 22. Juni die Geliebte gefragt hatte, wie weit denn Malborghet von Toblach entfernt sei: »Liebste Anna! [...] Wir werden uns vielleicht früher wiedersehen, als Du jetzt denkst. Ich muß mir jetzt was ausspeculiren, – wenn es nur nicht so weit wäre – Toblach war nur so eine aufblitzende Idee. Es gehen nämlich Freunde von uns heuer hin – und ich habe einen Moment daran gedacht, dies als Vorwand für eine Reise mit der Südbahn zu benutzen. – Aber glaube mir, liebes Herz, es geht furchtbar schwer nicht nur wegen des ›Aufsehens‹ – das möchte ich eventuell schon ertragen – aber es ist mir zu kostspielig – ich muß mich jetzt ein bissel einschränken.«[66]

Doch den Leistungsethiker Mahler brachte nichts, auch nicht die höchste Glut der Leidenschaft, vom eigentlichen Ziel, seiner *Dritten*, ab. Zwar war die Hauptarbeit schon getan, doch da fehlte noch der erste Satz, und die Arbeit gestaltete sich schwieriger als sonst. Am 28. Juni war es so weit. Unter dem Eindruck des erfolgreichen Abschlusses der zyklopischen Arbeit wuchs das Selbstvertrauen des Demiurgen wiederum zu megalomaner Größe. Wie man von Natalie Bauer-Lechner erfährt, kam Mahler am 4. Juli »erschöpft und doch wie trunken von der Arbeit« aus seinem Komponierhäuschen und sagte: »Es ist furchtbar, wie dieser Satz mir über alles, was ich je gemacht habe, hinauswächst, daß mir die Zweite als Kind dagegen erscheint. [...] Wahres Entsetzen faßt mich an, wenn ich sehe, wohin das führt, welcher Weg der Musik vorbehalten ist, und daß mir das schreckliche Amt geworden, Träger dieses Riesenwerkes zu sein.«[67]

Mahlers Orchesterapparat, der mit der *Dritten* weiter anwuchs, geriet zum sichtbaren Zeichen dieses von prometheischer Kraft durchströmten künstlerischen Ichbewusstseins: Orchestrierung als Resonanzkasten großer Gefühle und humaner Visionen: »[...] daß mit dem Inhalt auch die Ausdrucksmittel wieder wachsen müssen. Ich brauche fünf Trompeten, zehn Hörner und sechs Klarinetten [...]. Rasend wälzt sich's heran im ersten Satz, wie der Südsturm.«

Mahler hatte seinen vorläufigen musikalischen Gipfel erklommen, er brauchte nun ein paar Tage Unterbrechung und beschloss für eine halbe Woche nach Ischl zu gehen. Doch auch seine Gesellschaft brauchte Erholung von ihm, wie Natalie Bauer-Lechner schreibt: »denn wenn man mit Mahler zusammen hauste, fühlte man oft die Nötigung, von der fortwährenden inneren und äußeren Bewegtheit und Angespanntheit, die ihn und alle, die mit ihm waren, umgab – wie auf einem von den Meereswogen beständig geschaukelten und hin und hergeworfenen Schiffe – sich zu erholen und festen Grundes und seiner selbst wieder habhaft zu werden.«[68]

Aus Ischl zurück, wo Mahler den schwerkranken und vereinsamten Johannes Brahms besuchte,[69] widmete er sich wiederum dem ersten Satz der *Dritten*, den er programmgemäß am 28. Juli vervollständigte. Der Sommer 1896 hatte lange Regenperioden, was Mahler häufig Migräne verursachte und »grantig« machte. Ende Juli kam Bruno Schlesinger (Bruno Walter) zu Besuch und blieb mehrere Tage. Mahler radelte indessen mit dem Fahrrad nach Berchtesgaden und fuhr am 6. August mit Justi nach Bayreuth, wo er zwischen dem 9. und 12. August Wagners »Ring«-Tetralogie unter Siegfried Wagner beiwohnte.

So ging mit diesem Sommers 1896 auch für Mahler ein Stück intensiven Lebens zu Ende: es war der letzte Atterseer Sommer, denn die neuen Wirtsleute des Gasthofes »Zum Höllengebirge«, wo die Mahlers seit 1893 die Sommer verbrachten, waren in ihren Forderungen so unverschämt, dass eine weitere Miete nicht mehr in Frage kam. Natalie Bauer-Lechner hat diesen Augenblick des Abschieds festgehalten: »Als Mahler das letzte Mal den so oft bestiegenen Wiesenberg im Rücken der ›Seewies‹, wo wir so lange gehaust, hinauf ging und sein Häuschen, das ihm jahrelang alles Höchste umfasste, noch einmal da unten vor sich liegen sah, brach er – wie er mir später einmal gestand – in Tränen aus.«[70]

## Ferien in Tirol – die beiden Sommer in Vahrn, 1897 – 1898: »Vahrn, das in seiner südlichen Herrlichkeit Mahler in einen Rausch des Entzückens versetzte ...« *(Natalie Bauer-Lechner).*

Nach den vier Atterseer Sommern, die eine perfekte Sommerfrische mit idealen Rahmenbedingungen für das kompositorische Schaffen dargestellt hatten, brach für Mahler eine Zeit großer Veränderungen an. Diese kamen nicht von alleine, denn Mahler hatte seit Herbst 1896 auf einen Abschied von Hamburg und eine Übersiedlung nach Wien hingearbeitet, wo angesichts des hohen Alters von Operndirektor Wilhelm Jahn und seinem Kapellmeister Hans Richter Hoffnungen auf einen Wechsel bestanden. Mahler hatte schon früh das Terrain sondiert und alle möglichen Freunde um Fürsprache und Unterstützung angegangen und einige sogar – Siegfried Lipiner und den Budapester Freund Graf Apponyi – zu Empfehlungsschreiben an die Generalintendanz der Wiener Hofoper bewogen. Dort saß als Sekretär des General-Intendanten Dr. Josef Freiherr von Bezecny der einflussreiche Kanzleidirektor Dr. Eduard Wlassack, der seinerseits und im Einvernehmen mit Rosa Papier, der Lehrerin von Anna von Mildenburg, für Mahler arbeitete und dessen Berufung betrieb. Dabei hatte Mahler, wie Franz Willnauer nachweist, von Anfang an mehr als nur die Position eines Hofopernkapellmeisters im Sinne. Am 4. April 1897 unterschrieb er einen geheimen Vorvertrag, am 8. April stand es in der Zeitung, am 15. April unterzeichnete der kranke Hofopern-Direktor Jahn den »Einjahresvertrag« und gab den

Weg für Mahlers Übersiedlung nach Wien frei.[71] Am 24. April hatte Mahler am Hamburger Stadttheater sein Abschieds-Benefiz-Konzert, in dessen Verlauf sein Jugendfreund Rudolf Krzyzanowski Beethovens *Fidelio* mit der Geliebten Anna von Mildenburg in der Rolle der Leonore dirigierte.[72] Am 25. April verließ Mahler Hamburg in Richtung Wien, wohl wissend, dass die neue Stellung noch höhere Arbeitsansprüche als in Hamburg an ihn stellen würde und dass der ständige Dirigent des Philharmonischen Orchesters Hans Richter alles tun würde, um seiner Karriere Hindernisse in den Weg zu legen. An seinen Hamburger Freund Dr. Arnold Berliner schrieb er über seine gemischten Gefühle, mit denen er nach Wien ging: »[...] vederemo! Hier war ich ja auch nicht auf Rosen gebettet und besonders in letzter Zeit mußte ich geradezu Unwürdiges über mich ergehen lassen. [...] Aber ich ziehe in die Heimat ein, und werde alles daransetzen, um meine Wanderschaft für dies Leben zu beendigen [...].«[73]

Die anvisierte Übersiedlung nach Wien brachte aber auch auf privatem Gebiet Spannungen und Veränderungen in das Leben Mahlers, vor allem in Bezug auf die Affäre mit Anna von Mildenburg. Hatte sich in Hamburg die Liebesbeziehung der beiden fest engagierten Kräfte des Stadttheaters trotz andauernden Tuschelns durch Diskretion der Liebenden halten können, so bestand nun die Gefahr, dass Anna von Mildenburg dem Geliebten in seinen neuen Arbeitsbereich nachfolgte und dort Mahler in Verlegenheit brachte. Wie aus einem Vergleich zwischen den Briefen Mahlers an die Mildenburg[74] und an die Schwester Justi hervorgeht, trafen Natalie Bauer-Lechner und Rosa Papier, die Lehrerin Anna von Mildenburgs, hinter dem Rücken Mahlers Vorkehrungen, um einen drohenden Skandal Mahler-Mildenburg abzuwenden. Dabei hatten die beiden Frauen durchaus konträre Interessen: Natalie Bauer-Lechner, die Mahler insgeheim liebte, wollte, dass die Mildenburg von Wien fernblieb, während Rosa Papier im Gegenteil ihre Schülerin gerne an der Wiener Hofoper gesehen hätte und deshalb die Auflösung von deren Liebschaft mit Mahler betrieb.[75] Indes dachte Mahler selbst nicht im Entferntesten daran, die Geliebte nach Wien zu holen und begann diese, vorsichtig, aber bestimmt, auf die Trennung vorzubereiten: »[...] unsere Trennung in der nächsten Zeit, die wir über uns ergehen lassen müssen, soll nur eine *leibliche* sein!«[76]

Dies war der private, höchst brisante Hintergrund, auf dem Mahler am 11. Mai sein erfolgreiches Wiener Debüt mit *Lohengrin* gab und sich danach anschickte, nach weiteren Dirigaten – Teile des *Rings, Fliegender Holländer, Zauberflöte* – bis zum Saisonende am 12. Juni und nach geglückter Operation eines »Abscesses im Halse«[77] in die Ferien nach Tirol aufzubrechen.[78] Mahlers Briefe an die Mildenburg lassen erahnen, wie konfliktreich die bevorstehenden Ferien sein würden: »Mein liebes Annerl! Ich bitte Dich um Himmelswillen, was ist das wieder für eine mörderische Stimmung, der Du Dich ergiebst! Warum bist Du denn so misstrauisch? Am 12. Juni gehe ich auf Urlaub, und zwar in das Tyroler Hochland, um mich ein wenig zu erholen [...].«[79]

Mit diesen Sorgen und einem noch nicht auskurierten Abszess im Hals bezog er mit den Schwestern Justine und Emma und Köchin Elise in Kitzbühel die »Villa Hohenegg«, das »schönste Heim, das er noch je in den Ferien gehabt hatte.«[80] In einem Brief an den Musikkritiker des »Neuen Wiener Tagblatts« Ludwig Karpath beschreibt Mahler die wunderbare Lage der kleinen Villa, die völlig isoliert auf einem Hügel am Rande eines Waldes gelegen war und von niemand anderem außer den Bauersleuten »Johann« und »Nandl« bei der täglichen Lieferung von »Briefen, Gemüse und Geflügel« gestört wurde und die, wie Mahler es ausdrückte, zum »Dolce far niente« verführte.[81] Natalie Bauer-Lechner, die auch über diese Ferien Tagebuch führte, stieß einige Tage später dazu. Die Gegend mit einem herrlichen Gebirgspanorama und dem »Schwarzsee« gefiel Mahler so gut, dass er mit seiner Gefolgschaft Pläne machte, sich da »auf die Dauer in den Ferien niederzulassen und sein ›Schnützelputz-Häusl‹ sich wieder aufzubauen«. Sie erzählt, dass er ein solches »aufs schwerste vermißte« und dass ihm »die Sehnsucht nach seiner ureigensten schaffenden Tätigkeit« wie ein »schwarzer Schatten durch diese ganzen sonnig-schönen Ferien verfolgte«.[82]

Doch bereits nach einer Woche war die Sommeridylle vorbei: In Kitzbühel brach eine Scharlachepidemie aus und Mahler, eingedenk der zahlreichen Todesfälle nach Infektionskrankheiten in der eigenen Familie, flüchtete mit seinem Gefolge in Richtung Innsbruck, mit dem Ziel, sich dort in der Nähe einzuquartieren. Doch der Sommer war heiß und die Sehnsucht nach einer richtigen Sommerfrische trieb sie bergan, nach Steinach am Brenner, wo sie in der »Villa Zirnheim«,[83] die gerade noch für 14 Tage frei war, Quartier bezogen. Steinach wurde von der Tiroler Fremdenverkehrswerbung als »in einer reizenden Hochgebirgsgegend« liegend, »an der Mündung des von Ost nach West ziehenden Gschnitzthals in das Wipptal«, mit einer »täglichen Postverbindung« und »bis zu 8 Eisenbahn-Zügen« beschrieben und »speciell« zum Aufenthalt für »Chloritische, Anaemische« und »Nervöse« empfohlen.[84]

Über diesen unsteten Sommer informierte Mahler um den 20. Juni von Steinach am Brenner aus auch die Geliebte: »Liebste Anna! Nach langen Irrfahrten sind wir endlich in *Steinach* am *Brenner* in Tirol angekommen, und haben uns hier für einige Tage in einem ganz netten Häuschen einquartirt. Die Elise, die mit uns ist, besorgt hier, wie früher in Kitzbühel die Menage. Da hast Du schon Recht, daß das etwas ganz anderes ist, als im Wirtshaus herumzukugeln. Leider müssen wir am 1. Juli wieder hinaus, da die Wohnung von einer Münchner Familie bereits gemiethet ist.«[85]

In Steinach am Brenner spitzte sich die Lage im Verhältnis Mahler – Anna von Mildenburg jedoch dramatisch zu. Um den 25. Juni erreichte Mahler ein mysteriöses Telegramm der Mildenburg, er möge den »recomandirten Brief«, den sie an ihn abgeschickt hatte, nicht öffnen. Da die Briefe der Sängerin an Mahler verloren gegangen sind, ist man über deren Inhalt auf Spekulationen angewiesen. Der Herausgeber der Briefe, Franz Willnauer, vermutet, dass in der Woche zwischen dem 20. und 27. Juni der Kanzleidirektor Wlassack, der einer der Drahtzieher von Mahlers Berufung an die Hofoper gewesen war, Mahler gewarnt haben muss, das Verhältnis zur Mildenburg aufrechtzuerhalten, da für diese für 1898 ein Engagement in Wien vorgesehen war.[86] Dass das von Mahler und den Seinen befürchtete Engagement der Geliebten an die Wiener Hofoper Thema der Korrespondenz war, geht aus einem Brief von Natalie Bauer-Lechner hervor, die am 24. Juni[87] an Annas Lehrerin Rosa Papier schrieb und diese beschwor, das Engagement der Mildenburg an die Wiener Hofoper abzuwenden.[88] Mahler, der »in dem wahrhaft herrlich gelegenen Nest am Brenner, in einer angenehmen Wohnung und bei freundlichen Wirthsleuten« die Ferien genoss, geriet darüber so sehr in Panik, dass er am 26. Juni selbst zur Feder griff und Rosa Papier, der Lehrerin der Mildenburg schrieb: »[…] Was die Angelegenheit Mild[enburg] betrifft, so gestehe ich Ihnen offen, daß mich Ihre Mittheilung in wahres Entsetzen gestürzt hat. – Ich halte es für verhängnisvoll, falls das Engagement durchgesetzt wird, und sehe mich schon wieder den Wanderstab ergreifen, wie in Hamburg. Der Natur meiner Beziehungen zu A[nna] v[on] M[ildenburg] [nach] ist für absehbare Zeit ein Zusammenwirken mit ihr an der Wien[er] Hofbühne ausgeschlossen; auch wäre es sehr übel, wenn die Mitglieder zunächst auch nur erführen, daß ihr Engagement in Aussicht steht.«[89]

Von Steinach am Brenner, das Mahler mit seinem Gefolge am 1. Juli verließ, ging es zwei Eisenbahn-Stationen weiter nach dem »weitaus weniger komfortablen« Gries am Brenner, wo die Gruppe etwa zehn Tag blieb und von wo aus sie bei schönstem Wetter Tagesausflüge zu Fuß und mit den Fahrrädern in Richtung Innsbruck und in die umliegenden Berge unternahm. Natalie Bauer Lechner beschreibt eine dieser Radfahrten von Gries am Brenner nach Innsbruck, auf der Mahler durch ungeschicktes »Schlangenlinien-Fahren« beinahe in einen Abgrund gestürzt wäre.[90]

Von Gries am Brenner aus unternahm Mahler, vermutlich am 7. Juli, an seinem Geburtstag, eine ausgedehnte Bergtour und bestieg die 2.748 m hohe Amthorspitze am südwestlichen Rand der Zillertaler Alpen.[91] Natalie Bauer-Lechner erzählt, dass sich Mahler bei seinen Bergtouren »über jede hundert Meter freute, die er aufwärts kam«. »So geht es mir auch beim Komponieren«, soll er gesagt haben: »Wenn ich da einen Aufschwung gewonnen habe (wie z. B. im letzten Satz der Zweiten), so verlasse ich die erreichte Höhe nur schrecklich ungern – es wäre denn, um von neuem anzusetzen und einen noch höheren Gipfel zu gewinnen, zu dem ich beim ersten Anstieg noch nicht gelangen konnte.«[92]

Mit der Unterkunft in Gries am Brenner nicht zufrieden, radelte Mahler mit seinen Begleiterinnen vom Brennerpass südwärts und fuhr ins westlich von Sterzing gelegene Ridnaunertal. Dort trug er sich und seine drei Begleiterinnen, die Schwestern Justine und Emma sowie seine ständige Begleiterin Natalie Bauer-Lechner, am 11. Juli ins Ankunftsregister des »Sonklarhofes« ein. Dies geht aus den von Paul Felizetti gesammelten historischen Gästelisten der lokalen Hotels hervor. Mahler trug sich als Hofopern-Kapellmeister ein, nicht ahnend, dass er noch im Laufe des Sommers zum Hofopern-Direktor avancieren würde. Der

1890 vom bekannten Fremdenverkehrspionier Stefan Haller erbaute »Sonklarhof« – nach dem österreichischen Alpinschriftsteller und Militärgeographen Carl von Sonklar benannt – war ein bevorzugter Ausgangspunkt zu den Schutzhütten der Sektion Teplitz-Nordböhmen in den südlichen Stubaier Alpen und zur 1894 erbauten Kaiserin-Elisabeth-Schutzhütte auf dem Becher sowie zu den Bergwerken des Schneebergs.[93] Mahler verlieh seiner Begeisterung über das »schöne unberührte Alpendorf« auf einer Karte an seinen Landsmann Emil Freund am 15. Juli Ausdruck.[94] Er wäre vermutlich auch länger geblieben, wenn ihn samt den frierenden Frauen nicht »die ersten kalten Regentage nach diesem überheißen und schönen Sommer vertrieben« hätten.[95]

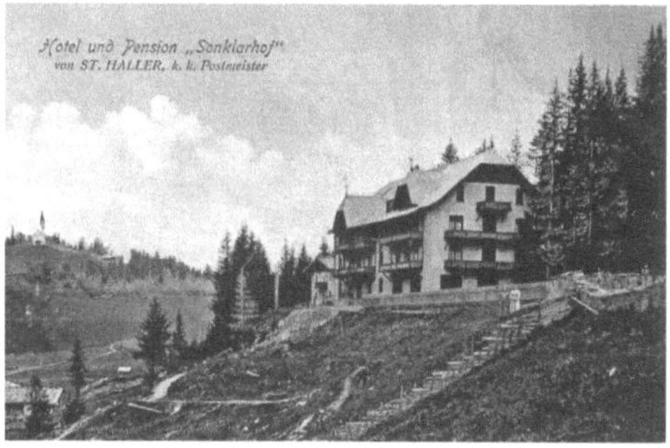


Der Sonklarhof in Ridnaun

Wann Mahler Ridnaun verließ und in Richtung Süden nach Vahrn, dem fünften Ferienort in diesem unsteten Sommer, weiterfuhr, ist nicht dokumentiert. Wenn man jedoch das Datum der Postkarte an Emil Freund, 15. Juli, und den Hinweis von Natalie Bauer-Lechner, dass ein Wetterumschwung den Verbleib in Ridnaun, in 1400 m Höhe, unmöglich machte, zur Orientierung nimmt, dann trafen die Mahlers nicht vor dem 16. Juli in Vahrn ein. Die meteorologischen Angaben verzeichnen nämlich bis 15. Juli sehr hohe Temperaturen im Eisacktal,

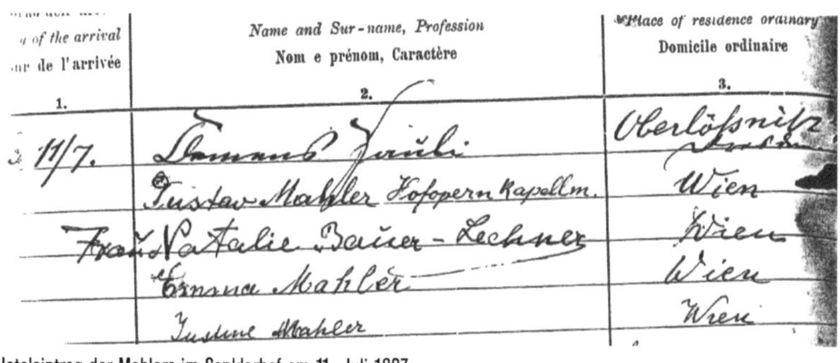


Hoteleintrag der Mahlers im Sonklarhof am 11. Juli 1897

um die 30 Grad in Brixen, lang anhaltende heiße Tage, bedingt von einer Hitzewelle in ganz Italien, die 36 Grad und in Sardinien sogar Spitzen von 42 Grad erreichte.[96] Die »Bozner Zeitung« meldete dann für den 17. Juli in Brixen trüb, mit Temperaturen um die Nullgrenze am Brenner.

In Sterzing, das die Gruppe vermutlich mit dem Fahrrad erreichte, war die Richtung der Weiterfahrt gegen Süden, wo es wärmer war, von der Eisenbahn vorgegeben. Als die Reisegruppe Vahrn erreichte, stiegen sie spontan in Vahrn aus. Mahler muss auf den Ort im offenen Brixner Talkessel wohl mit demselben romantischen Auge geblickt haben wie einst Jakob Philipp Fallmerayer, der schon 1845 begeistert vom »Schalderertal mit dem rauschenden Forellenbach« geschrieben hatte, oder wie Ludwig Steub, der in seinen *Lyrischen Reisen* 1878 Vahrn als »das erste Dorf auf hesperischer Erde« bezeichnete, ganz zu schweigen vom romantischen Landschaftsschwärmer Ignaz Vinzenz Zingerle, der in seinen *Schildereien aus Tirol* 1877 Vahrn, im Verweis auf Goethes »Sturm und Drang«-Periode, mit »Wahlheim in Werthers Leiden« verglich.[97] Just in der Zeit, als Mahler in Vahrn weilte, erschien das nachgelassene Büchlein des Bozner Reiseschriftstellers Heinrich Noë *Bozen und Umgebung*, der von Vahrn überschwänglich schrieb:

> Als die Landschaftsmaler Selleny und Seelos Vahrn als Pioniere nachfolgender Kunstgenossen entdeckten, sagten sie genau das, was ich unbegnadigter Zeitungsschreiber mir an einem Frühlingstag vorsagte: ›Diese Ansiedlung ist einzig in Tirol. Wo wächst denn die Rebe neben der Fichte, der Pfirsich neben dem Lärchbaum? Wo stehen in dem an schönen Bäumen so armen Lande Kastanien gleich diesen, die über die Dächer der Häuser hinausgreifen und von welchen ein Dutzend einen Wald bildet? […][98]

Nach der Erschließung durch die Eisenbahn fanden sich in dem als ideale Sommerfrische gepriesenen Ferienort zahlreiche hochgestellte Persönlichkeiten ein. Einige, wie der Professor der Technischen Hochschule Wien, Ferdinand von Artmann, der Wiener Histologe Viktor Ebner von Rofenstein und der einem alten Südtiroler Geschlecht entstammende Univ. Prof. Carl Toldt, neben Emil Zuckerkandl der bedeutendste österreichische Anatom und Rektor der Universität Wien von 1897 bis 1898, erbauten sich in Vahrn sogar bleibende Feriendomizile. Prof. Carl Toldt hatte sich mit einem Anatomielexikon und Untersuchungen an den Gebeinen Beethovens und Schuberts in der Wissenschaft einen Namen gemacht.[99] Hofrat Toldt, der in Vahrn einen Bauernhof mit zwei Joch Obstwiese bewirtschaftete, ist laut Ernst Parschalk die Hauptquelle der mündlichen Überlieferung über die Sommergäste von damals, unter denen auffällig viele Mediziner und Universitätsprofessoren zu finden sind: u. a. der Berliner Pathologe Rudolf Virchow, die Physiologen Carl Rabl und Ewald Hering aus Leipzig, die Vererbungsforscher Erich und Armin von Tschermak-Seysenegg und der Klimatologe Julius von Hahn. Aber auch Künstler kamen nach Vahrn, Maler, Schriftsteller und Musiker: der Landschaftsmaler Alfred Lier, der in Vahrn 1882 starb, der Münchner Bildhauer Adolf Ritter von Hildebrand, der Dresdner Maler Johann Ernst Sattler, weiters der Münchner Hofopern-Intendant Karl von Perfall, der Wiener Klaviervirtuose Emil von Sauer und der von Sommerfrische zu Sommerfrische reisende Arthur Schnitzler, der in seinem Tagebuch über den mehrwöchigen Aufenthalt in Vahrn vermerkte: »Selten so wohl gefühlt wie hier!«[100]

In Vahrn quartierte sich Mahler in der 30 Betten fassenden »Villa Mayr« (später Villa Rainer) ein, in einer modernen Pension im Neorenaissancestil, die von der Besitzerin des »Hotels Elephant« in Brixen, Therese Mayr, aus dem Herrenhaus und dem Stadel des alten Clementenhofes gewonnen, mit gehobenem Komfort ausgestattet worden war, nämlich mit Lesekabinett, Klosetts mit Wasserspülung, elektrischem Licht und eigener Fahrgelegenheit.[101] Der rekonvaleszente Mahler genoss die Ferien in Vahrn, das in Hotelprospekten wegen seiner »reinen und kräftigen, doch weichen und milden Luft« gerade für »Nervöse und Rekonvaleszente« empfohlen wurde, sehr. Wie Natalie Bauer-Lechner berichtet, phantasierte er mit seinen Begleiterinnen auf den Wanderwegen mit Freude über zukünftige Sommerfrischen und stellte es sich vor, sein gewohntes Komponierhäuschen an einem »einsam stillen Orte« und »in wohlgemessener Entfernung, daß kein Laut dahin dränge«, errichten zu lassen. Natalie Bauer-Lechner schreibt: »Zum Phantasieren solcher Lust- und Luftschlösser war Vahrn wie auserlesen, das in seiner südlichen Herrlichkeit Mahler in einen Rausch des Entzückens versetzte. Schon der Blick aus den Fenstern hatte es ihm in einer Weise angetan, daß er, der das Müßigsein nie erlernt, stundenlang daran sitzen und in die Ferne schauen konnte. ›Das ist das wunderbarste Bild; geheimnis- und verheißungsvoll wie eine heitere, glückliche Zukunft liegt es vor uns da. Es ist zu schön, als daß ich hier etwas schaffen könnte!‹« Und Mahler verliebte sich in den Ort so sehr, dass er für den Sommer 1898 sogleich die »glänzend ausgestattete Villa Artmann« buchte.[102] In den zehn Tagen seines Aufenthalts in Vahrn unternahm Mahler um den 20. Juli auch einen dreitägigen Ausflug mit Bahn und Fahrrad ins »Ampezzothal« und sah bei dieser Gelegenheit zum ersten Mal Toblach, das zehn Jahre später sein letztes Sommerrefugium werden sollte.[103]

Allerdings bereitete Mahler in dieser Sommerherrlichkeit noch immer das Thema Anna von Mildenburg Kopfzerbrechen, die, das war nun klar, Mahler nach Wien an die Oper folgen würde. Mahler befand sich nun in einem schwierigen Dilemma: Einerseits hatte er selbst ein Nachrücken der Geliebten nach Wien ausgeschlossen und in allen Briefen durch geschicktes Überspielen dieses Thema ausgespart, andererseits hatte er den Verantwortlichen an der Oper, Hofopernkapellmeister Hans Richter, Generalintendant Dr. Josef Freiherr von Besecny und Kanzleidirektor Wlassack von der Stimme der Mildenburg vorgeschwärmt, sodass jene schon früh ein Engagement der Sängerin ins Auge fassten. Den Rest hatte die rührige Lehrerin der Mildenburg, Rosa Papier, besorgt, die ja mit dem Generalsekretär der Oper, Eduard Wlassack, befreundet war und die sich von einem Engagement ihrer besten Schülerin einen Prestigegewinn erhoffte. Nun blieb Mahler, wohl auch von seinen Schwestern und Natalie zu diesem Schritt gedrängt, keine andere Wahl, als die Geliebte vor die Alternative zu stellen, Wien fernzubleiben oder das Verhältnis abzubrechen. Dieses dramatische Entweder-Oder teilte Mahler seiner Anna vermutlich von Vahrn aus in einem langen undatierten Brief mit.[104] Während er sich darüber sorgenvolle Gedanken machte, erreichte ihn nach der erwähnten ausgedehnten Radtour durch das Ampezzotal die Nachricht – »eine Bombe«, wie Mahler sich ausdrückte –, dass ihn der kranke Direktor der Hofoper, Wilhelm Jahn, für die Zeit seiner Abwesenheit als seinen »Vize« vorschlug, also ihn zu seinem Nachfolger als Hofoperndirektor designierte. Mahler packte unverzüglich die Koffer, schrieb am Tag der Abreise, 26. Juli, noch einen Brief an Rosa Papier und fuhr mit dem Zug über

Toblach nach Baden, wo er den Generalsekretär Wlassack traf, reiste am Tag darauf zu Hofoperndirektor Wilhelm Jahn nach Trofaiach in die Steiermark, um schließlich am Tag darauf einer Einladung von Eduard Hanslick, einem der Betreiber seiner Ernennung als Kapellmeister an der Hofoper, nach Ischl zu folgen.[105] Natalie Bauer-Lechner begleitete ihn bis nach Toblach, fuhr dann nach Vahrn zurück und blieb mit Justine noch bis in die erste Augustwoche.

Der Sommer 1898 gestaltete sich wiederum als Rekonvaleszenz-Sommerfrische. Am 5. Juni war Mahler in einem Wiener Krankenhaus an blutenden Hämorrhoiden operiert worden, was eine längere Erholungsphase notwendig machte. Mahler verließ nach einer Woche Krankenhausaufenthalt, also Mitte Juni, Wien und fuhr direkt nach Vahrn, wo er, wie geplant, in der Villa Artmann Quartier nahm. Natalie Bauer-Lechner kam erst etwas später nach. Sie spricht in ihren Erinnerungen von Mahlers »andauernden Schmerzen seines körperlichen Übels sowie ihm widrigen privaten Verhältnissen«.[106] Gemeint waren die postoperativen Schmerzen, die den ganzen Sommer über andauerten und Mahler die Ferien-Stimmung vermiesten.

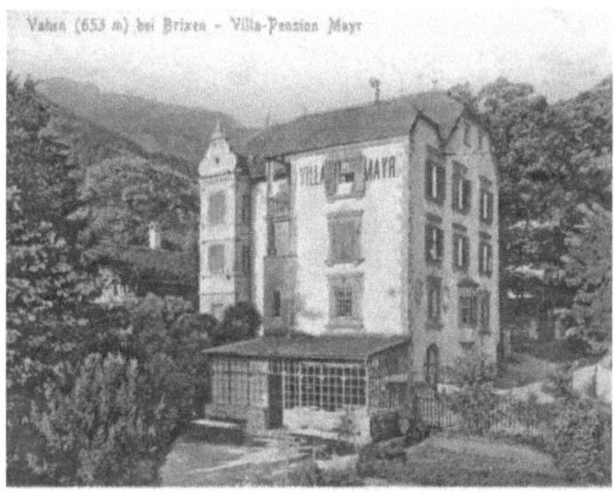


Die Villa Mayr in Vahrn um die Jahrhundertwende

Zur Feriengesellschaft, die Mahler in diesem Sommer zerstreute, gehörte auch der ältere Bruder des Konzertmeisters der Wiener Philharmoniker, der Cellist Eduard Rosé, der sich inzwischen mit Mahlers jüngster Schwester Emma verlobt hatte. Auch Arnold Rosé, Primarius des Wiener Hofopern-Orchesters, war mit von der Partie. Er spielte mit Mahler einiges von Brahms' Kammermusik. Mahler fand also noch immer nicht zu seiner kreativen Sommerbestimmung, der Komposition, die ihn in bessere Stimmung hätte versetzen können. Vermutlich wirkte auch der Stress der ersten Opernsaison am Wiener Hoftheater nach, die Mahler hauptsächlich zur Entrümpelung der staubigen Traditionen genutzt hatte. Dann gab es ja auch noch die nicht ganz ausgestandenen

Konflikte mit der Exfreundin Anna von Mildenburg, die Mahler offiziell per »Sie« ansprach. Zu Mahlers schlechter Stimmung trug sicherlich auch der Wahnsinn bei, der am 9. Oktober 1897, einen Tag nach seiner Ernennung zum stellvertretenden Operndirektor, bei seinem Studienfreund Hugo Wolf ausgebrochen war, nachdem sich dieser als der wahre Hofoperndirektor bezeichnet hatte,[107] ein Umstand, den viele mit der Ablehnung des *Corregidor* durch Mahler in Zusammenhang brachten. Mahler benutzte den zweiten Vahrner Sommer also nicht zu kreativ angespanntem Schaffen, sondern als Entspannungstherapie und Abschalten von Wiener und privaten Problemen. Natalie Bauer-Lechner erinnert sich: »14. Juli. Auf unseren täglich-tüchtigen Spaziergängen, bei denen ich aus alter Erinnerung eines jeden Steiges den Führer machte, kamen wir auf einem steilen und steinigen Hochgebirgsweg über die in vier Riesenstufen sich hoch übereinander aufbauenden Dörfer ›Spiluk‹ zu einem wundervollen Übergang ins Schalderer Tal. Wir waren ein paar hundert Meter gestiegen und hatten die Höhe erreicht. Oben führte der herrlichste ebene Weg am schroffen Bergabhang hin, mit einem berauschenden Blick ins leuchtende, lachende Tal: auf Vahrn und Brixen, das Kloster Neustift, Mühlbach mit Schloß Rodeneck und die Franzensfeste. Und in die gewaltigen Alpenzüge vom Pustertal, Brenner und Eisacktal blickten wir hoch hinein und entdeckten ferne Gletscher und wilde Dolomiten-Häupter, die uns sonst immer noch verborgen waren. Mahler war von Weg und Aussicht so entzückt, daß wir seither fast täglich im Schweiße unseres Angesichts, aber zur köstlichen Stärkung und Erfrischung denselben Weg hinauf kletterten.«[108]

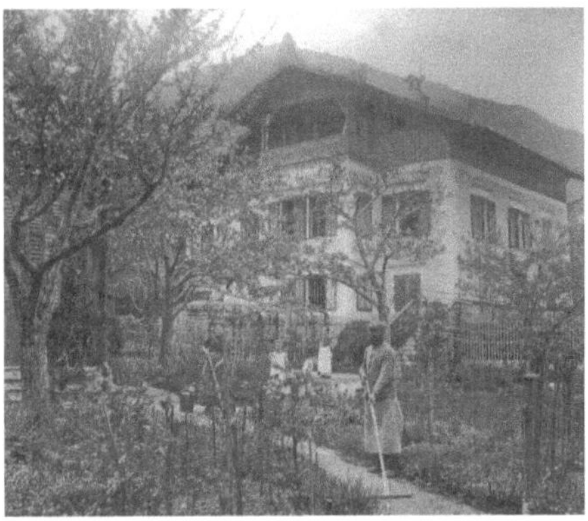

Die Villa Artmann in Vahrn um die Jahrhundertwende

Trotz andauernder Schmerzen rang sich Mahler dennoch einiges an Schöpferischem ab. Seinem Hamburger Freund Hermann Behn verriet er, dass er »unter solchen Umständen nicht viel gearbeitet habe«, dass aber trotzdem »einiges aus des *Knaben Wunderhorn* zu dem früheren dazugekommen« sei.[109] Natalie Bauer-Lechner erzählt, dass Mahler auch ihr die Entstehung dreier Lieder bestätigt habe und dass »das beste jenes sei, welches den heftigsten Ausdruck von Wut und Ärger entfaltete, wie das heuer, aus einer Menge von Gründen« seine »fortwährende Stimmung« gewesen sei.[110] Gemeint ist das *Lied des Verfolgten im Turm*. Nach der Datierung der Autographen zu urteilen, sind die Lieder *Das Lied des Verfolgten im Turm* und *Wo die schönen Trompeten blasen* ohne Zweifel im Juli 1898 in Vahrn entstanden, während das von Bauer-Lechner als drittes Lied bezeichnete – *Der Tamboursg'sell* oder *Revelge* – wohl in Vahrn skizziert worden sein mag, aber erst im Sommer 1899 (*Revelge*) bzw. im Sommer 1901 (*Der Tamboursg'sell*) komponiert wurde.[111]

## Der Sommer von Bad Aussee, 1899: »... aufs grauslichste gestört und an der Arbeit verhindert durch Regen und Kälte sowie durch die abscheuliche Kurmusik ...«

*(Natalie Bauer-Lechner)*

Den Sommer 1899 wollte Mahler mit Schwester Justine und Natalie Bauer-Lechner in dem viel näher bei Wien gelegenen Ennstal, in einer zum Wandern einladenden Gegend, in Laussa bei Losenstein südlich von Steyr verbringen. Doch als er samt seinem Gefolge dort ankam, stellte sich heraus, dass im gemieteten »Herrschaftshaus« viel weniger Räume zur Verfügung standen, als vereinbart. Die kurzfristig abgemachte Alternative hieß Bad Aussee. Laut der von Erich Wolfgang Partsch konsultierten »Ausseer Cur- und Fremden-Liste« mietete sich Mahler mit Justi und Natalie sowie einer nicht näher bezeichneten Dienerschaft, um den 8. Juni, in gebührendem Abstand vom Sommerfrischentrubel, in die eine halbe Stunde über dem Markt gelegene Villa »Seri« auf der Sixtleite ein.[112] Mahler nahm für sich, wie gewohnt, das ruhigste Zimmer in Anspruch, nämlich das enge, aber von innen am wenigsten gestörte »Dachstübel«, wo er wieder zu komponieren hoffte. Doch auch diesen Sommer wollte sich keine günstige Schaffensstimmung einstellen, denn »Mahler war die ersten Tage in Aussee aufs grauslichste gestört und an der Arbeit verhindert durch Regen und Kälte sowie durch die abscheuliche Kurmusik, die täglich um 11 Uhr losging – an Sonntagen schon um 8 Uhr – und in die »eine halbe Stunde weit und hoch über dem Markte gelegene Villa heraufklang«. Dazu kam das tägliche Glockengeläute, Begräbnisse von »Veteranenleichen, Hochzeiten und aller Tod und Teufel eines wahren klingenden Hexensabbats«.[113] Mahler, der in den Ferien nichts mehr mied als »clavierige« Häuser und Platzkonzerte, war nun hier, dem Nobelort der Wiener Intellektuellen, in dem man auch dem gefürchteten Kritiker-Papst Eduard Hanslick begegnen konnte, gerade jenem Kulturlärm ausgesetzt, dem zu entfliehen er sich durch die Suche nach stillen Plätzen vorgenommen hatte. Das Warten auf Ruhe spannte ihn so sehr auf die Folter, dass er befürchtete, für die restlichen sechs verbleibenden Wochen in seiner Stimmung ruiniert zu sein: «Dabei bleibt mir nicht einmal, gleich einem andern, die Freude, die Ferien zum Genießen zu verwenden oder ruhig zuzuwarten, ob der Heilige Geist über mich kommen wird oder nicht, weil immer das Damoklesschwert ihres Endes über mir hängt. Etwas zu machen, wenn ich nicht in der vollen Stimmung bin und nicht fühle, daß ein Ganzes und Rechtes herauskommt, ist mir qualvoll. Auch ist der Musiker ein armer Teufel: wenn ein anderer, Gelehrter oder Dichter, sich durch Studien, der Maler durch den bloßen Anblick der Natur zu seinem Werke anregen, vorbereiten und in die Stimmung bringen kann, so habe ich gar nichts als dies leere Blatt Notenpapier, das vor mir liegt, und ich soll riechen.«[114] Mahlers Reizbarkeit steigerte sich durch diese Behinderung zu einer wahren Allergie gegen die Ausseer Feriengesellschaft, die sich in dem Nobelort durch Flanieren und Klatsch die Zeit vertrieb: »Ich komme mir oft schon wie der leibhaftige Menschenfeind vor, einen solchen Widerwillen erregen mir die Leute, unter denen sich wohl auch ganz erträgliche Wesen befinden. Jetzt aber bin ich der Sache auf den Grund gekommen, weshalb sie einem zuwider sind: weil man sie so unbeschäftigt, so ohne jeden Daseinszweck von früh bis spät immer nur auf der ›Gaudé‹ trifft, wobei sie natürlich den gelangweiltesten und hohlsten Eindruck machen.«[115]

Wie sehr Mahler in diesem Sommer vom schlechten Wetter »paralysiert« war[116] und sich wie ein Zerrissener fühlte, geht auch aus einem Brief vom 4. Juli zum 40. Geburtstag seines Jugendfreundes Fritz Löhr hervor, in dem Mahler seinen alten Zivilisationsekel zum Ausdruck bringt und durchblicken lässt, wie wenig ihn die eminente Position als Wiener Hofoperndirektor befriedigte: »Mein lieber Fritz! [...] Da ich mich selbst jetzt nicht habe, so kannst auch Du mich nicht haben. Aber ich sage Dir nur dieses Wörtchen: Warte noch ein Weilchen, dann ist Direktion und andere Possen bei den Schatten im Tartarus und wir erkennen uns wieder im goldenen Licht. Vom Herzen, mein lieber Fritz, Dein Gustav.«[117]

Dieses Stimmungstief bedingte auch die kompositorische Ausbeute des ersten Teils dieses Sommers. Natalie Bauer-Lechner registrierte allein das Entstehen des Liedes *Revelge*, das Mahler nach dem Einnehmen eines Abführmittels auf dem »Stillen Örtchen« entworfen, aber nicht zu Ende komponiert haben soll. Der Geniestreich des Einfalls zu einem seiner wirkungsvollsten Wunderhorn-Lieder genügte Mahler jedoch, um sich seiner kreativen Fähigkeiten zu vergewissern: »Mit meinem Komponieren gleiche ich in diesen drei Sommern einem Schwimmer, der ein paar Tempi macht, nur um sich zu überzeugen, daß er überhaupt noch schwimmen könne. Oder es ist das Prüfen, ob eine Quelle nicht gar versiegt sei; die meine tröpfelt ein wenig, aber nicht mehr.«

Das schöne Wetter, das zurückkehrte, der gewohnte Besuch in Ischl am 29. Juli,[118] wo Mahler mit Arnold Rosé Lipiner traf und sogar die »Curmusik als sehr erquickend« empfand, weiters die Ausflüge von Bad Aussee zur »Pfeiferalm«, von der er »besonders entzückt war, weil [er] auf dem Weg keiner Seele begegnete«, der wundervolle Blick von der »Veranda des Alpenhüttels« »und mehr noch die tiefe Stille des Ortes« erweckten in ihm wieder die alte Komponierlust. Natalie Bauer-Lechner registrierte die plötzliche Veränderung: »Es ist also wirklich eine Vierte Symphonie, die Mahler so vor Torschluß in den Schoß gefallen! Nachdem er nämlich mit der Vollendung der *Revelge* alle Arbeit vor lauter Störungen schon aufgegeben hatte, merkten wir ihm plötzlich an, daß er doch wieder in eine Komposition geraten sei, und zwar, wie es Anschein und Andeutungen verrieten, war es diesmal kein kleines, sondern ein größeres Werk, daß die Qual der Unruh des Ortes und das noch näher gerückte Ferienende sich verstärkt dem Armen fühlbar machten. Was er davon in der Galgenfrist von zehn Tagen sich gerettet, das weiß Gott – wenn man auch bei ihm gewohnt war, daß er das

Unmögliche möglich machte.« Aber unter welchen Anspannungen in Alt-Aussee die ersten Entwürfe zustande kamen, verriet Mahler seiner treuen Begleiterin Natalie Bauer-Lechner im darauffolgenden November bei einem Spaziergang in Wien. Er schilderte ihr mit »wahrem Schauder die Folterqualen«, die er in Alt-Aussee in den letzten Tagen seiner Ferien hatte ausstehen müssen, als er morgens an die Arbeit ging und das Riesenwerk, das er skizzenweise im Kopf hatte, zu Papier bringen wollte und er sich fragte, ob er es festhalten könne, bevor »die verfluchte Kurmusik« draußen zu spielen anfangen würde.[119]

Im Juli desselben Sommers 1899 weilte in der Nähe, im Dorf Stambach bei Goisern am Hallstädter See, auch die Familie von Alma Schindler. Wie zweieinhalb Jahre später bei der Bekanntgabe der Verlobung Gustav Mahlers mit Alma Maria Schindler am 29. Dezember 1901 durch das Wiener »Fremdenblatt« bekannt wurde, begegneten sich die beiden bei einem »Ferialausflug am Hallstätter See, als »sich der Direktor im Sommer des vorletzten Jahres durch einen jungen Gesangsprofessor des Wiener Konservatoriums der jungen Dame« hatte vorstellen lassen.[120]

## Die Sommer in Maiernigg am Wörthersee, 1900 bis 1907: »Schöneres habe ich seit Brissago am Lago Maggiore nicht gesehen …«

*(Natalie Bauer-Lechner über Maiernigg, 1899)*

Um für die Wiederaufnahme der schöpferischen Tätigkeit ein für alle Mal vorzusorgen, schickte Mahler noch im August 1899 Natalie Bauer-Lechner und seine Schwester Justine auf Erkundungsfahrt. Zum ersten Mal stellte Mahler den Bau eines eigenen Ferienhauses zur Diskussion, aber nur für den Fall, dass »in der Frein« bei Mürzsteg, wo Kaiser Franz Joseph die Flitterwochen mit Kaiserin Elisabeth verbracht hatte und regelmäßig zur Jagd kam, ein Grund zu bekommen wäre. Zu diesem Zeitpunkt war die wahrscheinlichere Variante doch noch die Anmietung eines Hauses, etwa einer Villa in Bruck, zu der Mahler seiner Schwester die Unterlagen schickte. In diesem ersten Stadium der Erkundung legte Mahler anscheinend Wert auf eine gewisse Nähe zu Wien und auf regenarme Gebiete. Mahlers Präferenz, der vom niederschlagsreichen Salzkammergut nichts mehr wissen wollte, ging in dieser Phase der Suche in Richtung Südtirol. So schrieb er an Justi: »Versäume nur ja nichts, was Wohnungen betrifft. Ob wir was in *Frein* etc. bekommen ist sehr fraglich. Ich bin überzeugt, daß wir dort *bauen* müssten. Und da wäre uns wieder der ganze Winter verdorben. Den Brief über die Villa in Bruck sende ich Euch für alle Fälle ein. – Aber ich glaube, Südtirol wird das Richtige sein. – Wer von unten kommt, erzählt, daß er nicht einen ganzen Regentag gehabt hat.«[121]

Von den weiteren Erkundungsschritten im August 1899 berichtet Natalie Bauer-Lechner. Sie schildert, wie sie und Justine Mahler durch die Gegend radelnd erfolglos in Maria Wörth am Wörthersee ankamen und »schon auf dem Dampfer« zur Heimfahrt von der zufällig vorbeikommenden Anna von Mildenburg angerufen und zum Aussteigen bewogen wurden. Anna von Mildenburg kannte den Grund des Besuches ihrer Bekannten und erklärte sich bereit, sie zu einem Ort zu führen, wo ihrer Meinung nach »eine passende Villa für Mahler« zu mieten bereit stand. Bei dieser Gelegenheit soll sie die Frauen mit einem »geschickten Amateur-Architekten, namens Theuer«, einem »unabhängigen und selten herzensguten Menschen« bekannt gemacht haben, der das von ihm selbst erbaute »Schlössl Schwarzenfels« bei Maiernigg bewohnte. Dieser soll nun von einer Miete abgeraten haben und hingegen den Ankauf eines Grundes und die Erbauung einer eigenen Villa befürwortet haben, worauf Mahler, der telegraphisch herbeigerufen wurde, sofort einging. Nach längerem Suchen und genauer Prüfung auf Lärmabschirmung fand man schließlich »einen ganz abgeschlossenen waldigen Baugrund am See« für das Haus und »einen weltentrückten Platz für Mahlers Häuschen« »nicht weit in der Höhe darüber«.

In einem Brief von Natalie Bauer-Lechner an Mahler vom 22. August 1899 ist von der allgemeinen Begeisterung über das Projekt und das Panorama, das man von der gegenüberliegenden Seite hatte, zu lesen: »Schöneres habe ich seit Brissago am Lago Maggiore nicht gesehen. Wenn ich auf meine Veranda hinaustrete, liegt zauberisch der schimmernde, tausendfältig bewegte See in der Tiefe mit dem lieblich geschwungenen Saum seiner Ufer und das blinkende Kirchlein von Maria Wörth auf der nur an einem Faden hängenden Halbinsel, die beständig, wie weiße Schwäne, Segelboote und Kähne umspielen, und aus deren offenen Schiffs- und Badehütten Rudernde und Schwimmende voll Lust in den leuchtenden Spiegel tauchen.«[122]

Mahler fuhr am 12. September nach Klagenfurt und unterschrieb den Kaufvertrag, war dann zwei Tage Gast im Haus des Architekten Theuer, besprach mit ihm das Projekt und gab Anweisungen, nach eventuellen »Bohrungen« sobald wie möglich mit dem Bau zu beginnen.

Wie Natalie Bauer-Lechner berichtet, freute sich Mahler riesig auf den künftigen Sommer, zumal es ihm gelungen war, die Sommerferien der Belegschaft des Wiener Hofoperntheaters bis zum 15. August zu verlängern.

## Maiernigg, Sommer 1900: »... an allen Ecken und Enden von einem solchen Barbarismus umgeben, daß man gar nicht dagegen aufkommen kann.«

*(Gustav Mahler, Maiernigg 1900)*

Der Sommer 1900 begann für Mahler mit einiger Verspätung. In Paris war gerade Weltausstellung und die Wiener Philharmoniker mit Mahler an der Spitze waren von höchster Stelle eingeladen, dort das Musikland Österreich mit Konzerten zu vertreten. Mahler kam der Aufgabe mit einem gemischten Gefühl von professionellem Engagement und Abstand nach. Er, der erst im Sommer 1898 alles darangesetzt hatte, die Symphoniekonzerte der Philharmoniker dem altehrwürdigen Hans Richter, der in Wien eine Institution war, abzunehmen,[123] betrachtete diese Pariser Konzerte nicht als einen persönlichen Karriere-Höhepunkt, sondern als eine lästige Pflichtübung im Dienste der k.u.k Repräsentation. So ließ er in einem Brief an die befreundete Nina Spiegler seiner Frustration freien Lauf und fand es »unerhört deplaciert und widerwärtig«, den Franzosen bei einer solchen Gelegenheit »Musik vorzumachen«: »Es ist überhaupt nicht zu sagen, wie sehr *alles* nur Phrase, Pose, Lüge ist! [...] Sonntag früh hoffe ich schon im Wörthersee zu baden. Weiß Gott, wann ich dieses Gefühl des Ekels los werde! Mir ist, als ob ich mich prostituiert hätte.«[124]

Mahler kam am 21. Juni mit seinem Konzertmeister Arnold Rosé, der mit Mahlers Schwester Justine ein streng geheim gehaltenes Verhältnis hatte, in Maiernigg an. Der Neubau war zwar weit fortgeschritten, doch an ein Wohnen war diesen Sommer noch nicht zu denken. Mahler und seine Sommergesellschaft mussten sich mit einem Provisorium begnügen: Arnold Rosé in Pörtschach und die Frauen mit Mahler in der »Villa Antonia«, wo sie alle »fürchterlich beschränkt« waren und tagsüber von den Hausmeisterkindern gestört wurden.[125]

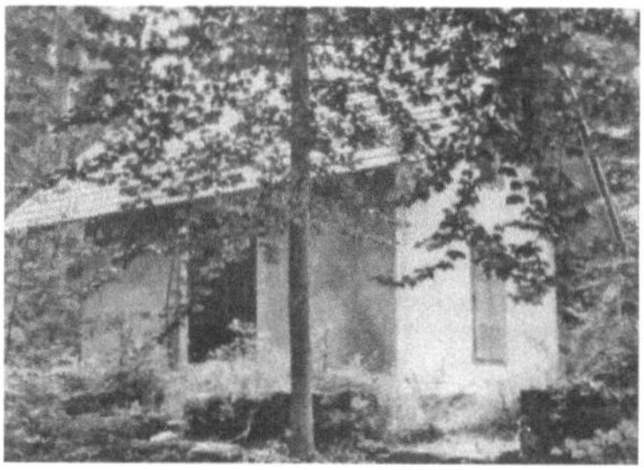
Mahlers Komponierhäuschen in Maiernigg am Wörthersee

Obwohl das neue »Komponierhäuschen« schon bezugsbereit war, stellte sich die Schaffensfreude beim geschäftigen Operndirektor nicht gleich wieder ein. Natalie Bauer-Lechner berichtet, dass Mahler, der müde aus Paris zurückkehrte und in körperlich schlechter Verfassung war, sich sehr sorgte, ja »verzweifelt war«, den Anschluss an die vor einem Jahr unterbrochene Komposition wiederzufinden, ja, dass er sogar fürchtete, nie wieder etwas Ordentliches schreiben zu können. Als seine Kreativität wieder erwachte – Natalie Bauer-Lechner nennt das Datum seines Geburtstages, den 7. Juli –, zog sich Mahler ins Häuschen zurück und arbeitete verbissen bis zu zehn Stunden am Tag. Aber noch immer hatte er Mühe, den Ariadnefaden zum neuen symphonischen Werk, das er am Ende der Bad Ausseer Ferien skizziert hatte und das in seiner ursprünglichen Intention eine »Humoreske« werden sollte, wiederzufinden. Die Wiederaufnahme gelang ihm nur sehr zögerlich und »durch einen fürchterlichen Kraftaufwand«, wie Mahler selbst zugab: »Der schaffende Künstler ist heute wie eine verspätete Fliege; drum lässt er auch die Flügel hängen.« Zu diesem Bewusstsein, am Ende des 19. Jahrhunderts als ein verspäteter Symphoniker zu komponieren, kam auch die eingestandene Reue über die Vernachlässigung des Kontrapunktstudiums während der Ausbildung am Konservatorium. Nun begreife er, sagte er zu Natalie Bauer-Lechner, daß Schubert noch kurz vor seinem Ende Kontrapunkt studieren wollte, und er könne ihm das nachfühlen, weil ihm selbst dieses Können und ein richtiges, hundertfältiges Üben im Kontrapunkt aus der Lernzeit abgehe, ein Mangel, den er nur mit größter intellektueller Anstrengung kompensieren könne. Woran er gerade arbeitete, darüber ließ er seine Begleiter im Unklaren, ein Zeichen, dass er um diese Zeit schwer um Form und Aussage rang. Dazu kamen Störungen aus der Umwelt, die ihn irritierten und ablenkten. Da das Komponierhäuschen inmitten des Waldes stand, versammelten sich dort auch zahlreiche Vögel, die weder mit »Vogelscheuchen noch blindem Schießen« zu vertreiben waren. Von der Villa des Architekten Theuer, des Projektanten des Mahlerschen Ferienhauses, kam außerdem Hundebellen herüber und vom gegenüberliegenden Ufer Drehorgelmusik und die Potpourris der Militärkonzerte. Doch es sollte noch schlimmer kommen: Gäste, die in der Nähe weilten und von den peinlichen Lärmschutzmaßnahmen des Maestro wussten, schickten ihm, vermutlich zum Spaß, eine »Böhmische«, damit sie vor seinem Haus eine Stunde spielte. Wie genervt er war, beweist die Klage, die Natalie Bauer-Lechner aufschrieb: »Wir sind noch an allen Ecken und Enden von einem solchen Barbarismus umgeben, daß man gar nicht dagegen aufkommen kann. Was es heißt, die persönliche Freiheit des Menschen zu achten, davon haben die meisten Menschen keine Ahnung. Alles dient ihnen nur zur Befriedigung ihrer nächsten kindischen Lust, wie sie die Blume ausrupfen, Tiere sinnlos töten und sammeln und dergleichen mehr. Ich komme immer mehr dazu, nur die Tauben und Blinden für glücklich zu halten, denen diese elende Welt verschlossen ist, und ich könnte einen Musiker begreifen, der sich des Gehörs beraubt, wie sich Demokrit geblendet haben soll.«[126]

Da er also, wie er Natalie Bauer-Lechner bekannte, »ohne jede Stimmung« war und mit der Arbeit nicht richtig vorankam, gönnte sich Mahler Mitte Juli eine Verschnaufpause und unternahm eine »Tour ins Ampezzotal«. Am 16. Juli schrieb er an Justi eine »Correspondenzkarte« und beschrieb seine Route: »Also, Liebste! Vormittag im Coupé mit 1 stündiger Verspätung. Dann scheußlich gegessen in Toblach. 3 Uhr pr. Rad nach Schluderbach, wo ich den ganzen Nachmittag herrlich im Freien zugebracht habe. Bin schon ganz vergnügt. Morgen an den Misurinasee, wo ich den Tag verbringen und übernachten will. Übermorgen herunter nach Cortina, dann wieder zurück nach Schluderbach, wo [ich] wahrscheinlich wieder übernachte. Nächsten Tag über Toblach nach *Lienz*, wo [ich] noch einmal übernachte und dann pr. Dampf und Rad nach Maiernigg. Leider hier Adlatus von Nathaniel Rotschild getroffen, den ich nun in Toblach besuchen muß. Herzlichst G.«[127] Natalie Bauer-Lechner erzählt, dass er »höchst erfrischt und gesundet« nach ein paar Tagen aus dem Ampezzo-Tal heimkehrte, »wo er sich toll herumgetrieben hatte«. Nun tauchte er wieder in die Komposition ein und arbeitete emsig bei allen vier »weit geöffneten Fenstern«. Hier, so versicherte er Natalie, übertraf es nach der Errichtung zweier Gittertor-Absperrungen »an Ruhe und Sicherheit und dionysischen Wundern und Entzückungen bei weitem selbst das von ihm so geliebte Steinbacher Wiesenhäuschen« und die Komposition ging ihm wieder fließend von der Hand. Nun merkte seine Umgebung auch an seinem Verhalten, daß das Eis gebrochen war. Er wirkte gelöst und gesprächig und unternahm – schwarze Bartstoppeln, offenes Hemd, »unqualifizierbare lange Beinkleider ohne Hosenträger oder Gurt« und ohne Rock ausgedehnte Radtouren in der Gegend.[128]

Der Single-Ausflug Mahlers ins obere Pustertal und Cortina ist auch in einem Brief Justines bestätigt, den diese in Mahlers Abwesenheit am 18. Juli 1900 an ihre Schwester schrieb. Doch es gab kurzfristig wahrscheinlich noch einen weiteren Ausflug in die Dolomiten. Am 2. August schrieb Mahler seinem Freund Guido Adler, der ihn in Maiernigg besuchen wollte, daß er ihn da nicht antreffen würde, da er in die Dolomiten aufbrechen müsse, wo er in der »Pension Saxonia« in Innichen zu erreichen wäre.[129] Außerhalb seines Komponier-Heiligtums ging Mahler natürlich offenen Ohres durch die Gegend. Als er einmal den administrativen Direktor der Hofoper, Hubert Wondra durch den Waldweg nach Klagenfurt begleitete, und dieser sein Missfallen über zwei gleichzeitig in der Gegend spielende Ziehharmonikas, zu denen sich auch noch eine Militärmusik gesellte, zum Ausdruck brachte, soll Mahler lange stillgestanden haben und gespannt der heterogenen Polyphonie gelauscht haben. Ähnlich vergnügt soll Mahler auf dem Kreuzberg bei einem sonntäglichen Wiesenfest, inmitten »von Ringelspielen und Schaukeln, Schießbuden und Kasperltheatern, auch Militärmusik und einen Männergesangsverein«, gelauscht haben: »Hört ihr's! Das ist Polyphonie und da hab' ich sie her! – Schon in der ersten Kindheit im

Iglauer Wald hat mich das so eigen bewegt und sich in mir eingeprägt. Denn es ist gleichviel, ob es in solchem Lärme oder im tausendfältigen Vogelsang, im Heulen des Sturmes, im Plätschern der Wellen oder im Knistern des Feuers ertönt. Gerade *so, von ganz verschiedenen Seiten her,* müssen die Themen kommen und so völlig unterschiedlich sein im Rhythmik und Melodik (alles andere ist bloß Vielstimmigkeit und verkappte Polyphonie): nur daß sie der Künstler zu einem zusammenstimmenden und – klingenden Ganzen ordnet und vereint.«

Die ersten Maiernigger Ferien, in denen auch das Wetter günstig mitspielte, bewogen Mahler zu zahlreichen Radtouren, die entweder den See entlang gingen oder wie am 10. August über den Loiblpass in den Karawanken nach Veldes (Bred) in der Krain, wo er sich, da er alleine unterwegs war, verirrte und in abschüssige Stellen geriet, aus denen er sich mit Mühe und Not befreien konnte.[130]

Mitte August, zum Ende der Ferien, war die Komposition der viersätzigen *Vierten* fertig. In einem Brief an die befreundete Nina Spiegler bekannte Mahler, wie herrlich dieser Sommer für ihn gewesen sei: »Ich konnte mir gar nicht denken, daß man im Stande ist, an so zarte Fäden wieder anzuknüpfen. Aber, es ist eigentümlich: So wie ich mich in der Natur und mit mir selbst befinde, ist alles Kleine und Gemeine wie ausgelöscht und ohne Spur vergangen.«[131]

Mahler betrachtete die *Vierte*, obschon als Abschluss seiner symphonischen *Tetralogie* gedacht, als eine Wende in seinem Schaffen. Gegenüber der *Ersten*, *Zweiten* und *Dritten*, die er wie im Rausch geschaffen hatte, habe er nun eine Symphonie nach klassischem Modell zustande gebracht, ein Werk, das »trotz seiner Freiheit mit der größten, fast schulmäßigen Gesetzmäßigkeit« komponiert sei. Mit deren Fertigung habe er gelernt, »daß es gar nicht nötig und nicht einmal das Richtige sei, daß ein Werk immer so aus der Stimmung, gleich einer Eruption, entspringt«. Es müsse vielmehr, so Mahler, »ein gleichmäßiges Können an ihre Stelle treten: die eigentliche Kunst, welche dem, der sie besitzt, immer zu Gebote steht und alle Schwierigkeiten, auch die des eigenen Übelbefindens, überwindet«. Dieses Können, vor allem die Kunst der Variation, die er an Brahms über alles schätzte, die »Beweglichkeit des Rhythmus«, die »Polyphonie«, »die größte Farbenmischung« und das »sphärische Ausklingen«, das im letzten Satz »eine fast kirchlichkatholische Stimmung« transportiert, seien ganz neue Aspekte seiner symphonischen Schreibweise.[132]

## Ostern in Abbazia, Istrien, und Sommer in Maiernigg 1901: »... ein wundervolles Turmzimmer mit der herrlichen Aussicht nach allen Seiten ...«

*(Natalie Bauer-Lechner, Abbazia 1901)*

Im Frühjahr 1901 erlebte Mahler einen »furchtbaren Blutsturz«. Während einer »Meistersinger-Wiedergabe« wurde er kreidebleich und blickte wie mit »Kohlen in den Augen«.[133] Noch in derselben Nacht musste er dringend operiert werden und ging dann »monatelang an zwei Stöcken«. Ein längerer Krankenurlaub war unvermeidlich. Mahler fuhr am 20. März für zwei Wochen mit seiner Schwester Justine nach Abbazia, wohin ein paar Tage später auch Natalie Bauer-Lechner und Arnold Rosé nachfuhren. Abbazia, das Seebad an der Kvarner Bucht in Istrien (heute Opatija), hatte sich seit der Anbindung an das Südbahnnetz in der Gründerzeit zu einem beliebten Seebad an der »österreichischen Riviera« entwickelt und galt als klimatisch äußerst ausgeglichen. Mahler genoss nach Aussagen von Natalie Bauer-Lechner das »angenehme Wohnen in der Villa Jeanette«, mit einem kleinen »Appartamento« unter dem Dach des Hauses, wo er »ein wundervolles Turmzimmer mit der herrlichen Aussicht nach allen Seiten hatte; daneben zwei Zimmer und ein Zimmerchen«, das die anderen bewohnten: Justi, Arnold Rosé und Natalie Bauer-Lechner. Er instrumentierte hier den vierten Satz seiner *Vierten, Das himmlische Leben*, und genoss den Blick aufs Meer und die zahlreichen Inseln. In Wien zurück, reichte Mahler formell, »mit Rücksicht auf seine große Arbeitslast [...] und geschwächte Gesundheit« seine Dimission als Leiter der Philharmonischen Konzerte ein,[134] nicht wissend, dass die Philharmoniker während seiner Abwesenheit schon Josef Hellmesberger jun. zum Nachfolger gewählt hatten: ein Affront gegen den genesenden Chef und ein Symptom, dass das Einvernehmen des Orchesters mit Mahler schon seit längerer Zeit nicht mehr das beste war. In ihren »Erinnerungen« macht Alma Mahler für dieses Zerwürfnis nicht nur den unerbittlichen Perfektionswillen Mahlers verantwortlich, sondern auch private Gründe, die mit der Liebesaffäre des Konzertmeisters Arnold Rosé mit Justine, der Schwester Mahlers, zu tun hatten. Laut Alma Mahler brachte diese über einen langen Zeitraum vor Mahler geheimgehaltene Beziehung den Hofoperndirektor gegenüber dem Orchester in eine delikate Lage, da nun alle unpopulären Entscheidungen künstlerischer Natur mit diesem Verhältnis in Zusammenhang gebracht wurden und der Konzertmeister der Oper selbst zum Gegenstand privater Spekulationen wurde.[135] Wie wenig Mahler von seinem Ensemble geliebt wurde, hatte er schmerzlich nach dem Durchfall seiner *Ersten* in Wien im philharmonischen Konzert vom 18. November 1900 erfahren müssen, als das gesamte Orchester während der Schlusspfiffe aufstand, Mahler alleine ließ und »mit hämischen Gesichtern einfach abzog«.[136] Die Zurücklegung der Leitung der Philharmonikerkonzerte war spätestens ab diesem Eklat vorgezeichnet. Aber als dieser im Frühjahr des Jahres 1901 vollzogen wurde, war noch lange nicht Ruhe, denn Mahler blieb ja noch Chef der Oper und Arnold Rosé Konzertmeister des Hofopernorchesters. Alma Mahler erzählt, dass während ihrer Verlobungszeit, also Ende 1901 / Anfang 1902, eine Abordnung der Philharmoniker zu ihr kam, um sie »zu bitten, Mahler aus der gefährlichen Einflusssphäre des Konzertmeisters zu befreien«. Arnold Rosé war einerseits mit den Musikern befreundet und andererseits Mahlers Schwager und beeinflusste in dieser Lage »oft gewollt, oder ungewollt« Mahlers Entscheidungen, sodass die »Musiker immer wussten, woher der Wind wehte«.[137]

## Maiernigg, Sommer 1901: »… daß wir die Lampe verlöschten und noch lange leise plauderten und träumten …« *(Natalie Bauer-Lechner, Maiernigg 1901)*

Im Sommer 1901 war die Villa am Wörthersee, obwohl noch innen und außen gehämmert wurde, endlich bezugsbereit. Justine hatte in den Monaten zuvor auch die Möblierung überwacht und alles in die Wege geleitet, was zu einem komfortablen Sommeraufenthalt nötig war. Mahler, der von seiner Umgebung wegen seines spartanischen, jedem Luxus abholden Lebensstils »der Barbar« genannt wurde, entdeckte nun selbst die Annehmlichkeiten dieses für seine Verhältnisse luxuriösen Ferienhauses in wunderbarer Lage zwischen Wald und See, mit zwei großen Steinterrassen, dem herrlichen Blick über den See, den privaten Wald- und Strandwegen und der eigenen Schiffs- und Badehütte. Mahler nahm für sich das Dachgeschoss in Anspruch, das über den anderen Zimmern thronte und mit dem dazugehörigen Balkon einen Rundblick wie von einer »hohen Warte« gestattete. Die warmen Kärntner Sommer, die vom mediterranen Klima beeinflusst, milder sind als andere in Österreich, animierten Mahler zu bis dahin ungewohnten Badefreuden: früh morgens aus dem Bett und sogleich ins Wasser, zu Mittag je nach Hitzestand ein Sonnenbad im Freien mit anschließender Abkühlung im Wasser. Natalie Bauer-Lechner, die Mahler sowohl beim Baden als auch auf Spaziergängen begleitete, erzählt, wie Mahler unentwegt schwärmte: »Es ist zu schön!«, und in dieser Hochstimmung sogar die pausenlos zwitschernden Vögel ertrug.

Sowie bekannt wurde, dass der Herr Hofoperndirektor in der neuen Villa wohnte, kamen freilich auch Störenfriede, die sich im Müßiggang oberflächlicher Ferienstimmung einen Jux daraus machten. So erzählt Natalie Bauer-Lechner von einer Schiffsgesellschaft angeheiterter junger Leute, die »mit Gejohle und Gegeneinanderschlagen der Ruder« Mahler als den Komponisten »einer schlechten Symphonie« (der *Ersten*) und des *Klagenden Liedes* verhöhnten.[138]

Mahler war stolz auf sein Sommerdomizil, wie folgendes Gedicht zeigt, das er am 21. Juli 1901 an Nina Spiegler, die hochgebildete erste Frau des Philosophen Siegfried Lipiner, aus Klagenfurt adressierte:

> Dies alles, was Du auf der Karte siehst,
> Ist die Ansicht, wie sie hier gewöhnlich ist…
> Da hier noch ein schönes Platzel,
> Schreib ich hier ein kleines Satzel
> - leider nur in Eil und Hatzel…
> Ich sitze hier in dem Kaffé
> Und grüße Dich, Dein treuer G.
> u. auch dabei Natalie![139]

Zur Stimmung in Maiernigg trugen auch die Hauskonzerte mit den Freunden bei, mit Natalie Bauer-Lechner, Bratsche, und dem Konzertmeister der Hofoper Arnold Rosé. Diese Darbietungen, Duette für zwei Geigen oder Brahmssonaten für Violine und Klavier, verbreiteten eine Aura von Sommernachtstraum, die meist mit einem Spaziergang bei

Nacht endeten. Natalie Bauer-Lechner hielt die nächtlichen Sommerstimmungen in ihrem Tagebuch fest: »Aufgeregt von der Musik und angesteckt von der herrlichsten Mondnacht, gingen Mahler und ich, während die anderen sich legten, am Ufer spazieren, suchten den fortgesetzten Strandweg und die übrigen neuen Pfade auf [...]. Vergnügt wie Kinder liefen wir alle die lieblichen Stellen ab und die aufwärts sich schlingenden Pfade, welche wir in dem stark verwachsenen Gehölz langsam entstehen sahen. Aus dem geheimnisvollen Dunkel der Bäume stiegen wir dann zu Mahlers lampenhellem Gelass empor, der stattlichsten von allen Dachkemenaten, die er je besessen. Und als wir auf den Balkon hinaus traten, war der Himmel und sein in Myriaden Lichtfunken im See sich spiegelndes Bild von solcher heiligen Pracht, daß wir die Lampe verlöschten und noch lange leise plauderten und träumten.«

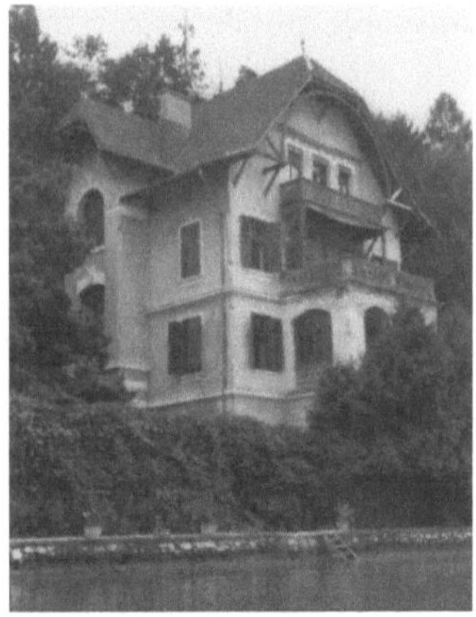

Mahlers Ferienhaus in Maiernigg

Die Maiernigger See-Idylle erinnerte Mahler sehr an die äußerst fruchtbare Zeit in Steinbach am Attersee, als seine Inspiration wie ein Vulkan aus seinem Innersten hervorbrach: »Das war damals doch noch am schönsten«, meinte Mahler, »wo ich die Flitterwochen mit meiner Muse gefeiert! Seither ist es eine richtige Ehe geworden. Wir bekommen ein Kind nach dem andern, als ob es so sein müsste, und danken einander kaum mehr für das Glück [...]; wenn die Begeisterung auch nicht die Höhepunkte von einst erreicht, ist an ihre Stelle die volle Kraft, das ganze Können getreten. Ich fühle, daß ich alles vermag, und daß mir meine Mittel auf lange hinaus gehören und gehorchen.«[140]

Mitte Juli unternahm Mahler wiederum einen Ausflug in die Dolomiten. Von dort schrieb er am 21. Juli auf einer »Cartolina postale italiana«: »L.J.! Programmmäßig in Misurina eingetroffen. Jedenfalls ein herrlicher Aufenthalt, wenn man zu mehrern ist. Allein giftet man sich über die Kuhgäste zu sehr. Spaziergänge, eine Menge, sehr ebene oder sanft steigende. Hotel prima. Wohnen und Essen gleich gut. Zum faullenzen sehr geeignet. Gestern in Schluderbach sofort in Fr. G. hineingefallen. Dann Gewitter mit andauerndem Platzregen. Mußte im Hause bleiben, wo Citherconcert. Die anscheinend sehr kunstliebende Gesellschaft sehr angeregt von den Genüssen so daß bis ½ 12 lebhafte Unterhaltung verbunden mit großem Lärm – mußte im kleinen Zimmer einige Fenster schließen. Wo ich heute [hingehe] weiß ich noch nicht. Eben gehe ich zu einem fein arrangirten Diner, zum Schluß Soufflé à la Arnold. Herzlichst G.«[141]

Anfang August fuhren Justi und Rosé zu einem Kuraufenthalt nach Heiligenblut am Großglockner, während Natalie Bauer-Lechner und Mahler »zu zweit in Maiernigg zurückblieben und unendlich die ruhevollen Tage genossen«.[142] In diesen Augusttagen weihte Mahler seine Begleiterin Natalie auch in das neue symphonische Projekt ein, mit dem er sich unter allerlei Mühen diesen Sommer herumschlug: das Scherzo zur Fünften Symphonie, ein noch wirres Gebilde, das jedoch »durch den Aufbau und die größte künstlerische Meisterschaft [...] wie bei einem gotischen Dome sich in Ordnung und Harmonie« auflöse. Mahler erklärte ihr auch, worin die Schwierigkeiten bestanden, mit denen er sich bei der Komposition abmühte, vor allem mit der »Akkordführung« bei seinem »Prinzip, dass sich nicht einmal etwas wiederholen darf, sondern alles aus sich heraus sich weiter entwickeln« müsse. Schwierigkeiten, die er aus seiner »genauesten Orchester-und Instrumentenkenntnis heraus« mit der Erfindung »kühnster Passagen und Bewegungen« gemeistert habe.

Am 10. August spielte Mahler Natalie zum ersten Mal die sieben Lieder vor, die er in vierzehn Tagen vollendet hatte: sechs Lieder nach Rückert und *Der Tamboursg'sell* aus *Des Knaben Wunderhorn*. Letzteres sei ihm buchstäblich zwischen Tür und Angel, nämlich beim Verlassen des Speisezimmers, eingefallen, eine musikalische Blitzidee, die er noch im Vorraum zu Papier brachte und erst im Nachhinein mit einem passenden Text versah. Im täglichen Umgang mit dem schöpferischen Mahler, der entsprechend den spontan oder zähe fließenden Einfällen einem großen Stimmungswechsel ausgesetzt war, kam es mit seinen Begleitern immer wieder zu Spannungen und Verstimmungen. Natalie Bauer-Lechner berichtet davon am Ende ihres Tagebuches: »Mahler wegen seines furchtbar wechselnden, überspringenden und veränderlichen Wesens – unter dem er und die anderen litten – zur Rede gestellt, rief ungeduldig: ›Damit lasst mich in Ruh und findet euch ab! Ihr wißt es doch schon: bin ich Vormittag blau, kann ich Nachmittag rot sein und – gelb abends!‹«[143]

Der August dieses Jahres schenkte Mahler kurz vor seiner Abreise, um den 24. August[144] noch zwei der schönsten Sommertage, dann wurde es kalt. Natalie Bauer-Lechner erzählt, wie sie Mahler »bei lieblicher, aber eiskalter Mondnacht« nach Klagenfurt begleitete und sie sich im Wagen »wie Katzeln aneinanderschmiegten«, damit sie nicht froren. Als Zeichen der »besten Übereinstimmung in diesen Ferien« schenkte ihr Mahler die Skizzen aller seiner in diesem Sommer komponierten Lieder, nämlich einige Nummern der Rückertlieder (*Kindertotenlieder*) und einige weitere, unter ihnen *Der Tambourg'sell.*[145] Es war Natalies letzter Sommer mit Gustav Mahler, den sie insgeheim liebte und den sie, hätte er nur gewollt, geheiratet hätte. In den darauffolgenden Monaten registrierte diese getreue Protokollantin von Mahlers Gedanken noch den katastrophalen Misserfolg der *Vierten* in München, Berlin und Wien, insbesondere die kalte Schulter der Münchner Musikerkollegen, den Spott der Berliner Presse und die Häme der Wiener Musikwelt, dann war die Freundschaft mit Mahler zu Ende. Mahler begegnete am 7. November 1901 im Hause von Berta Zuckerkandl der zweiundzwanzigjährigen Alma Maria Schindler, Tochter des bedeutenden österreichischen Landschaftsmalers Emil Jakob Schindler und der aus Hamburg gebürtigen ehemaligen Hausgehilfin Anna Berger, und verliebte sich in sie. Kurz vor Weihnachten wurde ihre Verlobung durch Presseindiskretionen bekannt. Drei Monate später, am 9. März 1902 war Hochzeit und am Tag danach heirateten auch Justine und Arnold Rosé. Natalie Bauer-Lechner stand nun, aus dem langjährigen Freundeszirkel entlassen, ganz alleine da. Mit resignierender Bitterkeit schrieb sie Anfang des Jahres 1902 in das über die Jahre geführte Mahlersche Seelen-Protokoll folgende traurigen Schlusssätze: »Mahler hat sich vor sechs Wochen mit Alma Schindler verlobt. Ich befände mich hier, wollte ich darüber reden, in der Lage des Arztes, der sein Nächstes und Liebstes auf Leben und Tod behandeln soll. Drum sei, dies zu Ende zu führen, in die Hände des Höchsten, ewigen Meisters gelegt!«[146] Das Ausscheiden Natalies aus der Gruppe hatte sich aber schon früher, nach Aufdeckung eines Manövers der beiden ständigen Begleiterinnen Justine und Natalie angebahnt, als Letztere sich mit Justine verabredete, diese mit ihrem heimlichen Verlobten so oft wie nur möglich alleine zu lassen und im Gegenzug Mahler auf seinen Spaziergängen ebenfalls alleine begleiten zu dürfen. Als Mahler dessen gewahr wurde, wandte er sich entrüstet an die Schwester. Der Brief wirft auch ein Licht auf das komplizierte Verhältnis der beiden Frauen zueinander, von denen jede auf ihre Art Mahler liebte: »Über Natalie hat mir heute Arnold erzählt, was sie im Sommer mit ihm ausgemacht hat. – Es ist komisch, wie man über meinen Kopf über mich verfügt. Wenn ihr Euch das gefallen läßt – na – dann hat sie Recht! Es ist wirklich ein Malheur, daß die Katze immer auf die Füße fällt […]. Auf die Dauer wird es auch mir unerträglich werden. Aber […] wäret ihr *offener*, so müsste das nicht sein! – Hätte ich z. B. gewusst, wie N. [Natalie] diese Spaziergänge arrangirt, so hätte einfach ich selbst es nicht geduldet und eine solche Entfremdung wie heuer im Sommer wäre nicht eingetreten. – Ich bin immer der ›Gelämmerte‹! und muß ahnungslos – mit meinen Arbeiten und Phantasien befangen – alles über mich ergehen lassen, und alles hinnehmen. Also, Liebste, laß Dir wenigstens dieß zur Lehre dienen und nochmals: am allerwenigsten wäre N [Natalie] danach angethan, ›Dich bei mir zu verdrängen‹ – und schließlich weißt Du, daß dies noch Keiner gelungen ist, und auch keiner gelingen wird […] Innigst Dein alter G.[147]

Mahler hatte im Laufe des Monats September 1901 die Klärung mit Natalie Bauer-Lechner gesucht: Sie tat ihm schrecklich leid, aber er »mußte ihr die ungeschminkte Wahrheit sagen, die für sie freilich niederschmetternd war«.[148] Almas Typoskript *Ein Leben mit Gustav Mahler* enthält an einer später zusammengeklebten Seite die Version der Geschichte des Bruches zwischen Mahler und Natalie, wie sie Alma von Mahler gehört haben will. Demnach soll Natalie Mahler gebeten haben, sie zu heiraten, und als Mahler entschieden abwehrte, soll diese insistiert haben: »Warum nicht?« Darauf Mahler: »Weil ich Dich nicht liebe! Niemals lieben kann! Ich kann nur eine schöne Frau lieben!«[149]

Das komplizierte Ferien-Viererarrangement, Justine-Arnold Rosé und Natalie-Gustav Mahler, platzte also, lange bevor Mahler Alma Maria Schindler kennenlernte. Möglicherweise war diese Klärung mit ein Grund für den sentimentalen Aufbruch Mahlers in ein neues Leben.

Die bis dahin als inoffiziell geltende Liebesbeziehung Justines zu Arnold Rosé entwickelte sich zu einem offenen Verhältnis und entband Mahler von der lebenslangen familiären Verpflichtung für die Schwester.[150] Natalie Bauer-Lechner wurde noch einmal am 8. Dezember 1901 mit Mahler und Justine in der Oper gesehen, dann verschwand sie vollkommen und unwiderruflich aus Mahlers Leben. Herbert Killian, ein Nachfahre Natalies und Herausgeber ihrer *Erinnerungen an Gustav Mahler*, erzählt, wie sie ihr weiters Leben durch »Mitwirkung in einem Damenquartett und durch Privatunterricht im Geigen- und Violaspiel« »arm wie eine Kirchenmaus« fristete: »Ihre Ziele lagen einzig und allein im geistigen und seelischen Bereich [...]. Frühzeitig gealtert, [...] ist sie bereits im Alter von 63 Jahren am 8. Juni 1921 an ›Altersschwäche und Melancholie‹ in Wien gestorben.«[151]

## Maiernigg 1902, der erste Sommer mit Alma: »Dann lächelte er manchmal herüber, wenn er sich über einen Einfall freute ...«

*(Alma Mahler, Maiernigg 1902)*

Der Sommer 1902 wurde durch die Uraufführung von Mahlers *Dritter* mit dem Gürzenich-Orchester in Krefeld eingeleitet. *Der Sommer zieht ein*, der erste Satz der Symphonie, wurde sinnbildlich auch zur Ouvertüre eines neuen Lebens. Alma Mahler war schwanger und die Aufführung gestaltete sich zu einem wahren Triumph. Von Krefeld reiste das junge Paar sogleich nach Maiernigg. Alma fand das Haus auf Anhieb »ziemlich philiströs«. So schön es auch gelegen war, »so scheußlich« fand sie »die Einrichtung«. Alma fühlte sich am Beginn noch »sehr unsicher neben Mahler«. Ihre jugendliche Spontaneität und Selbstsicherheit waren durch die Schwangerschaft gebrochen, sodass Mahler nun die »Rolle des Lehrers« spielen konnte, »unerbittlich streng und ungerecht«, was Alma »das Leben«, wie sie schreibt, »ungenießbar – und zum Abscheu machte«: »Das heißt, er versuchte es: Geld – Tand! Kleider – Tand! Schönheit – Tand! Reisen – Tand!«

Die Sommerfrische nahm nun für Mahler wieder den gewohnten Gang: um sechs, halb sieben aufstehen, nach der Köchin läuten, das

Frühstück bereiten und ins Waldhaus 60 m über dem Haus befördern lassen, Kaffee, Grahambrot, Butter und Marmelade. Eine Besonderheit erwähnt Alma: Die Köchin musste vor der Ankunft Mahlers die Milch auf den Herd des Häuschens stellen, die Zündhölzer daneben, und durfte auf keinen Fall denselben Weg nehmen wie Mahler, um diesem beim Anstieg nicht zu begegnen. Das Frühstück bereitete sich Mahler selbst auf einem Tisch vor dem Häuschen, wobei er sich beim Einheizen häufig die Finger verbrannte, nicht aus Ungeschicklichkeit, wie Alma bemerkt, sondern weil er morgens noch »verträumt und deshalb unachtsam war«. Zwar machte Alma ihren Gemahl auf die Gefahren eines kalten, nicht unterkellerten Bodens aufmerksam, doch er ließ sich nicht bewegen, von diesem Ort abzulassen, »da er ihn so liebte«. In diesem Häuschen, ein großes gemauertes Zimmer mit drei Fenstern und einer Eingangstür, stand »ein Flügel und auf den Regalen ein vollständiger Goethe und Kant« und »an Noten nur Bach«.

Da er im Häuschen mit alten und abgebrauchten »Hadern« arbeitete, holte er sich am Ende seiner Vormittagssession in der Villa »ordentliche Kleider«, ging dann zur Badehütte und schwamm weit auf den See hinaus, von wo er mit einem Pfiff Alma »zum Hinunter kommen« einlud. Danach legte er sich in die Sonne, »bis sein Körper dunkelrot war«, sprang wieder ins Wasser und wiederholte diese Prozedur manchmal auch vier- bis fünfmal. Dann ging er zum Mittagessen. Alma erzählt, dass er Wert darauf legte, dass die Suppe schon auf dem Tisch stand, »damit er sofort anfangen könne«. Und »das Essen mußte einfach, fast frugal« sein, »vollkommen fettlos, ohne Zwiebel und Gewürze [...], eigentlich das ganze Leben lang Krankenkost«. Alma erzählt, dass Mahler auch leichtes Essen auf den Magen schlug, sodass er das Liegen nach Tisch nicht ertrug. Deshalb galt es nach jedem Essen, nach einer halben Stunde Tischkonversation, »ob Hitze oder Regen« drei bis vier Stunden auf dem See zu rudern oder rund um den See spazieren zu gehen, wobei Mahler so hastig ging, dass jede Begleitung außer Atem geriet. Alma erklärte sich später diese Rastlosigkeit nach dem Essen als »Flucht vor dem durch den vollen Magen bedrängten Herzen«. Bei diesen Nachmittagsspaziergängen kam es häufig vor, dass Mahler, während ihm die Sonne auf den »hutlosen Kopf« brannte, »sein kleines Notenskizzenbuch« hervorzog »und schrieb und sann und schrieb«. Manchmal schlug er auch den Takt in der Luft und schrieb und schrieb, was manchmal auch »eine Stunde und mehr« dauern konnte. Unterdessen setzte sich Alma »in einiger Entfernung auf die Wiese oder auf einen Baumstrunk und wagte ihn nicht anzusehen«: »Dann lächelte er manchmal herüber, wenn er sich über einen Einfall freute. Er wusste, nichts auf der Welt war mir eine größere Freude. Dann gingen wir weiter oder kehrten um, denn oft drängte es ihn dann, schnell in sein Arbeitszimmer zu kommen.«

In diese Idylle, in der Mahler mit Alma in diesem Sommer »ohne innere Störung« lebte, drangen von außen immer wieder Lärm und Zerstreuung herein. Alma erinnert sich an die lästige Korrespondenz von der Oper und an die provozierenden Besuche der Mildenburg, die in Mahlers nächster Nähe ihre Sommerfrischzelte aufgeschlagen hatte. Das erste Mal, so Alma, kam sie mit einem »räudigen Hund«, vor dem es besonders Mahler »grauste«, ein anderes Mal provozierte sie die werdende Mutter, indem sie den Ex-Geliebten während eines Sturmes auf die Terrasse hinauszog und sich dort im Wind das lange Walkürenhaar ums Gesicht wehen ließ. Ein weiteres Mal besuchte sie Alma in Abwesenheit Mahlers und erzählte allerlei Gemeinheiten über ihn und seine Schwestern, »Intimitäten«, die, hätte Alma nicht schon die ganze Wahrheit aus dem Munde Mahlers gekannt, sie »hätte[n] ersticken können«. Als Mahler davon erfuhr, wollte er der Verflossenen »sofort und für immer das Haus verbieten«, doch Alma riet, um einen Eklat zu vermeiden, er solle doch mit ihr musizieren, was beim nächsten Besuch auch gelang, was dazu führte, dass sich während der Darbietung des letzten Aktes von *Siegfried* im See vor dem Haus eine »Menge Boote« einfanden, »deren Insassen begeistert applaudierten«.[152]

Mahler war mit Alma den ganzen Sommer allein. Justi blieb diesen Sommer Maiernigg fern, obwohl sie von Mahler eingeladen war: Sie verbrachte ihre Ferien mit Arnold Rosé im niederösterreichischen Edlach bei Payerbach. Möglicherweise war der Grund ihrer Abwesenheit, daß sie im vierten Monat schwanger war und ihr die Hitze, die den ganzen Juli und August am Wörthersee andauerte, nicht bekam. Aber auch Justines Gatte Arnold Rosé kam nicht, obwohl ihn Mahler mit einem Ausflug nach Schluderbach lockte. Sogar Mahlers langjähriger Intimus, der Philosoph und Nietzsche-Anhänger Siegfried Lipiner, schaute nur auf einen Sprung vorbei und verließ ebenso rasch wieder Maiernigg, ohne sich die Villa angesehen zu haben. So wie Lipiner hatten alle Freunde aus dem sogenannten »Lipinerkreis« nach der Heirat ihrem ehemaligen Kumpanen den Rücken gekehrt.[153] Überhaupt nahm Mahlers Korrespondenz nach der Heirat rapide ab. Ebenso wenig ließ er seine ehemaligen Bekannten an seinem Eheglück teilhaben. Der Ton der Briefe selbst ist kurz und bündig und ohne die Emphase der früheren Jahre. Nun korrespondierte Mahler vorwiegend mit Dirigenten, vor allem mit Bruno Walter und Willem Mengelberg, Komponistenkollegen, Richard Strauss und Karl Goldmark, mit Verlegern und Kritikern. Freunde blieben ausgespart oder erhielten einen knappen Gruß, so auch sein intimster Jugendfreund Fritz Löhr, dem er zu seinem Geburtstag aus Maiernigg nicht ohne Melancholie schrieb: »Liebster Fritz! Wie ich aus einer Torte ersehe, ist morgen mein Geburtstag! Da muß also heute der Deine sein. – Ich gebe schon lange weder auf den Deinen noch den meinen etwas [...]. Jedenfalls ist mir der heutige Tag ein lieber Anlaß, Dich zu grüßen [...]. Herzlichst und treulichst Dein Gustav.«[154]

Der Bruch mit den alten Freunden geschah hauptsächlich unter dem Einfluss Almas, die ihre Eifersucht und Aversion gegen die »Intellektuellen« nicht verbergen konnte: Siegfried Lipiner tat sie als einen Eklektiker ab, der »schwülstiges Zeug« redete: »Ein böses, hartes Tier, die Augen viel zu nah beisammen, darüber ein enormer kahler Schädel. Er stieß beim Reden mit der Zunge an. Er goethelte, wenn er schrieb, und mauschelte, wenn er sprach.«[155] Bei dieser vehementen Antipathie, die allerdings auf Gegenseitigkeit beruhte, war es für Mahler einfacher, wenn er den Kontakt zu seinem Freund abbrach. Alma mied ihrerseits Mahlers Lieblingsschwester Justi, die sie als »falsch« und »Je, je,-Nu, nu«-Sagerin einschätzte. Der gesprächige, immer für intime Mitteilungen bereite Mahler der früheren Jahre scheint nun definitiv »der Welt abhanden gekommen zu sein«. Alma Mahler bezeichnet in ihren »Erinnerungen« diese Sommer einsamer Zweisamkeit mit Mahlers eigenen Worten »splendid isolation«. Andererseits war Alma nicht die auf Mahlers innere Vorgänge konzentrierte Gefährtin, wie es früher Natalie Bauer-Lechner gewesen war, sodass wir künstlerisch über die Maiernigger Sommer äußerst wenig erfahren.

Am Ende der Ferien bekam Alma zum ersten Mal die vollendete *Fünfte Symphonie* zu Gehör. Sie schreibt: »Es war das erste Mal, daß er mir ein neues Werk vorspielte, und wir stiegen dazu Arm in Arm mit Feierlichkeit zu seinem Arbeitshaus im Walde hinauf. Als er fertig war, sagte ich ihm alles, was ich an diesem herrlichen Werk augenblicklich lieben mußte, zugleich aber auch meine Bedenken betreff des Chorals am Schluß. Dieser kirchliche, uninteressante Choral! Er widerstritt, sagte: ›Aber Bruckner!‹«. Darauf ich: »Der darf, Du nicht!« [...] Ich fühlte da einen Riß in seinem Wesen. Dies hat ihn oft noch in große Konflikte gebracht. Die katholische Mystik zog ihn an, und dies wurde von seinen Jugendfreunden, die sich umnennen und umtaufen ließen, gefördert.«[156]

## Maiernigg, Sommer 1903: »... am Bahnhof vor der Abfahrt nach Schluderbach! Es geht mir sehr gut!« *(Gustav Mahler an Alma aus Toblach, Sommer 1903)*

Im November 1902 war die Erstgeborene Maria Anna zur Welt gekommen, eine Tochter, die Mahler abgöttisch liebte. Auch der zweite Sommer mit Alma wurde durch einen glanzvollen Konzert-Auftritt Mahlers eingeläutet. Mitte Juni dirigierte er im Basler Münster seine *Zweite*. Alma, die der Aufführung in Basel beiwohnte, war hingerissen: »Die Kirche mit ihrem Lichterkranz, die Höhe des Raumes, diese Musik dazu, es war einzigartig.« Vor der Kirche kniete der Chefdirigent der Böhmischen Philharmonie Oskar Nebdal vor Mahler nieder und küsste ihm die Hand.

Der Sommer in Maiernigg nahm wiederum seinen gewohnten Lauf. Mahler begann die Komposition zur *Sechsten* und Alma war mit der kleinen Maria beschäftigt. Auch Mahler gab sich intensiv mit der Kleinen ab, »spielte viel mit dem Kind, das er herumschleppte, in den Arm nahm, um mit ihm zu tanzen und zu singen«. Und Alma fügt hinzu: »So jung war er damals und unbeschwert.« In diesem Sommer wurden zwei Sätze der *Sechsten* fertig und der Rest der Symphonie formal skizziert. Dieser Sommer war einer der produktivsten. Allerdings scheint diese Produktivität auf Kosten der Zuneigung für Alma gegangen zu sein, die sich trotz Mutterfreuden und -pflichten zu langweilen begann. Im Sommer 1903 vertraute sie ihrem Tagebuch folgendes

Unbehagen an: »Ich habe meine Kompositionen wieder gespielt, meine Klaviersonate, meine vielen Lieder. Ich fühle es wieder – Das! Das! Ich sehne mich, wieder zu produzieren. Was ich mir jetzt vormache, ist Täuschung. Ich brauche meine Kunst! Alles, was ich heute spielte, ist mir so tief vertraut. Wenn ich nur Zemlinsky zum Arbeiten hätte [...], etwas mehr von Gustavs Sicht – oder fühlbarer Liebe könnte ich wohl vertragen.« [157]

Gustav Mahler indes brauchte für sich alle möglichen Freiräume, nicht nur beim Komponieren, sondern auch bei Ausflügen. Wie jeden Sommer unternahm er auch dieses Mal eine Single-Exkursion in die Dolomiten, ein Buch von Helmholz im Rucksack. Am 21. Juli 1903 schrieb er aus Toblach eine Ansichtskarte von Alt-Prags an Alma: »Liebstes Almscherl! Nach sehr unterhaltender Fahrt (Helmholz war sehr redselig) hier angekommen, nämlich hier! Damit Du morgen sicher ein Wort von mir hast, schreibe ich am Bahnhof vor der Abfahrt nach Schluderbach! Es geht mir sehr gut! Ich fürchte, ich schlafe heute famos und bin wüthend darüber! *Schade*, daß ich mein Rad *nicht mit habe!* Ich könnte es so gut brauchen! Herzlichst etc. G.«

Als das Wetter umschlug und es in Strömen regnete, schrieb er am 24. Juli 1903 aus Dölsach im Lienzer Talboden: »!!!! es regnet !!!! hier! hier! hier! hier! hier! L.A.! So ein langes Gesicht mach ich, wie die Buchstaben hier! Ich sitze in diesem Wirtshaus umgeben von einer Schar leichtbeschwingter Fliegen! Jedenfalls versuche ich bis Winklern zu kommen! Wenn es nicht trockner wird, so kehre ich morgen wieder um. Heuer hab ich ein Pech! Viele Grüße meine A. Dein G.« [158]

## Maiernigg, Sommer 1904: »Sowie ich in Maiernigg ankomme, hört alle Lebensenergie und -frische bei mir auf ...« *(Gustav Mahler an Alma, Maiernigg 1904)*

In Wien zurück ging das Leben für Alma und Gustav Mahler seinen gewohnten Lauf. Wie Mahler lebte auch Alma vollkommen isoliert. Einmal versuchte Almas früherer Intimus und Ex-Burgtheater-Direktor Max Burckhard das junge Ehepaar mit seinem Freundeskreis zusammenzuführen, u. a. mit dem Burgschauspieler Josef Kainz und Gerhart Hauptmann, der anlässlich einer Inszenierung seiner »Versunkenen

Glocke« am Burgtheater in Wien weilte, doch Mahler mochte solcherlei Treffen nicht: »Er verbreitete dann eine Atmosphäre um sich herum, ›als läge eine Leiche unter dem Tisch‹«, schreibt Alma in ihren Erinnerungen.

Im Frühjahr 1904, kurz vor der Geburt ihres zweiten Kindes, fuhr Alma nach Abbazia in Istrien auf Erholung. Mahler folgte ihr nach und weilte ein paar Tage bei ihr. Obwohl er seine Arbeiten mitgenommen hatte, drängte Mahler bald wieder aufs Heimfahren. Alma klagt darüber in ihren *Erinnerungen*: »Mahler litt es nirgends lange, überall war er ruhelos. Immer rief die Arbeit, sei es nun sein eigenes Werk, sei es die Oper. Kein Genießen! Niemals Ausruhen! Ahasverismus!«[159]

Am 15. Juni kam Mahlers Zweitgeborene Anna Justine zur Welt. Mahler assistierte, indem er der unter Schmerzen Gebärenden Kant vorlas. Am 22. Juni fuhr er allein nach Maiernigg voraus, um alles Nötige für die später nachkommende Familie vorzubereiten und sich auf die Sommerkomposition einzustimmen. Doch Mahler fühlte sich matt und müde: »Mein liebes Almschili! Gestern bin ich hundsmüde um ½ 10 Uhr in(s) Bett, und habe ohne Unterbrechung bis 8 Uhr früh geschlafen. Dann mein erstes Frühstück im Häuschen eingenommen. – Aber es ist sonderbar, das Klima scheint mich jedes Mal tief herabzustimmen. Sowie ich in Maiernigg ankomme, hört alle Lebensenergie und -frische bei mir auf, und es dauert regelmäßig 2–3 Wochen, bevor ich mich einigermaßen wieder aufrichte. – Du kennst ja das von beiden vorigen Sommern her! Dießmal geht es mir genau so, nur, da Du mir noch dazu fehlst, und ich den ganzen Tag so allein herumschleichen muß.«[160] Am Tag darauf ging ein weiterer Brief nach Wien, in dem Mahler seine Unkonzentriertheit und Mattigkeit beklagt. Es bliebe ihm nichts anderes übrig, als Kammermusik von Brahms zu spielen und im Briefwechsel zwischen Wagner mit Wesendonck oder in der »furchtbar tristen und barbarisch selbstzerfleischenden Beichte« Tolstois Ablenkung zu suchen. Selbst Spazierengehen werde ihm zur Pein, mit all den »rechts und links strickenden, alten, unappetitlichen Frauenzimmern und Käse fressenden Kahlköpfen«. So begab er sich nach Klagenfurt, machte Besorgungen, trank Kaffee und Schokolade, wobei ihm nur das »Café Kaiser von Österreich« behagte und das gewohnte Café Schieber »wegen Damenbedienung unausstehlich geworden war«. Dann begann es zu regnen und wieder fühlte sich Mahler nur, Brahms durchzunehmen, »das Männchen mit der schmalen Brust«, das so wenig gegen Wagner bestehen könne, und bei dem es am meisten »bei den Durchführungen hapert«, dessen Musik er mit Hilfe von Bach wieder ein wenig »auspustete«. Und es regnete und donnerte und blitzte tagelang, Mahler griff zum *Bildnis des Dorian Gray* von Oscar Wilde, den er »eine ziemlich hohle Nuß« nannte. Als ihm die Bücher ausgingen, fuhr er nach Klagenfurt, um sich welche zu kaufen. Am 4. Juli schrieb er an Alma: »Liebste! Nichts als Regen! (mit den üblichen Zwischenpausen, in denen die Sonne brennt, statt zu leuchten). [...] Heute habe ich mit einem eigenen Sport angefangen, um mir einen Ersatz an Bewegung zu schaffen – da mich das leidige Wetter ja doch an Ausflügen verhindert. (Auch Toblach wäre unter solchen Umständen kein Vergnügen – ob ich nicht doch wenigstens auf einen Tag mich in die kräftigende Luft begeben werde, hängt davon ab, ob ich die momentane physische Depression nicht durch besondere Müdigkeit überwinden kann).«

Als Alma ihm mitteilte, dass sie sich nach ärztlichem Rat weiter schonen und deshalb ihre Ankunft in Maiernigg um acht Tage verschieben müsse, beschloss Mahler, »ein wenig in die Dolomiten« auszufliegen. Am 9. Juli wurde die Schwüle am Wörthersee so drückend, dass er am 10. Juli losfuhr. Am 11. Juli berichtete er aus Schluderbach Alma von seiner »heißen Bahnfahrt«, dem anschließenden Platzregen und der daraus entstandenen Migräne. Er bat sie, nach Maiernigg den 2. und 3. Satz der *Sechsten* mitzunehmen. Anscheinend fühlte er nun die Stunde gekommen, an den Rest der Symphonie zu gehen. Doch er fuhr noch am selben Tag per Zug und Fahrrad nach Toblach, nahm in einem Toblacher Hotel ein ungenießbares »Diner« zu sich, bei dem er »wohlweislich die Suppe« wegließ – »und die anderen Gänge stehen« ließ. [161]

Von Toblach nach Maiernigg zurückgekehrt, erfasste Mahler wieder der Rausch des Schaffens, denn er komponierte in diesem Sommer drei *Kindertotenlieder* und vervollständigte die *Sechste* mit den gewaltigen Ecksätzen. Irgendwann im August teilte er Bruno Walter, seinem Kapellmeister an der Wiener Oper und musikalischen Gesprächspartner, mit: »Lieber Freund! [...] Wenn man musizieren will, darf man nicht malen, dichten, beschreiben wollen. Aber *was* man musiziert, ist doch immer der *ganze* (also fühlende, denkende, atmende, leidende, etc.) Mensch [...]. Mit einem Wort: Wer kein Genie besitzt, soll davon bleiben, und wer es besitzt, braucht vor nichts zurückzuschrecken. – Das ganze Spintisieren über all das kommt mir vor, wie wenn einer, der ein Kind gemacht hat, sich nachträglich erst den Kopf zerbricht, ob es auch wirklich ein Kind ist, und ob es mit richtigen Intentionen gezeugt etc. Er hat eben geliebt und – gekonnt. Basta! Und wenn einer nicht liebt und nicht *kann,* dann kommt eben kein Kind! Auch basta! Und *wie* Einer liebt und *wie* er ist und kann – so wird das Kind! Noch einmal basta! Meine VI. ist fertig. Ich glaube, ich *habe gekonnt!* Tausend Basta!«[162]

Am frühen Morgen des 18. August überquerte Mahler den Wörthersee und fuhr ein zweites Mal in diesem Sommer mit der Bahn in die Dolomiten. So hielt er es immer, wenn ihm nach intensivster Komponierhäuschen-Klausur ein Werk gut gelungen schien und er sich, quasi zur Belohnung, ein Stück herrlicher Natur in den geliebten Bergen vergönnte. Da sich das Wetter aber zum Schlechten wendete, schrieb er vom osttirolischen Dölsach aus an Alma, die in Maiernigg mit den beiden Töchterchen geblieben war: »O jeh! Eben steigen Wolken auf! Vederemo!«[163]

In diesem Sommer kamen Alfred Roller und Alexander Zemlinsky zu Besuch. Letzterer verehrte inzwischen Mahler »wie einen Gott«. Alma Mahler hatte den Eindruck, dass Mahler nun »menschlicher, mitteilsamer« geworden war. Dies bestätigte auch Erica Conrat, die jüngere Tochter des Kaufmannehepaares Ida und Hugo Conrat, in deren Salon die ledige Alma Schindler des Öfteren zu Gast gewesen war, die in diesem Sommer Maiernigg besuchte: »Es war eine schöne Nacht, ich saß allein auf der Steinterrasse [...]. Um halb elf kam G.M. zu mir hinaus und sagte mir die Verse aus dem Fernöstlichen Divan [auf] (›Das Lebendige will ich singen, Das den Flammentod sich wählt Ja, und wenn Du dies nicht hast, Dieses Stirb und werde‹ ›Bist Du nur ein trüber Gast/Dieser dunklen Erde‹). Und dann sprach er von dem Leben Goethes [...]. Und dann sprach er viel, wie gleich es eigentlich ist, ob eine Rakete aufsteigt und in den See lautlos verlischt oder der Lauf einer Sonne in Milliarden Jahren, und doch müssen wir trachten, über unsere Zeit hinauszuschaffen [...] Und dann erzählte er mir über das berauschende Wunder, wenn ein Musiker zum erstenmal sein Werk hört [...].«[164] Auch Alma bestätigt in ihren »Erinnerungen« diesen um und um harmonischen Sommer:

»Der Sommer war schön, konfliktlos, glücklich [...].« Am Ende der Ferien spielte ihr Mahler die nun vollendete *Sechste Symphonie* vor. Sie erzählt, dass sie sich von allem frei machen und mit ihm Arm in Arm zur Komponierhütte gehen musste. Mahler hatte versucht im »großen, schwungvollen Thema des I. Satzes« Almas Bild »festzuhalten«. Dazu schreibt Alma: »Kein Werk ist ihm so unmittelbar aus dem Herzen geflossen, wie dieses. Wir weinten damals beide. So tief fühlten wir diese Musik und was sie vorahnend verriet. Die Sechste ist sein allerpersönlichstes Werk und ein prophetisches obendrein. Er hat sowohl mit den Kindertotenliedern wie auch mit der Sechsten sein Leben ›anticipando‹ musiziert. Auch er bekam drei Schicksalsschläge, und der dritte fällte ihn. Damals aber war er heiter, seines großen Werkes bewusst und seine Zweige grünten und blühten.«[165]

## Maiernigg, Sommer 1905: »... der Migräne verfallen, die richtig hier in Schluderbach in vollster Blüthe mich antrat ...«

*(Gustav Mahler, Postkarte an Alma aus Schluderbach, Sommer 1905)*

1905 war das Jahr, in dem Alfred Roller seine modernen Regiekonzepte auf das gesamte Repertoire der Wiener Hofoper ausdehnte. Im Winter wurde *Rheingold* von Wagner neu inszeniert, was große Widerstände von Seiten der »Rheintöchter« hervorrief, die in Körben an langen Stangen singend bis zum Äußersten des Zumutbaren gedrängt wurden. Mahler, erzählt Alma, war dagegen machtlos und verlor demzufolge in der Oper zunehmend an Autorität. Auch in der neuen Musikszene gärte es in Wien: Am 26. Januar gab es den Skandal um *Pelléas und Mélisande* von Schönberg. Am 29. Januar wurden in Wien mit großem Erfolg erstmals Mahler-Orchesterlieder aufgeführt, u. a. die *Kindertotenlieder* mit Friedrich Weidemann als Gesangssolisten. Am 21. Mai dirigierte Mahler beim Elsässischen Musikfest in Straßburg seine *Fünfte* und in einem zweiten Konzert u. a. Beethovens *Neunte*. Dann ging es wieder nach Maiernigg, von wo aus er, da er keinerlei Inspiration verspürte, nach Schluderbach in die Dolomiten aufbrach. Von dort aus schrieb er am 22. Juni 1905 an Alma folgende Karte: »Mein Almschili! Nachdem ich mich in Lienz krampfhaft am Waggon angehalten, um nicht in die Restauration hineinzufallen, erinnerte mich schon ein dumpfes Gefühl, daß ich unvermeidlich der Migräne verfallen war, die richtig hier in Schluderbach in vollster Blüthe mich antrat. Sie steigerte sich, nachdem ich vergeblich versucht hatte, mich niederzulegen, und trieb mich vom Canapé auf die Straße – ich lief um den See herum (2 ½ Stunden) und kam ziemlich frei hier an, wo ich mich nun für die Nacht etablire. Schon auf dem Spazierlauf (durch den Wald von Zwergkiefern) dachte ich immer: wenn nur Almschili hier wäre! Das thät Dir gefallen! Wie schade! Denn gerade jetzt ist es leer von Tagedieben – allerdings heute, am Fronleichnam lärmen die Bauern, die Soldaten (aus der Festung Landro), daß es nur so wackelt. Aber zwei Schritte vom Wirtshaus weg, und aller Graus hat ein End. Tausend Küsse Dein Gustl / Morgen gehe ich nach Misurina.«[166]

Auf diesen Ausflug kam Mahler im Frühsommer 1910 noch einmal zurück, als er Alma an die Umstände erinnerte, unter denen er im Sommer 1905 die *Siebte* zu Ende komponierte, wie er sich zwei Wochen bis zum Trübsinn quälte, dann in die Dolomiten »ausriß«, dort denselben »Tanz« erlebte und bereits »den ganzen Sommer als verloren« ansah, bis ihm plötzlich, beim ersten Ruderschlag auf der Rückfahrt über den Wörthersee »das Thema (oder mehr der Rhythmus und die Art) der Einleitung zum I. Satze« einfiel – »und in 4 Wochen der 1., 3. und 5. Satz fix fertig!« waren. Alma Mahler bestätigt in ihren *Erinnerungen*, dass Mahler die *Siebte* in einem einzigen *»Furor«* niederschrieb.[167] Mahlers kreatives Ego merkte freilich nicht, dass sich seine junge Frau an seiner Seite langweilte. Ein Tagebucheintrag Almas vom 6. Juli, als sich Mahler mitten im Schaffens-Furor befand, verrät Almas tiefe Frustration: »Heute ist unser Freund Pollack angekommen. Es ist mir lieb, einen fremden Menschen zu sprechen. Mit Gustav weiß ich oft nichts zu reden. Schon zu bekannt ist mir von Vornhinein jedes Wort, das er sprechen wird.«[168]

## Maiernigg, Sommer 1906: »Hier stecke ich in viel Noten! Ich habe eben meine 8. vollendet …« *(Gustav Mahler an Willem Mengelberg)*

Das Jahr 1906, ein Mozart-Jahr, brachte weitere viel diskutierte Neuinszenierungen von Roller an der Wiener Hofoper, vor allem Neueinstudierungen der *Entführung aus dem Serail* und von *Figaros Hochzeit*, die alle Mahler selbst dirigierte, so wie er auch *Don Giovanni*, *Fidelio*, *Iphigenie* und *Tristan* niemals aus der Hand gab. Im Winter hatte Mahler in Breslau seine *Dritte* dirigiert und kurze Zeit später die *Fünfte*. Anfang Mai ging Mahler mit dem Hofopern-Orchester seine *Sechste* durch, die beim Tonkünstlerfest des »Allgemeinen Deutschen Musikvereins« in Essen im Juni uraufgeführt werden sollte. Die Probe war als Korrekturprobe hinter verschlossenen Türen gedacht, doch drang das Echo dieser Leseprobe bis in die äußersten Gebiete der Monarchie. So berichtete am 11. Mai 1906 die *Bozner Zeitung*:

> Eine Erdbebensinfonie. Wir leben in einer Zeit der Katastrophen, Erdbeben und Vulkanausbrüche. Was Wunder, wenn einer der Modernsten unserer Musiker dem ›Zuge der Zeit‹ folgt und eine Symphonie komponiert, in der eine regelrechte Donnermaschine vorkommt. Aus Wien wird darüber berichtet: Gustav Mahler hat seine neueste Schöpfung, seine Sechste Sinfonie, nunmehr vollendet und in wenigen Wochen bereits wird auf dem Musikfeste zu Essen das Werk zum ersten Mal ertönen unter persönlicher Leitung des Komponisten. Für die Probe seiner neuesten Sinfonie stellten sich, wie schon früher einmal, die Wiener Philharmoniker unentgeltlich zur Verfügung, und aus ihren Kreisen gelangen nunmehr die ersten Nachrichten über Mahlers Sechste Sinfonie an die Öffentlichkeit. Was man da hört, legt die Vermutung nahe, überzeugt einen sogar schon zum Teile davon, daß Gustav Mahler, der in seiner Eigenschaft als Hofoperndirektor zwar ein guter und treuer Hofbeamter ist, als Komponist jedoch beinahe anarchistische Wege wandelt, in dieser neuesten Sinfonie von einer kompositorischen Kühnheit war, die noch alles überbietet, was er je in dieser Beziehung sich geleistet hat. Ein Programm gab Gustav Mahler diesmal seiner Sinfonie nicht, nicht einmal eine Andeutung über den Inhalt des Werkes ist vorhanden. Umso deutlicher spricht die Besetzung, die diese Sinfonie verlangt. Besonders die der Schlagwerke. Etwas Ähnliches hat man noch nie gesehen. Es sind da zu zählen, fünf Pauken, eine kleine Trommel, eine große Trommel, Tschinellen, Tamburin, Kuhglocken, Glockenstränge, Glockenspiel, Triangel, Xylophon, Celeste – und last not least – die Donnermaschine. Ja, diese Donnermaschine. Ein Sinfoniker hat sie vor Mahler wohl überhaupt nicht verwendet, diese viereckige Riesentrommel, die für gewöhnlich mit einem Knüppel geschlagen wird. Doch Gustav Mahler genügte selbst dieser Effekt mit dem Klöppel nicht, und so musste denn statt seiner ein

> schwerer Holzhammer genommen werden, ganz nacktes Holz, mit dem nun auf die Trommel gehauen wird, daß es den Eindruck erweckt, als wollte der Komponist hier ein Erdbeben musikalisch illustrieren. Auch der großen Trommel hat Mahler eine Neuheit zugedacht. Auch hier vermeidet er den Klöppel und setzt Ruten an seine Stelle, mit denen, um einen ganz eigenen Effekt zu erzielen, bald heftiger, bald leiser über die Trommel gestrichen wird. – Hoffentlich stürzt das Konzerthaus in Essen dabei nicht ein.

In Graz ging etwa zur gleichen Zeit die Skandaloper *Salome* von Richard Strauss in der österreichischen Erstaufführung über die Bühne. Mahler, der sich sehr um eine Aufführung an seiner Hofoper bemüht hatte, diese aber wegen Einspruchs der Zensur nicht freibekam, fuhr mit Alma nach Graz, um sich den Einakter seines Kollegen anzusehen. Zwei Wochen später, am 27. Mai, dirigierte er in Essen seine *Sechste*, die einen großen Eindruck hinterließ. Alma, die dabei war, berichtet in ihren Erinnerungen, dass Mahler nach der Generalprobe im Künstlerzimmer »schluchzend, händeringend und seiner nicht mächtig« auf und abging: Keines seiner Werke sei ihm bis dahin so nahe gegangen.

Am Ende der Opernsaison, die 1906 vor allem Mozart gewidmet war, dirigierte Mahler noch zwei Aufführungen der von Roller neuinszenierten *Zauberflöte* und eine Aufführung von *Figaros Hochzeit*, danach ging es ab nach Maiernigg. Hier erlitt Mahler, laut Aussage von Alma, das übliche Stimmungstief. Wiederum schien nichts zu gehen. Dann aber, so Alma, überfiel ihn eines Morgens beim Betreten des Komponierhäuschens der Einfall: *Veni Creator Spiritus*, der Beginn zur Arbeit an der *Symphonie der Tausend*. Alma schildert, wie »übermenschlich« Mahler diesen Sommer arbeitete und wie er ihr »oft aus dem neuen Werk vorspielte«.[169] Ablenkungen hielt er sich vom Leibe, schrieb ein paar Briefe an die Musikkritiker Ludwig Karpath und Josef Reitler, bat seinen Jugendfreund Fritz Löhr um eine möglichst authentische Übersetzung des *Veni Creator Spiritus* und lud »Freund Alfred Roller« ein, den Rückweg aus dessen Tiroler Ferien über das Pustertal zu nehmen und in Maiernigg Station zu machen.

Er selbst gönnte sich wie immer, wenn die Arbeit gut vonstattenging, einen Ausflug in die Ampezzaner Dolomiten. An Fritz Löhr schrieb er vom »Lago di Misurina« eine undatierte Ansichtskarte: »Danke Dir vielmals für philologischen Beistand. Der sanctus spiritus bedankt sich bei Dir […]. Hier auf zwei Tage zur Erholung […]. Dein Gustav.«[170]

Trotz der Unterbrechung, die ihm die Leitung von *Figaros Hochzeit* mit seinem Opernensemble in Salzburg Mitte August auferlegte, vollendete Mahler seine *Achte* noch in diesem Sommer. Dies meldete er seinem holländischen Freund Willem Mengelberg in einem Brief vom 18. August aus Maiernigg, in dem er diesem allerlei Anweisungen für die Vorbereitung der holländischen Erstaufführung seiner *Sechsten* in Amsterdam am 24. August gab: »Hier stecke ich in *viel Noten!* Ich habe eben meine 8. vollendet. – Es ist das Größte, was ich bis jetzt gemacht. Und so eigenartig in Inhalt und Form, daß sich darüber gar nicht schreiben läßt. – Denken Sie sich, daß das Universum zu tönen und zu klingen beginnt. Es sind nicht mehr menschli[che] Stimmen, sondern Planeten und Sonnen, welche kreisen, – Näheres mündlich.«[171]

Die Vollendung einer Symphonie, zumal einer gigantischen wie der *Achten*, brachte Mahler in gelöste, ja übermütige Stimmung. Während der Salzburger Mozarttage schrieb er folgenden scherzhaften Brief an Alma: »Der Trubel ist grässlich! Ich bin ganz zertäpscht … Die Misurina, wollte sagen Kiurina, nein, Milewa, war zu Besuch bei Burckhard. Wir bummelten durch die Stadt. Gleich kam Straus daher, der sich anschloss. Ich gieng mit Letzterem ins Hotel soupiren, währenddem Roller auf den Bahnhof gieng, um Schluderbach, wollte sagen Misurina, abzuholen […] Indessen kam Roller mit Toblach, wollte sagen Schluderbach zurück.«[172]

## Maiernigg, Sommer 1907: »Es war Scharlachdiphtherie und das Kind von Anfang an verloren …« *(Alma Mahler zum Tod ihrer Erstgeborenen, Maiernigg 1907)*

Die zunehmende kompositorische Tätigkeit und die damit verbundenen Auftritte außerhalb der Oper brachten Mahler allmählich in Konflikt mit seinen institutionellen Aufgaben als Hofoperndirektor. Die Feinde in Kultur und Presse, die schon lange auf einen Angriffspunkt gewartet hatten, formierten sich und zwangen Mahler schließlich zum Rücktritt. Doch nicht genug des Unglücks: Zum beruflichen Misserfolg traf Mahler auch familiäres, das die Ferienpläne für den Sommer 1907 zunichtemachte. Nach der Rückkehr aus Rom, Anfang April, hatte Alma, selbst »krank und leidend«, ihre Zweitgeborene Anna Justine mit verbrühten Fingern und schlecht aussehend vorgefunden. Bald war bei dem Kind Fieber und Erbrechen aufgetreten: der Beginn einer Scharlachinfektion. Nach der Ausheilung dieser Infektionskrankheit musste sich Alma ins Krankenhaus begeben, um eine längst fällige Operation durchführen zu lassen. Mahler wartete Almas Entlassung aus dem Krankenhaus ab und vertrieb sich die Tage mit einem Ausflug zum heilklimatischen Kurort Puchberg am Schneeberg in den Wiener Alpen, wo er für Alma und die Kinder einen Aufenthalt im September zu buchen beabsichtigte.[173] Um die älteste Tochter Maria Anna nicht der Gefahr einer Ansteckung mit Scharlach auszusetzen, hatte man diese zur Großmutter gebracht. Nach Almas Entlassung aus dem Krankenhaus fuhren sie alle Ende Juni nach Maiernigg. Doch dort erkrankte am dritten Tage auch die älteste Tochter Maria Anna. Alma schreibt: »Es war Scharlachdiphtherie und das Kind von Anfang an verloren. Vierzehn Tage Bangigkeit – Verfall – Erstickungsgefahr. Entsetzliche Zeit! Die Natur half mit: Gewitter, rote Himmel. Mahler liebte dieses Kind dermaßen, daß er sich mehr und mehr in sein Zimmer verkroch, von diesem geliebten Kinde im Innern Abschied nehmend […]. Und ich sah dieses herrliche Kind mit großen Augen liegen und röcheln, und so litten wir alle noch drei Tage, bis es aus war.«[174]

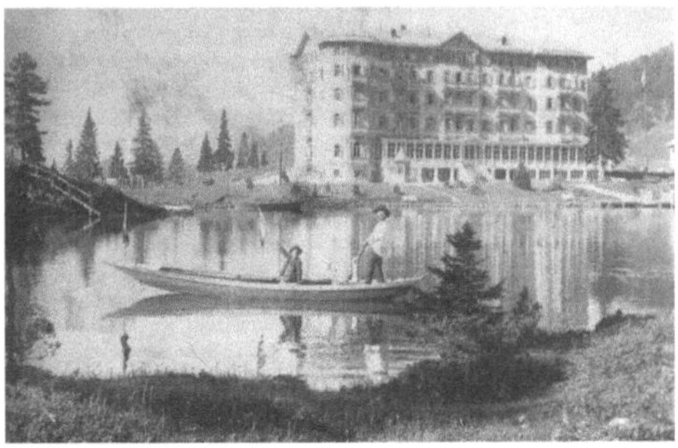

Das Hotel Misurina am Misurina-See

Nach dem Ende der Wiener Direktion war dies der zweite schwere Schlag, der dritte folgte diesem auf dem Fuße. Der Tod des Kindes hatte auch Almas Mutter, die herbeigerufen worden war, stark zugesetzt. Am Tag des Begräbnisses der Kleinen bekam sie einen Herzkrampf, was eine dringende Arztvisite durch den Landarzt Dr. Blumenthal nötig machte. Bei dieser Gelegenheit unterzog sich auch Mahler einer Visite, in deren

Verlauf der Arzt einen »doppelseitigen, angeborenen, obwohl kompensierten Klappenfehler« diagnostizierte, einen Befund, den der Wiener Vertrauensarzt Dr. Kovacz kurz darauf bestätigte und der ein striktes »Bergsteigen-, Radeln- und Schwimmverbot« für den Patienten nach sich zog. Zunächst beschlossen Alma und Gustav Mahler, in Maiernigg nicht weiter zu bleiben und den Sommer anderswo zuzubringen. Wo, wussten sie anscheinend beide noch nicht. Am 18. Juli schrieb Mahler vom »Frohner' Hotel Imperial« in Wien aus an Alma und bat sie, beim Einpacken ja nicht seine »Oberonsachen« zu vergessen, die Radfahranzüge mitzunehmen – »ebenso Mommsen, Beethovens Briefwechsel u. Hölderlin«.

Über die weitere Urlaubsgestaltung des Paares in diesem tragischen Juli erfährt man aus einer Fahrplan-Übersichtskarte, auf deren Rückseite Mahler Alma einen Ferienvorschlag machte und um sofortiges Antworttelegramm bat: »Liebstes Almschl! Auf dem Weg von Toblach nach Schluderbach ist am Toblachersee ein gutes Hotel! Wäre es Dir passend? Telegraphire sofort expr. Toblach Bahnhof.«[175]

Es ist nicht bekannt, ob und wie lange sich Mahler und Alma am Toblacher See einquartierten. In ihren »Erinnerungen« nennt Alma Schluderbach als Feriendomizil in diesem Restsommer. Vermutlich wechselten sie ihren Aufenthalt in den Dolomiten wenigstens einmal, denn Mitte August schrieb Alma von Maiernigg aus an Alfred Roller: »Wir sind gestern aus Fischleinboden heimgekehrt und fühlen uns nicht so unwohl in unserer Villa, als wir geglaubt haben. Nun reden wir beständig von unserer Zukunft und da Gustav mehr denn je von Wien angeekelt ist und mehr denn je weg will – so ventilieren wir die Frage unseres zukünftigen Haushaltes nach allen Seiten.«[176] Mahlers und Almas Gedanken waren zu dieser Zeit bereits auf die neue Wirkungsstätte Amerika gerichtet.

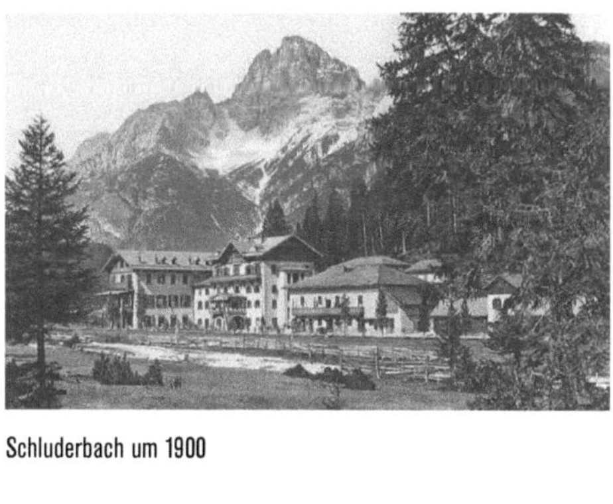

Schluderbach um 1900

# III. Mahlers glücklose Liebesverhältnisse

## »Die Verwirrungen des Zöglings Mahler« in Prag: »... die Moral des Verschweigens und Versteckens ...« *(Stefan Zweig, »Eros matutinus«)*

Wie wir aus Iglauer Zeitungsberichten wissen, trat der Knabe Gustav Mahler schon mit zehn Jahren im Stadttheater von Iglau als Klavier-Solo-Spieler auf und verblüffte zweieinhalb Jahre später das Iglauer Publikum als Virtuose mit einer *Fantasie über Motive aus der Oper Norma* von Sigismund Thalberg. [1] Dieser ausgeprägten Begabung stand jedoch ein seltsam stummes und zerstreutes Verhalten des Zöglings Mahler in der Schule gegenüber. Das Auftreten einer starken musikalischen Begabung geht ja häufig mit Verhaltensweisen einher, die zu Unrecht als Entwicklungsstörungen angesehen werden. Mit seiner stark asymmetrischen Begabung, die sich mit dem Wachstum immer auffälliger bemerkbar machte, entzog das Kind Mahler der kognitiven Seite des Denkapparates Energie und verlagerte sie in den emotionalen und musischen Teil des Gehirns. Die mangelhaften Leistungen in Hauptschule und Gymnasium waren also nicht Leistungsschwäche an sich, sondern ein Defizit an Aufmerksamkeit in den sogenannten Lernfächern.

In diesem Zustand geistesabwesender Versunkenheit im Reich der Töne begegnete der Knabe in traumatischer Weise dem Eros. Zur besseren Disziplinierung seines Sohnes hatte Vater Bernhard seinen Spross vom Deutschen Gymnasium in Iglau abgezogen und ihn nach Prag aufs »Neustädter Gymnasium« geschickt. Im Pensionat des »Musikerhauses Grünfeld«, wo vor allem Klavierschüler untergebracht waren, denen das Haus ideale Übungsverhältnisse bot, ereignete sich die Episode, die Alma nach Mahlers Erzählung in ihren *Erinnerungen* festhielt. Der Knabe Mahler wurde »in einem finstern Zimmer sitzend, ungewollter Zeuge einer brutalen Liebesszene zwischen dem Stubenmädchen und dem Sohn des Hauses [...]. Der kleine Gustav machte sich bemerkbar, indem er dem Mädchen beisprang, um ihm zu helfen. Aber er wurde sowohl von dem Jüngling Alfred als auch von dem Mädchen, dem er hatte helfen wollen, gleicherweise beschimpft und zu schweigen verpflichtet. Diese kleine Episode hatte einen merkwürdig starken Eindruck auf Mahler gemacht. Wie man oft auf Menschen den ganzen Tag böse sein kann, die einen im Traum gekränkt haben, so verzieh Gustav diesen Choc dem jungen Pianisten nie.«[2]

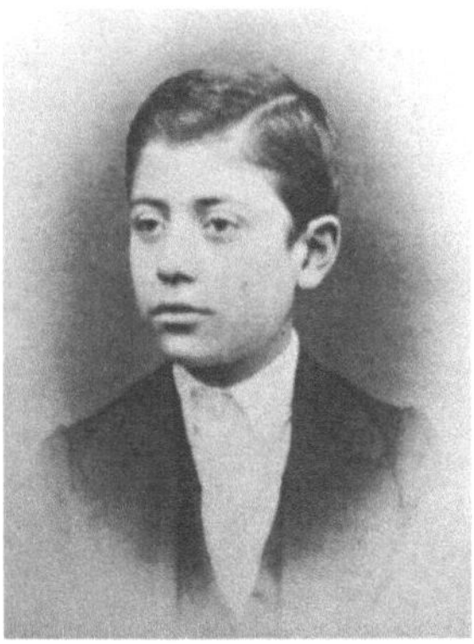

Der elfjährige Mahler

Bei dem »Sohn des Hauses« handelte es sich um den angehenden Klaviervirtuosen Alfred Grünfeld, geboren 1852 in Prag, Schüler des Prager Konservatoriums und des Berliner Pianistenmachers Theodor Kullack. Alfred Grünfeld machte Karriere und war später ein gefeierter Pianist, dem u. a. Johann Strauß seinen *Frühlingsstimmen-Walzer* op. 410 widmete. Wegen seiner eloquenten Art zu spielen nannte ihn der Wiener Musikkritiker Ernst Decsey den »Anakreon des Klaviers«: ein Charmeur beim Vortrag virtuoser Literatur von Chopin bis Liszt und vor allem der Walzer und »Mazurken à la Viennoise«, die seine Spezialität waren. Er war einer der Ersten, der für die neu gegründete Deutsche Grammophon-Gesellschaft Salonstücke einspielte. Seine beiden Operetten *Der Lebemann* und *Die Schönen,* wurden am Theater an der Wien ohne Erfolg uraufgeführt. 1897 wurde er Professor am Neuen Wiener Konservatorium, zur selben Zeit, als Mahler in die Hofoper einzog.

Ähnlich wie bei Johannes Brahms und Hugo Wolf, die in frühester Jugend mit der Freudenhaus-Atmosphäre in Kontakt gekommen waren und aus dieser traumatischen Erfahrung heraus ein zwiespältiges Verhältnis zum anderen Geschlecht entwickelten, verschrieb sich Mahler einem betont romantischen Liebesverständnis auf der Grundlage des »Ewig Weiblichen« aus platonischer Sicht.

Mahlers Reifung zum Mann, das Erwachen seiner Sexualität und die Beziehungen zum weiblichen Geschlecht verlieren sich weitgehend in Spekulationen und Mutmaßungen. Grund dafür ist in erster Linie die bürgerliche Moral des 19. Jahrhunderts, die – wie Stefan Zweig im Kapitel *Eros Matutinus* im Rückblick auf *Die Welt von Gestern* schreibt – in diesem Punkt von der Jugend »Heimlichkeit und Hinterhältigkeit forderte«.[3] In Sachen Liebe, schreibt Zweig, lastete die »Moral des Verschweigens und Versteckens wie ein Alb auf der Jugend«, die gerade wegen mangelnder Aufklärung den Gefahren des Sexus mehr ausgesetzt war als in moderneren Tagen – sei es durch ungewollte Schwangerschaften, heimliche Abtreibungen oder Notheiraten, sei es durch Ansteckung mit Syphilis. Diese Jahrhundertseuche führte vor Erfindung des Penicillins von anfänglichen Schleimhautgeschwüren und Lymphknotenschwellungen zur Paralyse des zentralen Nervensystems und zum frühen Tod. Nicht dass die Jugend deshalb enthaltsam lebte: Die erotische Wiener Literatur von Schnitzlers *Reigen* (1896/97) bis zur anonym verbreiteten, vermutlich von Felix Salten verfassten Lebensbeichte der *Josefine Mutzenbacher. Die Geschichte einer Wienerischen Dirne. Von ihr selbst erzählt* (1906) – beweist das Gegenteil, nur dass dieser Eros so stark mit dem Tabu des Ungebührlichen und Gefährlichen besetzt war, dass so mancher im Umgang mit dem anderen Geschlecht, in Erwägung der möglichen Folgen eines Sexualaktes, seine Triebe in platonischen Schranken hielt. Gustav Mahler, der die abschreckenden Syphilis-Fälle dreier Liederkomponisten, Franz Schubert, Robert Schumann und Hugo Wolf sowie des von ihm hochverehrten Bedřich Smetana vor Augen hatte und auch Freunde unter den von Syphilis Angesteckten zählte – nämlich den Studienkollegen Hans Rott und wahrscheinlich auch den Intimfreund Anton Krisper – wusste nur zu gut, wohin eine unbedachte Liebesstunde führen konnte.[4]

Zur weiteren Hemmung von Mahlers Liebesbereitschaft im Jünglingsalter kam sicherlich auch die prekäre Wohnsituation und der Mangel an beruflicher Perspektive. Im akademischen Jahr 1877–1878 war Mahler an der Akademie der Wiener Musikfreunde vom Hauptfach

Klavier zur Komposition übergewechselt, hatte also die Pianistenlaufbahn aufgegeben und sich der Komposition verschrieben. Doch trotz eines ermutigenden Erfolges mit dem Scherzo eines Klavierquintetts, für das er einen Preis erhielt, stagnierte auch diese Karriere bald. Denn als er sich 1878 zum ersten Mal mit einer Ouverture zu den *Argonauten* um den wichtigen Wiener »Beethovenpreis« bewarb, wurde er abgewiesen. Nicht anders endete der nächste Anlauf mit dem *Klagenden Lied*, 1881, das von den Preisrichtern Johannes Brahms, Karl Goldmark, Eduard Hanslick und Hans Richter ebenso wenig zur Kenntnis genommen wurde. Im Alter von 21 Jahren wusste Mahler also nicht, wie seine berufliche Zukunft aussehen würde. Noch im zweiten kurzen Engagement nach dem deprimierenden Bad Haller Sommer-Intermezzo 1880, als er im September 1881 am »Landwirtschaftlichen Theater« Laibach für die Wintersaison als Kapellmeister eine provisorische Anstellung fand, war nicht klar, was aus ihm werden würde: Er dirigierte, arrangierte, spielte Klavier und verdingte sich, nachdem die Verträge ausgelaufen waren, als Klavierlehrer in Wien. Über die prekäre Lage seiner Existenz geben seine auf radikalem Vegetarismus beruhende Ernährung – Grahambrot, Spinat und Äpfel – und die häufigen Quartierwechsel beredten Ausdruck. Wie er zum Jahreswechsel 1882–1883 dem Laibacher Freund Anton Krisper mitteilte, wechselte er in Wien alle vierzehn Tage die Wohnung.[5]

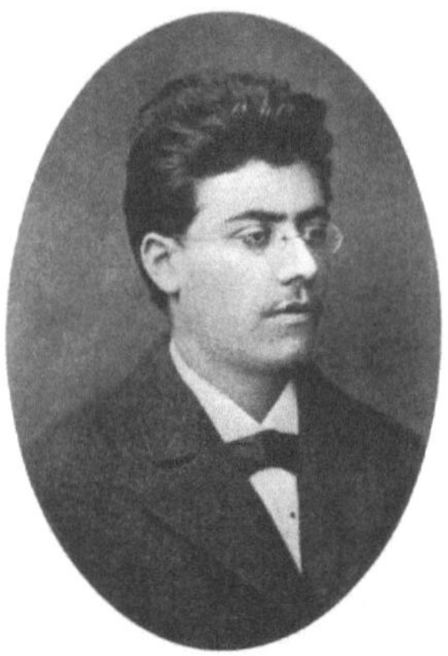

Gustav Mahler 1878

In diese Zeit des ziellosen Suchens fielen Mahlers erste Erfahrungen mit der Liebe. Die früheste Spur findet sich in dem berühmten Steiner-Brief vom 18. Juni 1879: Der neunzehnjährige Mahler schreibt seinem Freund aus der ungarischen Puszta und bekennt mit zahlreichen Anklängen an den Goetheschen *Werther* und die Schubertsche *Winterreise* – die Abendglocken, der Lindenbaum, der Leiermann – sein erstes Liebeserröten, das ihn in Ronow und Morawan, in den Sommern 1875–1876 auf den Meierhöfen bei Ceslau in Böhmen ereilte, als er »Pauline« in die Augen sah: «Aus dem grauen Meere tauchen zwei freundliche Namen auf: Morawan, Ronow! Und ich sehe Gärten und viele freundliche Menschen darin, und einen Baum, da steht ein Name eingegraben: Pauline. Und ein blauäugiges Mädchen beugt sich zur Seite – sie bricht mir lachend eine Traube vom Stock – meine Wangen werden bei der Erinnerung zum zweiten Male rot – ich sehe die zwei Augen.«[6]

Die drei Steiner-Briefe offenbaren bereits deutlich Mahlers zu Gefühlsexzessen neigenden Bekenntnisdrang, der ihn »auf den Wogen der Sehnsucht bald im Sturme« umherwarf, »bald im lachenden Sonnenschein fröhlich dahinwehte« und ihn wie »Ahasver mit seinen Leiden ewig, unsterblich« zu ruhelosem Wandern verdammte.[7]

## Erste Liebe: Josephine Poisl: »… im Traum habe ich gelebt und im Wachen geträumt …« *(Gustav Mahler)*

Zwei Monate später verliebte sich Mahler in die Tochter eines Iglauer Postbeamten, Josephine Poisl, der er Klavierunterricht erteilte: »Nun steht ein neuer Name in meinem Herzen, […] zwar nur flüsternd und errötend aber nicht weniger mächtig«[8], teilte er im September 1879 dem Laibacher Freund Anton Krisper mit, und etwas später: »Lieber Freund, ich habe mich in die süßen Ketten des Götterlieblings gar arg verstrickt – der Held nun, ›seufzt er, ringt die Hände, stöhnt und fleht‹ etc. etc. Ich habe wirklich die Zeit meistens damit verbracht, daß ich auf die verschiedenste Weise in den süßen Schmerzen gewühlt, bin mit ›ach‹ aufgewacht und mit ›o‹ schlafen gegangen; im Traum habe ich gelebt und im Wachen geträumt. In einer Woche bin ich in Iglau und werde aus meinen rosigen Träumen zu einem noch rosigeren Tag erwachen.«[9]

Wie bei Goethe und den Romantikern, die Mahlers Vorbild waren, stimulierte der Zustand des Verliebtseins einen wahren Schwall an Mitteilsamkeit. In einem undatierten Brief an Anton Krisper, März 1880, ließ Mahler seinem ambivalenten »Frühlings Erwachen« freien poetischen Lauf: »Der Frühling ist über Nacht gekommen und mit ihm die alte Sehnsucht und Wehmut. Ich habe soeben einige Verse geschrieben, die ich Dir mitteile, weil sie am Besten mein Inneres enthüllen können.«

**Vergessene Liebe**

Wie öd' mein Herz! Wie leer das All'!
Wie groß mein Sehnen!
O, wie die Fernen Tal zu Tal
Sich endlos dehnen!
Mein süßes Lieb! Zum letzten Mal?
Ach, muß ja ewig diese Qual
In meinem Herzen brennen!

Wie strahlt' es einst so treu und klar
In ihren Blicken!
Das Wandern ließ ich ganz und gar
Trotz Winters Rücken!
Und als der Lenz vergangen war,
Da tat mein Lieb ihr blondes Haar
Wohl mit der Myrthe schmücken!

Mein Wanderstab! Noch einmal heut
Komm aus der Ecken!
Schliefst du auch lang! Nun sei bereit!
Ich will dich wecken!
Ich trug es lang mein Liebesleid
Und ist die Erde noch so weit –
So komm, mein treuer Stecken!

Wie lieblich lächelt Berg und Tal
In Blütenwogen!
Kam ja mit seinem süßen Schall
Der Lenz gezogen!
Und Blumen blühn ja überall
Und Kreuzlein steh'n ja überall –
Die haben nicht gelogen! [10]

Die Thematik des Scheiterns und des Abschieds von der Liebsten, wiederum in Anlehnung an Schuberts *Schöne Müllerin* und dessen *Winterrreise*, kehrt auch in den zahlreichen Jugendliedern wieder, namentlich in den Josephine Poisl gewidmeten *Im Lenz, Winterlied, Maitanz im Grünen.* [11] Das Lied wurde dem jung Verliebten zum Instrument einer exaltierten Selbstwahrnehmung und Potenzierung des eigenen überschäumenden Lebensgefühls. Wie in Goethes Liebeslyrik

Liebe, Natur, das Göttliche und der Mensch ineinanderfließen und die Phantasie beflügeln, so scheint auch Mahlers Produktivität, trotz des beklagten Liebesleids, mächtig von den postpubertär freigesetzten Gefühlen profitiert zu haben. Wie später Freud in seiner Psychoanalyse klar machen würde, bewirkte der euphorische Zustand der Verliebtheit beim jugendlichen Mahler eine »Ichvergrößerung«, die, stark mit Narzissmus rückgekoppelt, im Zustand der Verliebtheit dem kreativen Ich als verstärkte Selbstwahrnehmung wieder zugeführt wurde. Da ja »Objektliebe«, nach Freud, aus »einem Teil der libidinösen Besetzung des Selbst« stammt, kommt im Zustand der amourösen Erregung Libido dem eigenen Ich, das heißt der Kreativität und Schaffenskraft, zugute. Diese Wirkungsweise ist insofern plausibel, als Mahler in der Frühphase Lied-Texte fast ausnahmslos nach persönlichem sentimentalem Befinden auswählte und sich mit einer stark verdinglichten Melodik ausdrückte, die jauchzend und jubelnd das heftig ihn ergreifende Liebesgefühl beschrieb. Das unvermittelte Innehalten und Abdunkeln nach Moll, das diesen durchwegs freudigen Liedern als Signum der Trauer eingraviert ist, verrät die Zweiphasigkeit seiner Art zu lieben: Jubel, dann Jammer. Untersucht man diese frühen Texte auf deren Ambivalenz von Freude und Trauer, so fällt auf, dass sie alle aus dem Fundus einer romantisch unerfüllten, von trauriger Verlassenheit gekennzeichneten Liebesanschauung stammen. Das erste Josephine Poisl gewidmete Lied, *Im Lenz*, erscheint in diesem Sinne programmatisch:

**Im Lenz**

»Sag an, du Träumer am lichten Tag,
Was willst du heut' mit dem Bangen?
Du wandelst so stumm durch Lenz und Hag,
Als wärst du von Blindheit befangen.«

»Ich bin nicht blind und sehe doch nicht,
Mir ist nicht dunkel und ist nicht licht.
Könnt' lachen und könnte weinen.
Doch sagen könnt' ich es keinem.«

»O sieht dich die Sonne so freundlich an,
Was sollen dir Schmerz und Reue?

Wirf ab deine Last, du trauriger Mann,
Und freu dich an Sonne und Bläue.«

»Mich freut keine Sonne, mich freut kein Blau
Und hab' doch den Frühling so gerne.
Ach, die ich allein nur am liebsten erschau,
Die weilt schon lang in der Ferne.«

Alle frühen Lieder Mahlers sind »vergebliche Ständchen«. Im *Winterlied* wartet der Liebende im Schnee frierend auf die Angebetete, in *Serenade aus Don Juan* fragt der Bursch das Mädchen, ob er denn mit seinem »Liebesstreben« bis zu seinem Sterben warten müsse; in *Hans und Grete* hat jedermann ein Liebchen, nur Hans hat keines; in *Starke Einbildungskraft*, nach *Des Knaben Wunderhorn*, hält das Mädchen ihr Versprechen nicht: »Hast gesagt, du willst mich nehmen, sobald der Sommer kommt! Der Sommer ist gekommen, du hast mich nicht genommen.« In *Scheiden und Meiden*, ebenfalls aus *Des Knaben Wunderhorn*, schaut »Feinsliebchen« zum Fenster hinaus und sagt dem Reiter »Ade!«. In *Aus! Aus!* tröstet der ins Feld ziehende Soldat seine Allerliebste: »Heute marschieren wir! Juchhe« [...] »Je! Je! Mein Liebster! Kommst niemals wieder heim?« [...] »Nimm das Tüchlein aus der Tasch', deine Tränlein mit abwasch!« Nicht anders in *Nicht wiedersehen* aus *Des Knaben Wunderhorn*, in dem der Soldat sein Liebchen auf den nächsten Sommer vertröstet, es jedoch bei seiner Wiederkehr tot auf dem Kirchhof findet: »Das Trauern und das Weinen hat sie zum Tod gebracht.« Mahler war noch so jung und schon so vom Weltschmerz gezeichnet. Doch die Erfahrung, der extrem erlebte Liebeskummer, beschleunigte seine Reifung als Komponist und inspirierte ihn zur ungemein verdinglichten, unvermittelten Rückung von Dur nach Moll, harmonische Metapher für das seelische Wechselbad von himmelhoch jauchzend und zu Tode betrübt.

Das Ende der aussichtslosen Liebe zu Josephine Poisl – vermutlich im Frühsommer 1880 – ist durch einen Brief dokumentiert, der im verzweifelten Ton alle späteren Verhältnisse vorwegnimmt und Mahlers Fieberkurve in der Liebe in höchster Erregung darstellt: »Die Verzweiflung diktiert mir diese Zeilen [...]. Ich habe mich noch nie vor einem Menschen gedemütigt. Sieh'! Ich kniee vor dir! – O, bei allem, was dir lieb ist – wenn du nur den geringsten Funken Liebe zu mir gefühlt hast –

Ich beschwöre dich – gib mir ein Zeichen, daß ich nicht verzweifeln muß [...] ich bin meiner kaum mächtig – das Blut stockt in meinen Adern – und ich wandle umher wie eine Leiche [...]. Du mußt mich doch lieben – sonst muß ich an dem Lichte, an dem Himmel verzweifeln [...]. O, meine Süße, Heißgeliebte! Höre mich – über alle Länder und Berge, die zwischen uns sind – schreie ich zu dir aus meiner tiefsten Not! Gib mir ein Zeichen!«[12]

## Johanna Richter – Mahler mit den »Leiden des jungen Werthers«:

»Kasseler Liebesdinge haben ihren überschwänglichen Verlauf zu nehmen begonnen ...«

*(Gustav Mahler)*

Die nächste Leidenschaft galt der Koloratursängerin Johanna Richter, die 1883, gleichzeitig mit Mahler, an das Kasseler Theater verpflichtet wurde. Mahlers Laufbahn hatte nach einer sehr intensiven Saison am Königlichen Theater Olmütz einen günstigen Aufschwung genommen. Zwar war das Theater und das Ensemble der mährischen Hauptstadt nur geringfügig besser als das ganz und gar verrottete von Laibach, doch kam Mahler in Olmütz näher an das Repertoire heran, das ihn für eine künftige Kapellmeister-Karriere an deutschen Theatern interessierte: noch nicht Wagner und Mozart, aber immerhin Meyerbeer, die »Grand Opéra« und Verdi. Der Zufall wollte es, dass in einer der von Mahler dirigierten Aufführungen – Mehuls *Joseph in Ägypten* – der Chefregisseur der Dresdener Hofoper, Ueberhorst, saß, der von Mahlers energischer Orchesterleitung so sehr beeindruckt war, dass er ihn an den Intendanten des Königlichen Kasseler Theaters, Freiherr Adolph von und zu Gilsa, weiterempfahl.[13] Dieser verpflichtete Mahler nach Freiwerden der Stelle eines »Musik- und Orchesterdirektors« und nach mehreren Probe-Dirigaten Mitte 1883 an das Kasseler Theater. Mit einem gut honorierten Dreijahresvertrag in der Tasche hatte nun Mahler den Karrieresprung von der deprimierenden Provinz zu einem der solidesten deutschen Theater geschafft. Er war nun 23 Jahre alt und voller Tatendrang. Schon nach wenigen Monaten berichtete er stolz an seinen Agenten Gustav Lewy: »Es wurde mir auch schon mitgeteilt, daß ich in der nächsten Zeit definitiv (das heißt lebenslänglich) angestellt werden soll.«[14]

Mahlers Karriere hatte also eine Richtung und sein Leben eine verlässliche finanzielle Grundlage. Wie sehr Mahlers Selbstbewusstsein dadurch gewann, ist aus einem von Mut und Wichtigtuerei getragenen Brief ablesbar, den er Anfang 1884 an Hans von Bülow schrieb, der an der Spitze der Meininger Hofkapelle in Kassel einige Konzerte dirigierte: »Hochverehrter Meister! Verzeihen Sie, dass ich trotz der Abweisung, welche ich vom Portier Ihres Hotels erfuhr, dennoch vor Sie trete, auf die Gefahr hin, dass Sie mich für einen Unverschämten halten [...]. Ich bin ein Musiker, der in der wüsten Nacht des zeitgemäßen Musiktreibens ohne Leitstern wandelt und den Gefahren des Zweifels und der Verirrung ganz anheimgegeben ist. Als ich im gestrigen Konzert das Schönste erfüllt sah, was ich geahnt und gehofft, da war es mir klar: Hier ist deine Heimat, – dies ist dein Meister – nun soll deine Irrfahrt enden oder nie! Und nun bin ich da und bitte Sie: Nehmen Sie mich mit – in welcher Form es immer sei – lassen Sie mich Ihren Schüler werden, und wenn ich das Lehrgeld mit Blut bezahlen sollte [...]. Wenn Sie mir eine Antwort gönnen, so bin ich zu Allem bereit, was Sie mit mir vorhaben. Ach, antworten Sie doch wenigstens! Es harrt Gustav Mahler.«[15] Dieses Pathos der Anbiederung muss auf den als ironisch und boshaft bekannten Hans von Bülow eher abstoßend gewirkt haben, denn er antwortete zunächst überhaupt nicht und ließ Mahler später wissen, dass er für ihn nichts tun könne.[16] Aber wenn der stolze Jüngling gegenüber dem ihm unbekannten, von allen geehrten und gefürchteten »General-Musikdirektor der deutschen Nation« solche emphatischen Töne anschlug, um wie viel überschwänglicher müssen Mahlers Liebesschwüre an die Adresse der fünf Jahre älteren Sopranistin Johanna Richter ausgefallen sein: »Kasseler Liebesdinge haben ihren überschwänglichen Verlauf zu nehmen

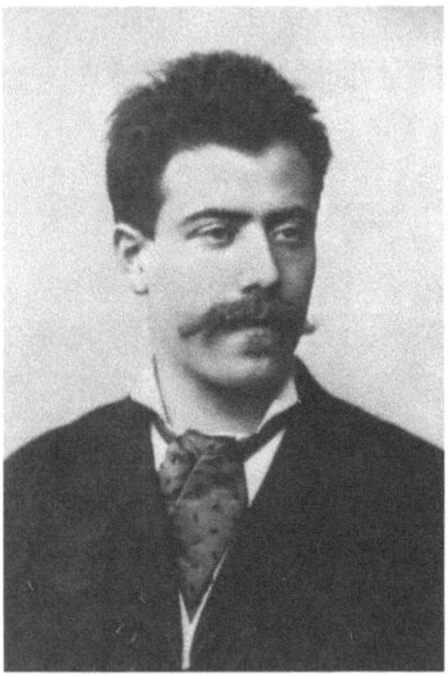

Gustav Mahler um 1884

begonnen, sie haben dort die junge, stürmische Seele nicht mehr aus ihrem Banne entlassen«, vermerkte Studienfreund Fritz Löhr am Rande einer chiffrierten Briefstelle seines Freundes Mahler[17] und deutete unmissverständlich den Beginn einer neuen Liebesaffäre an. Am 11. Oktober 1883 sang Johanna Richter unter Mahlers Leitung die Leonore in Flotows *Alessandro Stradella.* Am Tag zuvor – der Kasseler Dramaturg Hans Joachim Schaefer vermutet: nach einer Zimmerprobe[18] – schrieb Mahler unruhige Worte an Freund Löhr: »Ich mag nicht viel Aufhebens machen über die bangen Stunden, die ich manchmal verlebe; von denen gerade jetzt eine Abschied genommen hat.«[19]

Über Johanna Richter, hoher Sopran, liest man im »Großen Sängerlexikon«, dass sie 1855 in Danzig geboren wurde, 1879 am selbigen Stadttheater debütierte, 1881 ans Mainzer, 1882 ans Bremer Stadttheater und 1883 – also zeitgleich mit Mahler – an das Kasseler Hoftheater verpflichtet wurde. 1886 soll sie zum Deutschen Theater Rotterdam und von da, bis 1892, ans Kölner Theater gewechselt sein. Weitere Stationen waren Stettin, Königsberg und schließlich die Heimatstadt Danzig, wo sie 1900 ihre Karriere als Opernsängerin beendete. Auch als Konzertsängerin und Gesangspädagogin soll sich Johanna Richter in Berlin und Ostpreußen hervorgetan haben. Zu ihren Bühnenrollen gehörten die Leonore in Flotows *Alessandro Stradella*, die Titelrolle in *Martha* desselben Komponisten, die Marie in Donizettis *Regimentstochter*, der Page Oscar in Verdis *Maskenball*, die Philine in *Mignon* von Ambroise Thomas, die Isabella in *Robert der Teufel* von Meyerbeer und die Frau Fluth in den *Lustigen Weibern von Windsor.* Sie starb hoch betagt in Danzig 1943.[20] Die zitierte Biographie vermerkt auch, dass Johanna Mahlers Liebe nicht erwiderte, was freilich von mehreren Briefstellen Mahlers widerlegt zu werden scheint.

Dass Mahlers jugendlich exaltierte Seele an der deutlich älteren, achtundzwanzigjährigen Sängerin Feuer fing, mag nicht allein an ihrem blonden blauäugigen Aussehen gelegen haben, sondern auch an den Liebhaberinnen, die sie auf der Bühne zu verkörpern hatte. Wenn man die flirtende Rolle des Pagen Oscar in Verdis *Maskenball* in den Ohren hat, weiters die Liebesrolle der Philine, die sich in Thomas' *Mignon* in Goethes *Wilhelm Meister* verliebt, oder sich die verführerischen Koloraturen inmitten der frechen Soldatesca in der *Regimentstochter* von

Donizetti vor Augen führt, dann kann man sich vorstellen, wie Mahler auch durch Johannas Bühnenauftritte den Kopf verlor.

Zu dieser Beziehung ist wiederum keinerlei direkte Korrespondenz erhalten. Dauer und Intensität der Beziehung kann man deshalb nur aus den korrespondierenden poetischen und musikalischen Äußerungen Mahlers ableiten. Ende August 1884, am Beginn der Saison 1884/85 schilderte Mahler seinem Freund Fritz Löhr die Erregung, die in ihm das Wiedersehen mit der Angebeten, nach der Pause der Sommerferien, auslöste: «Mein lieber Fritz! Gestern bin ich hier angekommen und habe nun bereits die erste Probe hinter mir. Kaum daß ich das Pflaster Kassels berührt, hat mich der alte schreckliche Bann ergriffen, und ich weiß nicht, wie ich das Gleichgewicht in mir wieder herstellen soll. Ich bin ihr wieder entgegengetreten, sie ist so rätselhaft wie immer! Ich kann nur sagen: Gott helfe mir! Du wirst schon letztere Zeit unseres Zusammenseins bemerkt haben, daß sich manchesmal etwas Finsteres auf mich gelegt hat – es war immer die Angst vor dem Unausbleiblichen. Heute Nachmittag gehe ich zu ihr, ›mache ihr meine Visite‹, darnach wird meine Lage sofort bestimmte Gestalt gewinnen.« [21]

Was mit der »Angst vor dem Unausbleiblichen« gemeint sein mag, ist mangels Äußerungen von Johanna Richter nicht zu ergründen. Möglicherweise hatte Mahler vom Augenblick der Bekanntschaft an mit dem in ihm heftig tobenden Konflikt fataler Anziehung und beruflicher Vernunft zu kämpfen versucht, die weitere Entwicklung der Beziehung aufzuhalten, was bei ihm zu großen seelischen Belastungen führte. Im Übrigen ließen die »Dienst-Instruktionen« des Königlichen Theaters Kassel, die nach preußischem Ordnungssinn abgefasst waren, [22] wenig Spielraum für Privates und Amouröses. Es ist deshalb durchaus verständlich, wenn Mahler sich in die Chiffrensprache selbst gedichteter Verse und Lieder flüchtete und seinen mächtig pochenden Eros musikalisch sublimierte, eine Sublimation freilich, die den Konkretisierungsverzicht mit einschloss und damit seinen Liebesdrang mit Leid und Entsagung belastete. Mahler versuchte diesen seelischen Druck durch Liebesreime lyrisch zu verdrängen: die Vorstufen der *Lieder eines Fahrenden Gesellen* Lieder, die »alle ihr gewidmet« waren, obschon »sie davon keine Kenntnis« hatte. [23] Die noch erhaltenen und von Hans Joachim Schaefer veröffentlichten Gedichte weisen in Sprache und Metaphorik deutlich auf Mahlers untergeordnete und daher mit den Minderwertigkeitskomplexen eines »fahrenden Gesellen« behaftete Rolle im Theater hin, was seinen Liebeskummer mit Eifersucht und Aussichtslosigkeit belastete:

**In der Nacht!**

Noch sitz' ich hier, – kein Laut in weiter Runde!
Die Nacht ist lang und noch will es nicht tagen,
Ich bin so trunken – darf ich es dir sagen? –
Noch von der letzten süss erlebten Stunde!

Du bist so hold – es sagen's dir ja Alle!
– und ich bin ja so ganz in dir verloren –.
Mir stirbt das Wort in Jener Worte Schwalle,
noch eh's des Herzens heiss' Gefühl geboren!

Es ist so hart, im Dunkel zu verschwinden,
Als Tropfen in dem Weltmeer zu verfließen,
sich in die Kränze, die zu deinen Füßen
verwelken, als ein stummes Blatt zu winden!

Und sieh'! Wie seltsam ist es doch hienieden!
So viele Sterne blinken in der Nacht,
und jedem Menschen ist ein Stern beschieden,
Ach!, – welcher ist doch wol für mich entfacht![24]

Ein weiteres Gedicht artikuliert Trennungs- und Verlustängste:

Du zürnest mir, ich weiß es nun –
Ich fühl's an Blick und Mienen
– o hilf mir doch, was soll ich thun,
Dich wieder zu gewinnen.

War es so schlimm denn, was ich schrieb?
– Was hab'ich denn verbrochen?
Ich (schrieb) sprach ja nur: Ich habe' dich lieb!
Wie immer ich gesprochen!

Oder:

Ja! Ja! Und ja! Trotz Acht und Bann!
Und wird's dir immer sagen!

Hab' ich dich lieb – was geht's dich an –?
Muss ich's allein doch tragen!«[25]

Es gibt in der Musikgeschichte wohl kaum unmissverständlichere Beispiele von Liebeserklärungen durch Worte und Töne, die intensiver und deutlicher Botschaften an die unglücklich Geliebte enthalten, als die in der Hitze der Verliebtheit einem *Wunderhorn*-Gedicht – *Wann mein Schatz Hochzeit macht …* – frei nachgedichteten autobiographischen Lieder[26]:

I) Wenn mein Schatz Hochzeit macht,
Fröhliche Hochzeit macht,
Hab' ich meinen traurigen Tag!
Geh' ich in mein Kämmerlein, dunkles Kämmerlein,
Weine! Wein'! Um meinen Schatz,
Um meinen lieben Schatz! […]
Des Abends, wenn ich schlafen geh',
Denk' ich an mein Leide!
An mein Leide!

II) Ging heut morgen übers Feld […]
Nun fängt auch mein Glück wohl an?
Nein, nein, das ich mein',
Mir nimmer blühen kann!

III) »Ich hab' ein glühend Messer,
Ein Messer in meiner Brust,
O weh! O weh! Das schneid't so tief […]
Ach, was ist das für ein böser Gast!
Nimmer hält er Ruh',
Nimmer hält er Rast!
Nicht bei Tag, nicht bei Nacht, wenn ich schlief!
O weh! O weh!
Wenn ich in den Himmel seh',
Seh' ich zwei blaue Augen steh'n! […]
O weh!
Wenn ich im gelben Felde geh',
Seh' ich von Fern das blonde Haar
Im Winde weh'n!
O weh! O weh!
Wenn ich aus dem Traum auffahr'

Und höre klingen ihr silbern Lachen,
O weh! O weh!
Ich wollt', ich läg auf der schwarzen Bahr',
könnt' nimmer, nimmer die Augen aufmachen!

IV) »Die zwei blauen Augen von meinem Schatz,
Die haben mich in die weite Welt geschickt.
Da mußt' ich Abschied nehmen
Vom allerliebsten Platz!
O Augen blau, warum habt ihr mich angeblickt?
Nun hab' ich ewig Leid und Grämen!
Ich bin ausgegangen in stiller Nacht,
In stiller Nacht wohl über die dunkle Heide:
Hat mir niemand Ade gesagt,
Ade!, Ade! Ade!
Mein Gesell war Lieb und Leide!
Auf der Straße stand ein Lindenbaum,
Da hab' ich zum ersten Mal im Schlaf geruht! [...]
Da wußt' ich nicht, wie das Leben tut,
War alles, alles wieder gut!
Ach, alles wieder gut!
Alles, Alles, Lieb und Leid
Und Welt und Traum!

Die autobiographische Note dieser Lieder resultiert vor allem aus der Vertonung. Die rezitativische, von starken Emotionsschüben gekennzeichnete Melodie, zu der sich die Labilität zwischen Dur und Moll und das triviale Lamento der Bläser gesellen, entfaltet sich als desperate Klangschrift, die aus dem Liebeschmerz in die Tröstung durch schöne Konsonanzen gleitet. Die Motive, die Mahler in seinen Neu- und Umdichtungen anspricht – er nannte sie seine »Wegtafeln – kehren fast wortgetreu in seinen Briefen wieder: die »Augen blau«, die ihn »angeblickt«, das »blonde Haar, das im Winde weht«, die schlaflosen Nächte im »stillen Kämmerlein«, die ein »böser Gast« bewohnt (die ausweglose Leidenschaft für Johanna), bis hin zum immer wieder angesprochenen »Abschied nehmen«. Am 1. Januar 1885 vertraute sich ein völlig verstörter Liebender dem Intimfreund Friedrich Löhr an: »Mein lieber Fritz! [...] Ich saß gestern Abend allein bei ihr und wir erwarteten beinahe stumm die Ankunft des neuen Jahres. Ihre Gedanken weilten nicht bei dem Gegenwärtigen, und als die Glocke schlug, und Thränen aus ihren Augen stürzten, da kam es so furchtbar über mich, daß ich, ich sie nicht trocknen durfte. Sie ging in das Nebenzimmer und stand eine Weile stumm am Fenster, und als sie wiederkam, still weinend, da hatte sich der unnennbare Schmerz wie eine ewige Scheidewand zwischen uns aufgestellt, und ich konnte nichts anderes, als ihr die Hand drücken und gehen. Als ich vor die Türe kam, da läuteten die Glocken, und vom Turm tönte der feierliche Choral [...]. Ich habe die Nacht im Traume durchgeweint. Meine Wegtafeln: Ich habe einen Zyklus Lieder geschrieben, vorderhand sechs, die alle ihr gewidmet sind. Sie kennt sie nicht. Was können sie ihr anderes sagen, als was sie weiß. Das Schlußlied will ich mitschicken, obwohl die dürftigen Worte nicht einmal einen kleinen Teil geben können. – Die Lieder sind so zusammengedacht, als ob ein fahrender Gesell, der ein Schicksal gehabt, nun in die Welt hinauszieht, und so vor sich hin wandert [...]. Den Weihnachtsabend habe ich allein zugebracht, obwohl sie mich zu sich geladen hatte. Lieber Fritz! Alles, was Du von ihr weißt, ist nur ein Missverständnis. Alles habe ich ihr abgebeten, meinen Stolz und Egoismus von mir geworfen. Sie ist alles, was liebenswert auf dieser Welt ist. Ich möchte jeden Blutstropfen für Sie hingeben. Aber ich weiß doch, daß ich fort muß. Ich habe auch alles dafür getan, aber noch immer zeigt sich mir kein Ausweg. Leb recht wohl!«[27]

Aus diesem Brief lässt sich unmissverständlich der Schluss ziehen, dass Johanna Richter Mahlers Gefühle, wenngleich in spannungsgeladener Ambivalenz, erwiderte. Wenn sie in der Silvesternacht herzzerreißend weinte, ist das ein Zeichen, dass ihr Mahler nicht gleichgültig war. Möglicherweise hat sie das Nachlassen von Mahlers Passion und sein Ansuchen an die Intendanz, früher aus dem Kapellmeister-Vertrag in Kassel entlassen zu werden, enttäuscht.[28] Wie aus den Schlussworten des Briefes herauszuhören ist, hatte Mahler wegen dieses Dranges, »fort zu müssen«, Johanna Richter gegenüber ein schlechtes Gewissen, das er mit den Worten zum Ausdruck brachte, sie sei »alles, was liebenswert auf dieser Welt ist« und er wolle »jeden Blutstropfen für sie hingeben«. Vermutlich klärte Mahler an dem besagten traurigen Silvester-Abend die Geliebte über seine weiteren Berufsziele auf und ließ sie dabei fühlen, dass diese Vorrang vor jeder sentimentalen Bindung hatten, was ja auch das stille Weinen der Sängerin erklären würde. Im Übrigen würde sich Mahler später in ähnlich gelagerten Fällen genau so verhalten und der Karriere vor den Liebesbanden den Vorzug geben.

Dass Mahler mit dem Schicksal des *Fahrenden Gesellen*, der »fort muß«, die Karriere meinte, geht aus einer nachfolgenden Briefstelle hervor, mit der er bereits drei Wochen nach dem klärenden Silvester-Abend dem Freund aus dem Pernerstorfer Kreis, Albert Spiegler, mitteilte, dass seine Berufung als Kapellmeister an das Leipziger Stadttheater – »neben Nikisch [...] völlig gleichgestellt« – mit einem Sechs-Jahre-Kontrakt ab Sommer 1885 so gut wie fix sei, obwohl er zu diesem Zeitpunkt noch gar nicht um die vorzeitige Entlassung aus dem Vertrag in Kassel angesucht hatte. [29]

Trotz anstehender beruflicher Veränderungen sah sich Mahler noch weitere Monate in den Fängen seiner Leidenschaft für Johanna verstrickt. Ende Mai 1885 schrieb er seinem Freund Fritz Löhr: »Meine Verhältnisse und Lebensfäden werden hier immer verwirrter – es hilft nur mehr das Schwert des Alexanders. – Wenn ich Dir vorlängst schrieb, daß mein Verhältnis zu ›ihr‹ in ein neues und letztes Stadium getreten, so war dies nur der Coup eines schlauen Theaterdirektors, der ankündigt: Letzte Vorstellung!, um nächsten Tag noch eine allerletzte anzubieten. Aus dem letzten ist ein allerletztes geworden, und da mich vom Abschied für immer nur noch drei Wochen trennen, so ist es nicht sehr wahrscheinlich, daß noch ›auf allseitiges Verlangen‹ ein allerallerletztes daraus wird. – Doch stehe ich für nichts.« [30]

Den endgültigen Abschied von Johanna kündigte Mahler seinem Freund einen Monat später mit folgenden Worten an: »Von ihr werde ich höchstwahrscheinlich ohne ein Wort des Abschieds gehen! Seit einem Monat habe ich sie nicht mehr gesehen, außer in der Probe. Wie das gekommen ist, werde ich Dir vielleicht erzählen, wenn wir zusammenkommen. Manchmal, wenn ich aus dem Schlaf aufkomme, kann ich es gar nicht glauben.« [31]

Alma Mahler hat später, offensichtlich im Bestreben, die eigene Beziehung zu Mahler als die einzige große Liebe im Leben des Komponisten herauszustreichen, die Kasseler Liebesaffäre so weit heruntergespielt, dass nicht Mahler der Liebende war, sondern umgekehrt er das Opfer zweier intrigierender Sängerinnen. [32]

## Betty Frank. Gustav Mahler als Herzensbrecher: »Aus einer Dummheit falle ich in die andere ...« *(Gustav Mahler)*

Das Jahr zwischen dem vorzeitig beendeten Engagement in Kassel und der seit langem anvisierten und noch in Kassel ausgehandelten Position in Leipzig, die für Herbst 1886 angesagt war, verbrachte Mahler als Kapellmeister am Deutschen Theater in Prag. Diese Station, wiewohl nur von kurzer Dauer, war sowohl für seine Karriere als auch für sein Selbstvertrauen als Musiker von entscheidender Bedeutung. Hier übernahm nämlich mit der Saison 1885/86 der wohl bedeutendste Wagner-Förderer außerhalb Bayreuths, der österreichisch-jüdische Impresario Angelo Neumann, der Wagner persönlich kannte und sich von diesem brieflich Inszenierungen autorisieren ließ, das Deutsche Theater. Das Prestige dieses bedeutenden Wagnerianers, der 1878 den ersten *Ring* außerhalb Bayreuths gab und im Todesjahr Wagners mit einem eigenen »Wandernden Richard Wagner-Theater« in ganz Europa spielte, war enorm und zog den jungen Wagnerianer Mahler in seinen Bann. Neumann, der vor allem einen guten Riecher für Pulttalente hatte und mit der Entdeckung des Wagner-Dirigenten Anton Seidl und des legendären Arthur Nikisch schon einmal eine glückliche Hand gehabt hatte, setzte, nach der plötzlichen Absage des bestellten Kapellmeisters Anton Seidl, der nach New York ging, auf den ungestümen Mahler und vertraute ihm, dem »jugendlichen Heißsporn«[33], nach einem glänzenden Debüt mit Cherubinis *Der Wasserträger* gleich mehrere Wagner-Opern an: *Meistersinger*, *Rheingold* und *Walküre*. Mahler, der gerade erst fünfundzwanzig war, schwelgte in Wagners Klangrausch, zu dem ihn seine Geistesverfassung, seine Formation und seine musikalische Weltanschauung prädestiniert. Doch er dirigierte dank Neumanns Vertrauen nicht nur Wagner, sondern, gleich zu Beginn, am 6. September 1885, auch Mozarts *Don Giovanni*, jene Oper, die hundert Jahre zuvor in Prag in einer legendenumwobenen Premiere Mozart selbst dirigiert hatte.[34]

Fast gleichzeitig mit Mahler gelangte auch die Koloratursängerin Betty Frank nach Prag. Über diese blutjunge Koloratursopranistin – nach dem offiziellen Curriculum war sie am Beginn ihres Engagements in Prag 1885 gerade erst einundzwanzig Jahre alt – weiß man nur so viel, dass sie, in Breslau geboren, ihre Stimmbildung bei der berühmten Gesangspädagogin Mathilde Marchesi de Castrone in Paris vervollkommnet und nicht ganz achtzehnjährig am Stadttheater Zürich debütiert hatte.[35] Sie kam als Gast vom Hoftheater in Wiesbaden und musste sich, wie damals üblich, vor Vertragsunterzeichnung an Ort und Stelle in Probeaufführungen bewähren. Diese bestand sie Mitte September so glänzend, dass ihr vertraglich ausschließlich Hauptrollen zugedacht wurden, ohne Pflicht für Operettenauftritte und minderwertige Nebenrollen. Ihr Stimmfach prädestinierte sie vor allem für die Belcanto-Rollen, deren Einstudierung am Theater dem routinierten Kapellmeister Ludwig Slansky zugewiesen waren. Dieser Umstand erklärt, warum Mahler, der die Wagner-Opern betreute, diesem leichten lyrischen Sopran mit der »überaus süßen Stimme« (»Bohemia«) nicht schon von Anbeginn über den Weg lief. Betty betörte als *Regimentstochter*, als Magdalena im *Postillon von Lonjumeau* und als Leonore im *Troubadour* Mahler hingegen fuhr am 27. Oktober mit den *Meistersingern* einen wahren Triumph ein. Die »Prager Zeitung« meldete, dass es »in dem überfüllten Hause wiederholt frenetische Beifallsausbrüche gab«.[36] Betty Frank und Gustav Mahler, beide blutjung, avancierten so in kürzester Zeit zu den beliebtesten Neulingen der Prager Oper. Die Koloratursängerin wurde aber bald auch in Nebenrollen von Wagner-Opern gesehen, die Mahler leitete. Wann und unter welchen Umständen sie sich kennen lernten, ist nicht bekannt. Vergleicht man jedoch den Zeitpunkt eines Briefes an Löhr mit dem Hinweis auf den neuen Prager Schwarm mit dem seltsamen Umstand, dass eine Hauptdarstellerin ohne spezifische Wagnersche Stimmqualifikation Rheintöchter und Walküren singen wollte, kann man davon ausgehen, dass die Sängerin selbst die Nähe zum erfolgreichen jungen Kapellmeister suchte und dazu die Mitwirkung in einer Nebenrolle des Wagnerschen *Rings*, November 1885, in Kauf nahm. Ende November schrieb Mahler an Fritz Löhr: »Aus einer Dummheit falle ich in die andere. So habe ich mir in dieser kurzen Pause ein Süppchen eingebrockt, an dem ich wieder eine Zeit lang zu essen haben werde. Komm her, alles will ich Dir sagen! Nichts kann ich schreiben.«[37]

Diese Vorsichtsandeutungen mögen vielleicht auf die noch nicht ganz abgeklungene Kasseler Passion hindeuten, zeigen aber auch, dass Mahler in der aufgewerteten Position eines Ersten Kapellmeisters viel souveräner mit Liebessachen umzugehen vermochte als früher. Wenn man das weitere Verhalten Mahlers Betty Frank gegenüber verfolgt, dann ist dies der wesentliche Unterschied zwischen Prag und Kassel: Dort war ein zweiter Kapellmeister – der *Fahrende Geselle* – der Macht der Liebe erlegen, hier scheint es, dass eine junge, wiewohl erfolgreiche Sängerin zum gefeierten Pultstar der Bühne aufschaute und diesen bewunderte.

Bereits im Januar 1886 waren beide in einer Neuproduktion zweier Mozart-Opern zu sehen. Betty sang in *Die Entführung aus dem Serail* die Konstanze und in *Così fan tutte* die Despina. Im Mai folgten *Undine* von Lortzing, in der sie die Bertalda gab, und Glucks *Iphigenie in Aulis*. Im April trat sie mit Mahler in einem Benefizkonzert auf, in dessen Verlauf sie Mahler am Klavier in dreien seiner frühen Lieder begleitete. Darüber stand in der »Bohemia« zu lesen:

> Das Sonntag mittags im Wintergarten des Grand Hotel stattgehabte Konzert [...] war ein Monsterkonzert, in welchem in zweieinhalb Stunden mit Hinzurechnung der einzelnen Teile zweier mehrsätziger Kompositionen und der Zugaben 28 Nummern zu Gehör gebracht wurden [...]. Frl. Betty Frank traf mit der Arie aus der Oper »Das unterbrochene Opferfest« von Peter von Winter eine Wahl, die geeignet war, ihre hervorragende Kehlfertigkeit bewundern zu lassen [...]. Außerdem sang dieselbe noch drei originelle Lieder von Mahler, deren letztes [Hans und Grete] zur Wiederholung verlangt wurde.[38]

Die Affäre wurde auch außerhalb Prags bekannt, denn Mahlers Landsmann Emil Freund, der in Iglau von der Liaison erfuhr, mahnte seinen Freund zu mehr Vorsicht und Diskretion.[39]

Eine weitere Briefstelle lässt eindeutig den Schluss zu, daß Betty Frank Mahler liebte, dieser jedoch mit seinem Gefühl für sie bald erkaltete. Nach dem Ende des Prager Engagements erzählte Mahler seinem Freund Löhr, dass er von der Frank oft Briefe erhalte und dass ihm das »sehr weh« täte, und auch, »daß aus allen ihren Briefen ein ungemein trauriger Ton herausklingt«.[40]

Mahler, der wie Don Juan nach der Genugtuung der Eroberung Zweisamkeit plötzlich gering schätzte, warf sich in die Arme der großen und rauschhaften Musik und hinterließ ein gebrochenes Herz. Ende August 1886 teilte er ohne eine Spur des Bedauerns Fritz Löhr mit: »Denke Dir, die arme F[rank] hat sich noch lange Zeit mit ihren

Gefühlen herumgequält, bis sie vor wenigen Tagen die offene Frage an mich gestellt hat, ob ich ihr mehr als ein bloßer Freund bin. Dies habe ich aufrichtig beantwortet, und nun scheint sie, tapfer u. vernünftig wie sie ist, sich in alles zu finden.«[41]

Keine Frage: Die Entscheidung des Abbruchs der Beziehung ging auch dieses Mal von Mahler aus, sei es, dass seine Passion nur kurz aufloderte und ebenso rasch wieder erlosch, sei es, dass in seinem ganzen Wesen die künstlerische Berufung überhand nahm und er auf Partnergefühle keine Rücksicht nahm. Mahler unterzog sich während seines Prager Engagements in der Tat einem wahren Tour de force, denn er studierte in 5 Monaten mehrere Mozart-Opern ein, dazu Cherubinis *Der Wasserträger*, Beethovens *Fidelio*, 4 große Wagner-Opern, bereitete den *Tristan* vor, brachte Novitäten wie *Der Trompeter von Säckingen* auf die Bühne und dirigierte gewichtige Konzerte, u. a. ein Konzert zur traditionellen Wagner-Gedenkfeier mit einem *Parsifal-Fragment* und Beethovens *Neunte*, beide Werke auswendig. Fritz Löhr, der seinen Freund Anfang 1886 besuchte, berichtete an einen Bekannten, dass Mahler außer mit Theaterleuten »gar keinen Verkehr hatte« und nach der Theaterarbeit »meistens zu Hause« war.[42] Kraft dieses Engagements überkam Mahler in Prag der Schaffensdämon und unterdrückte jenen anderen, der in Gestalt erotischer Aufwallungen ebenso heftig von ihm Besitz ergreifen konnte. Von der Intensität, mit der sich der junge Mahler musikalisch mitzuteilen vermochte, gibt ein Bericht der Tageszeitung »Bohemia« vom Februar 1886, anlässlich der Wiederholung der Aufführung der »Neunten« von Beethoven anstelle von Karl Muck, ein eindrucksvolles Bild:

> Sowohl das große Parsifal-Fragment als auch die Symphonie dirigierte Herr Kapellmeister Mahler aus dem Kopfe, was von der genauesten Kenntnis dieser Kompositionen das glänzendste Zeugnis gibt. Hiebei malte Herr Mahler jede hervorstechende Nuance förmlich in der Luft mit den Händen und erinnerte hiebei an die Tradition über die eigentümliche Art, mittelalterliche Kirchengesangschöre zu dirigieren, zu welcher insbesondere das Malen der Melodie durch Bewegungen und Gesten mit der Hand gehörte...So wurde durch die Betonung einzelner Noten, durch das An- und Abschwellen und die sorgsame Verteilung von Licht und Schatten das Kolorit des ersten Satzes in der feinsten künstlerischen Weise verteilt.[43]

In Betty Franks weiterem Curriculum stehen, nach einem langen Engagement in Prag, das Metropolitan Opera House von New York und die Oper von Riga. Später soll sie, verheiratet, unter dem Namen Betty Frank-Rückert in Berlin und Prag als Konzertsängerin und Gesangspädagogin gewirkt haben.[44]

## Marion von Weber – »Trilogie der Leidenschaft und Wirbelwind des Lebens«: »... denn er besaß trotz seiner Hässlichkeit dämonischen Charme ...«

*(Ethel Smyth über Mahler)*

Der Einstieg als zweiter Kapellmeister in Leipzig 1886 steigerte Mahlers musikalischen Ehrgeiz aufs höchste; er fühlte sich nun gerüstet, in der vordersten Reihe der deutschen Opernkapellmeister mitzudirigieren und der Welt zu zeigen, wozu er fähig war. Leipzig – die heimliche Kulturhauptstadt Deutschlands, mit der auf allen Wissenschaftsgebieten führenden Universität, dem Gewandhaus, der Musikakademie, die Stadt Bachs, Wagners, Mendelssohns, Schumanns, Regers, Reineckes – war insofern der geeignete Ort, als dort Arthur Nikisch, nach Hans von Bülow die Nummer eins in Sachen Dirigieren in Deutschland, als erster Kapellmeister der unbestrittene Genius loci war. Von den Erfolgen in Kassel und Prag übermütig gemacht, hatte Mahler bei Antritt der Leipziger Stellung nichts weniger im Sinn, als den allseits bewunderten Meister des sparsamen, aber effektvollen Taktstockes von der ersten Position im Theater zu verdrängen. So schrieb er bei seinem Einstand – mit wahrem Übermut – an Freund Löhr: »Du willst wissen, wie ich mit Nikisch stehe [...]. Ich kann so beruhigt einer Vorstellung unter ihm zusehen, als wenn ich selbst dirigierte – obwohl ihm das Höchste und Tiefste verschlossen ist.«[45] Der junge Springinsfeld hatte tatsächlich die verwegene Ambition, die Nummer eins zu werden. Als der Leipziger Klavierpapst und Leiter der Gewandhauskonzerte, Carl Reinecke, den jungen Kapellmeister zu einem Treffen mit seinem russischen Kollegen vom St. Petersburger Konservatorium, dem berühmten Anton Rubinstein, einlud, wunderte sich Mahler, dass Rubinstein ihn, den neuen Leipziger Kapellmeister, nicht kannte:

Mahlers Reaktion darauf war Schweigen den ganzen Abend: »Neulich war ich bei Reinecke mit Rubinstein (ganz allein) geladen! Leider war ich ihm ganz unbekannt, so daß ich nur ›schauen und nicht schaffen‹ konnte. Bei einer solchen Gelegenheit ist es allemal schmerzlich, so ganz und gar einer von vielen zu sein. Mir geht es dann immer so, daß ich den Mund halte, [...] da ich weiß, wie lästig und lächerlich mir diese bewundernden Anonymi sind.«[46] Mahler ging schon sehr bald zum Angriff auf Arthur Nikischs erste Position im Theater über. Bereits im November verlangte er in zwei ultimativ verfassten Briefen vom Intendanten Staegemann, in Berufung auf eine »stillschweigende Abmachung«, sich die Leitung der vier Opern des *Rings* mit Nikisch teilen zu können, ein Verlangen, das im Falle der Wagnerschen Tetralogie jeder Logik und Gepflogenheit widersprach.[47] Drei Wochen später setzte er noch eines drauf, indem er dem Intendanten ultimativ mitteilte, dass er, falls seinem Verlangen nicht entsprochen würde, um die Entlassung anzusuchen genötigt sei.[48] Nicht genug damit: Um seine Sache noch wirkungsvoller zu betreiben, streckte er gleichzeitig die Fühler nach anderen Häusern aus und benutzte drei verschiedene (keinesfalls belegte) Angebote aus Hamburg, Karlsruhe und Prag,[49] um zu zeigen, wie ernst es ihm war. Die Ironie des Schicksals wollte allerdings, daß er schlussendlich nicht mit dieser Anmaßung – die er später auch in Wien zur Verdrängung Hans Richters von der Spitze der Wiener Philharmoniker anwenden würde[50] – erfolgreich war, sondern aufgrund der Krankheit Nikischs, der ab Februar 1887 wegen eines Lungenleidens über Monate pausieren musste.[51]

Vor dem Hintergrund dieser von maßlosem Ehrgeiz charakterisierten Leipziger Zeit verstrickte sich Mahler auch privat in eine Leidenschaft, mit der er dieses Mal nicht eine alleinstehende Sängerin bedrängte, sondern eine ganze Familie mit Ehemann samt Gattin und Kindern in Mitleidenschaft zog. Die Angebetete hieß Marion von Weber, Ehefrau des Hauptmanns eines Leipziger Regiments, Carl von Weber, eines Enkels von Carl Maria von Weber, der die seit langem unberührt gebliebenen Fragmente zu Webers letztem Opernprojekt, dem Lustspiel *Die drei Pintos*, hervorholte und Mahler zur Komplettierung zur Verfügung stellte. Über diese Affäre gibt es eine Augenzeugin, die englische Feministin und damalige Musikstudentin am Leipziger

Konservatorium, Ethel Smyth, die später als Autorin der Hymne der englischen Frauenbewegung bekannt wurde. Sie erlebte Mahler in Gesellschaft der Webers und bestätigt, dass Frau von Weber, »eine Jüdin«, Mahlers Leidenschaft erwiderte, »denn er besaß trotz seiner Hässlichkeit dämonischen Charme«. Sie erzählt weiter, dass der Ehemann wegen dieser Affäre »um den Verstand gebracht wurde« und in der Verzweiflung wie wild um sich schoss. Mahler selbst machte auf sie den Eindruck einer »Bombe«, die »zwischen den Schneiden eines Rasiermessers liegt«.[52]

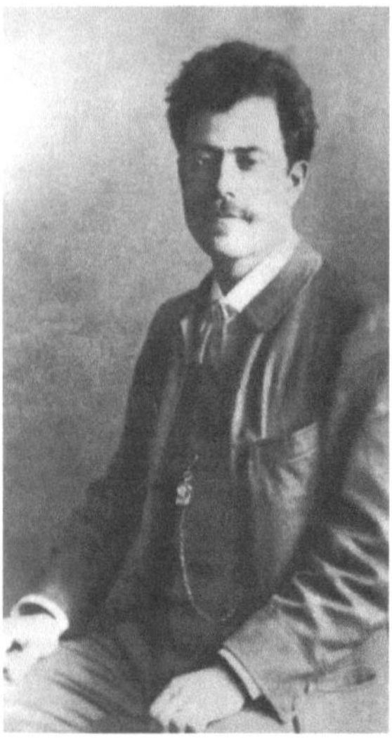
Gustav Mahler um 1886

Mahler war sich offensichtlich des Tabubruches bewusst, dessen er sich als Gast seines Gönners mit dessen Gemahlin schuldig machte, denn er verschwieg dieses Mal seinem Freund Fritz Löhr gegenüber, dem er sonst alles erzählte, die Affäre. So ist außer vagen Andeutungen in Briefen wenig bekannt. In dem bereits erwähnten Brief an Fritz Löhr vom Oktober 1886 schrieb er nur von einem »schönen Menschen«, »einen von denen, durch welche man seine Dummheiten anstellt«. Und er fügte vielsagend hinzu: «Du verstehst, amice? – Diesmal will ich jedoch vorsichtig sein, sonst ergeht es mir wieder schlimm.«[53] Drei Monate später, inmitten der Spekulationen, ob Nikisch an der Oper den Platz räumen würde oder nicht, ein weiterer Hinweis, dass sich das Verhältnis zu Marion von Weber vertiefte: »Ich bin natürlich durch alles dieses rein außer Kontakt mit ›mir‹ geraten – obwohl ich mir in allem wieder recht treu geblieben und wieder bereits einige ›Dummheiten‹ anzustellen im Begriffe bin. – Manchmal ist es mir so bange, daß ich davon laufen möchte.«[54] Weihnachten 1887 verbrachte Mahler bei der Familie von Weber und wurde von dieser reichlich beschenkt: »nebst vielem anderen ein goldenes Madaillon, zwei Dutzend feine Sacktücher, seidene Halstücher etc. vom Hauptmann von Weber [...]. Von Frau Weber ein Tischchen mit Stickereien darauf.« Dies schrieb Mahler an seine

Eltern[55], doch seinem Freund Friedrich Löhr verriet der Verliebte nur wenige Tage später einen wahren Sturm der Leidenschaft: »Ich muß Dir einige Zeilen schreiben. Es ist alles, was ich jetzt aufbringen kann in dieser Trilogie der Leidenschaft und Wirbelwind des Lebens! Alles in mir und um mich *wird!* Nichts *ist!* Laßt mich jetzt noch ein bißchen durch! Dann sollt Ihr alles erfahren!«[56]

Der Verweis auf Goethes späte Liebesaffäre mit Ulrike von Levetzow, der dieser nach dem Liebesverzicht einen Teil der *Trilogie der Leidenschaft* widmete, deutet möglicherweise auf Mahlers Rückzug aus der Affäre hin, die Anfang 1888 auch gesellschaftlich zu eskalieren drohte. Der Hinweis auf die berühmte Verzichtsdichtung Goethes –»mit Gewalt ergreift uns Liebreiz weiblicher Gestalt« – mag also ein verstecktes literarisches Alibi für sein moralisch fragwürdiges Tun enthalten. Im Übrigen hat sich Mahler auch andere Male in seiner größenwahnsinnigen Ich-Erhöhung und Gefühlsberauschung mit seinen literarischen Vorbildern identifiziert. Mahler kannte seine Klassiker und wusste, dass außer Wagner, dessen Wesendonck-Affäre in den *Tristan* eingeflossen ist, auch Goethe, so jung wie er, sich nicht geniert hatte, dem Studienkollegen die Verlobte, die Sesenheimer Pfarrerstochter Friederike Brion, auszuspannen, dass weiters einer seiner Lieblingsautoren, der skurrile E.T.A. Hoffmann, sich als Musiklehrer an die viel ältere Schülerin, die verheiratete Dora Hatt, herangemacht hatte und sich in seiner Leidenschaft auch nicht durch ihre Kinder zurückhalten hatte lassen, dass schließlich auch Hölderlin als Hauslehrer beim Frankfurter Bankier Jakob Gontard mit dessen Gattin ein Liebesverhältnis eingegangen war. Keine Frage: Mahler befand sich in seiner Leipziger Zeit schöpferisch, beruflich und privat in einem Zustand explosiver Euphorie. Als er die *Erste Symphonie* vollendet hatte, schrieb er dem Freund Löhr: »Es ist so übermächtig geworden – wie es aus mir wie ein Brunnen herausfuhr! […] Wie mit einem Schlag sind alle Schleußen in mir geöffnet. Wie das gekommen ist, erzähle ich Dir vielleicht einmal.«[57]

Zu diesem Brief, den Mahler mit roter Tinte schrieb, vermerkte der Empfänger später, sein Freund habe sich damals »in einer nicht überbotenen Seelenbewegung« befunden, »deren Höchstes er in heiliger Verschwiegenheit bewahrt hat«,[58] wohl eine sehr rücksichtsvolle Art,

Mahlers verbotene Liebesaffäre und die aus ihr resultierende heftig pulsierende schöpferische Ader zu charakterisieren! In der Tat lässt die *Erste Symphonie,* die Mahler am Beginn noch »Tondichtung in Symphonieform« und »Symphonisches Gedicht« nannte und mit Untertiteln wie »Frühling und kein Ende«, »Aus den Tagen der Jugend«, »Mit vollen Segeln« und »Gestrandet« schmückte, die musikalischen Spuren eines seltsam verdinglichten expressiven Ungestüms erkennen. Der weit ausholende expressive Bogen des ersten und letzten Satzes, die Emphase des Aufschwungs im Scherzo, die tiefe Niedergeschlagenheit im *Totenmarsch in Callots Manier* und schließlich die gewiss nicht zufällige Reminiszenz der Liebeslieder für Johanna Richter – *Ging heut morgen übers Feld* und *Auf der Straße steht ein Lindenbaum* – sind deutliche »Wegtafeln« – wie Mahler sich autobiographisch ausdrückte –, die alle auf den stringenten Zusammenhang von Lieben, Leiden und Schaffen verweisen, ein Erleben, das bei Mahler schöpferisch immer mit Momenten der Krise zusammenhing.[59]

Als Mahler mit Ende der Saison 1887–1888 seine vorzeitige Entlassung erwirkte, stand er plötzlich ohne Vertrag da und für eine Weile ohne weitere berufliche Perspektive. Seinem Innsbrucker Freund, dem Klavierbegleiter und Musikpublizisten Max Steinitzer, klagte Mahler aus den Ferien in Iglau, dass es ihm schlecht gehe, dass er »eine starke Tätigkeit« brauche, um an der »Unordnung«, in der er sich befand, »nicht zugrunde zu gehen«.[60] Alma Mahler hat später Mahlers Angaben zur Leipziger Liebesaffäre in ihren »Erinnerungen« aufgegriffen und, von einigen irrigen Angaben abgesehen, bestätigt: »Mahler [...] verliebte sich in dessen viel ältere Frau, und es begann eine Zeit voller Qualen und Glück für beide [...]. Die anfänglich flüchtige Neigung der beiden war zu großer Flamme angefacht, und sie fassten den Entschluß zu fliehen. So tief die Liebe Mahlers zu dieser Frau war, so tief ging auch die Furcht vor dem letzten Schritt [...]. Daher war (wie er mir geschildert hat) seine Erleichterung groß, als der Zug abging und die Frau, die mit ihm fliehen wollte, nicht da war!«[61]

## Budapest – ein Intermezzo frei von Liebesaffären: »... dieses, wie vom bösen Dämon besessene Mahlersche Völkl ...« *(Natalie Bauer-Lechner)*

Betrachtet man den ersten Lebensabschnitt Mahlers, den man mit »Lehr- und Wanderjahre« überschreiben könnte, so kann man das Nebeneinander von Liebessang und Tatendrang, von erotischem Impuls und kreativem Überschwang nicht übersehen. Es scheint fast, als ginge bei Mahler eine Erregung nicht ohne die andere, als ließe es sich nicht schaffen, ohne zu lieben, und nicht lieben, ohne die Sublimierung des Erlebten und Erlittenen in Liedern und Symphonien zu gestalten. Die Leidenschaften, die Mahlers Werden bis zu diesem Zeitpunkt begleiteten, bestätigen diese parallele Seelendynamik. Josephine Poisl hatte ihm als Traumleinwand für die, die glücklose Liebe besingenden *Frühen Lieder* gedient; die *Lieder eines Fahrenden Gesellen* wären ohne die mysteriöse weibliche Sphinx Johanna Richter, die Mahler zu Liedern inspirierte, wohl auch nicht so entstanden, und auch die *Erste* wäre vermutlich ohne die an Mathilde Wesendonck und den *Tristan* gemahnende Konstellation um Marion von Weber nicht wie im Rausch vollendet worden.

Budapest, Mahlers nächste Station, bildete in dieser Hinsicht eine Ausnahme. Dafür sind vor allem familiäre Gründe ins Feld zu führen. Am 18. Februar 1889 starb Mahlers Vater in Iglau, im September darauf die erst sechsundzwanzigjährige Schwester Leopoldine, Mutter zweier kleiner Kinder, und noch im selben Jahr, am 11. Oktober, die viel geliebte Mutter. Mahler wurde mit einem Mal in die Rolle des verantwortlichen Familienoberhauptes gedrängt und übernahm in grenzenloser Selbstaufopferung die Verantwortung für die Seinen: für die Schwestern Justi und Emma, für den verwahrlosten Bruder Alois und für den begabten, aber haltlosen Otto, der in Wien Musik studierte und sich dort, nach gescheiterter Karriere, das Leben nahm. Zwar half die Familie seines Freundes Löhr in Wien tatkräftig aus und gewährte den vierzehnjährigen Geschwistern Emma und Otto weiterhin Quartier und Verpflegung, doch lastete auf Mahler, dem Ältesten, die alleinige finanzielle und persönliche Verantwortung für alle. In den von Justine aufbewahrten zahlreichen Briefen Mahlers an die Familienangehörigen entsteht ein Bild unendlicher Plackerei und Sorge. »Mit diesen 3en fertig zu werden, hätte es einer allgewaltigen väterlichen Autorität bedurft«, meinte Natalie Bauer-Lechner später über Mahlers Geschwister, »die vielleicht selbst nichts ausgerichtet hätte, einer pathologischen Unführbarkeit und Unfügsamkeit, ja Ausgebundenheit gegenüber, dieses, wie vom bösen Dämon besessenen Mahlerschen Völkls«.[62] Als nach Auflösung des Iglauer Haushalts die Älteste, Justine, für eine Zeit lang zu Mahler nach Budapest zog und ihm den Haushalt führte, war es für Mahler auch mit der Privatsphäre vorbei. Justine, die Mahler wie das Abbild seiner Mutter liebte und die er, um ihre schwache Konstitution zu schonen, »täglich die vier Stockwerke bis zu seiner Wohnung auf seinen Armen hinauftrug«,[63] wurde, auch für die Zeit, die sie mit Emma und Otto in Wien auf Mahlers Kosten verbrachte, für ihn zu einem zweiten Ich, das ihn beschützte, beäugte, versorgte. Mahler wusste mit Justi, wo er hingehörte, verspürte vorderhand also keinerlei Bedürfnis, sich durch Liebesaffären ein Surrogat an Wärme und Zugehörigkeitsgefühl zu beschaffen. Als dann auch Natalie Bauer-Lechner, eine Bekannte aus Akademiezeiten zu ihm stieß und zu seiner ständigen Begleiterin wurde, war ein weiblicher Schutzwall um ihn gelegt, der ihn für längere Zeit vor dem Eindringen erotischer Kometen abschirmte.

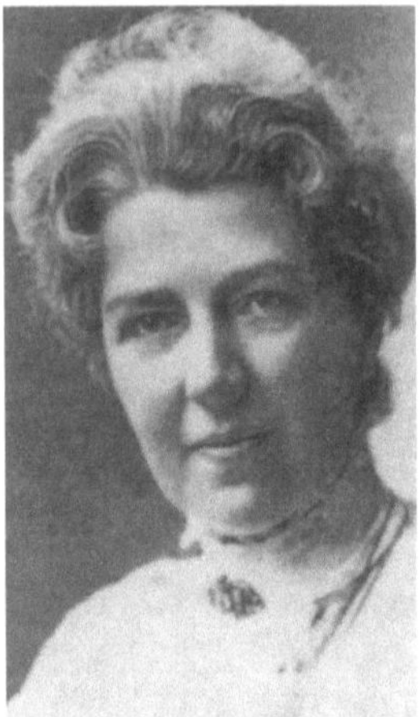

Natalie Bauer-Lechner

Zu Mahlers Enthaltsamkeit trugen in Budapest freilich auch äußere Umstände bei. Mahler war Ende September 1888 mit einem Traumvertrag von 10.000 Gulden Jahresgehalt und einer Laufzeit von 10 Jahren[64] nach Budapest gekommen und hatte sich mit der Absicht, die heruntergekommene Oper zu sanieren und das große Repertoire (vor allem den in Ungarn kaum gespielten Wagner) in der ungarischen Nationalsprache und mit ungarischen Sängern anzubieten, maßlos übernommen. Der Erfolg mit *Rheingold* und *Walküre* in ungarischer Sprache gab ihm zu Beginn zwar recht, doch währte dieser nicht lange, denn weder gelang ihm die dauerhafte finanzielle Stabilisierung der Oper, noch hatte er in der Stückewahl eine glückliche Hand. Als er Bizets *Perlenfischer* aufs Programm setzte und den zweiten Teil des Wagnerschen *Rings* zwar ankündigte, aber nicht spielte, murrte zuerst das Publikum, dann die Kritik und zum Schluss die Politik. Zwar konnte er immer wieder Erfolge einfahren, so mit seinem legendären *Don Giovanni* im Dezember 1890, als Johannes Brahms und Eugene D'Albert ihm begeistert zuklatschten, aber weder war die Uraufführung der *Ersten* erfolgreich, die er im November 1889 dirigierte und sich dabei von der Kritik sagen lassen musste, dass seriöse Dirigenten wie Richter, Bülow und Mottl nicht komponierten,[65] noch hatte er eine glückliche Hand in der Auswahl und Revision von Operntiteln. So wurde ihm die Streichung des gesamten fünften Aktes der sechsstündigen Meyerbeer-Oper *Die Hugenotten* vorgeworfen und deshalb mangelnde Kompetenz bescheinigt. Bereits in der zweiten Spielsaison verleidete es Mahler die Stellung so sehr, dass er ernsthaft an ein Weggehen dachte. Am meisten machten ihm die Unkenntnis des Magyarischen zu schaffen sowie der institutionelle Verzicht auf »deutschen Gesang«, der, ständig ins Ungarische übersetzt, nicht in seine Ohren wollte. Keine Frage, in Pest fühlte sich Mahler fremd und verstärkte dabei seinerseits bei den Ungarn das Gefühl, der nationalen Sache ihrer Oper nicht dienlich zu sein. Bald kamen auch chauvinistisch gefärbte antisemitische Vorurteile auf, Misstrauen gegen den böhmischen Fremden und Feindseligkeiten im musikalischen Ambiente. Nach Erkenntnissen von Herta und Kurt Blaukopf sann Mahler bereits im Frühjahr 1890 auf Veränderung und nahm zu diesem Zweck Verbindungen mit dem Hamburger Intendanten Bernhard Pollini auf, um die Möglichkeit eines Engagements in Hamburg zu sondieren.[66] Die Situation an der Budapester Oper eskalierte am 5. November 1890, als ihn die Pester Zeitung »Pesti Hirlap« mit dem Vorwurf, er habe entgegen den gemachten Versprechungen das künstlerische Niveau der Oper nicht gehoben, offen zum Rücktritt aufforderte.[67] Nun wusste

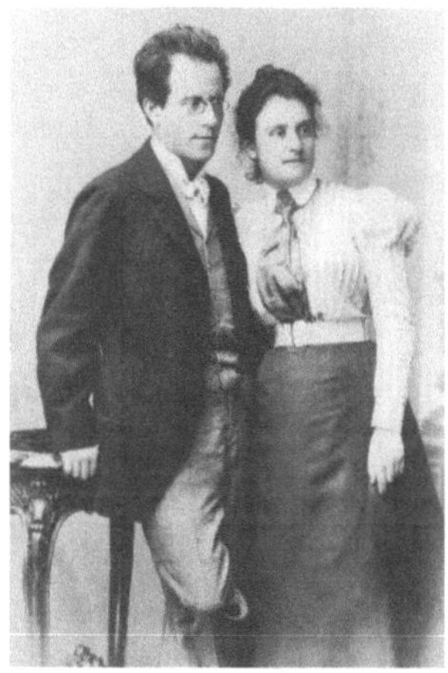

Gustav Mahler mit seiner Schwester Justine

Mahler, dass seine Zeit in Budapest um war. Zwei Tage darauf schrieb er an Hofrat Bernhard Pollini nach Hamburg und akzeptierte dessen Vertragsbedingungen zum »Eintritt in den Verband des [Hamburger] Institutes«.[68]

## Anna von Mildenburg – der Dämon Eros: »Denn du mußt wissen, dass wir Dichter den Weg der Schönheit nicht gehen können, ohne dass Eros sich zugesellt«

*(Thomas Mann, »Der Tod in Venedig«)*

»Der Eros ist ein großer Dämon, o Sokrates«, sagt Diotima in Platons *Symposion*. Thomas Mann legt in seinem *Tod in Venedig* Aschenbach, der Gustav Mahler nachgebildet ist, ein ähnliches Zitat aus dem *Phaidros* in den Mund: »Denn du mußt wissen, dass wir Dichter den Weg der Schönheit nicht gehen können, ohne dass Eros sich zugesellt [...] so sind wir wie Weiber, denn Leidenschaft ist unsere Erhebung, und unsere Sehnsucht muß Liebe bleiben.« Mahlers Eros hatte nach der Marion von Weber-Affäre in Leipzig sieben Jahre geruht. In diesen Jahren zwischen den zwei Jahren Budapest und den drei ersten Spielzeiten in Hamburg erfolgte Mahlers affektive Stabilisierung inmitten zweier ihn bedienender anhänglicher Frauen, der Lieblingsschwester Justi und der ständig beide begleitenden und ihn blind verehrenden Natalie Bauer-Lechner. Mahler kam in dieser Zeit auf den Geschmack des Reisens – 1890 unternahm er mit Justi eine ausgedehnte Italienreise und 1891 mit Rudolf und Heinrich Krzyzanowski eine Nordlandreise. 1892 lernte er in den Berchtesgadener Alpen, weit weg von Iglau, zum ersten Mal in seinem Leben Ferien zu machen. Er erlebte Natur und Freiheit und verspürte wieder den Drang zu komponieren: im Sommer 1892 in Berchtesgaden und 1893 bis 1895 in Steinbach am Attersee. Die bereits versiegt geglaubte Quelle seiner Kreativität begann nun wieder mächtig zu sprudeln. Mahler war zu dieser Zeit, als seine *Zweite* fertig wurde und die Arbeit an der *Dritten* wunderbar gedieh, in einem Zustand vollkommenen seelischen Gleichgewichts. Dank der getreuen Aufzeichnungen Natalies, vor allem während der ungetrübten Ferienmonate, lässt sich dieser Zustand an den zahlreichen enthusiastischen, schaffensfreudigen und frohgemuten Gesprächen Mahlers über Kunst und Leben nachvollziehen. Auch war Mahler am Stadttheater Hamburg von Anfang an äußerst erfolgreich: »Herr Mahler elektrisierte förmlich das Publikum«, schrieb am 1. April 1891 der »Hamburgische Correspondent« über seine Leitung des *Tannhäuser* und hob begeistert hervor, wie »Herr Mahler [...] nicht allein die Noten der Partitur, sondern, was noch mehr ist, auch den Geist des Kunstwerkes absolut beherrschte«.[69] Sein Ansehen, vor allem als Wagner-Dirigent wuchs und festigte sich so rasch, dass er auch mit ehrenvollen Aufgaben außerhalb des Hauses betraut wurde, z. B. mit der Leitung des Gastspiels der Hamburger Oper am Covent Garden London im Juni 1892 und der Übernahme der Hamburger Subskriptions-Konzerte des erkrankten Hans von Bülow. Aber auch Tschaikowsky, der 1892 nach einem Versuch, selbst den Dirigentenstab in die Hand zu nehmen, die Leitung seiner Oper *Eugen Onegin* an Mahler abgab, war von Mahler begeistert: »Der Kapellmeister hier ist nicht Mittelmaß, sondern ein vielseitiges Genie.«[70] Mahler war am Zenith seines Könnens angelangt und verfügte souverän über das klassische Repertoire. Diese Überlegenheit im Umgang mit der großen Oper ermöglichte es ihm, in kürzester Zeit die unterschiedlichsten Werke zu dirigieren. Wozu er da fähig war, zeigte er seinem ungarischen Gönner, dem Direktor der Budapester Akademie Ödön von Mihalovich:

> Es ist unglaublich, was ich hier zusammendirigiere. z. B. der Komik halber will ich Ihnen mein Repertoire der vorliegenden beiden Wochen schildern:
>
> Montag 16: Freund Fritz (Première)
> Dienstag (heute): Siegfried
> Mittwoch 18: Freund Fritz
> Freitag 20: Tristan und Isolde
> Sonntag 22: Freund Fritz
> Montag 23: Fidelio
> Dienstag 24: Zauberflöte
> Mittwoch 25: Lohengrin
> Donnerstag 26: Jolanthe (Oper von Tschaikowsky)
> Freitag 27: Walküre
> Samstag 28: Freund Fritz
> Montag 30: Bezähmte Widerspenstige (Oper von Götz)

Dienstag: Freund Fritz!
Also alles in allem nur 3 freie Abende […]![71]

Die Benefizkonzerte am Ende der Saison, mittels derer jeder Künstler den Grad seiner Akzeptanz testen konnte, endeten für den Kapellmeister Mahler stets triumphal: »Haus ausverkauft«, meldete Mahler am 18. April 1893 seiner Schwester, »Beifall pyramidal, […] 27 Kränze – darunter einen prachtvollen von Bülow mit der Inschrift: dem Pygmalion der Hamburger Oper, in aufrichtiger Bewunderung Hans von Bülow«.[72]

Dazu kamen die Symphoniekonzerte, die in der Saison 1894–1895 acht Abonnenten-Konzerte ausmachten, darunter auch eine denkwürdige Aufführung der *Neunten* von Beethoven. Mahler war in Hamburg so geschätzt und beliebt, dass man sein Bild in die Schaufenster stellte. Bruno Walter, der als junger Korrepetitor gerade in dieser Zeit nach Hamburg kam, war von der ersten Begegnung mit dem »hageren, kleinen, unruhigen Mann mit ungewöhnlich hoher, steiler Stirn, schwarzem, langem Haar, tiefblickenden Augen, hinter Brillengläsern und scharf geistigem Munde« stark beeindruckt.[73]

Freilich, als Komponist war Mahler nach wie vor erfolglos. Von Bülow, der ihm sonst wohlgesinnt war, war nicht bereit, seine als *Humoresken* betitelten Orchesterlieder wegen des »eigentümlichen Stils« auf die Hamburger symphonischen Programme zu setzen; der Verlag Schott lehnte es ebenfalls ab, diese zu drucken[74], und die revidierte fünfsätzige erste Symphonie *Titan*, der Mahler in Erwartung des allgemeinen Unverständnisses und der »starken Opposition der Presse« bei der Erstaufführung in Hamburg am 27. Oktober 1893 allerlei erklärende Untertitel beifügte, war zwar ein Publikumserfolg, aber gar keiner bei der maßgeblichen Kritik.[75] Keine Frage, die Ablehnung als Komponist war Mahlers Wunde, die ihm auf der Seele brannte und sein narzisstisches Ich aus dem Gleichgewicht warf.

In diesem zwischen unerschütterlichem Selbstvertrauen und verletztem Ehrgeiz sich ausbreitenden Konflikt meldete sich bei Mahler wieder der alte »Dämon«, der Eros, zurück, dieses Mal in Gestalt der 23-jährigen ausnehmend hochgewachsenen Sopranistin Anna von Mildenburg, Schülerin der Mahler wohl bekannten Wiener Sängerin und Pädagogin Rosa Papier-Paumgartner, der Mutter des späteren Präsidenten der Salzburger Festspiele, Bernhard Paumgartner. Die Affäre nahm Anfang September 1895 ihren Lauf. Mahler hatte gerade seine *Dritte* vollendet, befand sich also einerseits, nach der enormen schöpferischen Anstrengung des Sommers, in einer Phase postkreativer Erschlaffung und wurde andererseits bei der Wiederaufnahme seiner Tätigkeit am Theater von Intendant Pollini, nach dem Ausfall eines Kapellmeisters, bis an die Grenzen seiner Leistungsfähigkeit getrieben: »Ich dirigiere faktisch täglich«, klagte Mahler Anfang September seinem Hamburger Freund Arnold Berliner, »da man mir nicht einmal die leichten Opern [...] abnimmt. – Bin neugierig, wie lange ich das aushalten werde.«[76] Die erste Begegnung des gestressten Kapellmeisters mit der jüngst engagierten Anna von Mildenburg fand denn auch in einer äußerst angespannten Atmosphäre statt. Anna von Mildenburg schildert in ihren *Erinnerungen,* anlässlich ihrer ersten Probe mit einem Korrepetitor im Theater, das unangemeldete Auftauchen eines »kleinen Mannes in einem grauen Sommeranzug mit einem dunklen Filzhut und einem schlecht gerollten Regenschirm, negerhaft braun gebrannt«, der »aus graublauen, hellklaren Augen unlustig und unaufgelegt« blickte. »Also Mahler«, dachte sich die Neuangekommene, schloss die Augen, verkrampfte ihre Hände und legte sich verbissen singend ins Zeug. Bei der Stelle »Sieh, Brünhilde bittet« wurde ihr Gesang »zum Flehen, zum kindlich ängstlichen Werben um Geduld und Nachsicht, zum Hilfeschrei« ihrer »Armseligkeit«. Da erschreckte sie Mahler an der Tür durch ein heftiges Aufstampfen. »Sein Hut flog aufs Klavier, der Schirm ihm nach, der Korrepetitor wurde mit einem ›Danke, ich brauche Sie nicht mehr‹ vom Stuhle weggetaucht.«[77] Dann der typisch Mahlersche »Coup de théâtre«: Von der Spannung übermannt, verlor die Eingeschüchterte die Fassung und löste sich in Tränen auf: Da schrie er sie »fürchterlich an« und brach daraufhin, ohne Grund, in schallendes Lachen aus, »daß es ihn nur so schüttelte« – das »ungeheure Lachen über die ganze Welt«, wie Mahler selbst seine *Dritte* bezeichnete. Es war der Beginn der exzessivsten Liebesbegegnung Mahlers, die ihn wie einen Süchtigen anderthalb Jahre lang im Würgegriff der Leidenschaft hielt. Diese Passion und deren Fieberkurve sind durch die Veröffentlichung der Briefe Mahlers an Anna von Mildenburg genau belegt, allerdings nur einseitig, denn es fehlen die Briefe der Angebeteten, die entweder Mahler oder Alma nach ihrer Heirat vernichtet haben dürfte.[78]

Die Dynamik der Leidenschaft, die aus den Briefen ablesbar ist, entwickelte sich bei Mahler nach dem bekannten Muster eines ungestümen Stürmens und Drängens, in einer Weise also, dass der Angebeteten kaum Zeit und Raum für Erwiderung blieben: Mahler liebte wie immer impulsiv, entflammt und unbedingt, sie hingegen, eine Schütze-Frau mit Neigung zu Einzelgängertum und jeder unüberlegten Impulsivität abgeneigt, spielte die »Schwierige«, gab sich launisch und lamentierte ständig über allerlei Unpässlichkeiten und Probleme. Mahler führte sich am Beginn als der Rücksichtsvolle auf, bot Korrepetierdienste an, half mit Geld und tat alles, um den ersten ungünstigen Eindruck der Korrepetitor-Probe zu verwischen:

»Verehrtes Fräulein! Zu meiner Freude erfahre ich, daß Sie schon wieder wohlauf sind. – Wollten Sie heute Nachmittag gerne Ihre Partie mit mir durchnehmen, dann stehen [sic] Ihnen gerne zur Verfügung, und bitte Sie, mir durch den Überbringer dieses Briefes die Ihnen bequemste Zeit [zu] bestimmen. – Mir ist jede Zeit recht.«[79] Und weiter: »Es ist mir eine solche Herzensfreude, Ihnen zu helfen, wann ich, und wie ich nur kann. Lassen Sie mich nur *Alles* wissen, was Sie brauchen [...]. Jedenfalls lasse ich mir auch etwas von meiner Bank kommen, um es Ihnen zur Verfügung zu halten [...]. Die Hauptsache ist nur, daß Sie wieder *ruhig* werden.«[80] Die von Franz Willnauer erforschten und chronologisch gereihten Briefe lassen den Schluss zu, dass Anna von Mildenburg Mahlers Liebeswerben zunächst abwies: »Ihr Brief hat mich furchtbar aufgeregt! Gott, Anna, was kann ich thun! Habe ich Sie *verletzt* – oder was hat Sie so schrecklich gestimmt? [...] Anna, glauben Sie mir – ich denke nicht an *mich* – nur an Sie. Sagen Sie mir, Anna, was ich thun kann, um es Ihnen leichter zu machen! Sind es die Vorwürfe, die Sie sich machen? Anna, glauben Sie mir doch – kein Makel trifft Sie [...]. Jetzt sage ich es Ihnen offen – mache ich etwas durch, wovon ich selbst noch nicht geahnt habe, daß man es aushalten kann. – Die Liebe eines Menschen zu verlieren, von dem man sich geliebt glaubte [...]. *Keine Schuld* liegt auf Ihnen [...]. Man kann sich ja nicht zwingen, einen Menschen zu lieben [...] *ich* erleide eine gerechte Vergeltung! Anna!«[81] Die Abweisung erhöhte einerseits Mahlers Unsicherheit und Unruhe, verstärkte aber andererseits auch seine Liebesspannung. Als er einmal die Angebetete am Theatereingang sah, war er so erregt, dass er nicht fähig war, sie zu grüßen. Nun ergriff die Leidenschaft immer mehr Besitz von ihm, während sie ihm scheinbar die kalte Schulter zeigte. Das Eis schmolz erst nach den glänzenden Auftritten als Senta und Brunhilde, nach denen sie die Kritik für ihre »vollkommene Kunstleistung« und das »wohllautende Organ« lobte.[82] Möglicherweise waren diese Erfolge und die besondere Unterstützung, die ihr Mahler dabei hatte angedeihen lassen, der Grund für ihr Auftauen gegenüber seinem Liebeswerben. Nun durfte sie Mahler mit einem vertraulichen »Mein liebes Mildenburgle!« duzen, das sich Ende November bereits zu »Meine liebe Anna!« entwickelte: »Meine liebe Anna! Gestern war der erste Tag, seitdem Du mich lieb hast (Ja?), daß ich fern von Dir war […]. Ich bin in meinem ganzen Wesen so von Dir erfüllt, meine Liebe!, Liebe! Verstehst Du es nicht, daß ich so ernst, ja beinahe traurig werde, wenn ich Dich ansehe? Weißt Du es noch nicht, welch ein tiefer Schmerz mit der Seligkeit verbunden ist, sich ganz – ›mit Leib und Seele‹ – einem geliebten Menschen hinzugeben? – Mir ist es so geheimnisvoll und schwermuthsvoll, wie der Beginn eines neuen Lebens.«[83]

Die Beziehung litt aber schon bald an den Spannungen der verschieden gelagerten Interessen von Kapellmeister und Sängerin am Theater, wo die Vorliebe Mahlers für die junge Heroine in verdächtiger Weise auffiel. So musste Mahler seine Liebesbotschaften immer wieder in die Hände eines Boten legen und befürchten, dass diese Art Post aufflog. Und er hatte noch eine weitere Front, die ihm Sorgen bereitete, nämlich seine Ersatzfamilie, in der seine Schwestern, vor allem Justine, die ihm den Haushalt führte, sein Verhalten argwöhnisch beobachteten. Mehr als einmal stahl sich Mahler vom Nachtmahl fort, »um einen unbewachten Moment zu gewinnen« und der Geliebten für den nächsten Morgen einen Liebesgruß zukommen zu lassen.[84] Aus den Briefen lässt sich dieses Versteckspiel als ein nie enden wollender Hindernislauf ablesen, in dessen Verlauf allerlei Verdächtigungen und Eifersüchteleien Annas die Antwort waren, etwa, wenn Mahler das vertrauliche Tète à tète wegen eines dienstlichen Gesprächs unterbrechen musste[85] oder wenn seine treue Gefährtin aus Ferientagen, Natalie Bauer-Lechner, zu Besuch in Hamburg war. Der Eindruck, den man aus den wiederholten Fragen Mahlers an die Geliebte nach den Gründen ihrer Verstimmtheit und Beleidigung gewinnt, ist, dass Anna von Mildenburg launisch, reizbar und ein ausgesprochener Schmollmund war: »Meine liebste Anna! […] warum hast Du mir so geschrieben, wie Du geschrieben? Weil Du mich lieb hast – oder, weil Du mich *»sehr«* lieb hast? Daß ich mich auf meine gute Freundin Natalie freue, kann Dich doch nicht eifersüchtig machen, mein Kindskopf? Und auch nicht, daß ich gegen sie rücksichtsvoll und zartfühlend vorgehen möchte!«[86]

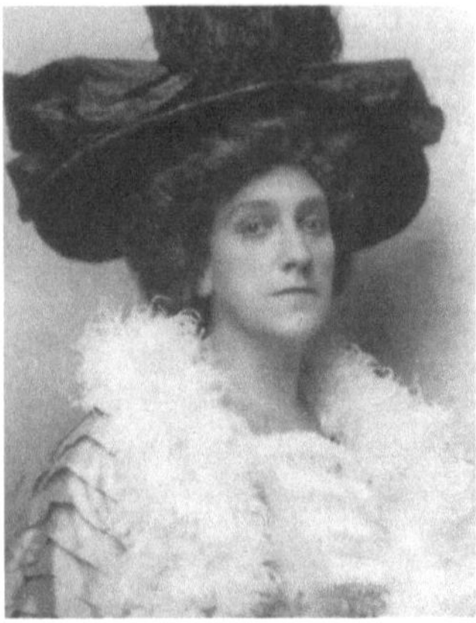

Anna von Mildenburg

Auf die Dauer ließ sich die Beziehung vor dem Theaterpersonal freilich nicht verbergen. Vor allem waren es ihre privaten Proben in »Zimmer 9«, die zu allerlei Spekulationen Anlass gaben und die Theaterleitung veranlassten, im Verweis auf beschädigte »Tapeten an den Wänden, Clavierauszüge und sogar Stühle«, »Soloproben am Nachmittag« in besagtem Zimmer Nr. 9 zu verbieten.[87] Das war wahrscheinlich der Grund, dass Anna von Mildenburg, offensichtlich in Sorge um ihre Karriere, nach einem ersten amourösen Einverständnis, zu Mahler bald wieder auf Distanz ging und ihm eine neutralere »Freundschaft« vorschlug. Mahler war zutiefst getroffen und sah eine Welt in sich zusammenstürzen: »Es hat mich furchtbar gepackt, Anna! O Gott! Verzeihe mir Alles, was ich thue! Das Ungethüm *Reue* hat mich in den Krallen – und wenn es einen Augenblick still hält, kommt das noch furchtbarere: Eifersucht. Verzeihe mir, was ich thue – und wie ich bin! O Gott! Was habe ich gethan? Nur Gott weiß es – ich konnte nicht anders! […]. Verzeihe mir, ich habe alle Haltung verloren! […] Damals in dem ›Wahn‹ dachte ich, es kann nicht mehr ärger kommen! – Aber der Gipfel war noch nicht erreicht! O Gott – ich kann Dir nicht »Freund« sein! Anna, mein Liebling, lebe wol! […] Lebewol, Anna! Lebewol! Alles, was Du brauchst, Anna, schreibe mir! […]. Und Anna! *Alles verzeihe* mir! Verzeih mir!« (ohne Unterschrift)«.[88]

Von Mahler ergriff wieder der ihm eigene Liebes- und Weltschmerz Besitz, das alte klagende Lied der Verlassenheit, das Gefühl des Ausgestoßenseins als »Fahrender Geselle«: »Anna! Was ich in diesen Tagen durchgemacht habe – [...] kann ich nicht sagen! Anna! Ich habe noch nie zu einem Menschen eine so reine und heilige Liebe gehegt – *Du liebst mich nicht!* Gott! Darüber hinauskommen werde ich nie! [...] Du fragst, ob es mir lieber ist, daß Du mir kühl entgegenkommst? Kannst Du mir noch kühler entgegenkommen, als Du schon gethan? Du willst mir Deine *Achtung* und *Vertrauen* schenken? Weißt Du nicht, daß sich diese Worte wie *glühende Messer* in mein Herz bohren? Ich muß Dir fern bleiben [...]. Es geht mir ans Leben [...] *o Gott* – warum hast Du *nur geheuchelt?* Warum hast Du mich blind gemacht? Warum hast Du *mit mir gespielt!* [...] Nicht bei *Tag* und nicht bei *Nacht* kann mein *Schmerz Linderung* finden! Ich bin in *einer Hölle,* aus der es *keine Erlösung* gibt [...]. Was Du auch thust – es ist ein glühendes Messer in mein Herz! [...] Vergiß, daß ich auf der Welt war! *Schreibe mir nicht mehr!* Lebewol! Lebewol! Mein Liebling!«[89]

Mahler war so zerstört, dass er vermutlich selbst nicht merkte, wie theatralisch seine wörtlich zitierten Verse aus den eigenen *Liedern eines Fahrenden Gesellen* – das »glühende Messer«, der Schmerz als »böser Gast bei Tag und bei Nacht« – wirken mussten. Von beiden war gewiss sie die Kühlere und Souveränere im Umgang mit den Gefühlen: Sie ließ ihn in seinem Flammenmeer brennen und er verlor die Fassung. Mahlers ozeanisch im Liebeswahn wogendes Ich ließ ihn zum ersten Mal erkennen, dass das Objekt seiner Begierde nicht zähmbar war, dass die Wagner-Heroine, die er selbst mit aufbauen half, wohl mehr an der eigenen Karriere interessiert war als an einem stürmischen Liebesverhältnis. Franz Willnauer verweist in seiner Interpretation des Verhältnisses auf Henry-Louis de La Granges Lesart, der den erwähnten Rückzug Annas als Strategie deutete, um Mahler fester an sie zu binden.[90] Dieses Kalkül könnte in der Tat aufgegangen sein, denn Mahler, weit entfernt von einem Abschied oder einer Entsagung, entbrannte nur noch heftiger im Gefühl zur Geliebten, obwohl diese sich nach wie vor zierte und mit Briefen sparte: »Meine liebste Anna! Schon den ganzen Tag freue ich mich auf die Stunde, da ich endlich mit Dir plaudern kann! Du! Du! Du! Du! Habe ich Dir gefehlt? [...] Den ganzen Tag heute schaute ich jeden Briefträger an – aber keiner brachte mir einen Brief mit den wohlbekannten Zügen – Und leider wußte ich sogar, daß keiner kommen wird! Du! Du! Du! Du!!! [...]

Tausendmal sei mir gegrüßt und – geküsst, wenn Du es nicht verlernt hast [...]. Wie immer Dein Gustav.«[91]

Mahler befand sich zur Zeit dieser Korrespondenz in Berlin, wo er am 16. März seine revidierte *Erste* dirigierte. Der Mangel an Post von seiner Angebeteten, Zeichen ihrer Kühle gegenüber seinem heißen Verlangen, machte ihn zunehmend nervös. So schrieb er am 12. März: »Wieder kein Brief! [...] Wenn Du eine Ahnung hättest, *wie* ich *darunter leide* [...].« Als dann endlich ein Brief ankam, steckte er voller Andeutungen über Unpässlichkeiten und Probleme: »Sag doch, sag doch Lieb! Was für Sorgen hast Du? Geh, sprich Dich aus!«[92] Zurück in Hamburg, wuchs sein Liebeswerben durch ihre Laune und Distanziertheit ins Maßlose: »Mein Liebling! [...] Ich erwarte Dich sicher nach dem *Bettelstudenten* bei der *Post* an dem gewöhnlichen Platze. Ich kann doch so nicht schlafen gehen! Ich weiß nicht, was in mich hineingefahren ist – aber ich bin so verlangend nach Dir und Deinem *Ja,* als ob mein Leben und meine Liebe davon abhienge. Siehst Du, laß mich auch einmal ›verrückt sein!‹ Ich bitte Dich, meine liebe, geliebte Anna! Gewähre mir! Oder kannst Du wirklich *nein* sagen? Kannst Du das? Soll ich wie ein Junge wieder antreten und mich schämen? Anna! Lieb, sag Ja! Um meinet – und Vieles willen. Mein *süßes,* liebes Mädel. Auf Wiedersehen! Bei der Post! Schicke mir eine Zeile durch den *Überbringer:* aber *lieb!* Ob Du kommst. Dein Gustav.«[93]

Mahlers Minnesang gebärdete sich immer direkter. Am 19. Mai 1896 dichtete er für seine Angebetete folgendes Gedicht mit unmissverständlichen erotischen Anspielungen:

»[...] Mein Lieb, nicht wahr, Du wirst verzeih'n?
Das schnelle Wort, das Dich gekränkt, vergessen?
Könnt'st du nur meine Reu' und Scham ermessen,
Lieb, diesmal sagtest sicher du nicht: »Nein!«
Vom »Schelm von Bergen« kennst Du ja die Mär'!?
Die Königin verlor an ihn die Ehr'; –
Der König macht' gleich eine Tugend aus der Noth;
Schlug lieber schnell zum Ritter ihn – statt todt![94]

Die bald darauf folgenden Ferien in Steinbach am Attersee, wo Mahler wie gewohnt mit seinen Schwestern und der treuen Gefährtin Natalie Bauer-Lechner die Sommermonate verbrachte und an seiner *Dritten* arbeitete, standen bereits im Zeichen einer erotischen Antiklimax. Mahlers Eros wurde in der Idylle des Salzkammerguts von der musikalischen Imagination unerhörter dynamischer Steigerungsstufen eingeholt, abgelenkt und sublimiert: Das vormals ausschließlich auf die Geliebte gerichtete Begehren verlor dabei seine Vehemenz und Triebspannung. Die Briefe, die Mahler der Mildenburg zahlreich in die Ferien nach Malborghet im Kanaltal nachschickte, lassen eine allmähliche Beruhigung des amour fou erkennen. Diese Ferienbriefe beginnen meistens mit »Mein liebes theures Annerl« oder »Liebes Herz« und enden mit lieben Grüßen an die Eltern und Geschwister. Das atemlose Bitten und Flehen des Liebenden verwandelte sich unter dem Druck der Hervorbringung symphonischer Sätze in die Sorge um das seelische und stimmliche Wohlbefinden der Angebeteten: Der Eros mutierte in »Caritas« und erschlaffte schließlich zur »Agape«. Zwar entfachten Annas Schweigen und ihre wortkargen Telegramme immer noch Mahlers Argwohn, trieben ihn auch zu freud- und leidvollem Überschwang, doch das »Hangen und Bangen in schwebender Pein«, das war vorbei. Auch wurden Mahler im Verlaufe des Attersee-Sommers 1896 allmählich die Fesseln bewusst, die ihm durch seine Passion auferlegt waren. So schrieb er Mitte Juni an Anna: «Hier bin ich dran, mich in meine Arbeit einzuspinnen – Leider gelingt es mir nur schlecht, meine Spinnfäden reißen immer ab, und meine Gedanken schweifen in die Ferne! […] Wenn ich daran denke, daß ich nach und nach ein solcher Pantoffelheld geworden bin, und daß mich ein Fratz an einem (zwar sehr lieben) Gängelbande regiert, wie ein Kätzchen, so lob ich beinahe die äußeren Umstände, welche mich zwingen, wieder ein bisschen Freiheit zu athmen, und ein wenig meinen eigenen Kopf aufzusetzen.«[95]

Diese mit Humor verfassten Zeilen sind ein Indiz, dass der verliebte Mahler peu à peu zu Bewusstsein kam und dass er in der Beziehung nicht mehr der Unterlegene war wie noch das halbe Jahr zuvor. Zum Fokus der Briefe Mahlers wurde nun einerseits das eigene Werk, über das er ausführlich berichtete, und andererseits die Karriere der Freundin als Sängerin, um die er sich intensiv kümmerte. Von einer gemeinsamen Zukunft, etwa in Dresden, wo Mahler am 3. Juni Station gemacht hatte und Anna ein Leben zu zweit »an einem so schönen Ort« vor Augen geführt hatte, war nun nicht mehr die Rede. Im Gegenteil, am

21. Juni erwog Mahler ganz offen seinen Abschied von Hamburg und die Annahme eines »vortheilhaftesten« Antrags aus Boston mit 40.000 Mark Jahresgehalt.[96] Auch war der Gedanke, die Freundin via Südbahn zu besuchen und den Besuch von Freunden in Toblach zum Vorwand gegenüber seinen Frauen zu nehmen, nur eine vorübergehende Sommerlaune, die Mahler aus Kostengründen bald wieder fallen ließ.[97]

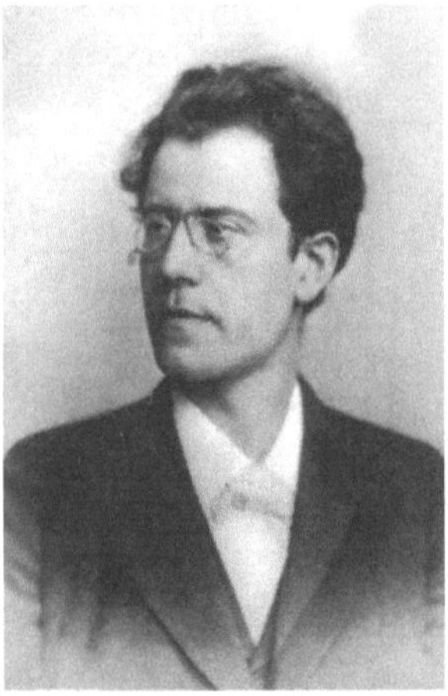

Mahler um 1896

Die Geliebte muss die Zeichen der Interessenverlagerung im Gefühlsleben des Geliebten wohl gespürt haben, denn Mahler sah sich immer häufiger veranlasst, den Vorwurf von sich zu weisen, er denke nur ans Komponieren: »Also, Lieb, Anna, um dieses großen Werks willen [...]. Es sind furchtbare Geburtswehen, die der Schöpfer eines solchen Werkes erleidet, und bevor sich alles in seinem Kopfe ordnet, aufbaut und ausbraust, muß viel Zerstreutheit, Insichversunkensein, für die Außenwelt Abgestorbensein vorhergehen.«[98] Andererseits klagte Anna ständig über Fußprobleme und »Gewichtzunahme« und fiel Mahler durch das ständige Lamentieren und die »schlechte Laune« auf die Nerven.[99] Wie argwöhnisch und nörglerisch Anna inzwischen geworden war, lässt ein Brief Mahlers an die Geliebte vom 16. August 1896 erahnen: »Was ist denn das nur, wovon Du immer sprichst, was Du bei mir bemerken willst? Worin habe ich mich denn verändert? [...] Und um die Zukunft habe ich und hast Du selbst doch seit jeher die größten Sorgen!«[100]

Die Beziehung kühlte nach den Ferien noch weiter ab. Für die drei Herbstmonate liegen von Mahlers Seite keine intimen Briefe vor. Franz Willnauer führt diese Entfremdung auf zwei Umstände zurück: Zum einen weilte in Hamburg im Herbst 1896 für vier Monate Mahlers Vertraute Natalie Bauer-Lechner, und wohnte zum Missfallen der Geliebten bei den Mahlers in der Bismarckstraße, zum anderen dachte Mahler immer entschiedener an eine berufliche Veränderung, mit Wien als möglichem Ziel.[101] Das beweisen die zahlreichen Empfehlungen von

Mahlers Freunden an die Adresse der Wiener Verantwortlichen[102] sowie der zu diesem Zweck von Mahler vollzogene Übertritt zum katholischen Glauben am 23. Februar 1897 in Hamburgs Michaeliskirche. Die weiteren Briefe Mahlers an Anna nahmen deshalb im Laufe des Winters und Frühjahrs immer mehr einen kameradschaftlichen und fürsorglichen Ton an. Dazu gehört vor allem der Brief vom 8. März 1897, in dem Mahler von Berlin aus der Mildenburg für die Einladung nach Bayreuth gratulierte, für die er sich selbst mit einem Brief an Cosima Wagner stark gemacht hatte: »Du gottbegnadetes Mädel! Du unter Millionen Auserwähltes!«[103]

Anfang April war Mahler in Wien, wo er mit dem Generalintendanten der Oper Bezecny einen Vorvertrag für ein Jahr Kapellmeisterdienst am Wiener Hofoperntheater unterschrieb. Dieses Wiener Engagement ließ nun in Bezug auf die Kündigung in Hamburg keinen Aufschub zu: Am 24. April 1897 verabschiedete sich Mahler mit einem Abschieds-Benefizkonzert von seinem norddeutschen Publikum: Anna sang unter der Stabführung seines Jugendfreundes Rudolf Krzyzanowsky die Leonore im *Fidelio*, jene Rolle, die sie zehn Jahre später auch im letzten Konzert Mahlers an der Wiener Hofoper – dann unter ganz anderen Vorzeichen – wiederum zu dessen Abschied singen würde. Offensichtlich brachte es Mahler nicht über sich, am Abend seines Abschieds-Benefiz-Konzertes seiner Geliebten Adieu zu sagen. Stattdessen schrieb er tags darauf, vor Besteigen des Zuges nach Wien, folgenden Brief an sie: »Meine geliebte, theure Anna! Es zerreißt mir das Herz, ich kann von Dir nicht Abschied nehmen! Ich weiß, es ist auch in Deinem Sinn! Wenn Du diese Zeilen liest, bin ich auf dem Wege nach Wien [...] unsere Trennung in der nächsten Zeit, die wir über uns ergehen lassen müssen, soll nur eine *leibliche* sein! Das Band, das wir geknüpft haben, soll nie zerreißen! Ich bin Dein, mein Lieb, und bleibe Dir treu!«[104]

Nun war Mahler zurück in der Stadt seines Studiums, im Kreise der Freunde und ging voller Enthusiasmus an die neue Arbeit; er absolvierte erfolgreich seine Probezeit als Dirigent mehrerer Wagner-Opern, ließ sich ein schweres Halsleiden kurieren und fuhr dann, wie gewohnt in die Sommerferien, wo sein ganzes Denken auf die Entwicklungen an der Wiener Hofoper und die möglichen Auswirkungen auf seine

Karriere konzentriert war. Im Sommer, den Mahler dieses Mal zwischen Kitzbühel, Steinach am Brenner, Ridnaun und Vahrn in Südtirol verbrachte, fiel der Vorhang zum letzten Akt seiner großen Passion zu Anna von Mildenburg. Auslöser waren zwei Briefe von Annas Lehrerin, Rosa Papier, einer mit der Warnung an Mahler, das Verhältnis mit der Mildenburg in seiner neuen Stellung fortzuführen, und ein zweiter mit der Nachricht, daß Anna von Mildenburg ein Engagement nach Wien erhalten werde.[105] Die letztere Nachricht löste nicht nur bei Mahler, sondern auch bei seinen Ferien-Begleiterinnen Panik aus. Dies geht aus einem Brief von Mahlers ständiger Begleiterin Natalie Bauer-Lechner an Rosa Papier, datiert »24. Juni 1897«, hervor, mit dem diese die Gefahren eines Zusammenseins Mahler-Mildenburg in Wien aufs schwärzeste darstellte:

> Ihre Mitteilung von dem bevorstehenden Antrage an die Mildenburg ist in unser friedliches Tirolerleben gestern Abend wie eine Bombe hereingeplatzt: Sie stellen sich nicht vor, welch furchtbare Wirkung, nicht nur auf uns Frauenzimmer, sondern fast mehr noch auf Mahler selbst sie geübt hat […]. Ihre lieben, bestgemeinten Rathschläge & Aufklärungen über die Mildenburg an Gustav […] vermögen und werden doch nicht ein Härchen an der Art seiner Beziehung zu ihr, oder besser gesagt, ihrer maßlosen Gewalt über ihn und seiner widerstandslosen, nie zu besiegenden Schwäche gegen sie, ändern. Darin liegt und lag ja von jeher die Gefahr, daß er klar sehend und wissend, in ihrer Gegenwart sich doch immer von dem Netz rettungslos umgarnen ließ, so zwar, daß keine Mensch […] und vor allem er selbst mit der Anwendung aller Kraft, nicht dagegen aufkommt […]. So ist das ärgste Unglück, das Gustav betreffen kann, wenn die Mildenburg nach Wien kommt (– und glauben Sie, Theure, nicht, daß ich mich da übertrieben ausdrücke: Sie müssten nur einen Tag in Hamburg miterlebt haben, um unsere schlimmsten Befürchtungen zu begreifen – …). Darum, wenn sich noch etwas machen läßt, seien Sie beschworen, dieses Unheil, das uns allen droht, gütig abzuwenden![106]

Natalie Bauer-Lechner, deren Herz im Stillen für Mahler schlug und die deshalb begreifliche Aversionen gegen die Mildenburg hegte, wusste nicht, dass sich Mahler von sich aus zum Entschluss durchgerungen hatte, das Verhältnis mit Anna zu beenden. Am 24. Juli schrieb er folgenden Entweder-Oder-Brief an sie: »Ich frage Dich nun, liebste Anna! Fühlst Du die Kraft in Dir, mit mir in Wien engagiert zu sein, und – wenigstens im ersten Jahr – einen persönlichen Verkehr und jede Begünstigung von meiner Seite zu entsagen? [...] Beinahe glaube ich, daß wir uns dadurch einer *unerträglichen* Prüfung stellen würden. Und in dem Falle, daß Du derselben Meinung bist, bitte ich Dich, den Antrag einfach abzulehnen, und einen anderen von *Berlin,* der auch bald erfolgen wird, anzunehmen.«[107] Doch Anna von Mildenburg entschied sich, nicht anders als Mahler, für das Wiener Engagement. Sie musste lange schon bemerkt haben, daß ihre – wie Natalie Bauer-Lechner es ausdrückte – »maßlose Gewalt« über Mahler im Schwinden war und dass sie dafür nur ein erfolgreicher Karriereschritt an der ersten Oper der Monarchie kompensieren konnte.

Der eigentliche Schlüssel zum Verständnis der Beziehung Mahler-Mildenburg liegt jedoch in einem Brief der Lehrerin Rosa Papier an ihre Schülerin, in dem sie am 24. September 1897, in Kenntnis intimer Details zwischen den Liebenden, die Affäre Mahler-Mildenburg mit dem Realitätssinn einer wissenden Frau unromantisch aufklärte und die berechnenden Motive ihrer Schülerin durchschaute:

> Eben war Mahler da; es ist ja eine ausgemachte Sache, daß Sie im Dezember hier mit unterlegtem Contracte gastiren [...]. Ich beschwöre Sie – seien Sie vernünftig und reden Sie nicht davon, daß Mahler Sie compromittirte, Sie sind doch Schuld daran, wenn er bis in die Nacht hinein bei Ihnen blieb und Sie haben die Sache so affichirt, wie immer bei solchen Gelegenheiten – wenn man nun den Muth hat, so etwas zu thun, muß man auch die Consequenzen davon tragen. Was ist denn auch für ein Unglück geschehen? Er hat Sie ja nicht entehrt – Gott sei Dank. Denn wenn Ihr Euch heirathen (gestrichen: müsstet) würdet, wäre das der größte Blödsinn, ein furchtbares Malheur, eine Trottelei, ein Wahnsinn! Da eine Ehe ausgeschloßen ist, was hätten also die Fortsetzungen Eurer Beziehung für einen Sinn? [...] verliebt waren Sie ja ohnehin nie in den Mahler – und ihn nur deshalb an Sie zu fesseln, weil Sie einen Halt brauchen – das wäre doch ein furchtbarer Egoismus. Sehen Sie denn nicht, wie der Arme an den Folgen seiner Eselei leidet und sehen Sie denn nicht, wie er geschwächt ist, wie alle Männer? [...] Darum sollen Sie gescheidt sein und sich die Sache nicht verpatzen [...] schreiben Sie Mahler keine dummen Briefe, von compromittiren, werfen Sie ihm nicht Gunstbezeugungen vor und denken Sie daran, was Ihnen der Mann genützt hat [...] lassen Sie ihn daher zum Dank dafür in Ruhe, gerade deßwegen, weil er Sie wirklich gerne hat [...]. Die Schwestern kann er

> nicht im Stich lassen – auch ist – wie ich glaube – Jemand da, der ältere Rechte an ihm hat – als Sie.[108]

Der »Jemand«, der laut Rosa Papier mehr Rechte an Mahler hatte als die Mildenburg, war Natalie Bauer-Lechner, die Mahler entsagend und unauffällig liebte und sich Hoffnungen auf eine spätere Heirat machte. Für Mahler freilich war Natalie eine Geschichte, die niemals an seine unbewussten Saiten der Leidenschaft rührte. Deshalb kommt sie in der Galerie von Mahlers Herzensköniginnen nicht vor. Als einer, der sich nur von schönen Sphinxen oder singenden Sirenen die Fesseln der Liebe anlegen ließ und einen Hang zur Femme fatale hatte, liebte es Mahler offensichtlich nicht, sanft und still geliebt zu werden. Für ihn war Liebe eine Metapher für »Winterstürme und Wonnemond«, für »Frühlings Erwachen«, ein starkes subjektives Gefühl, das zur weiteren Verarbeitung im Werk bestimmt war. Liebe war für Mahler also weniger ein Akt der Umarmung als eine auf das eigene Selbst bezogene Leidenschaft, eine Form exaltierter Selbstwahrnehmung im permanenten Sturm und Drang. Das große Missverständnis aller seiner Liebschaften war jedoch das Fehlen eines auf Gegenseitigkeit beruhenden Verhältnisses: Mahler liebte monoman und stieß deshalb wenig auf Gegenliebe. So heiß sein Inneres auch brannte, so rasch erloschen die Flammen seiner Leidenschaft auch wieder. In allen Verhältnissen fällt diese Ungleichzeitigkeit der Gefühle gegenüber den Angebeteten auf: noch ehe diese Mahlers Gefühle erwiderten, war seine Erregung wieder vorbei und Herz und Kopf beim Werk, das seine ganze Zuwendung erfuhr.

Vermutlich erkannte der weibliche Instinkt diese egozentrische Seelendisposition Mahlers und traf Vorsichtsmaßnahmen, sich vom großen Licht des Liebenden nicht blenden zu lassen. Dass Anna von Mildenburg gegenüber ihrer Lehrerin freimütig bekannte, dass sie in Mahler ja nie verliebt gewesen sei, – so wie auch Alma später bekennen würde, dass es bei ihr nach der Verlobung mit der Liebe zu Mahler vorbei war – beweist, wie einsam und unerwidert im Grunde Mahlers »Frauenlieben« waren.

## Rita Michalek und Selma Kurz, zwei zum Verlieben schöne Stimmen: »Nur der Liebende sieht! …« *(Gustav Mahler)*

Setzt man Mahlers Affären in Beziehung zu den Etappen seiner Karriere, so fällt eine gewisse Gleichzeitigkeit und Übereinstimmung mit dem Draufgängertum auf, mit dem der Sendungsbewusste seine beruflichen Ziele verfolgte. Am 9. September 1899 hatte er es in einer Urabstimmung geschafft, den großen alten Mann der Wiener Musikszene, den Wagner-Freund und Uraufführungs-Dirigenten zahlreicher Wagner-Opern, Hans Richter, von der Spitze der Philharmoniker zu verdrängen. Ende November gelang ihm ein umjubelte *Meistersinger*-Premiere, die ihn enorm motivierte, in der Folge den Philharmonikern das »Herunterspühlen« der Beethoven-Symphonien abzugewöhnen.

Zu Mahlers Neueinstellungen bei seinem Dienstantritt gehörte auch die Wiener Sopranistin Rita Michalek. Ihr vertraute Mahler wichtige Rollen des Koloraturfachs an, zum Ärger anderer Mitglieder des Ensembles, etwa der langjährig führenden Koloratursängerin Ellen Forster. [109] Im Ensemble führte dies zu Missgunst und allerlei Klatsch: Die Michalek, munkelte man bald, war nicht nur Mahlers Favoritin, sondern auch dessen Geliebte. Das Gerücht wurde noch durch den auffällig zutraulichen Umgang des Direktors mit der Sängerin bei den Proben verstärkt, worüber unter anderen der Wagner-Tenor Erik Schmedes einige Details verbreitete, etwa dass Mahler sich in deren Gegenwart wie toll verliebt aufführte, der Michalek immer wieder in die Wangen kneifte und sie wiederholt küsste. [110] Das Naheverhältnis zur Michalek wurde jedoch bald schon von einer noch viel helleren und weicheren Stimme überstrahlt, nämlich jener der Koloratursängerin Selma Kurz. Am 14. Januar 1900 dirigierte Mahler im Fünften Philharmonischen Konzert zwischen Schumann und Berlioz fünf eigene Lieder, *Ging heut morgen übers Feld*, *Die zwei blauen Augen*, *Das irdische Leben*, *Wo die schönen Trompeten blasen* und *Wer hat dies Liedlein erdacht*. Als Sängerin war Rita Michalek vorgesehen, die jedoch erkrankte und kurzfristig ersetzt werden musste. Mahler bat daraufhin die junge Selma Kurz, die Lieder zu singen, die den Auftrag so ernst nahm, dass sie diese in kürzester Zeit auswendig lernte. Mahler, der sich bei den Proben nicht als Komponist zu erkennen gab, war über diese Leistung so sehr überrascht, [111] dass er von nun an die

Sängerin in sein Herz schloss. Die Affäre begann mit allerlei künstlerischen Ratschlägen, steigerte sich durch Aufmerksamkeiten für Stimme, Auftritte und Kostüme und gipfelte in Bemühungen um ein Treffen unter vier Augen. Privat scheinen sich Mahler und die junge Sängerin Anfang April 1900 in Venedig näher gekommen zu sein, wo Mahler in Begleitung von Natalie Bauer-Lechner und seiner Schwester Justine die Sängerin traf, die ihrerseits mit einer gewissen Frau Dr. Baum unterwegs war. Unmittelbar nach seiner Rückkehr sandte er folgendes Billett an Selma Kurz: «Liebstes! Ich muß wissen, wie es Dir gegangen ist, ob das Coupé reserviert war, wie Du gefahren, geschlafen hast und wie es Dir geht. – Ich zehre noch immer an Allem und mir ist sehr bang nach Dir! Sehe ich Dich heute Abend einen Moment? Viele, herzliche Dein G.«

Selma Kurz, lyrischer und Koloratur-Sopran, war vierzehn Jahre jünger als Mahler. Sie stammte, wie Mahler, aus der ärmeren Peripherie des Habsburgerreiches, nämlich aus der Kleinstadt Bielitz in Galizien. Auch für sie war das jüdische Ambiente im Umkreis der Synagoge prägend. Dort wurde ihre Stimme entdeckt. Nach Studien bei der berühmten Pariser Gesangspädagogin Mathilde Marchesi de Castrone debütierte sie am Hamburger Opernhaus als *Mignon* in A. Thomas' gleichnamiger Oper. 1896 wechselte sie an das Opernhaus Frankfurt a. Main, von wo sie Mahler 1899 an die Wiener Hofoper verpflichtete. Ihre Glanzrollen waren neben Mozart – vor allem die Fiordiligi in *Così fan tutte* – die Titelrolle in Puccinis *Madame Butterfly*, 1907, und die Zerbinetta in der Uraufführung der Neufassung von Strauss' *Ariadne auf Naxos*, 1916. Sie blieb bis 1929 der Wiener Oper verbunden. In Erinnerung blieben vor allem ihre lang angehaltenen Triller, wie einige seltene Aufnahmen der »Gramophine Concert Records« von 1905 – heute in der Österreichischen Mediathek Wien zu hören – dokumentieren. Der Ton von Mahlers Briefen an Selma Kurz nahm rasch an Zutrauen und Leidenschaftlichkeit zu: »Gestern hast Du mich tief erfreut. Ich zähle schon die Stunden bis Samstag Abend. Tausend herzliche Grüße und Küsse, mein liebes, liebes Kindchen von Deinem G.«

Mahler lud in seinem Ungestüm die Angebetene immer öfter zu einem Tète à Tète in sein Büro, ließ sie bei Besuchen im anliegenden Klaviersalon warten und hielt sie so zu fortwährenden Heimlichkeiten an. Die äußeren Umstände waren deshalb für eine dauerhafte Beziehung äußerst ungünstig, denn Mahler war der Operndirektor und Selma Kurz ein Mitglied des Ensembles, eine Konfliktsituation, die viel schwieriger war als jene in Hamburg mit Anna von Mildenburg, wo Mahler selbst nur Mitglied des Ensembles gewesen war. Wie die Tochter von Selma Kurz, Dési Halban, berichtet, war ihre Mutter durch dieses erzwungene Heimlichtun so sehr verunsichert, dass sie Mahlers stürmische Avancen zurückwies. Mahler schien das zunächst einzusehen, als er ihr schrieb: »Meine liebe Selma! Wie mich Dein Brief aufgeregt hat, wirst Du Dir selbst denken können [...]. Es ist das rasch eingetreten, was unter gleichen Umständen immer eintreten muß und was ich auch vorhergesagt habe: Wir sind in Zwiespalt geraten durch die unnatürliche Zurückhaltung, die wir uns in Gegenwart Anderer – ja oft wenn wir allein, aber nicht sicher sind, gestört zu werden – auferlegen müssen [...]. Meine liebe Selma, glaube mir – *ich liebe Dich!* Aber ich fühle, daß Du in Vielem recht gesehen hast [...]. Ich muß Dich sprechen, aber wann. Ich komme morgen Vormittag zu Dir in Deine Wohnung? Ja?«

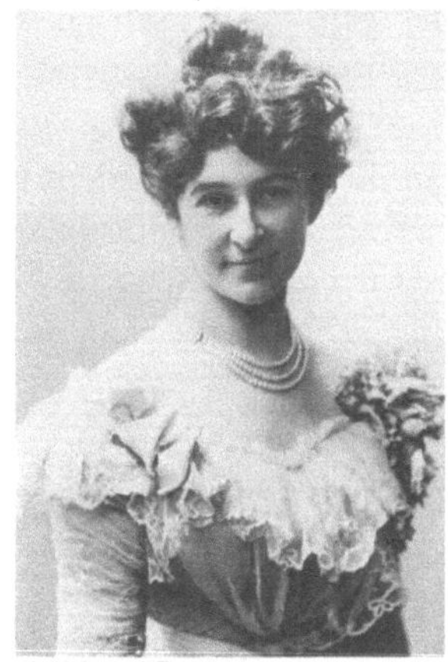
Selma Kurz, Sopran

Doch Mahler war außerstande, sich der Vernunfteinsicht zu unterwerfen, er beschwor in langen Briefen Selma: »Selma! Um Himmelswillen, das *darf* nicht so weitergehen! Glaube an meine, und daß sie etwas *Einziges* in meinem Leben ist und *bleiben* wird! Bedenke es nur immer, daß wir am Anfang eines langen Weges sind, den wir frisch und unermüdet gehen wollen. Wir müssen uns gegenseitig helfen. Wir sind beide *Stimmungsmenschen* [...]. Leben wir zusammen weiter, und *lieben* wir uns unbekümmert! [...] prüfe nicht, lebe und *liebe!* Nur der Liebende sieht! Bitte, meine geliebte Selma, schreibe mir *ein Wort,* wie es Dir geht, ob Du mich liebst, und ob Du mir *vertraust!* [...] Ewig Dein G.«

Mahler bat um eine dringende Antwort, die ein Dienstmann überbringen sollte. Niemand kann sagen, wie die Antwort Selmas ausfiel, ihre Tochter meint jedoch, dass ihre Mutter die Rolle als heimliche Geliebte des Hofoperndirektors nicht länger spielen wollte, zumal eine

Heirat zwischen einem Ensemble-Mitglied und dem Direktor ohne Aufgabe der Karriere nicht möglich war und sie das Versteckspiel als heimliche Flamme des Hofoperndirektors nicht mehr länger mitmachen wollte.[112]

Mahler benahm sich auch in dieser Affäre wie immer: stürmisch und unbesonnen. Er konnte den Eros, dem er mit derselben Vehemenz beim Komponieren die Zügel schießen ließ, im Zustand der Verliebtheit nicht kontrollieren. Die triebhafte Impulsivität im Schaffen war eins mit der Aufwallung seiner Leidenschaft, die ihn in Jahresabständen überkam. Es wäre aber einseitig, Mahlers Liebesstreben als ordinären Eroberungstrieb anzusehen, dazu war sein ganzes Wesen allzu sehr von moralischen Überlegungen durchdrungen. Mahler glaubte an die Entelechie, an die ethische Bestimmung des Menschen, an die Wiederkehr, an die Engel. Vor allem war er von Goethes Idealisierung des Liebesgefühls als einer die gesamte Natur und das Universum durchwebende Kraft durchdrungen.

# IV. Alma Schindler, eine Frauengestalt des Fin de Siècle.

**Der großbürgerliche Wiener Salon:** »... da gab es eine baronisierte Gemütlichkeit, Frauen, die in Bildung schwammen, musikalisch empfindende Gelehrte ...«
*(Robert Hirschfeld)*

Das Fin de Siècle war als Zeitgefühl eine nicht eingestandene Enttäuschung der Hoffnungen, die der gründerzeitliche Optimismus in den fortschrittlich denkenden Kräften der Gesellschaft geweckt hatte: Fin de Siècle als kulturpessimistische Strömung also, die das Interesse an der Welt in morbide Selbstwahrnehmung verkehrte, dem Naturalismus das Scheitern bescheinigte und den Sieg des »Stils« über den puren Akt verkündete. Eine Zeitströmung, die Energie sozusagen von den Muskeln auf die sensibleren Nerven verlagerte, einzig und allein um den Wahrnehmungsapparat, fern von jeder Nützlichkeit, in Erregung zu halten. Ludwig Klages hat in seiner *Seelenlehre eines Künstlers*, die 1898 in den *Blättern für die Kunst* erschien, diese neue Weltanschauung des erregten Menschen mit folgenden Worten charakterisiert: «vermöge gewaltiger vorstellungskraft gelingt es ihm, erregt zu werden durch den gaukeltanz der dinge, die seine phantasie mit willkürlich erdichtetem gehalt belebt. In diesem bezirk erträumter sensationen ist er zugleich kämpfer triumphator und zuschauer.«

Diese neue Strömung undefinierbarer »Sensationen« hat vor allem den Begriff der »Nervosität« gesellschaftsfähig gemacht und ihn mit Verfeinerung, Ästhetisierung, Sinnlichkeit und Jugend gleichgesetzt. Es ist gewiss auch kein Zufall, dass Sigmund Freud just in dieser von Nervenkitzeln und Synästhesien geschüttelten Zeit dem Eros und den Träumen psychoanalytisch auf den Grund ging. Bevorzugtes Objekt der alles traumhaft umgebenden und erotisierenden Strömung war die Frau, oder wie Ernst Stöhr eines seiner Bilder nannte: »Das Weib«. Im Jugendstil erschien dieses sinnliche »Fin de Siècle-Weib« in mannigfaltiger Gestalt: in Wien in den teils impressionistischen, teils byzantinisch-hieratischen Frauenbildnissen Gustav Klimts, in München als »Zierleiste« Adolf Höfers oder als schöne Figur des Gesellschaftsmalers Leo Putz, in der Darmstädter Künstlerkolonie, bei Hans Christiansen und Ludwig von Hofmann, als schlanke Nackte, in Berlin als Kuss-Objekt, etwa in den Frauengesichtern von Peter Behrens, in dessen Atelier auch der junge Walter Gropius arbeitete. Allen Frauenbildnissen dieser Variante des Fin de Siècle ist Décadènce ins Gesicht geschrieben, sei es dass sie müde und morbide blicken, sei es, dass sie durch Schmuck und Posen ihre sinnliche Ausstrahlung betonen. Bei minder begabten Secessions-Künstlern vermochte die Stilisierung freilich den unterschwelligen Hang zum Vulgären nicht zu verbergen, etwa wenn der Wiener Maler und Musiker Ernst Stöhr, Mitbegründer der Wiener Secession, 1899 in der Zeitschrift *Ver Sacrum* zu eigenen Gedichten eine Nackte zeichnete, die einen rücklings am Boden liegenden Mann reitet und diese mit »Vampir« beschriftete.

Bevorzugte Bühne für diese Welle der erotisierenden Verfeinerung war in den Großstädten der Salon, der Ort narzisstischer Selbstinszenierung par excellence. Dort stiegen förmlich die Frauenbildnisse aus den Rahmen der gemalten Bilder und gaben das Objekt für die kollektive Begierde her. In diesen Salons entstanden keine romantischen Liebesaffären mehr, wie noch ein halbes Jahrhundert zuvor, ebenso wenig bahnten sich Eifersuchts-Duelle an noch spielten sich Liebestragödien ab. An die Stelle großer Seelendramen trat das Gefühlsgefälle der kleinen Amouren und die Aufsplitterung der Leidenschaft in viele kleine Flirts. »Halbes, heimliches Empfinden, Agonien, Episoden«, heißt es zur Charakterisierung dieses Lebensgefühls im Prolog zu Schnitzlers *Anatol*, den der junge Hugo von Hofmannsthal dichtete. Für eine »Halbnatur«[1] hielt sich auch die junge Alma Schindler, deren Naturell sich am besten im spätbürgerlichen Salon entfaltete und darstellte.

Die Institution des literarisch-musikalischen Wiener Salons, der ein Jahrhundert lang Philanthropen, Literaten, Musiker, Künstler anzog, war am Ende der Gründerzeit endgültig in Auflösung begriffen. Waren noch zu Beethovens Zeiten in den Salons der Sonnleitners, Lichnowskys und Waldsteins »Akademien« abgehalten worden, in denen beispielsweise Beethoven am Klavier improvisierte und den Salondamen – Therese Brunswick, Eleonore von Breuning, Gräfin Julie Guicciardi, Babette von Keglevich – Sonaten widmete, so diente der Wiener Salon am Ende des gleichen Jahrhunderts den zahlreichen Wirtschaftskapitänen, Neureichen und Parvenüs der Zerstreuung und Kurzweil. Vorbei die Zeiten, als in den Bankiers-Palais die kunstsinnigen Damen des Hauses, etwa Fanny Arnstein und ihre Tochter Henriette von Pereira, Beethoven, Mendelssohn, Liszt, Grillparzer, Stifter und Brentano zu sich luden und schöngeistige Konversation betrieben. Zwar gab es in Wien bis Ende der achtziger und Anfang der Neunzigerjahre noch einige exklusive Adressen, etwa jene der Schwestern Gomperz aus Brünn, von denen die eine, Josephine Gomperz, Frau des Prokuristen des Bankhauses Rothschild, von Wertheimstein, in die Singerstraße Nr. 7 und in die Döblinger Villa einlud, und die andere, Sophie Gomperz, Gemahlin des Barons Eduard von Todesco, im prachtvollen von Theophil Hansen erbauten Palais Todesco in der Kärntner Straße Nr. 51 einen bekannten Salon führte. In den Palais dieser feinsinnigen, weit über die Grenzen Wiens hinaus bekannten Salonièren verkehrten zu den Glanzzeiten der Wiener Salonkultur neben Dichtern und Denkern keine Geringeren als Franz Liszt mit Schwiegersohn Hans von Bülow, der Kritikerpapst Eduard Hanslick und der Philosoph Franz von Brentano, die Maler Moritz von Schwind und Franz Lenbach. Diese Salonièren waren nach alter Wiener Mäzenaten-Tradition auch noch Förderer für Literaten und Musiker und fungierten als Animatorinnen denkwürdiger Premieren. Als das Palais Todesco 1864 eröffnet wurde, musste dieses vom Jahrhundertvirtuosen Carl Tausig musikalisch eingeweiht werden und auch später ließen die klavierliebenden Gomperz-Schwestern dem kleinen Ferruccio Busoni für dessen Wunderkind-Karriere tatkräftige Hilfe angedeihen. Die literarisch-künstlerische Konversation, das edle Gespräch und der musikalische Vortrag verflachten jedoch im Laufe der Gründerzeit, was die sensibleren Geister allmählich auf Distanz gehen ließ. Ein literarischer Stammgast im Salon Wertheimstein, Eduard von Bauernfeld, genannt das »böse Maul«, hatte schon früh den Verfall der Wiener Salonkultur mit Sprüchen, wie »s' ist ein geselliges Worterauschen, / Kein Gefühls- und Ideen-Tauschen« vorausgesagt. Der konservative Wiener Musikkritiker Robert Hirschfeld charakterisierte diesen dekadenten literarisch-musikalischen Wiener Salon folgendermaßen:

> Da wurden die Hausherren der Bankmaterie von geistvollen, ästhetisch angefachten Gattinnen beherrscht; da gab es eine edle baronisierte Gemüthlichkeit, Frauen, die in Bildung schwammen, musikalisch empfindende Gelehrte, wohlgepflegte Volksvertreter, Künstler der schönen Form; Kunst und Wissenschaft wurde auf dem Theebrett serviert, auch soziale Fragen leicht mit der silbernen Zuckerzange aufgegriffen; aber über ein zart organisirtes, durch Geist und Takt geadeltes Ichthum kam die Gesellschaft der schönen Rede nicht hinaus. Da empfingen Künstler, Politiker den leicht egoistischen Einschlag der in Verehrung Anderer sich selbst verehrenden Weiblichkeit, den Sinn für angewienerte Farbe.[2]

Als Mahler an die Hofoper kam, hatten drei weitere Salons eine gewisse Bedeutung: der erste, in dem die Diplomatenfrau Pauline Metternich Gräfin Sándor im Palais Metternich-Sándor mit der hohen Aristokratie verkehrte, ein weiterer, in dem die kunstsinnige Berta Zuckerkandl, Tochter des Verlegers Moritz Szeps, in ihrer Döblinger Villa vor allem Künstler zu sich lud, unter ihnen den Walzerkönig Johann Strauß jun. und den Schriftsteller Arthur Schnitzler, sowie der Salon von Hugo und Ida Conrat. In Letzterem war Johannes Brahms, der dem Großkaufmann Hugo Conrat und dessen ungarischem Kindermädchen Fräulein Witzl die Übertragung der

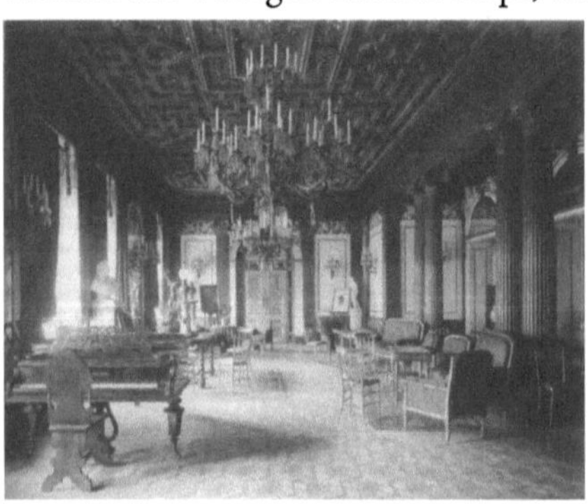

Wien, Salon Todesco um 1900

ungarischen Texte der *Zigeunerlieder* ins Deutsche verdankte, häufiger Gast. Die junge Alma Schindler verkehrte in beiden letztgenannten Salons. In jenem der Berta Zuckerkandl lernte sie am 7. November 1901 Gustav Mahler kennen.[3]

## Die junge Alma Schindler in der Rolle einer Salon-Favoritin:

**»Manche träumen, manche lachen, ... manche sprechen sehr galante Dinge ...«**

*(Arthur Schnitzler: »Anatol«)*

Wenn man den fulminanten Auftakt der Beziehung Gustav Mahler – Alma Schindler im Salon Zuckerkandl auf seine Beziehungsdramaturgie hin untersucht, dann muss man unwillkürlich an die erste Szene des ersten Aktes der Oper *La Traviata* denken, in der ein impulsiver Tenor, Alfred Germont, Violetta Valéry eine so leidenschaftliche Liebeserklärung macht, dass er mit einem Mal die zahlreichen Freier, die Violettas Salon belagern, als Liebesrivalen ausschaltet. Der Verweis auf die Geschichte der *Kameliendame*, jener Alphonsine Plessis, der Alexander Dumas d. J. in *La Dame aux Camélias* Mitte des 19. Jahrhunderts ein literarisches Denkmal gesetzt und nach deren Geschichte Verdi seine *Traviata* gestaltet hat, ist insofern stichhaltig, als Alma Schindlers Charakterstruktur, ihre sentimentale Reifung im Zeichen der späten Gründerzeit und ihre Allgegenwart in den großbürgerlichen Wiener Salons der Jahrhundertwende die Wesenszüge einer Großstadt-Favoritin trägt. Einer Salon-Favoritin freilich, die weitgehend das Produkt der großbürgerlichen Verflachung und Trivialisierung war. In dieser von Geld und Geltung beherrschten Endzeit, in der die Kunst zum Kommerz, die Liebe zum Laster und der Dekor zur Dekadenz degenerierte, in der die charmante Mademoiselle zum »süßen Mädel« mutierte und das künstlerisch Floreale zum Flirt verkam, wurde diesem neuen Klischee von Weiblichkeit der Zauber der Romantik entzogen. Im Grunde ist das Bild jenes, das der männliche, von der Verdinglichung gelenkte Eros jener Zeit von ihr zeichnete, etwa jene erotisierte Darstellung der *Judith und Holofernes* von Gustav Klimt, in der man Almas sinnliche Statur und Gesichtszüge zu erkennen glaubt.

Die bürgerliche Favoritin des ausgehenden neunzehnten Jahrhunderts, die andernorts »Belle de jour« genannt wurde, unterschied sich von der Pariser Lebedame dadurch, dass sie nicht käuflich war, dass sie sich auch nicht bis zur letzten Liebeskonsequenz verausgabte, sondern sich im rasch drehenden Karussell der Freier amüsierte und selbst die Fäden des Flirts in Händen hielt. In Dumas' Roman trägt sie eine rasch welkende Kamelie im Haar, Symbol für die Kurzlebigkeit ihrer Affären. Anders als die klassische Kurtisane, die in der Zeit des Absolutismus Könige und Kaiser unterhielt und von deren Gunst abhing, war sie bereits voll emanzipiert: Sie war nicht mehr zu Diensten, sondern sie ließ dienen und genoss die Verdrehung der Köpfe, die sie bewirkte. Als gründerzeitliche Figur betrachtete sie mit Nietzsche die »Kunst als die große Ermöglicherin des Lebens« und gestaltete ihr Dasein wie einen Walzertraum. Ihr Lebensmotto war: Wichtig ist, was du tust, aber noch wichtiger ist, wovon du träumst. Dazu bildete sie sich in Literatur, Kunst und Musik. Die bevorzugten Orte ihres Auftritts waren der Salon, die Bälle, die Oper. Sie lebte in einem permanenten »Frühlingserwachen«: »O frischer Duft, o neuer Klang, / Nun muß sich alles, alles wenden.« Wo immer sie auftauchte, lenkte sie die Konversation auf sich und bestimmte, mit wem sie augenblicklich flirtete: Das freilich setzte voraus, dass das Feld der Verehrer groß genug war. Anwärter auf ihr Herz mussten gutaussehend, feinfühlig, von gehobener sozialer Stellung, wohlhabend und kunstliebend sein. Indirekt konkurrierte sie mit anderen Schönen und prüfte ständig, wer von allen »die Schönste im ganzen Lande« sei. Die Genugtuung, die sie als die »Herrlichste von allen« genoss, war ihr wichtiger als Eros und Sexus. Die erotische Anziehung, der sie sich ständig durch Causerie und Neckerei aussetzte, war nur eine Metapher der Macht, die sie über eine vollkommen maskulin dominierte Gesellschaft ausübte. Schön war sie vor allem, weil sie sich schonte. Ihr Beruf war der Müßiggang, die Unabhängigkeit vom Leistungsprinzip und die Kunst, alles ein wenig und im Grunde nichts zu können; damit spielte sie metaphorisch auf das Laster an, womit sie die Phantasie ihrer von spezialisierter Arbeit und Unternehmertum abgemühten Freier entzündete. Diese Art Herzensdame liebte nicht, sie verlangte geliebt zu werden. Und wenn sie sich schon für den einen oder anderen entflammte, dann nur so lange, bis das Herz des Auserwählten in Brand geriet, danach ließ sie ihn im so entfachten Gefühl schmoren und konzentrierte sich auf den nächsten.

### Alma und die »Freier«: »Erst sprachen wir über Böcklin, Stuck, Segantini, dann über Musik.« *(Alma Schindler)*

Auf die junge Alma Schindler, das »schönste Mädchen Wiens«, treffen alle diese Attribute bis ins Detail zu. Wenn man ihre Jugend-Tagebücher von 1898 bis 1902, also von ihrem 19. bis zu ihrem 23. Lebensjahr, liest, dann entsteht ein ganz anderes Bild als jenes, das die gestandene Alma Mahler-Werfel später in den *Erinnerungen an Gustav Mahler* und in ihrer *Autobiographie* von sich zeichnete. Das Fräulein Alma war von ausnehmend schöner Gestalt, verstand sich auf Causerie und Konversation und bildete sich eine Menge darauf ein, Tochter des »bedeutendsten Landschaftsmalers der österreichischen Monarchie«, Emil Jakob Schindler zu sein, jenes Schindler, der selbst einem erlesenen Geschlecht von Schriftstellern, fortschrittlichen Parlamentariern und ausschweifenden Lebenskünstlern entstammte, der beim Malerfürsten Hans Makart gelernt hatte und dessen Sinn für gründerzeitliche Grandezza und rauschende Feste abgeschaut hatte, der ein Schloss besaß und sich dort gräflich eingerichtet hatte.[4] Mit diesem Eigendünkel und dem ererbten Prinzessinnen-Komplex betrat Alma die Bühne der Wiener Großbourgeoisie am Ende des 19. Jahrhunderts. Almas bevorzugtes Revier waren die Paradeabende und Hausbälle der »Stützen der Wiener Gesellschaft«, namentlich der Großgeschäftsleute Hugo und Ida Conrat, der Lanners, Besitzer einer Weberei in Südmähren, der jüdischen Bankiersfamilie Ziehrer, des Maschinenfabrikanten Hardy, des Elektro-Industriellen Paul Altmann, des Großindustriellen Max Friedmann, des Konservenherstellers Bernhard Wetzler, des mährischen Zuckerfabrikanten Dr. Friedrich Victor Spitzer, des Brauerei-Eigentümers Kuffner

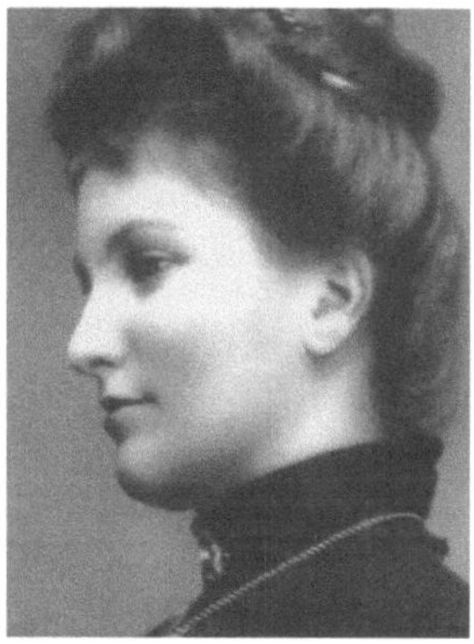

Alma Schindler

sowie hoher und höchster Ministerialbeamter, wie des Direktors im k. u. k. Eisenbahn-Ministerium, Dr. Arnold Krasny, des Familienvertrauten Dr. Theobald Pollack sowie des Hofzeremonielldirektors von Kaiser Franz Joseph, Dr. Wilhelm Nepalleck mit Gemahlin. In diesen Kreisen verkehrten auch zahlreiche Intellektuelle der Zeit, allen voran die Gründer der Sezession, die Maler Gustav Klimt und Koloman Moser, die Architekten Josef Franz M. Hoffmann, Lieblingsschüler von Otto Wagner, und Josef Maria Olbrich, ebenfalls Architekt im Büro Otto Wagner, Mitgestalter der Wiener Stadtbahn und Mitzeichner des Ausstellungsgebäudes der Sezession. Auch Literaten und Musiker waren zugegen: am häufigsten Max Burckhard, Direktor des Burgtheaters a. D., der in den Neunzigerjahren mit Ibsen-Aufführungen das konservative Publikum gehörig vor den Kopf stieß, manchmal auch der Pamphletist Karl Kraus, der Volksschauspieler Kainz, der Heldentenor Erik Schmedes, der Komponist Alexander von Zemlinsky, der Klaviervirtuose Moritz Rosenthal. Die große Schar ihrer Freier kam ebenfalls aus diesen Kreisen: Grafen und Magnaten, Unternehmer und Architekten, Bänker und Hochstapler. Die Tagebucheintragungen erfolgten täglich und waren der Spiegel, in dem sich ein eingebildetes Ich selbstgefällig besah:

»Sonntag 6. III. 1898: Letzter Jugendjour bei Hardys [...]. Mein Tischnachbar war der junge Graf. Ein sehr lieber Kerl! Neben dem saß der junge Defregger (ein Sohn des Malers Defregger), ein äußerst sympathischer, gescheidter Mensch! [...] Erst sprachen wir über Böcklin, Stuck, Segantini, dann über Musik, und da der junge Defregger ein arrangierter Wagnerianer ist, so sprachen wir dann bald über Tristan etc. – das Feld meiner Liebe, Leidenschaft und Hingebung. Nach Tisch dann waren die Productionen & und dann wurde getanzt – bis ½ 2 Uhr [...]«.

»Freitag 26. I. 1900 [...]. Abends Ball bei Wetzlar. Ich hatte ein famoses gelbes Seidenkleid mit Spitzen darüber an, und gefiel. Meine Tischnachbaren waren Alfred Zierer und Oberleutnant Comployer. An unserem Tisch saßen ferner Gretl Hellmann mit ihrem Herrn Konopa, der sich aber kaum um sie kümmerte [...]. Er war sehr fesch. Ich war sehr lustig. Konopa rief ein übers andere Mal: Herrlich, herrlich, wenn ich eine Dummheit gesagt hatte. Beim Aufstoßen sagte er: Liebes

Fräulein, ich bin froh, daß ich Sie kennen gelernt habe. Er gefällt mit sehr, hat Augen, die Kunst in sich haben. Alfred Z. gestand mir, daß er mich voriges Jahr geliebt habe, sich glücklicher Weise aber ›derfangt‹ hat, wie der Wiener sagt. Freut mich. Altmann und Kuffner, meine Hof- und Leibtänzer waren auch da [...]. Ich tanzte rasend, bekam die herrlichsten Blumen, machte Dummheiten – und bereue diesen Abend nun aufs herzlichste [...].«

Die Konversation drehte sich bei dieser Art Lebedame fast ausschließlich um das Schöne. Obwohl nur »kindergescheit und mit dem Lückengehirn« einer Halbgebildeten begabt, lenkte Alma Schindler die Konversation auf Themen, die sie kannte und die ihren weltanschaulichen Horizont ausmachten: Goethes *Faust*, in den sie ihr Vater schon als kleines Mädchen eingeführt hatte, Dehmel, Bierbaum, Rilke, Liliencron, deren Gedichte sie fünfzehnjährig für ihre Kinderbücher eingetauscht hatte, und vor allem Nietzsches Schriften, mit deren Lektüre sie Max Burckhard zur »wilden Nietzscheanerin« gemacht hatte.[5] Dazu kam die Bibel des antisemitischen Pangermanismus, *Die Grundlagen des neunzehnten Jahrhunderts* von Houston Steward Chamberlain, von dem sie schreibt: »Es gefällt mir ungemein.«[6] In der Autobiographie definierte sie ihr Kunstcredo, in Abwandlung des bekannten Wagner-Spruches, »Ich glaube an Gott, Mozart und Beethoven«, mit: »Ich glaube an Wagner, Goethe und Böcklin«.[7] Sie spielte fingerfertig Klavier, identifizierte ihr »Seelenleben« mit dem Des-Dur-Nocturne von Chopin, trug in den Salons von Zeit zu Zeit die Liszt-Paraphrase *Elsas Traum* und das Raff-Stück *La fileuse* vor, langweilte sich aber in Klavierkonzerten und vermerkte nach dem Besuch eines Klavierabends des Wiener Virtuosen Emil von Sauer, der Sgambatis *g-moll-Konzert*, Webers *Konzertstück* und Chopins *e-moll-Konzert* spielte, dass sie von den gespielten Werken kein einziges kannte und dass sie »nun einmal gegen Klavierkonzerte« im Allgemeinen sei.[8] Dennoch ging sie unentwegt am Klavier ihren Wagner durch: *Tristan*, *Walküre*, *Siegfried*, *Götterdämmerung*. Nach einer *Siegfried*-Aufführung, die sie zu einem wahren »Paroxysmus« stimulierte, vermerkte sie im Tagebuch: »Es ist die markanteste, germanischste Musik [...]. Kein Jude kann jemals Wagner verstehn.«[9] Wenn sie nicht in den Salons verkehrte, spielte sie nächtelang *Walküre* und schwärmte dann im Tagebuch: »Diese Leidenschaft, diese echte Liebeswuth!«[10] Vom *Tristan*, den sie als »die Oper aller Opern« bezeichnete, berührte sie vor allem das »fortwährende Anschwellen und Nachlassen, diese wahnsinnige Leidenschaft und dieses maßlose Sehnen«.[11] Ihre Musikmystik mutierte beim *Tristan* in baren Erotismus. Als ihr der private Kompositionslehrer, der acht Jahre ältere Alexander Zemlinsky, am Klavier aus dem *Tristan* vorspielte, zitterten ihr so sehr die Knie, dass sie dem Spieler »in die Arme fiel«.[12] Von Gustav Mahler und Richard Strauss hielt sie gar nichts. Über Mahlers *Erste* urteilte sie im November 1900: »Eine Stilmischung sondergleichen – und ein ohrenbetäubender, nervenzerrüttender Lärm.«[13] Und nach einem symphonischen Konzert mit Richard Strauss' *Till Eulenspiegels lustige Streiche* Anfang 1901 vermerkte sie: »Richard Strauss ist ein geniales Schwein [...]. Unlogische und unnöthige Mißtöne und Hässlichkeit übergießen das Ganze.«[14] Sie nahm privaten Kompositionsunterricht beim blinden Organisten Josef Labor, der auch Schönbergs Klavierlehrer war, und komponierte »für ein Frauenzimmer nicht schlecht«, wie ihr Kompositionslehrer es ausdrückte, Sonatensätze, ein Klavierstück mit dem Titel *Vom Küssen* und zahlreiche Lieder, die in ihren Texten ihr verdinglichtes Poesieverständnis wiedergaben. Der nächste Kompositionslehrer Alexander von Zemlinsky bescheinigte ihr mangelndes Können und brachte sie zur Einsicht, dass, wie sie am 21. Dezember 1898 im Tagebuch vermerkte, »aus Frauenzimmern ja nie etwas werden« könne, da sie »viel zu wenig geistige Tiefe, ein zu kleines Herz und ein noch kleineres Gehirn« hätten.

Ganz anders war ihr Selbstbewusstsein in Liebessachen. Auf diesem Gebiet war sie es, die frei und frivol alle Fäden in Händen hielt und die Anwärter wie die Puppen tanzen ließ. Die Freier umschwirrten sie »wie die Mücken die Lampe«. Sie fühlte sich »so recht als Königin, war unnahbar und stolz, sprach mit jedem 3 kühle Worte«. Sie flirrte und flirtete, machte einige zum Gegenstand ihres Spotts oder ihrer Begierde und verweigerte sich ihnen dennoch, nicht aus Moral – denn sie bekannte, keine zu besitzen –, sondern um ihren Wert als Begehrte nicht zu vermindern und das Liebesspiel ewig fortzusetzen. »Genieße den Augenblick!«, schrieb sie am 25. Juli 1899 ins Tagebuch und fügte die Frage an: »Wohin mit meiner rasenden Leidenschaft?« Ihre Weltanschauung in Sachen Liebe war nicht von Gesellschaftskonventionen geprägt, sondern von der Herrenmoral Nietzsches. Am 3. Januar 1900 vertraute sie dem Tagebuch folgendes Nietzsche-Zitat an: »Die Liebe zu einem ist eine Barbarei. Denn sie wird auf Unkosten aller übrigen ausgeübt [...]. Auch das Concubinat ist corrumpiert worden: durch die Ehe.« Sie kommentierte den Satz folgendermaßen: »Das finde ich meisterhaft. Was aus Liebe gethan wird, geschieht immer jenseits von Gut und Böse.«

Unter den zahlreichen Freiern, die sie in den »Tagebuch-Suiten« teils nur nach deren Erscheinung, teils mit Vornamen, teils mit Nachnamen festhielt, waren ein nicht näher bezeichneter Herr Walter, Rudi Horwitz, Theo Schumacher, Ernst Zieher, Alfred Ziehrer, Ernst Lanner, ein nicht näher benannter Herr Mayreder, ein Klavier spielender Oberstetter, der Secessions-Architekt Josef Maria Olbrich, ein gewisser Herr Muhr, der Wagnertenor Erik Schmedes, ein gewisser Herr Krasny, ein Herr Luksch und sogar ein jüdischer Onkel namens Hermann Rieser.

## Almas Affären: »Ich habe eine gewaltige Sehnsucht nach Liebe – im weitesten Sinne ...« *(Alma Schindler)*

Die wichtigsten Affären betrafen jedoch Gustav Klimt, Max Burckhard und Alexander von Zemlinsky. Bei einer Abendgesellschaft am 14. Februar 1899 wurde sie von Gustav Klimt gefragt, ob ihr noch nie die Idee gekommen sei, »ihn in seinem Atelier zu besuchen – alleine«. Dazu vermerkte sie: »Mir gieng ein Schauer über den ganzen Körper [...]. Er bat mich, ihm ein Lied zu widmen, und ich sagte: Alle gehören sie Ihnen.« Zwei Monate später reiste ihr Klimt auf einer Italienreise nach und drängte sie nach heißen Küssen »ganz ineinander zu gehen«, was allerdings durch das Einschreiten von Stiefvater Carl Moll vereitelt wurde.[15] Doch die Liebe zu Klimt hinderte die amourös außer Rand und Band Geratene nicht, auf derselben Italienreise während der Papstmesse »in der Menge einen jungen deutschen Geistlichen« zu becircen, der ihr so gut gefiehl, »daß es fast nach Liebe« aussah. Zum ersten Mal notierte sie zu ihrem ungebunden frei vagierenden Eros: »Mein Gott, wenn ich so die Reihe Rudi Horwitz, Theo Schumacher, Ernst Zieher, Klimt (!!) und jetzt diesen Unrau sehe, so graut mir vor mir selbst.«[16]

Nachdem ihr einer der Freier, Alfred Zierer, im Garten »der Reihe nach alle Fingerspitzen« geküsst hatte, bekannte sie: »Ich habe eine gewaltige Sehnsucht nach Liebe – im weitesten Sinne.«[17] Gustav Klimt beherrscht über weite Strecken das intime Tagebuch: »Meine Seele jauchzt ihm entgegen, jede Fiber meines Herzens begehrt nach ihm. Alle meine Sinne schmachten nach ihm, wie nach einem Heiland, einem Erlöser [...]. Träfe ich ihn heute – ich stünde für nichts [...]. Freiheit – das ists, nach dem ich schmachte [...]. Ich pfeif auf die Moral [...]. Ganz freie Geister, Übermenschen, ihr lebt noch nicht.«[18]

Nicht selten verliebte sie sich in der Oper. So vermerkte sie am 23. März 1900: »Mit Hellmanns im Siegfried gewesen. Ich bin halt wahnsinnig. Diese verzehrende Leidenschaft. Und dann Schmedes! Er war so gut. Wenn ich ihn jetzt da hätte, wäre ich zu allem fähig – Ich bin halt verrückt. Diese Musik ist sinnverwirrend. Und der Siegfried war es auch. Er sah mich.« Und später: »Schmedes, [...] ich weiß nun, daß es mich mit unglaublicher Wuth zu ihm hindrängt. Zwar ist von Liebe keine Spur dabei [...], es ist nur Sinnenlust [...]. Mit meinen ganzen Sinnen sehne ich mich nach ihm.«[19]

Der Cantus firmus des Panerotismus zieht sich durch alle ihre Eintragungen, ein Erotismus, der vermischt mit sensuellem Ästhetizismus sich vor allem von Musik und Literatur speiste. Auch der Burgtheater-Direktor a. D. Max Burckhard näherte sich ihr: Er becircte sie auf dem Umweg über die Literatur: »Der Kerl gefällt mit. Drall sein Geist und drall sein Körper.«[20] Alma Schindler sammelte die Affären und ordnete sie nach deren Wert. Als ihr ein Herr Muhr einen Heiratsantrag machte und sie versicherte, ihr in der Ehe alle Freiheit zu lassen, vermerkte sie: »Er gefällt mir gut. Mit meinen beiden Lieblingen daneben: Burckhard – Zemlinsky – frei – groß, ein Muhr dazwischen.«[21]

Die leidenschaftlichsten Kapitel ihres Tagebuches betreffen jedoch Alexander von Zemlinsky, damals Kapellmeister am Wiener Carltheater, dessen Esprit sie von Anfang an so sehr gefangen nahm, dass sie übersah, wie »furchtbar hässlich er ist und fast kein Kinn hat.«[22] Sie lernte ihn im Februar 1900 auf einer Abendgesellschaft kennen und bat ihn, ihr »Compositionslehrer« zu werden. Diese Privatstunden entwickelten sich allmählich zu pikanten Schäferstündchen:

»Mittwoch 10. IV. 1901: Schön ist's. – Blüten und Duft überall. Mein Herz hüpft. – Frühling. – […] Zemlinsky. Wir hatten unsre regelmäßige Stunde […]. Auf einmal hatten sich unsere Blicke und ließen sich nicht los […]. Er küsste meine Hände – lehnte seinen Kopf darauf. Ich legte meinen dagegen […]. Ich nahm seinen Kopf zwischen meine Hände, und wir küssten uns, daß die Zähne schmerzten.«

»Mittwoch 17. IV. 1901 – ich komme in eine solche Sinnenraserei in seiner Nähe, daß mir ganz unheimlich dabei zumuthe wird.«

Am 24. Juli 1901 vertraute Alma ihrem Tagebuch an: »Mich dürstet nach Vergewaltigung, wer immer es auch sei.« Die Ungebundenheit ihres Eros ließ eine Stabilisierung keiner einzigen Beziehung zu. Schon bald registrierte sie: »Sonntag 21. IV. 1901. Er so hässlich – so klein, ich so schön – so groß […]. Ich *will* ihn ja lieben, aber ich glaube, bei mir ists schon wieder vorbei. Soll ich ihn jetzt weiter täuschen, oder – soll ich ihm die Wahrheit sagen?«

»Montag 22. IV. 1901: Mein Herz ist ganz ruhig. Ich sehne mich nicht mehr nach ihm […]. Ich habe das Gefühl, *nichts* geht ganz tief bei mir. Ich bin im wahrsten Sinne des Wortes ›Halbnatur‹. Ich bin tief unglücklich – nein, ich *kann* ja nicht einmal tief unglücklich sein. Lau – lau! Ich bedaure jeden Menschen, der mich wahrhaftig liebt. Mir graut vor mir […].«

Der väterliche Freund Dr. Theobald Pollack, der ihr amouröses Treiben mit Sorge beobachtete, riet ihr zu einer »Probeheirat mit Muhr«. Die Idee faszinierte sie: »Ich denke, es wäre nicht dumm, u. dann, als geschiedene, wohlhabende Frau zu Alex zurück.«[23] Die erotischen Anwandlungen häuften sich im Laufe des Sommers und Herbstes 1901, es verging kaum eine Woche, dass sie nicht von »den Qualen des ungestillten Verlangens« schrieb, von Masturbationen im Zug,[24] von »zerfließender Wollust«,[25] von »ungesättigter Leidenschaft, die nach Stillung schreit«.[26] Diese Liebesraserei erreichte am 2. November, als sie mit Zemlinsky zusammentraf, ihren Höhepunkt:

»Ich hielt's nicht aus, warf mich über ihn und bat ihn, wieder lieb mit mir zu sein. Still rangen wir. Er suchte mich abzuwehren – kämpfte mit mir und sich. Endlich, endlich fand ich seinen Mund – u. wie ein Wahnsinniger erwiderte er meine Küsse. Später einmal – er nahm mich bei den Hüften […] küssten wir uns unter leisen Ausrufen. Er zwang mich auf seinen Schooß, unsere Lippen wollten nicht von einander. Ich sog an seinem Munde. Plötzlich fühlte ich ihn über – und immer wieder – u. ich trank gierig aus seinem Munde – ein seliges Empfangen [...] ich konnte kaum Besinnung erlangen [...]. Wir zitterten beide vor maßloser Sehnsucht [...]. Ich will ihm ein Weib sein, wie man keines sonst findet.«[27]

## Almas Bekanntschaft mit Mahler: »Meine Zukunft ist mehr denn je ein riesiges Fragezeichen ...« *(Alma Schindler)*

Wenige Tage danach lernte Alma Schindler Gustav Mahler kennen. Bertha Zuckerkandl lud zu Ehren ihrer Schwester Sophie Clemenceau, die aus Paris zu Besuch gekommen war, nach Döbling ein: Gäste waren die Sezessions-Maler Gustav Klimt und Carl Moll, dessen Frau Anna, der ehemalige Burgtheater-Direktor Max Burckhard, Gustav Mahler mit Schwester Justine und der Photograph der Sezession Friedrich Viktor Spitzer. Ebenfalls anwesend war der Gemahl von Bertha, der Anatom Emil Zuckerkandl. Im Laufe der Konversation wurde auch das Thema der Schönheit angesprochen. Mahler erklärte, schön sei der Kopf des Sokrates. Darauf Alma Schindler in provokanter Weise: »Und ich finde Zemlinsky schön«, gerade jenen Mann, den man in Wien wegen seiner Hässlichkeit belächelte.[28]

Zu diesem Abend liest man in Almas Tagebuch folgenden Eintrag: »Donnerstag, 7. XI. 1901: Karte von Alex! Eine unsägliche Freude hatte ich beim Sehen seiner Schrift [...]. Abends bei Zuckerkandl. Mahler kennen gelernt. Anwesend: Frau Clemenceau, Burckhard, Spitzer, Mahler mit Schwester u. – Klimt. Mit letzterem sprach ich keine zwei Worte. Mit Mahler am Anfang auch nicht – aber dann: Es entspann sich anlässlich des Balletts vom Alex eine sehr, sehr interessante Polemik – über das Übergreifen der Kunstgattungen in der Decadence-Zeit. Er widerstritt der Existenzberechtigung der Ballettform etc. Klimt, Carl, er und ich sprachen. Dann auch über Alex persönlich. Er nennt ihn beschränkt [...]. Er sprach von der Nichtaufführbarkeit seines Balletts [...]. Das thäte mir *furchtbar* leid. Meine Antwort: Ich kann Ihnen das Buch erklären, aber erst müssen Sie mir die Braut von Korea erläutern – eines der dümmsten Ballette, das je geschrieben wurde. Er sagte mir, daß er es sehr schön von mir finde, daß ich Alex so würdige [...]. Er bat mich, ihm von mir etwas zu bringen – wollte sogar gleich den Tag wissen, *wann* ich zu ihm käme [...]. Ich muß sagen, er hat mir ungemein gefallen – allerdings furchtbar nervös. Wie ein Wilder fuhr er herum im Zimmer. Der Kerl besteht *nur* aus Sauerstoff. Man verbrennt sich, wenn man an ihn ankommt. Ich werde Alex morgen *einiges* davon sagen.«

Nach diesem Abend zählte auch Mahler zu Almas Verehrerkreis. Er ließ sie mit einem anonymen Gedicht wissen, dass sie Macht, ja »Übermacht« über ihn gewonnen habe:

Das kam so über Nacht!
Hätt' ich's doch nicht gedacht,
Daß Contrapunkt und Formenlehre
Mir noch einmal das Herz beschwere.

So über eine Nacht
Gewann es Übermacht!
Und alle Stimmen führen nur
Mehr homophon zu einer Spur!

Das kam so über Nacht
- ich habe sie durchgewacht –
Daß ich, wenn's klopft, im Augenblick
Die Augen nach der Türe schickt'!

Ich hör's: ein Mann – ein Wort!
Es tönt mir immerfort –
Ein Canon jeder Art:
Ich blick' zur Tür – und wart'! [29]

Das Gedicht verfehlte die Wirkung nicht. Am 20. November 1901 verzeichnete Alma in ihrem Tagebuch: »Mittwoch 20. XI. 1901: Es ist einfach schauderhaft. Ich muß mich schämen [...], aber Mahlers Bild lebt in mir [...] mein armer, armer Alex. – Wenn das Gedicht nur von ihm wäre.« Obwohl Alma nun unentwegt an den neuesten Freier – Gustav Mahler – dachte und seinen Einladungen in die Oper folgte, sehnte sie sich nach wie vor nach Zemlinsky: »Alex war da [...]. Ich sehne mich wieder nach ihm grenzenlos.« [30] Nun erst begriff sie, in welch »furchtbarem Dilemma« sie sich befand. Mahlers Werben wurde immer vehementer und direkter: Er wollte die Verlobung, sodass bald auch »Mahlers Bild in ihr« lebte.[31] Dennoch meinte sie bei den Worten »Mein Geliebter« noch immer Alexander Zemlinsky, denn es irritierte sie an Mahler so vieles: »sein Geruch, sein Vorsingen, einiges in seinem Sprechen (ohne »rrr«)« und vor allem lag ihr dessen Kunst »so furchtbar ferne«.[32] Nun versuchte sie sich aus der drohenden Konstellation der Frau zwischen zwei Männern zu befreien, indem sie rücksichtslos den schwächeren Anwärter, Alexander von Zemlinsky, mit Argumenten physischer und finanzieller Minderwertigkeit von sich zu entfernen versuchte.[33] Hierin zeigte sie, wie eine Kurtisane, ihre ganze Herzlosigkeit und Härte. Und Zemlinsky reagierte heftig:

»Meine liebe Alma, […] Liebe gegen Liebe, sonst kenne ich nichts. Ich kann und laß mich nicht herunterziehen. Mein ganzer Stolz bäumt sich jetzt auf. Ich bin doch ein klein wenig etwas – doch vielleicht so viel, als die ganze Künstlerbande, diese Poseure, Priygien –, mit denen Du voll Hochachtung verkehrst. Ich habe was geleistet […]. Dr. Muhr mit seinem Geldsack! Dagegen sage ich: Herr Zemlinsky mit seinem Talent! So.«[34]

In einem zweiten Brief wurde der gekränkte Zemlinsky noch deutlicher: »[…] Ich höre und lese jetzt immerfort: Du bist hässlich, – zu klein, was Gott, was für Unsinn noch alles! […] Das was an Dir unweiblich ist, kommt da ganz an den Tag! Du willst glänzen in erster Linie. Dazu brauchst Du vor allem Geld, dann einen ebenbürtig schönen Mann! Liebe braucht man dazu wenig. Ich habe nur das […]. Ich liebe viel leidenschaftlicher, als ich Dir zeigen konnte. Ich bin dabei der Herr und nicht der Sclave!! Ich kann nur Herr sein […]. Ich gebe immer mehr, weil ich innerlich reicher bin! Ja, das bin ich – Du lächelst?«[35]

Dass bei der Hinwendung Almas zu Mahler mehr opportunistische Überlegungen als Liebe ausschlaggebend gewesen sein mögen, geht aus einem Tagebuch-Eintrag vom 7. Dezember 1901 hervor, wo sie vor der Abreise Mahlers nach Berlin feststellte: »Ich habe in meinem Leben noch keinen Menschen getroffen, der mir fremder ist als er […]. Meine Zukunft ist mehr denn je ein riesiges Fragezeichen.«[36]

Aus der Ferne bot nun Mahler seine ganze literarische Virtuosität im Liebesbriefe-Schreiben auf und überschüttete die Angebetete mit sehnsüchtigen Schwüren. Er schrieb vom »Schrei des Herzens« nach ihr, von »Schallwellen« des Berliner Konzertes, das »so viel Kraft hätte« wie sein »Liebesstreben« nach ihr.[37]

Alma Schindler verschaute sich indes bereits am darauffolgenden Tag anlässlich einer *Meistersinger*-Aufführung in den jungen Dr. [Louis] Adler, der ihr »unbändig« gefiel:

»12. XII. 1901: Ich habe auch mehr als coquetiert. Zum Schluß haben wir uns angelächelt … es liegt eine unerhörte Wollust in solchem Blick – und der Kerl ist bildhübsch, hat schwarze Nachtaugen und […] kurzum ein Gesicht, das mir gefällt. Rasse liegt drin. Das geht dem guten Mahler ab.«

Noch acht Tage danach, während derer Mahler ihr aus Berlin pausenlos Liebesbotschaften zukommen ließ, schrieb sie über Dr. Adler: »Der Kerl hat Rasse im Gesicht.«[38]

## Almas Verlobung mit Mahler: »… daß Du so werden musst, ›wie ich es brauche‹ …« *(Gustav Mahler)*

Von der Schönheit Almas geblendet und ohne das nötige Einfühlungsvermögen in die ungezügelte Triebnatur der Angebeteten schritt Mahler ohne viele Umschweife und nach althergebrachten Heiratsvorstellungen zur Unterordnung der Angebeteten unter seine Lebens- und Schaffensgewohnheiten. Von Berlin aus, wo er seine *Zweite* einstudierte, teilte er ihr in einem langen Brief die zwei Grund-Bedingungen für den Ehekontrakt mit: Aufgabe jedweder kompositorischen Tätigkeit und Verzicht auf individuelle Gestaltung des Lebens. Dabei scheute er sich nicht, Almas Freunden, Max Burckhard und Alexander Zemlinsky echte Individualität abzusprechen: »Alle diese Burckhardts – Zemlinskys etc. sind keine Individualitäten.« Alma solle auf diese Geister, die sie zur »ganz verlogenen und schlimmfrechen Herrenmoral Nietzsches – dem fuselhaft trüben Gedankendusel Maeterlincks, der Wirtshauslaune Bierbaums und Genossen« verführten, nicht mehr hören. Und was ihre Ambitionen als Komponistin betraf, müsse sie sich vollkommen im

Klaren sein, dass ein »komponierendes Ehepaar« ganz und gar unmöglich sei: »Aber, daß Du so werden musst, ›wie ich es brauche‹, wenn wir glücklich werden sollen, mein Ehweib und nicht mein College – das ist sicher! Bedeutet dies für Dich einen Abbruch Deines Lebens, [...] wenn Du Deine Musik ganz aufgibst [...]? Du musst Dich mir bedingungslos zu Eigen geben – die Gestaltung Deines zukünftigen Lebens in allen Einzelheiten innerlich von meinen Bedürfnissen abhängig machen und nichts dafür wünschen, als meine Liebe!«[39]

Mahler kannte offensichtlich weder Almas Vergangenheit, ihre zahlreiche Amouren und Salon-Affären, noch erfasste er vollkommen ihr Naturell, das in Gegensatz zu dem seinen mehr auf Scheinen als auf Sein aus war. Dennoch argwöhnte er, vor allem in Kenntnis von Almas Literaturvorlieben und ihrem Umgang mit bestimmten Wiener Intellektuellen, dass ihre Lebensanschauungen den seinen vollkommen widersprachen. Denn wo er dem kategorischen Imperativ der Selbsterkenntnis huldigte, sympathisierte Alma mit dem Symbolisten Maurice Maeterlinck, der jede Tiefe negierte, und wo er, Mahler, Ethos und Moral über alles stellte, gingen ihre Sympathien in Richtung der »Herrenmoral Nietzsches«. Mahler glaubte, kraft seiner Liebe und des gemeinsam programmierten Lebensweges, die junge Angebetete in seinem Sinne umerziehen zu können und fordert nichts weniger als den totalen »Abbruch ihres« bis dahin »geführten Lebens«. Alma empfand den Brief zunächst als einen Affront: Am 20. Dezember 1901 schrieb sie in ihr Tagebuch: »[...] Mir blieb das Herz stehn [...]. Meine Musik hergeben – weggeben – das, wofür ich bis jetzt gelebt. Mein erster Gedanke war, ihm abzuschreiben. Ich mußte weinen, denn da begriff ich, daß ich ihn liebe [...]. Pollack, dem ichs sagte, war empört – er hätte das *nie* geglaubt. Ich habe das Gefühl, als hätte man mir mit kalter Faust das Herz aus der Brust genommen [...]. Ich finde es unüberlegt, ungeschickt von ihm [...]. Aber einen ewigen Stachel wird das zurücklassen.«

Almas Empörung dauerte jedoch nicht lange; schon tags darauf fügte sie sich in Mahlers Willen: »Samstag 21. XII. 1901: In der Früh seinen Brief durchgelesen [...]. Wie wärs, wenn ich ihm zu Liebe verzichten würde? Auf das, was gewesen! Muß ich mir doch gestehn, daß mich kaum eine Musik jetzt interessiert, als die seine. Ja – er hat recht.

Ich muß ihm *ganz* leben, damit er glücklich wird. Und ich fühle jetzt gar seltsam, daß ich ihn tief und echt liebe.«

Für Almas widerstandslose Kapitulation, die angesichts des ungebundenen und freiheitsbetonten Vorlebens überraschen muss, mag es mehrere Gründe gegeben haben. Einerseits sehnte sie sich schon die ganze Zeit nach dem Hafen der Ehe, wo sie die »Liebesraserei« ihrer nach Konkretisierung drängenden Weiblichkeit befriedigen konnte, andererseits bot gerade die Partie Mahler die Erfüllung aller ihrer gesellschaftlichen Ambitionen in Wien. Dieses Heiratsangebot musste sie annehmen, das konnte sie ihrem narzisstischen, nach Geltung strebenden Ich nicht ausschlagen: «Ich lechze nach Ruhm und Erfolg. Natur! Herz! Liebe!«, hatte sie schon im Sommer 1899 zu ihrem Lebensprogramm erkoren.[40] Astrid Seele vermutet im eilig gegebenen Jawort Almas auch eine Trutzhaltung gegenüber der eigenen Mutter, die, nachdem diese im Falle Klimts und Zemlinskys ein ernsthaftes Verhältnis verhindert hatte, dieses Mal nicht obsiegen sollte.[41] Almas Kapitulation muss aber auch im Lichte der herrschenden Moral gesehen werden, die der Frau in der Ehe die absolute Dienerrolle zuwies, oder, wie Alma es selbst formulierte: »Sich unterordnen – das Weib. Zu herrschen der Mann.«[42] Diesem Klischee war noch mehr Mahler verpflichtet, der die weibliche Dienerrolle an seiner dem Vater vollkommen ausgelieferten Mutter und an der ihm bedingungslos dienenden Schwester Justi internalisiert hatte.

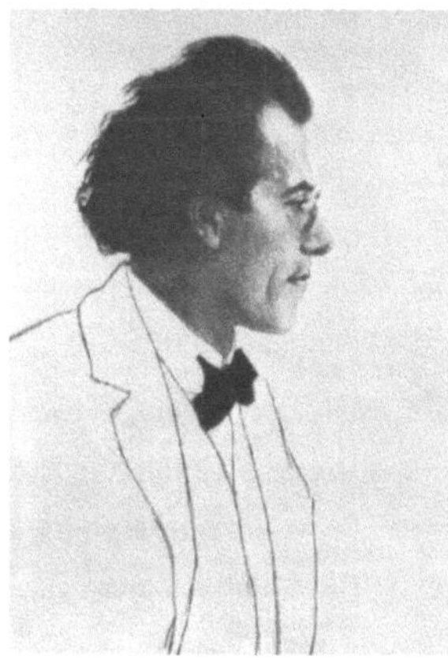

Gustav Mahler um 1902

Aus Almas folgenden Tagebuch-Eintragungen entsteht unter der Wirkung von Mahlers Drängen tatsächlich der Eindruck eines tiefgreifenden Wandels ihrer Existenz: »Dienstag 24. Dezember 1901: […] Ich sehne mich grenzenlos – Alles gebe ich für ihn – meine Musik – alles – so sehne ich mich! […] Die Justi hat der Mama gesagt – daß der Gustav *ihr* gesagt hat – ›ists nicht ein Verbrechen, daß ich – der Herbst – den Frühling an mich kette‹ – sie überspringt den Sommer. –Nein – mein Gustav – nein!«

In ihrer *Autobiographie* stellte Alma viel später ihre Empfindungen zu Mahlers ultimativer Forderung, die Komposition aufzugeben, ganz anders dar: »Gustav Mahler forderte brieflich sofortiges Aufgeben meiner Musik, ich müsse nur der seinen leben [...]. Die Askese, die man sich selber diktiert, ist richtig; aber die, zu der man befohlen wird, wie dies in meiner Ehe mit Gustav Mahler geschah, reizte mich an die Grenzen des Ertragbaren.«[43] Und in den *Erinnerungen an Gustav Mahler* heißt es: »Irgendwo aber brannte eine Wunde in mir, die niemals ganz verheilt ist.«[44]

Als am 27. Dezember die Nachricht von Mahlers und Almas Verlobung durch die Presse an die Öffentlichkeit geriet, war das Staunen allgemein. Am meisten waren Mahlers Freunde überrascht, die an der Verbindung nichts Gutes erkennen konnten. So schrieb Bruno Walter, der gerade erst zum Kapellmeister an der Hofoper ernannt worden war, am 30. Dezember an seine Familie: »Na, Kinder, was sagt Ihr zu Mahler's Verlobung? Das ist eine Überraschung, was? [...] Seine Braut, Alma Schindler [...] ist 22 Jahre alt, groß und schlank und eine blendende Schönheit, das schönste Mädchen Wiens; aus sehr guter Familie und reich. – Wir aber, seine Freunde, sind sehr besorgt wegen dieser Sache; er ist 41 Jahre alt und sie 22, sie eine gefeierte Schönheit, gewöhnt an ein glänzendes Leben, er so weltfern und einsamkeitsliebend; [...] er selbst fühlt sich als Bräutigam sehr unbehaglich und geniert, ist wütend, wenn man ihm gratuliert.«[45]

Diese Unbehaglichkeit bestätigt auch Alma in ihrem Tagebuch: Mahler habe die Zeitungsnachricht »sehr gewurmt«.[46] Überhaupt stand die rasche, von Mahler sehr forcierte Verlobung unter keinem guten Stern. Neujahr 1902 geriet die erste Liebesnacht zu einem Desaster – Alma schreibt dazu: »Was ich heute unbewußt gelitten habe, spottet jeder Beschreibung«[47] – und wenige Tage darauf bedeuteten Mahlers Bekannte und Freunde der Braut, daß sie der Verbindung kritisch bis ablehnend gegenüberstanden. In ihrem Tagebuch und in ihrer Autobiographie hat Alma diese weitere Niederlage wie folgt festgehalten: »Abends beim Gustav. Seine Freunde [...]. Alles prononcierte Juden. Ich konnte keine Brücke finden [...]. Ich fand direct Lust darin, alle zu verblüffen durch beispiellose Frechheit. Ich sagte, daß mir die Sachen Gustavs nicht gefielen.«[48]

Später ergänzte sie diese Eintragung mit Details zum sogenannten »Paradeabend«, an dem Mahlers engste Freunde Almas Angehörigen gegenüber saßen: im Zentrum der Nietzsche-Exeget Siegfried Lipiner mit Nina Spiegler, Frau Clementine und Anna von Mildenburg als seine und Mahlers ehemalige Geliebte, dann der Ehemann von Lipiners erster Frau, Albert Spiegler, Justinens Verlobter Arnold Rosé, Almas Mutter, Anna Moll, und Kolo Moser: »Nie werde ich die verlogen feierliche Grandezza dieses Abends vergessen. Niemand sprach, aber böse feindliche Augen maßen jede meiner Bewegungen. Da sagte die M. (Mildenburg): ›Wie stehen Sie zu Gustavs Musik?‹ Ich antwortete erbost: ›Ich kenne wenig, aber was ich kenne, gefällt mir nicht.‹ Mahler lachte laut, die andern ließen die Köpfe noch tiefer hängen. Meine Mutter schämte sich meiner schlechten Erziehung, die Atmosphäre wurde unerträglich.«[49]

Alma registrierte die feindselige Stimmung der Mahler-Freunde und fühlte sich unter abweisender Beobachtung. Noch 1907 war für Hermann Bahr, der 1904 eine Beziehung mit Anna von Mildenburg einging und diese 1909 heiratete, klar, dass Mahler mit Alma Schindler die falsche Wahl getroffen hatte; am 17. Februar 1907 schrieb er in sein an Anna von Mildenburg gerichtetes Tagebuch: »So seltsam ist das zwischen Dir und Mahler. Früher, mein ich. So leid tut es mir eigentlich, daß er Dich nicht verstanden, dies alles in Dir nicht geahnt, daß er Dich versäumt hat, und damit wol sich selbst, was vielleicht die einzige Sünde ist, die ein Mensch begehen kann: seine eigene Schönheit, ihm vom Schicksal dargeboten, achtlos verblühen zu lassen. Ob er es wol jetzt manchmal spürt? Aber er könnte dann sein Leben wol nicht mehr ertragen.«[50]

So stand die Verbindung Alma Schindler – Gustav Mahler von allem Anfang an unter keinem guten Stern. Dem Paar fehlte die Zeit der Anpassung, und Kommunikationslosigkeit machte sich allenthalben breit. In einer weiteren Tagebuch-Eintragung vom Januar 1902 liest man von einer Entpersönlichungskrise, die durch die Umerziehungsstrategien Mahlers hervorgerufen wurde: »Ich war jetzt eine Zeitlang wirklich glücklich, drum hab ich nicht geschrieben. Seit wenigen Tagen aber ists nicht mehr beim Alten. Er will mich anders, ganz anders. Auch ich wills. Es gelingt mir, so lang' ich bei ihm bin – aber wenn ich allein bin, da kommt mein zweites, eitles, schlechtes Ich und begehrt Auslass. Und ich willfahre. Aus meinen Augen strahlt Frivolität – mein Mund lügt, lügt in einem fort […]. Er beschwor mich zu reden – und ich – konnte *kein* warmes Wort finden. *Keins.* Ich weinte. Das war das Ende […]. Wenn wir soweit kommen und ich werde die seine – so muß ich schon *jetzt* mich gehörig rühren, um mir den Platz zu sichern, der mir gebührt. Nämlich künstlerisch. Er hält von meiner Kunst *gar* nichts – von seiner viel – und *ich* halte von *seiner* Kunst gar nichts – und von meiner viel. – So ist es!«[51]

Über die Hochzeit mit Mahler findet sich in ihren Tagebüchern nichts, denn sie fand unter Ausschluss der Öffentlichkeit in privatem Kreis statt. Lediglich in ihren *Erinnerungen an Gustav Mahler* steht lapidar: »Am 9. März 1902 haben Mahler und ich, und am 10. März Justine und Arnold Rosé geheiratet.«[52]

Alma wurde schon sehr bald bewusst, dass sie durch die Ehe nicht zu zähmen war. Nach den Präliminarien der Brautwerbung, die sie sehr zu erregen schien, gewann das Gefühl des Eingesperrtseins in der Ehe die Oberhand. Ihr Eros erschlaffte bereits in dem Augenblick, als die von den Geschlechterdifferenzen erhitzte Brautwerbung in die eheliche Anpassung überging. So geschah es, dass sie sich bald, wie Lulu, in der Ehe langweilte. Diese Langeweile kehrte schon wenige Monate nach der Heirat in den Alltag ein. Bereits im Juli 1902 klagte sie über Entpersönlichungs-Erscheinungen: »Ich weiß nicht, was ich anfangen soll. So ein unerhörtes Ringen ist in mir! Und eine jämmerliche Sehnsucht nach einem Menschen – der AN MICH denkt, der mir hilft MICH finden.« Alma fühlte sich zur »Haushälterin« degradiert, sah sich nicht nur aus musikalischen Dingen, sondern auch von jeder Art Diskussion über philosophische Themen ausgeschlossen. Sie verfiel der Sprachlosigkeit und zog sich auf das Klavier zurück: »Ich sitze am Clavier – es drängt in mir – ich habe die Brücke hinüber – aus den Augen verloren. Man hat mich unsanft am Arm genommen und weit weg geführt – von mir selbst.«[53] Viel später, lange nach Mahlers Tod, kam Alma ihre eigene Natur erst recht zum Bewusstsein, denn in einer Tagebuch-Eintragung vom 5. November 1927 steht zu lesen: »Wieder ein Abend bei Schnitzler. Ich sprach darüber, wie die Frau sich durch die Ehe merkwürdigerweise oft von ihrem Ich abdrängen läßt […].

Ich erzählte Arthur Schnitzler, wie ich mit Gustav Mahler wunderbar sprechen konnte, solange wir uns heimlich kannten. Aber als die Welt von unserer Beziehung wusste und der Tag der Heirat festgesetzt war [...], wie ich dann von einem Tag zum anderen seine Sprache nicht mehr verstand. Ja, ich bin schweigend stundenlang neben ihm im Park des Belvedere gegangen (unser täglicher Spaziergang).«[54] Nur ein halbes Jahr nach der Hochzeit bereute sie die Heirat mit Mahler: »Gustav, warum hast du mich flugfrohen, farbfrohen Vogel an dich gekettet, wo dir doch mit einem grauen, schweren besser geholfen wäre!«[55] Der Glanz der Oper, der den Gemahl umgab, minderte ihr Selbstwertgefühl. 1903 vertraute sie ihrem Tagebuch folgende Zeilen an: »Eben komme ich aus der Oper. Es war Arrangierprobe der ›Euryanthe‹. Mir graut so vor Mahler, daß ich mich fürchte, wenn er nach Hause kommt. Neckisch, lieblich girrend umhüpfte er die Sängerin Y, die Z. und zu Hause ist er der Abgeklärte, der ermüdete Mann, für den ich unentwegt zu sorgen habe. Wenn er doch nie mehr nach Hause käme [...]. «[56] Aus Unausgefülltheit entstand allmählich Sprachlosigkeit. Im Sommer 1905 vertraute sie ihrem Tagebuch folgende Zeilen an: »Mit Gustav weiß ich oft nicht was reden. Schon zu bekannt ist mir von Vornhinein jedes Wort, das er sprechen wird [...]. Sehnen könnte ich mich nach einem Mann – denn ich habe KEINEN [...]. Aber ich bin zu faul [...] auch dazu.«[57]

Dieses Fremdheitsgefühl führte über die Jahre zu einem ehelichen Nebeneinander, dessen definitive Krise sich schlussendlich im Ehebruch mit Walter Gropius entlud. Alma hat in ihren *Erinnerungen an Gustav Mahler* einseitig ihre aufopfernde, verständige Rolle an der Seite Mahlers hervorgehoben und sich nur wenig in ihr eigenes instabiles Inneres blicken lassen, der eigentlichen Triebfeder des Ehebruchs. Dass sie ihr Überich, die gute Erziehung, in die Pflicht nahm und sie lange, vielleicht auch zur eigenen günstigen biographischen Darstellung, in der Ehe mit Gustav Mahler ausharren ließ, steht außer Zweifel, doch bedarf das Bild der sorgenden Gemahlin dahingehend der Korrektur, dass es nicht die Vernachlässigung war, die sie ihrem Gatten ankreidete, die sie zur Untreue trieb, sondern ihre eigene ungezähmte und unzähmbare Weiblichkeit, die von allem Anfang darauf aus war, dem Vogelkäfig, in den sie ein unbedachter Vogler gesperrt hatte, zu entfliehen. Die

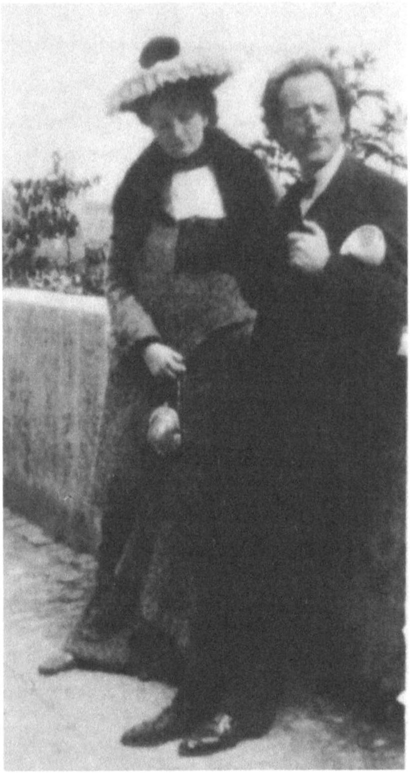

Alma und Gustav Mahler 1903

Ehe mit Mahler war in dieser Karriere einer Ungezähmten nicht mehr als eine Parenthese. Nach Mahlers Tod brach ihr Naturell wieder ungehemmt durch: »die Lust des Wanderns in Seelen«, wie sie es selbst ausdrückte.[58] Bereits im Herbst 1911 eine Liaison mit dem Komponisten Franz Schreker, kurz darauf ein Heiratsangebot von Doktor Joseph Fränkel, dann eine Affäre mit dem Biologen Kammerer und als Steigerung dieses unersättlichen »Wanderns in Seelen« das stürmische Liebesverhältnis mit dem Expressionisten Oskar Kokoschka, von dem sie noch im selben Jahr schwanger wurde. Alle diese Verhältnisse, ohne jemals mit Walter Gropius zu brechen.

# V. Abstieg und Neubeginn – Amerika, Mahlers »Gelobtes Land« – 1907–1908

## Mahlers Demission von der Wiener Oper: »... weil ich das Gesindel nicht mehr aushalten konnte« *(Gustav Mahler über seine Demission)*

In ihren *Erinnerungen an Gustav Mahler* kennzeichnet Alma Mahler das mit *Leid und Angst* überschriebene Kapitel zum Jahr 1907 mit »schwarz angestrichen im Kalender unseres Lebens«.[1] Es fing zunächst noch gut an: Erfolge in der Oper, wo Alfred Roller seine Reform der Regie auf Wagners *Walküre* und *Lohengrin* ausdehnte und auch auf Glucks *Iphigenie* anwandte. Aufbruchstimmung und Reformwille herrschte auch außerhalb der Oper in der Szene der neuen Musik. Arnold Schönberg, der schon 1899 mit der *Verklärten Nacht* gehörig provoziert hatte, landete am 10. Januar mit seinem *1. Streichquartett in d-moll,* das vom Rosé-Quartett uraufgeführt wurde, im Wiener Bösendorfersaal einen veritablen Skandal. Während der Aufführung kam es zu chaotischem »Gepfeife und Gejohle«. Als sich ein Mann in die vorderste Reihe setzte und Schönberg anzischte, setzte sich Mahler in dessen Nähe, um sich »so einen Kerl anzuschauen, der zischt«, ein Mut, der ihm beinahe eine Ohrfeige eingebracht hätte. Derselbe Skandal drei Tage später im Musikverein, als Schönbergs *Kammersymphonie op. 9* für elf Instrumente uraufgeführt wurde. Über diesen Eklat schreibt Alma Mahler in ihren *Erinnerungen*: »In der Mitte fingen die Leute an, laut mit den Stühlen zu rücken und ostentativ den Saal zu verlassen. Mahler erhob sich wütend, gebot Ruhe und erzwang sie. Nach Schluß der Aufführung stand er so lange vorne an der Logenbrüstung und applaudierte, bis die letzten Scharfmacher aus dem Saal waren.«[2]

Mahler, der an der Oper immer mehr unter Druck geriet, exponierte sich demonstrativ für den angefeindeten jungen Komponistenkollegen, obwohl ihm dies – wie Alma vermerkt – die »Stellung kosten« konnte. Kurz darauf ging in der Presse ein Kesseltreiben gegen den Hofoperndirektor los, das sich in den darauf folgenden Monaten so sehr verstärkte, dass es Mahler leid wurde, weiter zu arbeiten und er schlussendlich resignierte. Am 17. Januar erschien im Wiener Blatt *Illustrirtes Extrablatt* ein langer Artikel des Kunst- und Musikschriftstellers Hans Liebstöckl, der Mahler »einen Parvenü im eigentlichen Sinne des Wortes« nannte. Ausgehend von der Festsstellung, dass es in früheren Zeiten den Dirigentenberuf gar nicht gab, stellte der Kritiker die These auf, dass es bei diesem Beruf einzig und allein darauf ankomme, anderen den eigenen Willen aufzuzwingen, was Mahler in hervorragender Weise beherrsche. Nicht nur, er habe die Macht, die er als Hofopern-Direktor errang, dazu missbraucht, um sich als Komponist in Szene zu setzen: der Direktor im Interessenkonflikt mit der eigenen Rolle als Komponist. Mit Richard Strauss in Berlin sei es dasselbe.[3] Nun formierte sich eine breite Front von Gegnern des Hofopern-Direktors, von denen einige rassisch-politische, andere opportunistische und wieder andere persönliche Gründe hatten. Am Beginn des neuen Jahrhunderts war in Wien nicht nur der christlichsoziale Antisemitismus erstarkt, sondern auch die kämpferische Variante der Alldeutschen Bewegung des Georg von Schönerer, die den Bewahrern der »deutschen Tradition« rassische Argumente lieferten und im Wiener Landtag sogar einen Antrag einbrachten, für »jeden niedergemachten Juden eine Prämie auszusetzen«. Dann gab es die Musiker des Hofopernorchesters, die, des autoritären Führungsstils Mahlers müde, den Stress dieses kompromisslosen, fanatisch zelebrierenden Musizierens nicht mehr mitmachen wollten. Nach zehn erfolgreichen Jahren hatte sich also eine gewisse Saturiertheit sowohl in der Produktion als auch in der Rezeption der Reformbestrebungen Mahlers und Rollers eingestellt, was beim technischen Personal und beim Orchester Abnützungs-Erscheinungen und bei der Kritik Nörgeleien aller Art zeitigte. Mahlers Kunstfanatismus, seine ständig bis zum Äußersten fordernde künstlerische Moral und schließlich auch seine Ruhelosigkeit und Nervosität, die sich vor allem beim Einstudieren und Dirigieren manifestierte – jene von Richard Strauss beanstandete »stark analysierende und secierende, in seinen Phrasierungen und großen Bögen zerpflückende« Dirigierart –,[4] ermüdete die Musiker und vertiefte die Kluft zwischen dem Ensemble und seinem Direktor. Kritische Augen verfolgten außerdem Mahlers eigenmächtige Geschäftsgebarung, für welche die Generalintendanz in der Person des wenig kunstfreundlichen August Freiherrn Plappart von Leenheer zuständig war. Diese wurde in Folge auch zur Hauptanlaufstelle für alle Mahlergegner. Mahler war von der Krise nicht überrascht, hatte er sie doch teilweise selbst herbeigeführt: einerseits durch die Abwendung vom Ensemble-System der Oper und andererseits durch seine verstärkte Dirigenten-Tätigkeit außerhalb Wiens, die ihn mehr und mehr von seinem Aufgabenbereich an der Oper ablenkte, ein Interessenkonflikt, der schon lange vorprogrammiert war. Franz Willnauer weist in seinem Buch *Mahler und die Wiener Oper* anhand eines Interviews nach, dass sich Mahler schon 1906 mit dem Gedanken der Demission trug.[5] Im Frühjahr 1907 spitzte sich die Situation auf Grund kontroverser Budgetanalysen und nach einer leichtfertigen Eintragung von Mahlers privaten Konzertterminen ins Dienstbuch der Oper zu. Mahler war wiederum auf Auslandsreise in eigener Sache und dirigierte in Rom am 25. März und 1. April zwei Konzerte der Accademia di Santa Cecilia. Daraufhin erschien in der *Deutschen Zeitung* vom 3. April 1907 folgende Attacke auf den Direktor der Oper:

> Zur Misswirtschaft, die gegenwärtig an der Wiener Hofoper herrscht, haben die letzten Tage wieder einige treffende Illustrationen gebracht. Direktor Mahler, der sich ein Rieseneinkommen sichergestellt hat, das in Anbetracht seiner schädlichen Tätigkeit geradezu als exorbitant bezeichnet werden muß, ›reist in Symphonien‹ eigener Marke, und in der Hofoper geht einstweilen alles drunter und drüber [...].
>
> Herr Mahler wandert, Lorbeeren und noch mehr Geld einheimsend, in Italien herum – wir werden gelegentlich zusammenstellen, wie viele Monate Urlaub er heuer schon für seine Privatgeschäfte in Anspruch nahm – und schert sich nicht im geringsten, wie sein Stellvertreter in Wien einstweilen mit der Hofoper fertig wird.[6]

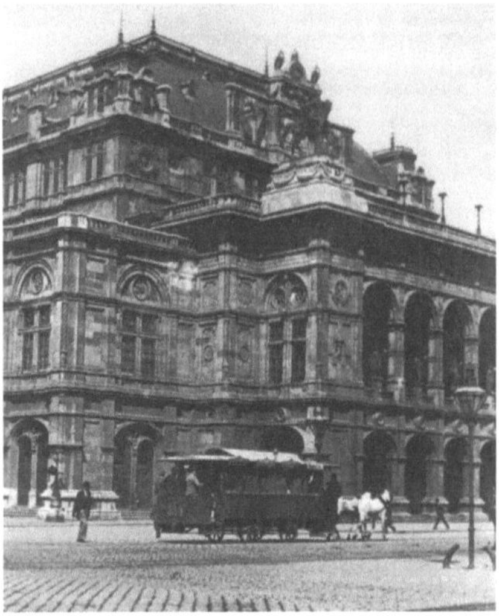

Die Wiener Hofoper um 1900

Nach Mahlers Rückkehr kam es zu einer Aussprache mit dem Zweiten Obersthofmeister Montenuovo, der Mahler stets wohlgesinnt gewesen war, in deren Verlauf Mahler erklärte, »in der von ihm jetzt betriebenen Kunstsphäre seine eigentliche Lebensaufgabe zu erblicken und auf die häufigen und längeren Urlaube nicht verzichten zu können«, zumal nach seiner Ansicht das Institut darunter nicht leide.[7] Das klang wie Demission. Fürst Montenuovo teilte zwar Mahlers Ansicht nicht, zögerte aber, auf Mahlers Abtrittsangebot einzugehen. Am 17. April, nachdem Mahler Glucks *Iphigenie* dirigiert hatte, teilte das *Illustrierte Wiener Extrablatt* mit, dass »Direktor Mahler einer hervorragenden Persönlichkeit gegenüber die Absicht kundgegeben, kommenden Herbst seine Stellung an der Hofoper zu verlassen«. Am 22. Mai bestätigte die *Neue Freie Presse* die Demissionsgerüchte und am Tag darauf meldete das *Neue Wiener Journal* den Rücktritt Mahlers »als Tatsache«.[8] Mahler blieb indes nicht untätig und traf sich Anfang Juni mit dem Direktor der New Yorker »Met«, Heinrich Conried, mit dem er sogleich eine Abmachung für ein länger befristetes Engagement an die Metropolitan Opera von New York machte. Am 5. Juni meldete Mahler seiner Frau brieflich aus Berlin die Abmachung mit Conried: »Mein liebstes Almschili! [...] Übermorgen erzähle ich Dir alles genau [...]. Tausend Grüße von Deinem Gustav Kuß [...]. 4 Jahre á 6 Monate á 125.000 Kr. zusammen ½ Million Kronen oder jährlich Gastspiel von 6–8 Wochen 50.000 Kronen Honorar zusammen 200.000 Kronen in 4 Jahren [...] Kuß.«[9] Zum Vergleich: Mahler erhielt bei seinem ersten Engagement als Kapellmeister an der Hofoper, 1897, ein Jahresgehalt von 5.000 Gulden (ca. 10.000 Kronen).[10]

Der New Yorker *Musical Courier* machte diese Vereinbarung am 12. Juni publik.[11] Als dies bekannt wurde, meldeten sich auch die fortschrittlichen Kräfte zu Wort und beklagten Mahlers Abgang. Am 16. Juni wunderte sich Max Burckhard in der *Neuen Freien Presse,* dass man »Direktor Mahler«, der die Oper mit seinem Orchester »zu einem einheitlichen Instrument gestaltet« und »unvergleichliche Kunstleistungen« erbracht habe, »einfach weggehen lässt«.[12]

Solche und ähnliche Stellungnahmen der Intellektuellen bewirkten, dass der Erste Obersthofmeister Rudolf Fürst von und zu Liechtenstein durchblicken ließ, dass man »Mahler die Entlassung nicht geben« werde. Dies erfuhr Mahler von seinem alten Gönner Ludwig Karpath, den Mahler Mitte Juli in einem Wiener Café traf,[13] zu einer Zeit also, in der Mahler schon seit einem Monat den Vertrag mit der New Yorker »Met« in der Tasche hatte.

Die Entlassung aus dem Vertrag an der Wiener Oper wurde schließlich erst durch die Unterschrift des Kaisers vollzogen, als dieser am 5. Oktober 1907 einer diesbezüglichen Eingabe von Fürst Montenuovo stattgab. Mahler war also bei Wiederaufnahme der Saison noch im Amt. Am 15. Oktober 1907 dirigierte er zum letzten Mal das Hofopernorchester in einer Aufführung von *Fidelio,* in der seine ehemalige Geliebte, Anna von Mildenburg, nun verheiratete Bahr, die Leonore sang, dieselbe Partie, die sie schon zehn Jahre zuvor beim Abschied Mahlers aus Hamburg gesungen hatte. Diese Aufführung fand, wie Alma berichtet, vor leerem Saal statt, was Mahler zusätzlich kränkte.[14] Dann reiste er für Konzerte nach Helsinki, wo er Beethoven, Berlioz und Wagner dirigierte und mit Sibelius zusammentraf, fuhr weiter nach St. Petersburg, um dort die eigene *Fünfte* aufzuführen, für die er zwar Applaus beim Publikum, aber nur ein Kopfschütteln von Seiten Rimskij-Korsakows erntete, und dirigierte nach seiner Rückkehr in Wien seine *Zweite* im Musikverein. Dann richtete er am 7. Dezember seinen berühmt gewordenen Abschiedsbrief an die »Geehrten Mitglieder der Hofoper«:

> Die Stunde ist gekommen, die unserer gemeinsamen Tätigkeit eine Grenze setzt. Ich scheide von der Werkstatt, die mir lieb geworden, und sage Ihnen hiermit Lebewol. Statt eines Ganzen, Abgeschlossenen, wie ich geträumt, hinterlasse ich Stückwerk, Unvollendetes: wie es dem Menschen

bestimmt ist. Es ist nicht meine Sache, ein Urteil darüber abzugeben, was mein Wirken denjenigen geworden ist, denen es gewidmet war. Doch darf ich in solchem Augenblick von mir sagen: Ich habe es redlich gemeint, mein Ziel hochgesteckt. Nicht immer konnten meine Bemühungen von Erfolg gekrönt sein. »Dem Widerstand der Materie« – »der Tücke des Objekts« ist niemand so überantwortet wie der ausübende Künstler. Aber immer habe ich mein Ganzes darangesetzt, meine Person der Sache, meine Neigungen der Pflicht untergeordnet. Ich habe mich nicht geschont und durfte daher auch von den Anderen die Anspannung aller Kräfte fordern. Im Gedränge des Kampfes, in der Hitze des Augenblicks blieben Ihnen und mir nicht Wunden, nicht Irrungen erspart. Aber war ein Werk gelungen, eine Aufgabe gelöst, so vergaßen wir alle Not und Mühe, fühlten uns reich belohnt – auch ohne äußere Zeichen des Erfolges. Wir alle sind weiter gekommen und mit uns das Institut, dem unsere Bestrebungen galten. Haben Sie nun herzlichsten Dank, die mich in meiner schwierigen, oft nicht dankbaren Aufgabe gefördert, die mitgeholfen, mitgestritten haben. Nehmen Sie meine aufrichtigsten Wünsche für Ihren ferneren Lebensweg und für das Gedeihen des Hofoperntheaters, dessen Schicksale ich auch weiterhin mit regster Anteilnahme begleiten werde. Wien, am 7. Dezember 1907 Gustav Mahler.[15]

Für Mahlers Nachfolge gab es Interessenten genug, u. a. Felix Mottl und Ernst von Schuch, doch entschied man sich für den Mittvierziger Felix Weingartner, geboren im dalmatinischen Zadar (Zara), Pianist, Komponist und Dirigent, Schüler von Franz Liszt und Carl Reinecke und zu jener Zeit Chef des Münchner Kaim-Orchesters (heute Münchner Philharmoniker).

Mahler verließ die Wiener Oper mit gemischten Gefühlen: Einerseits ging er, weil er, wie er an den Physiker Arnold Berliner schrieb, »das Gesindel nicht mehr aushalten konnte«,[16] andererseits war Amerika noch eine Unbekannte, von der er nicht wusste, was ihn dort erwartete. Alma schreibt, dass ihm »der Abschied von der Wiener Oper ziemlich nahe ging« und dass er »in dieser Zeit nervös und gereizt« war.[17]

Als Mahler am 9. Dezember 1907 um 8.30 Uhr vom Wiener Westbahnhof abfuhr, standen am Bahnhofsperron Schönberg und Zemlinsky mit ihren Schülern Spalier, »die Hände voll Blumen, die Augen voll Tränen«.[18] Danach fuhr er mit Alma nach Paris, wo sich der Pianist Ossip Gabrilowitsch, ein heißer Verehrer sowohl Mahlers als auch Almas, von ihnen verabschiedete. Dann ging es von Cherbourg mit dem Dampfer in Richtung New York.

## Pianisten und große Stimmen – die Stars in New York am Beginn des 20. Jahrhunderts: *»The glory of Caruso's Voice...«*

Alma erzählt, dass sie bei ihrer Ankunft am 21. Dezember 1907 im Hafen von New York das »ungeheuerste Natur- und Menschenschauspiel« so sehr gefangen nahm, dass sie für einen Augenblick all ihren Kummer vergaßen.[19] Im Hotel Majestic am Central Park West belegten sie für die folgenden fünf Monate eine Suite im elften Stock, mehrere Zimmer, in denen auch zwei Klaviere bereitstanden.

New York erlebte am Ende des 19. Jahrhunderts, genauso wie die europäischen Großstädte, seine eigene, von jeder staatlichen Restriktion freie »Gründerzeit«. Der scheinbar grenzenlose »amerikanische Traum«, der mit dem Schlachtruf »Go West!« über alle innerstaatlichen Grenzen und Indianergebiete hinweg neues Land im »Goldenen Westen« in Besitz nahm, Wälder rodete, nach Bodenschätzen schürfte, uneingeschränkten Handel trieb und mit Banken und Börsen den monetären Wertzuwachs auf die Spitze trieb, war die Quelle für einen unbeschreiblichen Reichtum, der sich in einer gigantischen Urbanistik äußerte und die Hybris des Geldes in den steilsten Häuserfronten darstellte. Dieses unvergleichliche kapitalistische Wachstum hatte nach dem Ende des Sezessionskrieges, 1865, vor allem unter Führung der Nordstaaten und der »Yankees« aus Neuengland eingesetzt. Von New York aus operierten die führenden Wirtschaftskapitäne, und dahin, nach New York, flossen die sagenhaften Profite zurück. New York wurde zum Finanztresor der Nation und zum ersten Börsenplatz der Welt. Von New York aus ging das erste transatlantische Telefonkabel nach London und von New York gingen über Draht auch alle Finanzkrisen und »schwarzen Freitage« an der Börse aus, die ab 1869 periodisch den Weltkapitalismus wie in einem gigantischen finanziellen Pandemie-Fieber schüttelten. 1904 begannen die Bauarbeiten an der großen »Central Station«. Die »New York Subway«, die erste U-Bahn Amerikas, wurde im selben Jahr eröffnet. Die ehemals voneinander unabhängigen Stadtteile Manhattan, Brooklyn und Queens wurden durch Stahlbrücken und Tunnels zu einer Drei-Millionen-Großstadt zusammengeschweißt. Das große Geld, das in New York auf der Straße zu liegen schien, zog Einwanderer aus aller Welt an. Dieser Zuzug verlief in periodischen Schüben: bis 1890 die »alte« Siedlungs-Einwanderung aus Nord-, Mittel- und Westeuropa und anschließend die »neue« Industriearbeiter-Einwanderung aus Süd-, Ost- und Ostmitteleuropa. 1906 wurden allein in Ellis Island am Hudson River bis zu 5.000 Einwanderer pro Tag abgefertigt.

Das New York der Jahrhundertwende wurde zum Inbegriff der Weltrekorde und Superlative auf allen Gebieten. Mit der Erfindung der Glühlampe und der Gründung der »General Electric Company« durch Thomas Alva Edison vollzog New York um der Jahrhundertwende als erste Stadt der Welt die Elektrifizierung der Straßen. 1897 eröffnete der Multimillionär John Jacob Astor IV genau an der Stelle, wo später das »Empire State Building« entstehen würde, das riesige »New York Astoria-Hotel«, das zusammen mit dem angrenzenden »Waldorf-Astoria-Hotel« in der New Yorker »Central Station« sogar einen eigenen Bahnsteig unterhielt. 1905 ging von diesem Bahnhof der schnellste Zug der Welt ab, der »Pennsylvania Railroad«, der New York von Chicago aus in nur 18 Stunden erreichbar machte. 1908 lief die »Lusitania« New York an und schaffte die Überquerung des Atlantischen Ozeans in sensationellen 4 Tagen und 15 Stunden. 1909 gab es im New Yorker Madison Square Garden bereits die erste internationale »Aeronautic Show«. Im selben Jahr wurde das höchste Gebäude der Welt, der »Metropolitan Life Insurance-Tower«, fertiggestellt. New York strebte auf allen Gebieten nach dem Primat.

Die grenzenlose Unternehmer-Freiheit zog auch die Freiheit der Presse nach sich. Der aus Ungarn stammende Joseph Pulitzer, der mit dem Korn-Großhandel reich geworden war, kaufte mehrere Zeitungen auf und begründete mit seinem bedeutendsten Blatt, dem *New York World*, den Investigations-Journalismus. Seine mächtigen Kontrahenten, William Randolph Hearst, Eigentümer des *New York Journal*, und Adolph Ochs, Boss der *New York Times*, machten es ihm nach und halfen dem streitbaren Journalismus, der Missstände aufdeckte und Einfluss auf Politik und Gesetzgebung nahm, zum Durchbruch.

Wie Pulitzer, der an der Columbia University eine Schule für hohen Journalismus stiftete, spendeten alle New Yorker Magnaten für karitative Einrichtungen, Schulen und kulturelle Aktivitäten. Die reichsten New Yorker Familien, die Astors, die Rockefellers, die Morgans, waren die Sponsoren der ersten Kultureinrichtungen der Stadt. Der Bänker J. Pierpont Morgan erbaute 1903 an der Ecke 29ste. Ost und 36ste Straße die »Pierpont Morgan Library«, Bibliothek und Museum zugleich, in der er eine umfangreiche Sammlung von mittelalterlichen Handschriften, Inkunabeln, Autographen von Mozart, Beethoven und Chopin, literarische Handschriften und italienische Renaissance-Malerei unterbringen ließ. Mit Hilfe ebenso reicher Mäzene entstand 1907 das »American Museum of National History«, das mit Ethnographischem und Extravagantem, wie 35 präparierten Maori-Köpfen aus Neuseeland, weltweit Aufsehen erregte. 1908 eröffnete der reiche Galerist und Kunstmäzen Alfred Stieglitz seine »Art Galery« an der Fifth Avenue und leitete die Ära avantgardistischer Ausstellungen in New York ein. 1908 war auch das Jahr der Gründung der »Brooklyn Academy of Music«.

Auch auf dem Gebiet des Theaters herrschte im New York der Jahrhundertwende Aufbruchstimmung. 1900 öffneten das internationale »Victory Theatre« am Majestic Park und 1903 das »New Amsterdam Theatre« am Broadway die Tore, mehrere Tausend Plätze für allerlei Theateraufführungen, wie die »Ziegfeld-Folies« mit den langbeinigen Revue-Tänzerinnen nach Pariser Vorbild, weiters das »Lyceum«-Theater, ebenfalls am Broadway, das 1903 von Th. A. Edison höchstpersönlich elektrifiziert wurde. Bereits 1893 hatte der Impresario Charles Frohman, der 1915 mit der »Lusitania« untergehen würde, vis à vis von der Metropolitan Opera, zwischen der 39sten und 40sten Straße, das »Empire Theatre« gegründet und damit den Grundstein für die Entwicklung der weiteren Broadway-Säle gelegt, die später an die 40 Einheiten zählen sollten. Derselbe Charles Frohman gründete 1896 das »Theatrical Syndicate«, das erste Künstlermanagement, das für Sänger und Darsteller Amerika-Tourneen organisierte und dabei das später für den Film unverzichtbare »Starsystem« einleitete. Der erfolgreiche deutschstämmige Theaterunternehmer Oscar Hammerstein d. Ä. ließ aus eigener Initiative eine Reihe von Theatern erbauen, mit denen er in offene Konkurrenz zu den historischen Häusern der Stadt, allen voran der »Met«, trat: 1889 begann er mit dem Bau des »Harlem Opera House« an der 125sten Straße, nahm 1892 an der 34sten Straße West das »Manhattan Opera House« in Betrieb, öffnete 1893 zwischen der 44ten und 45ten Straße das »Olympia Theatre« am Broadway, ein Haus, das europäischen Stars vorbehalten war, und 1906 das »Colyseum« zwischen der 8ten und 9ten Avenue, ein Revuetheater, das 1906 der Sitz des zweiten New Yorker Opernhauses werden sollte.[20]

Auf dem Gebiet des Konzertwesens wurde die 1897 fertiggestellte Carnegie Hall zum Inbegriff amerikanischer Konzertkultur. In dem vom Stahlmagnaten Andrew Carnegie finanzierten Ziegelsteinbau im italienischen Renaissancestil, an der Ecke 57ste Straße und 7the Avenue, trat um die Jahrhundertwende die Weltelite der klassischen Musik, Orchester, Sänger, Geiger, Pianisten, Entertainer auf.

Zu den beliebtesten Musikstars gehörten in diesem Rekord-besessenen New York der Jahrhundertwende vor allem Pianisten und Sänger, Tastenstars mit raschen Fingern und Tenöre mit geölten Kehlen. Zu den Musikevents zählten auch die Wunderkind-Konzerte wie jene des legendären elfjährigen Józef Hofmann, der am 29. November 1887 im Metropolitan Opera House von New York ein sensationelles Amerika-Debüt mit anspruchvollen klassischen und romantischen Klavierstücken gab. Die Zeitungen kommentierten die Sensation mit hymnischen Rezensionen: »Zum Klavierspielen geboren!«, titulierte die *New York Times* und der angesehene Kritiker Henry Krehbiel fügte hinzu: »Kein trainierter Affe! sondern ein pianistisches Genie mit der musikalischen Reife eines Erwachsenen.« Hofmann wurde in diesem von Superlativen sich selbst überbietenden Amerika zum Superpianisten der »Goldenen Ära« des Klaviers im frühen 20. Jahrhundert. Sergei Rachmaninow, selbst regelmäßiger Gast in New York, bezeichnete ihn als den Größten und widmete ihm als Reverenz für dessen phänomenales Können das *Dritte Klavierkonzert,* dessen Uraufführung 1909 er, Rachmaninow, in diesem New York der Superlative selbst spielte.

Ähnliche Sensationen löste der polnische Pianist Ignaz Jan Paderewsky aus, der vor allem in New York ungeahnten Ruhm erlangte. Paderewsky wurde von einem New Yorker Impresario vermittelt und reiste in Amerika wie ein Popkünstler unserer Tage, mit eigenem Waggon, eigenem Koch, Klavierstimmer, Masseur und Doktor. »Seine Konzertreisen«, schrieb ein amerikanischer Reporter, »sind nicht Tourneen, sondern königliche Prozessionen.« Wenn er vor den Konzerthäusern vorfuhr, säumten Tausende Neugierige, vor allem Frauen, die Straßen und wenn er abreiste, brach Massenhysterie aus, die ein Reporter der New Yorker Zeitung *Sun* am 23. April 1896 so beschrieb:

> Als der Überseedampfer »Teutonic« gestern Nachmittag majestätisch aus dem Hafen auslief, hörte man inmitten der schmetternden Musikkapelle, der rufenden Matrosen und des allgemeinen Tumults einen lauten Chor schriller Stimmen. Es war das Abschiedsgeschrei von Paderewskys weiblichen Bewunderern [...]. Vor der Konstituierung dieses Chores hatten sie den armen Pianisten beinahe erdrückt, hatten nach seiner Hand gelangt, ihm Blumen zugeworfen, ihn um Autographen gebettelt und ihn mit tränenerstickter Stimme beschworen, sobald wie möglich zurückzukehren.

Ovationen erhielt in diesem begeisterungsfähigen und auf individuelle Hochleistung ansprechenden New York vor allen anderen der italienische Startenor Enrico Caruso, der am 23. November 1903, vom New Yorker Impresario Pasquale Simonelli vermittelt, an der Metropolitan Opera von New York in der Rolle des Herzogs von Mantua im *Rigoletto* sein Amerika-Debüt gab und mit einem Schlag zum Weltstar wurde. Er sang ununterbrochen 18 Saisonen lang an der »Met«, wo eine begeisterte Presse ihm vorbehaltlos zu Füßen lag und sein männliches, von Verismus angehauchtes Stimmtimbre, sein hohes C, die rührseligen Arien *Vesti la giubba* und *E lucean le stelle* in den Himmel lobte: »The glory of Caruso's Voice.«

Die legendäre Fortüne, die europäische Künstler in New York hatten, animierte auch andere Sänger, in dieser Stadt den großen Karrieresprung zu wagen. Andererseits war für die Weltstadt mit den höchsten Gebäuden, den größten Banken, den marktbeherrschenden Trusts das Beste in Kunst und Musik gerade gut genug. Denn wenn sich die New Yorker Opern-Aktionäre, die »Subscribers« und »Stockholders«, in ihren Logen zurücklehnten, dann erwarteten sie eine ihrem Wirtschaftsprimat entsprechende Leistung. Das stets verlässliche hohe C, das Caruso herauszuschmettern in der Lage war, versicherte sie der eigenen gesellschaftlichen Spitze, so wie die Pferde auf der

Rennbahn und die ebenfalls von ihnen geförderten »Giants« des New Yorker Football-Clubs ihre Prominenz durch Geschwindigkeits- und Spielrekorde unterstrichen.

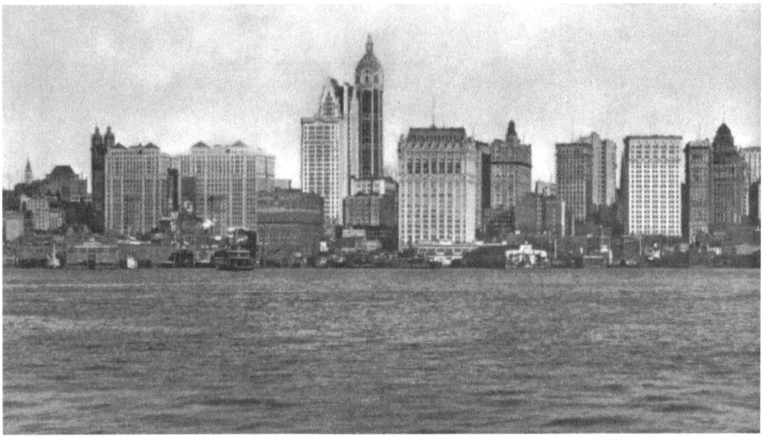

New York um 1900

## Mahlers erste Opernsaison an der Metropolitan Opera: »A very good orchestra here! ...« *(Gustav Mahlers erster Kontakt mit dem »Met«-Orchester)*

New York konnte Anfang des 20. Jahrhunderts bereits auf eine lange Opern- und Konzerttradition zurückblicken. Die »New York Philharmonic Society«, der Trägerverein des gleichnamigen Orchesters, war schon 1842 gegründet worden, war also genauso alt wie die Wiener Philharmoniker und älter als vergleichbare Orchester in Berlin und London. Mahlers neue Wirkungsstätte, die Oper, hatte ihren Aufschwung während der amerikanischen »Gründerzeit« genommen, als die »Academy of Music« mit dem weltgrößten, 4.600 Plätze umfassenden Theater aufmachte. Anfang der Achtzigerjahre konstituierte sich eine Gruppe von Multimillionären zu einem Verein von Logeninhabern und erbaute das »New York Metropolitan Opera House«, bestehend aus zwei Logenreihen in Hufeisenform, genannt »Goldenes Hufeisen«. Als dieses glänzende neue Haus 1883 öffnete, wurde, dank der Präsenz deutschstämmiger Künstler, auf Deutsch gesungen, selbst die Opern von Verdi und Rossini. Der führende Opernkomponist war natürlich Wagner. Die groß besetzten wuchtigen Fünf-Stunden-Musikdramen und Bühnen-Weihespiele trafen den Geist des mächtig expandierenden amerikanischen Kapitalismus besser als jedes andere Genre. Einer, der Wagner-Schüler war und den Meister persönlich kannte, der Budapester Anton Seidl, bürgte ab 1885 mit erfolgreichen *Lohengrin-* und *Tristan*-Aufführungen für musikalische Authentizität. Als Seidl 1898 an einer Speisevergiftung plötzlich starb, wurde die Leitung der »Met« dem Opernmanager Maurice Grau anvertraut, der auf bekannte Namen setzte und das Publikum mit Sänger-Stars wie Lillian Nordica, Emma Calvé, Lilli Lehman, Nellie Melba, Sofia Scalchi, Jean und Edouard de Reszke u. v. a. verwöhnte. Das war's, was der Durchschnitts-Opernbesucher hören wollte: nicht stilvolle Operninszenierungen, sondern rauschende Stimmfeste. Damit kam vor allem das italienische und französische Fach zum Zug. Als 1903 der Leiter des deutschen Theaters von New York, der Schauspieler Heinrich Conried, der aus Bielitz, Schlesien, stammte, die »Met« übernahm, wurde das Starsystem des Vorgängers wiederum abgeschafft und die Ensemble-Praxis mit vertraglich über mehrere Saisonen gebundenen Sängern eingeführt. Conried hatte anfänglich damit eine glückliche Hand und konnte mit der Berufung von Enrico Caruso eine Reihe beachtlicher Opern-Erfolge feiern. Doch dann verließ ihn das Glück, die Einnahmen schrumpften, das Orchester musste verkleinert werden und einige Fehlgriffe, wie die Aufführung des *Parsifal* gegen die Verfügung Cosima Wagners, diese Oper außerhalb von Bayreuth zu spielen, sowie die Skandal-Premiere der *Salome* von Strauss 1907 als Matinee an einem Sonntag nach dem Kirchgang, brachte Presse und Logenbesitzer gegen ihn auf. Die »Met« riskierte trotz einiger Highlights, wie Puccinis *Manon Lescaut* und *Madame Butterfly* in Anwesenheit des Komponisten, ins Hintertreffen zu geraten. Denn die Konkurrenz schlief nicht. Impresario Oscar Hammerstein d. Ä. setzte gerade in dem für Mahler schicksalhaften Jahr der Begegnung mit Heinrich Conried zu einer außerordentlichen Operntätigkeit an, die eine ernste Konkurrenz für die »Met« wurde. Mit 124 Opernabenden kam er nahe an das Produktionsaufkommen der »Met« heran, die mit 140 Aufführungen die Nummer eins in New

York war. Eine Reihe außerordentlicher Erfolge Hammersteins, alle in der Saison 1906/07, gaben dem mit populären Opern arbeitenden Hammerstein-Unternehmen finanziellen Auftrieb: *Il Trovatore*, *L'Elisir d'amor*, *Les Huguenottes*, *Il Barbiere di Seviglia*, *La Sonnambula*, *Cavalleria rusticana*, *I Pagliacci*, *Un Ballo in maschera* und *Faust*. In der darauffolgenden Saison, als Mahler an der »Met« sein Debüt hatte, konnte Hammerstein mit einer Reihe von amerikanischen Erstaufführungen noch einmal glänzen: mit *Louise* von Gustave Charpentier, *Pélleas und Mélisande* von Debussy und Massenets *Thaïs*. Auch beim Vertragsabschluss mit neuen Stimmen war er schneller als die »Met«. So verpflichtete er für *La Traviata*, *Lucia di Lammermoor* und *Rigoletto* die glänzende italienische Kolaratursängerin Luisa Tetrazzini und für den *Faust* von Gounod Nellie Melba als Margarethe.[21]

Nun war auch Conried gefordert. Aber anstatt das allzu konservative Repertoire zu entrümpeln, ließ er pausenlos Caruso singen, und zwar so oft, dass bös meinende Kritiker die »Met« in »Carusel« umtauften. Zu guter Letzt setzte auch der große Börsencrash vom Oktober 1907, der Conried einen hohen finanziellen Verlust einbrachte, der Metropolitan Opera arg zu.[22]

Die Aktionäre erwarteten nun von ihrem Impresario, dass er der »Met« eine klare künstlerische Linie vorgebe und das dafür geeignete künstlerische Personal einstelle. Als die Wahl auf Mahler als Hauptdirigent fiel, war auch klar, dass Conried die Konkurrenz von Hammerstein, der mit populären italienischen und französischen Opern beim Publikum der Mittelschicht ankam, mit einer elitäreren Linie und mit einem Schwerpunkt in deutscher Operntradition die Zentralität der »Met« zurückgewinnen wollte.

Als Mahler 1908 seine Stellung an der »Met« antrat, konnte er dank des stabilen Opern-Ensembles, das Conried über mehrere Jahre unter Vertrag genommen hatte, auf hervorragende Besetzungen setzten. Hier waren neben Caruso die weltbesten Tenöre versammelt: der Münchner Heldentenor Heinrich Knote, den Mahler bestens kannte, der seit 1904 im Ensemble der Oper war und als direkter Rivale Carusos galt; der dänische Heldentenor Erik A. J. Schmedes, ein grandioser Siegfried 1898 an der Wiener Hofoper und gefragter Florestan in Beethovens *Fidelio;* der tschechische Heldentenor Karel Burian, der rhythmischste aller Tenöre, zwischen 1906 und 1913 ständiger Gast an der »Met«; der bayerische Wagner-Tenor Alois Burgstaller, ein Bayreuth-Sänger, von 1903 bis 1909 fest im Engagement der New Yorker Oper; der italienische Belcanto-Tenor Alessandro Bonci, von 1908 bis 1911 an der »Met« engagiert – von John Steane als »der feinste lyrische Tenor des Jahrhunderts« gepriesen –; und schließlich Leo Slezak, der Newcomer unter den jungen Sängern, der allerdings erst 1909 ins Ensemble aufgenommen wurde. Nicht minder herausragend die Liste der Baritone: der deutsche Bariton Otto Goritz, der holländische Bass-Bariton Anton van Rooy, der 1898 debütierte und 10 Jahre lang im Ensemble der »Met« blieb, ein ausgesuchter Wagner-Sänger, Bayreuth-erfahren und weihevoller Amfortas und Wotan. Alma Mahler erzählt, dass er Wagner zu singen »wie eine Mission auffasste«.[23] Den Langzeitrekord an der »Met« schlug der Neapolitaner Antonio Scotti, der an der Mailänder Scala kurioserweise mit dem Hans Sachs der *Meistersinger* debütierte und danach nie mehr Wagner sang. Er war 33 Jahre lang Mitglied des New Yorker Opern-Ensembles, glänzender Don Giovanni, Scarpia in Puccinis *Tosca* und Interpret aller Verdi-Opern. Er starb siebzigjährig 1936 völlig verarmt in seiner Heimatstadt Neapel. Der absolute Star der »Met« wurde jedoch nach seinem sensationellen New-York-Debüt 1907 der russische Bass-Bariton Fjodor Iwanowitsch Schaljapin. Sein Boris Godunow, sein Méphistophélès in Gounods *Faust* und Leporello in Mozarts *Don Giovanni* waren eine Sensation, die das sängerische Image der »Met« für Jahrzehnte prägte. Ähnlich wie Caruso und Scotti blieb Schaljapin der »Met« bis 1929 verbunden.

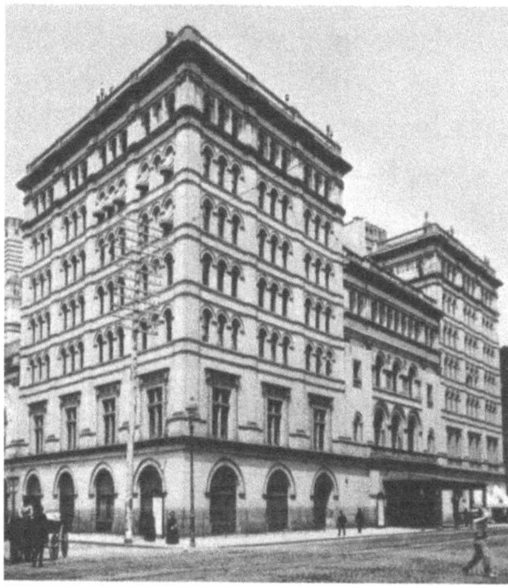

Das Metropolitan Opera House in New York um 1900

Unter den weiblichen Stimmen waren Olive Fremstad, Marcela Sembrich, Emmy Eames, Johanna Gadski, Emi Destinn und Geraldine Farrar die Stars. Die schwedische Wagner- und Verdi-Sängerin Olive Fremdstad debütierte 1903 an der »Met«, im gleichen Jahr wie Caruso, mit Sieglinde in Wagners *Walküre*; sie sang in ihrer langen Karriere in New York von 1903 bis 1914 alle wichtigen Wagner-Partien, die Venus, die Isolde, die Elsa, die Kundry, aber auch Verdi-Rollen wie die Leonora in *La Forza del destino* und die Titelrolle in der *Salome* von Strauss, eine Sängerin, die so stark in ihre Rollen hineinwuchs, dass sie nach dem Fallen des Vorhangs am liebsten, wie sie sagte, jedes Mal gestorben wäre. Die Galizierin Marcela Sembrich sang von 1898 bis 1909 an der »Met« vor allem Mozart und Rossini; die Rosina aus dem *Barbiere di Seviglia* war ihre Paraderolle. Eine Langzeit-Sopranistin der »Met« war auch der argentinische lyrische Sopran Emma Eames, die bis 1909 an die 500 Auftritte an der New Yorker Oper absolvierte. Die populärste unter den Sopranen war allerdings die amerikanische Sopranistin Geraldine Farrar. Ihr Debüt mit *Traviata* blieb eine Legende. 200 Plattenaufnahmen, 14 Stummfilme und zwei Autobiographien zeugen von ihrer enormen Attraktivität als Diva der »Met«. Der Nachfolger des Intendanten Conried, der Intendant der Mailänder Scala, Giulio Gatti-Casazza, der 1908 die »Met« übernahm, war es gewohnt, die Soprane in zwei Kategorien einzuteilen, in solche, die eine schöne Stimme besaßen und solche, die Persönlichkeit hatten. Für erstere Kategorie nannte er u. a. Olive Flemstad und Rosa Ponselle, für die zweite nur Geraldine Farrar. An die Farrar kam laut New Yorker Kritik höchstens der Prager dramatische Sopran Ema Destinová (Emi Destinn) heran, die 1909 an die »Met« kam und im Jahr darauf, zusammen mit Caruso, für die Weltpremiere der Puccini-Oper *La fanciulla del West* auserkoren wurde. Die Destinn war eine viel bewunderte Salome und die bevorzugte Interpretin des tschechischen und russischen Repertoires.

Henry-Louis de La Grange hat die genauen Künstlerhonorare an der »Met« zur Zeit Mahlers eruiert und herausgefunden, dass Mahler eine Monatsgage von 5.000 $ bei durchschnittlich sieben Abenden erhielt, das sind ca. 700 $ pro Aufführung. Zum Vergleich: Die höchstbezahlte Sängerin der »Met« zu Mahlers Zeiten, Luisa Tetrazzini, erhielt für jeden Auftritt 2.000 $, Caruso hingegen »nur« 1.000 $.[24]

Mahler ging gleich nach seiner Ankunft an die Arbeit und studierte, mit Olive Fremstad als Isolde und Heinrich Knote in der Titelrolle, Wagners *Tristan* ein. Alma schreibt, dass »das Orchester, der Gesang, das Haus wunderbar« waren, weniger die Regie Conrieds, die aber Mahler »nichts anging«.[25] Wie Knote der *New York New World* erklärte, war Mahler entgegen allen Befürchtungen bei den Proben ausnehmend ruhig und freundlich und gewann damit im Handumdrehen die Gunst der Musiker. Auch sparte Mahler nicht mit Lob und zeigte sich über die Leistung der Musiker hoch zufrieden: »A very good orchestra here!«[26] Die Orchestervertreter dankten ihm das Kompliment mit entsprechenden Presse-Statements, wie: »Mahler ist der weltbeste Wagner-Dirigent und auch wenn die lokale Tagespresse das noch nicht wahrgenommen haben sollte, die Sänger und Orchestermusiker haben als erste das festgestellt und sie haben die Kompetenz, das festzustellen«.[27] Die Tageszeitungen schenkten der Aufführung große Aufmerksamkeit und spendeten reichlich Beifall. Der Kritiker der *New York Times*, Richard Aldrich, hob vor allem die Kontrolle Mahlers über die Dynamik des Orchesters hervor, das nie die Stimmen übertönte. Für den leidenschaftlichen Wagnerianer William James Henderson, der für die *Sun* schrieb, war Mahler der Star des Abends. Dies bewies der lang anhaltende Applaus des Publikums. Mahlers lenkende Hand, so Henderson, war in allen Bereichen der Oper zu spüren. Der Kritiker der *Tribune*, Henry Krehbiel, der später Mahlers schärfster Gegner werden würde, fand Mahlers Interpretation lebendig, zügiger in den Zeitmaßen als gewohnt und vor allem ansprechend und elastisch phrasiert. Alle Kritiker stellten Vergleiche mit früheren *Tristan*-Aufführungen an, nur einer, Henry T. Finck von der *Evening Post*, fand, dass Mahlers *Tristan* jenen von Mottl und Seidl nicht übertraf, sondern nur ebenbürtig war. Vor allem missfielen dem Kritiker die Mahlerschen Steigerungen und Tempo-Beschleunigungen, zu denen sich weder Seidl noch Mottl hätten hinreißen lassen.[28]

Als nächste Oper nahm sich Mahler Mozarts *Don Giovanni* vor. Der Erfolg war kolossal. Die Titelrolle sang der Neapolitaner Antonio Scotti, den Leporello Fjodor Schaljapin, der diese Partie noch nie gesungen hatte. Allerdings kostete es Mahler, der selbst zum ersten Mal die Oper in der italienischen Originalsprache dirigierte, viel Kraft und

Geduld, das ihm völlig unbekannte Ensemble auf seine Vorstellungen einzustimmen. Mahler dirigierte vom Klavier aus, das – um das nicht verfügbare Cembalo zu imitieren – mit Papierblättern auf den Saiten präpariert war. Die Bühnenverhältnisse, Bühnenbild, Kulissen und Beleuchtung, waren an der »Met«, die jährlich weit über hundert Aufführungen zu bewältigen hatte, allerdings nicht mit dem Wiener Niveau in der Ära Alfred Roller zu vergleichen, was Mahler zu allerlei Klagen veranlasste. Um die Szenenwechsel zu erleichtern, ließ Conried die Sänger sogar häufig vor dem Vorhang singen, um dahinter den Kulissenwechsel vorbereiten zu können. Mahler probierte sechs volle Wochen lang und verlangte, dass die Sänger, ungeachtet ihrer Auftritte am Abend in anderen Opern, täglich zu den Proben erschienen, was zu Spannungen mit dem Ensemble führte. Wie eine der Mitwirkenden, Geraldine Farrar, später erzählte, fanden die Proben in einer Atmosphäre großer Nervosität und Gereiztheit statt, auch weil Fjodor Schaljapin, der sich von der New Yorker Presse nicht genügend gewürdigt sah, seine Allüren ausspielte. Die Premiere am 23. Januar 1908 war ungeachtet dieser Schwierigkeiten und trotz eines Blizzard-Sturms vollständig ausverkauft. Henry Krehbiel lobte in der *Daily Tribune* Mahlers transparentes Orchesterspiel und die für New York ungewohnten Tempi, beklagte aber, dass Mahlers Leitung leider bei der Musik endete und nicht auch Bühnenbild und Regie einschloss, worin die »Met« ihre »alte Schwäche« zeigte. Besonders missfiel dem Kritiker der Leporello Schaljapins, der die Rolle »wie eine Geschichte von Gorki aus der niederen russischen Gesellschaft« interpretiert hätte. Richard Aldrich von der *New York Times* lobte den schlanken Ton von Mahlers reduziertem Orchester, die perfekte Phrasierung und die Elastizität des Rhythmus.[29] Henry T. Finck von der *Evening Post* gefielen vor allem die dramatischen Höhepunkte der Oper und der allgemein helle Ton des verkleinerten Orchesters, während er Conrieds Beleuchtung als »abstoßend« bezeichnete.[30]

Die »Met«-Produktion des *Don Giovanni* wurde im Februar nach Philadelphia gebracht, wiederum unter unbefriedigenden szenischen Bedingungen. Alma Mahler schreibt darüber in ihren *Erinnerungen* und erwähnt »wacklige« Kulissen und türlose Opern-Gemächer.[31]

## Die Rivalität mit Toscanini an der Oper und die Neuorganisation der »Philharmonie«: »Aber wäre ich jung und hätte die Tatkraft, die ich in Wien zehn Jahre lang verschwendet, …« *(Gustav Mahler an Alfred Roller)*

Inzwischen bahnte sich am Opernhaus ein Wechsel an. Conrieds Gesundheitszustand wurde für die »Met« zunehmend zum Problem. Während der Ausschuss dem Direktor noch Anfang Februar sein Vertrauen ausdrückte, hielt man hinter den Kulissen schon nach einem neuen Direktor Ausschau, zumal Mahler, den viele als natürlichen Nachfolger ansahen, zu verstehen gab, dass er an einem solchen Posten – nach den Wiener Erfahrungen – nicht interessiert war. Schon bald und noch bevor Conried am 15. Februar New York verließ, tauchte in der Presse der Name Giulio Gatti Casazza auf, seit 1898 Generaldirektor der Mailänder Scala, der die Einladung unter der Bedingung akzeptierte, dass auch sein junger Mailänder Kapellmeister Arturo Toscanini engagiert würde. Mahler berichtete über diese neue Situation an den Wiener Bankier und Vorstand des Wiener Konzertvereins Dr. Paul Hammerschlag und meinte, dass er der »Verlockung«, die Leitung der »Met« zu übernehmen, wohl nicht hätte widerstehen können, wenn er nur jünger gewesen wäre und seine »Tatkraft« nicht in Wien zehn Jahre verschwendet« hätte.[32]

An Roller schrieb Mahler, Conried habe »schon lange abgewirtschaftet«. Er sei unmöglich geworden, hauptsächlich weil er »unfair und ungeschickt« vorgegangen sei. Die Direktoren hätten ihm gekündigt und gleichzeitig die Absicht bekundet, ihn, Mahler, zum Nachfolger zu ernennen, was er jedoch aufs entschiedenste abgelehnt habe. Nun rechne er mit einer Aufteilung des Repertoires zwischen ihm und Toscanini in der Weise, dass dieser das italienische Repertoire und er das deutsche übernehme.[33]

Am 20. März dirigierte Mahler Beethovens *Fidelio*. Er hielt zahlreiche Proben ab, mischte sich in die Inszenierung ein und bestand darauf, dass Rollers Bühnenbild von der legendären Wiener Aufführung vom Oktober 1904 nachgebaut werde. Die Aufführung wurde zu einem wahren Triumph, wenn möglich noch erfolgreicher als *Tristan* und *Don Giovanni* zuvor. Es war Mahlers musikalische Lesart Beethovenscher Dramatik, die am stärksten beeindruckte. Richard Aldrich von der *New York Times* fand, dass Mahlers Stimmungs-Konzeption des Opern-Dramas zutiefst mit der seinen übereinstimmte. Zwar kritisierte der gefürchtete Beethoven-Experte Henry Edward Krehbiel von der *New York Tribune* Mahlers Orchester-Retuschen, doch war sich die gesamte New Yorker Kritik einig, dass Mahlers *Fidelio* ein epochales Ereignis für New York darstellte. Henry T. Finck von der *New York Evening Post* schwärmte von den perfekt »verteilten Höhepunkten« und »der atemlosen Intensität«. »Mahlers Position«, schrieb Emilie Frances Bauer vom *Musical America*, »hat sich in diesem Land stark gefestigt [...]. Keine Frage, die Ehre des Abends fiel Mahler zu, der nach seiner *3. Leonoren-Ouvertüre* enthusiastisch gefeiert wurde«.[34] Der russische Pianist und Kritiker Samuel Chotzinoff, der später Toscanini an das NBC-Orchester band, war Zeuge der Premiere:

> Während der ganzen Oper war ich am Rande der Tränen und den ständigen Angriffen der Musik und der Geschichte hilflos ausgesetzt. Den Moment, in dem die zitternden Gefangenen wie Geister aus ihren Zellen treten und mit Ehrfurcht und gedämpftem Staunen die Sonne begrüßen, als sähen sie zum ersten Mal, konnte ich kaum ertragen [...]. Florestans unschuldiges »Oh, Dank!« für einen Kanten Brot; das erschütternde Trompeten-Pianissimo aus weiter Ferne; die vergeistigte Zusammenfassung des ganzen Dramas in der Dritten *Leonoren-Ouverture*, gespielt zwischen den Szenen des dritten Aktes im dunklen Opernhaus; die Schlussszene im vollen Sonnenglanze, so befreiend wie das Finale der *Neunten Symphonie* – all dies ging mir ans Herz und ließ mich weinen vor Mitgefühl und Freude.[35]

Dieser durchschlagende Erfolg Mahlers regte in New York eine ganz neue Diskussion an, nämlich die über die unbefriedigende Spielkultur der städtischen Orchester, des »Philharmonic«, das damals der charismatische russische Pianist und Tschaikowski-Freund Wassilij Safonow leitete, und der »New York Symphony«, der ein deutschstämmiger Dirigent, Walter Damrosch aus Breslau, vorstand. Kurz nach Mahlers *Fidelio* fragte sich die Wochenzeitschrift *Musical Courier*, was denn der Grund sei, dass die Kritik den von Safonow und Damrosch dirigierten Symphoniekonzerten keine Beachtung schenke.[36]

Die Fragestellung war rhetorisch und deutete auf das mittelmäßige Niveau der New Yorker Orchester und auf Mahlers überragende

Fähigkeiten als Dirigent hin, die laut *Musical Courier* in New York nutzbar gemacht werden sollten. Walter Damrosch, damals 45 Jahre alt, verstand die Botschaft und verstärkte seine Bemühungen, Mahler für einige Konzerte an der Spitze seines Orchesters zu gewinnen, ein Interesse, das Mahler selbst seit langem bekundet hatte, so auch Damrosch gegenüber kurz vor der *Fidelio*-Premiere. Nun, da Conried, der Mahler eine Tätigkeit außerhalb der »Met« untersagt hatte, aus dem Spiel war, konnten Pläne in diese Richtung ernsthaft diskutiert werden. Ein Brief Mahlers an Damrosch, vier Tage vor dem *Fidelio*-Triumph, bestätigt Mahlers brennendes Interesse an Orchesterkonzerten: »[...] so frage ich nun bei Ihnen (an), ob Sie mich nächstes Jahr wollen; und wenn ja, so möchte ich mündlich mit Ihnen das Nähere besprechen, um allen Schwierigkeiten aus dem Weg zu gehen.« Damrosch ließ sich nicht zweimal bitten und kam ins Hotel Majestic, wo er eine längerfristige Zusammenarbeit mit Mahler an der Spitze seines Orchesters für die kommende Saison 1908/09 besprach und gleich drei Konzerte für den Spätherbst 1908 fixierte. Mahler besorgte sich vom Vorsitzenden des Exekutiv-Komitees Otto Kahn die Bewilligung, meldete aber dann plötzlich und für Damrosch unerwartet Bedenken an: »Mir hat Kahn allerdings die Bahn freigegeben. Damit ist die Sache aber nur für die Metropolitan-Compagnie gelöst, denn ich muß für diese Freigabe auf 3.000 $ meiner Bezüge verzichten. Ich muß also nun erst sehen, wo ich das wieder hereinbringe [...]. Daß mir die Verbindung mit Ihnen die sympathischste ist, habe ich Ihnen bewiesen. Aber Sie werden begreifen, daß ich unter solchen Umständen, auch noch andere Gesichtspunkte ins Auge fassen muß.«[37]

Der Brief muss Damrosch nicht wenig geärgert haben, hatte er doch soeben eine fixe Vereinbarung mit Mahler als Gast-Dirigenten seiner Konzerte getroffen und darauf gesetzt, mit Mahler rechnen zu können. Damrosch wusste nicht, dass gleichzeitig Bestrebungen eines »Damen-Komitees« liefen, Mahler als Hauptdirigenten an das »New York Philharmonic« zu binden. Bereits am 19. April konnte der vom »Damenkomitee« ausgetrickste Damrosch das Statement eines einflussreichen Mitglieds des »Met«-Vorstandes in der *New York Times* lesen, dass man »im Laufe der Saison den starken Einfluss Mahlers auf das Ensemble« habe feststellen können, weshalb »es schade wäre, wenn man ihm nicht auch die Chance gäbe, reine Orchestermusik mit einem eigenen Orchester zu dirigieren«.[38]

Hinter dieser Erklärung stand als treibende Kraft die 45-jährige Bankiersfrau Mrs. Mary Sheldon, die eine Reihe gleichgesinnter Millionärsfrauen, – unter ihnen Mrs. Ruth Dana Draper aus einer New Yorker Verleger-Dynastie und Witwe eines Medizin-Professors von Harvard, und Minnie Carl Untermeyer, Gemahlin eines bedeutenden Rechtsanwalts – vereinigte. Mit ähnlicher Rücksichtslosigkeit hatte Mahler seinerzeit Hans Richter von der Spitze der Wiener Philharmoniker verdrängt. Dieses Mal ließ er Damrosch im Regen stehen und hörte auf die Sirenen aus der »Philharmonie«. Alma muss dieses Vorgehen gebilligt haben, denn sie erwähnt Mahlers Schwenk mit keinem Wort: Es seien »zwei Damen der New Yorker Gesellschaft«, Minnie Untermeyer und Mrs. Sheldon gewesen, die auf dem Heimwege von der Oper den »neuen Einfall« eines eigenen auf Mahler zugeschnittenen Orchesters gehabt hätten und für dieses Projekt »binnen wenigen Tagen hunderttausend Dollar« sammelten.[39]

An die Schwiegermutter Anna Moll schrieb Mahler hocherfreut noch im März 1908: »Der Fidelio hat mächtig eingeschlagen, und meine Chancen mit einem Schlage ganz verändert. Ich steuere oder vielmehr, es steuert jetzt drauf los, mir ein ›Mahler-Orchester‹ lediglich zu meinem eigenen Zweck zu bilden und damit nicht nur viel Geld zu verdienen, sondern auch ein wenig mir selbst genug zu tun.«[40]

Was das Geld verdienen betrifft, so konnte Mahler nach einem halben Jahr »Met« auf satte Einkünfte zurückblicken: Für gerade mal 27 Opernaufführungen – 20 in New York und sieben zwischen Philadelphia und Boston – hatte er 100.000 Kronen Gehalt in einem Jahr verdient, die hohe Abfindungssumme der Wiener Hofoper von 20.000 Kronen und die Jahrespension von 14.000 Kronen nicht eingerechnet.[41] Zwar hatte Mahler vor seiner Abreise nach Europa noch keinen Vertrag der »Philharmonie« in der Tasche, doch die Aussichten waren vielverheißend. Mit Damrosch hielt sich Mahler deshalb noch die Option offen und bestätigte vorderhand drei Konzerte für den Spätherbst. Mit der »New York Symphony« war das Vertrauen jedoch gestört und der Schaden irreparabel, auch ein Grund dafür, dass sich

Damrosch bei der Proben-Disposition im darauffolgenden November an Mahler rächen würde.

Mahlers Erfolge an der »Met« setzten sich indes mit *Walküre* und *Siegfried* in der zweiten Hälfte der Saison fort. Das Orchester war, trotz aller Warnungen Voreingenommener, er werde mit seinen Erneuerungsplänen an der Orchestergewerkschaft scheitern, auf Mahlers Seite. So stellte der *New York Herald* fest: »Mahler hat seine Gesangs- und Orchesterkräfte so einfühlsam geführt, dass sie, anstatt ihn als Diktator zu verfluchen, geradezu darauf versessen sind, seiner Stabführung zu folgen.«[42]

## Mahlers Beziehung zu Amerika: »Man hat hier nur vor einem Respekt: Können und Wollen! …« *(Gustav Mahler über New York)*

Liest man Mahlers Briefe, die er an Freunde, Verwandte und Musikpartner aus New York schrieb, entsteht vordergründig ein Bild höchster beruflicher Befriedigung. So fand er in einem Brief an den Wiener Regisseur Alfred Roller, den er zu überreden versuchte, ihm in die Staaten zu folgen, nur begeisterte Worte: »Das Publikum hier und alle für den Künstler in Betracht kommenden Faktoren – nicht zum Geringsten die Direktoren selbst (meistens Multimillionäre) – zwar verdorben und irregeleitet, aber – im Gegensatz zu »unsere Leut« in Wien (womit ich auch die Herrn Arier meine), *unblasiert,* hungrig nach dem Neuen und im höchsten Grade lernbegierig. – […] Die Menschen hier sind ungeheuer frisch – alle Rohheit und Unbelehrbarkeit – nur *Kinderkrankheiten.* Die *Gemeinheit* und Verlogenheit rührt nur von unseren lieben eingewanderten Landsleuten her. Hier *herrscht nicht* der Dollar – er ist nur leicht zu verdienen. Man hat hier nur vor einem Respekt: *Können und Wollen*! […] Alles ist hier großartig und gesund – aber verdorben durch das Einwandererpack.«[43]

Auch privat schien alles in bester Ordnung zu sein. In einem Brief von Anfang März an Anna Moll teilt er der Schwiegermutter mit, dass sich Almschili »pumperlwohl« fühle und mit einer in New York lebenden Wienerin, Fr. Uchatius, Bekanntschaft gemacht habe.[44]

Bei aller Begeisterung für die amerikanischen Verhältnisse musste sich Mahler jedoch auch eingestehen, dass er sich schlecht in die Lebensgewohnheiten der Neuen Welt einfügte und Heimweh nach Europa hatte. So vertraute er der Gräfin Misa Wydenbruck geb. Esterhazy-Galanta, in einem Brief kurz vor seiner Abreise aus New York an, dass sich sein »Heimweh, das ihn die ganze Zeit geplagt hat«, in »jenes gewisse erregte Sehnen« verwandelte, denn er bleibe halt »ein eingefleischter Wiener«.[45] Dieses Unbehagen in der Fremde bestätigt auch Alma in ihren Erinnerungen, wenn sie berichtet, dass sie und Gustav Mahler in Amerika drei Monate lang vollkommen zurückgezogen, ja »klösterlich lebten«, dass Mahler seine Mahlzeiten im Bett einnahm und nur zu Proben und Aufführungen aufstand, sonst tagelang lesend im Bett lag.[46] Das waren wohl Anzeichen einer Fremdheits-Depression und Anpassungs-Unfähigkeit, die in den kommenden Jahren noch zunehmen sollte.

Alma führte Mahlers auffahrende Gereiztheit auf das Bewusstsein zurück, herzkrank zu sein. In Wahrheit machten sich Anzeichen ehelicher Entfremdung zwischen beiden bemerkbar. In Gesellschaft benahm Mahler sich auffällig wortkarg und ungebührlich, wie bei jener Dinner-Einladung, in deren Verlauf er aus dem ostinaten Schweigen heraus plötzlich die Gastgeberin wegen einer kritischen Äußerung über Wagner anfuhr: »Was sagen Sie? Wagner war undankbar gegen Liszt? Und er hat einen schlechten Charakter gehabt? [...] Und Sie wagen irgendeinen Maßstab an Wagners Charakter anzulegen, ihn mit Philister-Elle zu messen?«, was eine Dame der Gesellschaft zur Frage an Alma veranlasste: »Macht Ihr Herr Gemahl bei Dinners immer Szenen?«[47] Diese Stimmung des Rückzugs und der wortkargen Frustration war am Weihnachtsabend 1907 besonders akut. Dazu Alma: »Der traurigste Abend war der Weihnachtsabend, der erste ohne Kinder und in der Fremde. Mahler wollte nicht erinnert werden, daß Christfest sei, und ich war verlassen und einsam und weinte ununterbrochen den ganzen Tag.« Die ersten Schatten einer Ehekrise machten sich bemerkbar.

Ansonsten vermerkte Alma die Wandlung Mahlers vom unduldsamen Hofoperndirektor zum konzilianteren Realisten, der sich den Verhältnissen eines fremden Theaters anzupassen versuchte, der Opernkürzungen, die früher nie in Frage gekommen wären, plötzlich tolerierte und über Dekorationsschlampereien lachte: »Seine Einstellung zur Welt und zu allem war überhaupt eine andere geworden. Der Tod des Kindes, sein eigenes Leiden. Alles andere verlor daneben etwas an Wichtigkeit.«[48]

Als Gustav Mahler, nach seinen letzten Saisonverpflichtungen an der »Met«, mit *Walküre* und *Siegfried*, am 23. April New York verließ und auf dem Überseedampfer Kurs auf das alte Europa nahm, hatte er ein beruflich erfolgreiches Jahr in Amerika hinter sich. Die Überfahrt auf dem Überseedampfer »Kaiserin Auguste Viktoria« dauerte 10 Tage: Ankunft am Hamburger Hafen Cuxhaven am 2. Mai 1908. Mahler benützte die Gelegenheit, um alte Freunde wie Arnold Berliner und Adele Marcus zu besuchen und die Bedingungen für ein Konzert mit dem Verein »Hamburger Musikfreunde« zu diskutieren. Bei der Gelegenheit lud er auch den Dirigenten Gustav Brecher nach Toblach ein.

Auf der Weiterreise dirigierte Mahler in Wiesbaden seine *Erste* und erreichte Wien am 10. Mai, wo er von seinen engsten Wiener Freunden am Bahnhof begrüßt wurde: Alfred Roller, Arnold Rosé, Bruno Walter und Theobald Pollack.[49] Alfred Roller fand, dass Mahler zwar nicht gealtert war, wie Alma behauptete,[50] aber deutlich verändert aussah.[51] Mahler blieb nur etwa 10 Tage in Wien, bevor er nach Prag weiterreiste, wo er ein Symphoniekonzert mit Wagner, Smetana und Beethovens *Siebter Symphonie* leitete und mit den Verantwortlichen die Vorbereitungen für die Uraufführung seiner eigenen *Siebten* in einem Festival aus Anlass des 60-jährigen Kaiser-Jubiläums Mitte September 1908 besprach.[52]

# VI. Mahlers Ankunft in Toblach 1908

## Toblachs touristischer Aufschwung am Ende des 19. Jahrhunderts: »Der Ort hat sich herausgeputzt und verschönert ...«

*(»Der Bote für Tirol und Vorarlberg«, 1902)*

Nach der Anbindung des Pustertales an das Südbahn-Netz, 1871, war die Eröffnung des von der Südbahn-Gesellschaft erbauten »Hotel Toblach«, 1878, der nächste entscheidende Schritt zur Erschließung der Region für den mitteleuropäischen Ferientourismus. Durch die Südbahn war Toblach von den vier größten Städten der Monarchie aus – Wien, Prag, Budapest und Triest – unschwer zu erreichen. Die Verfügbarkeit eines so imposanten Hotels, in dem nicht nur hohe Beamte, Offiziere und Unternehmer, sondern auch Staatsoberhäupter wie König Albert von Sachsen und König Milan von Serbien abstiegen und wo der deutsche Thronfolger Friedrich von Hohenzollern und einer der Hauptaktionäre der »Südbahn-Gesellschaft«, Baron Nathaniel Rothschild, Ferien machten, hob die Attraktivität des Gebietes nachhaltig. »Hotels sind Orte der Verwandlung«, meint Hans Heiss im Vorwort seiner Geschichte des »Grandhotel Toblach«.[1] Die Verwandlung betraf aber nicht nur die Gäste, die das diskret noble Ambiente des »Südbahnhotels« genossen, sondern auch Toblach selbst. »Der Ort hat sich herausgeputzt und verschönert«, vermerkte 1902 anerkennend der *Bote für Tirol und Vorarlberg.*[2] Bereits 1880 erreichte das Hotel eine Auslastung von 4.000 bis 5.000 Nächtigungen, bei 1.770 Gästen. Um das rasch sich zum Grandhotel entwickelnde Haus, das 1887 in den Besitz der erfolgreichen Pächter Ignaz und Elise Überbacher überging, entstanden bald auch weitere Hotels, die Alt-Toblach in Richtung Neu-Toblach erweiterten: das Hotel »Germania«, das Hotel »Union«, das Hotel »Ploner«, das Hotel-Garni »Waldhof«, »Villa Laner«, »Villa Santer« und »Villa Steger«, alle zwischen 1887 und 1900 erbaut.[3]

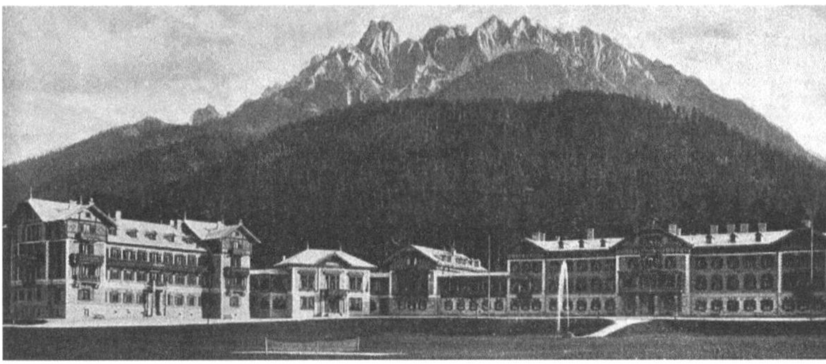

Dolomiten-Hotel Toblach 1897

Das Ansehen des Ortes stieg also im Gleichschritt mit dem Ausbau des Bettenangebots im Umkreis des Grandhotels. Den Rest besorgte die Werbung, die am Ende des 19. Jahrhunderts geschickt den romantischen Naturbegriff mit dem touristischen Gewinnstreben verband. So schwärmten einerseits die 1877 erschienenen *Wanderungen durch Tirol und Vorarlberg*, geschildert von Ludwig von Hörmann, Herman von Schmid, Ludwig Steub, Karl von Seyffertitz, Ignaz Zingerle, illustriert von Franz Defregger, Alois Gabl, Adolf Obermüllner, Franz von Pausinger, Richard Püttner, Mathias Schmid, Gottfried Seelos, Josef Wapfner u. a.,[4] von »engen winddurchbrausten Gegenden«, von »unheimlichen Schluchten«, von »Edelsitzen und halbzerfallenen Burgen«, während die praktischen, nüchtern verfassten Reiseführer zweckdienliche Hinweise verbreiteten. Es entstand eine wahre Flut an *Almanachen*, *Österreichisch-ungarischen Heimat-Bildern* und *Illustrierten Führern*, die auch Toblach nach Klima, Höhenlage, Bettenkapazität, Wander- und Ausflugzielen, Apotheken, Verkehrsverbindungen u. a. m. darstellten.[5]

Die Gegend von Toblach wurde in diesen Reise-Almanachen vor allem als klimatisch ausgeglichenes, regenarmes breites Hochtal dargestellt, von dem man per Bahn, per Rad und zu Fuß die abwechslungsreichsten Ausflüge zu Seen und Dolomitenriesen unternehmen konnte.

Erwähnt wurden in diesen Führern immer wieder der »Post- und Stellwagen-Verkehr« nach Cortina d'Ampezzo sowie der Postwagen-Verkehr mit Belluno »durch imposante Dolomitenlandschaften und von dort weiter per Bahn nach Treviso, Venedig, Verona und Udine«. Geschichtliches, wie die »große Völkerschlacht zwischen Bajuwaren und Slawen im Toblacher Feld«, blieben unerwähnt. Genau beschrieben wurden hingegen die Gehzeiten der verschiedenen Wanderrouten, die Kofel und Kogel entlang der Ampezzostraße (*Strada d'Allemagna*), die zweistündige Gehzeit nach Höhlenstein (Landro) und weiter nach Schluderbach, 1442 m hoch gelegen, die Richtung ins »Tal der Schwarzen Rienz«, durch das man »das merkwürdige Gebilde der Drei Zinnen erblickt«, zum *Dürren-See* gelangt und im Hintergrund die gewaltige Masse des umgletscherten Monte Cristallo (3260 m) erblickt.[6]

In diesen Broschüren wurde auch mit dem günstigen Klima im oberen Pustertal geworben. Es wurde nicht nur empirisch als mild und regenarm gepriesen, sondern auch wissenschaftlich beglaubigt. Die vom k. u. k. Ackerbauministerium 1879 errichteten Wetterstationen, die das Rückgrat für den 1893 erweiterten »Hydrographischen Dienst« und die »Meteorologischen Jahrbücher« ab 1893 bildeten, sammelten systematisch alle klimatisch relevanten Daten. Aus diesen Messungen, die ab 1900 durch ähnliche Studien zu Niederschlägen und Besonnung aus der Feder von Heinrich von Ficker von der Universität Innsbruck ergänzt wurden, wurde ersichtlich, dass die Südseite der Alpen wegen der Nord-Süd-Ausrichtung des Haupttales der Etsch eine größere Durchlässigkeit an warmen Luftströmungen aus dem Mittelmeerraum gewährleistete als etwa das Inntal, das in West-Ostrichtung verlief.[7]

Ein weiterer Schritt zur nachhaltigen touristischen Erschließung der Sextener und Ampezzaner Dolomiten war der Bau der 109 km langen Dolomitenstraße von Bozen nach Cortina und Toblach, die vom Deutschen und Österreichischen Alpenverein angeregt, auf Betreiben zweier Fremdenverkehrspioniere, Albert Wachtler aus Bozen und Rechtsanwalt Dr. Theodor Christomannos, respektive Präsidenten der Alpenvereinssektionen von Bozen und Meran, als Meisterleistung österreichischer Gebirgsstraßenbaukunst realisiert wurde. Diese durch

## Pustertaler-Bahn.

### Marburg–Franzensfeste.

| Km. | Stationen | | Schz. 409 | Prsz. 413 | Prsz. 415 | Persz. 417 | Schz. 407 | Persz. 419 | Prsz. 421 |
|---|---|---|---|---|---|---|---|---|---|
| | | | I. II. III. Klasse | | | | | | |
| | **Marburg** | ab | 2.06 | 3.20 | 5.50 | 10.14 | 4.38 | 3.15 | 8.05 |
| 65 | **Unter-Drauburg** | an | 3.16 | 4.51 | 7.35 | 11.59 | 5.45 | 4.53 | 9.46 |
| | | ab | 3.18 | 4.55 | 7.54 | 12.05 | 5.46 | 4.57 | 9.52 |
| 127 | **Klagenfurt** | an | 4.34 | 6.41 | 9.48 | 1.55 | 7.02 | 6.45 | 11.37 |
| | | ab | 4.38 | 6.54 | 10.20 | 2.21 | 7.06 | 7.22 | 12.00 |
| 149 | **Velden** | | 5.05 | 7.36 | 11.05 | 3.04 | 7.34 | 8.03 | 12.41 |
| 166 | **Villach** | an | 5.25 | 8.07 | 11.36 | 3.35 | 7.54 | 8.33 | 1.10 |
| | | | | | | | Schz. 411 | | |
| | | ab | 5.35 | 8.23 | 12.34 | 4.15 | 4.04 | 9.56 | 1.25 |
| 202 | Spittal-Millstättersee | | 6.11 | 9.17 | 1.27 | 5.09 | 4.38 | 10.55 | 2.23 |
| 238 | Greifenburg | | 6.42 | 10.07 | 2.15 | 5.59 | . | 11.41 | 3.15 |
| 243 | Dellach | | . | 10.21 | 2.28 | 6.13 | . | 11.54 | 3.29 |
| 251 | Ober-Drauburg | | 7.01 | 10.34 | 2.38 | 6.24 | 5.25 | 12.04 | 3.40 |
| 258 | Nikolsdorf | | . | 10.44 | 2.47 | 6.34 | . | 12.13 | 3.50 |
| 265 | Dölsach | | 7.15 | 10.53 | 2.56 | 6.48 | 5.39 | 12.22 | 3.59 |
| 270 | **Lienz** | an | 7.21 | 11.00 | 3.02 | 6.50 | 5.44 | 12.29 | 4.06 |
| | | ab | 7.32 | 11.11 | 3.10 | 7.09 | 5.49 | 12.34 | 4.20 |
| 280 | Thal | | . | 11.29 | 3.26 | 7.28 | . | 12.50 | 4.37 |
| 286 | Mittewald (Hltst.) | | . | 11.41 | 3.37 | 7.41 | . | 1.01 | 4.48 |
| 293 | Abfaltersbach | | . | 12.02 | 3.56 | 8.03 | . | 1.20 | 5.07 |
| 300 | Sillian | | . | 12.15 | 4.09 | 8.16 | . | 1.33 | 5.21 |
| 303 | Weitlanbrunn (Hltst.) | | . | 12.22 | 4.14 | 8.23 | . | . | 5.27 |
| 307 | Vierschach (Hltst.) | | . | 12.30 | 4.21 | 8.35 | . | 1.44 | 5.35 |
| 312 | **Innichen** | | 8.56 | 12.45 | 4.33 | 8.48 | 7.02 | 1.56 | 5.47 |
| 316 | **Toblach** | | 9.08 | 12.57 | 4.44 | 8.57 | 7.10 | 2.04 | 5.57 |
| 321 | Niederdorf | | 9.17 | 1.05 | 4.52 | 9.05 | 7.17 | 2.12 | 6.05 |
| 326 | Welsberg | | 9.26 | 1.13 | 5.00 | 9.13 | 7.25 | 2.20 | 6.13 |
| 338 | Olang | | . | 1.23 | 5.10 | 9.23 | . | 2.30 | 6.29 |
| 345 | **Bruneck** | an | 9.54 | 1.38 | 5.25 | 9.38 | 7.52 | 2.45 | 6.48 |
| | | ab | 9.58 | 1.40 | 5.28 | 9.41 | 7.54 | 2.47 | 6.56 |
| 347 | St. Lorenzen (Hltst.) | | . | 1.45 | 5.32 | 9.46 | . | 2.51 | 7.01 |
| 353 | Ehrenburg | | . | 1.54 | 5.41 | 9.54 | . | 2.59 | 7.10 |
| 358 | St. Sigmund (Hltst.) | | . | 2.00 | 5.47 | 10.00 | . | . | 7.19 |
| 363 | Vintl | | . | 2.08 | 5.55 | 10.08 | . | 3.13 | 7.27 |
| 369 | Mühlbach | | 10.32 | 2.16 | 6.03 | 10.17 | 8.23 | 3.21 | 7.42 |
| 372 | Schabs (Hltst.) | | . | 2.21 | 6.08 | 10.23 | . | . | 7.48 |
| 375 | Mil.-Hltst. Franzensfeste | | . | 2.27 | 6.15 | 10.28 | . | 3.31 | 7.56 |
| 377 | **Franzensfeste** | | 10.43 | 2.30 | 6.18 | 10.32 | 8.34 | 3.35 | 8.00 |

### Franzensfeste–Marburg.

| Km. | Stationen | | Persz. 418 | Schz. 412 | Persz. 428 | Persz. 440 | Persz. 414 | Persz. 416 | Prsz. 420 | Schz. 410 |
|---|---|---|---|---|---|---|---|---|---|---|
| | | | I. II. III. Klasse | | | | | | | |
| — | **Franzensfeste** | ab | 8.45 | 7.30 | 5.24 | 6.35 | 4.55 | 10.46 | 2.45 | 6.24 |
| 2 | Mil.-Hltst. Franzensfeste | | 8.49 | . | 5.29 | 6.41 | 4.59 | 10.50 | 2.49 | . |
| 5 | Schabs (Hltst.) | | 8.57 | . | 5.35 | 6.49 | 5.06 | 10.56 | 2.56 | . |
| 9 | Mühlbach | | 9.03 | 7.42 | 5.52 | 6.57 | 5.12 | 11.02 | 3.03 | 6.36 |
| 14 | Vintl | | 9.12 | . | 5.55 | 7.09 | 5.20 | 11.10 | 3.12 | . |
| 20 | St. Sigmund (Hltst.) | | 9.21 | . | 6.03 | 7.20 | 5.28 | 11.18 | 3.20 | . |
| 24 | Ehrenburg | | 9.30 | . | 6.12 | 7.30 | 5.37 | 11.27 | 3.29 | . |
| 30 | St. Lorenzen (Hltst.) | | 9.40 | . | 6.21 | 7.41 | 5.47 | 11.36 | 3.38 | . |
| 33 | **Bruneck** | an | 9.45 | 8.11 | 6.27 | 7.48 | 5.52 | 11.41 | 3.44 | 7.05 |
| | | ab | 9.55 | 8.14 | 6.34 | 8.05 | 5.57 | 11.46 | 3.49 | 7.09 |
| 44 | Olang | | 10.24 | . | 7.05 | 8.45 | 6.27 | 12.16 | 4.20 | . |
| 51 | Welsberg | | 10.41 | 8.45 | 7.28 | 9.13 | 6.43 | 12.32 | 4.36 | 7.52 |
| 56 | Niederdorf | | 10.55 | 8.54 | 7.40 | 9.26 | 6.58 | 12.45 | 4.52 | 8.05 |
| 61 | **Toblach** | | 11.10 | 9.05 | 7.54 | 9.38 | 7.10 | 1.00 | 5.06 | 8.19 |
| 65 | **Innichen** | | 11.19 | 9.12 | 8.50 | 9.46 | 7.18 | 1.09 | 5.18 | 8.27 |
| 71 | Vierschach (Hltst.) | | 11.28 | . | 9.05 | | 7.26 | 1.20 | 5.29 | . |
| 75 | Weitlanbrunn (Hltst.) | | 11.36 | . | 9.12 | | 7.32 | 1.28 | 5.38 | . |
| 77 | Sillian | | 11.43 | . | 9.19 | | 7.37 | 1.35 | 5.46 | . |
| 85 | Abfaltersbach | | 11.57 | . | 9.31 | | 7.47 | 1.46 | 5.58 | . |
| 92 | Mittewald (Hltst.) | | 12.08 | . | 9.45 | | 8.02 | 1.59 | 6.16 | . |
| 98 | Thal | | 12.16 | . | 9.55 | | 8.11 | 2.07 | 6.26 | . |
| 108 | **Lienz** | an | 12.28 | 10.09 | 10.09 | Pers. 422 | 8.23 | 2.21 | 6.42 | 9.17 |
| | | ab | 12.48 | 10.14 | | 4.50 | 8.42 | 2.45 | 6.55 | 9.29 |
| 112 | Dölsach | | 12.55 | 10.20 | | 5.00 | 8.49 | 2.56 | 7.02 | 9.34 |
| 119 | Nikolsdorf | | 1.03 | . | | 5.09 | 8.58 | 3.06 | 7.12 | . |
| 126 | Ober-Drauburg | | 1.12 | 10.34 | | 5.19 | 9.08 | 3.17 | 7.23 | 9.48 |
| 134 | Dellach | | 1.22 | . | | 5.30 | 9.19 | 3.29 | 7.35 | . |
| 144 | Greifenburg | | 1.35 | . | | 5.44 | 9.33 | 3.43 | 7.49 | 10.05 |
| 176 | Spittal-Millstättersee | | 2.25 | 11.22 | | 6.43 | 10.31 | 4.38 | 8.43 | 10.35 |
| 212 | **Villach** | an | 3.13 | 11.54 | Schz. 408 | 7.35 | 11.22 | 5.34 | 9.33 | 11.06 |
| | | ab | 3.47 | 12.05 | 9.10 | 8.18 | 12.44 | 5.49 | 9.55 | 11.16 |
| 228 | **Velden** | | 4.21 | 12.23 | 9.30 | 8.52 | 1.20 | 6.21 | 10.32 | 11.36 |
| 250 | **Klagenfurt** | an | 5.02 | 12.47 | 9.54 | 9.34 | 1.57 | 6.50 | 11.15 | 11.59 |
| | | ab | | | 10.04 | 10.14 | 2.25 | 7.58 | | 12.09 |
| 313 | **Unter-Drauburg** | an | | | 11.12 | 11.56 | 4.09 | 9.40 | | 1.23 |
| | | ab | | | 11.13 | 12.08 | 4.19 | 9.50 | | 1.25 |
| 377 | **Marburg** | an | | | 12.16 | 1.46 | 6.13 | 11.26 | | 2.33 |

Mittagessen bei dem Zuge Nr. 415 und 414 in Villach, bei dem Zuge Nr. 417 in Klagenfurt.
Personenzug Nr. 428 verkehrt vom 1. Juli an. — Personenzug Nr. 440 verkehrt vom 1. Juli bis Ende August.

Herausgegeben vom Kath.-polit. Preßverein in Brixen. — Druck und Verlag der Preßvereins-Buchdruckerei.

Südbahn-Sommerfahrplan 1908

die schönsten Dolomitenaussichten von Bozen durch das Eggental zum Karerpass, ins Fassatal, zum Pordoijoch, über den Falzaregopass nach Buchenstein und Cortina über zahllose Straßenwindungen sich dahinschlängelnde Gebirgsstraße hätte eigentlich schon 1898 zum 50. Regierungsjubiläum des Kaisers fertiggestellt und demnach den Namen »Kaiserstraße« erhalten sollen, doch konnte der Zeitplan wegen der letzten Baulose am Pordoijoch und am Falzaregopass nicht eingehalten werden, sodass sie erst am 13. September 1909 offiziell eröffnet und durchgehend befahren werden konnte. Teilstücke dieser Dolomiten-Panorama-Straße waren jedoch schon ab 1900 befahrbar, was vor allem den immer stärker in Kurs kommenden Automobilverkehr begünstigte. Der motorisierte Verkehr war aber nicht nur privater Natur, er wurde auch von den Hotels, wie dem Grand Hotel am Bahnhof als Tagesausflug angeboten. So kann man in der Ausgabe vom 19. Juni 1908 im *Pustertaler Boten* unter dem Titel *Automobilverbindung in den Dolomiten* lesen:

> Zur Bequemlichkeit der Reisenden hat das Südbahnhotel in Toblach eine Anzahl Automobile eingestellt, um die Dolomitenstraßen in kurzer Zeit bequem durchfahren zu können. Besonders zu empfehlen wäre auch die Tour: Toblach – Cortina – Conegliano – Mestre (Venedig), eine Strecke, die man an einem halben Tage machen kann, wozu man sonst zwei Tage brauchte.

Bereits 1908 wurden Mitte Juli auf der Ampezzaner Straße zwischen Toblach und Cortina »bis zu 50 – 60 Automobile am Tag!« gezählt.[8]

Toblach, verkehrsstrategisch von Eisenbahn und Dolomitenstraße sehr begünstigt, wurde so rasch zu einem begehrten Rendezvous-Platz für Naturanbeter, Höhenwanderer, Gebirgsautomobilisten und Bergsteiger. Die deutschen und österreichischen Alpinisten drängten immer stärker in das Gebiet der Sextener und Ampezzaner Dolomiten. Am 9. September 1908 wurde auf Betreiben der Sektion Hochpustertal des Deutschen und Österreichischen Alpenvereins in Anwesenheit von 200 Vertretern aus Sexten, Innichen, Toblach und Niederdorf die erweiterte Dreizinnenhütte feierlich eröffnet. Allein die »Kleine Zinne« wurde an diesem Festtag von 16 Touristen erstiegen.[9]

## Mahlers Sommer-Umzug nach Toblach: »... dass Südtirol das Richtige wäre, ... dass es da nicht einen Regentag gehabt hätte ...« *(Gustav Mahler an Schwester Justine)*

Mahlers Entscheidung, die Sommer nach seinen Übersee-Engagements in Toblach zu verbringen, war unabhängig von den touristischen Werbeschriften über einen Zeitraum von 10 Jahren gereift: Mahler war Toblach nicht erst seit den Sommerausflügen, die er ab 1900 alljährlich in die Ampezzaner Dolomiten unternahm, ein Begriff, sondern schon viel früher, als er Mitte der Neunzigerjahre als junger Verliebter an ein Rendezvous mit seiner geliebten »Mohnblume«, der Sängerin Anna von Mildenburg, vermutlich in einem Toblacher Hotel dachte.[10]

Den Ort Toblach hatte Mahler zum ersten Mal im Sommer 1897 gesehen, als er um den 20. Juli eine dreitägige Radtour ins Ampezzotal unternahm[11] und eine Woche später mit der Südbahn nach Wien zurückfuhr, um nach dem überraschenden Rücktritt des amtierenden

Hofoperndirektors Wilhelm Jahn dessen Position interimistisch einzunehmen.

Die Idee, sich nicht mehr nördlich der Alpen um ein Feriendomizil umzusehen, sondern Südtirol ins Auge zu fassen, hatte Mahler bereits 1899 nach dem unerfreulichen Bad Ausseer Sommer, als er seiner Schwester Justine, die gerade mit Natalie Bauer-Lechner in der Gegend um den Wörthersee nach einem geeigneten Objekt Ausschau hielt, schrieb, dass »Südtirol das Richtige« sei, da Bekannte, »die von unten kamen«, erzählt hätten, dass es »da nicht einen Regentag gehabt« habe.«[12] Damit unterstrich Mahler selbst, wie wichtig für sein sommerliches Schaffen günstige klimatische Bedingungen waren.

Als es dann 1900 zum Villen-Bau in Maiernigg kam, vergönnte sich Mahler jedes Mal, wenn seine kompositorische Arbeit gut gedieh, eine mehrtägige Radtour in die Ampezzaner Dolomiten und zum Misurina-See, wo er sich, wie Natalie Bauer-Lechner erzählt, »toll herumtrieb« und von wo er, trotz eines »scheusslichen Essens« in Toblach, »höchst erfrischt und gesundet« nach Maiernigg zurückkehrte.[13] In den folgenden Maiernigger Sommern gehörten Ausflüge nach Schluderbach, zum Misurina-See, nach Lienz und Toblach zum fixen, ausschließlich individualistisch-solitären Dolomiten-Programm zwischen den intensiven Schaffensklausuren im Maiernigger Komponierhäuschen.

Mahlers und Almas Entscheidung, sich nach dem Verlassen der Sommervilla am Wörthersee, für die künftigen Ferien im Raum Toblach einzurichten, war also weniger ein Davonlaufen vom Ort des schmerzlichen Verlustes der Erstgeborenen Maria, als vielmehr eine über Jahre gereifte Präferenz, die mit der Vertrautheit Mahlers mit der grandiosen Bergwelt um Toblach zu tun hatte und wesentlich von klimatischen Überlegungen beeinflusst war.

Mahler wusste seit seinen glücklichen Sommern in Vahrn, 1897 und 1898, wie angenehm Sommerfrischen auf der Südseite der Alpen sein konnten. Die reichlichen Niederschläge am Wörthersee, die sein klimatisches Gedächtnis vor allem in der Erinnerung an den Todeskampf der kleinen Maria bei größter Gewitterschwüle belasteten, hatten seine Sensibilität und Reizbarkeit für bessere klimatische Rahmenbedingungen noch geschärft. Als er seine Schwiegermutter und Alma nach Toblach zur Erkundung eines geeigneten Platzes für die Sommer ab 1908 schickte,[14] stand für Mahler also bereits fest, dass Toblach der ideale Ort für Erholung und intensives Komponieren war. Ideal auch für den seelischen Abstand von der alten Wirkungsstätte Wien, zu der er nach dem schmerzhaften Abgang von der Hofoper in einer beständigen Hassliebe stand, aus der heraus er im Sommer keinem über den Weg laufen wollte, den er nicht selbst zu sich einlud. Dass die Wahl auf Alt-Schluderbach fiel, zu dem es damals in den Tourismus-Broschüren »Gasthaus mit Fremdenwohnungen und Sommerwohnungen mit 30 Betten« hieß,[15] hatte wahrscheinlich nur noch logistische Bedeutung.

Das genaue Ankunftsdatum Mahlers in Toblach ist nicht bekannt. Alma und ihre Mutter waren Ende Mai vorausgefahren[16] und hatten Toblach im Schnee angetroffen. Es waren die »verspäteten Eismänner«, wie die *Brixner Chronik* am 26. Mai meldete, »ein Kälterückschlag mit schwachem, aber verhältnismäßig weit herabreichendem Schnee«. Alma berichtet über ihre Quartiersuche mit der Mutter und den ersten Eindruck vom Ort: »Im Mai, im hohen Schnee, fuhren wir jedes Haus ab, bis wir das Richtige hatten: Ein großes Bauernhaus außerhalb des Ortes, elf Zimmer, zwei Veranden, zwei Badezimmer, allerdings etwas primitiv, aber herrlich gelegen. Das nahmen wir sofort für den Sommer, kamen zurück, packten und übersiedelten alle nach Toblach.«[17]

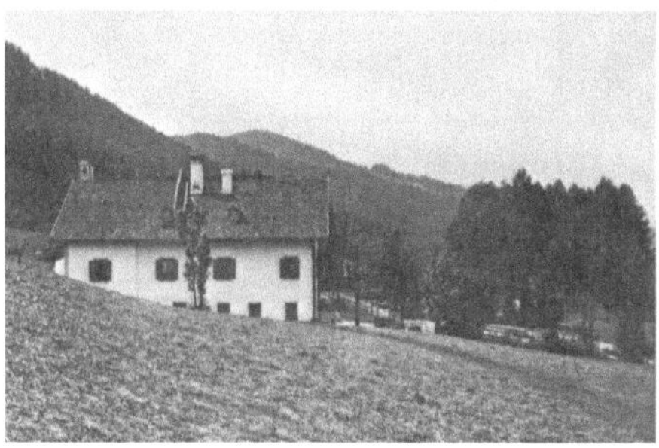

Das Ferienhaus Trenker in Toblach

Wenn man bedenkt, dass das Einpacken, Personal organisieren, Klaviere bestellen noch einmal einige Tage in Anspruch nahm, dann kann man davon ausgehen, dass die Mahlers mit der kleinen »Gucki«, Frau Anna Moll und zwei Bediensteten in den ersten Junitagen in Toblach/Altschluderbach im Haus des Sebastian Trenker eintrafen. Mahler bestellte als Erstes einen Tischler, der ihm sein drittes, bislang kleinstes Komponierhäuschen, diesmal ganz in Holz, unweit vom Wohnhaus unter hohen Tannen und auf moosigem Grund zimmerte. Die erste Junihälfte war wechselhaft: Starker Regen und Kälte wechselten mit Sonnenschein. Mitte Juni gab es wieder »sporadische Regenfälle«, die eine spürbare Abkühlung mit sich gebracht haben dürften. Am 17. Juni schrieb Mahler nämlich an Justine, sie möge so rasch wie möglich in seine Wiener Wohnung gehen und ihm »umgehend die *Schneeschuhe* schicken«, denn er friere »wie ein Dachs«. [18] Nach den Wetterberichten der *Brixner Chronik* herrschte ab der zweiten Junihälfte bis weit in den Juli hinein herrliches Sommerwetter, so sehr, dass die »Pustertaler Bauern Kreuzgänge um Regen hielten«. [19] Dieser Regen fiel dann ausgiebig Ende Juli. [20] Der August war dann wiederum durchweg schön, bis am 9. September eine merkliche Abkühlung bei anhaltendem Sonnenschein eintrat. [21]

Bei der Ankunft der Mahlers im Hause Trenker spielte sich laut Alma folgende Szene ab:

»Köstlich war die Szene bei der Zimmerverteilung! Wir führten ihn stolz von einem Raum in den andern, und er suchte, nach vielem Hin und Her, die beiden größten und schönsten Zimmer für sich aus. Sodann wurde das größte Bett aus dem ganzen Haus aufgespürt und hineingestellt, obwohl er kleiner war als ich. Sein Egoismus war vollkommen naiv, und er wäre furchtbar erschrocken, wenn er ihn erkannt hätte. Meine Mutter und ich gingen hinter ihm drein und freuten uns seiner harmlosen Freude. Wir ließen nun zwei Flügel und ein Pianino kommen, das in sein Gartenhaus gestellt wurde: das Arbeitszimmer.« [22]

## Die Zunahme des Antisemitismus in Wien und Tirol: »Die Verjudung der Intelligenz bei uns in Österreich schreitet unaufhörlich und unheimlich vorwärts« *(»Der Tiroler«, 18. April 1908).*

Toblach war weit von Wien entfernt, für Mahler die am weitesten entlegene von allen bis dahin ausprobierten Sommerfrischen, doch nicht weit genug, als dass nicht auch hier die alten Wiener Querelen angekommen wären, ein Gemisch aus Antisemitismus, politischem Radikalismus und deutschnationaler Kampfstimmung. Nach New York war einiges durch Briefe und die sporadische Lektüre der *Neuen Freien Presse* durchgedrungen, [23] doch auf dem Territorium der untergehenden

Donaumonarchie zurück, gingen die Ereignisse Mahler viel näher als in der fernen Neuen Welt. Dafür sorgten schon seine Informanten, die mit Mahler auch nach seinem Abgang von der Wiener Hofoper im engen Kontakt blieben. An der Hofoper regierte nun Felix Weingartner, der vor allem bei den judenfeindlichen Deutschnationalen gut ankam, weil er alles, was an Mahler und dessen Neuerungen erinnerte, aufhob, veränderte, rückgängig machte. Weingartner wurde zum Liebkind der antisemitischen Presse, vor allem des *Alldeutschen Tagblattes*, an dem sich bekanntlich der junge Adolf Hitler politisch orientierte, und das nicht müde wurde, den Juden Mahler zu denigrieren: «Früher, unter Mahler, vergleichbar dem bösen Zauberer Klingsohr aus ›Parzifal‹, wurden nur Rabbiners-, Ganselstopfers- und Hausiererstöchter angestellt, plattfüßige Rassegenossen.« Karikaturen in der antijüdischen Satire-Zeitung *Kikeriki* zeigten Weingartner, wie er im Rosengarten mit einer Riesenschere Judenköpfe abschnitt.[24] Weingartner kürzte und strich emsig jede übernommene Inszenierung aus der Mahler/Roller-Ära, so auch den *Fidelio*, an dem Mahler besonders hing. In einem Brief aus New York hatte sich Mahler beim Wiener Kritiker Josef Reitler bedankt, der ihm seine Begeisterung für die Beethoven-Oper der früheren Hofopernära zum Ausdruck gebracht hatte: «Es ist allerdings nur ein Freudenbecher, der mit Wermut gefüllt ist, zu erfahren, daß man mein Werk nicht augenblicklich vergessen hat, wenn man es auch ohne jede Verteidigung dem Zerstörer überließ. – Ich sage es offen – es hat mich sehr geschmerzt, daß sich der Zahn der Zeit gerade den Fidelio ausgesucht hat, von dem ich gehofft hatte, daß er mich dort lange überleben sollte.«[25] Als Mahler bereits in Toblach weilte, kam es am 17. Juni während einer *Walküren*-Aufführung durch Weingartner zu Krawallen auf der Galerie der Wiener Oper. Ziel der Proteste von Seiten einer kleinen Schar Mahler-Anhänger waren die massiven Striche, die Mahlers Nachfolger an der von Roller und Mahler eingeführten kompletten *Walküren*-Aufführung vorgenommen hatte. Gegen diese Störung spie das *Alldeutsche Tagblatt* des Georg Schönerer Gift und Galle:

> Eine Anzahl krummnasiger Mahlerianer, die netten Dickschädel (Katzenköpfe) gar fein und lieblich mit schwarzer Negerwolle versehen (homo negroides), fand die Gelegenheit günstig, um sich in lärmenden Demonstrationen zu ergehen. Die Mitglieder des Orchesters, die Herrn

> Weingartner als Dirigenten ersten Ranges verehren und froh sind, daß sie den jüdischen Gaukler Mahler endlich los geworden sind, feierten dagegen ihren Direktor wie ein Mann durch Aufstehen von ihren Sitzen und herzlichem Beifall. Nach dem zweiten Akt erschien die Polizei auf der Galerie und hatte die namenlose Kühnheit, sechs Judenbuben zu verhaften, ohne vorher zu dieser völkerrechtlichen Brutalität von Herrn Oberrabbiner Dr. Güdemann die Erlaubnis einzuholen.[26]

Mahler erfuhr in Toblach von dieser Affäre. In einem Brief an den Schönberg-Schüler Karl Horwitz simulierte er sarkastisch Gleichgültigkeit, wenngleich ihn die Nachricht innerlich sehr traf: »Von der Walkürenaffäre habe ich schon gehört. Für einen so fernstehenden Beobachter wie mich, ist die ganze Sache völlig unverständlich. W. [Weingartner] scheint nicht nur mich, sondern auch Richard Wagner als ›Vorgänger‹ zu betrachten.«[27]

Die antijüdische Hetze nahm gerade in der Zeit, als Mahler Wien verließ, an Heftigkeit zu. Dabei wuchs eine zweifache antisemitische Feindschaft heran: einerseits die der christlichsozialen Partei, die vorgab zum Schutz des kleinen Mannes das vermeintlich ausbeuterische jüdische Großkapital ins Visier zu nehmen, und andererseits der völkische Rassewahn der pangermanischen *Alldeutschen* des Georg Schönerer, die das Judentum radikal aus Kultur und Gesellschaft vertreiben wollten. Dieser spezifisch österreichische Antisemitismus, den Stefan Zweig als viel gefährlicher als den christlich-sozialen einstufte, stieg in dem Maße, wie sich der Vielvölkerstaat durch den Unabhängigkeitsanspruch einiger Völker und die zunehmende Unregierbarkeit der auseinanderdriftenden Länder bedrohlich dem Untergang näherte. Der Jahrhundertaufmarsch zum 60. Regierungsjubiläum von Kaiser Franz Joseph am 12. Juni 1908 in Wien bot gerade diesen Deutschnationalen, den Verfechtern einer von rassischer Kontamination befreiten deutschen Volksgemeinschaft, den willkommenen Anlass zur Hetze gegen alles Fremde und Degenerierte in der zerfallenden Donaumonarchie. Kaiser Franz Joseph, der schon alt und müde war, hätte am liebsten auf dieses k. u. k. Großspektakel, das alle Nationalitäten vor ihm defilieren ließ, verzichtet, doch er wurde von den gut meinenden Patrioten dazu gedrängt. Der »Huldigungsfestzug« war eine gigantische Heerschau der Geschichte der Habsburger im Zeichen des Historismus. Jeder Epoche war ein eigener

Korso gewidmet, mit original kostümierten Rossen und Reitern in glänzenden Rüstungen hoch titulierte Adelige im Gefolge, Nachfahren der Heerführer aus allen geschichtlichen Epochen, dann allerlei Prinzen und Erzherzöge, Lichtfiguren aus der langen Geschichte, von der Schlacht bei Nördlingen 1634 bis zur Belagerung Wiens durch die Türken, vom Tiroler Landsturm bis zu den Taten des Feldmarschalls Radetzky. Dann Sittenbilder aus den Jahrhunderten: vom Praterkorso aus der Zeit des Wiener Kongresses bis zu den Lebensformen und Fuhrwerken aus dem Vormärz. Doch hinter dieser Glorie, deren Banner von den bedeutendsten Bühnenmalern der Zeit, Alfred Roller, Karl Hollitzer, Heinrich Lefler, Remigius Geyling u. v. a. gemalt wurden, marschierten die Zwietracht und die Abtrünnigkeit im Endstadium des Reichs. Es waren 12.000 Untertanen, die ein letztes Mal vor dem »Jubelkaiser« vorbeimarschierten. Im »Simplicissimus« kommentierte der aus Brixen stammende satirische Zeichner Eduard Thöny – Hitler, der zu seinen Bewunderern gehörte, ehrte ihn später mit dem Professorren-Titel – den Festumzug mit einer ganzseitigen farbigen Karikatur. Darunter stand als Kommentar:

> Nach den Deutschen kamen die farbenfrohen Gruppen der wilden Völker Österreichs. Da kamen die Kroaten und Rastelbinder, die Schlawiner und Mausfallenhandeler, die Hanaken, Scherenschleifer, die Betyaren, Huzulen und die Magyaren. Sie führten Tänze auf, musizierten, fraßen Feuer und Schlangen und zeigten Sr. K. K. Apostolischen Majestät ihre bekannte Anhänglichkeit.[28]

Wie ganz anders der von Hans Makart 1879 organisierte Festumzug zur Silberhochzeit des Kaiserpaares, den Mahler vermutlich miterlebt hatte, und wie verschieden dieser von 1908, dem der in Toblach weilende Mahler fernblieb.

Den von den Intellektuellen verbreiteten Sarkasmus teilten die Tiroler keineswegs: Viel eher deuteten sie die imposante Heerschau imperialer Insignien als Bollwerk gegen Linke und Juden und als Untermauerung ihrer heilen Welt mit Gott und Kaiser: So vermerkte der *Tiroler Volksbote* am 5. Juli 1908:

> Wie ein Lauffeuer hat sich vor wenigen Tagen die Kunde in alle Täler unseres Landes verbreitet, daß die Tiroler bei dem Kaiserfestzug in Wien großes Aufsehen gemacht haben, vielfach umjubelt worden sind und dem

> Kaiser eine ganz besondere Freude bereiten konnten […]. Der Stutzen ist das Abzeichen des Tirolers, seine Freude, sein Stolz, seine Geschichte und sein Ruhm […]. Unsere Väter sind im Kriegsfeuer gestanden und haben ihr mutiges Herz gezeigt […]. Weil ihr Herz glühte in Begeisterung für den Glauben. Was ein richtiger Tiroler ist, muß im Herzen religiös sein.[29]

Auch im Pustertal war in diesem Sommer 1908 das Schützenwesen das vorherrschende kulturelle Thema. Mit Stolz erinnerte der *Pustertaler Bote* vom 19. Juni, dass am »Huldigungsfestzug in Wien« die historischen Fahnen einiger Pustertaler Kompanien vorgeführt wurden, »welche 1809, 1848 und 1859 gegen den Feind gerückt« und Zeugen der Tiroler Kämpfe von 1796, 1797, 1799, 1805, 1809 und 1813 gewesen waren«, oder, von den Franzosen »erbeutet«, »in Tiroler Schützenfahnen verwandelt« worden waren. Große Freude herrschte diesen Sommer in Toblach, als Erzherzog Eugen der lokalen Schützen-Kompanie zur «neuen Uniformierung der alten Tracht 80 Kronen spendete«.[30] Dieselbe Toblacher Kompanie feierte mit einem Extra-Festschießen am 6. September das 60-jährige Regierungsjubiläum des Kaisers.[31]

Für die maßgebliche Tiroler Presse war klar, dass, wenn Gefahr für das Reich im Anzug war, dann vor allem von den Freimaurern, Sozialdemokraten und Juden. Freisinn und Judentum wurden in der katholischen Bekennerpresse meist über einen Kamm geschoren. Die Klischees lieferten die »alldeutschen« und antisemitischen Wiener Journale, aber auch die zahlreichen Satire-Magazine, die meist wöchentlich erschienen und mit Bild- und Sprechblasen den Juden durch den Kakao zogen: die *Wiener Caricaturen*, das *Bade- und Reisejournal*, *Die Bombe*, *Der Floh*. Es ging nun nicht nur mehr gegen die Kaftan, Zylinder und Schmachtlocken tragenden Ostjuden, die in Wien in der Leopoldstadt die kultivierten Wiener befremdeten, sondern um das Jüdische schlechthin. In der Kultur traf es zunächst die Modernen, von denen die wichtigsten Exponenten, wie Mahler, böhmischer und jüdischer Herkunft waren: Gustav Klimt, der 1897 mit der Wiener Secession einen fleischbetonten Jugendstil etabliert hatte; Karl Kraus, der in seiner ostinaten Misanthropie in der von ihm 1899 gegründeten *Fackel* alles mit ätzender Kritik überzog; Arthur Schnitzler, dessen *Reigen* 1900 wegen Pornographie verboten wurde; Otto Weiniger mit seinem Skandalwerk gegen die Weiblichkeit, *Geschlecht und Charakter*, das eine ganze Generation verstörte; Sigmund Freud, der 1905 mit seinen drei Abhandlungen zur Sexualtheorie das katholische Moralempfinden herausforderte; Arnold Schönberg, der 1905 und 1906 mit dem *Ersten Streichquartett* und der *Kammersinfonie* zwei der lautesten Pfeifkonzerte der Musikgeschichte provozierte; und Felix Salten, nicht nur Autor von *Bambi,* sondern wohl auch des 1906 veröffentlichten Pornobestsellers um die Wiener Prostituierte Josefine Mutzenbacher. Diese und ähnliche Provokationen schadeten der jüdischen Intellektualität als Ganzes: der Jude wurde zum Inbegriff des sittlichen Verfalls und der völkischen »Entartung«, der sich die Wächter des unkontaminierten und rassisch homogenen Deutschtums im Verein mit den katholischen Integralisten angeblich stellen wollten. Die konservativen Kunstbetrachter beriefen sich auf Wagner, der in seinem Aufsatz *Das Kunstwerk der Zukunft* die »jüdische Moderne« als »etwas recht Erbärmliches und namentlich uns Deutschen sehr Gefährliches« bezeichnet hatte.

In Tirol traf die antisemitische Aversion den jüdischstämmigen Rechtsgelehrten Ludwig Wahrmund, der als Professor an der Innsbrucker Leopold-Franzens-Universität« das Ansinnen hatte, nach dem Vorbild des »Deutschen Kulturkampfes« die Unabhängigkeit der Wissenschaft von der katholischen Weltanschauung zu fordern. Seine am 18. Januar 1908 im Innsbrucker Stadtsaal gehaltene Rede mit dem Titel *Katholische Weltanschauung und freie Wissenschaft* erregte die katholische Öffentlichkeit dermaßen, dass ein Teil der Professorenschaft in den Streik trat und die Studenten sich in zwei einander bekämpfende Lager aufspaltete: ein pro-katholisches und ein national-freisinniges. Dieser Glaubenskampf, eine Fortsetzung des fünfzig Jahre zurückliegenden »Tiroler Kulturkampfes«, fand in den Feuilletons ein erregtes Echo. Die freisinnige Presse, etwa die *Bozner Zeitung*, nahm Wahrmund in Schutz, während die katholischen Blätter pausenlos gegen den »Marktschreier-Professor«, den »antiklerikalen Judenstämmling« und seine »jüdisch-frechen Husarenstücklen« wetterten und so lange Stimmung machten, bis der zuständige Minister, unter der Drohung der gesamten christlichsozialen Fraktion, den Staatshaushalt nicht zu genehmigen, klein beigab und den kämpferischen jüdischen Professor an die Deutsche Universität Prag versetzte.[32] »Zu den Waffen!« stand am 21. Juni 1908 in großen Lettern im *Tiroler Volksboten*. Gemeint war der ideologische Kampf gegen Wahrmund und die finanzielle Unterstützung des Katholischen Universitätsvereins.

Besonders offensiv ging in dieser Affäre der in Bozen erscheinende *Tiroler* vor. Diese auflagenstärkste Tiroler Tageszeitung identifizierte sich vollkommen mit den antisemitischen Tiraden des christlichsozialen Wiener Bürgermeisters Dr. Karl Lueger (Beiname: »Der Führer«), der im Wiener Rathaus wie ein Volkstribun gegen das jüdische »Großkapital« und die journalistische Kanaille des jüdischen Journalismus auftrat und bei seinen alljährlichen mehrwöchigen Kuraufenthalten in der Brixner Guggenberg-Klinik dem christlichen Tiroler Volk zum Vorbild gereichte.

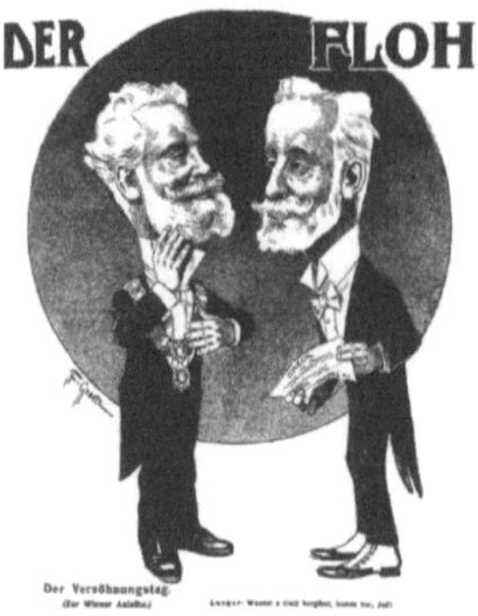


Der Versöhnungstag (Zur Wiener Anleihe) Lueger: Wannst a Geld hergibst, komm her, Jud!

Im *Tiroler* wurden die antijüdischen Tiraden Dr. Luegers in den bäuerlichen Jargon Tirols übersetzt: Was für den Wiener Bürgermeister die armen Handwerker, waren in Tirol die Kleinhäusler des geknechteten Bauernstandes: »Der jüdische Kapitalismus, der von allen Seiten den bäuerlichen Stand knutet.«[33] Und was in Wien die Sorge um den Einfluss der jüdischen Presse auf das Volk, war in Tirol die Gefahr, die von der Unterwanderung der Universitäten ausging. Deshalb wurde *Der Tiroler* nicht müde, gegen die jüdische Intelligenz Stimmung zu machen:

> Gerade in der Überflutung unserer Schulen, der Universitäten sowohl wie der Mittelschulen, liegt eine Hauptquelle, warum die sozialen Verhältnisse so erbärmlich bestellt sind, weshalb die Juden im Erwerbsleben, in der Presse, in der Bühnenliteratur, in der Finanzwirtschaft etc. die erste Violine spielen. Hier Remedur zu schaffen, ist eine große soziale Tat, die für das ganze christliche Volk nur von Segen begleitet werden kann. Die Verjudung der Intelligenz bei uns in Österreich schreitet unaufhörlich und unheimlich vorwärts.[34]

Der christlichsoziale *Tiroler* nahm auch den Fremdenverkehrs-Zuwachs in Augenschein und forderte mit Nachdruck die »Befreiung des christlichen Volkes aus der Vorherrschaft des Judentums«. Anfang August 1907, als Mahler in Schluderbach und Fischleinboden Ferien machte, richtete dieser *Tiroler* in seiner Ausgabe vom 3. August 1907 unter dem Titel *Juden im oberen Pustertal* einen Appell an die christlichen Hotelbesitzer, keine Juden mehr als Gäste aufzunehmen:

> Kürzlich ging ich auf der Ampezzaner Straße Toblach zu. Herrliches Wetter! Ich erfreute mich an der Majestät der kühnen Dolomitenriesen. Der mächtige, schneebedeckte Monte Cristallo badete sein Haupt in den Tiefen des smaragdgrünen Dürrensees. An seiner Seite starrte der imposante Turm des Piz Popena empor. Bald grüßten mich die Drei Zinnen, die sich allmählich in das Glutrot der Abendsonne tauchten und über die großartig-romantische Gegend einen phantastischen Zauber ausgossen. So ging ich dahin, genießend, versenkt in diese majestätische Romantik der Dolomiten. Weihevolle, süße Stimmung hatte ganz mein Herz gefesselt, als plötzlich schrille Misstöne dieselbe rau verscheuchte: ›Lange Nasen, Aufgeblasen, Arrogant, Krumme Haxen, […]. Mauscheln rings in ganzen Kreis‹, E Geserres, e Gesais! […] Derartiges Volk brachte diese Disharmonien. Solch höhnisch-frechen Blicke einer schlampig aufgeputzten und lackierten Jüdin! Dieses sentimental-griesgrämig-alberne Geschwätz! So begegnete mir die schattige Straße herauf Israel in Scharen […]. Eiliger schritt ich fürbaß und bald war ich in Neu-Toblach. Fast jeder zweite Mensch hier Jude! Die armen Leute, die solche Gäste haben! Sie mögen mit den Juden die schlimmsten Erfahrungen machen, nächstes Jahr ist alles wieder vergessen und verziehen, man krümmt und bückt sich wieder vor den jüdischen Sommergästen […].
> Ein Volksbund ganz anderer Art täte im Hochpustertal not. Doch wo ist der Lueger Hochpustertals?! Würden die Hoteliers einmal einen Verlust riskieren durch die Erklärung: ›Wir nehmen keine Juden‹, dieser Verlust käme sicher herein durch den sicheren Zufluß christlicher Parteien. Dazu bedarf es aber notwendig eines organisierten Zusammenschlusses der am Fremdenverkehr interessierten Elemente. Das ist das einzige Mittel: eine antisemitische Vereinigung der Hoteliere, Kaufleute und Hausbesitzer. So lange diese nicht besteht, herrscht Israel über die schönen Gaue.

Dieser Jude war aber eine nicht unwesentliche Quelle des Wohlstandes in den »schönen Gauen«. So mancher Tiroler Gastwirt verdiente sich an den zahlungsfähigen jüdischen »Krummnasen« eine goldene Nase. Aus der Fremdenverkehrs-Statistik jener Tage geht hervor, wie stark dieser tirolerische Wirtschaftszweig innerhalb eines kurzen Zeitraumes zulegte. Gab es 1890 in Tirol nur insgesamt 1.101 Hotels mit 20.909 Betten, so waren es im Jahr 1909 bereits 2.504 Hotels mit 55.000 Betten, bei gleichzeitiger Expansion der Privatbetten von 6.000 auf 19.000. Im gleichen Zeitraum verdreifachte sich die Fremdenbewegung im Lande.[35] Mit höchster Befriedigung verzeichnete das katholische Meraner Blatt *Der Burggräfler-Meraner Anzeiger* die phantastischen Zuwachsraten im Sommer-Fremdenverkehr des Pustertales. So konnte man in der Ausgabe vom 26. August 1908 folgende Erfolgsstatistik lesen: »Pustertal, 24. August. Die Fremdenliste weist für Niederdorf 1.435 Parteien mit 2.601 Personen, für Innichen 1.334 Parteien mit 2.626 Personen und für Welsberg 372 Parteien mit 602 Personen aus.« Für die *Brixner Chronik* lag in diesen Zuwachsraten jedoch vor allem die sittliche, von jüdischen Intellektuellen propagierte Gefahr des Freisinns: »Es ist bereits sattsam bekannt, daß die Korruption auf dem Gebiete der Sittlichkeit ein hervorragendes Werk der ›Alliance israélite‹ ist.«[36] Bereits 1904 hatte das *Israelitische Familienblatt* die Habsburger Monarchie als »Das Gelobte Land des Radauantisemitismus«[37] bezeichnet und mit Sorge eine zunehmende Radikalisierung gerade gegenüber Ferien machenden Juden festgestellt.

Mahler, so scheint es, wurde von dieser um ihn herum immer heftiger wehenden Rassenintoleranz kaum berührt: Er verzog sich in sein Schneckenhaus und hatte so wenig wie nur möglich Kontakt zur Außenwelt. Wie immer: »splendid isolation«, wie Mahler sein Leben mit Alma gerne bezeichnete.[38]

## Mahlers Eintauchen in die Einsamkeit – der Rückzug ins eigene Selbst: »Vielleicht sehe ich sogar zu schwarz, aber ich fühle mich, seitdem ich im Land bin, schlechter als in der Stadt …« *(Gustav Mahler in Toblach)*

In der Korrespondenz Mahlers trifft man im Sommer 1908 zum ersten Mal nach langer Zeit auf Briefe von betont privatem Charakter. Da der Kontakt mit Freunden während der sieben Jahre Ehe mit Alma auffallend verarmt war und sich meistens nur auf Berufliches beschränkt hatte, findet hier Mahler zu einem erstaunlich persönlichen Ton zurück und teilt einigen Freunden, wie Bruno Walter und Adele Marcus, seine innere Not mit. So schreibt er am Beginn des Sommers an Bruno Walter:

Mein lieber Freund! Ich habe mich hier zunächst einzurichten versucht. Diesmal habe ich nicht nur den Ort, sondern meine ganze Lebensweise zu verändern. Sie können sich vorstellen, wie schwer mir letzteres wird. Ich hatte mich seit vielen Jahren an stete und kräftige Bewegung gewöhnt. Auf Bergen und in Wäldern herumzuschweifen und in einer Art keckem Raub meine Entwürfe davonzutragen. An den Schreibtisch trat ich nur, wie ein Bauer in die Scheune: um meine Skizzen in Form zu bringen. Sogar geistige Indispositionen sind nach einem tüchtigen Marsch (hauptsächlich bergan) gewichen. – Nun soll ich jede Anstrengung meiden, mich beständig kontrollieren, nicht viel gehen. Zugleich fühle ich in dieser Einsamkeit, wo ich nach innen aufmerksam bin, alles deutlicher, was in meinem Physischen nicht in Ordnung ist. Vielleicht sehe ich sogar zu schwarz, aber ich fühle mich, seitdem ich im Land bin, schlechter als in der Stadt, wo auch die Zerstreuung über manches wegtäuschte. – Ich kann Ihnen also nicht viel Tröstliches vermelden und wünsche zum ersten Mal in meinem Leben, daß meine Ferien zu Ende wären. – Herrlich ist es hier; hätte ich so was nur einmal in meinem Leben nach Vollendung eines Werkes genießen können! – Das ist nämlich, wie Sie ja selbst wissen werden, der einzige Moment, in dem man wirklich genußfähig ist. Zugleich mache ich eine sonderbare Bemerkung. Ich kann nichts als arbeiten; alles andere habe ich im Laufe der Jahre verlernt. Mir ist wie einem Morphinisten oder einem Potator, dem man mit einem Schlage sein Laster verbietet. – Ich gebrauche jetzt die einzige Tugend, die mir noch geblieben ist: Geduld! Höchstwahrscheinlich habe ich ganz zur Unzeit die Einsamkeit gewählt.[39]

Am 18. Juli schrieb Mahler einen weiteren Brief an Bruno Walter:

Mein lieber Freund! [...] Aber, ohne daß ich Ihnen hier etwas zu erklären oder zu schildern versuche, wofür es vielleicht überhaupt keine Worte gibt, will ich Ihnen nur sagen, daß ich einfach mit einem Schlage alles an Klarheit und Beruhigung verloren habe, was ich mir je errungen; und daß ich vis-à-vis de rien stand und nun am Ende eines Lebens als Anfänger wieder gehen und stehen lernen muß. – Ist das eine geistige Disposition, die man mit Waffen eines Geistesarztes bekämpfen muß, wie Sie meinen? Und was meine »Arbeit« betrifft, so ist es eben etwas Deprimierendes, da erst wieder umlernen [zu] müssen. Am Schreibtisch kann ich nicht arbeiten. Ich brauche für meine innere Bewegung die äußere [...]. Denken Sie einmal, dem Beethoven wären durch einen Unglücksfall seine Beine amputiert worden. Wenn Sie seine Lebensweise kennen – glauben Sie, daß er zunächst nur einen Quartettsatz hätte entwerfen können? Und das

> läßt sich wohl nicht mit meinen Umständen vergleichen. Ich gestehe, dies ist – so äußerlich es scheint – die größte Kalamität, die mich getroffen. Ich muß eben ein neues Leben beginnen – bin auch da völliger Anfänger. Nun aber, um nicht gar so larmoyant zu schleißen, will ich doch versichern, daß es mir verhältnismäßig schon gelungen ist, zum Genuß meiner selbst und des Lebens zu kommen. Auch daß es mir physisch im Ganzen nicht schlecht geht. Es ist wundervoll hier! Ich bedauere, daß Sie am entgegengesetzten Ende des Kontinents herumvagieren; sonst hätten Sie mich hier besuchen müssen [...]. Ihr alter Mahler.[40]

Diese Briefe sind wohl mehr als nur ein Zeichen des Unbehagens in der Phase der Akklimatisierung, die bei Mahler vor Beginn eines neuen Werkes in der Regel zwei Wochen dauerte; sie sind der Ausdruck einer beständig auf den Körper gerichteten Sorge, die, von Wehleidigkeit getragen, die neue Lebenskrise begleitete, die dieses Mal tiefer und depressiver verlief als alle anderen zuvor. Was Mahler augenscheinlich am meisten zu schaffen machte, war das beständige, hypochondrisch übertriebene Bewusstsein einer dauerhaften Behinderung durch den diagnostizierten beidseitigen Herzklappenfehler, der zwar kompensiert war, aber in der narzisstisch genährten Überempfindlichkeit zur Obsession wurde. Vor allem war es die Angst, bei den gewohnten ausgedehnten Bergwanderungen das Herz über die Maßen anzustrengen. Mahler war nämlich, wie Beethoven und Brahms, ein leidenschaftlicher Geher, der scheinbar die Periodizität des Marschierens als Stimulans für Einfall und Ausdruck brauchte. Thomas Bernhard hat in seiner Erzählung *Gehen* die neurotische Interdependenz zwischen Sinnieren und Gehen untersucht und die fatale Auswirkung der Störungen der Gehgewohnheiten auf die Psyche literarisch-sarkastisch interpretiert: »Was uns durch und durch deprimieren muß, ist die Tatsache, daß wir durch dieses unverschämte Denken in die gegen dieses Denken naturgemäß völlig immunisierte Natur hinein nur immer noch in eine größere Deprimation hineinkommen.« Mahler verschlimmerte seinen Zustand, indem er sich einredete, sein gewohntes rasches und weitläufiges Gehen sei nun für immer kompromittiert und beeinträchtige sein inneres Gleichgewicht. Gehen war für Mahler allerdings nicht nur Stimulation von Einfällen und Abfuhr von gestauter Energie, sondern auch pantheistisches Aufgehen in Natur. Wie Jean-Jacques Rousseau, der die »Träumereien eines einsamen Wanderers« mit Spaziergängen –

»Promenades« genannt – verknüpfte, berauschte sich Mahler auf seinen solitären Wanderungen an Welt und Kreatur: Spazieren und Wandern als Projektionsfläche seines eigenen Konsonanz- und Harmoniebedürfnisses. Gehen also auch als Eintauchen in einen Rousseauschen Naturbegriff, Erweckung von spontanen Regungen und Gemütsbewegungen. Ein Gehen, bei dem unbewusste Impulse in Körpersprache übersetzt wurden und im Unbewussten die Lust auf Komposition stimuliert wurde. Alle Beschreibungen sprechen von abrupten Beschleunigungen und Verlangsamungen in Mahlers Gangart. Ähnlich erlebten ihn auch die Toblacher, als er sehr früh am Morgen von Altschluderbach nach Toblach ging: Man nannte ihn den »Spinner«.[41] Mahler als Gehfetischist also, Mahler mit mehreren Gangarten: So klingen zahlreiche Sätze seiner Symphonien, vor allem die Ecksätze im Zeitmaß eines Marsches, teils rasch und stürmisch, teils im langsamen Gleichschritt eines Konduktes. Euphorischer Aufschwung und Beschleunigung in den ersten und letzten Sätzen und erschlaffende Rücknahme des Gehtempos in den langsamen Zeitmaßen. So wie Mahler in allen Phasen seines Lebens als Naturwanderer auftrat, so definierte er sich in seinen Symphonien vorwiegend mit dem Zeitmaß des Schreitens im Vier-Viertel-Takt. Seine vehementesten Sätze sind im Marschrhythmus geschrieben. Das dringende Bedürfnis zu gehen und die Variierung der verschiedenen Gangarten müssen wohl mit dieser inneren Verknüpfung zu tun gehabt haben. Diese Innervierung des Rhythmus mit Körpersprache war bei ihm äußerst emotionsgeladen. Nach der Generalprobe der *Sechsten,* der wohl düstersten Marsch-Symphonie, in Essen im Juni 1906, soll Mahler im Künstlerzimmer »schluchzend, händeringend, seiner nicht mächtig« auf- und abgegangen sein.[42] Der Marsch ist also quasi Mahlers somatisches Grundmuster. Die Steigerungspotenz, die er darin ausdrückt, das dynamisch-agogische Bergansteigen und die Fähigkeit, im Klimax außer Atem zu geraten, das Gipfelstreben bei sehr hohem Pulsschlag und gewaltigen dynamischen Höhenunterschieden, hat beinahe etwas Alpines, Bergsteigerisches. Mahlers Körpergefühl beim Komponieren muss immens gewesen sein, es stimulierte nicht nur dynamische Energieentladungen an den Höhepunkten, sondern verwandelte die kolossalen Spannungsbögen in tiefe Erschütterungen.

Der nur 1,60 m große Mahler errichtete gewaltige zyklopische Musikbauten und inszenierte Kraft zur höchsten dynamischen Potenz.

## Mahlers Gäste in Toblach, Sommer 1908: »Und stumm gingen wir dann nebeneinander hin…« *(Oscar Fried über Spaziergänge mit Mahler in Toblach)*

Mahler war auch in Toblach Frühaufsteher: Er ging schon um sechs Uhr früh an die Arbeit. Da musste das Frühstück schon bereitstehen: Tee, Kaffee, Butter, Honig, Eier, Gebäck, Obst und Geflügel. Den Ofen zündete Mahler selber an. Laut Auskunft von Marianne Trenker vom Trenkerhof in Altschluderbach »verbrachte Mahler den größten Teil des Tages« im Komponierhäuschen »und durfte von niemandem, selbst von seiner Frau nicht, gestört werden«.[43] Wie empfindlich Mahler auf Störungen ungebetener Gäste reagierte, erfährt man aus der Geschichte jenes amerikanischen Klavierhändlers, der im Sommer 1908, trotz ausdrücklichen Verbotes des Zimmermädchen, den Maestro beim Komponieren zu stören, über den Zaun sprang und den in Tönen versunkenen Meister mit »Mister Mähler, how do you do?« aus dem Schaffen schreckte. Dazu Alma: »Mahler, in konzentriertester Arbeit fuhr auf, vor das Haus hinaus, schmiß den Kerl hinaus und taumelte zurück, wo er einen Herzkrampf bekam.«[44]

Zu den zahlreichen willkommenen Gästen in diesem Sommer 1908 gehörten, neben Almas Bekanntem aus ehemaligen Wiener Salonrunden, Dr. Nepallek und Mutter Anna samt Ehemann Carl Moll, ausschließlich Freunde und enge Bekannte: der Wiener Bankier Dr. Paul Hammerschlag, der neben seiner Direktion der k.u.k. Privaten Creditanstalt für Handel und Gewerbe auch Gründungsmitglied des Wiener Konzertvereins war,[45] der Regisseur Alfred Roller, der russischstämmige Pianist Ossip Gabrilowitsch, der deutsche Komponist und Dirigent Gustav Brecher, der jüdische Dirigent und Komponist Oskar Fried sowie die Wiener Musikkritiker Ernst Décsey und Julius Korngold samt Gemahlin und Sohn Wolfgang.[46] Mahler, der sich in den Ferien von der Außenwelt abschottete, um seine Inspirationsbereitschaft in Gang zu halten, gewährte sich nur selten gleich gestimmten Künstlern und Weggefährten. Zu diesen gehörte in erster Linie der aus Brünn gebürtige Alfred Roller, Jahrgang 1864, Professor an der Wiener Kunstgewerbeschule sowie Gründungsmitglied der Sezession, dem Mahler auch nach seinem Abschied von der Wiener Oper sehr verbunden blieb. Roller und Mahler waren ein einmaliges künstlerisches Gespann an der Wiener Hofoper gewesen, Mahler, der Erneuerer, und Roller sein Ausstatter und Bühnenbildner, der nach Einschätzung von Hermann Bahr die vollkommene Übereinstimmung von »Linie, Farbe und Licht« erreichte und mit den innovativen Ausstattungen des *Tristan*, des *Fidelio*, des *Don Giovanni,* der *Iphigenie*, des Wagnerschen *Ring*[47] zum bleibenden Ruhm Mahlers an der Wiener Hofoper beitrug. Roller teilte mit Mahler aber auch die Liebe zu den Bergen und insbesondere zu den Dolomiten, wo er schon ab den frühen Neunzigerjahren, häufig in Kolfuschg, Ferien machte und seine Eindrücke von Natur und Landschaft in zahlreichen Zeichnungen und Aquarellen festhielt. Im Österreichischen Theatermuseum und in privaten Sammlungen, wie jenen der »Gastwirte-Dynastie Pescosta-Kostner-Pizzinini«[48] sind zahlreiche Skizzen und Landschaftsstudien Rollers aus dem südlichen Tirol jener Tage erhalten: Interieurs des Gasthofes Pescosta, Ausblicke auf den Gardasee, Panoramabilder mit Blick auf das Sellagebiet, das Grödnerjoch, den Rosengarten von Klobenstein am Ritten aus gesehen, Zeichnungen von Bauernhäusern in Cortina und Portraits von Bäuerinnen in ladinischer Tracht.

Mahlers bevorzugte Gäste waren in diesem Toblacher Sommer vor allem Musiker und Kritiker. Der aus Böhmen gebürtige Dirigent und Komponist Gustav Brecher, Jahrgang 1879, den Richard Strauss anlässlich der Uraufführung einer seiner symphonischen Dichtungen als ernsthaften Musiker akkreditiert hatte, befand sich 1908 am Beginn einer glänzenden Kapellmeisterkarriere, die ihn nacheinander in einige von Mahlers Wirkungsstätten bringen würde, nach Leipzig, Wien und Hamburg. Brecher war nicht nur ein vorbehaltloser Bewunderer Mahlers, sondern auch ein überzeugter Förderer der aktuellen musikalischen Moderne. Etwas später, 1912, würde er an dem von Mahler entscheidend geprägten Hamburger Stadttheater Busonis *Die Brautwahl* nach E.T.A. Hoffmanns *Serapionsbrüder* aus der Taufe heben. In der Folge war sein Name eng mit zwei skandalumwitterten modernen Musiktheater-Premieren verbunden: mit Ernst Kreneks *Jonny spielt auf,*

1927, und Kurt Weills *Aufstieg und Fall der Stadt Mahagonny*, 1930. Letztere würde ihm in Nazideutschland die Kapellmeisterposition in Leipzig kosten und ihn der Verfolgung durch die neuen Machthaber in Deutschland aussetzen. Beim Einmarsch Hitlers in Belgien nahm er sich zusammen mit seiner Frau, aus Angst, den nationalsozialistischen Schergen in die Hände zu fallen, in Ostende das Leben.

Zu den seltenen Besuchern Mahlers in diesem ersten Toblacher Sommer gehörte auch der Berliner Komponist und Dirigent Oskar Fried, etwa zehn Jahre jünger als Mahler und eine ebenso unakademische Musikerpersönlichkeit wie sein Gastgeber. Als Sohn eines jüdischen Berliner Kaufmanns, der früh verarmte, hatte Fried eine harte und abenteuerliche Jugend hinter sich: Hornbläser in der Stadtpfeiferei von Nowawes bei Potsdam, dann fahrender Musikant, Spieler auf Tanzfesten und Hochzeiten, Hundedompteur, Clown und Stallbursche in einem Zirkus. Erst als er Hornist im Palmgartenorchester in Frankfurt am Main wurde, konnte er sich private Kompositionsstunden bei Engelbert Humperdinck leisten, der ihm Wagner nahebrachte. Fried komponierte eine Orchester-Fantasie über Themen aus *Hänsel und Gretel*, versuchte sich eine Zeit lang in der Münchner Bohème als Maler, suchte dort den Kontakt zur literarischen Moderne, vor allem zu Bierbaum und Wedekind, ging dann als Bohemien nach Paris, wo er bittere Not litt, kehrte 1898 wieder nach Deutschland zurück und verdiente sich noch eine gute Weile seinen Lebensunterhalt als Hundedompteur. Als Komponist erlangte Oscar Fried einen gewissen Ruhm mit zwei Werken: *Verklärte Nacht* nach Richard Dehmel für Mezzosopran, Tenor und Orchester, 1901, und *Das trunkene Lied* nach Friedrich Nietzsche für Soli, Chor und Orchester, 1903. Fried begegnete Mahler 1905, als Franz Schalk an der Wiener Hofoper *Das trunkene Lied* dirigierte. Die Freundschaft mit Mahler vertiefte sich, als Fried im November 1905 mit den Berliner Philharmonikern in der »Reihe Neue Konzerte« Mahlers *Zweite* aufführte, die den Komponisten sehr beeindruckte. Alma vermerkt in ihren Erinnerungen, dass »Oscar Fried« Mahler »wie ein Schatten folgte«.[49] 1907 übernahm Fried die Leitung der Konzerte der »Gesellschaft der Musikfreunde« in Berlin und führte dort mit den Philharmonikern u. a. Schönbergs *Pelleas und Melisande* auf. Oscar Fried war überzeugter Sozialist und wurde deshalb als erster ausländischer Künstler auf Einladung Lenins mit der Aufführung von Beethovens *Neunter Symphonie* im Bolschoi-Theater betraut. Mit Gusti Rathgeber, der ehemaligen Frau Bierbaums, verheiratet, lebte Fried bis zu seiner Emigration aus Nazideutschland 1934 in Berlin, ging dann in die Sowjetunion und starb dort als russischer Staatsbürger.

Oskar Fried erinnert sich an seine Spaziergänge mit Mahler in Toblach:

> Diesen Mann, der da durch seine strenge und abstandgebietende Brille dennoch mit kindlicher Neugier und jener unverfälschten Offenherzigkeit sah, […] fand ich dem Aussehen nach geradezu schön […]. Er war ein Gottsucher. Mit einem unerhörten Fanatismus […]. Eine durch und durch religiöse Natur im mystischen, nicht aber im dogmatischen Sinn. Oft und oft sprach er auf gemeinsamen Spaziergängen in Toblach mit mir davon und sein ganzes Wesen überkam plötzlich eine irdische Entrücktheit, als sei er eben vom Himmel gekommen. Aber von Zeit zu Zeit hatte er Augenblicke, da er diese himmlische Mission anzweifelte, und es würgte ihn dann beständig die Angst, ob er auch tatsächlich die Erfüllung in sich trage, obwohl er in nichts so unerschütterlich verankert war als in dem Glauben an sich selbst […]. Und erfolgte von meiner Seite keine Antwort, kein Echo, wenn ich außerstande war, ihm dahin gleichgesinnt und gleichgestimmt zu folgen, dann erstarrte seltsam sein Blick, und er verkroch sich undurchdringlich in das Gehäuse seiner überirdischen Unterkunft […]. Wie gerne hätte ich etwas gesagt, etwas vorgetäuscht, etwas gelogen […]. Aber es ging leider nicht. Und stumm gingen wir dann nebeneinander hin.[50]

Von den Mahler nahestehenden Kritikern kamen Ernst Décsey vom *Neuen Wiener Tagblatt* und Julius Korngold von der *Neuen Freien Presse* nach Toblach. Ernst Décsey, österreichischer Schriftsteller und Musikkritiker, geboren 1870 in Hamburg, war gelernter Jurist, hatte aber auch eine Ausbildung in Klavier und Komposition am Wiener Konservatorium der Gesellschaft der Musikfreunde absolviert. Décsey schrieb Romane, Erzählungen, Theaterstücke und Libretti.

Julius Korngold, Sohn eines jüdischen Kaufmanns, war aus Brünn in Mähren gebürtig, gleich alt wie Mahler und wie Décsey Doktor der Rechte. Musikalisch als Schüler von Franz Krenn und Anton Bruckner am Wiener Konservatorium ausgebildet, setzte er alles daran, seinem Sohn, Erich Wolfgang Korngold, geboren 1897, als Komponisten zum

Durchbruch zu verhelfen. Mahler hatte die ersten Talentproben des Wunderkindes bereits während seiner Wiener Direktion bewundern können und war dem Kritiker Korngold für sein faires Verhalten während der Krise an der Wiener Hofoper zu Dank verpflichtet. Julius Korngold, der am Karersee Ferien machte und von da aus Mahler besuchte, bestätigt in seinen *Lebenserinnerungen*, dass er Mahler einige Male in Altschluderbach aufsuchte. Alma erzählt in ihrer Autobiographie, dass Mahler gerne den außerordentlich begabten elfjährigen Erich Wolfgang Korngold am Klavier gehört hätte, dass dieser es aber vorzog, mit der fünfjährigen Tochter Mahlers, Anna, im Freien zu spielen.[51] Julius Korngold betont in seinen Lebenserinnerungen, dass der Komponist Mahler am Beginn nicht seine Sache gewesen sei, denn die »brutalen Realismen und schwefelgelben Ironien«, mit der »Maß- und Schrankenlosigkeit und dem Mißklangwesen bis zur Fratze« hätten ihn »angezogen und abgestoßen«. Spätestens aber nach der *Fünften*, für deren Besprechung Mahler ihm dankte, sei er ihm auch menschlich näher gekommen und habe ihn auf der Rückreise von den Dolomitenausflügen in Maiernigg immer wieder besucht und sei auch im »alten Landhaus in Alt-Schluderbach bei Toblach sein Sommer-Gast« gewesen, wie umgekehrt Mahler in seinem Feriendomizil in Landro auch.[52]

Schließlich kam in diesem Sommer 1908 auch der Pianist und Dirigent Ossip Salomonowitsch Gabrilowitsch nach Toblach, Jahrgang 1878, ein Pianist von Weltruhm, Schüler von Anton Rubinstein am St. Petersburger Konservatorium, von Anatoli Ljadow, Alexander Glasunow und Michael Medtner. Gabrilowitsch übersiedelte 1894 nach Wien, wo er sich zwei Jahre vom berühmten Pianistenmacher Theodor Leschetitzky, dem Lehrer zahlreicher berühmter Virtuosen – Ignaz Paderewski, Ignaz Friedmann, Elly Ney, Arthur Schnabel, Paul Wittgenstein –, im virtuosen Klavierspiel weiterbilden ließ. Gabrilowitsch reiste als Pianist konzertierend und dirigierend durch Europa und war 1906 beim Tonkünstlerfest des Allgemeinen Deutschen Musikvereins, an dem am 27. Mai Mahlers *Sechste* unter der Leitung des Komponisten uraufgeführt wurde, Zeuge der gewaltigen Wirkung dieses Werkes. Gabrilowitsch wurde zu einem der glühendsten Mahler-Verehrer, folgte ihm zu den Konzerten, wo er nur konnte. Mahler mochte ihn sehr, nicht ahnend, dass der noch nicht Dreißigjährige in Alma verliebt war. Als Mahler mit Alma im Spätherbst 1907 Wien verließ, um nach Cherbourg zum Überseedampfer »Amerika« zu fahren, erwartete sie in Paris Gabrilowitsch, der Alma ein »furchtbares Geständnis machte«: »Ich bin im Begriff, mich wahnsinnig in Sie zu verlieben. Helfen Sie mir, daß ich dem entgehe. Ich liebe Mahler und darf ihm niemals Schmerz bereiten.« Alma schreibt, dass sie dazu »beklommen« schwieg.[53] Den bekannten Anatomen und Anthropologen Emil Zuckerkandl erinnerte dieser Pianist mit dem schiefen Gesicht an einen Juden aus Kiev, der gerade einem Pogrom entkommen war.[54] In ihrer Autobiographie räumt Alma jedoch ein, dass sie gerade dieses sonderbare und fremde Gesicht und der Beweis jugendlicher Kameradschaft anzogen und dass es eines Abends, während Gustav Mahler arbeitete, im Mondschein auf der Toblacher Veranda zwischen ihr und Gabrilowitsch zum Austausch eines intimen Kusses gekommen sei.[55] 1909 heiratete Gabrilowitsch die Tochter Mark Twains, war dann von 1910 bis zum Ausbruch des Ersten Weltkrieges Dirigent des Münchner Konzertvereins (der heutigen Münchner Philharmoniker) und gründete, nach der Auswanderung nach Amerika, das Detroit Symphony Orchestra.

Alma erwähnt in ihrem Tagebuch *Mein Leben* einen weiteren skurrilen Gast in Toblach: Paul Kammerer, Sohn eines wohlhabenden Wiener Fabrikanten, der als Biologe in der Gefolgschaft von Jean Baptist de Lamarck durch seine Versuche mit Geburtshelfer-Kröten zum Nachweis der Vererbung erlernter Fähigkeiten berühmt wurde. Kammerer, der die elterliche Wohnung in ein Terrarium verwandelte und dort allerlei biologische Versuche im Sinne seiner Vererbungslehre anstellte, hatte auch musikalische Interessen, war um 1900 ein Jahr lang Schüler von Robert Fuchs am Konservatorium der Musikfreunde in Wien und komponierte einiges. Das Interesse für Mahler ist auf diese seine musikalische Leidenschaft zurückzuführen, während Mahler allein an Fragen der Vererbungslehre interessiert war.[56] Als er sich im Sommer 1908 ungebeten in Toblach als Gast anmeldete, war Mahler, laut Alma, an keinem musikalischen Gespräch mit Kammerer interessiert. Daraufhin soll er seine Dienste als Kopist Mahlerscher Partituren angeboten und dabei Alma tätig zur Hand gegangen sein.[57] Nach Mahlers Tod soll er sehr Interesse an Alma gefunden zu haben, ihr eine vorübergehende Beschäftigung in seinem Labor angeboten und ihr den Hof gemacht haben.[58] Paul Kammerer stand in der Folge als Lamarckist im Zentrum eines wissenschaftlichen Skandals: Er versuchte in Alternative zu Darwin die Lamarcksche Vererbungslehre damit zu untermauern, dass er das erbliche Wachsen von Brustschwielen an Kröten auf das ständige Verweilen im Wasser zurückführte. Neueste wissenschaftliche Erkenntnisse schließen das nicht aus, doch damals überführten ihn amerikanische Forscher, den Tieren einfach Tinte unter die Haut gespritzt zu haben, worauf sich Kammerer sechsundvierzigjährig das Leben nahm.[59]

Von Mahlers Anwesenheit in Toblach keinerlei Notiz nahmen hingegen die Zeitungen des südlichen Tirol: nicht *Der Pustertaler Bote*, nicht *Die Brixner Chronik*, auch nicht die vier auflagestärksten Tageszeitungen *Der Tiroler*, *Die Bozner Zeitung*, *Der Burggräfler* und *Die Meraner Zeitung*. Allein *Die Bozner Nachrichten* ließen am 13. September 1908 durch Übernahme einer Agenturmeldung die Anwesenheit Mahlers in Toblach erahnen:

> Man berichtet aus Berlin: Gustav Mahler, der nach Prag gereist ist, um dort die Uraufführung seiner Siebenten Symphonie zu dirigieren, hat, wie der ›Berliner Börsenkurier‹ erfahren haben will, in der Sommerfrische in Toblach ein neues symphonisches Werk vollendet.[60]

War im Toblacher Ferienhaus kein Besuch, so war innen wie außen Ruhe angesagt. Die damals vierjährige Tochter Anna erinnerte sich 1985 im Gespräch mit Norman Lebrecht an den Tagesablauf in Toblach. Auf die Frage Lebrechts, ob denn in ihrer Erinnerung nicht auch die Mutter auftauche, antwortete sie: »Nein, ein Kindermädchen. Meine Eltern sah ich nur während der Mahlzeiten, was nicht sehr schön war, denn die Mahlzeiten waren kein Vergnügen, weil ich dabei nicht reden durfte. Als Erwachsene kann ich zwar verstehen, daß Kindergeschrei schrecklich sein kann, aber dann hätte man mich lieber in der Küche essen lassen sollen, das wäre wirklich netter gewesen.« Und auf die Frage, ob denn der Vater auf Ruhe bestanden habe, antwortete sie: »Allerdings.« Auch habe sich, laut Anna Mahler, der Vater nie mit der Mutter unterhalten, weil er ständig überarbeitet war.[61]

## Das Komponierhäuschen, Mahlers Schöpfungsenklave: »Es ist ein Rausch ohne Gift ... Man kann allein sein, ohne sich allein zu fühlen«

*(Otto Friedländer)*

Außerhalb von Bergen (Norwegen), auf dem Lande, befindet sich der Sommersitz »Troldhaugen« (Hügel der Trolle) von Edward Grieg, den dieser von 1885 bis zu seinem Lebensende 1907 mit seiner Frau bewohnte. Im Garten der Villa steht das erste bekannte Komponierhäuschen der neueren Musikgeschichte, das, vollkommen aus Holz auf einem gemauerten Unterbau errichtet, möglicherweise das Modell für Mahlers Komponierhäuschen hergegeben hat, das in Toblach – als einziges von Mahlers Schaffens-Enklaven – aus Holz fabriziert wurde. Wesentliche Einrichtungsgegenstände der Griegschen Holzhütte, die noch heute zu sehen sind, waren ein hölzerner Schreibtisch, Schreibutensilien, ein einfaches Klavier mit Kerzen und ein Stapel Noten: Werke von Schumann und Brahms.[62]

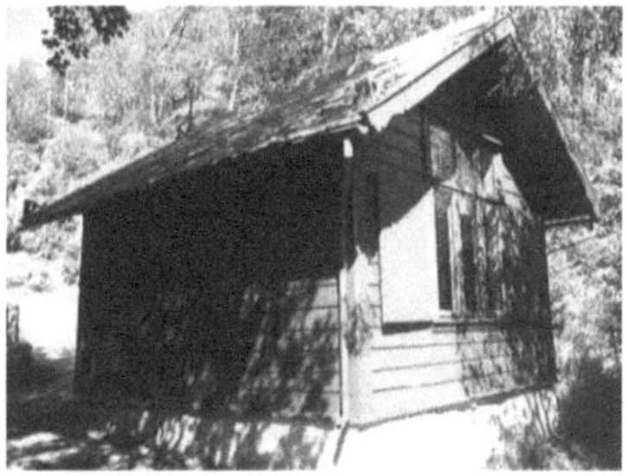

Griegs Komponierhütte in Troldhaugen

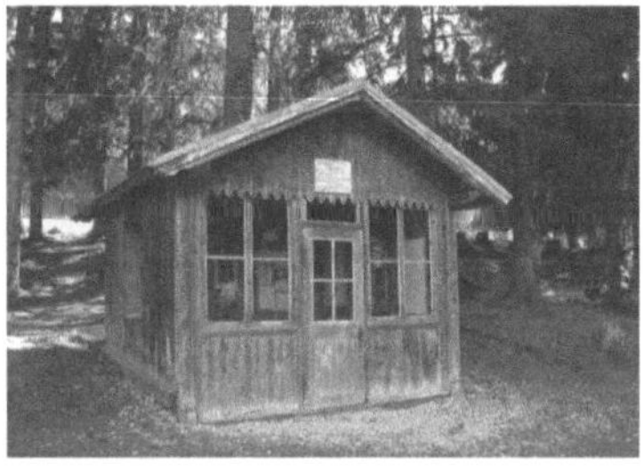

Mahlers Komponierhäuschen in Toblach

Beispiele von unüblichen Komponierstuben gibt es in der Musikgeschichte zuhauf. Beethoven soll laut Bettina von Arnim zwischen zwei bis drei beinlosen Flügeln und offen herumliegenden Koffern, mit einem Strohsack als Bett und überall verstreuten Nachtmänteln, am Boden komponiert haben; von Chopin weiß man durch George Sand, dass er sich beim Komponieren »tagelang einschloss, im Zimmer auf und nieder ging, weinte, seine Federn zerstampfte« und jeden Kontakt zur Außenwelt verweigerte.[63] Franz Liszt benötigte in späteren Jahren in Reichweite seines Flügels einen Betstuhl und Tschaikowsky hat laut Auskunft eines

Freundes lebenslang in Filzpantoffeln und in verdunkelten Zimmern komponiert.[64]

Es gibt wohl keinen größeren Kontrast als den zwischen dem imposanten »Grandhotel« und der bescheidenen Holzhütte, in der Mahler seine drei Schwanengesänge komponierte: hie mondänes »Weltgetümmel«, dort entsagendes »der Welt Abhandenkommen«. Wohl keiner hat sich beim Komponieren so sehr eingeschränkt wie Mahler, der sich in einem Holzhäuschen im Freien nicht nur Kälte und Feuchtigkeit aussetzte, sondern sich auch jeder Form von Einrichtung und Zivilisation begab. Mahler hätte sowohl in der Maiernigger Villa als auch im Trenkerhof zahlreiche Zimmer zu seiner Verfügung gehabt, in denen er ungestört hätte komponieren können, doch er zog es vor, aus der behaglichen Wohnlichkeit zu fliehen und sich wie ein Waldmensch ins zivilisatorische Abseits zu begeben. So liegt wohl etwas Infantiles und Archaisches in dieser selbst auferlegten Einengung und Absonderung im Wald, eine Kärglichkeit, die wohl weniger mit akustischer Isolierung zu tun hatte als mit Flucht vor Kommunikation und Gesellschaft.

Die unwiderstehliche Anziehung, die ein Miniaturhaus abseits der normalen Form von menschlicher Behausung auf Mahler ausübte, führt vordergründig zu einem spezifischen Wiener Archetypus: dem Kaffeehaus, dem Ort kollektiven österreichischen Schweigens und Vor-sich-hin-Sinnierens. Über das berühmteste dieser Kaffeehäuser, das Café Central, schrieb Alfred Polgar: »Das Café Central liegt unterm wienerischen Breitengrad am Meridian der Einsamkeit. Seine Bewohner sind größtenteils Leute, deren Menschenfeindschaft so heftig ist wie ihr Verlangen nach Menschen, die allein sein wollen, aber dazu Gesellschaft brauchen.«[65] Wenn man sich Mahlers in den Komponierhäuschen imaginierte musikalische Emphase der Menschenliebe – das Reversbild seiner Misanthropie – vor Augen führt, dann trifft Polgars Satz, dass das Wiener Caféhaus in Wahrheit eine misanthropische Weltanschauung sei, haargenau auf das exterritoriale Schweigekabinett Mahlers zu. Beide Orte repräsentieren die Rückbildung von Menschenfreundlichkeit und Geselligkeit, beide sind sie still und regressiv, das Lese-Kaffeehaus mit »der weichen, warmen Mokkaatmosphäre«[66] und das Komponierhäuschen mit den nah und tief klingenden Frequenzen eines mit sich selbst kommunizierenden Komponisten. Mit der Rückbildung der Sprache zum Schweigen bedeuteten beide Einrichtungen das Anhalten der Uhren, Suspension von Zeit und im Grunde Teilnahmslosigkeit gegenüber dem Fortschritt: Kaffeehaus und Komponierhäuschen als Orte jener typisch österreichischen Schmollhaltung, die Wittgenstein mit dem Satz umschrieb: »Wovon man nicht sprechen kann, darüber muß man schweigen.«[67] Mahler, der sich nie ganz mit der blasierten Stadtkultur identifizieren konnte und sich zu Wien zeitlebens wie ein Wilder zur Zivilisation verhielt, interpretierte diesen spezifisch österreichischen Archetypus noch viel radikaler als seine Wiener Zeitgenossen: Er ging nicht in ein stilles Kaffeehaus, sondern emigrierte in den Wald und siedelte unter Bäumen. So funktionierte beider Pessimismus auf ähnliche Weise: Bei den einen begann er mit Raunzen und endete nicht selten im Selbstmord, bei Mahler führte er zum Mutismus und zur höchsten Empfindsamkeit. Das Lesekaffeehaus und das Mahlersche Komponierhäuschen waren also keine Marotte, sondern eine Zweckmäßigkeit.

Die katholischen Internate des 19. Jahrhunderts setzten einmal im Jahr, vorzugsweise um Allerheiligen und Allerseelen, für ihre Zöglinge ein dreitägiges »Exerzitium silentii« an, mit dem Ziel, in den von der Pubertät verwirrten Köpfen Spiritualität zu zünden. In beiden Institutionen, in den katholischen Zöglingsinternaten, den Eliteschulen der k. u. k. Monarchie, und in den Wiener Lesekaffees, waren die Insassen männlich. Parallel zur internatsgesteuerten geistigen Entwicklung des Jünglings zum Mann verwandelte sich das Wiener Lesekaffeehaus am Ende des 19. Jahrhunderts in einen intellektuellen Ort, in dem sich ein solipsistischer Quietismus breitmachte, über den Karl Kraus bissig vermerkte: »Über den vielen Kaffeehaussitzungen, die zum Zwecke einer endgiltigen Formulierung des Begriffes ›Künstlermensch‹ abgehalten wurden, sind so manche dieser Schriftsteller nicht zur Production gekommen.«[68]

Auch Mahler kannte in seinen Komponierhäuschen lange Produktivitätskrisen, vor allem in der Zeit des Übergangs von der Alltagsarbeit an der Oper ins dunkle Reich der Einfälle und orphischen Ideen. Wie Friedrich Torberg unterstreicht, war das »Stammpublikum dieser Kaffeehäuser, wie das geistig und künstlerisch interessierte Publikum insgesamt, zu großem Teil jüdisch«. Mahler, der jüdische Asket, nahm in seinem Refugium auch nur Kaffee zu sich, kannte beim Komponieren weder Essen noch Alkohol und vertiefte sich ohne Zuhilfenahme von Spirituosen spirituell in den Rausch der Musik. Kaffeehaus und Komponierhäuschen als Orte der Inkubation typisch österreichischer Originalität: »Hier werden die Meinungen gebildet«, schreibt Ludwig Hirschfeld, »die Gemeinplätze und manchmal auch die Gemeinheiten«[69] und Otto Friedländer fügt hinzu: »Es ist ein Rausch ohne Gift [...]. Man kann allein sein, ohne sich allein zu fühlen – das ist dem Wiener die beliebteste Form der Geselligkeit.«[70]

Diese Kaffeehaus-Besucher, die unendlich viel Zeit zu haben schienen, wie auch Mahler, der ganze Sommer in Komponierhaus-Klausur verbrachte, suchten in Wahrheit eine große romantische Idee: die Dehnung der Zeit jenseits von starr eingeteilten Sekunden und Minuten, sie suchten den faustischen Schlüssel zum Glück: »Werd ich zum Augenblicke sagen, verweile doch, du bist so schön.« Dafür saßen sie und erwarteten den Geistesblitz. Mahler saß und saß, bis die Schönheit und deren Trunkenheit über ihn kamen und er den Faden fand, der ihn durch seine gewaltigen musikalischen Labyrinthe führte. Sowohl bei den Kaffeehaus-Insassen als auch bei Mahler im Komponierhäuschen kamen die Einfälle im Sitzen. Das stille Sitzen schaffte in beiden Anstalten Klarheit, so wie Wasser sich von alleine klärt, wenn es »still« ist. Im Jüdischen steht der Begriff »klären« für nachdenken. »Das muß ich klären, komm morgen wieder«, sagte damals ein Rebbe, dem von seiner Gemeinde ein Problem vorgebracht wurde. »Klären« also als langes Nachdenken, ja sogar Brüten, das war auch die Ausgangslage und Initialstimmung für Gustav Mahler beim Betreten des Komponierhäuschens.

Diese Mahlersche Schöpfungs-Enklave war aber auch, wie das Wiener Lesekaffee, ein Ort latenter Misogynie. Hinter den stillen Wänden beider Institutionen herrschte Schweigepflicht und jenes diffuse Silentium, das die katholischen Zöglings-Internate und die k.u.k. Kadettenschulen zur Voraussetzung für männliche Ertüchtigung erachteten. Schweigen also als Domäne des männlichen Leistungsprinzips und Privileg einer männerzentrierten Gesellschaft: dem Mann die Produktion, dem »Weib« die Reproduktion, dem Mann das kreative Schweigen zur Erzeugung von Seele und Geist, dem »Weib« die zerstreuende Konversation in Salon und Familie. Nach Almas Auskunft entsprach Mahler im Zustand der kreativen Erregung genau diesem sexistischen

Modell: Selbst während der Mahlzeiten, die Mahler niemals im Komponierhäuschen einnahm, war Schweigen aufgetragen, damit der Genius, in schöpfungsschweren Gedanken versunken, nicht den Faden verlor. Vor dem Hintergrund der männerdominierten Welt von Gestern hat der jüdische Essayist Otto Friedländer den Verlust der Aura exklusiver Männlichkeit im Wiener Kaffeehaus sogar beklagt: »Seitdem sich die Frauen emanzipiert haben, lassen sie die Männer gar nirgends mehr allein – nicht mehr im Kaffeehaus, nicht mehr beim Sport, nicht mehr im Beruf [...]. Das Kaffeehaus war einmal wie der Vatikan eine Männerwirtschaft: prächtig, unbequem, schlampig, eine Domäne männlichen Geistes und männlicher Einsamkeit. Was wäre der Vatikan, wenn da plötzlich Frauen etwas zu reden hätten! Es ist derselbe Geist, der gegen Klöster und gegen den Zölibat kämpft, der die Frauen ins Kaffeehaus eindringen läßt – der Geist der Entweihung, der keinen »jardin secret« mehr respektiert.« Und er fährt fort: »Heute gibt es im Kaffeehaus Licht, Lärm, Frauen.«[71]

Mahlers extreme Tabuisierung seines »jardin secret« unter Bäumen hatte genau mit dieser von Friedländer beschriebenen Angst vor weiblicher Indiskretion zu tun. Seine Einsilbigkeit, ja Sprachlosigkeit im Zustand des Schaffens war eine Flucht ins eigene Selbst, eine Abkehr vom weiblichen Mund, der fortwährend plapperte und der ihn im Augenblick höchster Sublimation aus dem Stadium nonverbaler Wahrnehmung in die banale Oralität des Sprechens zurückzuholen drohte.

## Das Komponierhäuschen als »Höhlenhaus der Träume«: »Die meisten Menschen haben ihr zweites Ich noch nicht einmal entdeckt und fliehen es und schlagen es tot durch Verkehr und Gesellschaft ...« *(Gustav Mahler)*

Das kompositorisches Abseits in einem Waldschneckenhaus hat deshalb auch psychoanalytische Bedeutung. Mahlers Miniaturhaus war das Reversbild eines Innenlebens, das sich im Schaffensdrang im Wunsch nach Seele und Beseelung verzehrte. Mit dem Topos Komponierhäuschen kam einerseits die starke Bindung an Kindermärchen zum Tragen und andererseits eine stark infantile, ja regressive Neigung im Augenblick der Erfindung. Sein erstes Arbeitshäuschen in Steinbach am Attersee hatte Mahler mit »Im Schnützelputzhäusel, da tanzen die Mäusel!« umschrieben,[72] ein Zitat, das Mahlers Animismus und frühkindlichen Humor mit der skurrilen Vorstellungswelt von Reimen, Sprüchen und Kindermärchen in Verbindung bringt:

> So geht es in Schnützelputzhäusel:
> Da geht es sehr toll,
> Da saufen die Tische und Bänke sich voll,
> Pantoffeln gar unter dem Bette [...]
> Ich wüsste der Dinge noch viele zu sagen,
> Die sich in Schnützelputzhäusel zugetragen,
> Gar lächerlich über die Maßen.[73]

Das Komponierhäuschen war also naiv und magisch konnotiert: Es wurde von Mahler – mehr unbewusst als bewusst – als Auslöser von Magie benutzt und sollte ihn, durch Stimulierung infantiler Phantasien, in die Lage versetzen, beim Abstieg vom gedanklichen Bereich in den emotionalen, an die »präverbal« sprechenden Archetypen anzuknüpfen, die er in seiner Kindheit erlernt hatte. Carl Gustav Jung hat dieses authentisch Seelische in Anlehnung an Gian Battista Vico sowohl existenzbezogen als auch gattungsgeschichtlich mit den Erregungszuständen der Primitiven und des Kindes verglichen: »Auf der frühen, vorphilosophischen Stufe lebt und erlebt der Mensch [...], was sein Herz klopfen macht und seine Atmung beschleunigt oder hemmt. Was seine Eingeweide stört, das gilt ihm als »seelisch«.[74]

Wie man aus vielen euphorischen Bemerkungen Mahlers zu eigenen »seelischen« Höheflügen beim Komponieren weiß, fiel der regressiv Gestimmte in seinem »Schnützelputzhäusel«, nach einer Phase der kreativen Akklimatisation und musikalischen Initiation, in einen wahren Schaffensrausch, einer, der sich nicht allein mit Disziplin und Stille erklären lässt. Von ähnlicher eruptiver Produktivität weiß man von Hugo Wolf, der in verlassenen Räumen seine *Spanischen Lieder* komponierte. Aus dieser vorrationalen kreativen Trunkenheit entstand vermutlich auch das Tabu der Unnahbarkeit, mit der Mahler sein Schamanen-Häuschen belegte.

Mahler wusste über die phantastische Exterritorialität dieser Art Häuschen Bescheid, ähnlich wie Kinder, die sich mit der Errichtung von Verstecken und imaginierten Lebkuchenhäuschen eine Welt ohne

Erwachsene bauen. Er bedurfte anscheinend dieser Art der Verniedlichung, um vollkommen naiv zu werden, um das Gemüt in Wallung zu versetzen, das Herz klopfen zu machen und die kreative Atmung zu beschleunigen. »Es gibt Neger«, schrieb Carl Gustav Jung, »deren ›Gedanken‹ wesentlich im Bauch lokalisiert sind, und Pueblo-Indianer ›denken‹ im Herzen.«[75] So muss wohl auch Mahler in dieser Märchen-Enklave die Zusammenführung von Körper und Seele in die Einheit des schöpferischen Aktes gesucht haben, um wie die Helden Homers wieder mythologisch reden und rasen zu lernen. Dieses Hinabtauchen in den Animismus der Sinne und die imaginierte Bummelei auf frühkindlichen Spielwiesen drang von Zeit zu Zeit auch bis in Mahlers Bewusstsein durch. Im Gespräch mit Natalie Bauer-Lechner meinte er einmal: «Die meisten Menschen haben ihr zweites Ich noch nicht einmal entdeckt und fliehen es und schlagen es tot durch Verkehr und Gesellschaft; sie wissen nicht, daß im Alleinsein ihr Heil liegt, wo es sich sogleich einstellt und unvermerkt zu wirken und zu schaffen beginnt.«[76]

Er wusste also, dass sein kreativer Instinkt am besten in der Beschränkung und Exterritorialität funktionierte, dass da seine musikalische Mythologie den höchsten Grad der Deutlichkeit erreichte und dass er Bewusstsein und Ergriffenheit auf der Ebene einer archaischen Beseelung, nämlich im Abseits einer intimen Behausung, zu einer Einheit, zusammenführen konnte. Die Primitivität dieses Häuschens half ihm also, die seit den Pythagoräern herrschende Unterscheidung von Oben und Unten, von Körper und Geist, von Trieb und Stil vergessen zu machen. Dazu disponierte ihn eine besonders introvertierte Charakterstruktur mit stark regressiven Tendenzen. Laut C. G. Jung sind diese Tendenzen, die Gedanken, Wünsche, Affekte und Bedürfnisse affizieren, von starker Emotionalität getragen und narzisstisch auf das Ich bezogen: »Das introvertierte Denken orientiert sich in erster Linie am subjektiven Faktor.« Otto Weininger hat diese Art narzisstischer Rückbeziehung »philautisch« genannt und ihr sogar »autoerotische Tendenzen« zugeschrieben.

Die radikale Unkonventionalität des Komponierhäuschens ist also auch ein Zeichen eines Subjektivismus, der die objektive Erscheinungswelt dem eigenen Ich unterordnet und das Gefühl der Verbindung mit dem Phantastischen und Vorbewussten so sehr steigert, dass es den

Verkehr mit der Welt der Erscheinungen vernachlässigt. Aus dieser Perspektive beinhaltet der Topos des Fuchsbaues im Walde eine beinahe animalische Flucht aus der Kultur- und Erscheinungswelt: Er löst und erlöst das kreative Individuum von den Rücksichten der zivilisatorischen Welt und gibt ihm die Ungezwungenheit der vorrationalen Triebhaftigkeit für die Zeit des Schaffens zurück. Diese Loslösung vom Funktionalen und Zeitlichen nennt C. G. Jung das »Hingerissensein«. Er assoziiert mit diesem Begriff weitere psychische Tendenzen, darunter den Archaismus als urtümliche Phantasiebegabung und Eidetik, die mystische Teilnahme an verschiedenen Analogieassoziationen (»Audition colorée«), weiters die Ambivalenz und Ambitendenz als Verschmolzensein von Gefühl und Gegengefühl und vor allem die Verdinglichung von symbolischen Gehalten.[77]

Die Verdinglichung des musikalischen Ausdrucks hat also mit passiver Apperzeption zu tun, es handelt sich dabei um unbewusstes Auftauchen von Bildern und Assoziationen, die im Augenblick der Umsetzung in Töne zur Deutlichkeit von Signalen kondensieren. Es sind kristallisierte individuelle und kollektive Botschaften, die prägnant und unmittelbar nonverbales Stammeln offenbaren und unmissverständlich als Heftigkeit, Versteifung, Besänftigung oder Dahinschmelzen wahrgenommen werden. Mahlers Musik ist voll von frühkindlichen Lautäußerungen und infantilen Gefühlsanwandlungen. Seine Idiosynkrasien mit Naturlauten und -stimmungen korrespondieren mit dem synästhetischen Blick ins Innere der Farben – vom dunkelsten Abgrund bis zur sonnenüberstrahlten Höhe. C. G. Jung sieht darin die Imago des subjektiven Innenlebens, das die Selbsterfahrung nicht an die Außenwelt anpasst, sondern die Außenwelt ins eigene Innere holt und dieser angleicht.[78]

## Mahlers Regressionsneigungen und unbewusste Phantasien: »Die müden Menschen geh'n heimwärts …« *(»Das Lied von der Erde«)*

Das Bindeglied für das orphische Hinabtauchen in das Schattenreich des Unbewussten ist die regressive Erinnerung. Regression, oder Abfallen in den vorbewussten Bereich, ist laut Freud ein emotional stark aufgeladenes Erinnern. Erinnerung und Affekt gehören zusammen, dergestalt, dass Erinnerungen an frühkindliche Situationen stets von einem starken Affekt begleitet sind. Affektloses Erinnern ist in der Psychotherapie wie in der Kunst wirkungslos. Diese Affekte sind halluzinatorische Anwandlungen, sie sind nicht steuerbar und haben ihre Wurzeln in der animalischen Natur des Menschen. Affekte haben mit dem Kern des Lebens zu tun, mit der unbewussten Vitalitätsuhr, die Schopenhauer den »Willen zum Leben«, Nietzsche den »Lebenstrieb« und die Psychoanalyse das »Es« nennt. »Der Mensch«, hat der Psychoanalytiker Georg Groddeck gesagt, »wird vom Es gelebt«: »Das Es ist das tiefste Wesen des Menschen. Es vollführt alles, was mit und [...] durch den Menschen geschieht, es läßt ihn entstehen, gibt ihm all seine Organe und Lebensmöglichkeiten, hilft ihm aus dem Mutterleib ans Licht des Tages, tut alles, was scheinbar der Mensch tut, nach eigenem nie fehlgreifendem Ermessen, schafft Sprechen, Atmen, Schlafen, Werk und Freude und Ruhe und Liebe und Leid, stets mit richtigem Urteil, stets zweckmäßig und mit dem vollen Erfolg, und tötet den Menschen, wenn er lange genug gelebt hat.«[79]

In Bezug auf diese unbewusste alles lenkende Kraft dachte Mahler ähnlich wie Groddeck, darauf deutet eine Aussage, an die sich Bruno Walter in seinen Lebenserinnerungen erinnert: »Mahler schrieb mir einmal [...] ›Was denkt denn nur in uns? Und was tut in uns?‹«[80]

Auslöser regressiver Erinnerungen sind nach dem dynamischen Modell der Psychoanalyse meist nicht bewältigte Kindheitserfahrungen. Bertram Lewin hat in seinen Forschungen zur Dyade Mutter-Kind, die er als das wichtigste frühkindliche Kommunikationsmodell beschreibt, Regression im Zusammenhang mit dem Traum beschrieben und behauptet, dass die visuelle Erinnerung an die Mutterbrust eine »Traumleinwand« darstelle, auf die der Trauminhalt projiziert werde. Er gründete dabei seine These auf die wunscherfüllende Natur des Traumes, der dafür sorgt, dass der Schlaf fortdauert. Er meint, dass diese Wunscherfüllung durch eine Regression auf den emotionellen Zustand des Säuglings erreicht wird, der gesättigt an der Mutterbrust einschläft.[81] Nach diesem Regressionsmodell hätte Mahler unbewusst in einem Waldhäuschen Zuflucht genommem, um Ruhe symbolisch als Schlafwunsch zu erleben, in dessen Dämmerzustand er das musikalisch

Unbewusste auf seine innere Traumleinwand projizieren konnte. Im *Lied von der Erde* hat Mahler dem Vers »Die müden Menschen geh'n heimwärts, um im Schlaf vergess'nes Glück und Jugend neu zu lernen!« einen besonders intensiven musikalischen Affekt komponiert, der sehr nach maternaler Regression klingt.

Der ungarische Psychoanalytiker Michael Balint, der wie Lewin die passiven Bedürfnisse der »primären Liebe« zwischen Mutter und Kind untersucht hat, richtete sein Augenmerk mehr auf die Versagungen der »Liebe«, den sogenannten »Urschmerz«, den die frühkindlichen Entbehrungen zurücklassen. An anderer Stelle prägte Balint den Begriff »Oknophilie« und verwies auf den starken Impuls des Sich-Anklammerns und Schutzsuchens in der Phase der Regression. »Oknophilie« – okneo= zögern, umklammern – meint eine Form der Regression, in der das Trauma der Ich-Objekt-Differenzierung durch Anklammerung überwunden werden soll. Unter Oknophilie fallen laut Balint alle Sehnsüchte nach »primärer Liebe«, Phantasien über verlorene archaische Paradiese, Verlangen nach Nähe und Zärtlichkeit.[82]

Die räumliche Beschränkung, die sich Mahler im Komponierhäuschen auferlegte, hat in der Tat etwas morbid Anschmiegsames. Es scheint, als müssten Wände in greifbarer Nähe symbolisch dafür herhalten, die längst abhandengekommene Umarmung der Mutter zu kompensieren. In seinem unbewussten Berührungsdrang brauchte Mahler wahrscheinlich diese physische Nähe des Raumes, um Geborgenheit nicht nur räumlich, sondern auch akustisch wahrzunehmen.

Der österreichisch-amerikanische Psychoanalytiker und Entwicklungspsychologe René Spitz wies in seinen Arbeiten zum Kleinkind und zu dessen oraler Fixierung vor allem auf die psychoanalytische Bedeutung des Mundes hin, den er im Zusammenhang mit der primären Wahrnehmung als »Urhöhle« bezeichnete und so das innere Objekt als Äquivalent von Geborgenheit und Umklammerung beschrieb.[83] Was bei Bertram Lewin »die Traumleinwand«, nämlich die Mutterbrust, ist, wird bei René Spitz mit der »Urhöhle« Mund ergänzt. Er spricht von dieser »Urhöhle« als dem »Höhlenhaus der Träume« und folgt der Erinnerungsspur der Regression bis zum Gesicht der Mutter, dem das Kleinkind während des Stillens permanent die Blicke zuwendet. Mahlers Komponierhäuschen könnte also als ein solches »Höhlenhaus der

Träume« interpretiert werden, das den Ruhebedürftigen symbolisch des Urvertrauens versicherte und sein musikalisches Unbewusstes – wie in einem abgedunkelten Lichtspielraum – regressiv stimulierte.

Für den ungarischen Psychoanalytiker Sandor Ferenczi impliziert Regression »thalassale« Phantasien, die sowohl die Seeexistenz der Spezies als auch den vorgeburtlichen Zustand im Fruchtwasser des Mutterbauches beinhaltetn. Entsprechend dem biogenetischen Grundgesetz von Ernst Haeckel, wonach das Triebschicksal der Einzelnen das der Gattung wiederholt, verlegte er das Ziel der Regression weit in den vorgeburtlichen Zustand zurück, wo es keine Objektwelt und auch noch kein Geburtstrauma gibt. Nach Ferenczi entspricht der »maternale Regressionszug« dem Wunsch des Ichs, sich zu verlieren und aufzulösen, symbolisch: unterzugehen. Diese Form der Regression ist laut Ferenczi eine Art »Katabasis« in die Urzeit, sie drückt eine tiefe Sehnsucht nach den Urwassern des großen Meeres und der großen Mutter aus: »la mère« und »la mer«. Das mütterliche Fruchtwasser als Symbol des unendlichen Meeres, des Schoßes aller Lebewesen. Auslöser für diese Art Regression ist auch laut Ferenczi das Trauma der Geburt, die Geworfenheit in eine raue und abweisende Dingwelt. Diesem Trauma entsprächen phylogenetisch die Austrocknung der Meere, der Landgang der Meeresbewohner und die Anpassung durch die Fortbewegungsorgane, die auch die Ratio hervorbrachten. Im Fruchtwasser der Säugetiere, so Ferenczi, seien die Reste dieses thalassalen Urzustandes als Rekapitulation des Lebens im Wasser aufbewahrt und perpetuiert. Mit dem Satz »Eigentlich will der Mensch zurück ins Salzwasser« deutet Ferenczi die Archaismen, die er im Schlaf, in der Phantasie geistig Umnachteter, in Wahnvorstellungen und bei Neurotikern psychoanalytisch aufgedeckt hat. Dieser Begriff »Urhöhle« bedeutet also eine weit tiefere Regression als bei Bertram Lewin und René Spitz, die beide die Mundhöhle zum Fluchtpunkt regressiver Rückkoppelungen machten.[84]

Das Komponierhäuschen als ein regressiv konnotiertes Symbol von thalassaler Urhöhle, Ausdruck der Sehnsucht nach intrauteriner Geborgenheit und ewigem Schlaf? Die Symbolik kann nur als Metapher für die sprachlose Kunst der Musik gedeutet werden, denn Mahler war weder Borderline-Subjekt noch Psychotiker. Auf einer sublimierten Ebene war dieses Häuschen der Ort des »Der-Welt-abhanden / kommens«, enthielt also auch ein Todessymbol, eine geheime Todessehnsucht, die seit den *Kindertotenliedern* Mahler periodisch heimsuchte und in den Toblacher Sommern vehementer als vorher durchbrach.

Es scheint, als habe Mahler mit dem Komponierhäuschen seine eigene nicht bewältigte Vorvergangenheit – frühkindliche Traumata, Mutterfixierung samt gestörter Anpassung an die Welt – wie ein Schneckenhaus mit sich herumgetragen. Die darin gestauten Ängste und Affekte waren sein Schicksal, aber auch die Quelle für eine vehement narzisstische Expressivität, die gerade in der Enge des Häuschens explosiv detonierte. Darin kondensierte Mahler sein Ausdruckspotenzial, das Leiden der Kreatur und die Liebe zum Leben zu seiner höchstpersönlichen Schöpfungsgeschichte, in der persönliche Wehleidigkeit, Weltschmerz und Empathie zu einer allgemein verständlichen Seelengeschichte zusammenflossen. »Der Mensch«, sagt C. G. Jung, »trägt immer seine ganze Geschichte und die Geschichte der Menschheit mit sich herum.«[85]

## Die Bedeutung des Mutter-Archetypus im Zusammenhang von »Urlicht« und Tiefe: »Die Welt ist tief, / Und tiefer als der Tag gedacht …«

*(Friedrich Nietzsche, »Also sprach Zarathustra«)*

Im August, mitten in der Arbeit am *Lied von der Erde*, empfand Mahler das Bedürfnis, nach wiederholter Lektüre von *Goethes Gesprächen mit J. P. Eckermann*, Frau Adele Marcus, die ihm und Justine während des Hamburger Opern-Engagements Familienanschluss gewährt hatte und der er nach seiner Rückkehr aus New York in Hamburg einen Besuch abgestattet hatte, zu schreiben und ihr seinen Begriff vom »Ursprünglichen«, dem »Urlicht«, zu erhellen.[86] Im Nachwort zu diesem Brief führte Mahler die Stelle an, die das besprochene Geheimnis aufhellen sollte, nämlich das Gespräch Eckermanns mit Goethe vom 10. Januar 1830. Darin erzählt Eckermann, wie ihm Goethe persönlich »zum Nachtisch« aus dem zweiten Teil des *Faust* die Szene vorgelesen, die von den Müttern handelt, und auf seine Frage, wie diese Passage zu verstehen sei, mit »großen Augen« die Stelle »Die Mütter! Mütter – s' klingt so wunderlich!« kommentierte. Mahler befand sich im Zustand des Schaffens und spürte auf der eigenen Haut die Spannung des Einfalls. In diesem Zustand erschien ihm die von Adele Marcus aufgeworfene »Rätselfrage« zum Geheimnis des Schaffens von brennender Aktualität. Die Stelle im zweiten Teil des *Faust*, die auch Eckermann Rätsel aufgab, handelt von der transzendentalen Macht des Mutter-Symbols:

> Faust: Wohin der Weg?
> Mephistopheles: Kein Weg! Ins Unbetretene, Nicht zu Betretende; (...)
> Hast du Begriff von Öd- und Einsamkeiten? (...)
> Versinke denn! Ich könnt' auch sagen: steige! (...)
> Ein glühender Dreifuß tut dir endlich kund,
> Du bist im tiefsten, allertiefsten Grund.
> Bei seinem Schein wirst du die Mütter sehn (...)

In seinem Kommentar zu dieser Szene mit den »Müttern« weist Goethe Eckermann darauf hin, dass er »beim Plutarch gefunden, daß im griechischen Altertume von Müttern als Gottheiten die Rede gewesen«.[87] Nach wiederholter Lektüre der Szene kam Eckermann nach eigenen Worten zu folgender Erklärung »über der Mütter eigentliches Wesen und Wirken«: »So in ewiger Dämmerung und Einsamkeit beharrend, sind die Mütter schaffende Wesen, sie sind das schaffende und erhaltende Prinzip, von dem alles ausgeht, was auf der Oberfläche der Erde Gestalt und Leben hat [...]. Die ewige Metamorphose des irdischen Daseins, des Entstehens und Wachsens, des Zerstörens und Wiederbildens, ist also der Mütter nie aufhörende Beschäftigung.«[88]

Dass Mahler den Eckermannschen Kommentar zu den in »Einsamkeiten« wirkenden »Müttern« im Toblacher Sommer immer wieder las, unterstreicht, wie sehr er als Schaffender die Leben spendende Kraft des Gebärens metaphorisch zum eigenen Kreativitätsanliegen machte. Diese Lesart der Goetheschen Verse zum »schaffenden Prinzip« wird durch die Erwähnung des »Urlichts« sogar noch unterstrichen. Mit der Gleichsetzung des Mephisto-Verses »Was einmal war in allem Glanz und Schein, es regt sich dort, denn es will ewig sein« mit dem Rundgesang Zarathustras »Die Welt ist tief, / Und tiefer als der Tag gedacht / (...) Doch alle Lust will Ewigkeit«, gibt Mahler tiefenpsychologischen Einblick in seine immer bewusster werdenden Zusammenhänge von irrationalem Impuls und Schöpfung.

Mahler, der beim Komponieren dem puren Instinkt, dem Einfall – in seiner Sprache: dem »Urlicht« – nachhing, deutete also das atavistische Mutter-Prinzip als das Alpha und Omega allen Schaffens. Und er wusste: Wenn der Zauberschlüssel nicht in das Schloss des Unbewussten passte, dann ging nichts: »Mein Bedürfnis, mich musikalisch-symphonisch auszusprechen«, hatte er schon 1896 einem Freund gegenüber geäußert, »beginnt erst da, wo die *dunkeln* Empfindungen walten, an der Pforte, die in die ›andere Welt‹ hineinführt, die Welt, in der die Dinge nicht mehr durch Zeit und Ort auseinanderfallen«.[89] »Ich sehe immer mehr: man komponiert nicht, man *wird* komponiert«, hatte er Natalie Bauer-Lechner einmal mitgeteilt[90] und dabei die vollkommene Passivität seines Erfindens unterstrichen. Mahler kannte die Anspannung des Aushorchens dieses Ursprünglichen und fürchtete die Dürre der Einfallslosigkeit. Von daher die Emphase, mit der er immer wieder dieses Ursprüngliche und Vorbewusste betonte.

Mahler hat einmal Bruno Walter gegenüber den Schöpfungsakt des Komponisten mit einem Zeugungsakt verglichen[91] und dabei die Triebhaftigkeit des Erfindens unterstrichen, was dem von Mahler immer wieder gelesenen Goethe-Eckermann-Passus eine psychoanalytische Dimension verleiht. Die Begriffassoziationen, die Mephisto zur Charakterisierung der Unterwelt der »Mütter« verwendet, sind »Tiefe«, »Stille«, »Leere«, »Öd- und Einsamkeiten«, »Versinken«: die pränatale Welt des Fötus, der im Fruchtwasser geborgen heranwächst und weder Licht noch Lärm erleidet, sondern in der Leere der Mutterhöhle ein zeitlos geborgenes Dasein fristet, bis er durch die Geburt in die Welt gesetzt, die Objektwelt kennen und erleiden lernt. Mit dem Eckermann-Zitat scheint sich Mahler im Zustand des Erfindens regressiv nach diesem Zustand gesehnt zu haben, in dem das Komplexe wieder einfach, das Dissonante konsonant, das Disharmonische harmonisch und das Laute wieder vollkommen stille wird. Mag sein, dass Mahler auch aus diesem Grund ein enges, stilles, leeres Komponierhäuschen aufsuchte, um darin der verlorenen intrauterinen Geborgenheit gewahr zu werden, aus der heraus er allein Einfälle zu haben glaubte und in der sich, mit Goethes Worten, »die Brust erweiterte zum großen Werke«.

# VII. Sommer 1908 – Toblacher Trilogie, Teil eins

## Die Nachdichtung der »Chinesischen Flöte« im Geiste der Stilkunst um 1900: »Eine Kunst der Worte, die hinableuchtete in die Schwermut und die Rätsel des Seins ...« *(Hans Bethge zur »Chinesischen Flöte«)*

In dem von strikter Abschirmung und innerem Rückzug gekennzeichneten Toblacher Sommer 1908 ging Mahler nach kurzer Zeit der Akklimatisierung an die Komposition des *Liedes von der Erde* und skizzierte gleichzeitig einige Sätze der *Neunten,* die im darauffolgenden Sommer fertiggestellt werden sollte. [1] Nach langer Unterbrechung, die durch die schmerzhaften privaten Ereignisse und durch den Neuanfang seiner Karriere in Amerika bedingt waren, gab Mahler nun seinem Drang nach, das Gleichgewicht durch sommerliches Schaffen wiederherzustellen. Nach der kolossalen *Achten*, deren Realisierung zwei Jahre zurücklag und die ihn an glückliche Tage in kreativer Vitalität erinnerte, war es für ihn selbstverständlich, dass er im Augenblick der Normalisierung seines Lebens durch Fortsetzung seiner kompositorischen Tätigkeit im Sommer an eine symphonische Großform dachte und die Texte der *Chinesischen Flöte* als Vorwurf für eine zusammenhängende symphonische Komposition verstand. Mahler dachte zunächst an eine neunte Symphonie. Auf dem Titelblatt der Partitur ist diese Absicht als Formintention festgehalten: *»Das Lied von der Erde, Eine Symphonie für eine Tenor- und eine Alt- (oder Bariton-) Stimme und*

*Orchester (nach H. Bethges ›Die chinesische Flöte‹).«* Alma vermerkt dazu in ihren *Erinnerungen*: »Den ganzen Sommer arbeitete er fieberhaft an den Orchesterliedern [...]. Die Arbeit vergrößerte sich unter seinen Händen. Er verband die einzelnen Texte, machte Zwischenspiele, und die erweiterten Formen zogen ihn immer mehr zu seiner Urform – zur Symphonie. Als er sich darüber klar war, daß dies wieder eine Art Symphonie sei, gewann das Werk schnell an Form und war fertig, ehe er es dachte.«[2]

Eigentlich hätte *Das Lied von der Erde*, das in Mahlers erster Titulierung *Die Flöte von Jade* hieß, seine *Neunte* werden sollen, doch Mahler hatte Angst vor der Nummer Neun, da ja Beethoven und Bruckner jeweils nach ihrer *Neunten* gestorben waren. Als er dann an der *Zehnten* schrieb, schreibt Alma, meinte er: »Jetzt ist für mich die Gefahr vorbei!«. Doch hat er eine Aufführung der *Neunten* nicht erlebt und niemals seine *Zehnte* vollendet.[3]

Das *Lied von der Erde* liegt in zwei Versionen vor: in einer Orchesterversion und in einer originalen von Mahler selbst eingerichteten Klavierfassung. Henry-Louis de La Grange, Stephen E. Hefling und Hermann Danuser haben sich eingehend mit den in europäischen und amerikanischen Archiven aufbewahrten originalen Skizzen, Particell-Fragmenten, Partiturentwürfen und Stichvorlagen befasst und deren Chronologie studiert.[4] Jenseits des musikwissenschaftlichen Wertes dieser Autographen für Quellenstudium und kritische Ausgaben geben diese auch Aufschluss über die Arbeitsweise Mahlers, sowohl in der Textbehandlung als auch in der Ausarbeitung der Komposition. Von frühester Jugend an war es Mahler gewohnt, über Texte frei zu verfügen und sie seiner musikalischen Aussage unterzuordnen; er vertonte nicht, sondern dichtete mit Tönen und Worten sein höchst persönliches Weltverständnis, was häufig dazu führte, dass er Verse wegließ oder eigene hinzufügte. So verfuhr er auch mit den Nachdichtungen Hans Bethges aus dem Chinesischen, *Die chinesische Flöte*, Gedichte aus dem Goldenen chinesischen Zeitalter der Tang-Dynastie (618–907 v. Chr.).[5] In allen von Bethge nachgedichteten Strophen nahm Mahler Wortumstellungen, Zeilenkürzungen und Titeländerungen vor. So wählte er in der endgültigen Fassung für das Gedicht von Li-Tai-Po *Der Pavillon aus Porzellan* die Überschrift *Von der Jugend*, änderte *Am Ufer* in *Von der Schönheit* und fasste unter dem Titel *Der Abschied* zwei Gedichte, *In Erwartung des Freundes* von Mong-Kao-Jen und *Der Abschied des Freundes* von Wang-Wei in ein längeres zusammen. Mahler änderte aber auch noch in den verschiedenen Arbeitsphasen Titel und Textpassagen. Man kann diese Text-Varianten nicht nur zwischen Entwurf und fortgeschrittenen Fassungen feststellen, sondern auch zwischen der Klavierfassung, die Mahler zuerst erstellte, und der Orchesterfassung. So titulierte Mahler etwa das zweite Lied in der Klavierfassung *Die Einsame im Herbst*. Das 3. Lied trägt da den Titel *Der Pavillon aus Porzellan*, das vierte Lied *Am Ufer* und das fünfte *Der Trinker im Frühling*.

Das Autograph der Partitur,[6] bis 1964 im Besitz von Alma Mahler,[7] wird heute in der Pierpont Morgan Library in Midtown Manhattan, New York, aufbewahrt. Die Stichvorlage zum Druck befindet sich als Leihgabe der Universal-Edition in der Stadt- und Landesbibliothek Wien.[8] Ein Skizzenblatt zum Beginn des Orchestervorspiels des ersten Satzes besitzt Henry-Louis de La Grange, der dritte und sechste Satz sind in Particell-Ausführung respektive in der Bibliothek der Gesellschaft der Musikfreunde Wien und im Gemeentemuseum Den Haag einzusehen und die von Mahler selbst verfasste Klavierversion, bis 1950 im Besitz von Alma, ist heute Teil der privaten »Collection of Mr John Kallir, Scarsdale, NY«.[9] Sie wurde 1989 gedruckt und war die Fassung für die Erstaufführung durch Marjana Lipovsek, Alejandro Ramirez und Wolfgang Sawallisch in Tokyo am 15. Mai 1989.

Alma bezeichnet in ihren *Erinnerungen* diesen ersten Toblacher Sommer, »voll Kummer um das verlorene Kind, voll Sorgen um Mahlers Gesundheit«, als den »schwersten und traurigsten«. »Alles, jeder Ausflug, jeder Versuch, ihn abzulenken, misslang.«[10] Wie jeden Sommer musste Mahlers Schaffenslust, nach dem langen kreativen Winterschlaf, durch allerlei Konzentrations- und Stimuliermittel wie lange Spaziergänge und Bücher in Gang gesetzt werden. Wie man von Besuchern in Toblach weiß, gehörte in diesem Sommer vor allem Goethe zur bevorzugten Lektüre, aber auch philosophische und wissenschaftliche Schriften wie jene des zeitgenössischen russischen Physikers Oreste Danilowich Choolson, der mit seiner Schrift *Hegel, Haeckel und Kossuth* dem Materialismus als Weltanschauung zu Leibe rückte.[11]

Die Texte zum *Lied von der Erde* hatte Mahler vermutlich zu seinem 48. Geburtstag am 7. Juli 1908 von einem »alten Freund« der Familie Schindler, Theobald Pollack, erhalten, [12] der seine Dankbarkeit für die berufliche Beförderung durch Emil Jakob Schindler dahingehend äußerte, dass er nach dessen Tod seine ganze Zuneigung auf Alma und Gustav Mahler richtete und diese ständig mit neuer Literatur versorgte. Das brandneue Bändchen *Die chinesische Flöte* von Hans Bethge war erst im Herbst 1907 im Leipziger Insel-Verlag erschienen und wurde von Alma dem Gatten zur Lektüre empfohlen.

Henry-Louis de La Grange ist der Frage nachgegangen, wie Hans Bethge, der des Chinesischen nicht kundig war, zu diesen Texten kam. Er weist nach, dass die erste europäische Übersetzung altchinesischer Lyrik von Judith Gautier (1845–1917) stammt, die sie im *Livre de jade* um 1873 veröffentlichte. Auszüge aus dieser Sammlung fanden bald auch in deutschen Anthologien Verbreitung. Einer der ersten, der sich für diese Sammlung interessierte, war Gottfried Böhm, der die Sammlung *Livre de Jade* nachdichtete und damit in Deutschland Interesse für chinesische Literatur wecken half. Zu Sympathisanten dieser Bewegung gehörten u. a. auch die Jugendstildichter Julius Otto Bierbaum, Richard Dehmel und Arno Holz. Die französischen China-Gedichte gelangten vermutlich durch eine Übersetzung von Hans Heilmann mit dem Titel *»Chinesische Lyrik vom 12. Jahrhundert v. Chr. bis zur Gegenwart / In deutscher Übersetzung, mit Einleitung und Anmerkungen«* in die Hände von Hans Bethge. [13] Mahlers erste Titulierung *Die Flöte von Jade*, bestätigt indirekt die französische Vermittlung und die Bezugnahme der deutschen Übersetzer auf den französischen »Esprit de finesse« des Art Nouveau, der an der Jahrhundertwende auch die Nachbarländer erreichte. In Deutschland hieß diese neue Mode »Stilkunst«, eine Art Gegenbewegung gegen die martialische Selbstdarstellung und proletenhafte Gebarung des wilhelminischen Zeitalters. Nach Überschreitung des Höhepunktes der Gründerzeit, die neben imposanten Märchenschlössern und neugotischen Residenzen einem beliebigen Sammelsurium von Neorenaissance und Neobarock huldigte, formierte sich diese Gegenbewegung als Pflege neuer Innerlichkeit, die der Verpöbelung der Massen durch die protzige Gründerzeit-Kunst ihre unwirklichen »paradis artificiels« entgegensetzte. Die Anhänger dieser Bewegung verkehrten nicht mehr auf breiten Chausseen und in pompösen Bauten, sondern verloren sich im Kult der Gärten und Parks und ergingen sich in der Lyrik von den kleinen Dingen. Hans Bethges Kommentar im Vorwort zu den Nachdichtungen der *Chinesischen Flöte*[14] war selbst schon ein Manifest dieser neuen Innerlichkeit: «Ich fühlte eine bang verschwebende Zartheit lyrischen Klanges, ich blickte in eine ganz von Bildern erfüllte Kunst der Worte, die hinableuchtete in die Schwermut und die Rätsel des Seins, ich fühlte ein feines lyrisches Erzittern, eine quellende Symbolik. Etwas Zartes, Duftiges, Mondscheinhaftes, eine blumenhafte Grazie der Empfindung.«

Die neue Stilkunst, die um 1900, je nach Nation, als Secession, als Jugendstil, als Art Nouveau, als Liberty, als Arte floreale, als Modernismus bekannt wurde, war eine romantisch-irrationale Bewegung, die in der Verfeinerung der Nerven ihr oberstes Ziel sah, eine internationale Bewegung, die jedem völkischen Gedanken abhold war und die Rolle des Dichters kosmopolitisch und apolitisch verstand. Gegen diese Strömung opponierten der konservative Kulturkritiker Julius Langbehn, der mit *Rembrandt als Erzieher* die nationale Wiedergeburt predigte, Paul de Lagarde, der den Materialismus und die jüdische Intellektualität für die Unterwanderung der patriotischen Werte verantwortlich machte und eine »nationale Religion« forderte und die Panromantiker und »Kosmiker« Stefan George, Alfred Mombert und Theodor Däubler, die mit einem germanischen Eros-Begriff auf Innerlichkeit abhoben: Sie alle waren vaterländisch und waren entschieden gegen die Entnationalisierung deutscher Sensibilität. Zu dieser Sorte Kulturkritiker gehörte auch der jüdische Industrielle, Politiker und Schriftsteller Walter Rathenau, der in seiner Schrift *Kritik der Zeit* (1911) »die Verdrängung der Seele« auf das Konto des herrschenden Wilhelminismus und des aggressiven deutschen Kapitalismus setzte. Mit der Wahl eines chinesischen Textes als Vorlage für eine neue Komposition zeigte Mahler, dass er mit dieser Art deutscher Innerlichkeit nichts zu schaffen haben wollte: Er verstand die textliche Vorlage weder im Sinne des deutschen Mode-Impressionisten Richard Strauss, der vor allem modern sein wollte, noch im Sinne des germanisierenden Pfitzner, der eine völkische Version von »deutscher Innerlichkeit« vertrat. Viele Aspekte des Jugendstils waren freilich vieldeutig, waren sowohl den völkischen Vertretern als auch den fortschrittlichen Kräften gemeinsam. Für die national Gesinnten erzählten die stilisierten Metaphern der Stilkunst vom Ursprung des Volkes, für die Fortschrittlichen hingegen sprachen sie in Orakeln über den Kosmos. Weit verbreitet war in dieser Tradition der Sonnenkult, die Feier der Sonnwende und die Strahlkraft des Universums. In der *Chinesischen Flöte* findet man sie in den esoterischen Bildern des »ewig blauenden Firmaments«, der »Goldnen Sonne«, die »um die Gestalten webt« und »der Sonne, die hinter dem Gebirge scheidet« wieder. Die Bildersprache gemahnt an Zarathustras Vorrede an die Hinwendung zur Sonne, der dieser zu verstehen gibt, dass sie froh sein müsse, dass sie »diejenigen hat, denen sie leuchtet«. Auch Richard Dehmels *Sonnengesänge* gehören hierher, so wie Theodor Däublers *Sonnenmythos*, mit dem er in *Nordlicht* (1910) das »Dasein als Rückkehr zur Sonne« definierte. In den Lobpreisungen der Sonne, des Himmels und der Natur vollzieht sich in der neuen »Stilkunst« der Wandel vom christlichen Weltbild zu einer kosmischen Naturreligion. In Gerhard Hauptmanns *Die versunkene Glocke*, deren Burgtheater-Aufführung Mahler beiwohnte, verführt ein Waldgeist in Elfengestalt einen katholischen Kirchenglockengießer zu heidnischen Glockenspielen unter Zwergen. Religion wird in den befreiten Mythos eingeschmolzen und klingt nicht mehr offenbarend, sondern esoterisch. Die Metamorphose des Wagnerschen Grals zum Quell des Lebens, aus dem man wie aus einem Pokal trinkt, ist eine Sonderform dieses mystischen »himmlischen Gelages«: intendiert ist eine Berauschung, bei Richard Dehmel, bei Alfred Mombert, bei Otto zur Linde und unter den Mitgliedern der »Kosmiker«, die den Rausch als Ich-Entgrenzung priesen und die Rückkehr des Rauschgottes Dionysos beschworen. Die säkularisierende Variation des Motives »Gral« findet sich auch in der *Chinesischen Flöte*, im *Trinklied* und im *Trunkenen im Frühling*, in denen der Pokal »Lethe«, das Vergessen, beschwört: »Laßt mich betrunken sein!« Trinken und Trunkenheit werden im *Lied von der Erde* den dunklen Stunden anheimgestellt: »Ich liebe meines Wesens Dunkelstunden, in welchen meine Sinne sich vertiefen«, singt Rilke im *Stundenbuch* (1905) und definiert »Stilkunst« als Melancholie in »Traurigkeiten und Gesängen«.

Die mimosenhafte Hypersensibilität dieses modernen »Dolce stil nuovo«, synästhetisch ausgedrückt in Sonnenauf- und Untergängen, in Nebel- und Dämmerstimmungen, in zerbrechlichen Gläsern und Porzellanen, in wogenden Gräsern und fliegenden Haaren, in Blüten sammelnden Mädchen, verstand sich nicht mehr als große Literatur, sondern suchte allein die raffiniert individuelle Note. Linien überschnitten sich in Form von exotischen Frisuren, Körper, blasiert und parfümiert, verschränkten und entwirrten sich wie Haare, florierten wie Vegetation, Farben wurden gemischt – maisgelb, lachsrosa, perlgrau –, alles diente der universalen Reizsteigerung. Joris Karl Huysmans, der mit seinem Kultbuch des Ästhetizismus, Symbolismus und Dekadentismus französischer Richtung, *A rebours*,[15] das prüde Bürgertum schockte und religiöse Mystik gehörig gegen den Strich bürstete, erfand sogar Duftkabinette und Gewürzschachteln, mit denen er die gereizten Sinne seiner Leser zu erotischen Gedankenspielen verführte. Die floreale Richtung des Jugendstils definierte Schönheit in Gestalt langgliedriger, schmächtiger Seejungfrauen, die, unter dem Begriff »Sylphidentyp« zusammengefasst, auf Buchtiteln, Textillustrationen, Tapeten und Türfüllungen verewigt wurden. Das vormals »ewig Weibliche« wurde floreal umgedeutet und magerte zu Schwertlilien, zu Lotusblumen und zu wesenlosen Efeuranken ab, sublimiert und purifiziert in kalter Ornamentik auf Partituren, Buchtiteln und Tapeten. Ähnlich erging es den romantischen Liebespassionen, die zu amüsanten Flirts schrumpften und sich in Blumenmädchen verwandelten: »Junge Mädchen pflücken Blumen«, heißt es in der *Chinesischen Flöte* in der Strophe *Von der Schönheit*, »pflücken Lotusblumen an dem Uferstrande. Zwischen Büschen und Blättern sitzen sie, sammeln Blüten, sammeln Blüten in den Schoß und rufen sich einander Neckereien zu.«

Die Jahreszeit des Jugendstils war der Lenz, die Protagonisten halbwüchsige Mädchen, das Bewegungsmuster der Reigen, die Aktionsbühne im Freien: »Beugen sich, schmelzen und schwellen, recken sich, strecken sich, reißen entzwei, fassen sich, küssen sich, lassen sich, hei«, sang Otto Julius Bierbaum und gab dem Münchner Jugendstil die frivole Note des »Didl-Dum« und »Larida«. Die Zeitschrift der Wiener Secession hieß *Ver Sacrum*. Das »Open Air« als Metapher für Natur und Natürlichkeit färbte sich bei den Melancholikern – etwa in Ernst Stadlers *Präludien* (1905) – dämmerig und ließ die Figuren müde erscheinen. »Die müden Menschen gehen heimwärts« heißt es in der *Chinesischen Flöte:* das Thema des Abschieds von der schönen Welt symbolistisch zur Sprache gebracht. Vom Tod selbst sang es sich im Jugendstil schlecht, viel eher umschrieb man das Sterben mit Heimgehen und Ruhesuchen: »Ich suche Ruhe für mein einsam Herz. Ich wandle nach der Heimat, meiner Stätte« dichtete Bethge in der *Chinesischen Flöte* den Orientalen nach. Bei Bruno Wille klang es ähnlich: »Himmelsruhe, unendliche Ruhe [...]. Seht hier liegt der Ruhesucher – zwischen Grashalmen, die von seinen Schläfen riesenhaft ins Blaue wachsen – die einsame Sehnsucht wird eine frommes Tönen – sanftes Summen – eine ferne Orgel – feierliche Harmonie« und Rilke flüchtete sich in die orphische Metapher der Nacht: »Aber die Dunkelheit hält alles an sich [...] ich glaube an Nächte« (*Das Stundenbuch*).

## Mahlers Lesart der »Chinesischen Flöte«: »Vita fugax« *(Gustav Mahler)*

Die Texte der *Chinesischen Flöte*, in denen die Klage über den kurzen Frühling das Bewusstsein vertieft, dass das Leben im Nu verfliegt, während das Universum ewig währt, trafen Mahlers pessimistische Weltanschauung ins Zentrum. Das Geheimnis des Sterbens in der ewig sich regenerierenden Natur, metaphorisch ausgedrückt in der Spannung zwischen dem Individuum, das stirbt, und dem Kunstwerk, das lebt, waren die philosophischen Fragen, die Mahler zeitlebens beschäftigten, die aber jetzt, da er sein Ende näher wusste, zu einer wahren Obsession wurden. Ernst Decsey berichtet, dass Mahler in Toblach ihm gegenüber ständig die Worte »Vita fugax« auf den Lippen hatte.[16] Von diesem ostinat wiederholten Vergänglichkeitsrefrain führte Mahlers innerer Weg direkt zur emphatisch erfühlten Frage im *Lied von der Erde*: »Du aber Mensch, wie lange lebst denn du?«, gefolgt von der apodiktischen Feststellung: »Nicht hundert Jahre darfst du dich ergötzen [...].« Ein Satz, der Mahlers zentrale Existenzfrage aufriss und bei ihm nun, vor dem Hintergrund der schmerzlichen Gewissheiten, umso akuter wurde. Es waren also weniger der Reigen von Blumen pflückenden Mädchen, die ephemeren Erscheinungen im Tag- und Nachtwechsel und die exotischen Pavillons aus »grünem und aus weißem Porzellan«, die Mahler an dem Text interessierten, als die existenziell bedeutungsschweren Sätze, die in Stimmungen und Metaphern gekleidet sind und scheinbar gefühllos für menschliches Leid pure Natur beschreiben. Im *Lied von der Erde*, meinte Bruno Walter, spreche Mahler mit jedem Ton nur von sich selbst. [17] Im *Lied* stellt Mahlers textlich und musikalisch seine Seinsfrage, so wie sich Schubert in der *Winterreise* oder Brahms in den *Vier Ernsten Gesängen* über die letzten Dinge erschütterte Gedanken machten. Anhand dieser auf sich selbst bezogenen Texte konnte er sich außerdem Klarheit verschaffen, worauf es bei der knappen ihm noch verbleibenden Zeit ankam: nicht auf Weisheit, nicht auf Besitz, nicht auf Liebe, sondern allein auf die Realisierung jener »trunkenen« Schönheit, die seit seiner Kindheit sein einziger und ausschließlicher Lebensinhalt war. Jetzt, da ihm die sichtbare Welt abhanden zu kommen drohte und ihn die Angst vor dem Sterben überkam, erlebte er dieses Bedürfnis nach Ausdruck und Ekstase sogar noch intensiver als früher: »O Schönheit; O ewigen Liebens, Lebens trunkene Welt!« Das ist nach der Seinsfrage der zweite Schlüsselsatz des *Lieds von der Erde*. Dieser führte Mahler, bei seinem Bedürfnis des inneren Zusammenhangs seines Schaffens, direkt zu jenem Werk, das in der Vision kosmischer und metaphysischer Bilder der *Chinesischen Flöte* am ähnlichsten ist: zu seiner *Dritten Symphonie*, einem pantheistischen Hymnus auf die Natur, das Universum, die Ekstase, einer Symphonie, in der Mahler anhand einiger Zarathustra-Sätze eine höchstpersönliche, von der Liebe zum Leben und zu den Kreaturen getragene Schöpfungsgeschichte erzählt: *Was mir die Blumen auf der Wiese erzählen*, *Was mir die Tiere im Walde erzählen*, *Was mir der Mensch erzählt*, *Was mir die Liebe erzählt*, ein Werk voller Sommer und Sonnenschein, hinter dem eine tiefe Stimme von der Tiefe der Welt, von der Tiefe der Lust und von dem noch tieferen Leid singt: »O Mensch! Gib acht! / Was spricht die tiefe Mitternacht? / Ich schlief, ich schlief –, / Aus tiefem Traum bin ich erwacht: – / Die Welt ist tief, / Und tiefer als der Tag gedacht. Tief ist ihr Weh – / Lust – tiefer noch als Herzeleid: / Weh spricht: Vergeh! / Doch alle Lust will Ewigkeit –, / – will tiefe, tiefe Ewigkeit!«.

## Die Metaphernsprache des »Lieds von der Erde« und der Geist des Zarathustra: »Süße Leier! Süße Leier! Ich liebe deinen Ton, deinen trunkenen Unken-Ton! ...« *(Friedrich Nietzsche)*

Beide Werke, die *Dritte* und das *Lied*, sind in der dionysischen Lust-Schmerz-Doppeldeutigkeit dem *Zarathustra* verwandt. In beiden Werken ist viel Licht, das Schatten wirft: »Mein Herz, auf dem mein Sommer brennt, der kurze, heiße, schwermütige, überselige«, heißt es im zweiten Teil des *Zarathustra*, eine schlagende Metapher für Mahlers zwielichtiges Sommergefühl. Mahlers Sommerinbrunst meint nämlich wie *Zarathustra* außer Heiterkeit auch Schrei und Fratze. »Im Mondschein auf den Gräbern hockt eine wild gespenstische Gestalt«, heißt es im ersten Gesang des *Liedes*, »ein Aff ist's! Hört ihr, wie sein Heulen hinausgellt in den süßen Duft des Lebens!« Im Zarathustra klingt es ähnlich: »›O Zarathustra – sprach das Kind zu mir – schaue dich an im Spiegel!‹ Aber als ich in den Spiegel schaute, da schrie ich auf, und mein Herz war erschüttert: denn nicht mich sah ich darin, sondern eines Teufels Fratze und Hohnlachen.« Jubel und Hohnlachen: zwei Grundvorkommen des Mahlerschen Kompositionsmaterials, Frohsinn und Fratze als die dionysischen Pole seines Hitze-Verhältnisses zum Sommer.

Am deutlichsten ist der Geist Nietzsches jedoch in der Übersetzung der Ekstase in »Trunkenheit« zu erkennen, insbesondere da, wo der Text den »Trunkenen« im Frühling preist. Im *Zarathustra* ist diese »Trunkenheit« auf die Musik exemplifiziert, die beiden Erscheinungsformen des Lebens, die dem Aufgang wie dem Abgang ihre Stimme leihen: »Süße Leier! Süße Leier! Ich liebe deinen Ton, deinen trunkenen Unken-Ton! Was bin ich? Eine trunkene süße Leier, – eine Mitternachts-Leier, [...] welche reden muß [...]. Dahin! Dahin! O Jugend! O Mittag! O Nachmittag! Nun kam Abend und Nacht und Mitternacht!«

Die Verse der *Chinesischen Flöte*, die lange vor der Verbreitung des Taoismus durch Laotse entstanden sind, trafen sich mit Mahlers eigener pantheistischer Weltschau, erinnerten ihn an den Begriff der »Weltseele«, den er, der ewige Romantiker, vom deutschen irrationalen Idealismus her kannte und der ihn, in der doppelten Erfahrung von Lust und Leid, zum kosmischen Mystiker und Pessimisten machte. Die Hypothese einer »Weltseele«, die bei Schelling und Schopenhauer die Idee der »ewigen Wiederkehr« nach sich zog, verschmilzt in der *Chinesischen Flöte* im Refrain »Dunkel ist das Leben, ist der Tod« zu einem Kontinuum von Welt und Ewigkeit, ein Zusammenhang, auf den sowohl Goethe in der *Farbenlehre* als auch Nietzsche in der *Fröhlichen Wissenschaft* hinwiesen. Alle diese Topoi, die »schöne Welt«, die »Lust, die Ewigkeit will«, das »tiefe Leid der Welt«, die »ewige Wiederkehr« und die »Schönheits-Trunkenheit«, sind in den Strophen der *Chinesischen Flöte* enthalten. Sie waren Mahlers assoziativer Hintergrund, vor dem er seine innere Erschütterung und geistige Erregung ausfuhr und im Augenblick des Schaffens das Erschaudern vor den letzten Dingen wachhielt. Allerdings deutete Mahler das Pathos der Worte in seinem Sinne um: So verstand er das erste Lied, das die Trunkenheit im Wein besingt, als einen Dithyrambus auf den »Kummer« in den »wüst liegenden Gärten der Seele«, ebenso verwandelte er das zweite, in dem die »Herbstnebel« den »Einsamen« umwallen, zu einem Lied der Vereinsamung seines eigenen »müden Herzens«. Nicht anders verfuhr er mit der Jugend, der Schönheit und dem Frühling, indem er deren Qualitäten als eine »irreale Fata morgana« im Herbst des Lebens darstellte, als eine Chimäre, in der »die Erregung der Herzen« nur noch »klagend nachschwingt«. Am intensivsten wirkt diese vom Persönlichen bewirkte Metamorphose im *Abschied*, wo er für die Täuschung einer »vita brevis« pantheistisch die Ewigkeit der »allüberall« aufblühenden »lieben Erde« einfordert und sich im »Ewig, ewig« mit der immer »aufs neue« aufblühenden Natur versöhnt.

## Das »Lied von der Erde« als Reminiszenz eigener Seelenzustände:

**»Wie die Natur sich zum Herbste neigt, wird es Herbst in mir und um mich her …«**

*(Johann Wolfgang v. Goethe: »Die Leiden des jungen Werthers«)*

Für Mahler wirkten die Texte des *Liedes* also als Erinnerungsstimulans, keinesfalls fernöstlich exotisch, sie waren ihm Reminiszenz und Resumée von Seelenzuständen, die er alle schon ausgekostet und durchlitten hatte: »die höchste Glut der freudigsten Lebenskraft und die verzehrendste Todessehnsucht«, Gefühle, die nach seinen eigenen Worten aus der Jugend »abwechselnd« in seinem Herzen »thronten«. So hört sich *Das Lied vom Kummer*, das »auflacht«, wie eine Rekapitulation des »Ich muß sie lieben, diese Welt mit ihrem Trug und Leichtsinn und mit dem ewigen Lachen« an, ausgesprochen als Neunzehnjähriger im Jugendbrief an den Freund Josef Steiner. Auch das Bild des »morschen Tandes dieser Erde« könnte eine Formulierung aus der Jugendzeit sein, als er im erwähnten Steinerbrief mit den knackenden »Zweigen eines dürren, ausgetrockneten Daseins« seinen Weltschmerz zu Papier brachte.[18] Und erst die desperate Schlussidylle des *Liedes von der Erde*, »Ich geh', ich wandre in die Berge. Ich suche Ruhe für mein einsam Herz«. Dieser Passus evoziert eine Seelenlandschaft, die der Jüngling Mahler schon einmal formuliert hatte: »Ich bin auf Bergen gestanden, [...] die Heide, die Abendglocken, überall Ruhe! Heiligste Ruhe.«[19] Der Tonfall der deutschen Übersetzung der *Chinesischen Flöte* erinnert im Übrigen sehr an die exaltierte »Sturm und Drang«-Sprache des *Werther*, vor allem an die von aufwühlender Passion überschwemmten Naturstimmungen im Übergang vom blühenden Frühling zum welkenden Herbst: »Wie die Natur sich zum Herbste neigt, wird es Herbst in mir und um mich her. Meine Blätter werden gelb, und schon sind die Blätter der benachbarten Bäume gefallen«.[20] Mahlers besonderes Interesse an dieser von Bethge ins Deutsche übertragenen Poesie legt deshalb die Vermutung nahe, dass der Komponist im Herbst seines Lebens die Frische und Kraft der eigenen Jugend beschwor, jenes ihm nur zu vertraute Wechselbad exaltierter Gefühle, in das er beim Komponieren eintauchte und das ihn zu den höchsten Gipfeln des musikalischen Ausdrucks trug. »Jugend ist eine beständige Trunkenheit: sie ist das Fieber der Vernunft«, sagt La Rochefoucauld in den *Réflexions morales*, eine Kraft, die den Schaffenden ganz ohne Wein berauscht. Im *Lied von der Erde* sind die beiden Pole von Mahlers spätem Weltbild, Jugend und Vergänglichkeit, Frühling und Herbst, Aufbruch und Abgesang expressiv und strukturell deutlich dargestellt: in den Ecksätzen und im zweiten Satz die Welt als Kümmernis und Beschreibung tiefer Lust und tiefen Leids, in den Mittelsätzen hingegen als Schönheit und Jugend und Welt, ganz so wie in der *Dritten*, in der die Sätze, nach kosmischen Bildern geordnet, die Entstehung der Welt von den Tieren bis zum Menschen hinauf und über diesen hinaus bis zu den Engeln nachvollzieht.

Die formale Ähnlichkeit des *Lieds von der Erde* mit der *Dritten*, mit deren Panlautlichkeit und Naturmystik, liegt auch formal auf der Hand: Beide Werke sind in sechs Sätze gegliedert und enden in einem langsamen Abgesang. Demnach wäre das *Lied von der Erde* eine Art unbewusster Reprise hitziger Sommermusik im Spiegel des Herbstes. »Jugend hat viel Herrlichkeit, Alter Seufzen viel und Leid«, heißt es im *Parzival* von Wolfram von Eschenbach. Mahler, der sich nun in einer Phase hypochondrischer Ängstlichkeit und metaphysischer Reflexion befand, muss die Frische und Impulsivität, mit der er seine Wunderhornsymphonien und insbesondere die *Dritte* geschaffen hatte, stark herbeigesehnt haben, jene Jugend, die der Dichter in Goethes *Faust* im Vorspiel auf dem Theater begehrt: »Gib ungebändigt jene Triebe, / Das tiefe, schmerzensvolle Glück, / [...] die Macht der Liebe, / Gib meine Jugend mir zurück.« Auch die Art der Satzbezeichnung im *Lied* weist in die Richtung einer Palinodie, eines Rückwärtsgesanges mit der Beschwörungen jugendlicher Frische und Einfallsspontaneität. Mit dem *Trinklied vom Jammer der Erde*, das mythologisch die Berauschung meint, ist der Verweis auf den *Bacchuszug* und *Pans Erwachen* im ersten Satz der *Dritten* nicht zu übersehen. Die Jahreszeit war in der *Dritten* der Sommer gewesen (»Der Sommer zieht ein«), im *Trinklied vom Jammer der Erde* hingegen ist es der Herbst. In beiden bleiben die Bedrohungen des voranstürmenden und innehaltenden Lebens als Gefahr: Im ersten Satz der *Dritten* sind es die »leblos starre« Natur und der »Südsturm«, im *Trinklied vom Jammer der Erde* droht eine »wild gespenstische Gestalt«, die »im Mondschein auf den Gräbern hockt« und deren Heulen »hinausgellt in den süßen Duft des Lebens«, die Verkörperung des nahenden Todes.

Mahlers kompositorisches Stimulans war die Rührung. Dazu bedurfte er der Literatur und der intensiven persönlichen Identifikation mit ihr. Anders als Brahms, dessen strukturelle Kompositionsweise immer gleich verlässlich funktionierte, und anders als Wagner, der leitthematisch entlang einer vorgegeben Dramaturgie vorging, war Mahler auf Stimmung angewiesen. Deshalb schreitet sein Satz in Aufregungen voran und ist vor allem auf wiederholte Kulminationspunkte ausgerichtet. Mahler bedurfte ständig dieser inneren Exaltiertheit. Schon deshalb kann man bei ihm nicht von Altersstil reden. Mahler identifizierte sich grundsätzlich mit dem dionysischen Schaffensmodell, das mit Erregungszuständen operiert. So gesehen lauteten die beiden Mahlerschen Ur-Fragen »Was mir der Text erzählt« und »Was mir das eigene Ich erzählt«. Im Übrigen hat sich Mahler öfter dahingehend geäußert, dass alle seine Werke »Erlittenes und Erfahrenes« darstellen: »Wahrheit und Dichtung in Tönen«. Dieser innerste Schaffenszusammenhang war den Kennern des Mahlerschen Werkes, Kritikern wie Bewunderern, von allem Anfang an bewusst. Der Expressionist Schönberg brachte diesen eklatanten Psychologismus auf den Punkt, indem er Mahler nach einer Probe der *Dritten* begeistert schrieb:

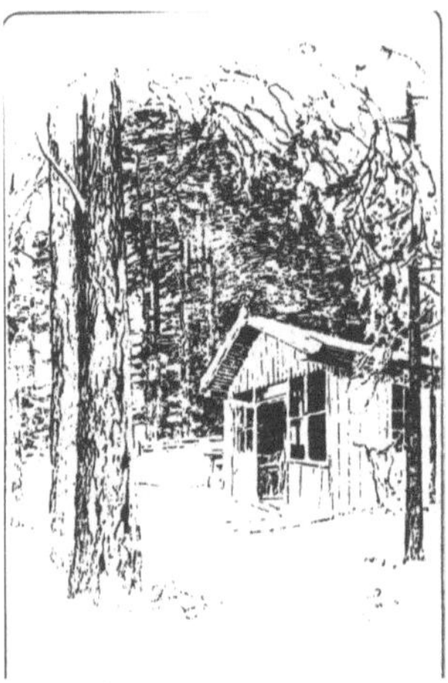

Das Komponierhäuschen, Zeichnung von Carl Moll

> Verehrter Herr Direktor, um dem unerhörten Eindruck, der mir Ihre Symphonie gemacht hat, einigermaßen beizukommen, darf ich nicht wie der Musikant zu Musikanten, sondern ich muß wie der Mensch zum Menschen reden. Denn: ich habe Ihre Seele gesehen, nackt, splitternackt. Sie lag vor mir wie eine wilde, geheimnisvolle Landschaft mit ihren grauenvollen Untiefen und Schluchten und daneben heitere, anmutige Sonnenwiesen, idyllische Ruheplätze. Ich empfand sie wie ein Naturereignis mit seinem Schrecken und Unheil und seinem verklärenden, beruhigenden Regenbogen [...] ich spürte einen Menschen, ein Drama, *Wahrheit*, rücksichtsloseste Wahrheit![21]

## Das »Lied von der Erde«: »Gaudeamus« und »Memento mori!«

Im Bezug auf *Das Lied von der Erde* hat die akademische Musikwissenschaft bislang hauptsächlich die Frage debattiert, ob es eine »Symphonie«,[22] eine »Lyrische Symphonie«,[23] eine »Lied-Symphonie«,[24] eine Synthese von Lied und Symphonie[25] oder ganz einfach ein »Zyklus von Orchesterliedern«[26] sei. Hermann Danuser vertritt die These eines Wandels der Werkpoetik im Laufe der Komposition, nämlich »von einem ›symphonische Elemente umfassenden‹ Orchesterliederzyklus in eine ›aus sechs Liedsätzen bestehende‹ Symphonie«. Er begründet diese Ansicht mit dem Hinweis auf den letzten Satz, den *Abschied*, der seiner Meinung nach »eine Poetik des Werkes als einer ›Symphonie‹« voraussetze.[27] Wenn man mit dem Begriff Symphonie einen mehr oder minder freien Zyklus symphonischer Aufschwünge und einem langen Adagio-Abgesang, samt Scherzo- oder Intermezzo-ähnlichen Mittelsätzen, assoziiert, dann ist *Das Lied von der Erde* eine solche. Wenn man aber für den Kopfsatz das Sonatenprinzip in Anspruch nimmt, eine Exposition mit Reprise und die thematische Arbeit in der Durchführung, dann ist das *Lied* formal auf keinen Fall eine Symphonie. Wenn Mahler dennoch diese Bezeichnung im Titel seines Werkes festgehalten hat, so wohl deshalb, weil er für sich die totale Freiheit im Formalen und im Abweichen von Traditionen in Anspruch nahm, was er es schon früh, etwa in der sechssätzigen *Dritten Symphonie* unter Beweis gestellt hatte. Mahlers Begriff der Symphonie, nämlich »mit allen musikalischen Mitteln eine Welt zu bauen«, ist, mit Ausnahme der klassischen *Vierten*, vor allem von psychologischen Kriterien definiert: »Das Schaffen und die Entstehung eines Werkes«, meinte er einmal Natalie Bauer-Lechner gegenüber, »sind mystisch vom Anfang bis zum Ende, da man, sich selbst unbewußt, wie durch fremde Eingebung etwas machen muß, von dem man nachher kaum begreift, wie es geworden ist. Ich komme mir dabei oft vor wie eine blinde Henne, die ein Diamantkorn gefunden hat.«[28]

Formal verhält sich das *Lied* spiegelbildlich zur *Dritten*: sechs Sätze im starken Wechselbad der Gefühle, Musik als innerer Kampf und Musik als Balsam, Musik als Wahrheit und Musik als Tröstung. Die Polarität zwischen Abgrund und Schönheit sowohl in der Satzfolge als auch in der Phrasenbildung sind auch hier strukturbildend, mit dem Unterschied, dass die *Dritte* eine Lebenssymphonie ist, das *Lied von der Erde* hingegen eine Suite mit Blick aufs Sterben. Der von schwärmerischem Naturgefühl durchwobenen *Dritten Symphonie* hat hier Mahler offensichtlich spiegelbildlich eine pessimistisch gestimmte an die Seite gestellt. Dieselbe kolossale Auftakt-Quarte, mit der die *Dritte* beginnt, leitet hier das *Trinklied vom Jammer der Erde* ein und stiftet so leitthematische Zusammenhänge zwischen dem positiven Jugendwerk und dem Spätwerk voller Todesahnungen. Auch die Vokalität folgt dieser Dichotomie: Jugend,

Frühling, Lebensfreude werden von einer schmetternden Tenorstimme besungen, während die Gesänge um Herbst, flüchtige Schönheit und Abschied der sonoren Tiefe eines Alts oder eines Baritons anvertraut sind. Der Tenor besingt den Wein, den Rausch, die Erscheinungswelt in ihrem Glanz, der Alt leiht dem Herbst, der vergänglichen Schönheit und dem schlussendlichen Abschied von der Welt seine Stimme. Der Tenor singt das »Gaudeamus«, der Alt das »Memento mori«.

### I. Das Trinklied vom Jammer der Erde (Li-Tai-Po)

Schon winkt der Wein im gold'nen Pokale,
doch trinkt noch nicht, erst sing'ich euch ein Lied!
Das Lied vom Kummer soll auflachend in die Seele euch klingen.
Wenn der Kummer naht, liegen wüst die Gärten der Seele,
welkt hin und stirbt die Freude, der Gesang,
Dunkel ist das Leben, ist der Tod.

Herr dieses Hauses!
Dein Keller birgt die Fülle des goldenen Weins!
Hier, diese Laute nenn' ich mein!
Die Laute schlagen und die Gläser leeren,
das sind die Dinge, die zusammen passen.
Ein voller Becher Weins zur rechten Zeit
Ist mehr wert, als alle Reiche dieser Erde!

Dunkel ist das Leben, ist der Tod
Das Firmament blaut ewig, und die Erde
wird lange fest steh'n und aufblüh'n im Lenz.
Du aber, Mensch, wie lange lebst denn du?
Nicht hundert Jahre darfst du dich ergötzen
An all dem morschen Tande dieser Erde!

Seht dort hinab! Im Mondschein auf den Gräbern
Hockt eine wild-gespenstische Gestalt –
Ein Aff ist's! Hört ihr, wie sein Heulen
Hinausgellt in den süßen Duft des Lebens!
Jetzt nehmt den Wein! Jetzt ist es Zeit, Genossen!
Leert eure gold'nen Becher zu Grund!
Dunkel ist das Leben, ist der Tod!

Das Eingangslied *Das Trinklied vom Jammer der Erde* ist der cholerischen Dramaturgie Beethovenscher Sonatensätze nachempfunden: Es ergeht sich in dynamischen Extremen zwischen dem aufschreienden, von grellen Bläsern begleiteten Thema des Satzes »Schon winkt der Wein im goldenen Pokale« und dem melancholisch resignierten Nebengedanken »Dunkel ist das Leben, ist der Tod«. Letzteres, das von einigen als Seitenthema, von anderen als Refrain angesehen wird, erscheint zunächst in g-moll, wechselt im Mittelteil nach as moll und taucht in der Reprise wieder in der Grundtonart as-moll auf. Die Keimzelle beider kontrastierender Perioden ist wiederum die Quarte, das Intervall der Mahlerschen Fanfare und des Aufschwungs, aber auch der wehleidigen Klage und des Weltschmerzes. Die anhebende Auftakt-Quarte wird bald zu einem pentatonischen Motiv, a-g-e, erweitert, während die fallende Ruf-Quarte des Refrains einem Moll-Vierklang zugehörig erscheint. Die Instrumentation gibt durch den hohen gepressten Bläserton den Anschein größter Mühe, sie ist Anklage gegen eine stiefmütterliche Natur, die sich immerfort, von Auftakt zu Auftakt, von Aufschwung zu Aufschwung, steigert und über den Worten kulminiert: »hinausheult in den süßen Duft des Lebens.« Die Prosodie des Gesanges folgt dieser Erregung bis zu den sich überschlagenden Höhepunkten, begleitet von chromatisch plärrenden Holzbläsern und Seufzermotiven. Verdinglichung auf der ganzen Linie, Affekt und Aufschrei, Klagegesang und Klagegeschrei in krampfhaft forcierten Höhen.

In ähnlicher Weise gibt der Wechsel der Tongeschlechter die Aufregung wieder, die einige Schlüsselstellen des Textes suggerieren. Das periodische Anschwellen und Heben der Stimme im stark schwankenden Blutdruck von Dur nach Moll ist psychisches Symptom und Entladung zugleich. »Harmonien« sagt Ernst Kurth am Beginn seiner *Romantischen Harmonik*, »sind Reflexe aus dem Unbewußten. Alles Erklingende an der Musik ist nur empor geschleuderte Ausstrahlung weitaus mächtigerer Urvorgänge, deren Kräfte im Unhörbaren kreisen.«[29] Der Harmonie ist im *Lied von der Erde* und insbesondere im *Trinklied vom Jammer der Erde* eine leitthematische Rolle zugewiesen: Moll ist der Schrei, mit dem das Lied beginnt, moll sind die wehleidig klagenden Vorhalte, moll ist das in Rührung zerfließende Selbstmitleid. In Dur steht der Rausch, die flüchtigen Lichtmomente, die aufblitzen und gleich wieder im düsteren Moll versinken. Wenn der Satz von Ernst Kurth zutrifft, dass »das Moll eine Depression von Dur« sei, dann gilt dies besonders für den desperaten und düsteren ersten Satz. Mahler beherrscht die Semantik des Molls in all seinen Schattierungen, sogar dann, wenn er »Dur« denkt und dieses verzweifelt klingen soll, wie bei dem Schlüsselakkord in B-Dur, der Neapoletanischen Sexte, der zweiten vertieften Stufe in Moll, die als Dur-Akkord dem Moll wie eine angeborene Depression zugesellt ist.

In vitalem Dur stehen in diesem ersten Lied hingegen die Zeilen, die um den Wein kreisen (»doch trinkt noch nicht, erst sing ich euch ein Lied!«) oder die Begriffe »Freude« und »Gesang« evozieren. Dur ist weiters »die Fülle des goldenen Weins! [...] Die Laute schlagen und die Gläser leeren [...]. Ein voller Becher Weins zur rechten Zeit«, der »mehr wert ist als alle Reiche dieser Erde!« Ein höchst ambivalentes

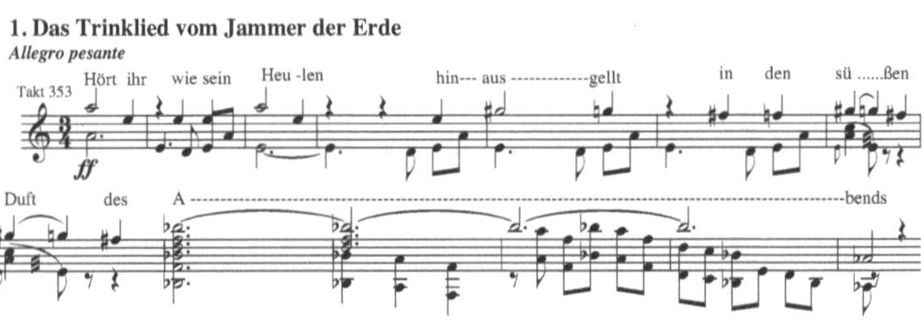


B-Dur mit dem Vorhalt auf einer Es-Dur-Quartsexte steigert pathetisch die anklagenden Worte »nicht hundert Jahre darfst du dich ergötzen« zu intensivster Emphase. Auch der dynamische Gipfel dieses ersten Satzes über dem Wort »Leben«, das die Singstimme wie einen gellenden Schrei auf einem hohen b lange aushält, ist in Dur, wiederum das B-Dur der Neapoletanischen Sexte, desolat und verzweifelt. Der Dur-Aufschrei in Moll mündet, wie unter der Wirkung des Weins, in ein berauschtes A-Dur. Es gipfelt auf einer euphorischen Dominant-Quartsexte, die sich über den Worten »Jetzt nehmt den Wein« die befeuchtete Kehle ausschreit und die in a-moll gestimmten Sorgen im A-Dur-Suff erstickt.

Diesem zwielichtigen Licht- und Schattenspiel im Wechsel von Moll nach Dur setzt Mahler eine ebenso stimmige, weil textkonforme dynamische Gestaltung gegenüber. In der ersten symphonischen Strophe erheben die hohen Holzbläser ein großes Geschrei und heulen wie Klageweiber einer griechischen Tragödie über die Unbill des Daseins. In der zweiten symphonischen Strophe, die einem Intermezzo ähnlich ist, gibt sich ein weicherer Ton der dionysischen Illusion hin, dass Wein und Gesang das Leben ausfüllen könnten. Die dritte und vierte symphonische Strophe verhalten sich dynamisch zu den beiden vorangegangenen wie eine Art Rückwärtsgesang, derart, dass der Anblick des »Firmamentes, das ewig blaut« und der »Erde, die lange feststeht« noch mehr die Verzweiflung über die Kürze des Lebens entfachen. Von da an, vom »Nicht hundert Jahre darfst du dich ergötzen«, bleibt die Dynamik bis zum Schluss in heller Aufregung.

**II. Der Einsame im Herbst (Tschang-Tsi)**

(Titel der Klavierfassung: *Die Einsame im Herbst)*

Herbstnebel wallen bläulich überm See;
vom Reif bezogen stehen alle Gräser;
man meint ein Künstler habe Staub von Jade
über die feinen Blüten ausgestreut.

Der süße Duft der Blumen ist verflogen;
ein kalter Wind beugt ihre Stengel nieder.
Bald werden die verwelkten, gold'nen Blätter
der Lotosblüten auf dem Wasser zieh'n.

Mein Herz ist müde. Meine kleine Lampe
erlosch mit Knistern, es gemahnt mich an den Schlaf.
Ich komm' zu dir, traute Ruhestätte!
Ja, gib mir Ruh! Ich hab' Erquickung not!

Ich weine viel in meinen Einsamkeiten,
der Herbst in meinem Herzen währt zu lange.

Sonne der Liebe, willst du nie mehr scheinen,
um meine bittern Tränen mild aufzutrocknen?

Anhand der Datierungen der Skizzen und Particell-Entwürfe lässt sich die chronologische Reihenfolge der Realisierungen der einzelnen Sätze genau nachvollziehen. Die früheste Angabe, »Juli 1908«, bezieht sich auf die Klavierfassung des zweiten Liedes, *Der Einsame im Herbst.* Wie die weiteren Autographe dokumentieren, arbeitete Mahler in Toblach gleichzeitig an beiden Fassungen, sowohl an der Version für Orchester als auch an der zweihändigen Klavierfassung. Dies lässt den Schluss zu, dass Mahler den für ihn nach der langen Winterpause stets notwenigen kreativen Anlauf und Einstieg in das neue Kompositionsvorhaben am Klavier unternahm. In der Tat weist dieses zweite Lied eine pianistische Besonderheit auf, die ein von Mahler in seiner Jugend viel gespieltes Klavierstück in Erinnerung ruft: Schumanns *Humoreske op. 20,* namentlich die eigenartige ununterbrochene Quartolen-Bewegung des B-Dur-Intermezzos, eine seltene Begleitfigur, die eine einfache Melodie umkreist, sich mit ihr verbindet, verschränkt, sie überlagert und erst am Ende des Stückes zum Stillstand kommt.

Durch die fortwährende Erregung, der sich Mahler beim Komponieren ausgesetzt sah – er nannte sie »Irritabilität und Wechsel von Stimmungen in raschester Aufeinanderfolge«[30] –, förderte sein musikalisches Gedächtnis eine Fülle an Weisen, Rhythmen und Figuren zutage, die unbewusst entweder als thematische Bruchstücke aus der

**Robert Schumann:** ***Humoreske, op. 20***

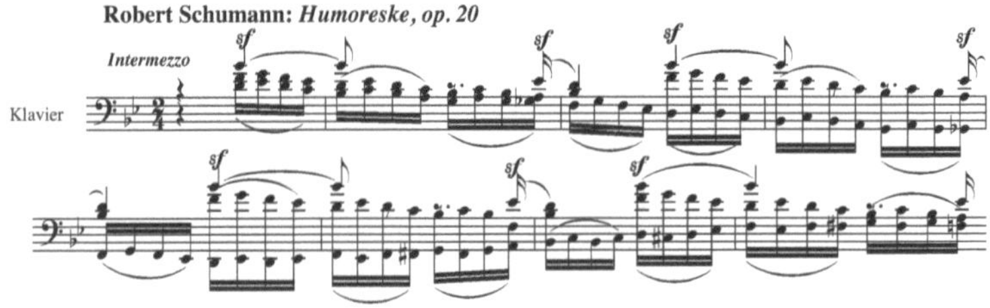


**2. Der Einsame im Herbst.**
(Klavierfassung: ***Die Einsame im Herbst)***
***Etwas schleichend. Müde***

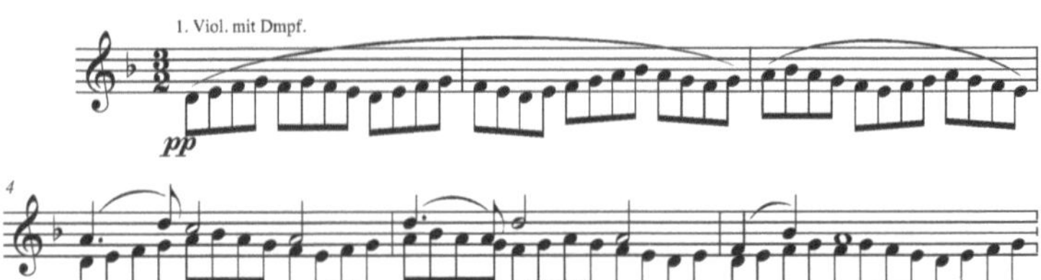

Kindheit auftauchten oder als Assonanzen an selbst Gespieltes die aktuellen Einfälle infizierten. Mahlers Symphonien und Lieder sind voll von diesen unbewussten »Reminiszenzen« und Kontaminierungen. Zwar sind Charakter und Tonart verschieden gefärbt, doch gleichen sich die Stücke in der »Spielfigur« des kontinuierlichen Schleichens an der Seite einer Melodie: eine sich drehende und windende Nebenstimme, die sottovoce und unaufhörlich mitredet. Es ist anzunehmen, dass Mahler, am Klavier komponierend, diese archetypische Kristallisierung von Erinnerung mehr unbewusst als intentional aus den Fingern geglitten ist.[31] Hier handelt es sich also nicht um ein Zitat, sondern um den musikalischen Kunstgriff einer Art Schleichbewegung, die Schumann speziell für eines seiner skurrilsten Stücke im Geiste Jean Pauls einsetzte, ein Stück, das dieser selbst als »wenig lustig« und als sein »melancholischtes« bezeichnet hat. Mahler setzte diese einmalige Schumannsche Spielfigur zur Versinnlichung einer flüsternden Sottovoce-Prosodie und zur Ausmalung einer im Herbstnebel versinkenden Landschaft ein. Die Grundstimmung des zweiten Liedes, das sich im Gegensatz zum emphatischen *Trinklied* in resignierender Todessymbolik ergeht,[32] beruht auf zweierlei Ausdruckselementen: auf schleierhaften Nebenstimmen und auf Aufhellungen dieses Schleiers durch emphatisches Singen. Mahler deutet diese beiden Ausdrucks-Gegensätze einerseits mit dem liegend bleibenden Tonfeld über einem Orgelpunkt, dynamisch mit »Ermüdet«, »Zurückhaltend«, »Etwas schleppend«,»Wieder zurückhaltend«, »ohne Ausdruck« gekennzeichnet, und andererseits mit vehement bewegter Harmonie aus Moll zu Dur mit den Satzbezeichnungen »sehr hervortretend«, »zart drängend«, »leidenschaftlich«, »mit voller Empfindung«, »Drängend«, »mit großem Aufschwung«. Er hält dabei die beiden Prosodie-Formen des Melos, die vorwiegend diatonische Schleich-Bewegung der Begleitfigur und die extrem breite Amplitude des emphatischen Gesanges auf den Höhepunkten, deutlich auseinander. Diese beiden Momente machen auch die einem Kettenrondo ähnliche Gesamtform des Liedes aus: einerseits leise und »müde« Töne und andererseits der emphatisch sich erhebende Gesang: ABACADAEA.

Diese zweite Nummer des *Lieds von der Erde* ist ein Beispiel symptomatischer Schreibweise, die genau den inneren Druck der Psyche unter dem Eindruck der Melancholie nachzeichnet, den starren Blick, die verschränkten Arme vor der Brust, die Antriebsschwäche. Symptom dieses »Furor melancholicus« sind die erstarrten, schablonenhaften Bewegungen der in sich kreisenden Quartolen-Figurationen, die lange liegen bleibenden Töne, das Vermeiden jedweder Kadenz und der entseelte Gesang über mühsam aufsteigende und depressiv abfallende Tonleitern in Moll. Eine Schrift, die aber auch expressiver Aufhellungen und großer pathetischer Töne fähig ist.

**III. Von der Jugend (Li-Tai-Po)**
(Titel der Klavierfassung: *Der Pavillon aus Porzellan*)

Mitten in dem kleinen Teiche
steht ein Pavillon aus grünem
und aus weißem Porzellan.

Wie der Rücken eines Tigers
wölbt die Brücke sich aus Jade
zu dem Pavillon hinüber.

In dem Häuschen sitzen Freunde,
schön gekleidet, trinken, plaudern,
manche schreiben Verse nieder.

Ihre seidnen Ärmel gleiten
rückwärts, ihre seidnen Mützen
hocken lustig tief im Nacken.

Auf des kleinen Teiches stiller
Wasserfläche zeigt sich alles
Wunderlich im Spiegelbilde.

Alles auf dem Kopfe stehend
in dem Pavillon aus grünem
und aus weißem Porzellan;

Wie ein Halbmond steht die Brücke,
umgekehrt der Bogen. Freunde,
schön gekleidet, trinken, plaudern.

Von allen Sätzen ist dieser dritte derjenige, der sich am vordergründigsten den Chinoiserien des fernöstlichen Textes nähert. Es ist Musik aus der Perlmutterschatulle, farbig, glänzend, dekorativ, gleichzeitig kalt wie Porzellan und starr wie die Kultmasken des chinesischen Theaters. Die zeremonielle Statik resultiert einerseits aus dem immer gleichen Rundgesang, vorwiegend auf der Dominante mit Wechsel-Quartsexte, und andererseits aus dem Fehlen von Veränderung und Entwicklung. Akkorde meinen hier nicht Ausdruck, sondern Farbfunktion. Modulation im traditionellen Sinne findet nicht statt, die Tonarten gleiten ineinander, neigen sozusagen wie hängende Gärten nach unten und bilden identische, gleich zugeschnittene Terrassen in der starren Entfernung der Unterterz: B-Dur nach G-Dur, G-Dur nach E-Dur, E-Dur nach H und G und zurück nach B-Dur. Dieser harmonische Rundgesang hin und zurück bringt die Farben grell zum Leuchten. Terzrückungen dieser Art, mit der chromatischen Erhöhung eines Schlüsseltones des Dreiklangs, sind besonders farbträchtig und insbesondere ist es die chromatische Erhöhung des Grundtones zur Mediante, die in Dur-Akkorden ein Höchstmaß an harmonischem Licht erzeugt. Olivier Messiaen würde später seine weitgehend vom Orient beeinflussten Farbenreihen auf genau denselben Intervallrelationen errichten: Terrassenharmonien im Abstand großer fallender Terzen.

An diesem Satz wird offenbar, dass Mahler authentische chinesische Musik gekannt haben muss. Nach einer Mitteilung von Elisabeth Duschnitz, der Tochter des mit Mahler befreundeten Vorstandmitgliedes des »Wiener Concertvereins«, Dr. Paul Hammerschlag, soll Mahler diesen gebeten haben, ihm Musik-Aufnahmen von chinesischer Musik zu besorgen.[33] Demnach hätte sich Mahler in ähnlicher Weise über chinesische Musik informiert, wie vor ihm Puccini über japanische anlässlich der Komposition der Oper *Madame Butterfly* (1904).[34]

Fernöstliche Kultur war um die Jahrhundertwende und in verstärktem Maße nach der Pariser Weltausstellung 1900 in Europa vorübergehend zu einem Modetrend geworden und hatte auch die Musik der »Nouvelle Vague« beeinflusst. Elemente von hemitonischer und anhemitonischer Pentatonik, mit dezentem Tempelschlagzeug gespielt, fanden als beliebte Orientalismen in zahlreichen Werken des mitteleuropäischen Jugendstils Eingang. Dieser Mode verfielen besonders französische Komponisten, allen voran Debussy, der mit Gamelan, pentatonischen, hexatonalen und heptatonischen Skalen eine exotische Alternative zum Wagnerschen Chromatismus schuf. Die Chinoiserien waren also kein neuer Folklorismus, sondern eine Art Heterophonie raffinierter exotischer Musik innerhalb des musikalischen Art-Nouveau. An westlichen Traktaten über japanische und chinesische Musik fehlte es dabei nicht. Das Standardwerk zur chinesischen Musik, *Chinese Music* des in Namur stationierten belgischen Postbeamten J. A. van Aalst, war schon 1888 erschienen und enthielt zahlreiche Notenbeispiele.

Was Mahler an dieser Musik fasziniert haben mag, war aber weniger der Orient als Mode, sondern die Aura des Archaischen und Zeremoniellen. Eine alte Kunst, in der es nicht um Ausdruck subjektiver Gefühle ging, sondern um kultische Formeln, und die seit eh und je mit ihren pentatonischen Melodieformeln hieratische Zeitlosigkeit verströmte. Antike chinesische Kult-Musik war keine originelle im europäischen Sinne, sondern Repetition eines immer gleichen Repertoires. Als Ausdruck des asiatischen Harmoniebedürfnisses versinnbildlichte sie im Geiste des Buddhismus das Kontinuum von Mensch und Natur und beschrieb das Nirwana. Die chinesischen Melodien, ohne Leitton, vermittelten dem spannungsgerichteten Europäer das Gefühl eines Anfangs ohne Ende im Wandel des ewig Gleichen. Die Euphonie des basslosen Klanges, der Stil der Tändelei, die Ornamentik der Motive sind nur ganz nebenbei ein Tribut an Stilkunst und Liberty. Die elegante Prosodie, Melodielinien wie Lilien und Magnolien und die Modulationslosigkeit des Gesanges ohne Brustton, der an kastrierte Eunuchen erinnert, erfüllt also wohl eher die Funktion einer vorübergehenden Tröstung inmitten kruder Wahrheiten, die in Form von Todesgedanken die gesamte Komposition beherrscht.

Das fünffache F, das am Beginn eine imaginäre Kultaura beschwört, die Symmetrie der Fünfton-Arabeske, die sich, von Flöte und Oboe geblasen, um den Achsenton B dreht, und der sich im Kreise drehende Rundgesang des Tenors, der die gleiche Spiegelbildlichkeit der Töne zwischen F und B beschreibt, klingen – für europäische, an thematischer Entwicklung gewohnte Ohren –, wie Begleitmusik für eine buddhistische Szene. Mit ihrer hellen Instrumentation rufen Flöten, hohe Geigen und Streicher mit Pizzicato-Akkorden die altchinesischen Kultinstrumente der Bambusquerflöte, kleine Geige und Schlagzitter in Erinnerung: Sie klingen sakral und esoterisch wie tibetanische Mandalas. Mandalas dienen im Buddhismus dem Zweck der Vertiefung geistiger Konzentrationsfähigkeit. Die kreisrunden oder viereckigen Mandalas wirken, laut fernöstlicher Mystik, auf das Unbewusste und führen dem Menschen die Nichtigkeit weltlicher Güter vor Augen. Die pentatonischen Melismen dieses Liedes sind selbst inkonsistent und flüchtig und gleichen jenen tibetanischen Sand-Mandalas, die, in wochenlanger Arbeit im Sand geformt, dem Wind preisgegeben werden, damit deren Schöpfer im Sinne des Buddhismus innewerden, dass alles eitel und vergänglich sei. Mahler identifizierte sich also nicht ganz mit dieser exotischen Kunst, sie diente ihm vielmehr als klangliche Idylle inmitten seiner von rückhaltloser Expressivität getragenen Sätze. Hier ist dieser Dualismus zwischen subjektiver Expressivität und objektivierter Schönheit besonders auffällig. Er manifestiert sich sowohl im prosodischen Charakter als auch in der Struktur, die der Bogenform folgt ($A^1$, $A^2$, B, $A^3$). $A^1$ ist ein Stück stilisiertes China, Musik wie aus Porzellan in B-Dur, die in chinesischen Zen-Gärten mit »Teich«, »Pavillon« und »Brücke aus Jade« erklingt. $A^2$ dreht dieses pentatonische Mandala in B-Dur um eine große Terz nach unten und wendet sich in G-Dur den Insassen der Pavillons zu: schön gekleidete »Freunde«, die »in ihren seidnen Ärmeln« sitzend »trinken, plaudern, Verse niederschreiben«, eine Terzprogression, die erst im E-Dur der »seidnen Mützen« zum Stillstand kommt.

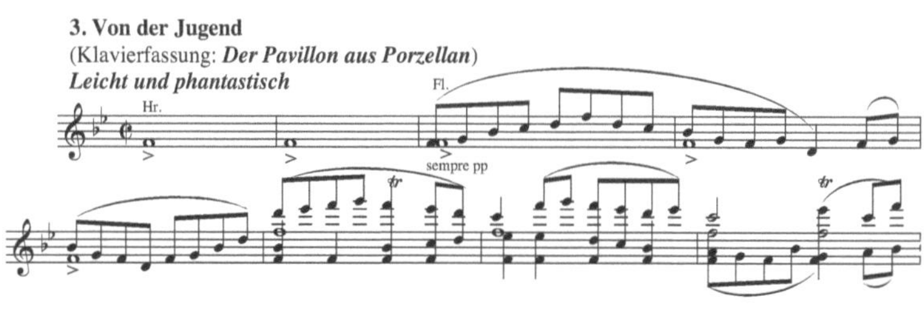


Der kontrastierende Mittelteil zur Bogenform, der langsamere Teil in g-moll, lässt sich als Mahlers höchstpersönliche innere Stimme identifizieren, eine ausdrucksvolle Melodie mit zahlreichen Seufzervorhalten, die Melancholie anzeigt und vor allem in den Orchesterzwischenspielen mit romantischen Terzen und Sexten Wehmut verbreitet: »Auf des kleinen Teiches stiller / Wasserfläche zeigt sich alles wunderlich im Spiegelbilde.« Was Mahler »im Spiegelbilde« zu sehen glaubt, ist nicht die chinesische Gartenidylle, sondern die Metapher für das Vergehen aller Schönheit. In der Tat erhebt Mahler seine Stimme emphatisch und wehleidig zugleich über den Worten »wunderlich im Spiegelbilde«.

**IV. Von der Schönheit (Li-Tai-Po)**
(Titel der Klavierfassung: *Am Ufer*)

Junge Mädchen pflücken Blumen,
pflücken Lotusblumen an dem Uferstrande.
Zwischen Büschen und Blättern sitzen sie,
sammeln Blühten in den Schoß und rufen
Sich einander Neckereien zu.
Gold'ne Sonne webt um die Gestalten,
spiegelt sich im blanken Wasser wider.
Sonne spiegelt ihre schlanken Glieder,
ihre süßen Augen wider,
und der Zephir hebt mit Schmeichelkosen das Gewebe
ihrer Ärmel auf, führt den Zauber
ihrer Wohlgerüche durch die Luft.

O sieh, was tummeln sich für schöne Knaben
dort an dem Uferrand auf mut'gen Rossen,
weithin glänzend, wie die Sonnenstrahlen;
schon zwischen dem Geäst der grünen Weiden
trabt das jungfrische Volk einher!
Das Ross des einen wiehert fröhlich auf,
und scheut, und saust dahin,
über Blumen, Gräser, wanken hin die Hufe,
sie zerstampfen jäh im Sturm die hingesunk'nen Blüten,
hei! wie flattern im Taumel seine Mähnen,
dampfen heiß die Nüstern!

Gold'ne Sonne webt um die Gestalten,
spiegelt sie im blanken Wasser wider.
Und die schönste von den Jungfrau'n sendet
lange Blicke ihm der Sehnsucht nach.

Ihre stolze Haltung ist nur Verstellung.
In dem Funkeln ihrer großen Augen,
in dem Dunkel ihres heißen Blicks
schwingt klagend noch die Erregung ihres Herzens nach.

Das vierte Lied setzt die gehobene Stimmung des dritten in Bezug auf Welt, Natur, Jugend und Schönheit fort. Was dort ein gut gelaunter Tenor über die Jugend zum Besten gibt, ergänzt hier eine vokal entspannte Stimme mit sinnlich sprechender Prosodie über die Schönheit. Die semantische Verwandtschaft beider Gesänge äußert sich auch in der Bogenform, die besonders in diesem Lied einem heftig kontrastierenden Mittelteil zwei ruhigere Abschnitte gegenüberstellt. Beide Gesänge weisen Ähnlichkeiten in der Harmonie auf, die von denselben harmonischen Rückungen im Abstand großer Terzen gekennzeichnet ist: von G-Dur nach E-Dur, nach C-Dur und zurück. Von beiden ist jedoch dieser der dekorativste und dem florealen Trend der Stilkunst um 1900 am nächsten. Chinesisches Flair, das sich hier zwar im Text fernöstlich gibt, verschwindet in der Musik weitgehend wieder und lässt einem europäischen Jugendstil Platz, der in der Orchestrierung Richard Strauss sehr nahesteht. Mahler hat das Gedicht von Li-Tao-Po/Bethge weitgehend umgebaut, um fast die Hälfte erweitert und seinen musikalischen Intentionen angepasst. Es fällt auf, dass er in dieser Liednummer trotz der gemächlichen »Comodo«-Bewegung größere Kontraste anstrebte und ein üppigeres Orchesterkleid anfertigte als in den langsamen Sätzen zuvor. Mahler versah besonders die Liberty-Bilder »Gold'ne Sonne«, »spiegelndes Gewässer«, »Blumen«, Blühten«, »Wasser«, »Zephir«, »Schmeicheln«, »Kosen«, »Augenfunkeln« mit reicher instrumentaler Dekoration, vor allem in den hohen glitzernden Lagen der Instrumente. Bewegung bedeutete ihm hier nicht rasches Vorwärtsschreiten, sondern Arabeske.

Es ist eine illusionistische Schreibweise, die Bewegung in Verzierung verwandelt und farbige Figuren an den Orchester-Himmel malt: Gold, Himmelblau, Rosa auf dem Hintergrund von Wiesengrün, so wie Gustav Klimt die Gewänder seiner statuarisch verweilenden Frauen malte. Die dunkle Färbung der Stimme verbreitet in der Tat Ruhe und Entspannung, eine Vokalität, die etwas Gravitätisches, Kontemplatives und Archaisches an sich hat. Mahler legt der Stimme warme, entspannte Melodien in den Mund, während die Instrumentation die Sinne mit allerlei flirtendem Beiwerk in Erregung hält. Diese Stilkunst ist ambivalent, weil sie einerseits ein starkes Bedürfnis nach Ausdruck an den Tag legt und sich andererseits mit losen Gewändern, Blumen und Bändern schmückt. Der Gesang bebt inmitten der Ornamentik, er hebt und senkt die Stimme wie von heimlicher Emotion getragen, er erzählt von wahren Gefühlen und echter Sinnlichkeit, singt von realen Mädchen und trägt Sehnsucht vor. Das ist Mahlers Version des florealen Stils: Eleganz mit Tiefgang.

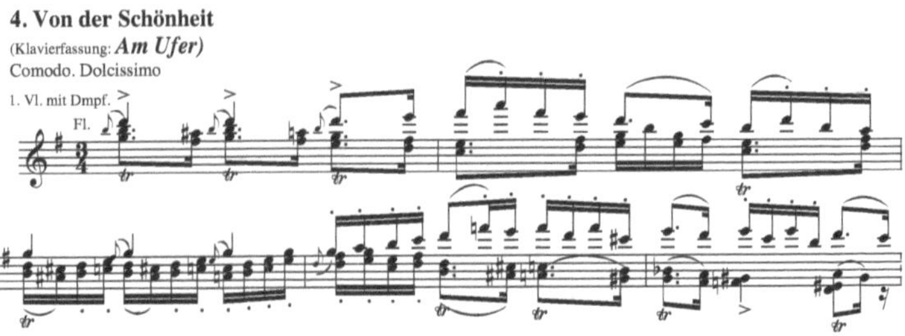


Der mit Mahler befreundete Impressionist Oscar Bie hat in seinem 1905 erschienenen Buch *Der Tanz als Kunstwerk* die Bewegung der Tänzerin wie ein Musikstück beschrieben und die zahlreichen Ausdruckscharaktere sprechender Gestik analysiert. Mahler überträgt hier die dem Tanz immanente Galanterie auf die sentimentale Eloquenz des Gesanges. Dieser Gesang, biegsam und hüftenweich, bewegt sich über die zahlreichen Vorhalte wie eine diskrete Choreographie graziöser Verneigungen: Gesang als stilisierter Verkehr in den Formen der Pantomime. Die Bewegungsanschauung dieser Art Prosodie vermeidet Pirouetten und Zehenspitzen-Virtuosität, sie ist Tanz im Stehen, ganz Mimik und Gestik, Beugen, Heben, Gleiten, eine Prosodie, die eine elegante Körperrhythmik ausdrückt und vor allem die Worte mit gefühlsbetonter Geste begleitet: Verfeinerung der Kunst durch Effemination, Schönheit als Gegenstand der Anschauung weiblicher Konkretion. Das ist Mahlers vegetatives Melodiesystem, durch das der musikalische Seelen-Anatom nonverbale Wärme aus dem Innersten freilegt: »Der lebendige Tanz, der ungeschriebene, der sich sinnlich augenfällig, in allen süßen Reizen, körperlicher Statik und Mechanik auslebt« (Oscar Bie).

Auch der Mittelteil des Liedes, das rauschende C-Dur-Intermezzo, das unvermittelt anhebt, ist kein Marsch im traditionellen Sinne, sondern eine Maskerade mit allen möglichen mythologischen und historischen Assoziationen, mit Anklängen an Renaissance, Barock und Empire, nachgebaut und nachempfunden im Stile eines raffinierten Eklektizismus. Dieses pompöse C-Dur ist weder chinesisch noch wilhelminisch. Es ist mit den Worten des Jugendstil-Ästheten Oscar Bie »Der bunte Lärm alter Hochzeiten und Festzüge«. Dieser Marsch beschreibt weniger eine chinesische als eine barocke Szenerie, wahrgenommen und imaginiert mit dem raffinierten Ohr der Endzeit. Hier bewährt sich Mahler als der eklektische Zeremonienmeister des Historismus, als Choreograph von entfesselten Maskeraden.

**V. Der Trunkene im Frühling (Li-Tai-Po)**
(Titel der Klavierfassung: *Der Trinker im Frühling*)

Wenn nur ein Traum das Leben ist,
warum denn Müh' und Plag'?
Ich trinke, bis ich nicht mehr kann,
Den ganzen lieben Tag!

Und wenn ich nicht mehr trinken kann,
weil Kehl' und Seele voll,
so tauml' ich bis zu meiner Tür
und schlafe wundervoll!

Was hör' ich beim Erwachen? Horch!
Ein Vogel singt im Baum.
Ich frag' ihn, ob schon Frühling sei,
mir ist als wie im Traum.

Der Vogel zwitschert: Ja! Der Lenz
ist da, sei kommen über Nacht!
Aus tiefstem Schauen lauscht' ich auf,
der Vogel singt und lacht!

Ich fülle mir den Becher neu
und leer ihn bis zum Grund
und singe, bis der Mond erglänzt
am schwarzen Firmament!

Und wenn ich nicht mehr singen kann,
so schlaf ich wieder ein.
Was geht mich denn der Frühling an?
Laßt mich betrunken sein!

Über die musikalische Deutung des 5. Liedes gibt bereits der Titel des Satzes Aufschluss. Mahler änderte nämlich die Bethgesche Version *Der Trinker im Frühling* in *Der Trunkene im Frühling*, eine ästhetische Richtungsänderung, die von China wegführt und Nietzsche samt symbolistischer »Trunkenheits«-Ethik in den Mittelpunkt stellt. Im Übrigen war es ja nicht nur Mahler allein, der an der Jahrhundertwende in den Sog von Nietzsches Trunkenheits-Philosophie geriet. Ein Freund aus der Studentenzeit, Siegfried Lipiner, war ein Nietzsche-Jünger, der 1876 mit seinem Versepos *Der entfesselte Prometheus* sogar Wagner und Nietzsche auf sich aufmerksam machte. Richard Strauss kam 1896 mit seinem *Also sprach Zarathustra* heraus, der mit dem Untertitel *symphonischer Optimismus in Fin de siècle-Form, dem 20. Jahrhundert gewidmet* Nietzsches Zarathustra-Kapitel *Von der Wissenschaft* aufgriff und dessen Vital-Philosophie mit einem kolossalen Orchester paraphrasierte. Ein Mahler-Vertrauter, der Berliner Komponist und Dirigent Oscar Fried, der Mahlers Bewunderung als Interpret der *Auferstehungssymphonie* genoss und auch Gast in Toblach war, trat als Nietzsche-Deuter in Erscheinung. 1904 errang er mit seinem *Trunkenen Lied* für Soli, Chor und Orchester einen großen Erfolg mit den Berliner Philharmonikern und im Jahr darauf einen ebenso überzeugenden in Wien. Und Mahler selbst war Nietzscheianer. Davon zeugen nicht nur die Satzbeschriftungen der *Dritten* und die Vertonung des *Zarathustra-Rundgesanges*, sondern auch alle Äußerungen Mahlers zu Einfall und Ausdruck seiner Werke.

Mit dem *Trunkenen im Frühling* ist also nicht das Betrunkensein vom Wein gemeint, sondern jenes mit der Erde und dem Leben Einssein, das Zarathustra am Ende seiner langen Rede in *Das trunkene Lied* dem »hässlichsten Menschen« in den Mund legt: »da sprangen sie auf Zarathustra zu, dankend, verehrend, liebkosend, ihm die Hand küssend, so wie es der Art eines jeden war: also, daß einige lachten, einige weinten. Der alte Wahrsager aber tanzte vor Vergnügen; und wenn er auch, wie manche Erzähler meinen, damals voll süßen Weines war, so war er gewisslich noch voller des süßen Lebens und hatte aller Müdigkeit abgesagt.«

Der »süße Wein« als Metapher des »süßen Lebens«, Trunkenheit als Berauschtheit für Schönheit und Leben. Das war Mahlers Lesart des Gedichtes von Li-Tai-Po/Bethge: Trunkenheit im Sinne der Symbolisten von Baudelaire bis Nietzsche als Zustand vitaler Schaffenseuphorie. »Erhebt eure Herzen«, lehrt Zarathustra. »Und vergesst mir auch die Beine nicht [...]. Ihr höheren Menschen, euer Schlimmstes ist, ihr lerntet alle nicht tanzen, wie man tanzen muß – über euch hinweg zu tanzen! [...]. So lernt doch über euch hinweglachen!«

Dieses von Zarathustra intendierte über die Dinge »Hinweglachen« verdinglicht Mahler musikalisch mit einem Rundgesang, der immer wieder mit rauschendem Gläserklirren zum kulminierenden »A« anstößt, gleichsam zum Wohle eines emphatischen Zustandes von Trunkenheit. Die gesamte Anlage, sowohl was Prosodie und Dynamik der Melodie als auch innere harmonische Bewegung betrifft, steht im Zeichen einer steten vitalen Aufwärtsbewegung, die Lebenswillen intendiert:

Die Form ist wiederum eine bogenförmige, $A^1$, $A^2$ für die beiden ersten Strophen, B für die beiden mittleren Strophen und $A^3$ als eine Art Reprise auf der fünften und sechsten Strophe. Die Halbsätze, die entsprechend der Strophenstruktur jeweils eine Periode bilden, kontrastieren untereinander besonders stark: sie umschreiben musikalisch den unvermittelten Übergang von der Nüchternheit in die Berauschung, indem vehemente Vorhalte und dionysisch gestikulierende Aufschwünge den idyllischen Ton des Periodenbeginns unterbrechen. So steigert sich der Vordersatz »Wenn nur ein Traum das Leben ist« unvermittelt zum intensivsten Pathos auf den Worten: »Ich trinke, bis ich nicht mehr kann, den ganzen lieben Tag!« Dieses emotional hochgeladene Motiv, das wie in einer Rondokette immer wiederkehrt, fungiert in diesem Lied als Leitmotiv der »Trunkenheit«. Es gleicht allen anderen Mahlerschen Themen, die einen rauschhaften Blick auf die Welt ausdrücken und die unendliche Emphase eines über die Maßen erregten Gemüts umschreiben. Die instabilen Trunkenheits-Zustände sind in diesem Lied, wie schon im ersten, dem es in der berauschten Lebensbejahung ähnlich sieht, durch harmonische Spreizungen und besondere Tonarten-Färbungen gekennzeichnet. Die immer wiederkehrenden Themen werden nämlich weniger einer Metamorphose durch Variation unterzogen als durch entfernte Tonarten geführt, die das harmonische Gefüge abrupt verändern. Schon die Rückung von A-Dur, der Grundtonart des Liedes, nach B-Dur und F-Dur, mit Durchgang durch die Stufen g-moll und c-moll und wieder zurück nach A-Dur, wirft ein zwielichtig instabiles Licht auf das Trunkenheitsthema »Ich trinke, bis ich nicht mehr kann, den ganzen lieben Tag!«.

Der Wechsel der Trunkenheits-Zustände, in der Hauptsache zwischen den entfernten Tonarten A-Dur und F-Dur, verläuft über ein changierendes Ineinandergleiten von chromatisch alterierten Akkorden über einem längeren Liegeton. Über den Reizworten »Plag«, »voll«, »Traum« ist dieser grundierende Liegeton ein hell instrumentiertes F, über den Worten »Tag«, »wundervoll«, »Horch!«, »lacht«, »Firmament« und »betrunken sein!« hingegen ein strahlendes A. Dieselbe Tonart mutiert im melancholisch »sinnenden« Mittelteil, da ein Vogelsang Hoffnung auf Frühling aufkommen lässt, nach a-moll, das chromatisch sehnsuchtsvoll, der allgemeinen melodisch-harmonischen Druckzunahme des gesamten Liedes entsprechend, aufwärtsdrängt.

Der Mittelteil, in der Thematik sehr am melodisch-harmonischen Material des ersten Teiles angelehnt und über dem Wort »Traum« im strahlenden F-Dur erklingend, beleuchtet in der Reprise durch die Dur-Terz-Rückung nach dem magisch gefärbten Des-Dur, den trunkenen Ausblick auf die Welt wie im »Traum«.

Die Rückkehr zur Exposition im abschließenden A-Dur-Rausch beschließt die den Text dreiteilig interpretierende Form. In einer extrem gefärbten harmonischen Kontrastierung der Tonarten im Abstand von abfallenden Dur-Terzen, A-Dur – F-Dur – Des-Dur – A-Dur, findet sie den logischen Kreislauf einer auf Tonartenwechsel angelegten Form.

**5. Der Trunkene im Frühling**
(Klavierfassung: ***Der Trinker im Frühling***)

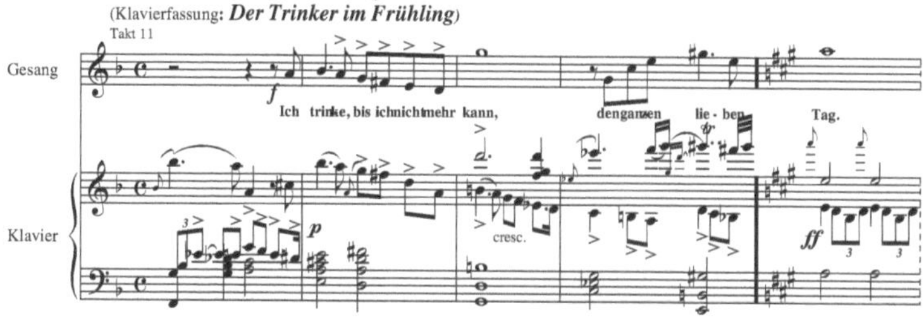


## VI. Der Abschied (Mong-Kao-Jen und Wang-Wei)

Die Sonne scheidet hinter dem Gebirge.
In allen Tälern steigt der Abend nieder
mit seinen Schatten, die voll Kühlung sind.

O sieh! Wie eine Silberbarke schwebt
der Mond am blauen Himmelssee herauf.
Ich spüre eines feinen Windes Weh'n
hinter den dunklen Fichten!

Der Bach singt voller Wohllaut durch das Dunkel.
Die Blumen blassen im Dämmerschein.
Die Erde atmet voll von Ruh' und Schlaf.
Alle Sehnsucht will nun träumen,
die müden Menschen geh'n heimwärts,
um im Schlaf vergess'nes Glück
und Jugend neu zu lernen!

Die Vögel hocken still in ihren Zweigen.
Die Welt schläft ein!
Es wehet kühl im Schatten meiner Fichten.

Ich stehe hier und harre meines Freundes.
Ich harre sein zum letzten Lebewohl.
Ich sehne mich, o Freund, an deiner Seite
die Schönheit dieses Abends zu genießen.

Wo bleibst du? Du lässt mich lang allein!
Ich wandle auf und nieder mit meiner Laute

auf Wegen, die von weichem Grase schwellen,
O Schönheit, O ewigen Liebens, Lebens trunk'ne Welt!

Er stieg vom Pferd und reichte ihm den Trunk
des Abschieds dar. Er fragte ihn, wohin
er führe und auch warum es müßte sein.
Er sprach, seine Stimme war umflort:
Du, mein Freund,
mir war auf dieser Welt das Glück nicht hold!

Wohin ich geh'? Ich geh', ich wandre in die Berge.
Ich suche Ruhe für mein einsam Herz.
Ich wandle nach der Heimat, meiner Stätte!
Ich werde niemals in die Ferne schweifen.
Still ist mein Herz und harret seiner Stunde!
Die liebe Erde allüberall blüht auf im Lenz
und grünt aufs neu!
allüberall und ewig blauen licht die Fernen!
Ewig, ewig!

Im letzten und längsten der sechs symphonischen Gesänge, *Der Abschied*, hat Mahler zwei aufeinanderfolgende Gedichte der Bethgeschen Sammlung zu einem einzigen zusammengefügt – *In Erwartung des Freundes* von Mong-Kao-Yen und *Der Abschied des Freundes* von Wang-Wei –, wohl in der Absicht, aus dem so erweiterten Text einen Finalsatz von ergreifender Langsamkeit als Abgesang seiner Gesangssymphonie zu formen. Der Vergleich führt wieder zu jener sommerlich vitalen sechssätzigen *Dritten Symphonie*, in deren letzten Satz Mahler seine ganze liedselige Inbrunst und Schönheitstrunkenheit ausgesungen hatte. Formal drückt nämlich dieses Schlussadagio – im Vergleich zum Final-Adagio der *Dritten*, das hymnisch kulminiert – den Zerfall aus. Dieser ist satzübergreifend die Form des »Abschieds« als Ganzes. Wie keiner der vorhergehenden Sätze des *Liedes* lebt dieses Adagio von der Rührung aus den semantisch fallenden Motiven, die zu den Schlüsselworten »Abend«, »Schatten«, »Kühlung«, »Mond«, »Ruhe«, »heimwärts«, »Schlaf«, »Nacht« passen, symbolistische Reizvokabeln, die eine musikalische Dämmerstimmung intendieren und Todesmystik verbreiten. Auslöser der exorbitanten musikalischen Emotion ist der Glaube an die ewige Wiederkehr von Frühling und Jugend nach dem

Tod. »Die müden Menschen gehen heimwärts, um im Schlaf vergess' nes Glück und Jugend neu zu lernen.« Die Zeile erinnert fast wortgetreu an eines der sechs von Mahler gedichteten *Lieder eines Fahrenden Gesellen*, die der Geliebten aus Kasseler Tagen, Johanna Richter, gewidmet waren. In einem der selbst verfassten Gedichte, die Mahler allerdings nie vertonte, heißt es:

> Die Nacht bricht mild aus stummen ewigen Fernen
> Mit ihren tausend goldenen Augen nieder,
> Und müde Menschen schließen ihre Lider,
> Im Schlaf auf's neu vergessnes Glück zu lernen.[35]

Die Strophen des letzten Satzes sind musikalisch nach diesen drei stringenten, Mahler sehr nahegehenden Themen geordnet: Natur, Leben, Tod. Ihnen entspricht auch die Dreiteiligkeit des Satzes. Alle drei Abschnitte sind synästhetisch und ausdruckstypisch dargestellt. Die Natur, die hier bei untergehender Sonne im Dämmerlicht erscheint, verströmt musikalisch nicht mehr Hitze, sondern Kühlung. Der »Wohllaut« des »Baches« klingt aus der Dunkelheit, so wie auch die »ruhig atmende Erde« an den Schlaf als Todessymbol »heimwärts ziehender Menschen« gemahnt. Selbst die in Mahlers Musik allgegenwärtigen Vögel singen weniger geschwätzig und verstummen nächtens in den Zweigen. Dieser Dämmerstimmung entspricht im zweiten Teil des Liedes, beinahe als Gegensubjekt, die nostalgische Beschwörung trunkener Schönheit und vitaler Lebenskraft, deren Fülle nun zur Neige ging. Und der letzte Teil ist eine Paraphrase des Schlummers, der auskomponierte Zerfall jener Welt, die Mahler mit Hilfe der Symphonie so sehr liebte und souverän geformt hatte.

Die Poesie der Bethgeschen Gedichte kam Mahlers Grundstimmung in den letzten Sommern sehr entgegen: Sie rührte an seinen von Einsamkeit getragenen Weltschmerz und drückte auf die Tränendrüsen seiner rückhaltlos offengelegten musikalischen Seelenverfassung. »In der Trübsal wird alles zur Seele«, meint der Existenzialist Cioran. Die gehäuften Metaphern der von Bethge impressionistisch übersetzten chinesischen Stimmungs- und Naturlyrik lieferten diesem sehr persönlichen Animismus eine ideale Projektionsleinwand. Die Bilder sind jene des naturlyrischen Impressionismus, der das erste Viertel des 20. Jahrhunderts kennzeichnete und in zahlreichen melancholischen Natur-

Schwärmereien seinen Niederschlag fand, etwa in Richard Muthers *Studien* zur Künstlerkolonie Worpswede, in denen man im Gedicht *Herbstabend* ähnliche Worte findet[36]:

> Der Nebelabend kühlt und
> Feuchtet;
> Die Ferne stirbt in
> Dämmerduft;
> Mit mattem Blinzeln nur
> Durchleuchtet
> Ein Stern die wohlgetrübte Luft.

Auch Nietzsches *Zarathustra* klingt in diesen Strophen nach: insbesondere das Harfenlied des »Zauberers« im *Lied der Schwermut*:

> Bei abgehellter Luft,
> Wenn schon des Monds Sichel
> Grün zwischen Purpurröten
> Und neidisch hinschleicht:
> – dem Tage feind,
> Mit jedem Schritte heimlich [...]
> So sank ich selber einstmals,
> Aus meinem Wahrheits-Wahnsinne,
> Aus meinen Tages-Sehnsüchten,
> Des Tages müde, krank vom Lichte,
> – sank abwärts, abendwärts, schattenwärts ...

Die musikalische Dramaturgie dieses ausgedehnten Schlusssatzes, der allein die Hälfte der Dauer der gesamten Komposition ausmacht, bewegt sich innerhalb einer freien dreiteiligen Adagioform, A, B, C, die in jedem einzelnen Abschnitt drei musikalische Ideen nach Art der Sonatenexposition ausbreitet und diese teilweise mit den nachfolgenden Abschnitten verkettet. Jeder dieser drei Abschnitte ist einem der drei zentralen Mahlerschen Erregungsbereiche zugeordnet: Teil A) als Panlautlichkeit von Natur, Teil B) als Lebenstrunkenheit, Teil C) als Ekstase mit Tod und Nirwana.

Die Komposition bedient sich dabei eines dreifach expressiven Tonfalls: des episch-erzählenden, des lyrisch expansiven und des emphatisch dionysischen. Jeder der drei Abschnitte wird rezitativisch eingeleitet: Teil A): »Die Sonne scheidet hinter dem Gebirge«; Teil B): »Es wehet

kühl im Schatten meiner Fichte«; Teil C): »Er stieg vom Pferde und reichte ihm den Trunk«. Allen diesen rezitativischen Abschnitten ist ein tief grundierender Orgelpunkt, ein ausdrucksloser Gesang und ein Flötensolo als Beschreibung des singenden Vogels gemein.
Diese rezitativischen Prologe, die sich jeweils zu einem intensiven lyrischen Teil steigern, verraten die Intention Mahlers, den umfangreichen Text wie ein Melodram zu disponieren, im Sinne etwa der Dramaturgie antiker Tragödien. In dieses Schema, das dreierlei Seelenzustände umschreibt – Narratio, Lamentatio, Consolatio – fügt sich auch der dritte Protagonist dieses Liedes: das Orchester, das wie ein griechischer Chor die Gefühlsausbrüche des Gesanges kommentiert, weiterführt, steigert und wieder beruhigt.

Die drei Sektionen verhalten sich wie alle längeren Adagio-Sätze Mahlers: Sie steigern sich emphatisch von Abschnitt zu Abschnitt, kehren

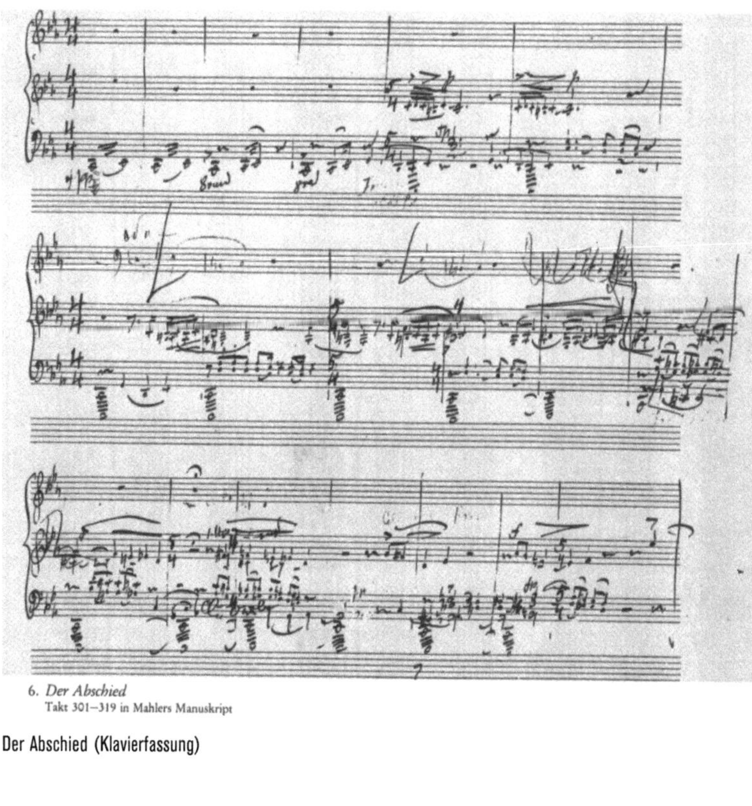

6. *Der Abschied*
Takt 301–319 in Mahlers Manuskript

Der Abschied (Klavierfassung)

A)

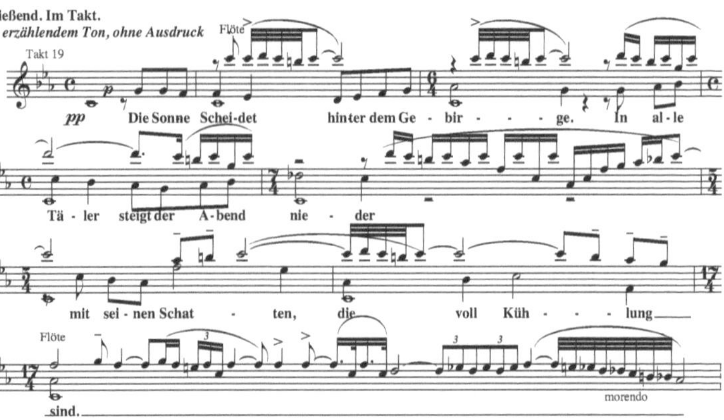


B)

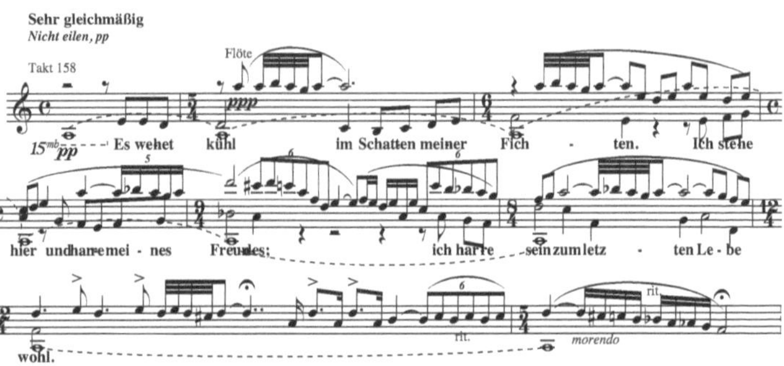


immer wieder zum Ruhepunkt zurück, sammeln wieder Energie und Spannung und beruhigen sich erst, wenn der ultimative Höhepunkt erreicht ist. Im *Abschied* wirkt diese periodisch immer von neuem anhebende Erregung formstiftend. Sie folgt nicht dem Strophenbau der Bethgeschen Dreizeiler, sondern entzündet sich an den affektiv konnotierten Worten und Metaphern. Der erste Abschnitt, A), kulminiert lyrisch auf den Worten »Oh sieh, wie eine Silberbarke schwebt der Mond am blauen Himmelssee«. Der zweite, B), singt inbrünstig von Schönheit und Welt und kulminiert auf dem Wort Schönheit: »Ich sehne mich, o Freund, […] die Schönheit dieses Abends zu genießen.« Der dritte, C) steigert sich in einem langen dynamischen Bogen über mehrere Zwischenhöhepunkte zum ekstatischen C-Dur-Höhepunkt »Du, mein Freund, mir war in dieser Welt das Glück nicht hold«. Auf das im Dominantseptakkord kulminierende »Die liebe Erde allüberall« folgt

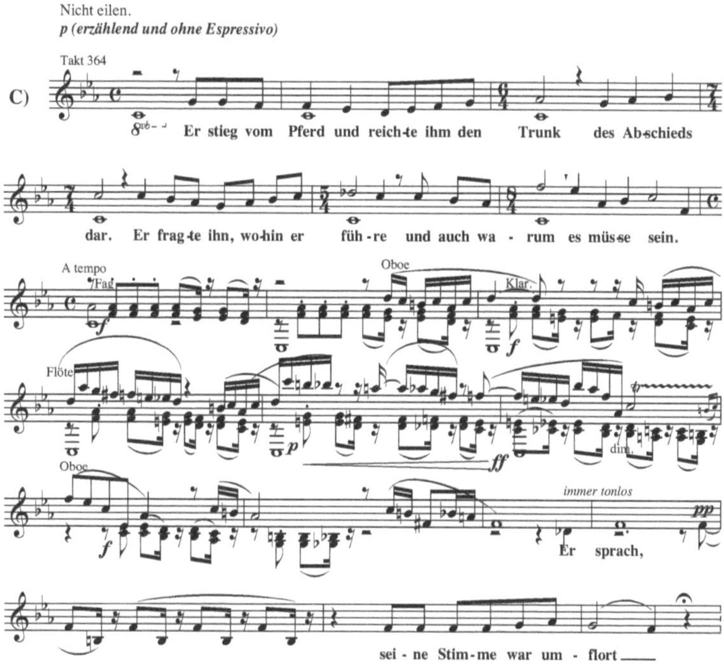


das Abklingen der Erregung und ein vollkommen durchkomponiertes Ausatmen auf den Worten »Ewig, ewig«.

Der Tonhöhenverlauf beschreibt eine Prosodie, die aus innerer Bewegtheit eine deklamatorische Kurve generiert, die sich ausschließlich um exponierte hohe Lagen und Vorhalte windet. Beruhigung erfolgt erst am Ende des ersten Abschnittes über den Worten »Die Welt schläft ein«, über denen sich Mahler seiner so oft als Naturlaut gebrauchten fallenden kleinen Terz bedient.

Im zweiten Abschnitt, der die Lebenstrunkenheit besingt, wiederholt sich dasselbe prosodische Modell: Nach einer rezitativischen Einleitung erhebt sich die Stimme über die auftaktige große Sexte in die melodisch hoch expressive Terzlage, gefolgt von einer permanent drängenden Aufwärtsbewegung bis zu den ekstatisch gesungenen Worten: »O Schönheit, o ewigen Liebens, lebenstrunk'ne Welt«.

Im dritten und letzten Abschnitt, der den ewigen Leben-Tod-Kreislauf besingt, kehrt nach der einleitenden Erzählung die hochexpressive Dominant-Septime des Anfangs zurück: diesmal wie ein langes Lamento über dem Wort »Glück«: »mir war auf dieser Welt das Glück nicht hold.«

In keinem der vorhergehenden Sätze hat Mahler dem Orchester eine so dominierende und eloquente Rolle zugewiesen wie in diesem. Der Vergleich mit dem Chor der griechischen Tragödie bietet sich insofern an, als das Orchester hier sowohl das rasche Umschlagen von Gefühlen von hell nach dunkel – die »Peripethie« – als auch das plötzliche Erkennen von Stimmungssituationen – die aristotelische »Anagnorisis« – übernimmt. Der einleitende extrem tiefe Pedalton »$C_2$«, der die Erdung des ganzen Satzes symbolisiert, leitet wie ein verhaltener Summchor das Melodram ein und verbreitet Tragik. Bleiern schwer ziehen die Töne nach unten, während ein paar Stimmen die unfertigen Melodien mehr stöhnen als singen und Oboen-Unken mit einem Doppelschlag ein leitthematisches »Memento mori« anstimmen. Das Orchester verbreitet in der Moll-Maske und mit gravitätischen Schritten tragisches Pathos, bewegt sich wie ein Kondukt und klagt und stöhnt zum traurigen Text. Dieses orchestrale Einherschreiten ist vielfarbig und vielstimmig, mal harmonisch kompakt, mal solistisch, dann wieder polyphon oder von Instrumenten vorgetragen, die, wie das Cello, eine klagende »Voix humaine« imitieren. Das Orchester begleitet das emotionale Geschehen aus der Tiefendimension von Heterophonie. Mahler ist diese Andersstimmigkeit so wichtig, dass er immer wieder die Solostimme anweist, dem Orchester Raum zu geben, etwa in den Rezitativen: »Altstimme, in erzählendem Ton, ohne Ausdruck«, oder im F-Dur-Abschnitt über den Worten »Der Bach singt«, wo über der Diaphonie von Singstimme und Flöte die Anweisung steht: »pp sehr zart, das Flöten-Solo nicht decken!«

Besonders deutlich wird die orchestrale Eigenständigkeit gegenüber der Altstimme an den Stellen, wo die Masse der Streicher und Bläser mit choraler Vehemenz auf die klagende Stimme antworten, etwa nach dem Vers »Die Blumen blassen im Dämmerschein«, wo die Streicher unisono wie in einem kollektiven Aufschrei antworten.

Der Charakter des als »Chorus« auftretenden Orchesters ist einerseits klagend, lamentierend, stöhnend und andererseits hymnisch berauscht. Die vorherrschenden Figuren sind Vorhalte, häufig in gefühlsintensiven Terz- und Sextparallelen, melodische Stoßseufzer, erschütternde Sforzato-Akzente, Geigen-Verve und Tutti-Aufschwünge.

Die klangliche Dichte des Orchesterparts variiert gegenüber den vorangegangenen Gesängen erheblich. Im dritten Abschnitt des Satzes übernimmt das Orchester sogar die Hauptrolle: Es bereitet das expressive Terrain für den Schlussteil vor und geleitet das schicksalhafte c-moll zum ekstatischen C-Dur auf den letzten Versen. In diesem Zwischenspiel greift Mahler auf seine lange Trauermarsch-Erfahrung zurück, nimmt die gravitätische Gemessenheit des Kondukts der *Ersten* und den lamentierenden Begräbniston der *Fünften* zusammen und singt seinen ganzen Weltschmerz in süß-saurer Ambivalenz lange und emphatisch aus. Da klagen die böhmischen Oboen und Klarinetten, seufzen die gepaarten Hörner und Trompeten, singen sich Geigen und Celli die Seele aus, bis sie am Ende alle wieder zum tiefen »$C_2$« abfallen und den Kreis mit dem tragischen Urgrund der Existenz, der als musikalische These am Anfang des Stückes steht, schließen.

Der F-Dur-Gesang über »Ich wandle nach der Heimat, meiner Stätte«, ein nostalgischer Rückblick auf den »Wohllaut des Baches« in der ersten Abteilung, leitet zum ekstatischen C-Dur der Schlussgruppe über, in dem sich der Gesang auf den Worten »ewig, ewig« lange verbreitet. Die allmählich zerfallende Melodie stellt motivisch die Entsprechung zum ersten Lied her, so als bräche die Trunkenheitsfanfare »a-g-e-d« des Eingangsliedes im ersterbenden »d-e-g-a«, dem Krebsgang von »a-g-e-d«, zusammen.

**1. Das Trinklied vom Jammer der Erde**
*Wild leidenschaftlich*

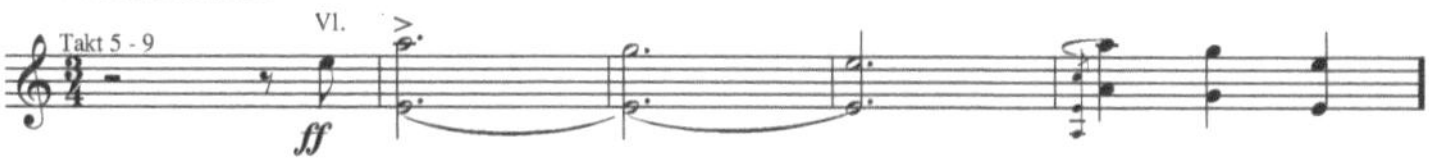


**6. Der Abschied**

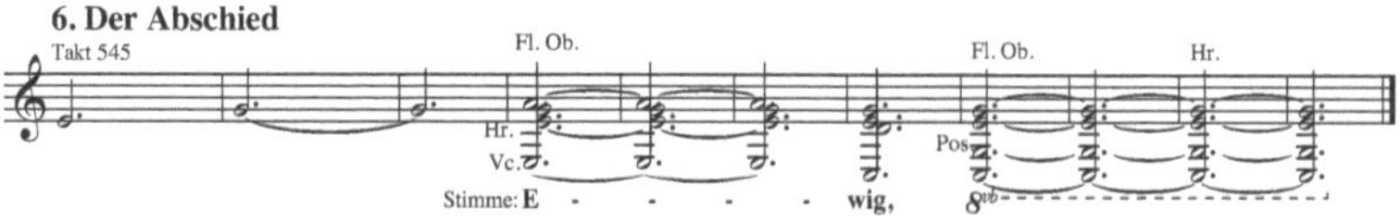

# VIII. Amerika 1908 – 1909 – von der Oper zum Konzert

## Mahlers schwacher Erfolg mit der »Siebten«, September 1908:

**»Damals in Prag aber war er zerfetzt von Zweifeln, mied die Geselligkeit der Musiker ...«**

*(Alma über Gustav Mahler in Prag 1908)*

Am 4. September 1908 trat Mahler von Toblach aus die Zugreise nach Prag über Wien an, um in der böhmischen Hauptstadt die Proben für seine *7. Symphonie* in die Hand zu nehmen. Einige Tage zuvor hatte er an Bruno Walter geschrieben und ihm ein kurzes Treffen in Wien vorgeschlagen, von wo aus er noch am selben Tag nach Prag weiter zu reisen beabsichtigte. In diesem Brief teilte er ihm den Abschluss der Komposition des *Lieds von der Erde* mit:

»Mein lieber Freund! [...] Ich war sehr fleißig (woraus Sie ersehen, daß ich mich ziemlich »akklimatisiert« habe). Ich weiß es selbst nicht zu sagen, wie das Ganze benamst werden könnte. Mir war eine schöne Zeit beschieden und ich glaube, daß es wohl das Persönlichste ist, was ich bis jetzt gemacht habe. Davon vielleicht mündlich.«[1]

Um die Uraufführung von Mahlers *Siebter* hatte sich Prag nach einem triumphalen Konzert in der neu erbauten Tonhalle von Prag am 23. Mai 1908 zu Ehren des Kaisers anlässlich des sechzigsten Regierungsjubiläums beworben. Mahler hatte bei jenem Festanlass mit der Tschechischen Philharmonie Beethovens *Siebte*, die *Coriolan*-Ouverture sowie

Ausschnitte aus Wagner-Opern und Smetanas *Verkaufter Braut* dirigiert und das Orchester »sehr gut und willig« gefunden. So sagte er Prag die Uraufführung seiner *Siebten* zu, unter der Bedingung allerdings, dass reichliche Proben angesetzt würden. Die ersten Probentage gestalteten sich für Mahler jedoch alles andere als bequem. Da er die Instrumentierung ständig korrigierte, bürdete er sich mit der Übertragung der Korrekturen in die Stimmen zusätzlich ein gewaltiges Arbeitspensum auf. Alma schreibt in ihren *Erinnerungen*, dass ihm bei dieser Arbeit viele Freunde, Alban Berg, Bodansky, Keussler, Klemperer, halfen,[2] doch Otto Klemperer, der zugegen war, verneint dies und unterstreicht, Mahler hätte alleine Hand an die Korrekturen gelegt.[3]

Zur Last der Arbeit kam auch noch der Lärm der Stadt, die im Jubiläumsfieber zur sechzigjährigen Regentschaft Kaiser Franz Josephs stand und neben Konzerten und Ausstellungen auch Kongresse veranstaltete. Diese zogen wiederum allerlei Persönlichkeiten an, die, wie der Wiener Bankier Dr. Paul Hammerschlag, den Kontakt zu Mahler suchten und ihn von der Arbeit ablenkten. Mahler war bei dieser Produktion das Factotum: Dirigent, Kopist, Inspizient. Neben dem »Collationieren« von Stimmen und dem Trubel in der Stadt nervte Mahler schließlich auch noch ein lautes »Hotel Blauer Stern«, in dem ein Zimmernachbar »furchtbar schnarchte«.[4] In einem Brief an Alma schimpfte er: »Mein Liebes Almscherl! […] Wer hat mich gebracht in dieses Land? […] Ich muß Stimmen collationiren, und darüber nachdenken, wie man aus einem Wurstkessel eine Pauke, aus einer rostigen Gießkanne eine Trompete, aus einer Heurigenschenke ein Concertlokal machen kann.«

Dazu kamen Widerstände einzelner Musiker gegen Mahlers Instrumentation: »ein verzweifelter Trompeter« fragte: «Jetzt möchte ich nur wissen, was da dran schön sein soll, wenn einer die Trompeten fortwährend in den höchsten Tönen gestopft bis zum hohen Cis hinaufblasen soll.« Eine Frage, die Mahler auf das »Innere des Menschen« und sein »eigenes Jammerleben« verwies, »das sich in den höchsten Tönen herumquälen muß und nicht begreifen kann, wozu dies Alles da ist, und wie dieses Gekreisch in der allgemeinen Weltensymphonie in den großen Akkord einstimmen soll.«[5]

Die Proben zur *Siebten* verfolgte auch ein Beobachter, der nach anfänglicher Ablehnung von Mahlers Musik zu einem von dessen leidenschaftlichsten Anhängern wurde: der Schweizer Schriftsteller, Maler und Kritiker William Ritter, der mit seinem slowakischen Lebensgefährten Janko Càdra bei den Proben anwesend war:

> Die Proben waren sehr chaotisch. Der Festsaal diente zugleich als Bankettsaal, und während der Meister und sein Orchester auf der Bühne ihr Bestes gaben, deckten die Kellner unbeeindruckt die Tische [...]. Am Dienstag, dem 15. September war Madame Mahler aus Wien angekommen. Nachdem das Orchester ausführlich am ersten Satz gearbeitet hatte, fiel Mahler plötzlich ein, daß weder seine Frau noch ich bis jetzt auch nur eine Note des Finales gehört hatten, und er rief unvermittelt: ›Jetzt bitte das Finale! Ohne Unterbrechung, zum ersten Mal!‹ [...] Janko Càdra und mich hatte der Meister zu Füßen seines Pults ins Zentrum des Orchesters platziert. Dort haben wir zum ersten Mal den unsterblichen Sonnenaufgang dieses Finales erlebt, das mit einem an die ersten Takte der Meistersinger gemahnenden Paukenwirbel beginnt. Beflügelt von der Anwesenheit der Frau, deren Schönheit und Wiener Grazie er verehrte, führte sich der Meister wie ein Verrückter auf: er saß, stand auf, tanzte und hüpfte wie ein Springteufelchen, dirigierte in alle Richtungen gleichzeitig, rechts, links, nach vorne, nach hinten, versetzte mir dabei ein paar heftige Fußtritte in die Nieren, weil er meine Anwesenheit im Eifer völlig vergessen hatte. Aber was für ein Enthusiasmus, welches Delirium! Und wie riß es uns mit! Selbst das Orchester, sonst dem deutschen Dirigenten gegenüber ganz tschechisch unbeugsam, war besiegt, total überwältigt.[6]

Alma beschreibt die Proben zur Prager Uraufführung nüchterner. Sie berichtet von einem vollkommen in sich gekehrten, von »Zweifeln zerfetzten« Mahler, der »die Gesellschaft der Musiker mied«.[7] William Ritter, der Mahler die ganze Probenzeit hindurch beobachtete, fiel auf, wie sehr Mahler die Zustimmung seiner schönen Gemahlin suchte und ihr ständig fragende Blicke zuwarf. Ritter beobachtete die schöne »Madame Alma« die ganze Zeit und glaubte in ihr große Distanz und Kälte zu bemerken. Als nämlich Mahler nach der Generalprobe die Partitur schloss und ohne das Orchester zu verabschieden unter den Blicken der still verharrenden Musiker mit einem »unendlich traurigen Gesicht« (Ritter) auf die Angebetete zuging, um ihren Eindruck zu erkunden, zeigte sie weder eine Reaktion auf die soeben verklungene Musik noch fand sie ein Wort, um Mahler zu ermutigen.[8]

Der Uraufführung am 19. September wohnten zahlreiche Musikerkollegen und Intellektuelle bei: u. a. Bruno Walter, Arnold Berliner, Alban Berg, Alexander Zemlinsky, Oscar Fried, Arthur Bodansky, Klaus Pringsheim, Theobald Pollak, Guido Adler, Paul Stefan, Richard Specht und Max Brod.[9]

Der *Siebten* war kein durchschlagender Erfolg beschieden. Das Publikum verstand, laut Almas Aussage, die Symphonie nicht, »es gab so etwas wie einen Achtungserfolg«.[10] Otto Klemperer bestätigt Almas Aussage: »Die Siebente Sinfonie war kein Erfolg. Namentlich der Berliner Kritiker Leopold Schmidt sprach durchaus gegen das Werk, das auch heute noch namentlich im ersten und letzten Teil sehr problematisch ist, aber die Mittelsätze wirken hinreißend in ihrer Einfachheit.«[11]

Das Für und Wider in der Mahlerkritik war freilich nie eine Sache von Objektivität, sondern des ästhetischen Standpunktes und der emotionalen Parteinahme. Mahler-Uraufführungen gestalteten sich in der Regel zu ästhetischen Bekenntnistagen der Freunde und Gegner jenseits von Aktualität und Qualität. Mahler provozierte die Vorurteile der Letzteren durch die Beispiellosigkeit seiner Musiksprache, die alle akademischen Kriterien über den Haufen warf. So müssen die sehr divergierenden Pressestimmen zur *Siebten* zunächst ideologisch relativiert werden. Grundsätzliche Mahler-Gegner, wie der Kritiker der *Österreichischen Rundschau*, David Josef Bach[12], und der Nestor der österreichischen Konservativen, Richard Wallaschek, wiesen auf die Banalität der Motive und auf die episodische Brüchigkeit der Symphonie hin, während die Mahler-Anhänger, etwa Felix Adler von der deutschsprachigen Prager Tageszeitung *Bohemia* und Richard Specht von der Wiener *Neuen Freien Presse,* auf den romantischen Geist und das spezifisch Naive von Mahlers Einfällen verwiesen. Rezensionen der Letzteren waren stets enthusiastisch verfasst und erschienen häufig schon am Tag nach der Uraufführung in den Feuilletons der Tageszeitungen, so jene von Richard Specht, dessen begeisterte Besprechung bereits am 2. September, 10 Stunden nach der Uraufführung, in der Wiener *Neuen Freien Presse* zu lesen war:

> Es ist vielleicht das Persönlichste, was Mahler geschaffen hat […]. Was seine Verehrer an ihm lieben und was seine Gegner bekämpfen, ist in der Siebenten mit einer Klarheit zum Ertönen gebracht, die endgiltig genannt

werden muß: der Kampf, den das singuläre Wesen des Komponisten in jeder seiner Äußerung erregte, wird – wenn nicht alles täuscht – durch dieses Werk entschieden werden.

Es steht in e-moll und hat 5 Sätze. Einen mächtig gesteigerten, von herber Freudigkeit erfüllten ersten Satz, dessen Beginn für die symphonische Struktur der Mahlerschen Werke bezeichnend ist, marschartige Motive [...], die von Kindheitseindrücken des Künstlers erzählen, in dessen Knabenträume die mutwilligen und schwermütigen Signale der für ihn von aller Landsknechtromantik erfüllten Kaserne hallten – und man kennt sie aus Mahlers Wunderhornliedern und findet ihre symphonische Stilisierung in der »Siebenten« aufs neue. Dann erst, nach einer stimmungsschweren Überleitung, das eigentliche Hauptthema, dem ein zweites, gesangsvolles, von ungemeiner Intensität und Beschwingtheit folgt. Beide, in Verbindung mit den Motiven der Einleitung, bilden das thematische Material des Satzes [...] fast jede Stimme ist thematisch, ohne daß durch die überreiche Fülle der Neben- und Untermotive die große Linie zu leiden hat [...]. In ähnlich weiten Dimensionen ist der letzte Satz gehalten: ein meisterliches Rondofinale von frenetischer Heiterkeit und Freiheit. Mag sein, daß sich noch mancher Widerspruch gegen die oftmals schroffe Architektur dieser beiden symphonischen Eckpfeiler melden wird und daß ihr vollkommenes Erfassen und richtiges Einschätzen noch Weile fordert, sicher aber ist, daß die drei Mittelsätze sofort und unwidersprochen wirken: durchsichtig Schöneres und unmittelbar Reizvolleres hat Mahler nie geschrieben als diese zwei Nachtmusiken, in deren Mitte ein Scherzo voll huschenden Mutwillens steht; zuerst ein groteskes Duett von Pauke und Fagott, dann eilende Triolen der Streicher zu den Tanzakzenten der Hörner, ein flatternder, stilisierter Walzer drein und als Trio eine schwermütige, altväterische Weise, die an das Posthornsolo der Dritten Symphonie Mahlers erinnert – das Ganze ein in seltsamen Dämmerfarben flüchtender Spuk [...]. Die erste Nachtmusik ähnlich geisterhaft, gleichsam der Auszug einer gespenstischen Scharwache, die auf ausgestorbenen, mondhellen Plätzen der kleinen giebeligen Stadt ihre unheimliche Runde macht: Hörnerrufe, die einander antworten, innige, traumschwere Volksweisen, die in das langsam, aber straff schreitende Marschthema hineinklingen [...]. Die zweite Nachtmusik aber ein Ständchen von zartestem Zauber; man meint, auf dem Platze, über den vorhin die Scharwache zog, jetzt plätschernde Brunnen, rauschende Linden und verliebtes Flüstern zu hören, Mandoline und Guitarre girren, ein zärtlicher, bestrickender Gesang des Horns wird von einem verträumten Kehrreim der Geige abgelöst. Und irgendwo jetzt sitzt ein lieber Gott und vergnügt sich an der Verliebtheit der Menschenkinder.

> Die Stimmen der Nacht, die gespenstischen und die lieblichen, sind noch kaum mit gleicher Subtilität in Töne eingefangen worden, wie in diesen beiden Nachtstücken [...]. Das Publikum bereitete dem Komponisten einen Triumph, wie er ihm trotz aller früheren Huldigungen kaum bei einem Werk zuvor beschieden war. Die eigenwillige, bezwingende, nur dem eigenen Gesetz gehorchende Persönlichkeit Mahlers hat die Hörer in namenlosen Bann gehalten.

Nach dem Konzert fuhr Mahler nach Toblach zurück, wo er weitere drei Wochen am *Lied von der Erde* arbeitete[13] und sich für den nächsten Auftritt am 27. Oktober in München bereithielt. Mahler hatte auf eine Anfrage des Konzertbüros Emil Gutmann am 23. Juli aus Toblach brieflich seine Zustimmung für dieses Konzert in München erteilt und dabei die Wahl des Programmes offen gelassen. Wenn seine *Siebte*, die für den 19. September in Prag auf dem Programm stand, ein Erfolg würde, so hätte er diese in München gerne wiederholt, andernfalls hätte er lieber ein klassisches Programm mit Beethoven dirigiert.[14] Nach der Prager Uraufführung wurde als Datum für das Münchner Konzert definitiv für den 27. Oktober fixiert und Mahlers *Siebte* aufs Programm gesetzt.[15]

Als Orchester waren das Hofopernorchester oder das private Kaim-Orchester, inzwischen in »Philharmonisches Orchester des Münchner Konzertvereins« umbenannt, im Gespräch. Man entschied sich schlussendlich für das Mahler bereits vertraute ehemalige Kaim-Orchester. Das von Hofrat Dr. Kaim 1893 gegründete Orchester spielte in der eigens für dieses Orchester erbauten »Tonhalle« – »Kaim-Saal« – in der Türkenstraße und hatte unter seinen ersten ständigen Dirigenten Ferdinand Löwe und Felix Weingartner, die das Ensemble von 1897 bis 1904 vor allem mit Gegenwartsliteratur befassten, durch zahlreiche Tourneen quer durch Europa einen beachtlichen Aufschwung erreicht. Mahler war von den Leistungen des Orchesters, von der »Freude, dem Eifer und der Unverdrossenheit« mit der »diese armen Kerle« in »recht abgetragenen Röcken« bliesen und geigten, sehr angetan: »Wenn es so weiter geht«, schrieb er an Alma, »so sind diese Tage für mich nur eine Erholung. N. B. Was ich schon immer bemerkt habe: München (welches 600 Meter hoch liegt) hat ein herrliches Klima und ich befinde mich hier jedes Mal riesig wol, wenn nicht außerklimatische Umstände mich herunterbringen. [...]. Immer mehr und mehr mache ich mich mit dem Gedanken vertraut, eventuell vielleicht nach *München* zu übersiedeln. Was meinst Du dazu? Um 3000 Mark kann man hier ein Schloß mit einem Park bekommen und das Leben ist faktisch um die Hälfte billiger als in Wien. Mit unserem Einkommen lebt man hier wie ein Fürst. Mitten in Europa – nach allen Seiten die wundervollsten Verbindungen.«[16]

Doch trotz aller Begeisterung Mahlers für das Orchester, der Erfolg der *Siebten* im Münchner Odeon-Saal am 27. Oktober war, wenngleich überzeugender als in Prag, nicht durchschlagend. Ein Augenzeuge, der bereits genannte Janko Cádra, Lebensgefährte des Mahler-Fans William Ritter, berichtet in seinem Tagebuch, dass der vierte und fünfte Satz am meisten Applaus erhielten, dass Mahler am Ende an die acht Mal herausgerufen wurde, dass es unter den stehend Applaudierenden Gruppen gab, die gar nicht Beifall klatschten, und dass lediglich die Jugend Mahler beim Verlassen des Odeon-Saales zujubelte.[17]

Die Kritik bewunderte einerseits die Orchestrierungs-Bravour Mahlers, der mit seinen ihm zur Verfügung stehenden Mitteln ein wahres »Pandämonium«[18] entfesselt habe, wandte aber andererseits ein, dass er sich selten aus seiner subjektiven Selbstbezogenheit löse. Arthur Hahn von der *Münchener Zeitung* konzidierte dem Komponisten zwar großes Können im Umgang mit Orchestereffekten, verstand aber den Applaus nicht, den die Symphonie erhalten hatte.[19] Der Kritiker der *Münchener Post* war von Mahlers Freude am »kakophonen Lärm« und von den bizarren Orchestereffekten irritiert: Trotz schöner Details sei das Werk als Ganzes abzulehnen. Der Kritiker bescheinigte Mahler eine Hamlet-Natur: im Bewusstsein gespalten und ruhelos.[20] Dem angesehenen Kritiker der *Münchener Neuesten Nachrichten*, Rudolf Louis, Sprachrohr der »Münchner Schule« um den gebürtigen Bozner Ludwig Thuille, schmeckte es beim Anhören der Symphonie viel zu viel nach Sacharin-Süße.[21]

Nach Wien zurückgekehrt, kam es zu einer unliebsamen Auseinandersetzung zwischen Mahler und seiner Schwester Justine, verehelichte Rosé. Als Mahler Alma heiratete, entfremdeten sich die früher unzertrennlich zueinander stehenden Geschwister, doch Justine, die offenbar nach wie vor sehr an ihrem Bruder hing, behielt zahlreiche Dokumente und Manuskripte zurück, die sie an jene Tage erinnerten, als sie für den Bruder den Haushalt führte und dessen wichtigste weibliche Bezugsperson war. Die Herausgabe aller Mahler betreffenden Bücher und Dokumente durch Justine blieb also über Jahre ein ungelöstes Problem und ein wunder Punkt in den Beziehungen von Justine Mahler-Rosé einerseits und Gustav und Alma Mahler andererseits. Die Version Almas zu diesem Konfliktstoff wirft ein schales Licht auf ihre eigenen Aversionen gegenüber der Schwester Mahlers, die ihrerseits zur Schwägerin, die ihr den geliebten Bruder weggenommen hatte, eine frostig feindselige Beziehung unterhielt. Alma berichtet, dass Roller vorbeigekommen sei und von der Lektüre des Mahlerschen Jugendmanuskripts *Rübezahl* sprach, das ihm Justi geliehen habe. Mahler, der diese Jugendsünde – das mit Hugo Wolf gemeinsam verfasste Libretto für einen Wettbewerb – vernichtet wissen wollte, war erzürnt und verlangte das Manuskript zurück, worauf Justine, laut Alma, gegen jede Evidenz behauptet haben soll, dass sie dieses bereits dem Feuer übergeben habe. Die Lüge flog auf, als Mahler das Manuskript vor seiner Einschiffung in Bremen von Justine zugeschickt bekam.[22]

Nach einem kurzen Aufenthalt in Wien reiste Mahler am 5. November nach Berlin, wo er einen alten Freund aus Hamburger Tagen, den Breslauer Physiker Arnold Berliner traf, und von dort weiter nach Hamburg, wo er am 9. November vom »Verein Hamburgischer Musikfreunde« als Dirigent eines klassischen Konzertes – Beethovens *Coriolan*-Ouverture und *Siebte Symphonie,* Tschaikowskys *Romeo und Julia*-Phantasie und das Vorspiel zu den *Meistersingern* – erwartet wurde. Aus einem Brief an Alma erfährt man, dass Mahler in Gesellschaft seiner besten Freunde, des Dirigenten Gustav Brecher, des Hamburger Komponisten Hermann Behn und der alten Vertrauten aus früheren Tagen, Adele Marcus, aufgeräumter Stimmung war und Wien nicht vermisste: »*Überall* ist es hübscher und wohnlicher als in Wien.«[23]

## Mahlers schwerer Stand an der »Met« 1908 – 1909 – Das Aufgehen von Toscaninis Stern: »Die schönen Zeiten der deutschen Opern-Hegemonie waren vorbei …« *(Alma Mahler)*

Gleich nach dem Konzert in Hamburg verließ Mahler mit Alma über Cuxhaven Europa Richtung Amerika. In New York wohnten die Mahlers, diesmal auch mit Töchterchen Anna samt englischer Gouvernante, im Hotel Savoy an der Ecke 59th Street und Fifth Avenue, wo sie im 9. Stock, mit Blick auf den Central Park, eine Suite mieteten.[24] In diesem Hotel wohnten auch zahlreiche Sänger der »Met«, unter ihnen der Tenor Leo Slezak, die polnische Star-Sängerin Marcelina Sembrich und der Startenor Enrico Caruso, mit dem sie Freundschaft schlossen und der eine Karikatur von Mahler anfertigte.

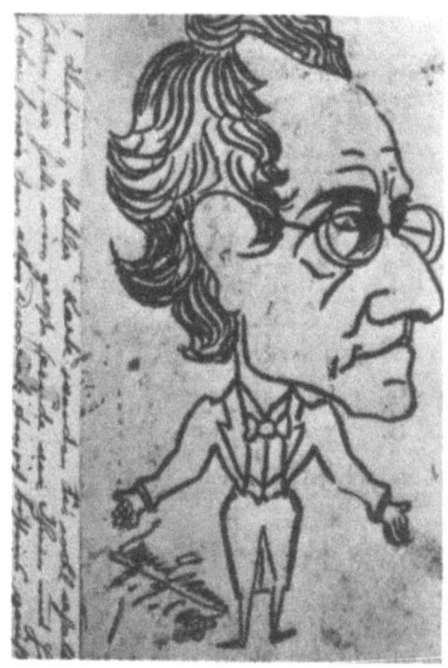

Gustav Mahler, in einer Karikatur von Enrico Caruso

Alma erzählt, dass sich Mahler bei seinem zweiten Amerika-Aufenthalt an der »Met« schon nicht mehr so wohl fühlte, wie noch ein Jahr zuvor. Die vom italienischen Führungs-Duo Gatti Casazza und Toscanini durchgesetzte Schwerpunktverlagerung im Repertoire der »Met« von der deutschen zur italienischen Oper brachte Mahler einen erheblichen Prestigeverlust. War in seiner erster Saison Intendant Heinrich Conried sein Gewährsmann gewesen, so hatte nun Mahler niemanden mehr, der innerhalb der Oper seine Ansprüche gegenüber dem ambitionierten jungen Toscanini verteidigte: für die Karriere ein ernster Einbruch, der um so nachhaltiger war, als Mahler mit jenem Intendanten Conried in Verbindung gebracht wurde, der abgewirtschaftet hatte und New York in Richtung Meran verlassen hatte, wo er im Frühjahr 1909 starb. Dazu kam die Nervosität innerhalb der »Met«, die sich nach wie vor mit den eklatanten Erfolgen des »Manhattan Opera House« des Oscar Hammerstein d. Ä, des zweitwichtigsten New Yorker Opernunternehmens, konfrontiert sah. Die Hammerstein-Oper kam nämlich mit durchschnittlich über 100 Opernabenden und 25 Opern pro Saison nahe an das Opernaufkommen der »Met« heran und hatte in ihren Produktionen vor allem einen Aktualitäts- und Novitäten-Schwerpunkt. 1909 wiederholte Hammerstein die Premieren der vorhergehenden Saison, *Pélleas et Mélisande* von Claude Debussy und *Louise* von Gustave Charpentier. Außerdem brachte er *Thaïs* und *Le Jongleur de Notre Dame* von Massenet und landete mit einer in Französisch gesungenen *Salome* von Richard Strauss einen sensationellen Publikumserfolg.[25] Mit der Berufung zweier charismatischer Persönlichkeiten wie Gatti-Casazza und Arturo Toscanini hatte der Vorstand der »Met« gerade auf die steigenden Erfolge der Hammersteins mit dem italienischen Repertoire reagieren wollen. Toscanini, der am 16. November, fünf Tage vor Mahlers Ankunft, mit *Aida* einen kolossalen Erfolg eingefahren hatte und von der Presse stürmisch gefeiert wurde, begnügte sich jedoch nicht nur damit, als Pultstar zu brillieren, sondern forderte Mahler auch auf jenem Operngebiet heraus, das bis dahin die Domäne der deutschen Dirigenten gewesen war: dem Musiktheater Richard Wagners. Bei Unterzeichnung des Vertrages mit der »Met« hatte er sich nämlich ausbedungen, sein Debüt in Amerika mit dem Wagnerschen *Tristan* feiern zu können: für Mahler ein Affront und ein Ansinnen, dem er auf keinen Fall nachgeben konnte. Fürs Erste konnte sich Mahler behaupten, doch belastete er mit der Verweigerung auch das Verhältnis mit dem Kollegen, der ohnedies von Mahler nicht viel hielt. Wie die unlängst veröffentlichten Briefe des italienischen Star-Dirigenten zeigen, hatte Toscanini von Mahler schon vor seiner Ankunft in New York keine günstige Meinung. An seinen Assistenten an der »Scala« hatte er 1905 nach Durchsicht der Partitur von Mahlers *Fünften* seinen »Ekel« vor Mahlers Musik kundgetan und gemeint, dass »wenn Herr Mahler, Direktor der Wiener Oper, so dirigiert, wie er komponiert«, man sich gut ausmalen könne, »was für ein trivialer Interpret« der sei.[26]

Auch für die »Met« selbst war eine Doppelbesetzung in der Leitung des Opernorchesters nicht günstig. Die Auslagen stiegen erheblich, brachten aber auf der Einnahmenseite wenig Gewinn, denn am New Yorker Opernhaus waren nicht die Dirigenten die Attraktion, sondern die Tenöre. Durch die Rivalität zwischen Toscanini, der durchschnittlich dreimal die Woche dirigierte, und Mahler, der nicht einmal das vertragliche Soll absolvierte, entstand zusätzlich eine Art Probenwettbewerb, der wiederum viel Geld kostete. Toscanini beanspruchte für seine *Götterdämmerung* 30, Mahler für seinen *Figaro* immerhin 25 Proben.[27] Zum Ende der Saison meldete der Intendant Gatti Casazza ein erhebliches Defizit und kündigte für die kommende Saison drastische Kürzungen an.

Dank der Übernahme zahlreicher Produktionen durch den Heißsporn Toscanini dirigierte Mahler in dieser Saison nur noch 26 Vorstellungen, darunter einen umjubelten *Tristan* – Debüt am 23. Dezember 1908 – mit Erik Schmedes und Olive Fremstad in den Hauptrollen, *Nozze di Figaro* am 13. Januar, ebenfalls mit einer Glanzbesetzung – Antonio Scotti, Mercella Sembrich, Emma Eames, Geraldine Farrar –, *Verkaufte Braut* und *Fidelio*, respective am 19. und 20. Februar. *Tristan* und *Nozze di Figaro* wurden auch in Philadelphia gespielt.

Andererseits hatte Mahler in diesem zweiten Jahr an der »Met« durch die Abtretung zahlreicher Produktionen an Toscanini viel mehr freie Zeit als noch ein Jahr zuvor. In der Tretmühle Oper von einigen Produktionen dispensiert, konnte er entspannt über seine Existenz und Zukunft nachdenken. Anfang 1909 schrieb er seinem Vertrauten Bruno Walter:

»Mein lieber Freund! […] Ich durchlebe jetzt so unendlich viel (seit anderthalb Jahren), kann kaum darüber sprechen. Wie sollte ich die Darstellung einer solchen ungeheueren Krise versuchen? Ich sehe alles in einem so neuen Lichte – bin so in Bewegung; ich würde mich manchmal gar nicht wundern, wenn ich plötzlich einen neuen Körper an mir bemerken würde (Wie Faust in der letzten Szene). Ich bin lebensdurstiger als je und finde die ›Gewohnheit des Daseins‹ süßer als je. Mich selbst finde ich jeden Tag unwichtiger, kann es aber oft nicht begreifen, daß man im täglichen Leben doch seinen alten gewohnten Trott weitergeht – in allen ›süßen Gewohnheiten des Daseins‹.«[28]

Die etwas gemächlichere berufliche Gangart, die Mahler im zweiten Jahr seines Amerika-Aufenthaltes einschlug, schuf neuen Raum für metaphysische Überlegungen, die ihn in Zeiten der Krise immer schon heimgesucht hatten, Gedanken über die »letzten Dinge« und speziell über den Tod. Diese Meditationen führten ihn in Gedanken zu jenem Freund zurück, der ihn in jungen Jahren an Goethe und Nietzsche herangeführt hatte und den er seit der Heirat mit Alma aus den Augen verloren hatte: Siegfried Lipiner. Der aus Galizien stammende 1856 geborene jüdische Autor der fünf Gesänge des *Entfesselten Prometheus* war die ideologische Hauptfigur des sogenannten »Pernerstorfer-Kreises«, in dem Mahler als junger Mann die wichtigsten weltanschaulichen Anstöße erhalten hatte. Dieser Kreis, dem auch der sozialdemokratisch orientierte Victor Adler angehörte, hatte damals einen ideologischen Ausweg aus der Krise des Liberalismus und der gesättigten Ringstraßenkultur gesucht, deren Höhepunkt mit der Wiener Weltausstellung und dem darauf folgenden Börsenkrach von 1873 symbolisch überschritten wurde. Die einen, nämlich Engelbert Pernerstorfer und Victor Adler, formulierten eine sozialdemokratische Antwort auf die Krise, die anderen, Lipiner und Mahler, verschrieben sich dem pessimistischen Irrationalismus Nietzsches und Wagners. Lipiner deutete den Goetheschen Faust, dichtete für Karl Goldmark den *Gefesselten Prometheus* und animierte alle zum Vegetarismus, während Mahler Dostojewsky entdeckte und seinen Weltschmerz mit prometheisch-faustischem Streben übertünchte. Siegfried Lipiner war für Mahler vor allem in der Vermittlung Nietzsches und von dessen Erkenntnis über das Dionysische und Apollinische so etwas wie ein geistiger Mentor gewesen, wobei in dieser vermutlich homophilen Beziehung Mahler den passiv-intuitiven Teil darstellte und Lipiner den aktiven und denkenden. Diese enge Freundschaft hatte abrupt mit der Verlobung Mahlers mit Alma geendet und war nicht mehr wieder aufgenommen worden. Nun erinnerte sich Mahler wieder seiner und fragte Bruno Walter: »An Lipiner muß ich sehr oft denken. Warum schreiben Sie mir nichts über ihn? Ich möchte wissen, ob er über den Tod noch immer so denkt wir vor 8 Jahren, als er mir über seine so höchst merkwürdigen Anschauungen Auskunft gab (auf mein etwas zudringliches Befragen – ich war gerade von meinem Blutsturz rekonvaleszent). Wie unsinnig ist es nur, sich vom brutalen Lebensstrudel so untertauchen zu lassen! Sich selbst und dem Höheren über sich selbst nur eine Stunde untreu zu sein! Aber das schreibe ich nur so hin – denn bei der nächsten Gelegenheit, also z. B., wenn ich jetzt aus diesem meinem Zimmer hinausgehe, werde ich bestimmt wieder so unsinnig wie alle anderen. Was *denkt* denn nur in uns? Und was *tut* in uns? Merkwürdig! Wenn ich Musik höre – auch während des Dirigierens – höre ich oft ganz bestimmte Antworten auf alle meine Fragen – und bin vollständig klar und sicher. Oder eigentlich, ich empfinde ganz deutlich, daß es gar keine Fragen sind.«[29]

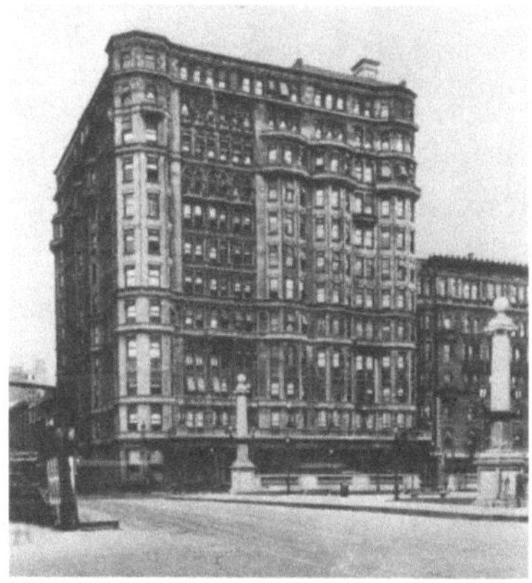
New York, Hotel Savoy

Der Brief aus Amerika an Bruno Walter ist eine Art psychoanalytisches Fenster zurück in Mahlers unbewältigte Vergangenheit. Die traumatische Erfahrung der großen existenziellen Veränderungen und die Gewissheit der eigenen Nähe zum Tod ließen Mahler in der Erinnerung an Lipiner das Problem des Todes erwägen und in Gedanken bis zu jenem Moment zurückschweifen, als unter dem Einfluss von Lipiners Lebensanschauungen sein Aufbruch in die Zukunft voller Hoffnung und Utopie gewesen war. Bezeichnend auch, dass Mahler den geheimen Wunsch, vom langjährigen Freund wieder etwas zu hören, seinem einzigen Vertrauten jener Jahre, dem »lieben Freund« Bruno Walter, anvertraute.

## Mahlers neues Interesse für die symphonische Musik: »Es ist durchgesickert, … dass Herr Mahler sich bitter über das Orchester beklagt hat …«

*(»Musical America«)*

Zur Konfrontation mit Toscanini nicht bereit, verlagerte Mahler in New York sein Interesse verstärkt auf die symphonische Musik. Doch auch da gab es, wie auf dem Gebier der Oper, die Konkurrenz zweier Institutionen, mehr noch: eine feindselige Rivalität zwischen dem »New York Philharmonic-Orchestra«, Amerikas ältestem Orchester, und dem vom ehemaligen Operndirigenten an der »Met«, Walter Damrosch, geführten »New York Symphony Society-Orchestra«. Der in Breslau geborene Walter Damrosch, um zwei Jahre jünger als Mahler, war der Sohn des mächtigen Intendanten Leopold Damrosch, der 1878 in Konkurrenz zu dem von Theodore Thomas geleiteten «New York Philharmonic" mit mächtigen Sponsoren, wie J. P. Morgan und John D. Rockefeller, die »Symphony Society of the City of New York« ins Leben gerufen hatte. Leopold Damrosch hatte sich in den von großen Einwanderungswellen, Kapitalspekulationen und periodischen Wirtschaftskrisen beherrschten Siebzigerjahren des 19. Jahrhunderts zum mächtigsten Orchester-Impresario in Amerika aufgeschwungen und eine Reihe von Musikinitiativen auf die Beine gestellt. In der Saison 1877/78 war es ihm sogar gelungen, sehr zum Missfallen des »New York Philharmonic«, die amerikanische Erstaufführung von Brahms' *Erster Symphonie* zu arrangieren. Sein Sohn, der Dirigent Walter Damrosch festigte den Erfolg des Orchesters, auch dank der großzügigen Unterstützung durch den Stahlmagnaten und Philanthropen Andrew Carnegie, der 1890 die »Carnegie-Hall« erbauen ließ, New Yorks neue Konzerthalle, die Walter Damrosch am 5. Mai 1891 an der Spitze seines Orchesters eröffnen durfte. 1898 musste das von Walter Damrosch geführte Orchester wegen Mangels an Sponsoren für fünf Jahre seine Tätigkeit einstellen. Doch damit war Damroschs Karriere nicht zu Ende, er feierte sogar 1902 ein Comeback als Dirigent an der Spitze des konkurrierenden »New York Philharmonic Orchestra«, das mit seiner Hilfe und seinem Charm einen Ausweg aus der finanziellen Krise suchte, ein Kalkül, das freilich nicht aufging und Damrosch die Position kostete. Als alles verloren schien, griff der clevere Walter Damrosch gemeinsam mit seinem Bruder Frank auf sein altes Ensemble, das »New York Symphony Orchestra«, zurück und erweckte es mit Hilfe des Öl-Magnaten Harry Harkness Flagler zu neuem Leben.

Mit diesem Orchester dirigierte Mahler nach seiner Ankunft in New York die in der vorhergehenden Saison vereinbarten drei Konzerte:[30] am 29. November ein Programm mit Werken von Schumann, Wagner, Beethoven, Smetana, am 8. Dezember seine eigene *Zweite* und am 13. Dezember ein Weber-, Beethoven- und Wagner-Programm. Zu diesem Zeitpunkt war Walter Damrosch bereits im Bilde, was es mit Mahler und dem »New York Philharmonic«, dem Konkurrenten auf symphonischem Gebiet, auf sich hatte und war nicht geneigt, dem Doppelspieler Mahler bei sich einen roten Teppich auszurollen. Mahler hatte sich bei der Vertragsunterzeichnung für die drei Konzerte genügend Proben ausbedungen, für die eigene Symphonie sogar mehr als üblich: fünf. Als Mahler die Konzerte anging, musste er allerdings feststellen, dass ganze Sektionen des Orchesters unterbesetzt waren oder einfach nicht zu den Proben erschienen: eine offensichtliche Revanche des Chefs. Mahler war so konsterniert, dass er dies auch die Presse wissen ließ.[31]

Auch die Einstudierung des zweiten Programms am 9. Dezember 1908, dieses Mal mit Mahlers *Zweiter*, geriet zu einem Desaster. Der *Musical Courier* vom 9. Dezember berichtete, dass bei der ersten Probe von den 115 Mitgliedern des Ensembles ganze sechzig fehlten, eine Gleichgültigkeit der Musiker Mahler gegenüber, die nicht nur aus den schwierigen finanziellen und organisatorischen Bedingungen, unter denen die Musiker zu spielen hatten, zu erklären war, sondern wahrscheinlich auch von Walter Damrosch gefördert wurde, der Mahler geringschätzig einen Komponisten nannte, »der im Stile anderer komponiert«.[32] Dieser Misserfolg bei den Proben deprimierte Mahler und machte ihn gegenüber dem Orchester rüde und harsch, was seine Akzeptanz bei den undisziplinierten Musikern noch weiter schmälerte. Henry-Louis de La Grange, der die Geschichte beider Orchester eingehend studiert hat, unterstellt dem geschäftstüchtigen Dirigenten Walter Damrosch sogar die Absicht, durch die Beibehaltung der Verpflichtung Mahlers für drei Konzerte an der Spitze seiner »Symphony« den Ladies von dem »New York Philharmonic« bedeutet zu haben, dass der Orchesterdirigent Mahler, den sie partout verpflichten wollten, nicht der »Deus ex machina« für die New Yorker Orchesterkultur sein würde, auf den sie alle hofften.[33]

Trotz dieser Missstände lobte die unabhängige Kritik Mahlers Darbietungen, vor allem dessen feurige Interpretation von Beethovens *Coriolan*-Ouverture und des *Meistersinger*-Vorspiels von Wagner. Wenn ein so miserables Orchester eine solche Leistung erbrachte, dann konnte es nur das Verdienst des Dirigenten sein. Auf etwas andere Weise lobte der einflussreiche Musikkritiker der *New York Tribune*, Henry Edward Krehbiel, später ein ostinater Mahler-Gegner, die Darbietungen: Er hob in auffälliger Weise die Leistung des Orchesters hervor und lobte die feine Graduierung der Dynamik und Agogik, die er als »Euphonie und Eloquenz« wahrnahm. De la Grange vermutet, dass Krehbiel mit seiner wohlwollenden Besprechung in Wahrheit seinen Freund Walter Damrosch meinte, dem er mit dem Orchester stets auf des Messers

Schneide rettend unter die Arme greifen wollte. Hintergedanken, jedoch in Richtung Konkurrenz (»New York Philharmonic«), mag auch William J. Henderson, Kritiker der *Sun*, gehabt haben, als er Mahlers Interpretation der *Coriolan*-Ouvertüre als »barbarisch rüde« bezeichnete und diese Kritik mit der Nachricht verband, dass das neue Komitee das New Yorker Philharmonischen Orchesters den eigenen Klangkörper gründlich reorganisieren wolle und dabei an Mahler als Dirigenten denke: ein giftiger Pfeil in Richtung Mahler, der, während er noch bei Damrosch dirigierte, bereits nahe am Abschluss eines weitreichenden Vertrages mit dem »Philharmonic« war und im Verdacht stand, die Damrosch-Brüder aus New York entfernen zu wollen.[34]

In der Tat meldete die Tageszeitung *Sun* bereits am 9. Dezember, also einen Tag nach Mahlers zweitem Konzert mit der »New York Symphony«, dass die Bestellung von Mahler als Chefdirigent des reorganisierten »Philharmonic« beschlossene Sache sei.

Die Spannungen, die durch die Ankunft Arturo Toscaninis an der »Met« und durch das Doppelspiel Mahlers gegenüber der »New York Symphony« entstanden waren, lösten sich also zugunsten Mahlers, der bei gleichzeitiger Verminderung seiner Auftritte an der »Met« – 1908/09 nur noch 15 Produktionen gegenüber den 26 der Saison zuvor[35] – mit der Berufung als Chefdirigent des neu konstituierten New Yorker Philharmonischen Orchesters für die Saisonen 1909/10 und 1910/11 einer glänzenden symphonische Laufbahn in der wichtigsten Stadt Amerikas entgegenblicken konnte.

Am 7. März 1909 verkündete die Leitung des »New York Philharmonic« den Abschluss des Vertrages mit Mahler, der für 46 Konzerte pro Saison 25.000 $ erhalten sollte.[36] Am 27. März 1909 verabschiedete sich Mahlers Vorgänger an der Spitze des »New York Philharmonic«, Wassily Safonow. Der Tschaikowsky-Vertraute und Lehrer von Sciabin war der erste Dirigent mit einem monographischen Tschaikowsky-Programm und erntete vor allem für die *Pathétique* Ovationen. Der Kritiker der *New York Evening Post* fragte sogar, warum man einen so »männlichen und feurigen« Dirigenten wie Safonow ersetzen wolle. Mahler, der sich am 30. März mit Schumann-, Beethoven- und Wagner-Werken, also einem betont deutschen Programm, mit seinem Vorgänger maß, erhielt bei der Kritik einen Achtungserfolg. New Yorks Rezensenten schätzten an Mahlers Darbietungen vor allem die »rhythmische Präzision, Energie und pulsierende Vitalität« (*New York Times*), ließen aber auch erkennen, dass Mahlers erstes Konzert nicht vollkommen war (William Henderson in der *New York Sun*). Der Beethoven-Experte Henry Edward Krehbiel fand sogar, dass die Zeitmaße in Beethovens *Siebter*, mit Ausnahme des Schlusssatzes, zu langsam waren. Im darauffolgenden Konzert am 6. April, das Beethovens *Egmont*-Ouverture und *Neunter* gewidmet war, verlangte Mahler sechs Teilproben für Celli und Kontrabässe allein, platzierte die Kontrabässe und die Pauken samt Schlagwerk auf erhöhten Podesten links und rechts vom Orchester und trimmte das Orchester auf Energie und Dramatik. Die von großen Kontrasten gekennzeichnete Aufführung in der Carnegie-Hall hinterließ einen starken Eindruck, wenngleich die Kritiker, nicht nur der gestrenge New Yorker Beethoven-Papst Krehbiel von der *New York Times* – durchwegs das aggressive Hervortreten der Pauken kritisierten.[37]

Der Vertrag räumte Mahler auch das Recht ein, jeden einzelnen Musiker des » New York Philharmonic« zu bestätigen oder nicht. Mahler nahm dieses Recht sogleich in Anspruch und schaute sich nach einem ersten Trompeter um. Er schrieb an Bruno Walter und bat ihn dringend, ihm die Adresse jenes »famosen Trompeters aus dem Konzertverein« in Wien zu »kabeln« oder ihn zu fragen, ob er gewillt sei, zu Mahler nach Amerika zu kommen.[38] Mahler zeigte in dieser Aktion keinerlei Rücksicht auf die amerikanischen Orchestergewerkschaften, die in protektionistischer Weise gegen das Engagement europäischer Orchestermusiker eintraten.

## Rückkehr nach Europa – Die Bewertung von Mahlers Musik in der französischen Kritik: »... schwache Anzeichen einer Persönlichkeit«

*(Pierre Lalo im »Journal des débats«)*

Im Februar kam Anna Moll auf Besuch nach New York und blieb bis zur Rückreise ihrer Tochter und des Schwiegersohns, die sie gemeinsam am 10. April auf dem »Kaiser Wilhelm II«-Übersee-Dampfer antraten. Carl Moll hatte in der Zwischenzeit mit Hilfe von Sophie Zuckerkandl, verehelichte Clemenceau, für Mahler in Paris eine Modellsitzung beim berühmten französischen Bildhauer Auguste Rodin arrangiert, und zwar so, dass es den Anschein hatte, als hätte der berühmte Bildhauer selbst den Wunsch geäußert, Mahlers Büste anfertigen zu dürfen. Alma kommt in ihren *Erinnerungen* nicht umhin, mit der Anspielung auf die Frauen Rodins ihre eigenen Eheprobleme mit Mahler zu reflektieren: »Während er arbeitete, harrte immer eine der Geliebten Rodins geduldig viele Stunden auf ihn, denn er kümmerte sich wenig um sie, ja er sprach nicht einmal in den Pausen mit ihnen. Wie unerhört stark aber muß seine Faszination auf sie alle gewesen sein, daß sie sich, ohne die Contenance zu verlieren, so behandeln ließen. Es waren Damen der sogenannten Gesellschaft. In Meudon aber wartete ein ganzes Leben lang seine eigene Frau!«[39]

Mahler wurde jeden Tag zum Modellsitzen ins Atelier von Rodin gebeten, eine Prozedur, die nach Auskunft Almas jedes Mal 1 ¼ bis 1 ½ Stunden dauerte und Mahler, der nicht ruhig sitzen konnte, sehr ermüdete.[40]

In Paris hatte Mahler eine Begegnung mit dem französischen Kriegsminister, der Mahlers Musik über alles schätzte und der ihn »in großer Gala« und mit »Ehrenwachen zu beiden Seiten« wie einen Staatsmann empfing.[41] In Begleitung von General Piquard, des Polizeipräsidenten und der Clemenceaus wohnten Alma und Gustav Mahler auch einer *Tristan*-Gala-Vorstellung in der Pariser Oper bei, die jedoch Mahler so missfiel, dass er, ohne auf seine Gastgeber Rücksicht zu nehmen, die Vorstellung verließ.

Während seines Pariser Aufenthaltes empfing Mahler auch den 25-jährigen Pianisten und Komponisten Alfredo Casella, der einer seiner glühendsten Verehrer in Frankreich war und der gerade an einer Klavierversion der *Siebten* arbeitete. Just am Tage der Weiterreise nach Wien, am 2. Mai, spielte das Münchner Tonkünstler-Orchester unter der Leitung des spanisch-französischen Dirigenten José Lassalle Mahlers *Erste*. Das Programm hatte monographischen Charakter, denn neben der von romantischen Inhalten inspirierten *1. Symphonie* Mahlers standen auch noch die *Romantische* von Bruckner und Ludwig Thuilles *Romantische Ouverture* op. 16 auf dem Programm. Die von de La Grange recherchierte Kritik zu diesem Konzert und speziell zu Mahlers

*Erster* zeigt ein allgemeines Unverständnis gegenüber dieser Symphonie, einem Werk, an dem »Schul-Geruch« und nur »schwache Anzeichen einer Persönlichkeit« festgestellt wurden (Pierre Lalo im *Journal des débats*). Die meisten Kritiker mokierten sich über das »Déjà vu« des thematischen Materials (*Le Soir*), während ein weiterer Kritiker sich über den grotesken Marsch des Andante zum Thema des *Frère Jacques* lustig machte.[42] Mahler konnte der Aufführung nicht mehr beiwohnen, denn er befand sich bereits auf der Heimreise nach Wien.

# IX. Sommer 1909 – Toblacher Trilogie, Teil zwei

**Anzeichen einer Ehekrise:** »… sehnte mich zum Verrücktwerden nach irgend etwas, nach Liebe, nach Leben, nach einem Fenster, heraus aus dieser eiskalten Gletscheratmosphäre …« *(Alma Mahler, Sommer 1909)*

Die Toblacher Sommerferien 1909 begannen für Mahler um den 10. Juni. Dies geht aus einem Brief an den Dirigenten Willem Mengelberg hervor, der in Holland die Vorbereitungen zu einer Aufführung der *Siebten Symphonie* von Mahler unter der Leitung des Komponisten für Anfang Oktober traf. [1] Alma berichtet in ihren *Erinnerungen* über diesen Sommer reichlich wenig. Der Grund ist, dass sie von Beginn der Ferien bis in den Juli hinein in Levico – zu Deutsch Löweneck – eine Trink- und Bade-Kur mit Eisen- und Arsen-haltigem Thermalwasser machte. Wiener Ärzte hatten ihr diese Kur zur Erholung von einem allgemeinen, nicht näher beschriebenen Leiden verordnet. Henry-Louis de La Grange bezieht sich auf eine mündliche Aussage von Almas Enkelin Marina, die in Bezug auf ihre Großmutter von Problemen im Zusammenhang mit übermäßigem Alkoholkonsum sprach. [2] Alma selbst macht in ihren *Erinnerungen* eine akute Nervosität und Melancholie geltend: »Ich war damals hochgradig nervös, und als ich nach Wien zurückgekehrt war, wurde mir ein Aufenthalt in Levico verordnet. Ich brachte Mahler erst nach Toblach und ging dann mit dem Kinde nach Levico. Tief melancholisch saß ich nächtelang auf meinem Balkon, sah weinend auf die lustige, hellgekleidete Menge, deren Lachen mir weh tat, sehnte mich zum Verrücktwerden nach irgend etwas, nach Liebe, nach Leben, nach einem Fenster, heraus aus dieser eiskalten Gletscheratmosphäre.«[3]

Mit dem Begriff »Gletscheratmosphäre« meinte Alma wohl die für sie immer unerträglicher werdende Kommunikationslosigkeit mit Mahler, die schon seit längerem anhielt. Ihre leibseelischen Ansprüche als junge Frau waren von dem extrem auf das eigene Leistungsprinzip konzentrierten Gatten allzu lange ignoriert worden, was nach Freuds »ökonomischem Gesichtspunkt des Seelenlebens« nach einer gewissen Zeit die Unfähigkeit nach sich zieht, »Lustbefriedigungen aufzuschieben und Unlustempfindungen zu ertragen«.[4] Keine Frage: Alma umschreibt mit ihrer »Nervosität« und »Melancholie« die unübersehbaren Symptome einer akuten Beziehungskrise, die ein Jahr später zum Ehebruch führen würde. Dass sich Mahler über den wahren Grund dieser »hochgradigen Nervosität« bewusst war, geht aus einem Brief an Schwiegermutter Anna Moll hervor, in dem er seiner Sorge über Almas »Jammerbiefe« aus ihrer »Einsamkeit« in Levico Ausdruck verleiht.[5]

Alma spürte ihrerseits Mahlers Befürchtungen: «Mahler hatte Angst um mich, und endlich kam er selbst. Ich fuhr ihm in Trient entgegen, er stieg aus dem Coupé, und ich erkannte ihn nicht. Der Friseur in Toblach hatte ihn vor der Abfahrt, wo er sich besonders schön machen lassen wollte, vollkommen glatt geschoren. Er hatte Zeitung gelesen und es nicht gemerkt. Er war unkenntlich hässlich, wie ein Bagnosträfling, ohne die beiden ausladenden Seitenhaarbüschel, die seinem ungeheuer langen, hageren Gesicht die richtige Formation gaben. Ich konnte mich nicht gewöhnen und mein Fremdheitsgefühl nicht überwinden, so fuhr er nach zwei Tagen betrübt wieder weg.«[6]

Nach neuesten Erkenntnissen muss an Hand der zahlreichen Briefe Mahlers aus dieser Zeit an der Richtigkeit von Almas Bericht gezweifelt werden. Nicht nur gibt es in den täglichen Briefen keinerlei Hinweis auf einen Besuch Mahlers in Levico und noch weniger ist dieser aus der von Mahler detailliert beschriebenen Toblacher Tätigkeit ersichtlich. Die Herausgeber der Briefe an Alma, Henry-Louis de La Grange und Günther Weiß, vermuten zu Recht einen Irrtum Almas, die dem »glatt geschorenen« Mahler nicht in Trient, sondern bei ihrer Rückkehr am Bahnhof von Niederdorf, am 12. Juli, entgegentrat, während Mahlers

Reise nach Levico vermutlich am Anfang der Ferien stattgefunden haben dürfte, als Mahler seine Frau samt Kind und Gouvernante dorthin begleitete und anschließend von Trient aus über Franzensfeste nach Toblach zurückfuhr.[7]

Liest man die 24 Levico-Briefe, dann wird man den Eindruck nicht los, dass sich Mahler nicht allein um Almas Gesundheit sorgte, sondern auch um die Auswirkungen ihrer »hochgradigen Nervosität« auf seine eigene Stimmung und sein nicht minder labiles Gleichgewicht. Deshalb das tägliche Zureden und »Seelenflüstern« – Psychorhetorik und Logotherapie zugleich – und der ausführliche Diskurs über alles und jedes, vom Banalsten bis zum Sublimsten. So meldete Mahler günstige Tantiemen-Einnahmen aus den *Drei Pintos*, in der Annahme, »daß diese Mittheilung einen bedeutenden Einfluß auf den günstigen Verlauf der Kur ausüben« werde, schrieb, dass er wegen der »schauderhaften Kälte«, die den ganzen Juni hindurch anhielt, »doppelte Unterwäsche« trug, verbreitete sich über Zimmerumstellungen und Ofenbeheizung, über tägliche Nachmittags-Spaziergänge trotz schlechten Wetters und »Jausen mit Milchkaffee« in der Toblacher »Conditorei«, berichtete von eintreffenden Esswaren und »Körben von Eiern«, von interessanten Zeitungsbeilagen über Fliegenvertilgung, vom Vorzug der Niederdorfer Butter gegenüber der ungenießbaren vom Trenkerhof, von der »man ab und zu kotzt«, aber auch von einer ehrenvollen Einladung nach Buenos Aires und dem 18.000-Dollar-Vertrag mit New York samt »Staatscabine«. Gleichzeitig wurde er nicht müde, der kranken Psyche Almas mit Hilfe philosophischer Diskurse auf die Beine zu helfen, etwa wenn er das seelische Vollendungspotenzial der »Entelechie« als positives Tätigsein und als Stärkungsmittel zum Ertragen aller Widrigkeiten anpries: »Wenn die Productionskraft versiegt, so stirbt die »Entelechie« [...]. Was der Mensch aus sich selbst macht – was er durch rastloses Streben und Leben *wird*, das ist das Dauernde [...]. ›Breite Dich aus‹, übe Dich im Schönen, Guten, wachse unaufhörlich (dies ist die wahre Production).« Oder wenn er im Verweis auf Goethe vom »ewig Weiblichen« philosophierte und damit Almas Anspruch auf körperliche Konkretion platonisch wegredete: »Weißt Du, das ist eben nöthig: ein geistiges Centrum gewinnen; von da aus schauen alle Dinge anders aus! [...] Soweit aber eine Seele einen

Leib braucht – es ist ja gar Nichts dagegen zu sagen.« Mahler glaubte an einen Gesundungsprozess durch Vergeistigung und missverstand Almas Wort von der »Liebesgewalt«: er sublimierte den Begriff im Sinne von Goethes »Ewig Weiblichem« zu jener »mystischen Gewalt«, die »jede Kreatur, vielleicht auch die Steine« zu einem »Ruhenden« emporzieht. Alma hingegen, – das geht aus dem langen Brief Mahlers hervor – meinte mit »Centrum« das leibseelische Einssein und die körperlich-seelische Erfüllung.[8] Dieses grundlegende Missverständnis bestätigt sie auch in ihren Erinnerungen, wenn sie schreibt: »wir korrespondierten täglich über abstrakte Dinge.«[9] Mahler bangte um Almas Gleichgewicht und bot alle seine Suggestionskraft auf, um ihr einerseits die Krise auszureden und sie andererseits über das »bißchen Melancholie, das erlaubt ist«, zu beruhigen. Als eine der zwei Hausmägde, die den Mahlers im Hause Trenker zu Diensten standen, wegen unfreundlichen Benehmens Mahlers kündigte, reagierte der verängstigte Ehemann in einem langen Brief an Alma auf den Verlust der Hilfskraft mit Unterwürfigkeit und gebärdete sich wie ein reuiger Junge, der, um die Hausfrau friedlich zu stimmen, alle möglichen Entschuldigungen vorbringt: Er habe schließlich »kein lautes Wort zu dem Fräulein gesagt«, da er dazu einfach »zu faul« gewesen sei. »Grob oder auch nur unfreundlich« sei er nie gewesen. »Distanz gehalten« hätte er freilich schon und kein Wort mit der Person geredet: »Die *einzigen* Bemerkungen, die ich mir erlaubt habe, waren ungefähr 2 oder 3 mal, wenn ich Speisen herauf bekommen habe, die ich nicht essen darf (z. B. Griesschmarrn und ähnliches), oder, wenn ich durch einen bösen Geschmack darauf kam, daß Trenkerische Butter im Gebrauch ist – die sie nämlich mir auch zum Frühstück *einschmuggeln* wollten – doch verhinderte mich der schlechte Geruch, sie zu gebrauchen […]. Überhaupt rieche ich viel zu viel Trenker im Haus – die Kathi (wollt ich sagen Fräulein K.) läßt nun die Thüre von Gucki zur Veranda hinaus offen (in der Nacht), ich sperre zu, und ziehe den Schlüssel ab (ich glaube, das ist der Hauptgrund ihres Ärgers) […]. Und es ist eine Frechheit, sich zu beklagen, und so verlogen die Sache zu drehen – dagegen müßte ich mich beklagen über diese Mienen und über dieses Wesen, welche sie die ganze Zeit hindurch zur Schau trägt – von dem Du weißt, wie es mir den Aufenthalt verderben kann […]. Was soll sie denn eigentlich, die Gnädige? Vielleicht mich kündigen? Er oder sie? Einer muß gehen?«[10]

Dieser Brief zeigt, wie sehr Mahler den Unmut seiner Frau als Ursache weiterer »Nervosität« fürchtete, – offenbar war Alma wegen des Verlustes einer tüchtigen Hausgehilfin ungehalten und machte dies auch Mahler in einem Brief zum Vorwurf – er wirft aber auch ein Licht auf den »hochgradig nervösen« Zustand Mahlers in diesem Sommer. Er, der nicht glücklich sein konnte, solange nur ein Lebewesen auf der Welt litt, spielte sich im Umgang mit seinen Bediensteten offenbar als Haustyrann auf, grüßte nicht, sprach nicht, kommunizierte nicht. Eine Art »Menschenfeind«, dem täglich alles gegen den Strich ging. Einer, der die Trenkerschen Haus-Gerüche nicht vertrug, die Hof-Butter ekelhaft fand, Zugluft und offene Türen hasste, jeder Leutseligkeit abhold war, selber aber lange Gesichter als Beleidigung empfand, dem alles auf die Nerven ging, der die Fliegen im Haus bekriegte, »die einen nicht still sitzen lassen«, kurz, der mit Tier und Mensch auf Kriegsfuß stand. Mahler, der philanthropische Misanthrop, Mahler, der Synästhetiker mit der krankhaft überreizten Geräusch- und Geruchsensibilität, Mahler, der hochgradige Neurotiker und Neurastheniker.

Am empfindlichsten war Mahler gegen den Lärm, der ihn umgab, er beklagte sich über das Kindergeschrei der »muntern Berg- und Hausbewohner« »wogegen der Kindermord von Bethlehem und die Centaurenschlacht rein gar nichts sind«[11], und über das »gesellschaftliche Leben« in Toblach, wo »ein Fest das andere erschlägt« – und, so fügte er hinzu: »Und ich erschlage sie alle«. Dann hatte er es wieder mit den »munteren Hausbewohnern«, die am Abend zusammensaßen: »sie mähen jetzt, wenn ich nicht da bin; wenn ich im Hause bin, sind sie auch immer da. Sie ergehen sich meist in munteren Scherzen und fröhlichen Liedern. Manchmal spielen sie auch ein recht anregendes Gesellschaftsspiel – eine Art Kegel und Kugelwerfen (wobei es hauptsächlich darauf ankommt, die Bein- und Armmuskeln durch vieles Strampeln zu stählen und die Lungen zu höchsten Kraftleistungen heranzubilden).«[12]

Tatsächlich war in der Toblacher Umgebung die Ruhe nicht mehr jene, die Mahler noch zehn Jahre zuvor per Fahrrad von Toblach aus in Richtung Schluderbach und Misurina-See genossen hatte. Im Sommer 1909 verkehrte vom Grand Hotel aus in Richtung Cortina ein lärmender privater Automobiltourismus: täglich zweimal Automobil-Postboten, weiters Fahrschulautos, die zwischen 9 Uhr früh und 6 Uhr abends »Automobilkurse« abwickelten, und zweimal täglich ein »Wagen von 30 Pferdestärken« und »16 Personen Platz« nach dem acht Stunden entfernten Venedig. [13] In einem weiteren Brief an Alma verband Mahler die Sehnsucht nach Ruhe mit der Erinnerung an »Schloß Plankenberg«, in dem Alma in der Nähe ihres über alles geliebten Vaters Emil Jakob Schindler eine goldene Kindheit verbracht hatte und das, nach den gescheiterten Familienverbindungen, für sie zum Inbegriff verflossener Glücksmomente geworden war. Mahler, der selbst in diesem Sommer nostalgisch in Jugenderinnerungen schwelgte, erwähnte diesen für Alma mit positiven Assoziationen besetzten Ort nicht nur in Erwägung der Möglichkeit, dieses Schloss für sich und Alma zurückzukaufen, sondern wohl auch als Zeichen der Großzügigkeit und Besänftigung der »hochgradig nervösen« Gemahlin gegenüber. [14]

Neben diesen privaten Sorgen setzte Mahler in diesem Sommer auch das »grausliche« Wetter zu. Die erste briefliche Depesche an Alma in Levico lautete: «Ich friere wie ein Windhund«, und: »Klappernd mit Zähnen und Beinen sitze ich im Zimmer – das Oferl scheint doch den Vergleich mit einem Ofen nicht auszuhalten.« [15] Bis zum 22. Juni wagte es Mahler nicht, wegen Nässe und Kälte ins Komponierhäuschen zu gehen. Zwar erholte sich das Wetter um den 23. Juni, doch schon am 27. Juni sanken die Temperaturen wieder auf einen sommerlichen Tiefstand: nur 6 bis 7 Grad am Morgen bis zum 2. Juli. Richtig schön wurde es erst nach dem 8. Juli, bis um den 18. Juli die Temperaturen wegen starken Schneefalls am Großglockner wieder spürbar sanken. [16] Selbst in sonnigen Perioden zogen immer wieder Gewitter auf, die den Sommer abkühlten: »Es regnet in Strömen«, meldete er am 11. Juli an Alma. Die klimatische Labilität des Sommers 1909 drückte Mahler aufs Gemüt und minderte sein Wohlbefinden trotz Wanderns und Naturliebe. Noch am 18. September, als er schon Toblach verlassen hatte, trauerte er dem Sommer, der keiner gewesen war, nach: »Es ist zu toll, im Sommer sich ewig zu fretten und zu frieren.« [17]

## Mahlers Versuche zur Überwindung der Einsamkeit: Lektüre und Kontakt zu Freunden: »... daß Du siehst, wozu ich jetzt Frieden machen will mit den alten Genossen ...« *(Gustav Mahler an Alma)*

Der in Toblach allein zurückgebliebene Strohwitwer vertrieb sich in der unproduktiven Phase atmosphärischer und klimatischer Anpassung die Zeit durch Briefeschreiben und die Pflege freundschaftlicher Kontakte. Einen Tag vor der Abreise nach Toblach schrieb Mahler – nach vielen Jahren – an seinen Intimus aus Jugendtagen, Fritz Löhr, und erinnerte ihn anhand eines Bildes, das dieser ihm geschickt hatte, »an alte liebe Zeiten«.[18] Über die Wiederherstellung dieses Kontaktes freute sich Mahler ganz besonders: Er schickte Alma den Brief, »daß Du siehst, wozu ich jetzt Frieden machen will mit den alten Genossen – / und sei lieb und unterstütze mich bei meinem Vorhaben. / Die Freude und das Glück, das dort aufsprießt, möge auch zu uns zurückstrahlen – und wird es auch.«[19]

Im Zustand des Alleinseins erinnerte sich Mahler auch des alten Freundes aus Hamburger Tagen, des Physikers Dr. Arnold Berliner, den er herzlichst zu einem Besuch nach Toblach einlud und ihm mit unverhohlenem Galgenhumor »für Stunden mit Selbstmordgedanken denkbarste Ungestörtheit« zusicherte.[20] Auch die Schwester Justine, zu der er seit der Heirat mit Alma ein distanziertes und konfliktgeladenes Verhältnis hatte, rückte in diesen Tagen des Alleinseins wieder in den Mittelpunkt von Mahlers affektiven Bezügen. Nun kam in ihm der Wunsch hoch, von der »liebsten Justi« »auch mal ein paar Zeilen« zu lesen. So bat er in einem Brief aus Toblach um Nachricht: »Ganz besonders jetzt, da ich mutterseelenallein bin und für Mittheilungen empfänglicher.«[21] Justine, die seit der Heirat ihres Bruders Alma als ihre Rivalin ansah und deshalb auch zu ihrem geliebten Bruder auf Distanz ging, muss wohl gespürt haben, dass es in Gustavs Ehe nicht mehr so lief wie früher. Ein Signal für sie, mit diesem – hinter dem Rücken ihrer Schwägerin – wieder brieflich zu verkehren. Darauf deutet ein mysteriöser Brief hin, mit dem Justine, verheiratete Rosé, Mahler in Amsterdam überraschte, als dieser Anfang Oktober, weit weg von Alma, drei Konzerte mit dem Concertgebouw-Orchester vorbereitete. Über den Inhalt des Briefes, den Mahler gleich zu vernichten versprach, kann man mit Hilfe von Mahlers Antwort nur spekulieren: »Liebste Justi! Ich danke Dir herzlichst für Deinen Brief (den ich sogleich vernichten werde) – Hoffentlich hast Du die Empfindung gewonnen, daß ich mich (wie überhaupt nicht) so auch in meinem Verhältnis zu Dir nicht geändert habe. Dagegen hast Du Dich daran gewöhnt, mich auf den Wogen des Lebens immer ruhelos – wie je – umhertreibend, als einen Kämpfer gegen Wind und Wetter zu betrachten, der meist alle Kräfte des Geistes und des Körpers nur daran zu setzen hat, um sich über Wasser zu erhalten [...]. Hoffentlich kommt auch für mich mal noch eine kleine Zeit, wo ich im Hafen einlaufe, und zu leben und zu athmen anfangen kann und wo wir es dann Alle miteinander besser haben werden. Und vor Allem, wo wir die dummen Mis- und Unverständniße, und den ganzen Bettel von Empfindlichkeit u[nd] Eifersucht zum Teufel jagen. Es hat wirklich keinen Sinn, die paar Minuten, die man da im Vorübersausen auf diesem kleinen Stern zubringt, sich noch durch die ›Tücke des Subjekt‹ verderbt; da die ›Tücke des Objekt‹ leider schon Raum genug und Licht und Luft wegnimmt.«[22]

Mit »Miss- und Unverständnissen« meinte Mahler offensichtlich die Unverträglichkeit der beiden Schwägerinnen untereinander, die bei Alma auf der Überzeugung beruhte, dass Justine »falsch« sei[23], und bei Justine, dass Alma ihr den geliebten Bruder weggenommen habe. Alma vermerkt dazu in ihren Erinnerungen: »Damals hatte Justine den letzten Rest meiner Liebe verloren. Sie sagte leise, während wir den halbschlummernden Mahler beobachteten: ›Eines freut mich, ich habe ihn jung gehabt, und Du hast ihn alt!‹ Die Eifersucht der Schwester scheint gefährlicher zu sein als die der Geliebten oder der Frau, weil sie hoffnungslos ist.«[24]

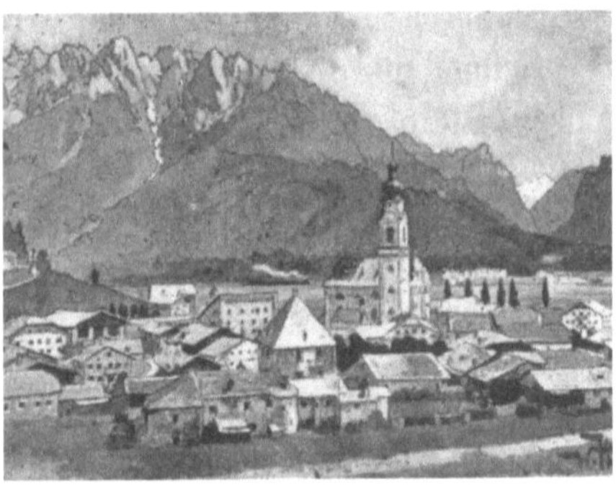

Toblach um 1900 (Zeichnung)

Dass nun Mahler der Schwester als New Yorker Adresse die »Philharmonic Society« in der »Carnegie Hall« anriet und nicht das Hotel

Savoy an der Fifth Avenue, wo er mit Alma wohnte, deutet darauf hin, dass er zum Komplizen seiner ihn hinter dem Rücken Almas liebenden Schwester wurde.

Mahler brachte die Zeit in Erwartung einer Wetterbesserung mit Lesen und Erledigen von allerlei praktischen Dingen zu. Er entwarf Programme für die folgende symphonische Saison in New York, regelte mit Hilfe seines seit der gemeinsamen Schulzeit in Iglau befreundeten Rechtsanwaltes Dr. Emil Freund seine Verlagsrechte zur Drucklegung der *Achten* im Wiener Universal-Verlag[25] und trug der Schwiegermutter Anna Moll allerlei Besorgungen auf: echten Honig aus Wien, »ein Flaschl Füllfedertinte«, »ein bisschen Pfefferminzöl oder dgl. zum Wasserspülen nach Tisch«.[26] Dr. Emil Freund kam bald auch selbst auf Besuch nach Toblach und lebte nach Mahlers Worten »still aber entschieden seiner Gesundheit«, indem er sich zusammen mit dem Gastgeber der »Hygiene des Tiefatmens – bei geschlossenem Maule« widmete. Auch Oscar Fried und Gustav Brecher waren wiederum zu Gast[27], weiters der Konzertmeister und Vize-Präsident des »New York Philharmonic Orchestra«, Richard Arnold, mit Frau, der Berliner Dirigent Oscar Fried und der ungarische Musikkritiker Ernst Déczey, die beide schon 1908 Gäste Mahlers in Toblach gewesen waren. Décsey hat seinen Besuch im Juni 1909 in einem ausführlichen Bericht festgehalten und vor allem Mahlers depressive Stimmung beschrieben:

> Vita fugax« […] noch höre ich die tiefe metallene Stimme, die es aussprach, als die Abendsonne über den rotleuchtenden Schneefeldern von Toblach hinunterstieg […] es war eines seiner Lieblingsworte und wird mir unvergesslich bleiben, denn wenn er es aussprach […] vita fugax […] zitterte darin etwas von der Furcht, dieses flüchtige, rennende Leben nicht halten zu können, nicht jede seiner Stunden mit dem Gehalt eines Imperatorenwillens zu füllen, nicht jede Stunde zur Stunde der Tat zu machen. Er war ein Mensch, der sich selbst verzehrte. In seinem Innern loderte es immer, und es gab keine Stunde bei Gustav Mahler, wo sein Inneres nicht Gedanken hinausschleuderte, wo man nicht von ihm empfing. Dieses Sich-Hinwerfen an die Sache, das sein Leben zu einem vollendeten macht, sei sein Werk auch unvollendet, war nicht eine Stimmung, es war sein Grundwesen; und darum war jede Stunde bei ihm ein Gewinn. Ich habe eines wenige davon aufgezeichnet, ohne es zu formen, oder in einen Zusammenhang zu zwingen: eine gewisse Pietät

hält mich davon ab, mehr zu geben als Rohmaterial; mit einer schweren Rührung aber muß ich gestehen: es wird, auch verarbeitet, Rohmaterial bleiben, denn das Beste daran, der Ton, das Persönlich-Musikalische ist dahin, und keine Kunst kann es je wiederbeleben.
Die Junitage in Toblach waren regennaß. Die Wolken stiegen von den Bergen ins Pustertal herab, trotzdem ging er jeden Nachmittag spazieren. Eines Abends sagte er: »Wie freu' ich mich über die Welt! Wie schön ist die Welt! Welcher Kerl darf sagen: mir ist alles gleichgültig. Der das sagt, ist nur ein Lehmhaufen. Der Mensch ist ja eine wunderbare Maschine, aber wer das sagt, ist doch nur ein Dreckhaufen.« Am Abend stand er dann noch am Fenster der Veranda und sah hinüber auf einen Feldweg, der sich, in der Dämmerung weiß, durch die Wiesen nach Alt-Toblach hinaufwand: »Was dieser Weg nicht alles erzählt!«, sagte er, und sah ihn an, wie man einem Volkslied zuhört. »Glücklich sein ist eine Begabung«, fuhr er später fort [...]. An einem anderen Tage entwickelte er Gründe für den Gottesglauben. Er empfahl dringend eine gute Schrift des russischen Physikers Choolson »Hegel, Haeckel und Kossuth«, worin dem Haeckelschen Materialismus zuleibe gerückt werde [...]. In seinem Wohnzimmer waren viele Bücher gestapelt, alle Bände von Brehms Tierleben lagen auf einem Tische, hauptsächlich sah ich philosophische Literatur. Am Abend legte er sich öfter hin und ließ sich vorlesen. Ich wählte einige Stellen aus dem damals neuen »Tagebuch« von Hermann Bahr, und er freute sich, daß Bahr seiner sympathisch gedachte, obwohl er ihn nur flüchtig kenne; als ich ihm mitteilte, Bahr beabsichtigte, in einem seiner nächsten Romane, ihn, Mahler, als Figur einzuführen, wurde er ängstlich: »Um Gottes willen, da werden die Leute wieder an eine Verschwörung glauben.« Meistens verlangte er aber, daß ich Goethe vorlese. Faust zweiten Teil. Er kostete dann die Stellen, die er schon auswendig wusste, von neuem aus. Als ich eines Abends schon über eine Stunde gelesen hatte, hatte ich ein seltsames Erlebnis mit seinem Antlitz. Mahler lag im Halbschatten auf dem breiten Divan, die Augen waren geschlossen, er schien zu träumen, und während ich die Verse las und ihn in Goethe wiegte, schien sich sein teuflisch ingrimmiger schwarzer Kopf zu verändern: ich glaubte mir selbst nicht, als ich sagen mußte, er sieht aus wie Goethe. Das Sinnen verschönte seine Züge, die Nase trat wuchtig hervor, ich sah ihn lange an und behielt den Eindruck: wie Goethe. Hans Rudolf Partsch, dem ich die Sache später erzählte, meinte: »O ja, das ist die auffallende Familienähnlichkeit aller Hochbegabten, von der Schopenhauer spricht.[28]

In Abwesenheit von Alma kam auch noch Frau Dr. Marie Uchatius, die Kunstgewerbeschülerin von Alfred Roller, die in den New Yorker

Monaten Almas liebste Begleiterin war. Über deren Besuch zeigte sich Mahler besonders erfreut, wohl in der Hoffnung, dass sie Alma bei ihrer Rückkehr aus Levico von allerlei seelischen Problemen ablenken würde: »Daß die Uchatius kommt, ist mir riesig lieb«, schrieb er an Alma nach Levico.[29]

Später kam auch Mahlers New Yorker Arzt Doktor Joseph Fraenkel, der Alma so sehr verehrte, dass er dieser nach Mahlers Tod sogar einen Heiratsantrag machte.

## Die Neunte: »Die eine Neunte geschrieben haben, standen dem Jenseits zu nahe«

*(Arnold Schönberg)*

Mit den beschriebenen akuten Beziehungs-Sorgen und bei andauernd wechselhafter Witterung ging Mahler in der letzten Juni-Woche an die Komposition jenes Werkes, das Max Brod als die vierte Säule der abendländischen Musik bezeichnete – neben der *Matthäus-Passion*, Beethovens *Neunter* und dem *Tristan*: die *Neunte Symphonie.* Zwar hatte Mahler, nach Auskunft Almas, erste Ideen zu seiner *Neunten* bereits 1908 im Anschluss an die Fertigstellung des *Liedes von der Erde* skizziert, doch blieben Mahler für die vollständige Ausführung des skizzierten Particells nun nur knappe sechs Wochen, in denen er, mit zahlreichen weiteren Wetterstörungen, in einem wahren »Furor creatoris« das epochale Werk zu Papier brachte.

Paul Becker hat die *Neunte* posthum als »Was mir der Tod erzählt« bezeichnet.[30] Auch Schönberg sprach in Bezug auf die Zahl neun die »letzten Dinge« an: »Die eine Neunte geschrieben haben, standen dem Jenseits zu nahe.«[31] Nicht anders Alban Berg, der in einem Brief an seine Frau meinte, dass der »ganze [erste] Satz auf Todesahnung gestellt« sei.[32]

Die Eindrücke über Mahlers Todes-Anwandlungen entstanden freilich erst nach dessen Ableben und unter dem Eindruck seines allzu frühen Todes. Zur Zeit der Komposition, im Toblacher Sommer 1909, war Mahler, zum Unterschied von Schubert und Bruckner, die ihre neunten Symphonien in der Erwartung des Endes schrieben, nicht dem Tode nahe. Sein diagnostizierter Herzfehler war vollständig kompensiert, was er ja durch die prächtig durchgestandene Opernsaison 1908/09 in New York bewiesen hatte. Mahler hatte 1909 noch weit reichende Projekte und plante von Toblach aus allein für die Saison 1909/10 als Chefdirigent des »New York Philharmonic« ein gewaltiges Arbeitspensum mit nicht weniger als 24 verschiedenen Konzertprogrammen und 10 Auftritten pro Monat.[33]

Mahler befand sich im Sommer 1909 allerdings in einer melancholisch-depressiven Seelenverfassung, die einerseits von den ehelichen Beziehungsschwierigkeiten und andererseits von der Entfremdung gegenüber dem Alten Kontinent bedingt war. Die Freude über die Wiederaufnahme der Kontakte zu alten Freunden, vor allem zum Jugendfreund Fritz Löhr, verraten, wie sehr Mahler unter dem Verlust eines affektiven Beziehungsnetzes litt, wie sehr ihm nicht nur das alte Europa fehlte, sondern auch der geistige und affektive Austausch mit Seinesgleichen. Diese durch das amerikanische Engagement vertiefte Isolierung von all dem, was ihm in jungen Jahren teuer gewesen war, die intellektuelle Konfrontation mit den Freunden im »Pernerstorfer Kreis«, die Bewunderung seiner zahlreichen Verehrer, die Heftigkeit der Auseinandersetzung mit den Gegnern und vor allem die periodisch ihn aufwühlenden Liebesleidenschaften, all das war ihm für immer abhanden gekommen. Es war also weder Krankheit noch Senilität, die Mahlers Toblacher Sommer charakterisierten, sondern ein diffuses Gefühl der Entwurzelung und Verlassenheit, das ihn, ähnlich wie Brahms, in den letzten Jahren befiel. So wie Brahms seine trostlose Einsamkeit der letzten Jahre den *Vier ernsten Gesängen* anvertraute, so erging sich Mahler in den zwei Ecksätzen seiner *Neunten* in musikalischem Selbstmitleid. Eine zutiefst unbewusste Traurigkeit, die Freud den melancholischen Träumen von den verlorenen Paradiesen zugesellt: »Das Träumen ist im Ganzen ein Stück Regression zu den frühesten Verhältnissen des Träumers, ein Wiederbeleben seiner Kindheit, der in ihr herrschend gewesenen Triebregungen und verfügbar gewesenen Ausdrucksweisen.«[34] Mahler hat dieses Erinnern, vor allem in Bezug zur eigenen Liebes- und Leidenschaftsfähigkeit, unmissverständlich an zwei Stellen des Partiturentwurfs der *Neunten* bestätigt. Zum Hauptthema des ersten Satzes notierte Mahler bei dessen Wiederkehr in der Durchführung über Takt 267–271 nostalgisch: »O Jugendzeit! Entschwundene! O Liebe!

Verwehte!« und gegen Ende, über Takt 436–439, schrieb er über den seufzenden großen Sekunden die Worte: »Leb' wol'! Leb' wol'!«[35]

Die Tonsprache der *Neunten* bedient sich in der Tat keines neuen Tonvokabulars, sondern sie erinnert und rekapituliert: Der Komponist wurde, wie der Therapeut, zum Anwalt des Verdrängten und übte sich in Mnemosyne. Der Anfangsrhythmus des ersten Satzes ist der stark verlangsamte »Katastrophen-Rhythmus« (Adorno) der *Sechsten*, die gedehnten Tonfolgen in großen Sekunde-Schritten, ebenfalls am Beginn des ersten Satzes, erinnern an *Zarathustras Mitternachtslied* in der *Dritten*, der zweite Satz, »Im Tempo eines gemächlichen Ländlers«, ist dem Fundus der *Wunderhorn*-Naivität entnommen, die *Burleske* gemahnt an den zweiten Satz der *Fünften* und das Thema des letzten Satzes, die Doppelschlag-Figur des Schluss-Adagios, kreist um den *Abschied* aus dem *Lied von der Erde*. Das tonale Material der *Neunten* ist also nicht Avantgarde, sondern »Palinodie«, Rückwärtsgesang zu den Quellen eigener genuiner Inspiration, und im weitesten Sinne eine Beschwörung von Jugend und Spontaneität. Das Verfahren ist Parodie durch Assonanz, ein Verweisen auf Bekanntes, das Mahler wie kein anderer beherrschte, etwa da, wo er im ersten Satz den Johann-Strauß-Walzer *Freut euch des Lebens* op. 340 zu zitieren scheint.[36] Im ersten und letzten Satz ist in auffälliger Weise die Grundspannung herabgefahren und die musikalische Dauer ohne Zeitmaß, ein Zeichen des Abhandenkommens des »Prinzips Hoffnung« und der zukunftsgerichteten vitalen Libido.

Psychoanalytisch wird eine dynamische Erschlaffung mit Tendenz zum Nirwana gemeinhin mit dem »Todestrieb« gleichgesetzt. Die meisten Kommentatoren heben in der Tat die Elemente der Auflösung und des Zerfalls hervor. Dika Newlin verweist auf die Aufkündigung der einheitlichen Tonart als verbindlichem Kriterium für eine Symphonie und den abfallenden Tonartenzerfall von D nach Des.[37] Bernd Sponheuer spricht von der »Logik des Zerfalls«, der Auflösung der hierarchischen Sonatenstruktur in »Felder« und vertritt die These, dass »Erinnerung der zentrale Gehalt der Spätwerke« sei: »Solche Konstellation von Erinnerung und Zerfall entwirft, ohne daß es des deutenden Zusatzes bedürfte, die Imago von Abschied; in ihr sind das Andante und das Adagio zum letzten Stück aus dem ›Lied von der Erde‹, das den Abschied im Titel führt, aufs engste verschwistert.«[38] Auch Dieter Schnebel meint, dass im »Spätwerk die Kunst des Zitierens zum kompositorischen Prinzip und Erinnerung zum Medium der Musik« wird.[39]

Als Ganzes legt die *Neunte* wiederum den gesamten Mahlerschen Weltbegriff dar, den er in allen Symphonien zuvor zwischen düsterem »Weltengetümmel« und heller Traumvision musikalisch vermittelt hatte: »Ich hab' das Auge nur noch, um Tag oder Nacht, hell oder düster, zu unterscheiden«, hatte Wagner am 21. Dezember 1861 an Mathilde Wesendonck geschrieben. So extrem verfuhr Mahler mit den vier Sätzen der letzten vollendeten Symphonie: dunkle Nachtmusik der erste Satz (»Andante comodo«), eine helle »Open air«-Vorstellung im gleißenden Tageslicht der zweite Satz (*Im Tempo eines gemächlichen Ländlers*), fratzenhafte Persiflage auf die Welt der dritte Satz (*Rondo-Burleske*) und ein inbrünstig gesungener Abgesang der letzte Satz *(Adagio)*.

## Der erste Satz: »Andante comodo«: »Abschied … von der Welt, von seiner Kunst, seinem Leben, seiner Musik« *(Willem Mengelberg)*

Der erste Satz der *Neunten*, wohl einer der meistbesprochenen in Mahlers Œuvre, hat für viele Kommentatoren ein Janusgesicht, denn er stellt einerseits eine Zusammenfassung von Mahlers symphonischer Erfahrung dar und weist andererseits auf kommende Entwicklungen voraus, insbesondere auf die dichte Schreibweise des Wiener Expressionismus. Fast alle Analysen spiegeln diese Ambivalenz des Satzes wieder. Für den Dirigenten Willem Mengelberg bedeutete er den Abschied von der Welt, von Mahlers »Kunst, seinem Leben, seiner Musik«.[40] Ähnlich sah es Bruno Walter, der Dirigent der posthumen Uraufführung: »Der Titel des letzten Gesanges (aus dem *Lied von der Erde*), *Der Abschied,* könnte über der *Neunten* stehen. Aus der gleichen Stimmung geboren, ist der erste Satz eine tragisch erschütternde, edle Paraphrase des Abschiedsgefühls geworden.«[41]

Ältere Kommentatoren wie Paul Becker und Erwin Ratz sahen in der Symphonie trotz der rhapsodischen Aufweichung die Prinzipien der viersätzigen romantischen Symphonie bestätigt, während jüngere Autoren den unerhörten Satzbau als Antizipation späterer formbefreiter atonaler Entwicklungen ansahen. Erwin Ratz hat diesen Satz auf die traditionelle Sonatenform hin befragt und ihm ein Schema übergestülpt, das mit Exposition (Einleitung, Hauptthema, Seitenthema, Schlussgruppe), Durchführung (Variationen zu Haupt- und Seitenthema, Schlussgruppe, Rückführung) und Reprise mit Coda die traditionelle Sonatensatzform widerspiegelt.[42] Carl Dahlhaus hingegen hat auf die gravierenden Abweichungen von der klassischen Sonatensatzform hingewiesen und vor allem im Vergleich des Seitenthemas mit der Schlussgruppe die von Adorno angesprochene neue Variantentechnik hervorgehoben, nämlich die aus einem einzigen »Leitrhythmus« und variierten Melodiefragmenten abgeleitete Polyphonie des Satzes.[43] Dieter Schnebel und Eberhardt Klemm betonten ebenfalls das expressionistische Potenzial dieses Satzes. Schnebel hebt das »Amorphe« des Beginns des Satzes hervor und spricht im Hinblick auf den Expressionismus von »Dissoziation tonaler Musik«, von »Abbrechen« und »Aussetzen«,[44] während Eberhardt Klemm die Momente des »Fragmentarischen« und des »Zusammenbruchs« unterstreicht: »In Sätzen wie dem ersten der Neunten und dem ersten der Zehnten wird kein Durchbruch mehr laut, konträr: der Zusammenbruch.«[45] Von »gestörter Diatonik« spricht Friedrich Krummacher und verweist auf die zahlreichen verweigerten Auflösungen der leittönig geführten Vorhalte.[46] Constantin Floros schließlich hebt den »rondohaften Anstrich« des ersten Satzes hervor, in dem das erste liedhafte Thema in immer neuen Varianten wiederkehrt.[47]

Auf den unbefangenen Hörer macht der erste Satz den Eindruck eines allmählichen Erwachens aus dem Schlaf und eines müden Luftholens in Erwartung einer Kraftanstrengung, die nicht recht gelingen will, die nach den dynamischen Ausbrüchen immer wieder in Erschöpfung endet und zurücksinkt: psychoanalytisch eine Art Rundgesang, der sich aufregt, erschlafft und zu müdem Atemholen zurückkehrt: Metapher der Regression des unbewussten Wunsches nach Lethe und Nirwana im Schlaf. Mahler erfand hier nicht das »zwecklose Schöne«, sondern setzte sein unmittelbar Existenzielles in Noten: Er transkribierte seinen depressiven Zustand und erfand dabei ein Stück mimetischer Schlaf-Musik, die vor ihm in ähnlicher Weise Frederic Chopin – ebenso zwischen Depression und Euphorie schwankend wie er – in den Begleitfiguren der *As-Dur-Ballade* – Takt 52 bis 115 – wie Stöhnen auskomponiert hatte, und die Mahler im vierten Satz der *Dritten* mit der schlafwandelnden »O Mensch!« – Langsamkeit des »Gib Acht! Gib Acht!« –»Ich schlief! – Ich schlief!« schon einmal in Noten gesetzt hatte (fis-e, fis-e und f-e, f-e), nämlich die langsamen Atemzüge als Mimesis entspannter »Ataraxia«. Diese physische Deutlichkeit hatte in der Tat auch Alban Berg erkannt, als er mit dem Verweis auf die Klarinettenstelle von Takt 438–439 im ersten Satz, zu der Mahler die resignierenden Worte »Leb wol! Leb wol!« schrieb, von »immer tieferen Atemzügen« sprach. Über den stark regressiven Charakter des Schlafes im Zusammenhang mit seelischer Belastung hat schon Freud psychoanalytische Klarheit geschaffen, wenn er meinte, dass im Schlaf, »das Ich zu seinem früheren Zustand zurückkehrt, indem es seine Beziehungen mit der Außenwelt abbricht«.[48]

Das stark verdinglichte Atmen entsteht an den zitierten Stellen durch ein kurzes Motiv auf zwei Zählzeiten, dargestellt im periodischen Wechsel von schwach und stark: Einatmen mit der Betonung auf der schwachen und unbetontes Ausatmen auf der starken Taktseite. Sowohl bei Chopin, der erregt und wie im Fieber Luft zu holen scheint, als auch bei Mahler, der viel langsamer atmet, ist das Einatmen stärker intendiert als das Ausatmen, das heißt, das Atemholen ist beschwerlicher als das

**G. Mahler: 3. Symphonie, 4. Satz,**
**Sehr langsam, Misterioso:**
*"O Mensch! Gib acht!*

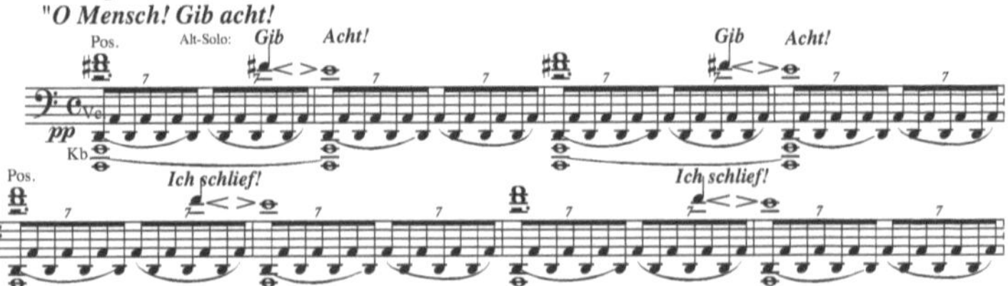


*G. Mahler, Symphonie Nr. 9*
**I. Andante comodo**

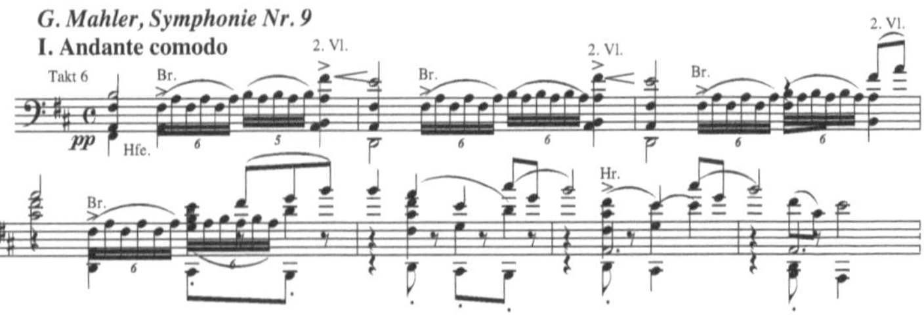

Ausatmen, was dem Luft-Kreislauf einen leicht seufzenden und stöhnenden Charakter verleiht. Chopin erreicht diesen synkopierten Effekt durch »Legato«- und »Tenuto«-Zeichen auf dem schwachen Taktteil, Mahler hingegen fügt im *Trunkenen Lied* der *Dritten* dem Auftakt ein Crescendo-Diminuendo-Zeichen bei und akzentuiert in der *Neunten* die unbetonte Zählzeit. Der Atem-Effekt stellt sich in allen drei Fällen durch konstant bleibende Wiederholung über mehrere Takte ein. In der *Neunten* gesellt sich zur charakteristischen Atmungsfigur, die am Beginn hauptsächlich dem Horn anvertraut ist, eine murmelnde Sechzehntel-Figur in den tiefen Streichern dazu, welche die Mimesis der Atmung noch verstärkt.

Zu dieser regressiven Schnauf- und Seufzerfigur erhebt sich ab Takt 7 eine fragmentarische und brüchige Melodie, die zuerst Solo, dann im Zwiegesang, von vielen Pausen durchlöchert, zu singen anfängt: Es ist das liedhafte Thema A, das, weich und fallend und wie die Atemfiguration aus Sekunden, Terzen und Quarten geformt, die unverkennbaren Eigenschaften eines Seitenthemas aufweist.

Der aus dieser Melodie abgeleitete Gedanke B (Takt 27) präsentiert sich in der Aufsplitterung der seufzenden Melodie als ein Derivat des ersten Themas, nur dass er unruhig und erregt aufbegehrt und das musikalische Geschehen sowohl dynamisch als auch polyphon zur ersten großen Steigerung treibt. Diese erfolgt auf der Dominante der Haupttonart D auf Takt 44/45. Die Schrift dieser als Seitenthema zu bezeichneneden Aufwallung ist Expressionismus ante litteram: Die Emotionalität, die dahintersteht, destabilisiert das gesamte Stimmengefüge. Im Zusammenstoß parallel verlaufender Triolen und Duolen manifestieren sich quasi musikalische Herzrhythmusstörungen, die Angstzustände verbreiten. Mahler wirft sich hier zum ersten Mal voll in die Arme der neuen exaltierten Ausdruckskunst und kehrt mit Tristanscher Chromatik seine gestörte Innerlichkeit rückhaltlos nach außen. Mit diesen beiden verwandten Motiven, das eine (A) mit fallenden Sekund-Schritten, entspannt und zum Schlafe neigend, das andere (B), Leitton-gesättigt und mit chromatischen Vorhalten von unten aufbegehrend, ist die zyklische, zwischen heftigem Auf und Ab schwankende Form des Sonatensatzes der *Neunten* auf das Einfachste definiert. Mahler kehrt damit die formstiftenden Elemente des klassischen Sonatenprinzips um, indem er die entspannte lyrische Idee des Seitenthemas an die Stelle des dynamisch vehementen Hauptthemas setzt und damit den

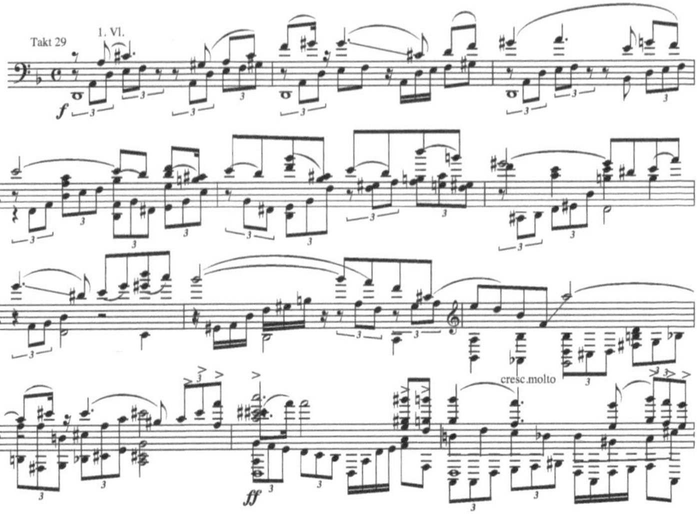


orthodoxen Sonaten-Spannungskreislauf auf den Kopf stellt: zuerst das ruhende und regressive Element des Schlafes, dann das Erwachen zu leidenschaftlicher »Aufwallung«, eine Spannung, die Alban Berg in einem Brief an seine Frau zu bewegter Bewunderung hinriss:

> Ich habe wieder einmal die IX. Mahler-Symphonie durchgespielt. Der erste Satz ist das Allerherrlichste, was Mahler geschrieben hat. Es ist der Ausdruck einer unerhörten Liebe zu dieser Erde, Sehnsucht, in Frieden auf ihr zu leben, sie, die Natur, noch auszugenießen bis in ihre tiefsten Tiefen – bevor der Tod kommt. Denn er kommt unaufhaltsam. Dieser ganze Satz ist auf Todesahnung gestellt. Immer wieder meldet er sich. Alles Irdisch-Verträumte gipfelt darin (daher die immer wie neue Aufwallungen ausbrechenden Steigerungen nach den zartesten Stellen), am stärksten natürlich bei der ungeheuren Stelle, wo diese Todesahnung *Gewissheit* wird, wo mitten hinein in die tiefste, schmerzvollste Lebenslust *mit höchster Gewalt* der Tod sich anmeldet [...]. Es kommt mir wie Resignation vor, was jetzt noch vor sich geht. Immer mit dem Gedanken an das *Jenseits*, das einem in der Stelle *misterioso* (Seite 44/45), gleichsam wie in dünner Luft – hoch *über* den Bergen – ja, wie luftverdünnten Raum (Äther)

erscheint. Und wieder, zum letzten Mal, wendet sich Mahler der Erde zu – nicht mehr den Kämpfen und Taten, die er gleichsam (wie schon im *Lied von der Erde*, mit den chromatischen *morendo*-Läufen nach abwärts) von sich abstreift, sondern ganz und *nur* mehr der Natur. Was und wie lang ihm die Erde noch ihre Schätze bietet, will er genießen! Er will, fern von allem Ungemach, in freier, dünner Luft des Semmerings, sich ein Heim schaffen, um diese Luft, diese reinste Erdenluft zu trinken, mit immer tieferen Atemzügen – immer tieferen Zügen daß sich das Herz, dieses herrlichste Herz, das je unter Menschen geschlagen hat, weitet – immer mehr sich weitet – bevor es hier zu schlagen aufhören muß.[49]

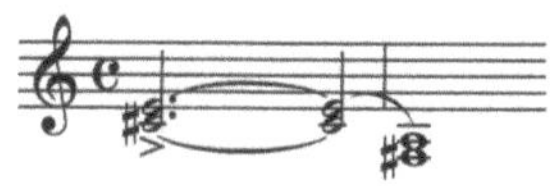

Das Zitat bezieht sich auf eine Hornstelle in den Takten 443-444, dessen fallende Terzen bereits in den Takten 443-439 in den Klarinetten anklingen, an einer Stelle, über die Mahler im Particell die Worte "Leb wol! Leb wol" schrieb.

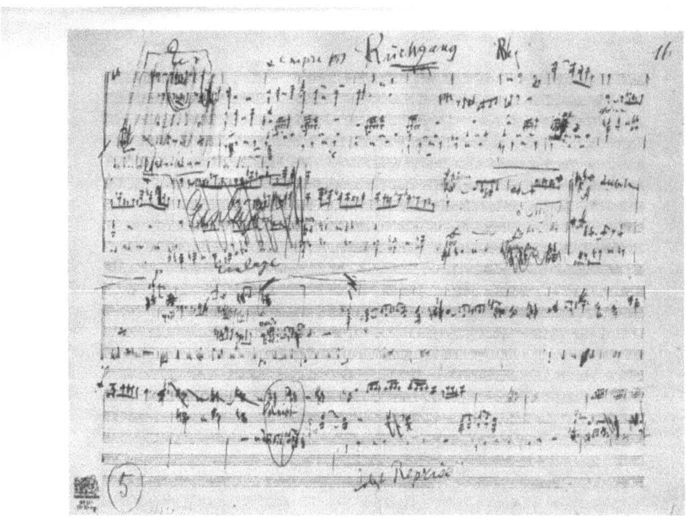

Abb. 2: Particell der Rückführung zur Reprise aus dem ersten Satz

Ausschnitt aus dem Particell der Partitur des 1. Satzes, Takt 287

Der deutsche Psychiater Andreas Banki ist jüngst anlässlich einer Studientagung der Deutschen Psychoanalytischen Vereinigung der Frage nachgegangen, was denn am Kopfsatz der *Neunten* so emotional und erschütternd sei. Er untersuchte u. a. das sinnstiftende Eingangsmotiv –

kleine Terz nach oben, großer Sekundschritt nach unten – nach den im Unterbewusstsein gegeneinander gerichteten Tendenzen des »Aufstrebens, Hoffens, Öffnens« und des »Rückgangs, Rückzugs, Verlustes« und kam zum Schluss, dass es sich in diesem Satz um auskomponierte Psychologie handle. Besonders auffällig sei laut Banki der Kontrast zwischen »manischem Überschwang« und unausweichlichem »Einbruch«.[50]

Die Form dieses »Andantes«, das gleichwohl die Dreiteiligkeit von Exposition, Durchführung und Reprise beachtet, wird also nicht von der unterschiedlichen Individualität der Themen bestimmt, sondern von ihrer dynamischen Richtung: Thema A ist einfach, fallend, resignierend und leise, B hingegen ist aufwallend, steigend, komplex und laut. Beide Bereiche verhalten sich wie negative und positive Spannung zwischen den Polen von Ruhe und Revolte, von Gefälle und Gipfelsturm, von Entropie und Emphase. Freud würde diese duale Struktur als die Dynamik zwischen Eros und Todestrieb bezeichnen: »daß die Todestriebe im wesentlichen stumm sind und der Lärm des Lebens meist vom Eros ausgeht.«[51] In der Tat sind in diesem Satz dem fallenden, zyklisch wiederkehrenden Thema A die entspannten Phrasen und schütteren Satztexturen zugeordnet, während dem immer wieder in höchste Erregung geratenden B-Thema die größte Dichte und polyphone Komplexität eigen ist. Die Form entwickelt sich entlang dieser wie Wasser und Feuer zueinander stehenden Elemente.

Max Brod hat das bei Mahler in zahlreichen Sätzen bemerkbare langsame Anheben des Singens, das im ersten Satz der *Neunten* besonders auffällig ist, auch mit dem »unbewussten Urgrund chassidischer Volkslieder« in Zusammenhang gebracht.[52]

Man könnte Mahlers höchst eigenwillige Interpretation der Sonatensatzform aber auch mit den Abteilungen der griechischen Tragödie vergleichen, die ja laut Nietzsche »aus dem Geiste der Musik« geboren wurde:

**I. Andante comodo**

**Exposition:**
Takt 1 – 6: Prolog, Einstimmung auf das Drama mit der Mimesis starrer rhythmischer Masken.
Takt 7 – 26: Exposition, Erwachen des Hauptthemas der Tragödie aus dem Schlaf, mühsames Anheben eines fragmentarischen Gesanges.

Thema A (D-Dur), fallende Sekund – Vorhalte, ruhig atmend, depressiv.
Takt 27–46: Verwandlung des Themas A in Thema B, tragisches Pathos auf »hohem Kothurn«, dionysischer Dithyrambus: Thema B (d-moll), steigend, Leitton-gesättigt, drängend, »aufwallend« (Berg).
Takt 47–79: Rückkehr zu Thema A (D-Dur), fallend, rückbesinnend, entspannt.
Takt 80–107: Aufbruch, Hauptthema in neuem Gewand, Thema C, doppelbödig beide Charaktere (A und B) vermengend, vitaler Aufschwung (B-Dur), wiederum steigernd, vital, euphorisch kulminierend.

**Durchführung:**
Takt 108–147: Wiederkehr der tragischen rhythmischen Maske des Beginns, gebrochenes Melos, schwerer Atem, Thema A (d-moll), fallend, schluchzend, erstickter Gesang im gestopften Blech.
Takt 148–159: Variante von Thema A, erregt, aber fallend (D-Dur).
Takt 160–203: Variante von Thema B, »aufwallend«, steigend, wild kulminierend: »mit Wut« (ab Takt 174).
Takt 204–266: Variante von Thema B, wieder aufbegehrend, kämpfend, steigend, am Ende wie atemlos, erschöpft und im gestopften Blech erstickt, fallend.
Takt 267–274: Variante von Thema A, ruhig, mit Tendenz fallend (D-Dur).
Takt 275–313: Variante von Thema B, sich aufschwingend, leidenschaftlich steigend, auf Takt 308 kulminiernd, am Ende jäh abstürzend.
Takt 314–336: Dämpfung der Erregung, Takt 327 im gestopften Blech erstickter Militärmarsch, fallend (»Wie ein schwerer Kondukt«).
Takt 337–346: Mnemosyne, Rückführung zum Anfang des Dramas, neuerliches fragmentarisches Anheben des Gesanges, »in Bewegung setzen«, sanft steigernd.

**Reprise:**
Takt 347–371: Thema A (D-Dur), »Wie am Anfang«, »Anwachsend«.
Takt 372–405: Thema B (d-moll), erneutes Aufflackern der Erregung, steigernd, mit Kulmination beginnend auf Takt 398, mit jähem Abfall am Ende.
Takt 406–454: Coda mit Horn-Gesang: »die alte Weise« als Erschöpfung nach dem Rausch.

Nach Aristoteles' Poetik besteht jede Dichtung aus Mimesis (Nachahmung) und Praxis (Handlung). Wenn man im Sinne der klassischen Sonatensatzform der »Exposition« die Mimesis zuweist, dann wäre die

»Durchführung« Handlung (»Praxis«), das Drama im eigentlichen Sinne. Durch den stark mimetischen Charakter der Exposition (Atemzüge des Schlafens und Erwachens) und die heftig kulminierende Durchführung, die doppelt so lang ist wie die Exposition, hat dieser Vergleich mit dem griechischen Drama durchaus seine Berechtigung. Hierin scheint Mahler – unbewusst – die Wagnersche Lektion umgesetzt zu haben, der Nietzsches Erkenntnis über das Dionysische durch die Radikalisierung der Zustände musikalischer Agogik, vor allem im *Tristan*, angewandt hat. Der erste Satz der *Neunten* scheint in der Tat die Wagnerschen Extreme von Schläfrigkeit und Raserei zu reflektieren und die unendliche Weite zwischen versinkendem Hinschmelzen und lodernder Leidenschaft zu durchmessen. So wie Wagner mit dem langsam erwachenden *Tristan*-Akkord und im zweiten Akt durch die ersterbende Langsamkeit der liegenden Akkorde Nacht und Liebe beschrieb, so verfährt Mahler mit dem Schlafmotiv des Anfangs und mit dem Erwachen eines leisen Gesanges zur Nacht ebenso entspannt und regressiv. Dass er dabei

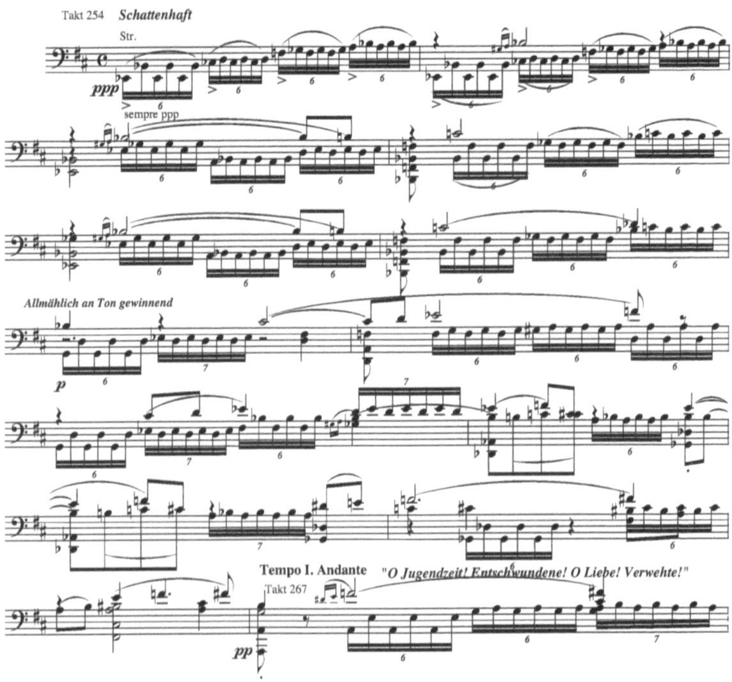

auch an eigene Eros-Erlebnisse dachte, verriet er durch den Eintrag im Partiturentwurf bei Takt 267 ff. über den Anklängen an die steigende *Tristan*-Chromatik: *»O Jugendzeit! Entschwundene! O Liebe! Verwehte!«* Wagners Vorbild scheint in diesem Satz aber noch deutlicher, wenn man sich das Leitton-gesättigte Aufbegehren des zweiten Themas B vergegenwärtigt, das zwischen Takt 254 und 267 einen summend verhaltenen Gesang anstimmt, aus dem das Verlangen nach Jugend und Leidenschaft in sehnsuchtsvoll ansteigender *Tristan*-Chromatik wie schweißgebadet durchklingt.

## Der Zweite Satz: »Im Tempo eines gemächlichen Ländlers. Etwas täppisch und sehr derb«: »So etwas von einem naiven, herzlichen, homerisch-dröhnenden Gelächter ...«

*(Natalie Bauer-Lechner)*

In zahlreichen Stellungnahmen hat Mahler immer wieder die Spontaneität des Einfalls im musikalischen Schaffensprozess betont. So unterstrich er einmal gegenüber Natalie Bauer-Lechner im Verweis auf den sarkastisch-skurrilen Charakter der *Fischpredigt*: »Und schwebte einem ein solcher Vorgang nicht in der allerunmittelbarsten Anschauung vor, er könnte, glaube ich, nie gelingen; denn in jeder Kunst kommt es vor allem auf die Anschauung an.«[53] Unter »Anschauung« verstand Mahler die Rückbindung jeden Einfalls ins Unbewusste, genauso wie Wagner, der in der berühmten *Beethoven-Schrift* derselben Unbewusstheit beim Komponieren das Wort redete: »So erwacht das Kind aus der Nacht des Mutterschoßes mit dem Schrei des Verlangens [...], so versteht der sehnsüchtige Jüngling den Lockgesang der Waldvögel, so spricht die Klage der Tiere, der Lüfte, das Wutgeheul der Orkane zu dem sinnenden Manne, über den nun jener traumartige Zustand kommt, in welchem er durch das Gehör das wahrnimmt, worüber ihn sein Sehen in der Täuschung der Zerstreutheit erhielt, nämlich, daß sein innerstes Wesen mit dem innersten Wesen alles jenes Wahrgenommenen eines ist und daß nur in dieser Wahrnehmung auch das Wesen der Dinge außer ihm wirklich erkannt wird.«[54]

Wie ein Brief an Arnold Berliner beweist, in dem Mahler ausdrücklich die »nachtwandlerische Suche« nach Einfällen »an schwindelerregenden Abgründen vorbei« erwähnte, kannte und schätzte er diese Wagnersche Schrift.[55] Im Übrigen verweisen auch zahlreiche Formulierungen Mahlers, wie jene von Alma überlieferte skurrile Aussage: »Die Dolomiten tanzen es miteinander«,[56] dass Mahler an die Beseelung der Dingwelt und an die weitgehende Willenlosigkeit im Erfinden sprechender, gestalthafter Kompositions-Entwürfe glaubte. Tatsächlich ist Mahler die Kunst des »Benennens« (Eggebrecht) und Charakterisierens mittels kindlicher Einfalt selten so gelungen wie in diesem Satz.

Dieses »unbewusste musikalische Erkennen« gilt es festzuhalten, wenn man die »täppische« Naivität und deren pastorales Kolorit richtig einordnen will. Es ist nichts intellektuell Gesuchtes daran, nur Lust am »derben« Einfall und Spaß an grotesker Maskerade. Selbst das »böhmische Gedudel«, das Mahler in einem weiteren Gespräch mit Natalie Bauer-Lechner erwähnt, und das, wie er sagte, »als Material latent in einem ruht« und ihm unbeabsichtigt in die Komposition »eingegangen« sei, klingt zu spontan, als dass es gewollt gewesen sein könnte.[57] Mahler hat nämlich das ländliche Unterhaltungsvokabular in frühester Kindheit internalisiert. Er spielte bereits im Alter von vier Jahren deutsche und tschechische Volksweisen auf der Ziehharmonika und dieses Repertoire stieß ihm zeitlebens wie unverdaut beim Komponieren auf. Später kam ihm freilich die Sinnhaftigkeit dieser Lieder, Märsche und Ländler zum Bewusstsein. So wie Wagner der Entfremdung des Menschen im Industriezeitalter seine Mythologie entgegenhielt und nach der gescheiterten bürgerlichen Revolution das Rein-Menschliche in der Kunst suchte, idealisierte Mahler das Naive und Kindliche in Volkslied und Volkstanz.

Ländler und Walzer sind also ein wesentlicher Teil von Mahlers unbewusster Empfindungs- und Bilderwelt. Nicht anders als Naturlaut, Hymnus, Marsch, Lied und inbrünstiger Gesang stellen diese Tänze typische, im Innersten verankerte Charaktere dar. Der zweite Satz der *Neunten* ist eine Art Summa dieser Mahlerschen Tanzcharaktere. In ihm hallt das Echo der Lieder im betonten oder sanft wiegenden Dreierrhythmus nach – *Verlorene Müh'*, *Wer hat dies Liedlein erdacht,*

*Rheinlegendchen,* aber ebenso symphonische Sätze der *Ersten*, *Zweiten*, *Vierten*, *Fünften* und *Siebten*. Es sind in der Mehrzahl »gemächliche« oder langsame Ländler, Scherzo-ähnliche Walzer mit verhetzten Bassfiguren und langsame Walzer als Einschübe in den Trios.

Der zweite Satz der *Neunten* mit der kompositorischen Vermittlung zwischen drei Tanztypen kann in diesem Zusammenhang als Apotheose schräger Walzer- und Ländlerseligkeit angesehen werden. Hier schließt sich der Kreis der zahlreichen Tänze »im Freien« oder jener urbanen auf dem Tanzboden des Fin de Siècle, beginnend mit dem rustikal gewalzten Ländler im zweiten Satz der *Ersten*, in dem plumpe Schuhe rüde die »Eins« stampfen. Hier klingt das Echo jenes Andante moderato aus der *Zweiten* nach, welche die feineren Manieren des langsamen Ländlers verwendet, das aber ebenso wie jenes der *Ersten* eine jäh unterbrochene Serenade mit verscheuchten Tänzern darstellt. Aus diesem zweiten Satz der *Neunten* klingt weiters ein Stück »Valse macabre« im Berlioz'schen Sinne heraus, das einerseits an die *Fischpredigt* der *Zweiten* erinnert, mit der Breughelschen Darstellung des erbärmlichen »Menschenvolks« (Mahler), und andererseits den schaurigsten aller Mahlerschen Walzer, das *Scherzo* aus der *Siebten* beschwört. Der Satz weckt auch Erinnerungen an den 2. Satz der *Vierten*, der hinter der ironischen Satzbezeichnung »In gemächlicher Bewegung« einen Totentanz mit fiedelnden Gerippen und klappernden Begleitfiguren verbirgt, so wie im Mittelteil auch Nachklänge zum *Scherzo* in Walzerform der *Fünften* hörbar sind, von jenem wirbelnden süßsauren Abgesang auf wienerische Walzerseligkeit. Der Satz ist also ein wahres Pandämonium vergangener Tanzformen, der deshalb das nasse Auge an den langsamen Stellen kaum verbergen kann.

Die meisten Kommentatoren gliedern den Satz gemäß den Tanzbezeichnungen nach den drei von Mahler häufig verwendeten Tänzen: gemächlicher Ländler, Walzer mit Scherzo-Charakter und sehr langsamer Ländler. Diese Einteilung wird strukturell dem Formbau sicherlich gerecht, doch verkennt sie, dass es Mahler auch hier, wie schon im ersten Satz, mehr um die changierenden Übergänge und Stimmungswechsel ging, als um eine Aneinanderreihung kontrastierender Tanzformen. Was dem Ohr nämlich hier am vordergründigsten auffällt, ist eine Art Rundgesang mit einem zyklisch wiederkehrenden Ländler-Motiv, das durch mehrere tänzerische Weisen hindurchgeführt, mal die Charaktere eines Walzers, mal eines Scherzos, mal eines langsamen Ländlers oder sentimentalen Walzers annimmt. Diese mit Varianten ein und desselben musikalischen Gedankens operierende Struktur garantiert dem Ganzen Geschlossenheit und stellt Verzerrung und Persiflage als Variation dar. Diese Monothematik kennt 600 Takte lang nur ein einziges Tanzmotiv:

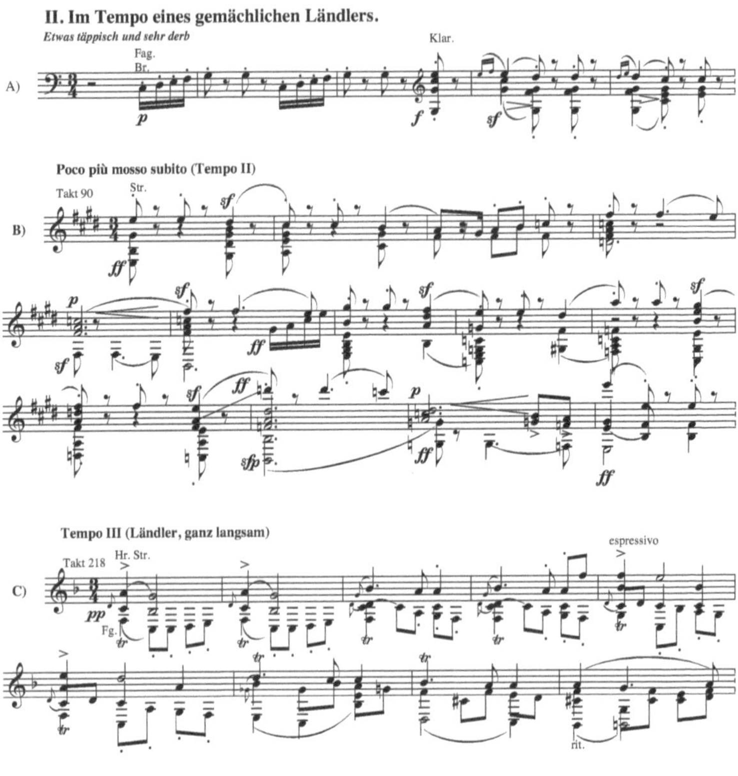


eine fortwährend die Eins markierende, melodische und rhythmische Floskel, die sich jedoch nie zu einer volltaktigen melodischen Periode entwickelt.

Adorno hat diesen Satz als *Totentanz* bezeichnet, was dem Geist der makabren Maskerade wohl am nächsten kommt. Er ergreift mit dieser Charakterisierung auch Partei für die Feststellung eines engen inneren

Zusammenhangs aller Motive in der Verwandlung des Immergleichen, in dem Leben sich einzig darstellt. Dieser Idee ist am ehesten die Rondoform kongenial, oder mit Einschränkungen, das »rückläufige Rondo« (ABC BCA BA), das in diesem Fall die gestörte Idylle des ländlichen Themas wiederherstellt und diese gegen die bedrohlich einbrechenden spukhaften Elemente in Schutz nimmt. Diese Einheit ist weniger vom Tonhöhenverlauf generiert als von der ostinaten Betonung aller Motive auf eins.

Ganz gewiss ist dieser Satz ein Stück schwarzer Romantik. Dieser Art Musik, Ausdruck der romantischen »Kunst des inneren Sinnes« (Mahler),[58] war Mahler in seinen zweiten und dritten Sätzen immer dann zugetan, wenn er Lust nach exzessiver und schauriger Dämonie verspürte und das nächtlich Abartige gegen das süß Morbide in Beziehung setzte. Ob Tod oder Teufel, um Zwielichtiges handelt es sich hier allemal. Bei E.T.A. Hoffmann zeigt sich der Teufel als attraktiver Jüngling, dessen Jenseitiges nur durch eine rote Hahnenfeder und einen Bocksfuß durchscheint. In diesem Satz der *Neunten* mischt sich ein solcher Teufel unter das tanzende Volk und sprengt durch vehementes Aufstampfen mit dem Bocksfuß das heitere Spiel der »Böhmischen«. Sein Auftritt beginnt um Takt 76, wo er den behäbigen Rhythmus der Landbevölkerung willkürlich beschleunigt und die »Böhmische« zum Schweigen bringt. »Der Teufel tanzt es mit mir« ist ein weiterer Satz Mahlers, der seine Sympathie für die »tollen Phantasmata« (E.T.A. Hoffmann) beim Komponieren verrät und der ein Jahr später in der *Zehnten* zu lesen sein würde. Die Ambivalenz zwischen dem »gemächlichen Ländler« als Inbegriff unberührter ländlicher Idylle und der Unruhe, die der Teufel durch Beschleunigung und Verzerrung in diese Idylle bringt – immer mit der bäuerlich »täppischen« Betonung auf »eins« –, das ist die Idee, die hier musikalisch hintergründig durchklingt.

Die Metamorphose der sich ähnelnden rhythmischen Motive ist vom boshaftesten Lachen begleitet, das Mahler je in Noten gesetzt hat: Es grinsen die hohen Hölzer, es zischen die grellen Trompeten, es schreien Pauken und Posaunen, es brüllen die Hörner in derben, chromatisch verzerrten Harmonien. Nach dem Zeugnis von Natalie Bauer-Lechner konnte keiner so schallend für sich selber lachen wie Mahler: »So etwas von einem naiven, herzlichen, homerisch-dröhnenden Gelächter kann man sich nicht vorstellen. Oft, wenn ich ihn aus dem Nebenzimmer oder sonst [...] lachen hörte, mußte ich selbst laut mitlachen, so überzeugend und ansteckend waren seine Lachsalven.«[59] Es scheint, dass diese humoristische Veranlagung auf Mahlers früheste Kindheit zurückging. Natalie Bauer-Lechner weiß zu berichten, dass der Vater dem kleinen Gustav, zur Ablenkung von einem schmerzenden Finger, den *Don Quichotte* zu lesen gab und den Jungen kurz darauf »in seinem Stübel so ungeheuer lachen« hörte, »daß sie meinten, er habe den Verstand verloren«.[60]

Man kommt diesem Satz also besser bei, wenn man sich eine mephistophelische Dramaturgie vorstellt und die musikalischen Charaktere dem archetypischen Erscheinungsbild des Leibhaftigen zuordnet. Die landläufige Vorstellung vom Teufel ist ja doch, dass er sich Seelen für Macht, Geld, Liebe und Schönheit kauft, und dass sich Belzebub gerne unter das tanzende Landvolk oder, wie im »Jedermann«, unter die Gäste eines Gelages mischt. Diese Assoziation einer Teufels-Pantomime ist plausibel, wenn man sich die Satzentwicklung und die Instrumentierung zwischen infernalischen tiefen Klängen, fiedelnden Geigen und hohen pfeifenden Flöten und Klarinetten ansieht und vor allem die Übergänge der Tänze, die das Auseinanderstieben und Versprengen der Musikanten auskomponieren, vor Augen führt.

### II. Im Tempo eines gemächlichen Ländlers

Takt 1–75: Thema A (»gemächlicher Ländler«): Die Pantomime beginnt mit Naivität, »plein air«, bei schönstem Wetter und im Anblick tanzfreudiger Paare beim ländlichen Reigen; von allen Seiten kommt das Echo der ländlichen Fagotte, Klarinetten und Hörner zurück.
Takt 76–217: Thema B (Scherzo-artiger Walzer): Auftritt eines höllischen Störenfriedes, der den Reigen der biederen Landleute beim Klang von Pauken und schwerem Blech sprengt, die »Böhmische« verscheucht und, deren naives »Alle meine Entlein«-Motiv persiflierend, mit infernalischem Schwefel überzieht.
Takt 218–260: Thema C (langsamer Ländler): Der Leibhaftige gibt sich als Charmeur, legt durch extreme Verlangsamung ein Tempo der Entspannung vor, buhlt um Liebe, lässt die zarten Gefühle spielen, gibt sich beim Klang ländlicher Bläser als Schmeichler.

Takt 261–332: Thema B' (Walzer): Grelles höllisches Gepolter, gestopftes Blech, der Leibhaftige reitet seinen Höllenbock und stampft gewaltsam den Rhythmus dazu.
Takt 333–368: Thema C' (langsamer Ländler): Verwandlung des Teufels zum Verführer. Er zieht sämtliche zarten Register. Gegen Ende chromatische Aufdeckung der Falschheit.
Takt 369–404: Thema A': Die Böhmische versucht an den Eingangstanz anzuknüpfen, doch den Musikanten ist der Spaß vergangen: Ihr Ländler gelingt nur noch in Moll und über düsteren Bordun-Klängen.
Takt 405–515: Thema B': Der Leibhaftige inszeniert einen Hexensabbat und treibt die Ausgelassenheit auf die Spitze.
Takt 516–621: Thema A'': Der Volkstanz ist endgültig kompromittiert, die Paare lösen sich auf, die »Böhmische« ist nur noch eines chromatischen Geplärrs fähig. Fagotte und Klarinetten spielen Fetzen des ursprünglichen Liedes. Von weitem klingt durch die Pikkolo-Figur ein Grinsen des Leibhaftigen.

## Der dritte Satz: »Rondo. Burleske«: »Alle Werke Mahlers kommunizieren unterirdisch miteinander, wie die Kafkas durch Gänge des von ihm geschilderten Baus«

*(Theodor W. Adorno)*

Im dritten Satz der *Neunten* taucht als formstiftendes Motiv des Rondos jenes Sturmsignal wieder auf, mit dem Mahler den zweiten Satz

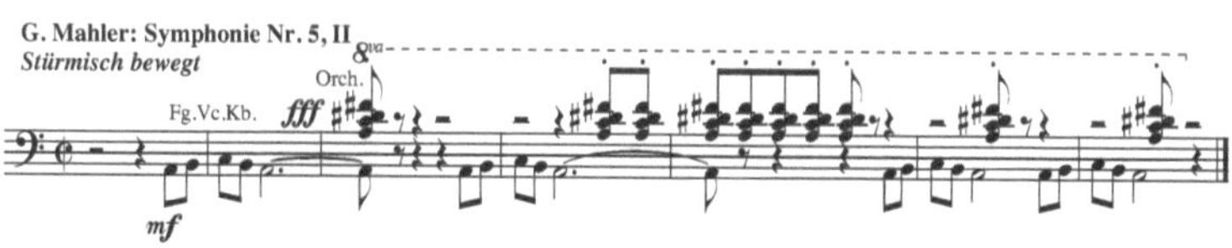


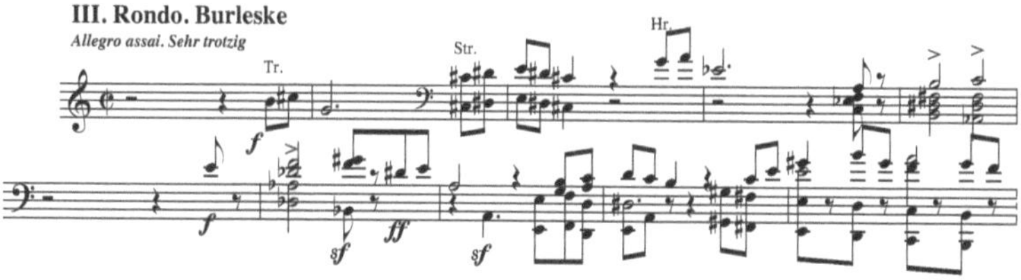

seiner *Fünften* eingeleitet hatte und das »mit größter Vehemenz« jenem Hauptsatz, ähnlich wie Beethovens »Schicksalsmotiv« am Beginn der *Fünften*, das Gepräge des Tragischen gibt. Dieses Wiederauftauchen deutet keineswegs auf ein Selbstzitat hin, sondern ist ein Hinweis auf Mahlers Themengedächtnis, das mit zahlreichen signalhaften und archetypischen Gemeinplätzen angereichert war. Adorno sprach von »Einsprengseln, die das unangefochten Herkömmliche affizieren«.[61] Das Sprechende und Charakteristische von Mahlers Liedern und Symphonien wird nämlich aus einem ziemlich überschaubaren Repertoire von musikalischen Charakteren gespeist, die wie Brocken oder Fertigteile aus dem Unbewussten aufzusteigen scheinen. Das sind in der Hauptsache Natursignale, Tierlaute, naive Kinderweisen, Jodler-ähnliche Volkslieder im rotierenden Tonika-Dominant-Bereich, modulationslose Dur-Moll-Rückungen, Ländler mit der stampfenden Betonung auf eins, Terzen und Sextenselige Walzer-Süßigkeiten Wiener Herkunft, Militärmärsche mit ostinaten Schreitbässen, und das sind auch geflügelte Themen aus Meisterwerken, die Adorno als »Merkmale der Kapellmeistermusik« bezeichnet.[62]

Adorno meinte in seiner *Mahler*-Monographie, dass alle Werke Mahlers unterirdisch miteinander kommunizieren »wie die Kafkas durch Gänge des von ihm geschilderten Baus«.[63] In diesem Sinne fasst die *Burleske* alle Aspekte von Schrecken und Tragik, die Mahler je beschrieben hat, zusammen. Vor allem ist es die Nähe zum Sturmgebiet der Kriegsmärsche, die in der *Burleske* – irre beschleunigt – nachklingen, nur dass hier nicht Unglück und Trauer, sondern Panik herrscht. In Mahlers Musik sind Märsche meist negativ besetzt: Sie sind entweder die Begleitmusik für Soldatensärge oder Verstärkung der Kriegstrompete von Gevatter Tod. Das Bild von Albin Egger-Lienz aus dem Jahr 1908, das den Titel *Totentanz von Anno Neun* trägt und hastig voranstürmende Krieger zeigt, in deren Mitte der Tod mehr stürmt als marschiert, könnte die tragische Wucht dieser *Burleske* bildhaft erklären, so wie andererseits die Klangorgie des Hexensabbats im fünften Satz der Berlioz'schen *Symphonie fantastique* ein musikalisches Vorbild gewesen sein könnte. Wenn man sich die Brutalität des kriegerischen Eingangsmarsches von Mahlers *Sechster* vor Augen führt, dann findet man Anknüpfungspunkte auch zu früheren Symphonien, nur dass der Komponist hier – inmitten einer depressiven Phase – den martialischen

Katastrophenmarsch zum Amoklauf beschleunigt. Die »Augenblicke des Zertrampelns«, die Adorno dem Marsch der *Sechsten* zuordnet,[64] verkommen hier zur Massenpanik. Auch Alma hat es so gesehen, als sie Mahler im Zusammenhang mit seiner Arbeitswut in Toblach einen »überheizten Motor oder Amokläufer« nannte.[65]

Lange vor Ausbruch des Ersten Weltkrieges registrierte die deutschsprachige Presse in Mitteleuropa mit Sorge den rasanten Zuwachs der Rüstungsindustrie und das imperialistische Kriegstreiben der Mittelmächte. Mahler war zwar nie politisch engagiert, doch muss er wohl diese kollektiv verbreitete Bedrohung durch die Kriegstrommel als Metapher für seine eigene existenzielle Gefährdung angesehen haben. Was er nämlich hier als »Rondo« niederschrieb, klingt wie der Zusammenbruch der überbrachten politischen Ordnung, hört sich wie die Kakophonie verängstigter Menschenhorden an, die wie in Panik der Massenhysterie verfallen und nicht wissen, in welche Richtung sie fliehen sollen. Die stark auf Imitation bauende Stimmführung ist auffällig von diesem Chaos infiziert, sie bricht immer wieder ab, ändert die Richtung, läuft rückwärts und überlagert durch harmoniefremde Vorhalte die anderslautenden Harmonien der Vertikale. Die Harmonie ist eine der wechselhaftesten von Mahlers Satzkunst überhaupt und enthält bereits den Keim des Expressionismus. Die Instrumentierung erhöht noch den agogisch-dynamischen Exzess, indem die Polyphonie nicht nur die stark verkürzten Sätze der Horizontale gestaltet, sondern auch Instrumentalgruppen wie aus allen vier Ecken gleichzeitig blasen und geigen lässt. Noch nie hat Mahler diese bei ihm stark ländlich ausgeprägte Polyphonie der Gleichzeitigkeit heterogener Klangquellen so dicht und dissonant auf die Spitze getrieben.

Doch wie immer, wenn es bei Mahler die dunklen Kräfte zu weit treiben, brechen die tröstenden Geister herein und klaren die Situation auf. Mal ist es eine unvermittelte Verlangsamung eines irren Zeitmaßes, manchmal ein homophoner Durchblick durch das Stimmendickicht, oder es bleibt ganz einfach die musikalische Zeit stehen: Dann steigt entweder eine »weiße Wolke« auf und verweilt lange am blauen Firmament oder dehnt sich zum Naturlaut, der an Märchen oder »Himmlische Leben« gemahnt. Die Tröstung scheint nämlich Mahler als natürliches Regulativ seines traurigen und dämonischen Charakters wie angeboren zu sein. Diese Seite, die sein regressives Talent ausmachte, war der Schutzschild, mit dessen Hilfe er sich im widrigen »Weltgetümmel« zu behaupten wusste. Mit einem lang anhaltenden, zeitlich wie stehen bleibenden Naturlaut begann ja auch seine symphonische Schöpfungsgeschichte in der *Ersten*, zum Zeichen, dass in seiner Genesis am Beginn die Erde leer und gut war und Gott mit seiner Zeit- und Geschichtslosigkeit über den Wassern schwebte. Diese Fähigkeit der unvermittelten Aufklarung ist bei Mahler strukturbildend und sie ist dann am deutlichsten, wenn es vorher stürmisch und dämonisch zugegangen ist.

In der *Burleske* gibt es zwei Momente der Entspannung, einmal im Gleichschritt des raschen Grundzeitmaßes mit dem Seitensatz B), in dem das düstere Moll des Beginns zum Dur aufhellt und ein liedhaftes Motiv durchklingen lässt, und dann im Trio, Teil C), als breites Arioso mit synästhetischen Anklängen an das helle Firmament, das »ewig blaut«. Am liedhaften Seitenthema B) – Takt 109–179 – hat Adorno Ähnlichkeiten mit einem fallenden diatonischen Motiv aus Lehars *Lustiger Witwe* festgemacht, dasselbe, das später Bartok in seinem *Konzert für Orchester* im *Intermezzo Interrotto* persiflieren würde. In der Metrik ähnelt es auch dem Hauptmotiv des dritten Satzes der *Dritten*, *Was mir die Tiere im Walde erzählen*, nur dass dieses in Dur billiger und banaler klingt als jenes in Moll.

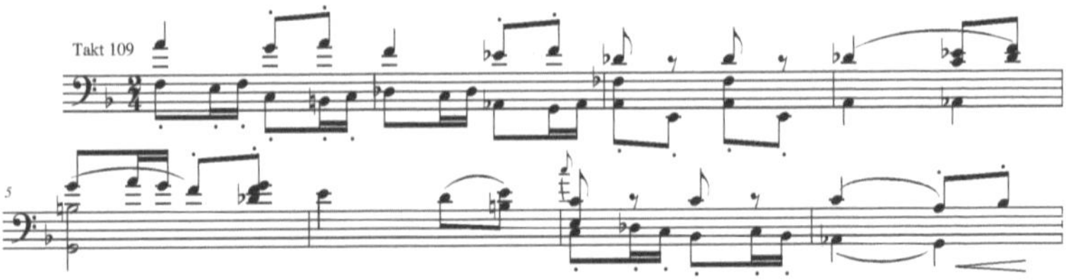


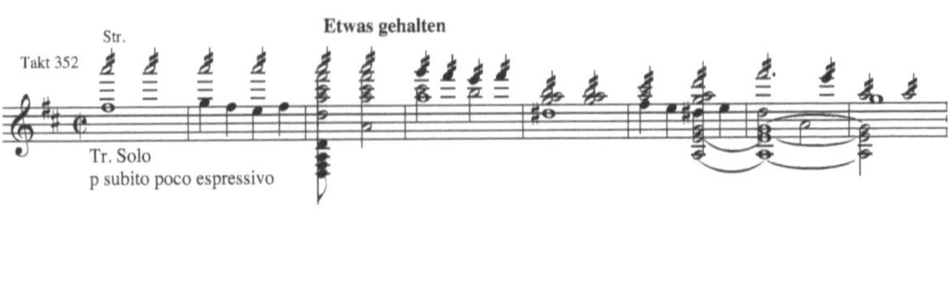

Noch mehr erinnert an frühere Tröstungsmuster jener Teil der *Burleske*, wo bei Takt 347 die Musik den Atem anhält und »espressivo«, »mit größter Empfindung« einem magisch fernen Klang lauscht. Im Arioso-Abschnitt der *Burleske* klingen mitten in den Naturlaut in D-Dur ein Choral und eine viertönige Doppelschlag-Figur hinein, die auf den Schlusssatz verweist.

Momente des entzückten symphonischen Stillstandes gibt es in Mahlers Kosmos wohl einige, vom ersten Satz der *Ersten* mit den vielfarbigen Regenbögen im ersten Satz der *Dritten* und in der Einleitung zum Finale der *Sechsten*, und am romantischsten wohl in der »Posthorn-Episode« im dritten Satz der *Dritten*. Sie sind als Momente des Aussetzens jedweden Dramas gedacht und unterstreichen Mahlers Credo, dass es die konsonante Musik, und nur diese, mit dem »Menschenvolk« gut meint, recht nach der Vorstellung der romantischen Dichter, denen sich Mahler ästhetisch verpflichtet fühlte:

»Oft dünkt es mich«, schrieb Wackenroder, »Musik sei wie ein Kind [...] und umarmt die Urbilder der allerschönsten menschlichen Träume. – Bald ist die Tonkunst mir ganz ein Bild unseres Lebens: – eine rührende kurze Freude, die aus dem Nichts entsteht und ins Nichts vergeht – die anhebt und versinkt, man weiß nicht warum: – eine kleine fröhliche grüne Insel, mit Sonnenschein, mit Sang und Klang, – die auf dem dunklen, unergründlichen Ozean schwimmt.«[66]

### III. Rondo. Burleske

Takt 1–108: »Allegro assai, sehr trotzig«, Hauptsatz A): stürmisches und aggressives Perpetuum mobile eines beschleunigten Marschmotivs samt Fugato-Verarbeitung und seiner harmonischen Begleitung durch ein Choralfragment.
Takt 109–179: »leggero«-Episode, Seitensatz B): jäher Stimmungswechsel und Umdeutung des rhythmisch-thematischen Anapäst in eine Melodie zum Pfeifen.
Takt 180– 208: Rückung des Hautsatzes A') nach as-moll, vehemente Polyphonie durch Einsetzen eines neuen Fugato-Abschnittes und durch polyphone Verdichtung der Instrumentation.
Takt 262–310: neue Variante des Seitensatzes B'), grelle Instrumentierung und allmähliche Verwandlung des Liedmotivs in ein durch

hohe Klarinetten jauchzendes Marschlied mit stark vorwärtsgerichteter Agogik.
Takt 311–346: Groteske Parodie des Hauptthemas A") durch ein im Blech angestimmtes Fugenthema, das in Form einer Zirkelfuge die Dichte des unablässig anwachsenden Massenauflaufs auf die Spitze treibt.
Takt 347–521: Episode C): Trio-artige Arioso-Episode in D-Dur. Vom erweiterten Rondo-Choral eingeleitet, der einen Teil des vorangegangenen Fugato-Satzes wiederspiegelt, beruhigt sich die Motorik jäh und gibt war dem Hintergrund eines lang gedehnten, stehenden Naturlautes einer viertönigen Doppelschlag-Figur Raum, die »mit großer Empfindung« und »espressivo« eine beständig um sich selbst kreisende Melodie versucht, die am Ende ebenso rasch wieder zerfällt und zum burlesken Beginn zurückgeführt wird.
Takt 522–616: Reprise von Teil A'''), Verstärkung der Tonmasse durch Ausrichtung aller Motive auf die stark betonte Taktseite, Gleichschaltung der Rhythmik auch in der Polyphonie des gesamten Themenrepertoires. Brutales a-Moll mit desperaten chromatischen Harmoniefärbungen und geringen Konzessionen an das »piano«. Rasende Durchführung und Engführung aller Motive des Hauptthemas wie der Fugato-Gestalten.
Takt 617–667: Coda: »Presto«, Beschleunigung des Sturmmotivs samt dem ihn begleitenden Sturmchoral.

## Der vierte Satz: »Adagio«: »… Mahlers Musik ein Elektrokardiogramm, Geschichte des brechenden Herzens« *(Theodor W. Adorno)*

Rein äußerlich stellt dieser Satz einen Bezug zum Schlusssatz der *Dritten* her. Wie jener ist er als Adagio-Satz, nicht als traditioneller Finalsatz konzipiert. Doch während das Adagio der *Dritten* einen Aufschwung markiert und ekstatisch kulminiert, endet dieser als Abgesang und Abschied. Adorno hat in Bezug auf die Spätwerke »die Gewalt der Subjektivität« hervorgehoben, jene »auffahrende Geste«, mit welcher diese »die Kunstwerke verlässt […] und nur Trümmer zurücklässt«.[67] Diese Vorstellung eines zerfallenden statt eines kulminierenden Gebildes trifft vollkommen auf dieses Schluss-Adagio zu, das wie Haydns *Abschiedssymphonie* »demissionierend« endet, die Musiker quasi aus der Pflicht des Zusammenspiels entlässt und ein desolates Bild des

Abdankens und Aufhörens hergibt. Wie Mahler im Winter 1909/10 gegenüber dem aus Wien stammenden Direktor des New Yorker »Irving Place Theaters«, Maurice Baumfeld, sagte, gab seine *Neunte* mit neuen Mitteln »den Inhalt seiner Lebensauffassung« wieder.[68] Dieses Biographische und rückhaltlos Subjektive des Satzes ist vor allem im Ton eklatant. Selten war Mahler mit seinem Gefühl, seinem Ausdruck und seiner Emphase so deutlich wie hier und selten hat Rührung so stark überhandgenommen wie in diesem Satz. Ein Indiz, dass ihn in Toblach melancholische Endzeitstimmung befiel. Einige Kommentatoren führen das auf den angeschlagenen Gesundheitszustand des Komponisten zurück und auf das Bewusstsein des nahenden Todes, was in Bezug auf den entdeckten Herzfehler, der Mahler ja nicht behinderte, allerdings Spekulation ist. Es handelte sich wohl eher um eine psychoanalytische Form der Melancholie, die Freud dem »Verlust des Objekts« zuschreibt[69] und stark narzisstisch besetzt ist. Um welchen »Verlust« es sich bei Mahler 1909 handelte, erklärt der Komponist durch die erwähnten zwei Eintragungen im ersten Satz der Symphonie: *»O Jugendzeit! Entschwundene! O Liebe! Verwehte«* in Takt 267 ff. und über Takt 437 ff.: *»Leb wol! Leb wol!«* Nimmt man Mahler beim Wort, dann meinte er mit dem nostalgischen Blick zurück in erster Linie den Verlust der eigenen jugendlichen Begeisterungs- und Liebesfähigkeit mit der er vor dem Aufgehen in Ehe und Familie den Himmel voller Geigen gesehen und in den Eingeweiden heiße Kohlen gespürt hatte. Dass das ein Leben war, von welchem der ewige Romantiker träumte, und nicht jenes, das mit Alma in der Krise steckte, unterstrich er ja auch gegenüber dem Toblacher Gast Ernst Decsey mit dem ostinat wiederholten »Vita fugax«.[70] Keine Frage: Die Deprimiertheit wegen des Abhandenkommens der jugendlichen »Trunkenheit«, des Rausches der Phantasie und der utopischen Entgrenzung durch Liebe und Musik, war Mahlers schöpferische Achillesferse in den letzten Jahren seines Lebens. Depressive Zustände lösen stets auch Regressionen aus, die eine Rückkehr zu den frühen von Libido besetzten Objekten nach sich ziehen.[71] Die Wahl eines inbrünstigen Adagios als Finale ist eines der Symptome dieser Regression, Zeichen einer Entspannungsphantasie mit der Neigung zum Rückfall in den Zustand einer frustrationslosen Zeit.

Als vordergründigstes Element der Rührung, das dieses extrem gedehnte Adagio zutage fördert, zeigt sich das Hauptmotiv des Satzes, der Doppelschlag, der wie ein Cantus firmus der Inbrunst die emphatische Prosodie des Satzes begleitet. In der Musiktheorie wird der Doppelschlag als barockes Ornament, als ornamentaler »Affekt« bezeichnet und dessen Gebrauch in späteren Epochen der Musikgeschichte als Rekapitulation im Zeichen des Historismus gedeutet. Der Doppelschlag, den Mahler des Öfteren – etwa im letzten Satz des *Lieds von der Erde* und im zweiten Teil der *Burleske* – verwendet, geht jedoch weit über jede Art Verzierung und Reizbetonung hinaus, da er von Pathos angesteckt und innen voller Figur ist. Mahler hat diese Figuration nicht der barocken Affektenlehre entlehnt, sondern dem romantischen Repertoire melodischer Ekstasen. Sie findet sich beispielsweise als »Idee fixe« beim Phantasten Schumann, der sie als Cantus firmus seiner heftig erregten Expressivität »zum Beschluss« seiner *Humoreske* gewählt hat, oder bei Wagner, der sie gleichsam als phantasmagorisches Mantra zur Steigerung von Isoldes Liebesparoxismus am Ende des *Tristan* in Noten gesetzt hat. Der Bezug zu Isoldes *Liebestod* ist nicht zu übersehen. Mit dieser besonderen Stelle des *Tristan* – »Höre ich nur diese Weise, die so wundervoll und leise, Wonne klagend, alles sagend, mild versöhnend aus ihm tönend, in mich dringet, [...] um mich klinget« – beschrieb Wagner das ekstatische Außer-sich-Geraten von Isolde am Höhepunkt ihrer mehrstündigen Liebesraserei, die mit dem Tod endet. Von solcher Unersättlichkeit ist

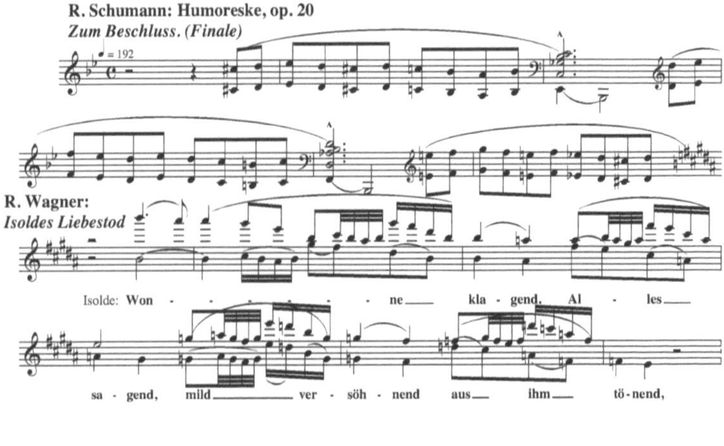

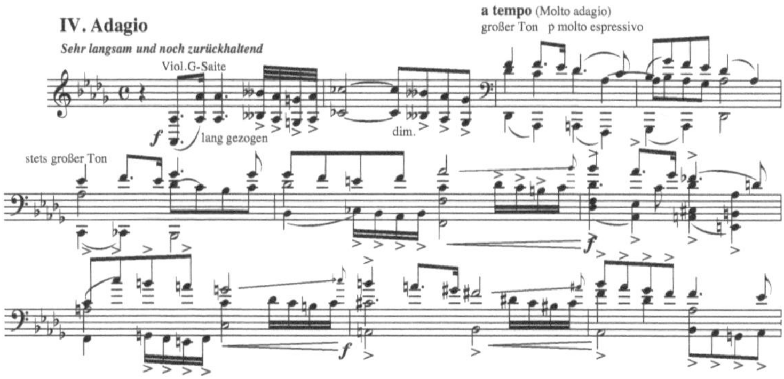


der Mahlersche Doppelschlag im Adagio der *Neunten*. Der Komponist scheint sich der Figur wie einer melodischen Endlosschleife bedienen zu wollen, um den schönen, ihn selbst immer wieder übermannenden Gesang nie abreißen zu lassen. Eine Figur, die also nicht Verzierung darstellt, sondern Wucherung von Gefühl, nicht Floskel, sondern Furor, nicht Hohlpartikel, sondern Herzgewächs.

Die Form des Satzes entwickelt sich zwischen zwei affektiven Polen, einem emphatisch erdgebundenen, in satten Mittellagen sich ergehenden Gesang einerseits, der mit zahlreichen Sforzato-Akzenten betont händeringend nach oben strebt, und einem archaisch leisen Fernchoral andererseits, auf dem der heftige Gesang sich periodisch beruhigt. Beide Pole bestimmen die Dynamik des Satzes, dergestalt, dass dem inbrünstigen Gesang auf dem Höhepunkt der Rührung regelmäßig die Stimme versagt und dieser, um sich von der starken Emotion zu erholen, in eine entspannte Sphärenmusik einstimmt, in der nicht gesungen, sondern nur noch gesummt wird.

In der Coda hat Mahler die gestische Deutlichkeit eines Abgesanges, der wie ein Abschiedsgesang klingt, auf die Spitze getrieben. Das Verfahren besteht in der Zerlegung des Haupt-Motives des Doppelschlages in seine Einzelteile: diatonischer Vorhalt von oben und chromatischer Vorhalt von unten: Beide Partikeln imitieren Stöhnen und Seufzen und beschreiben im Zeitraffertempo das schlussendliche Aushauchen. Selten wurde Absetzen, Ausklingen, Stammeln von Tonpartikeln wörtlicher genommen als hier. Als er im August Bruno Walter die Meldung von der Fertigstellung einer »neuen Symphonie« machte, fügte er hinzu: »Es ist da etwas gesagt, was ich seit längerer Zeit auf den Lippen habe – vielleicht (als Ganzes) am ehesten der 4. an die Seite zu stellen. (Doch ganz anders).«[72] Constantin Floros vermutet, dass Mahler mit der Andeutung der Verwandtschaft beider Symphonien auf den Adagio-Satz der *Vierten* hinwies, dessen Schluss sich in ähnlicher Weise in sphärischer Zeitlosigkeit auflöst.[73] Der Zerfall, der dieser Coda durch die Suspendierung der musikalischen Zeit eingraviert ist, ist Mimesis von Atemstörung und korrespondiert insofern mit dem ersten Satz, wo die Symphonie mit tiefem Atemholen erwacht, zu gewaltigen Höhepunkten aufgeregt und angetrieben wird, im Klimax außer Atem gerät und am Schluss atemlos den Geist aufgibt. Dass Mahler in der vielfachen dynamischen Bezeichnung »ersterbend« das Sterben in Noten gesetzt haben könnte, wurde bereits bei der Uraufführung durch Bruno Walter im Juni 1912 wahrgenommen.

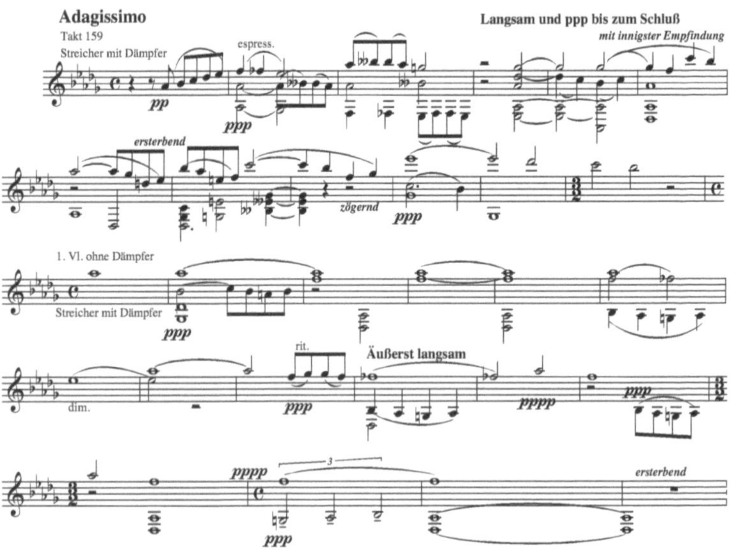


Julius Korngold verweist in seiner Rezension einerseits auf den Valet-Gedanken des Schlussatzes, der jenem von Bruckners unvollendeter *Neunter* ähnelt und andererseits den sanft melancholischen Ton der *Kindentotenlieder* in Erinnerung ruft:

[...] Trotzdem wiederfuhr es ihm, dass seine Symphonie mit einem Adagio ausklingen sollte, ganz wie die Bruckners; und dass sich auch in dieser Symphonie, mindestens in deren wichtigsten Teilen die tiefbewegte, den letzten Fragen des Seins zugewendete Seele aussingen sollte, diesmal mild in ergebener Totenklage. Eine Neunte will doch immer eine Neunte bleiben. Das Adagio zum Schlusse: kein Novum übrigens im Kreise Mahlerscher Symphonien [...]. Eine Musik wehmütiger Rückblicke, aufquellenden Wehs, verzweifelten Ringens nach Fassung, versöhnten sich Fügens [...]. Muten die Stimmungen, die melodischen Wendungen des ersten Satzes nicht merkwürdig bekannt an? Sie sind Mahlerisch, eminent Mahlerisch, gewiß. So zwar, dass sie unverkennbar die Farbe der Kindentotenlieder haben. So sang Mahler dem toten Kindlein das Wiegenlied, eine Melodie blutender Herzenswunden und mildester Verklärung zugleich, vielleicht die schönste und ergreifendste, die der Komponist ersonnen; und in ähnlichem Ton sang er auch das mystische Nietzsche-Lied in der dritten Symphonie. Und D-Dur da wie dort [...]. Julius Korngold[74]

**IV. Adagissimo**

Takt 1–2: kurzes rezitativisches Ansingen des affektiv hoch geladenen Doppelschlages mit langem Verweilen auf dem leitthematischen »Ces«, dem späteren Kulminationston.
Takt 3–10: Thema A): Anheben des hymnischen Gesanges im Dunkeln; allmähliches Aufhellen und steigende Erregung des Hymnus.
Takt 11–12: kurzes rezitativisches Ansingen des zweiten Themas B).
Takt 13–27: Thema A): Durchbruch des flehentlich emphatischen Gesanges, nach Takt 17 (Hornsolo) Aufschwung zu emphatischen Höhen.
Takt 28–48: Seitenthema B) von archaischem Charakter: Beruhigungsabschnitt in stiller und entspannter Stimmung bei erdenthobenen Sphärenklängen und besänftigenden Tiefen.
Takt 49–72: Wiederaufnahme des Gesanges A) in der satten Mittellage, Überkommen einer starken Rührung nach der Horn-Einleitung – »stark hervortretende« Streicherkantilene, die sich immer erregter aufschwingt und auf dem von der Trompete heftig markierten leitthematischen »Ces« (Takt 62) emphatisch kulminiert und diesen Höhepunkt bis zum Überschlagen der Stimme auf Takt 72 hinauszögert.
Takt 73–87: Echo-artiges Aussingen des Hauptthemas A) als »verklingende« Sphärenmusik: »dolcissimo« und »morendo«: Holzbläser- und Geigensoli.
Takt 88–107: Variante des Seitenthemas B): archaisierend, pastorale

Naturklänge – repetierende kleine Terzen – eine Reminiszenz der Melodie *Der Bach singt voll Wohllaut* aus dem *Abschied* des *Liedes von der Erde*, Takt 55 ff.
Takt 107–125: neuerliche Aufwallung des Hauptthemas A) mit heftiger Steigerung bis zum ekstatischen Höhepunkt der von Trompete und Streichern eingeleiteten Tuttistelle (Takt 118), die sich auf den lange gehaltenen Kulminationston »Ces« (Takt 122–124) zubewegt und über Takt 124–125 schluchzend abfällt.
Takt 126–147: neuer hymnischer Aufschwung, Themenkomplex A), aufwallende Inbrunst des Gesanges, Erlahmen der Stimme im Piano auf Takt 133 und erneuter kurzer Versuch der Steigerung, Erschöpfung im Diminuendo ab Takt 144.
Takt 148–158: Zerfall des Hauptthemas in separate Melodie-Fragmente, »ersterbende« Gesangsreste, erstickter Gesang.
Takt 159–185: Coda, »Adagissimo«, letzter müder Versuch eines emphatischen Auftakt-Gesanges, leise schluchzende Chromatik, Zusammenbruch, Zerdehnung und Auflösung des Doppelschlag-Motivs in chromatisch seufzende Vorhalte.

Adorno hat an Mahlers Symphonik den radikalen Bruch gegenüber der deutschen Musiktradition hervorgehoben, nämlich die Überwindung jeglichen Systems und die Umwandlung der Komposition in ein musikalisch Sprechendes und Gestikulierendes: »In unermüdlicher Überforderung, zu keiner Resignation bereit, zeichnet Mahlers Musik ein Elektrokardiogramm, Geschichte des brechenden Herzens.«[75] Musik als Psychogramm des Mahlerschen Ichs, das sich seiner Emotionen nicht erwehrt und deren Energie durch Wiederholung konzentrischer Motive dynamisch abführt. Dieses Kompositionsverfahren bedarf nicht unbedingt entwicklungsfähiger Themen, die sich kontrapunktisch verwenden ließen, sondern nur noch charakteristischer Formeln, die durch steigernde Juxtaposition oder durch »Morendo«-Verfahren die Strebungen zu Tage fördern, die aus dem Unbewussten nach oben dringen und die Erregungen einer reizbaren Seele freisetzen. Was sich mit diesem Adagio-Satz mitteilt, nämlich die »Hingabe der Musik an ihren ungezügelten Affekt«,[76] sind gewaltige Emotionsschübe, die nach Dammbrüchen im Unbewussten klingen. Adorno hat dieses gewisse Ozeanische von Mahlers Klangflut als Selbstheilung und Schutz vor der frustrierenden Außenwelt eingestuft: »Soviel ist wahr an jener psychoanalytischen Theorie, welche Musik als Abwehr der Paranoia interpretiert: sie behütet das Subjekt vor der Überflutung der Realität durch subjektive Projektionen [...]. Wie die Oper steigt Mahlers romanhafte Symphonik auf und flutet zurück.«[77]

In diesem Sinne nimmt das Adagio zu Recht den Finale-Platz in der Symphonie ein, denn in diesem Satz steht die Klangflut am höchsten. Was sich nämlich hier in erster Linie mitteilt, ist ein nimmersattes Crescendo, das sich an einem einzigen Motiv festsaugt und dabei psychoanalytisch Umklammerung sowie, auf der Kehrseite – im Verfall der Melodie durch »Morendo«-Suspendierungen – tiefe Verlassenheitsängste aufdeckt. Die Vehemenz, mit der die emphatische Melodie nach leisen und leeren Stellen einsetzt, meint gerade die Panik vor der Leere, die der regressiv Fixierte am meisten fürchtet und die er mit warmen Konsonanzen und beständigen Aufschwüngen verdrängt. Aus dem inbrünstigen Wieder-und-wieder-zu-Singen-Anheben klingt in der Tat ein orales Bedürfnis nach Nähe und Wärme, das die breit vibrierende, satte und weiche Mittellage der Instrumente ausdrückt. Das beständige Umkreisen eines Tones selbst ist eine Form der Versicherung dieses Urvertrauens und Abwehr der Angst vor Verlust und Verstörung.

## Besucher in Toblach, Sommer 1909: »Da aber ist Alma von einer krankhaften, hysterischen Lustigkeit, die mir auf die Nerven geht ...« *(Alfred Roller)*

Laut Henry-Louis de La Grange vollendete Mahler das Particell der *Neunten* um den 10. August. Zu dieser Zeitberechnung berechtigt die Tatsache, dass Mahler sich nur dann von einem Ferienort wegbewegte, wenn er seine Arbeit zu einem Zwischenabschluss gebracht hatte. In der Tat begleitete Mahler am 10. August Alma durch den neu eröffneten Tauerntunnel zum schwerkranken Max Burkhard in St. Gilgen bei Salzburg, der einer der besten Freunde Almas vor der Heirat gewesen war. Nach der Rückkehr aus St. Gilgen und Salzburg legte Mahler noch Hand an den letzten Satz, dessen Partiturentwurf er mit dem Datum 2. September versah.[78] In diese Zeit fiel auch der Besuch von Richard und Pauline Strauss, deren Ankunft de La Grange mit dem 19. August datiert,[79] während ein anderer Brief – in dem Mahler Roller zur Begegnung mit Strauss nach Toblach einlud und der am 23. August in Graz eintraf – das Treffen mit Strauss und Gemahlin auf einen späteren Zeitpunkt zu datieren scheint: nicht vor dem 25. August.[80] In Toblach angekommen, lud Richard Strauss Gustav und Alma Mahler samt Anhang, die Molls und Alfred Roller, zum Essen ins Toblacher »Grand Hotel« ein. Alma berichtet über diesen für Mahler unangenehmen Besuch ausführlich in ihren *Erinnerungen*: »Straussens waren in Toblach eingetroffen und erwarteten uns zum Nachtmahl. Mahler war schon am Nachmittag hinuntergegangen, und Frau Pauline hatte ihn auf dem Hauptplatz vor dem Hotel mit folgenden, über die Menge hinweggeschrieenen Worten empfangen: ›No, wie geht's, Mahler? Wie war's in Amerika? Dreckig, was? Haben's hoffentlich viel zurückgelegt?‹«

Mahler, der zu Strauss, trotz der zahlreichen Aufführungen, zu denen ihm der jüngere einflussreiche Kollege in deutschen Konzertsälen und Musikfesten verholfen hatte, nie einen persönlichen Draht gefunden hatte, »hatte keinen Humor für solche Situationen« und war von Paulines Zurufen »angewidert«. Zudem war ihm, laut Alma, »um jede verlorene Stunde leid«. Als man zum Essen ging, berichtet Alma weiter, »wollte Strauss die Sitzordnung machen, um das verlegene Herumstehen zu beenden. So lud er Mahler durch eine Handbewegung ein, sich neben seine Frau zu setzen. Aber Pauline rief: ›Aber nur, wenn's net wieder so zappeln, denn dös vertrag i net!‹. »Mahler, der im Begriff gewesen war sich zu setzen, stand auf und setzte sich an das andere Ende des Tisches. Strauss sofort zu ihm, und beide überließen es nun uns, mit ihr fertig zu werden. Sie überbot sich an diesem Abend an Exaltation. Gelangweilt und müde traten wir den Heimweg an.«[81]

De La Grange vermutet, dass Strauss nicht nur aus kollegialer Sympathie Mahler in Toblach besuchte, sondern dabei auch seine eigenen beruflichen Interessen im Visier hatte. Er verweist dabei auf einen Brief Mahlers an Strauss vom Frühjahr 1909, in dem dieser – damals noch an der »Metropolitan Opera« von New York – auf Straussens Nachfrage zur Dauer der *Ersten Symphonie* seinem Bedauern Ausdruck verlieh, keine Gelegenheit zu haben, außer in den Sommermonaten in Toblach, dessen neue Oper *Elektra* kennen zu lernen. Da Strauss in seinem *Blauen Tagebuch*[82] die befremdete Reaktion Mahlers auf einige harmonisch äußerst gewagte Stellen erwähnt, etwa jener, in der Klythemnestra ihren Alptraum durch dissonante Harmonien ausdrückt, schließt de La Grange, dass dieses einzige Vorspiel aus *Elektra* nur in Mahlers Sommerdomizil in Toblach stattgefunden haben kann. Wie aus den paar Zeilen hervorgeht, die Mahler zwei Tage vor dessen Abreise an seinen Kollegen schrieb, weihte Strauss seinen Kollegen auch in die gerade im Entstehen begriffene Rokoko-Oper *Der Rosenkavalier* ein.[83]

An dem Strauss'schen »Nachtmahl« im »Grand Hotel« nahm auch Alfred Roller teil, der, einer Einladung Mahlers folgend[84], just in dem Moment in Toblach eintraf, als Richard Strauss zum Diner lud. Roller berichtet in einem Brief an seine Frau von einem »miserablen Südbahnhotel« und von einem Richard Strauss, der so voller Begeisterung für seine Inszenierung der *Elektra* an der Wiener Staatsoper war, dass er ihn am liebsten an die Dresdner Oper verpflichtet hätte, wenn er dafür das Geld gehabt hätte: »Sonst war es recht öd an diesem Abend«, schreibt Roller, »weil zu viele Leute, nämlich Straussens ganze Automobil-Gesellschaft, da waren und außerdem, weil die Frau Strauss eine ganz verrückte Person zu sein scheint«.[85]

Roller, der seit den epochalen Inszenierungen an der Wiener Hofoper ständiger Gast der Mahlers in deren Sommern war, fühlte sich dieses Mal keineswegs wohl in Toblach. Der Brief, den er am 31. August an seine Frau schrieb, ist ein wertvolles Zeugnis über die zerrüttete Ehe seiner Gastgeber, über Almas »Hysterie« und Mahlers angstvolle »Nervosität«:

> Es ist nicht zum Frohwerden hier. M. ist sehr überarbeitet. Wenn er aus seinem kalten feuchten Waldhäusl herauskommt, liegt er oder schläft. Geht fast gar nicht spazieren. Ich sehe ihn fast nur während der Mahlzeiten. Da aber ist Alma von einer krankhaften, hysterischen Lustigkeit, die mir auf die Nerven geht. Ich habe ihnens offen gesagt. Auch daß ich das viele Gäste haben für einen Unsinn halte und nächstes Jahr gar nicht komme oder, da Mahler sofort von ›Verrat der Freundschaft‹ zeterte, wenigstens nicht bei ihnen wohne. Heute früh sind wenigstens Molls abgereist. Es ist ja sicher, daß Alma durch M. so nervös wurde, aber jetzt steigert eher sie ihn in immer stärkere Nervosität hinein. Er müsste eine ruhige, sehr positive Natur um sich haben, an der seine Abgehetztheit ausruhen könnte. Er ist recht traurig. Seine Gesundheit ist sehr erschüttert

> und er arbeitet, als ob er nicht mehr lange Zeit hätte [...]. Jedenfalls fahre ich hier nächster Tage weg.[86]

Zu Mahlers schlechter Stimmung trugen neben inneren und äußeren Spannungen auch Nachrichten von außen bei. Im August schrieb der Berliner Dirigent Oskar Fried Mahler und bat ihn um finanzielle Unterstützung, um in Berlin Mahlers *Siebte* aufführen zu können. Mahler lehnte irritiert ab und meinte, dass es für ihn ziemlich erniedrigend sei, für die Aufführung seiner Werke auch noch bezahlen zu müssen und dass es ihn, in dem Augenblick, wo er zu »seinem eigenen Vergnügen wieder und von neuem« eine Symphonie schrieb, wenig kümmere, ob seine Werke aufgeführt würden oder nicht.[87]

Deprimierend muss weiters eine Rezension von einer Münchner Aufführung der *Vierten* am 25. August 1909 durch das Münchner Tonkünstler-Orchester unter José Lassalle auf Mahler gewirkt haben, die der Schweizer Mahlerianer William Ritter Ende August nach Toblach sandte. In dieser Rezension tat der Münchner Kritiker der *Neuesten Nachrichten*, Rudolf Louis, die *Vierte* mit der Bemerkung ab, dass dieses Werk wohl Mahlers schwächstes sei, während er gleichzeitig die *Romantische Ouvertüre* seines 1907 verstorbenen Freundes Ludwig Thuille als beruhigenden »Balsam« hervorhob.[88]

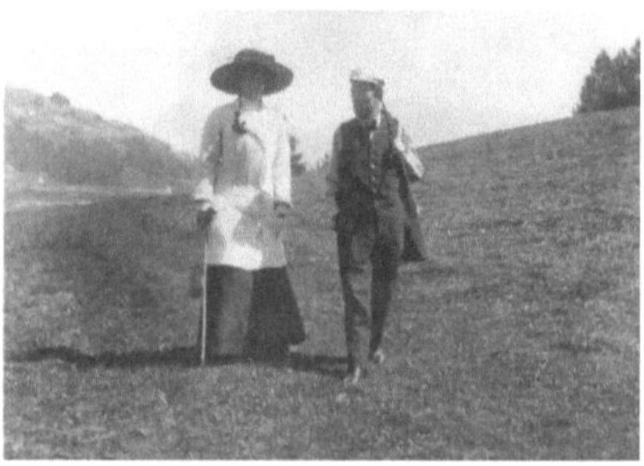

Gustav Mahler mit Alma in Toblach, Sommer 1909

Am Ende des Sommers kamen auch noch die Korngolds zu Besuch. Dieses Mal spielte der genial begabte, noch nicht zwölfjährige Knabe Erich Wolfgang sein *Scherzo* und seine *Passacaglia über ein Thema von Zemlinsky* vor. Nach Almas Auskunft riet Mahler dem halbwüchsigen Komponisten diese *Passacaglia* als Satz einer Sonate zu verwenden, einen Rat, den der kleine Korngold tatsächlich in seiner *d-Moll-Sonate* umsetzte.[89] Spuren des Toblacher Besuches finden sich in einem Feuilleton, das Korngold einige Monate nach dem Besuch in Altschluderbach am 6. November 1909 in der Wiener *Neuen Freien Presse* anlässlich der Wiener Aufführung der Mahlerschen *Siebten* veröffentlichte:

> Gustav Mahler spricht nie von seinen Arbeiten, noch weniger von seiner Arbeitsmethode. Wenn aber zufällig Schauenden und Genießenden eben derselbe Dolomitenbezirk umschließt, in dem gerade an einer Symphonie gebaut wird, so mag es geschehen, dass ungewollt etwas von den Hammerschlägen an das Ohr des Nachbars dringt. Im Vorbeigehen gesagt: Diese symphonischen Riesenkinder kann man sich gar nicht in passenderer Umgebung zur Welt kommen denken, als angesichts wildstarrender Felsgebirge; deren bizarre Zacken und Schroffen scheinen in die Musik überzugehen. Der Geburtsstätte nahe, bestaunt man die fast übermenschliche Energie des Gebärenden. Durch lange Wochen ringt er unausgesetzt, ruhelos, in strenger Absperrung, sich wie ein irdischer Büßer kasteiend, mit den ihm zuströmenden Eingebungen, die in fliegender Hast und wie im Fieber in einer kürzeren Zeitspanne aufs Papier geworfen werden, als ein Kopist zum mechanischen Abschreiben bedürfte. Kommt dann zufällig einmal auf Analysen und Programmbücher die Rede, so mag dem eben Vater Gewordenen erregt der Einwand entfahren, wie denn ein anderer zerlegen wolle, worüber sich kaum der Schaffende selbst, der es wie von geheimnisvollen Gewalten zugetragen erhalten, Rechenschaft abzulegen wüßte. Man muß sich Mahler wirklich in einem Zustande der Entrücktheit, ja der Besessenheit denken beim Produzieren. Er hat Visionen und folgt ihnen rückhaltlos, und so weit sein Esprit erwacht und wacht, wird er zum Bundesgenossen der bedrängenden Gesichte. Er ist der Mann, wenn der Teufel selbst in sein Arbeitszimmer träte, durchaus nicht das Tintenfaß nach ihm zu schleudern, sondern sich seiner Mitwirkung für einige Partiturseiten zu versichern …

Ende August kam auch noch Dr. Josef Redlich mit Gemahlin zu Besuch, Freunde aus Südmähren, die Mahler zum Gegenbesuch in Göding einluden, eine Einladung, die Mahler nach der Abreise aus Toblach gerne wahrnahm, um ungestört letzte Hand ans *Lied von der Erde* zu legen.[90] Bruno Walter erinnert sich an eine auffällige Gelöstheit Mahlers nach der Rückkehr aus Göding, an seine Naturbegeisterung und Liebe zur Erde, deren berauschenden Duft er auf den südmährischen Feldern eingesogen habe.[91] Offensichtlich war bei Mahler das Gelingen eines Werks – in Göding die Fertigstellung des *Lieds von der Erde* und in Toblach die Vollendung des Particells der *Neunten* – jenseits aller seelischen und existenziellen Probleme Auslöser einer besonderen Heiterkeit und Wohlgelauntheit. In der Tat änderte sich nach der Fertigstellung des Orchester-Entwurfs zur neuen Symphonie der Ton der Briefe, die

Mahler an ein paar Freunde schrieb: er wirkte entspannter, freundlicher, umgänglicher. Der kreative Dämon, scheint es, gab Mahler der Welt, der dieser im Rausch des Schaffens »abhandengekommen war«, wieder zurück. Der erste ausführliche Brief ging an Bruno Walter, und er klang wie eine Entschuldigung: »Mein lieber Freund [...]. Sie haben für mein Stillschweigen den richtigen Grund erraten. Ich war sehr fleißig und lege eben erst die letzte Hand an eine neue Symphonie [...] ich bin in der dummen Lage – wie seit jeher – auch wieder diesmal, noch ganz atemlos, vom Papier weg in die Stadt und in die Arbeit zu müssen [...]. Das Werk selbst (soweit ich es kenne – denn ich habe bis jetzt nur blind darauf losgeschrieben und kenne jetzt, wo ich den letzten Satz eben zu instrumentieren beginne, den ersten nicht mehr) ist eine sehr günstige Bereicherung meiner kleinen Familie [...]. Die Partitur ist, bei der wahnsinnigen Eile und Hetze, recht schleuderhaft und für fremde Augen wohl ganz unleserlich.«[92]

Auch Fritz Löhr, der Intimus aus längst verflossener Jugendzeit, gehörte zu den Adressaten, bei dem sich der Schaffende zurückmeldete und sich für das lange Schweigen entschuldigte.[93]

Mahler reiste am 6. September allein nach Wien,[94] verbrachte eine Woche auf der Hohen Warte bei Anna und Carl Moll und traf sich mit Freunden: Theobald Pollak, Schwager Arnold Rosé und Kapellmeister Bruno Walter. Einige Tage nach Mahlers Abreise aus Toblach traf auch Alma mit Töchterchen Anna, »Gucki«, in Wien ein. Beide hatten gerötete Mandeln und mussten diese in einem Wiener Hospital behandeln lassen. Zu dieser Komplikation kam auch noch der endgültige Abschied von der Wohnung in der Auenbruggergasse, wo die Mahlers die intensivsten Jahre ihres Lebens verbracht hatten. »Die Wiener Wohnung [...] war durch den verlängerten Aufenthalt in New York unnötig geworden«, schreibt Alma in ihren *Erinnerungen.*[95] In der entspannten Atmosphäre bei seinem südmährischen Freund korrespondierte Mahler täglich mit Alma und teilte ihr seine Pläne für einen angemessenen Alterssitz in der Nähe Wiens mit. Carl Moll sei bereits in die Baupläne eingeweiht: »Ein gemüthliches Haus, einen großen Garten mit Obst, Blumen und Gemüsen. Carl sagt, er suche so lange, bis er so was in der Nähe von Wien für uns findet.«[96]

## Die Rezeption Mahlerscher Symphonien in Holland und Wien 1909: »Mahlers Themen miserabel, … eine Ansammlung teils banaler, teils entlehnter Ideen …« *(Robert Hirschfeld, Wien)*

Ende September reiste Mahler allein nach Holland, um auf Einladung Willem Mengelbergs seine *Siebte* mit dem Concertgebouw-Orchester Amsterdam zu dirigieren. Bevor er Wien in Richtung Amsterdam verließ, schrieb er an den Münchner Konzertunternehmer Emil Gutmann, dass er das in Aussicht gestellte Konzert in Nürnberg vor seiner Abreise nach Amerika nicht mehr wahrnehmen könne und empfahl als kurzfristigen Ersatz »Herrn Hofkapellmeister Bruno Walter, der »wie kein anderer« ihn »zu vertreten befähigt« sei. Gleichzeitig bot er Gutmann für den Herbst 1910 eine »größere Novität« für die von der Stadt München 1910 geplante »zyklische Konzertreihe« im Rahmen einer großen internationalen Ausstellung an und deutete damit auf seine *Achte*, die Gutmann tatsächlich für Herbst 1910 in sein Münchner Programm nahm.[97] Die werkgetreue Aufführung eigener Symphonien in Europa beschäftigte Mahler in den letzten Lebensjahren immer mehr, nicht nur, weil er diese in guten Händen wissen wollte, um der Nachwelt authentische Interpretationen zu sichern, sondern auch, weil das Interesse an seiner Musik während seiner Abwesenheit sehr zugenommen hatte. Besonders lag Mahler sein Wien am Herzen, das noch immer eine offene Wunde darstellte. Die häufigen Begegnungen mit Bruno Walter auf der »Hohen Warte«, in Grinzing und in Wiener Cafes hatten auch den Zweck, dem Dirigenten seines Vertrauens die eigene Konzeption der Werke nahezubringen. Im Herbst 1909 war der unmittelbare Anlass die Aufführung der *Dritten* durch Bruno Walter am 25. Oktober in Wien. Mahler war offensichtlich besorgt, denn der junge Walter war nicht Liebkind bei der Wiener Presse. Vor allem wurden ihm in den maßgeblichen Zeitungen wie *Die Zeit* und die *Neue Freie Presse* die nervösen und ausladenden Dirigierbewegungen vorgeworfen. Walter gab sich ehrlich Mühe, der Symphonie den Erfolg zu sichern. Er beriet sich mit Mahler und erläuterte in der von Richard Specht, einem überzeugten Mahlerianer, herausgegebenen halbmonatlich erscheinenden Musikzeitschrift *Der Merker* das romantische Programm der Symphonie.[98] Doch weder diese *Dritte* unter Bruno Walter noch die *Siebte* unter Ferdinand Löwe, die neun Tage später gespielt wurde, konnte die offizielle Wiener Kritik überzeugen. Und es war nicht allein die deutschnationale Fraktion, die traditionell gegen den Juden Mahler war und mit Mahlers Musik nichts anfangen konnte, sondern größtenteils auch die jüdische. Der alte Theodor Helm, Bruckner-Freund und Professor der Ästhetik und Musikgeschichte an der Universität, der mit seinem germanisierenden, konservativen Weltbild den jungen Hitler für Bruckner begeisterte, stufte im *Musikalischen Wochenblatt* Mahlers *Siebte* als eine schlechte Bruckner-Karikatur ein.[99] Der aus Prag gebürtige Richard Batka, der am Wiener Konservatorium Musikgeschichte lehrte und als Mitherausgeber des *Merker* der zeitgenössischen Musik wohlwollend gegenüberstand, bescheinigte Mahler im *Fremden-Blatt* nicht zwei, sondern ein ganzes Dutzend Seelen, von denen jede vor der anderen die Flucht ergreife.[100] Die junge jüdische Musikhistorikerin und Privatschülerin von Zemlinsky und Schönberg, Elsa Bienenfeld, die 1942 in einem Nazi-KZ ermordet werden würde, erkannte zwar Mahlers Originalität, doch tadelte sie die Überlänge seiner ersten Sätze.[101] Besonders aber war es der jüdischstämmige Kritiker der *Abendpost*, Robert Hirschfeld, der nach dem Tod Eduard Hanslicks kraft seiner zahlreichen Positionen im Österreichischen Musikleben – Professor für Ästhetik am Wiener Konservatorium, Mitbegründer des Wiener Concert-Vereins, Mitglied zahlreicher Kunstkommissionen in Akademie und Ministerium und oberster Kustos der Österreichischen Denkmäler der Tonkunst – die offizielle Musikästhetik vertrat, Mahler am schärfsten kritisierte. In einem langen Feuilleton der *Abendpost* vom 5. November 1909 nannte er Mahlers Themen »miserabel«, dessen Kompositionen »eine Ansammlung teils banaler, teils entlehnter« Ideen, mit nie enden wollenden »Posaunen-Etüden«, »ironischen Trauermärschen«, die immer wieder Witze rissen, »obwohl ihnen die Tränen in den Augen« stünden.[102] Der Mahler wohlgesinnte jüdischstämmige Kritiker Julius Korngold gab sich einen Tag nach dem vernichtenden Urteil Hirschfelds alle Mühe, in der *Neuen Freien Presse* Mahlers Bedeutung, wenn schon nicht für alle Zeiten, so doch für die zeitgenössische Musik zu retten. Korngolds Feuilleton gibt einiges von der Vehemenz der Polemik zur Zeit des Aufbruchs in die Moderne wieder, wo ästhetische Fehden noch immer wie in Schützengräben ausgetragen wurden:

Mahler ist gewiss kein zwingender Erfinder, wie alle Nachgeborenen, aber er ist doch einer der sehr wenigen modernen Musiker, denen etwas Belangreicheres und Reizvolleres einfällt. Gerade den Einwänden, die im Punkte der Erfindung gegen seine Symphonien erhoben werden, haben wir uns nie anschließen können. Die alte Kanone, die immer wieder gegen seine Thematik und Melodik aufgefahren wird, sollte endlich außer Dienst gestellt werden. Mahler sucht sein thematisches Material vorwiegend auf diatonischem Felde, und hier ist es allerdings nicht mehr so leicht, ganz neue Grundgedanken zu finden. Fehlt es doch nicht an Stimmen, die schon von einer Erschöpfung des Melodiefonds zu sprechen beginnen, und ein interessantes Schriftchen[103] hat erst kürzlich unter dem melancholischen Titel »Das Ende vom Lied« dem holdesten Wunder der Musik eine schwarze Zukunft angekündigt. Wir sind weniger pessimistischer Ansicht, glauben vielmehr auch noch hier an unbegrenzte Möglichkeiten [...]. Eine neue Symphonie von Mahler zieht Freund und Feind magisch an, mobilisiert beide Lager. Als die Siebente Symphonie in Prag ihre Erstaufführung erfahren sollte, fuhren ihre Anhänger und Hasser nach, opferten sechs Eilzugstunden, die einen, um sich fünfviertel Stunden zu begeistern, die anderen, um sich ebenso lang oder eigentlich viel länger zu entrüsten. Und diese Verehrer und Gegner belauern auch den Kritiker. Sie setzen ihm, wie auch sonst bei Werken umstrittener, moderner Komponisten, die Pistole auf die Brust, verlangen »Entschiedenheit«. So entschieden sein, wie sie es wünschen, heißt nichts anderes, als sich für die eine oder andere Partei entschieden haben, für die der unbedingten Verwerfung oder die der unbedingten Anerkennung. Wir bedauern, diese Entschiedenheit absolut nicht aufbringen zu können [...]. Diese Nervenkunst der Strauss und Mahler spricht manches aus, was die Zeit beunruhigt, verrät manches vergebliche Sehnen nach dem, wonach sie sich sehnt. Greifbarer aber sind die Anregungen und Antriebe, die der Tonkunst durch Erschließung neuer Ausdrucks- und Stimmungsgebiete, durch ungeahnte Ausweitung der instrumentalen Klangwelt, durch Eindringen neuer Formvorstellungen zuwachsen [...]. Schon Brahms äußerte sich unwirsch über Leute, ›die durchaus die Spitze des vollendeten Musikdoms sehen wollen‹. Nein, dieser Dom ist glücklicherweise weder innen noch außen ausgebaut und wird es nie sein. Erstehen aber, was wir hoffen wollen, Altäre eines neuen, dem Alten auch noch so unähnlichen Schönen, so lasst uns auch an diesen beten. Julius Korngold.

Vorbehaltlos für Mahler waren nur die Avantgardisten, allen voran Arnold Schönberg, der am 19. Dezember Mahler einen begeisterten Brief nach New York schrieb und sich nach den dauerhaften Eindrücken, die er von den Wiener Aufführungen der *Dritten* und *Siebten* empfangen hatte, als sein Schüler erklärte.[104] Und ein Erfolg waren die Wiener Konzerte selbstverständlich auch für Freunde und Bekannte, die Mahler nach New York berichteten und ihm offensichtlich die negativen Rezensionen vorenthielten. Mahler nahm in einem Brief an Bruno Walter kurz vor Weihnachten darauf Bezug und freute sich mit Walter über dessen Wiener Erfolge.[105]

Ganz anders war die Stimmung in Holland, wo Willem Mengelberg, Jahrgang 1871, seit 1895 Leiter des Amsterdamer Concertgebouw-Orchesters, eines der wendigsten europäischen Orchester leitete und von allem Anfang an Mahlers Symphonien aufs Programm gesetzt hatte. Mengelberg war zwar ein Dirigent alten Schlages – er führte jährlich sämtliche Beethoven-Symphonien auf und spielte Jahr für Jahr am Palmsonntag Bachs *Matthäus-Passion* –, war aber dennoch der Moderne gegenüber wohlgesinnt wie kein anderer. Gustav Mahler und Richard Strauss, der ihm sein *Heldenleben* widmete, standen regelmäßig auf seinen Programmen der Saison und seiner Musikfeste. Darüber hinaus förderte er durch lange Erläuterungen der Werke während der Proben das Verständnis für die zeitgenössische Musik und förderte deren Akzeptanz bei Musikern und Hörern. Neben Bruno Walter war Mengelberg Mahlers »getreuester Korrepetitor« in Europa. Mahler stand mit ihm in engstem Kontakt, war ständiger Gast im Hause Mengelberg und gab Ratschläge und Interpretationshinweise für dessen Mahler-Aufführungen.

In Amsterdam angekommen, schrieb Mahler begeistert an Alma, wie »prachtvoll« das Orchester spiele, wie »riesig« es von ihm »eingenommen« wäre und wie groß sein »Plaisir« sei, es zu dirigieren.[106] Die beiden Konzerte mit der *Siebten* und dem *Vorspiel* zu den *Meistersingern* von Wagner fanden unter Mahlers Leitung am 2. Oktober in Den Haag und fünf Tage später in Amsterdam statt. Ein Musiker aus dem Orchester gab in den Fünfzigerjahren zu Papier, wie spannungsgeladen die Proben mit Mahler verliefen, wie aufmerksam und präzise musiziert wurde und wie gefürchtet im Grunde Mahler als Dirigent war:

> Mengelberg brauchte eine ganze Woche, um Mahlers »Siebte« einzustudieren. Die Proben fanden am Morgen und abends und in einer Atmosphäre der Hochspannung statt. Ich kann mir nicht vorstellen, dass jemals ein Werk mit höherer Präzision einstudiert wurde als dieses. – Und

dann kam Gustav Mahler. Ein kleiner, magerer Mann, mit einer hohen Stirn, unter der zwei Augen hinter uneingerahmten Gläsern die gezielten Befehle ins Orchester begleiteten. Was keiner im Orchester mochte, war die Art, wie Mahler schon beim ersten Takt – da wo auf die Begleitung des folgenden Horn-Solos vorbereitet wird – Bemerkungen machte und es ganz anders haben wollte, als Mengelberg in seiner präzisen metrischen Genauigkeit es zu spielen von uns verlangt hatte. Diese harsche Bemerkung erzeugte eine Atmosphäre des Widerspruchs, die immer wieder und überall im Kontakt mit Mahlers Persönlichkeit aufkam. Mahlers Proben bewegten sich immer an der Grenze eines Zusammenstoßes, obschon sie nie einen explosiven Grad erreichten, vor allem deshalb, weil Mengelberg immer anwesend war [...]. Als Dirigent war er meisterhaft. Gustav Mahler dirigierte seine Symphonie fast ohne Bewegung. Er führte das Orchester mehr mit seinen Blicken als mit seiner rechten Hand. Diejenigen, die wie ich, unter Mahler gespielt haben, können die scharfe Taktstock-Bewegung bezeugen, die präziser war als jene von Toscanini. Mahler ging mit dem Orchester mit. Jeder Musiker fühlte, dass er genau die Rolle spielte, die ihn ein großer Tyrann zu spielen zwang.[107]

Ein anderes Orchestermitglied, ein gewisser Levy, war jedoch gegenteiliger Meinung: er erklärte 1918 dem Leiter der Niederländischen Mahler-Gesellschaft Herman Niemann, dass er Mahlers Musik hasste und sich entschieden gegen die Aufnahme seiner Werke im Rahmen von Beethoven-Programmen aussprach.[108] Auch bei einem weiteren Orchestermitglied verursachte Mahlers Auftritt im Herbst 1909 zwiespältige Gefühle. Es war der aus Halle stammende erste Posaunist und dilettierende Verseschreiber Ferdinand Du Pré. Er dichtete für Mahler ein Sonett, von dem folgende Zeilen die Meinung einiger Musiker verraten:

Du fandest in der Jugend frohen Tagen
Zum Lied, das klagend schwoll, den rechten Ton [...]
Ach, leider! Ging durch ihren Kuss verloren
Das Ideal, dem du einst zugeschworen:
Und einsam trauert still dein Klagend Lied.[109]

Auch hielt die konservative Musikkritik nicht mit ihren Vorurteilen gegen Mahler zurück. Henri Völlmar von der *Nieuwe Rotterdamsche Courant* mochte Mahlers »Sarkasmus« nicht, der holländische Pianist und Komponist Dirk Schäfer tat Mahlers *Siebte* als eine sehr ausgearbeitete »Kopie einer anderen Kopie«, die bereits in früheren Symphonien enthalten sei, ab. Noch vernichtender war die Kritik von Willem Landré von *De Nieuwe Courant*, der den Kopfsatz der *Siebten* als »schrecklich«, »trivial«, »konfus«, »schrill« und »lärmend« bezeichnete.

In der Mehrheit waren die holländischen Kritiker jedoch Mahler gegenüber positiv gestimmt oder urteilten über die Schwächen der *Siebten* sachlich. So kritisierte der Kritiker der *Avendpost*, Eduard Bondam, der ein Mahler-Anhänger war, lediglich die »schrillsten und schärfsten Geräusche«. Der Pianist Karel de Jong fand im *Weekblad voor Muziek*, dass Mahlers »sonderbarer, heterogener, kakophoner und schriller« Musiksprache Melodien gegenüberstünden, »die sich unmittelbar in ihrer präzisen und runden Form ins Gedächtnis einprägen«: Er nannte sie »einen Glücksfall in einer unmelodischen Epoche!« Anton Averkamp war vom Mahlerschen »Reichtum der Einfälle« berührt, wenngleich er einräumen musste, dass diese *Siebte* mehr »intellektuell als emotional« wirke. Der deutsch-holländische Pianist und Komponist Julius Röntgen, der Mitbegründer des Amsterdamer Konservatoriums und Solist von Brahmsens 2. Klavierkonzert unter der Leitung des Komponisten in Amsterdam, bezeichnete Mahler nach Anhören der *Siebten* als »den größten und universellsten Komponisten seiner Zeit«.[110]

In einem Interview nach der Uraufführung der *Achten* in München 1910 äußerte sich Mahler dem deutschen Kritiker Otto Neitzel gegenüber begeistert und dankbar für die Vorreiterrolle des Concertgebouw-Orchesters, in einer »Stadt, wo er sich vom Kapellmeister, vom Orchester und vom Publikum vollkommen verstanden fühle« und wo er sich, »wenn er einmal genug Geld für sich und seine Familie verdient haben werde, niederlassen wolle, um sich ausschließlich der Aufführung seiner Symphonien durch das Concertgebouw-Orchester unter Mengelberg zu widmen«.[111]

Nach den drei holländischen Konzerten reiste Mahler am 8. Oktober zu Alma nach Paris, wo Carl Moll und Sophie Clemenceau eine weitere Sitzung mit dem Bildhauer Auguste Rodin für die Mahler-Büste vorgemerkt hatten. Henry-Louis de La Grange, der den komplizierten Herstellungsvorgang aller Entwürfe in Bronze und Terracotta mit Hilfe eines Rodin-Schülers rekonstruiert hat, vermutet, dass wegen der knappen Zeit von drei bis vier Tagen nicht mehr als sechs bis sieben Portrait-Sitzungen möglich waren, was für Rodins Arbeits-Praxis zur Anfertigung mehreren Probefassungen – selbst in Summe mit jenen des Frühjahrs – sehr wenig war.[112]

Alma benutzte den Pariser Aufenthalt zum Besuch ihrer Freunde und Bekannten, während sich Gustav Mahler um ein Pariser Debüt bemühte. Hierbei waren ihm sowohl der getreue Alfredo Casella als auch die aus Wiener Tagen bekannte Sophie Clemenceau, Schwester von Berta Zuckerkandl-Szeps, behilflich. Der junge, erst 26-jährige Turiner Alfredo Casella, Schüler von Louis Diémer und Gabriel Fauré am Conservatoire von Paris, war einer der feurigsten Bewunderer von Gustav Mahler. Als Assistent von Alfred Cortot, der neben Chopin vor allem die deutsche Musik pflegte und sich im Deutsch-feindlichen Ambiente Frankreichs als Schumann-Interpret und Wagnerianer behauptete, hatte Casella sein Musikverständnis nicht nur nach den von Fauré und Debussy postulierten Stil-Kanons geformt, sondern war weltoffen und ästhetisch unvoreingenommen. Wie seine Studienfreunde Maurice Ravel, George Enescu und Manuel de Falla hatte er ein Gespür für das nationale Kolorit und war hellhörig für Mahlers Neuinterpretation der tonalen Prinzipien. Nicht zufällig arbeitete er gerade 1909 am vierhändigen Klavierarrangement jener *Siebten Symphonie* Mahlers, die am deutlichsten, zwischen den Polen von Stimmungsromantik und Wagner, im Geiste des Historismus abgefasst war.[113] Casella, der mit Ravel vierhändig Klavier spielte und Liebkind der Pariser Bourgeoisie war, verkehrte auch in den einflussreichen Kreisen der französischen Hauptstadt, so auch in den Zirkeln der Mahler-Gönnerin Sophie Clemenceau, in deren Salon bedeutende Persönlichkeiten, wie Auguste Rodin und Maurice Ravel ein und ausgingen.

Sophie Clemenceau, die den französischen Ministerpräsidenten Georges Clemenceau zum Schwager hatte, die auch General Piquart und den Mathematiker sowie späteren Premier Paul Painlevé zu ihren persönlichen Freunden zählte, führte Mahler mit der Comtesse Elisabeth Greffulhe zusammen, die als Gemahlin des schwerreichen Bankiers Henri Greffulhe die Repräsentanten der schönen Künste förderte, unter ihnen Auguste Rodin, Gustave Moreau und Gabriel Fauré, und als Gründerin der »Société des Grandes Auditions Musicales«, 1890, besonders auch der Musik zugetan war. Die Comtesse, der man eine entfernte napoleonische Abstammung nachsagte, die hoch gebildet war, die in ihrer Jugend Franz Liszt begegnet war und später mit Charles Gounod, Vincent d'Indy und Jules Massenet in engem Kontakt stand, die alles Zeitgenössische mit Neugier verfolgte, die Symbolisten und Impressionisten las, Wagner huldigte und noch mit ihren 49 Jahren das schönste Lächeln von Paris verbreitete, war im »Grande Monde« so bekannt und beliebt, dass später, als Prousts Roman *À la recherche du temps perdu* erschien, jedermann in ihr die Figur der »Duchesse de Guermantes« zu erkennen glaubte.

Die Begegnung mit der Pariser Grande Dame führte unmittelbar zum Erfolg. De La Grange vermutet, dass hinter dem Kommuniqué, das die Aufführung von Mahlers *Zweiter Symphonie* unter der Leitung des Komponisten für den 17. April 1910 im Rahmen der »Colonne-Konzerte« im Théatre du Chatelet ankündigte, die Hand von Comtesse Greffulhe stand. [114]

Alma und Gustav Mahler bestiegen am 13. Oktober in Cherbourg mit Töchterchen Anna samt Kindermädchen Miss Turner den modernen norddeutschen Überseedampfer »Kaiser Wilhelm II«, der die atlantische Überquerung zwischen einem südenglischen Hafen und New York in weniger als 6 Tagen schaffte. An Bord waren auch die Geiger Fritz Kreisler und Theodor Spiering, Mahlers Konzertmeister an der Spitze der New Yorker Philharmonie. Wie Spiering später der Berliner *Vossischen Zeitung* berichtete, war die See sehr stürmisch und Mahler auf der ganzen Überfahrt, bis zum Einlaufen in New York, unsichtbar. [115] Auf der Überfahrt sandte Mahler eine Ansichtskarte an Schwester Justine und schob ihr in humorvoller Weise die Schuld in die Schuhe, dass sie auf der Fahrt »im großen Sturm« alle seekrank wurden und siech darnieder lagen, weil ihnen dieses Mal Justi vor der Abreise, wie sonst üblich, keine guten Wünsche nach Cherbourg telegraphiert hatte. [116] Bei der Ankunft in New York, schreibt Alma, waren sie und Mahler »über die Großartigkeit des Schauspiels« zu Tränen gerührt: »Niemals erwartete uns dort ein naher Mensch, und doch regte uns diese Ankunft, die einzig in ihrer Art auf der Welt ist, so auf, daß uns beim Hinuntergehen aus dem Schiff die Knie zitterten.« [117]

# X. Mahlers schwindende Popularität in seiner dritten New Yorker Saison, 1909 – 1910

## An der Spitze des »New York Philharmonic Orchestra«: »You! You! You play that passage alone!«

*(Gustav Mahler bei den Proben mit den New Yorker Philharmonikern)*

Die Ankunft berühmter Fremder war im New York des beginnenden 20. Jahrhunderts immer eine Nachricht wert. So meldete die New Yorker Zeitung *Daily Tribune* am 20. Oktober beim Einlaufen der »Kaiser Wilhelm II« die Ankunft des Geigenvirtuosen Fritz Kreisler und des Dirigenten Gustav Mahler mit Familie. Nach der Einquartierung im Hotel Savoy an der Ecke 59 th. Street-Fifth Avenue stellte sich Mahler in einem Interview der Presse und zeigte sich voller Optimismus und Tatendrang. Dabei gab er sich, was seine neue Aufgabe an der Spitze der New Yorker Philharmoniker betraf, zuversichtlich und sparte nicht mit Komplimenten an die Adresse des New Yorker Musiklebens. Er wolle in seiner ersten Saison hauptsächlich »klassische Werke« dirigieren und »das Publikum Schritt für Schritt zu einem guten Geschmack« erziehen. [1] Dem Magazin *Musical Leader* verriet er die Absicht, dem Direktorium der »Philharmonic Society« profitlose Volkskonzerte vorzuschlagen, oder wenigstens solche, die lediglich kostendeckend wären. Er sagte,

Universitätsstudenten, Musikstudierende, Arbeiter und alle Bevölkerungsschichten der Stadt »hätten das Recht, die besten klassischen und modernen Programme der Orchestermusik zu hören« und »das Ziel der Philharmonischen Konzerte müsse es sein, zu bilden, [...] um das rechte musikalische Verständnis zu verbreiten«. Was die moderne symphonische Literatur betreffe, so sei er für alle Neuigkeiten offen, auch wenn diese nicht seinem eigenen Geschmack entsprächen, vorausgesetzt, dass sie vom Publikum und von den Musikkritikern gewünscht würden. Auf die Frage, ob er an der »Met« noch dirigieren werde, antwortete er, dass das nicht sicher sei, eine polemische Anspielung auf den Rivalen Toscanini, dessen Position sich dort inzwischen gefestigt hatte.[2]

Im ersten Konzert, das Mahler am 4. Dezember leitete, sah sich das New Yorker Publikum einem völlig neuen Orchester gegenüber. 40 Prozent der 92 Musiker, die noch im März gespielt hatten, waren ausgewechselt worden. Ganze Pulte des Streicherkörpers waren versetzt oder nach neuen Sitzordnungen organisiert worden. Am empfindlichsten traf es die Bläser: Während die früheren drei Trompeten bleiben konnten, waren alle Flöten samt Pikkolo-Flöte ausgetauscht worden. In anderen Sektionen wurde, wer früher Stimmführer gewesen war, zur zweiten oder dritten Kraft degradiert.[3] Auch änderte Mahler die Probeneinteilung. Der neue Konzertmeister Theodore Spiering erzählt, dass der neue Chef für sein erstes Programm neun Proben benötigte. Die Probenzeiten waren mit der Orchester-Gewerkschaft auf 2½ Stunden je Einheit vereinbart worden, zwei Sitzungen täglich, doch nutzte Mahler diese Zeit sehr unterschiedlich, selten überschritt er sie und probte manchmal auch nur 1½ Stunde oder auch nur 1¼ Stunde, aber immer sehr intensiv und ohne Pause. Nach anfänglichem Widerstreben folgte ihm das Orchester und bewunderte seine Hartnäckigkeit und Ausdauer.[4] Wie Mahler in einem Interview sagte, schwebte ihm in seiner Arbeit mit den New Yorkern der Klang der Wiener Philharmoniker vor, die er als das »beste Orchester« seiner Zeit bezeichnete.[5] Ein weiteres Orchestermitglied erzählt von der Unduldsamkeit Mahlers: Wenn er aus seinen Augenwinkeln mechanisches Spiel wahrnahm, dann ließ er den Betreffenden die Stelle vor dem ganzen Orchester solo spielen: »You! You! You play that passage alone.«[6] Der Wiener Musikstudent Herman Martonne, der seinem Idol als Tutti-Geiger nach New York gefolgt war, erzählt, dass Mahler Gleichgültigkeit am wenigsten ausstehen konnte: »Wo Musik ist, muß auch der Teufel sein!«, war einer seiner Sprüche bei den Proben, eine Variante des Spruches, den Alma überliefert hat, dass ihn nur Künstler interessierten, »die übertreiben«. Das Dämonische seines Wesens kam besonders in der Interpretation der Symphonien Beethovens zum Vorschein. Der ehemalige Fagottist der New Yorker, Benjamin Kohon, erzählt, dass das Orchester beim ersten Satz der *Fünften* nie genug Klangfülle erreichte, dass Mahler »immer mehr und noch mehr wollte [...] wie eine Naturkatastrophe, ein Vulkanausbruch«.[7] Materialänderungen und zum Teil gravierende Eingriffe in die originale Orchestrierung von Meisterwerken waren bei Mahler an der Tagesordnung. So kritisierte später der Erste Flötist des Orchesters, Georges Barrère, in einer französischen Ausgabe der *Société Internationale de Musique* diese Praxis aufs heftigste: Im Finale einer Symphonie habe er plötzlich die Partie der Oboe von einer Flöte blasen hören, und in Beethovens *Siebter* zu den Violas die Celli spielen sehen.[8] Ein etwas versöhnlicheres Bild vom Dirigenten lieferte ein Redakteur von *Musical America*, das den Mahler der Proben als »einen streng Disziplinierten« beschrieb, aber privat als einen, der »sich äußerst charmant und bescheiden gab«, einer, »der sich über den Erfolg seiner eigenen Kompositionen ausschwieg«, aber »zu Hause die Höflichkeit in Person« gewesen sei und damit das Image eines »schweigsamen und hochnäsigen, über den minder Begabten stehenden Sterblichen« widerlegte.[9]

## Mahler und das amerikanische Musikverständnis: »Sie eröffnete damals den Ball mit Paderewski, mit dem sie eine polnische Mazurka tanzte ...«

*(Alma Mahler über die Abschiedsfeier von Marcella Sembrich von der »Met«)*

Mahlers Planung sah für die philharmonischen Konzerte vier verschiedene Zyklen vor: eine erste Serie von 8 Konzerten mit gemischten Programmen, die jeweils an den Donnerstagen und Freitagen stattfanden, eine zweite Reihe mit sogenannten »historischen« Programmen, eine dritte Serie als Freitag-Vormittags-Matineen, die dem symphonischen

Werk Beethovens gewidmet war, und eine vierte »populäre« am Sonntag Vormittag, insgesamt 46 Konzerte in 24 Wochen, die verschiedenen Benefiz-Konzerte mit eingerechnet. [10] Mit dieser Planung glaubte Mahler, sein angekündigtes erzieherisches Engagement in New York umzusetzen. Es war freilich ein Konzept, das für die Alte Welt besser taugte als für die Neue, denn Letztere wollte mit ernster Musik vor allem unterhalten oder zum Staunen verführt werden. Monographische Konzerte, selbst solche mit Beethoven, waren dazu in Amerika am wenigsten geeignet. Das hatte schon Hans von Bülow, Mahlers Vorbild für diese Planung, erfahren müssen, als dieser zwischen dem 1. und 11. April 1889 im New Yorker Broadway-Theater 22 Beethoven-Sonaten vortrug und dabei sein Spiel mit rabiaten Blicken ins Publikum begleiten musste. [11] Andere Interpreten, die »historische Konzerte« vortrugen, die pianistischen Enzyklopädisten Anton Rubinstein und Ferruccio Busoni, die beide – der eine in St. Petersburg, der andere in Mailand – Werke aus allen Klavierepochen thematisch an sechs Tagen spielten, wären nie auf den Gedanken gekommen, solche in Amerika anzubieten. Am wenigsten waren monographische Konzerte mit Orchestermusik für erzieherische Zwecke geeignet, denn in der Neuen Welt waren es nicht die Pultstars, die das Publikum interessierten, sondern die Stimmen in den höchsten Tönen, die Geiger als Herzensbrecher und die Pianisten mit der größten Fingerfertigkeit.

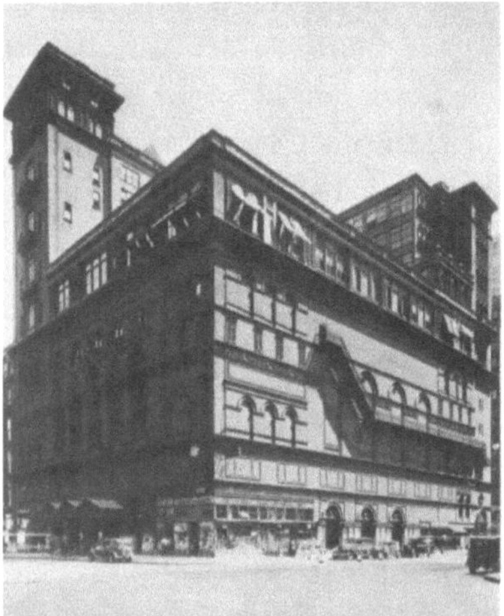

Die Carnegie-Hall

Obwohl die New Yorker eines der ältesten Orchester der Welt besaßen – die New Yorker Philharmonie war bereits 1842 gegründet worden – herrschte in New York, wie im übrigen Amerika, ein wesentlich anderer Orchestergeschmack als in Europa. Was im alten Kontinent der Bildung zugeordnet war, diente in Amerika vor allem der Bewunderung für das klassisch Zeitlose als Inbegriff des Exzellenten und Soliden. Experimente oder radikale Novitäten waren nur soweit erfolgreich, als sie das Publikum von den Stühlen rissen und dem Kriterium klassischer Gediegenheit oder greifbarer Artistik entsprachen. Deshalb zog Brahms, nicht Bruckner, Tschaikowsky, nicht Debussy, zogen die symphonischen Dichter à la Berlioz, Liszt und Strauss, nicht Mahler. Die Uraufführungen neuer Werke von Busoni und Pfitzner fielen durch, während zur gleichen Zeit die Uraufführung des hoch virtuosen *Dritten Klavierkonzerts* von Rachmaninow das amerikanische Publikum in Begeisterung versetzte. Mehr als in Europa beinhalteten die Solistenkonzert in Amerika etwas gesellschaftlich Metaphorisches: Sie versetzten die vom radikalen Liberalismus inspirierten Pioniere der amerikanischen Wirtschaft in den Rausch des Unmöglichen, das möglich wird. Virtuosen versinnbildlichten besser als das Kollektiv Orchester technische Bravour und »Enterprise«. Die höchsten Töne der Sänger, das rasende Tempo der Geiger, die Klangpotenz der Pianisten waren für amerikanische Sponsoren das geistige Pendant zu den riskantesten Unternehmungen in Finanz und Ökonomie. Dass dieses Amerika damit die klassische Musik stärker verdinglichte als in Europa, liegt auf der Hand. Es waren wohl auch das Fehlen eines historisch zusammenhängenden Bewusstseins und die Schwäche einer weitgehend fremdbestimmten Konzertpraxis, die bewirkten, dass diesem Musikverständnis der tiefere ästhetische und geistige Überbau abging. Sängerdarbietungen und Recitals standen ganz oben in der Gunst des breiten Publikums: der Tenor Enrico Caruso, die Geiger Fritz Kreisler und Jan Kubelik, die Pianisten Ignacy Paderewski, Józef Hofmann und Sergei Rachmaninow waren die »Headliners« dieses auf Virtuosität beruhenden Starsystems. Der Ruf Carusos als »größter Tenor aller Zeiten« entstand just in dem New York, in dem der italienische Wundertenor rekordverdächtige 863 Mal an der »Met« auftrat und 500 Platten einsang. In diesem New York wurde Carusos Stimmenumfang mit 2.800 Hz bemessen, auch das ein Zeichen, wie eng kollektive Begeisterung und individueller Rekord beieinanderlagen. Nicht anders behandelte man Geiger und Pianisten: Fritz Kreisler bekam in New York das Etikett »Letzter Geiger der Romantik«. Die »durchschlagende Kraft der Linken« des russischen Klaviervirtuosen Joseph Lhevinne maß man mit dem Vokabular der Boxer, so wie man an Rachmaninow die größten Klavierhände, bei Józef Hofmann das höchste Crescendo und bei Moritz Rosenthal den gewaltigsten Klavierdonner bewunderte. Die berühmte Teresa Careno erhielt in New York den Übernamen »Walküre des Klaviers«: Sie wurde sozusagen direkt vom Klavier weg in die Walhalla mythischer Heroinen entrückt. Wenn der überragende Klaviervirtuose Józef Hofmann in New York auftrat, dann nahmen Kritiker seine »Akkorde wie riesige Wellen« wahr, »die gegen die Hinterwand der Carnegie Hall brausten« und verglichen seine repetierenden Anschläge mit der atemberaubenden Geschwindigkeit von laufenden Stahlkolben in den Motoren. Ein großer Künstler war in diesem Amerika, wer sich bei jedem Auftritt überbieten konnte: Das war die amerikanische Version des Nonplusultra.

Auf der anderen Seite gab es in diesem weiten Land im Umgang mit der »holden Kunst« auch viel Sentiment und Pathos. Die Zartbesaiteten waren, wie überall, die weiblichen Fans. Als Caruso 1903 bei seinem Debüt an der »Met« *La Donna è mobile* sang, war die weibliche Fangemeinde so sehr aus dem Häuschen, dass der Sänger eine Weile nicht mehr weitersingen konnte und die Arie wiederholen musste. Dieses von Kultur weitgehend unbelastete und unbefangene Publikum konnte nicht nur an den schönen Stellen wunderbar »mitgehen«, sondern applaudierte auch, wenn einer Sängerin im Duett mit Caruso auf offener Bühne die Stimme versagte, weil sie, von dessen Gesang überwältigt, statt zu singen zu schluchzen anfing. Im Sentimentalen waren diese Amerikaner mit ihren Künstler-Lieblingen ein Herz und eine Seele. Der schmeichelnd mitteilsame Kreisler vermochte wie keiner, dieses Publikum mit seiner unvergleichlich warmen Tongebung und Alt-Wiener Tanzweisen – *Caprice viennoise* und *Schön Rosmarin* – in eine schönere Welt zu entführen, so wie der schön gelockte Klavier-Jüngling Paderewski dasselbige mit Chopinschen Walzern und verträumten *Nocturnes* vollbrachte. In seinem Klavieranschlag definierte der amerikanische Ästhetizismus sein zum Anfassen verdinglichtes ästhetisches Credo: »soft and silky as plush« – »enchanting and electrifying the listeners«. So überragend und expansiv die Virtuosen im Geben waren, so großzügig und dankbar war das New Yorker Publikum im Nehmen. Der Enthusiasmus für den individuellen künstlerischen Ausdruck war grenzenlos. Als Lina Cavalieri, von der Stimme Carusos nach einer seiner Arien hingerissen, zu singen aufhörte und dem Tenor um den Hals fiel, applaudierte das New Yorker Publikum stürmisch, während dieselbe Szene anderswo vermutlich ein disziplinarisches Nachspiel gehabt hätte.

Auf dem Hintergrund dieser naiven Spontaneität versteht man die überbordende Sentimentalität der Musikbegeisterten von New York, als die gefeierte polnische Koloratur-Sopranistin Marcela Sembrich, die in den schönsten Partien von Mozart, Donizetti und Verdi geglänzt hatte und für die kein Geringerer als Johann Strauß den *Frühlingsstimmen-Walzer* eingerichtet hatte, nach einer langen Karriere an der »Met« ihre Abschiedsvorstellung gab. Alma widmete in ihren *Erinnerungen* diesem Ereignis, das wie ein rauschendes Fest nach der Art der Wiener Operette inszeniert war, breiten Raum:

> Marcela Sembrich feierte ihren Abschied von der Bühne. Alle Künstler wetteiferten an diesem Abend, noch einmal mit ihr musizieren zu dürfen. Deshalb wurde keine ganze Oper, sondern einzelne Akte oder Szenen, die ihre Glanzstücke gewesen waren, aufgeführt. Caruso, Bonci, die Farrar, Eames, Scotti, alle Dirigenten, auch Mahler, alle gaben ihre Leistungen als Geschenk für diese unvergleichliche Künstlerin. Mahler dirigierte. Sie selbst sang alle ihre Rollen noch ein letztes Mal, jung und stimmlich vollkommen auf der Höhe. Zum Schluß, nachdem sie sich dreißig bis vierzig Mal vor dem großen Vorhang verbeugt hatte, hob sich dieser und ein Lorbeerhain über die ganze Bühne hin wurde sichtbar. Alle Kollegen standen um einen Tisch im Halbkreis, an dem ein Herr saß, der sogleich aufstand und der Sembrich entgegenkam, die verlegen rückwärtsging. Es war der Bürgermeister der Stadt New York. Er überreichte ihr vor dem offenen Vorhang, vor einem stehenden, unentwegt applaudierenden Publikum eine große Reihe der herrlichsten Perlen, mit einer Ansprache, in der er ihre Künstlerschaft, ihre Wohltaten pries, und dann kamen alle anderen Kollegen mit ihren Geschenken. Nachher hatte sie uns alle zu einem großen Ball eingeladen. Wir trugen in unseren Händen ungeheure Silber- und Goldgegenstände, die sie bekommen hatte, – es gab keine andere Art von Transport. Im Hotel überraschte das ganze Opernorchester die Sembrich mit einem Tusch und spielte die ganze Nacht zum Tanz auf, zum Dank dafür, weil sie nach dem Erdbeben von San Francisco, bei dem das ganze Orchester um seine Instrumente gekommen war, so lange auf ihr Honorar verzichtet hatte, bis alle Instrumente wieder angekauft waren. Sie eröffnete damals den Ball mit Paderewski, mit dem sie eine polnische Mazurka tanzte.[12]

**Gustav Mahler und die New Yorker Kritik:** »Er hätte ein genialer Musiker sein können – Musiker, wohlgemerkt –, wenn er eine Begabung gehabt hätte, wie etwa Dvorák«. *(Henry E. Krehbiel, »New York Tribune«, über Gustav Mahler)*

Mahler war weit entfernt, die Popularität der Stars der »Met« zu erreichen. Sein Wahrheitsdrang und Perfektionismus, den er als Kunstwillen auf die Orchestermusiker zu übertragen trachtete, brachte ihm zwar Respekt, doch nicht Liebe ein. Mahler besaß Charisma, war aber nicht populär. Im Vergleich zu Toscanini, dessen hochemotionales Temperament die Zuhörer elektrisierte, galt Mahler als der intellektuellere, der mit der Absicht von Werkgerechtigkeit an die Musik heranging, deren Ausdruck entweder verinnerlichte oder stark übertrieb. Umso leichter hatten es die zahlreichen Kritiker, die in seinen Konzerten auf der Lauer waren, mit spitzer Feder den einen oder anderen Exzess oder eine gelegentliche Extravaganz zu ahnden. Diese Kritiker, die Mahler »die Vorgesetzten« nannte,[13] kamen natürlich zahlreich ins erste Konzert der Saison, das unglücklicherweise auch noch vor nicht ausverkauftem Haus in der Carnegie Hall stattfand. Mahler dirigierte ein effektvolles symphonisches Programm: Beethovens *Weihe des Hauses* und *Eroica*, dann Liszts *Mazeppa* und *Till Eulenspiegel* von Richard Strauss. Die Rezensionen waren durchwegs mit Reserven und Einwänden gespickt, wenngleich sie den Publikumserfolg nicht leugnen konnten. Richard Aldrich von der *New York Times* konstatierte zwar Präzision und Brillanz, doch kritisierte er in Beethovens *Eroica* das Fehlen von Würde und apollinischer Ausgeglichenheit, die er auf die Mahlersche Überbetonung gewisser Stellen zurückführte. Auch Harry Chapin Plummer vom *New York Evening Call* fand diese *Eroica* einerseits »elektrisierend, erhebend, inspiriert«, andererseits aber »exzentrisch, verzerrt, formlos«. Der Beethoven-Spezialist Henry Krehbiel berichtete zwar von einem »triumphalen Auftakt« und einem »Sturm der Begeisterung«, meckerte aber am Höhepunkt des *Trauermarsches* der *Eroica* herum, der ihm wie »der Tag des Zorns« vorkam. Charles Henry Meltzer fand, dass Mahlers Beethoven-Interpretation seinen eigenen »Launen und Spannungen, seinen Vorurteilen und Eigenheiten« folgte. Der *Trauermarsch* klang ihm »monoton« und »ohne besonderes Gefühl«. William Henderson konstatierte spürbare Fortschritte des Orchesters gegenüber der abgelaufenen Saison, doch schienen ihm bei der enormen »dynamischen Bandbreite« »Präzision« und »Zusammenspiel« auf der Strecke zu bleiben. Nur Maurice Halperson und Henry Finck waren restlos begeistert: Letzterer bezeichnete den Dirigenten Mahler als einen der »größten lebenden Interpreten« und das New Yorker Philharmonische Orchester bereits so gut, dass es ohne weiteres mit dem »Boston Symphony Orchestra«, das damals als das beste amerikanische Orchester galt, konkurrieren könne. Ihm widersprach Reginald de Koven von der *New York World.* Er fand, dass das »neue Blut, das dem Orchester zugeführt worden war« im Klangkörper »noch nicht richtig zirkulierte«. Vor allem klangen ihm die Streicher, mit Ausnahme der Celli, »rau und hart«, »die Trompeten schrill und heiser«, die Hörner von schlechter Qualität und mit unsicherem Ansatz und das schwere Blech zu hart im Klang.

Mahler befremdete vor allem die Puristen durch seine Arrangements klassischer Werke, sei es dass er in Beethovens *Eroica* eine Es-Klarinette verwendete, um den Klang aufzuhellen, sei es dass er aus den drei Orchestersuiten von Bach fünf Sätze nahm, sie zu einer Art Potpourri zusammenfasste und statt des barocken Cembalos einen modernen Steinway-Flügel verwandte. Die meisten Kritiker legten sich damit an, dass eine willkürlich zusammengesetzte Suite als Teil eines »historischen Konzertes« aufschien. Die Nicht-Spezialisten unter den Kritikern nahmen jedoch den Erfolg, den Mahler beim Publikum erreichte, zum Maßstab ihrer Zustimmung. Vor allem gefiel Mahlers Art, die Bachschen Sätze, etwa die Gavotte, rhythmisch zu charakterisieren. Obwohl die kompilierte Suite nicht authentisch war, kam sie dennoch bei den meisten Kritikern gut an. Nach der Meldung von *The Mail* wurde diese Suite so beklatscht, wie wenn der in New York sehr beliebte russische Pianist und Dirigent Wassilij Safonow eine Tschaikowsky-Symphonie dirigiert hätte. Henry T. Finck von der *New York Evening Post* nannte Mahler rundheraus »ein Genie«.[14]

Aus Probe-ökonomischen Gründen und um das Orchester nicht zu überlasten, wiederholte Mahler regelmäßig gut einstudierte Werke in den verschiedenen Zyklen. Der Eindruck, der entstand, war, dass Mahlers symphonisches Repertoire sehr begrenzt und einseitig war. So setzte er die Beethovensche *Eroica* nach dem Eröffnungskonzert der

Saison auch auf das Programm des ersten Konzertes der sogenannten »Populären Symphoniekonzerte«, das am 21. November stattfand. Die fünf Sätze der von ihm arrangierten Bach-Suite standen in den zwei Saisonen an der Spitze der New Yorker Philharmoniker ganze fünfzehnmal auf dem Programm. Mahler, der ja bis dahin hauptsächlich Opern dirigiert hatte, besaß kein großes symphonisches Repertoire und war deshalb gezwungen, immer wieder auf die seit Jahren dirigierten Stücke zurückzugreifen. Es waren dies vor allem Werke der Klassik, die Beethoven, Schumann- und Brahms-Symphonien, drei von Haydn und zwei von Mozart, die beiden letzten von Schubert, keine von Dvorak und nur die zweite, fünfte und sechste Symphonie von Tschaikowsky. Von den vier Bruckner-Symphonien, die Mahler im Repertoire hatte, dirigierte er in Amerika nur die *Vierte*. Dagegen maß er sich immer wieder mit der *Dritten Leonoren-Ouvertüre,* dem *Meistersinger*-Präludium, dem Trauermarsch aus *Götterdämmerung*, mit Beethovens *Fünfter, Siebter* und zweimal auch mit der *Neunten* und fügte als Effektstücke *Mazeppa* von Liszt und Straussens *Till Eulenspiegel* den Programmen hinzu. Noch enger gesteckt war sein Interesse für Solistenkonzerte. Im Chopin-Jahr 1910 schien kein einziges der Klavierwerke mit Orchester des in Amerika dank Paderewski vergötterten Chopin auf und Paganini fehlte überhaupt in seinen Programmen. Der Mangel an Repertoire bei so vielen Konzerten unter einer einzigen Stabführung wäre für jeden anderen zu einem unüberwindlichen Hindernis geworden. Selbst ein so genialer Musiker wie Sergei Rachmaninow, dem das Boston-Orchester 1918 einen Dirigentenvertrag mit 110 Konzerten in 30 Wochen anbot, musste ablehnen, weil er nicht genügend symphonisches Repertoire besaß, obwohl er, ähnlich wie Mahler, auf seine Erfahrung als Operndirigent am Moskauer Bolschoi-Theater zählen konnte. Mahler glich seine Lücken im internationalen symphonischen Repertoire geschickt aus, indem er die wenigen, hauptsächlich aus der Wiener Tradition stammenden Symphonien mit Opernouvertüren und Novitäten aus Europa wie *España* von Chabrier, *Symphonie Espagnole* von Lalo, *Suite Nr. 1* von Enescu, *Prélude à l'Après Midi d'un Faune, Images* und *Nocturnes* von Debusssy, *L'Aprenti Sorcier* von Dukas, *Enigma-Variationen* von Elgar kombinierte. Mahler war sich dieser seiner Schwäche durchaus bewusst und beklagte es, dass man ihm in Europa auf symphonischem Gebiet, außer als Interpreten eigener Werke, keine geeignete Position angeboten hatte. Am Neujahrstag des Jahres 1910 äußerte er sich in diesem Sinne Dr. Guido Adler gegenüber und setzte ihm die Gründe auseinander, wieso er sich zu dieser neuen Aufgabe in New York herbeigelassen habe: »Ich brauche eine praktische Betätigung meiner musikalischen Fähigkeiten unbedingt als Gegengewicht gegen die ungeheuren inneren Ereignisse beim Schaffen: und gerade die Leitung eines Konzertorchesters war lebenslang mein Wunsch. Ich bin froh, dies einmal in meinem Leben zu genießen (abgesehen davon, daß ich dabei wieder *manches lerne,* denn die Technik der Theater ist eine ganz verschiedene, und ich bin überzeugt, daß eine Menge meiner bisherigen Unzulänglichkeiten im Instrumentieren nur daher rühren, daß ich gewöhnt bin, unter dem gänzlich verschiedenen akustischen Verhältnis des Theaters zu hören). Warum hat mir Deutschland oder Österreich so was nie geboten? Kann ich dafür, daß Wien mich rausgeschmissen hat?« [15]

Auf Mahlers Übertragung dramatischer Opernklischees auf die symphonische Literatur kam viele Jahre später ein Zeitzeuge zu sprechen, der in jungen Jahren alle Mahler-Konzerte in der Carnegie-Hall besucht hatte: der russische Pianist und spätere Musikdirektor des NBC-Orchesters von New York, Samuel Chotzinoff. Er sah in Mahlers »kargem« Repertoire die Hauptgründe für die Unzufriedenheit des Publikums und des leitenden Komitees und schlussendlich auch der geringen Begeisterung des Publikums. Nach Ansicht von Chotzinoff kompensierte Mahler die fehlende Konzerterfahrung mit dem ihm vertrauten Geist der Bühne, indem er sein symphonisches Repertoire durch Bewegung und Drama auffrischte:

> Selbst im Konzertsaal gelang es Mahler, eine dramatische Erregung wie in der Oper zu erzeugen. Wie zum Ausgleich für das Fehlen von Sängern und Handlung trieb er sein Orchester zu dramatischer Spannung an. Ich erinnere mich noch gut an seine strenge, aber hochdramatische Interpretation des ersten und letzten Satzes von Beethovens Fünfter Symphonie. Obwohl ich es mir selbst kaum eingestehen mochte, war die Aufführung technisch eher stümperhaft. Aber ihre tragische Kraft glich diesen Mangel an Raffinesse mehr als aus. [16]

Zu den Neuerungen von Mahlers erster Saison an der Spitze der New Yorker Philharmonie gehörten auch die sogenannten »dress rehearsal concerts«, nämlich offen zugängliche Generalproben. Das erste Konzert dieser Art fand am 3. Dezember in der »Academy of Music« in Brooklyn statt. Auf dem Programm stand eine *Leonoren-Ouvertüre* die *Fünfte Symphonie* Beethovens, das *Meistersinger*-Vorspiel und das Mendelssohn-*Violinkonzert* mit der amerikanischen Geigerin Maud Powell. Dieselbe Beethoven-Symphonie stand im darauf folgenden »Historischen Zyklus« in Verbindung mit Mozarts *Jupiter-Symphonie* auf dem Programm. Die meisten Kritiker, Richard Aldrich von der *New York Times*, Sylvester Rawling von der *New York Evening World* und Maurice Halperson von der *New York Staats-Zeitung* bewunderten die dynamische Spannung, die eloquente Phrasierung und dramatische Gestaltung der Symphonien. Manch einer, wie der Rezensent von *Musical America* fand allerdings, dass das Blech häufig die Streicher zudeckte. Die größten Einwände hatte aber New Yorks wichtigster Kritiker, der konservative Henry Krehbiel von der *New York Tribune*, der Mahlers exzentrische, von allzu vielen Freiheiten inspirierte Lesart Beethovenscher Symphonien geißelte. Im Vergleich zu jener *Fünften*, die vor Mahler Felix Weingartner in New York dirigiert hatte, machte Krehbiel klar, dass Mahlers Lesart Beethovenscher Symphonien voller Willkür sei, beginnend bei der höchst fragwürdigen Manipulation der originalen Instrumentierung bis zur eigenwilligen, zum Teil sehr steifen Tempowahl. [17]

Ab nun zeigte Henry Krehbiel – Alma nennt ihn den »Kritiker-Bösewicht« – von Konzert zu Konzert immer unverhohlener seine Antipathie gegenüber Mahler. Der von einem deutschen Vater in Michigan geborene Journalist mit Stiernacken und stechendem Blick, der weder ein Konservatorium noch eine Universität besucht hatte, sich aber in grenzenloser Liebe zur klassischen europäischen Musik ein enzyklopädisches musikbezogenes Wissen über Musik und Musiker angeeignet hatte, darüber Bücher schrieb, Aufsätze über Wagner und »Ratschläge zum richtigen Hören für den Musikliebhaber« veröffentlichte, ein Buch über die Technik des Violinspiels und eines über das Klavier publizierte, wusste alles über Musik und Musiker. Seine Übersetzung der Beethoven-Biographie von Alexander W. Thayer galt lange als Standardwerk unter Musikliebhabern. Seine musikalischen Fixsterne waren Beethoven, Wagner, Brahms und Tschaikowsky. Die Moderne verabscheute er, dazu waren seine ästhetischen Prinzipien, wie jene Eduard Hanslicks und Robert Hirschfelds in Wien, zu sehr in einer zeitlosen Betrachtung des musikalisch Schönen verankert, also auf die Klassik und Romantik beschränkt. Außer den Differenzen über das Wesen Beethovenscher Musik gab es jedoch auch persönliche Gründe, die Krehbiel in immerwährender Feindschaft gegen Mahler aufbrachten. Als Mahler für den 16. und 17. Dezember im Rahmen des Hauptzyklus der Saison seine *Erste* zusammen mit Beethovens *Coriolan*-Ouvertüre und Schuberts *Unvollendeter* zur Aufführung vorbereitete, bat ihn Krehbiel, der vom Komitee des »Philharmonic« mit der Abfassung einer Konzerteinführung beauftragt worden war, um das poetische Programm des Werkes, denn er wusste, dass es ein solches in den Anfängen gegeben hatte. Mahler hatte sich jedoch in der Zwischenzeit von jeder Art verbaler Programmatik entfernt und verweigerte dem Kritiker jede Information struktureller oder poetischer Natur. In seiner Doppelfunktion als externer Mitarbeiter der »Philharmonic« – über die er als Autor einer Geschichte des Orchesters genau Bescheid wusste – und als Kritiker der *New York Tribune* hatte der beleidigte Krehbiel nun ein Leichtes, sich an Mahler zu rächen, zumal er wusste, dass es ein poetisches Programm zur Symphonie, genannt der *Titan* nach Jean Paul, sehr wohl gab. So schrieb er ins Beiheft zum Programm des Abends mit gespielter Zurückhaltung und beißender Ironie:

> In Berücksichtigung des Wunsches von Herrn Mahler enthält sich der Verfasser der Programme der Philharmonischen Gesellschaft von jeder auch nur summarischen Analyse der Symphonie […]. Es ist Mahlers Überzeugung, die er häufig sowohl öffentlich als auch privat geäußert hat, dass das Lesen einer Werkbetrachtung dem Musikverständnis hinderlich sei […]. Das ganze Interesse, die ganze Aufmerksamkeit solle auf die Musik selbst gerichtet werden, denn man gehe ins Konzert zu hören und nicht zu sehen […].[18]

Keine Zurückhaltung übte Krehbiel hingegen in der ausführlichen Besprechung der Aufführung. Er könne nicht verstehen, warum denn Mahler nicht zur illustrierenden Schreibweise stehe, die sich beim

Anhören der Symphonie als Genre dem Hörer aufdränge. Er hätte sicherlich mehr profitiert, wenn er seine Gedankengänge und Gemütsbewegungen beim Komponieren dieser Symphonie offengelegt hätte, anstatt das Publikum mit den Eindrücken alleine zu lassen. Er, Mahler, habe sich ja sonst immer zu einer Art Instrumentalmusik bekannt, die »auf Assoziationen und Episoden beruhe, die man gemeinhin Programmmusik nennt«. Es sei klar, dass Mahler »von seinem Instinkt her ein naiver, wenngleich unorigineller Melodiker sei«. Im Übrigen sei der Trauermarsch mit dem Motiv des *Frère Jacques* schrecklich gewesen: »unmöglich diesen Satz ernst zu nehmen.« »Und was den letzten Satz betrifft, so ist dieser nichts anderes als ein zusammenhangloses, unlogisches Stück, das mehr an das ›Letzte Gericht‹ gemahnt als an irgendetwas anderes.«[19]

Krehbiel konnte ohne den Verdacht, Mahlers Feind zu sein, den Komponisten klein machen, waren doch auch die beiden bis dahin in New York gespielten Symphonien, die *Vierte* und die *Fünfte* unter Damrosch, mehr oder weniger durchgefallen. Es war nicht anders zu erwarten, als dass ab nun Krehbiel, der wohl auch nachtragend gewesen sein muss, Mahlers Beckmesser wurde, der, von Aufführungsschwächen und Missgriffen Mahlers in der Programmwahl profitierend, diesem bis zum bitteren Ende im Frühjahr 1911 gnadenlos auf die Finger klopfte. Noch nach Mahlers Tod schrieb er voller Ressentiment:

> Es war ein einziger Widerspruch in Mahlers künstlerischem Wesen, daß er seine melodischen Eingebungen zwar aus dem Bereich des Volksliedes bezog, bei der Bearbeitung dann aber harmonisch wie orchestral höchst extravagante Methoden anwandte […]. Er hätte ein genialer Musiker sein können – Musiker, wohlgemerkt –, wenn er eine Begabung gehabt hätte, wie etwa Dvorák. Stattdessen versuchte er straussiger als Strauss und regerer als Reger zu sein, ohne allerdings die ursprüngliche Kraft des einen und oder des anderen zu besitzen. Es ist nicht abzusehen, dass irgendetwas seiner Musik ihn lange überleben wird. Weder in der alten noch in der neuen Schule ist für sie Platz.[20]

Mahlers selbst deutete in einem Brief an Bruno Walter den geringen Erfolg der *Ersten* beim New Yorker Publikum und den »leidenschaftlichen Widerspruch« bei der Kritik mit seiner Art, jedes Mal von neuem »mit Hacke und Spaten« zuzugreifen, wodurch man sich »wieder so von allen gebahnten Wegen entfernt«. Er muss also eingesehen haben, dass die Verweigerung jeder Auskunft zum Programm der falsche Weg war, sich vor dem amerikanischen Publikum verständlich zu machen. Wie der Brief an Bruno Walter beweist, ordnete Mahler der *Ersten* noch immer ein inneres Programm zu, das er dem missliebigen Krehbiel vermutlich nur aus purer Antipathie verschwieg: »Ich brachte vorgestern hier meine Erste! Wie es scheint, ohne besondere Resonanz. Dagegen war ich mit diesem Jugendwurf recht zufrieden. Sonderbar geht es mir mit allen diesen Werken, wenn ich Sie dirigiere. Es kristallisiert sich eine brennend schmerzliche Empfindung: Was ist das für eine Welt, welche solche Klänge und Gestalten als Widerbild auswirft. So was wie der Trauermarsch und der darauf ausbrechende Sturm erscheint mir wie eine brennende Anklage an den Schöpfer.«[21]

Die Argumente Krehbiels gegen Mahlers Weigerung, die Programmatik der *Ersten* offenzulegen, wurden von mehreren Tageszeitungen aufgegriffen, wenngleich einige von der Symphonie durchaus angetan waren. Richard Aldrich von der *New York Times* fand sie »weniger originell als die beiden früheren in New York gehörten«. Einige Passagen seien ausgesprochen schön, »andere aber von offensichtlicher Banalität«. Unter dem zweiten Satz stellte sich William James Henderson von der *New York Sun* »das Kind Mahler in den Tiroler Bergen vor, während sich die Bauern beim Tanz alter Ländler versammeln«. Wie für die meisten Kritiker war auch für Henderson der letzte Satz »unverständlich«. Uneingeschränktes Lob erhielt der Komponist Mahler lediglich von den musikalischen Fachzeitschriften *Musical Courier*, der Mahler »einen starken Formsinn« bescheinigte, und *Musical America*, in dem Herbert F. Preyer schrieb:

> Diese Erste ist zum größten Teil mit solchen Qualitäten ausgestattet, […] dass man sich fragt, warum dieses Werk für fast 23 Jahre dieser Stadt vorenthalten wurde […]. Es ist eine Symphonie voll heißer und überschäumender Jugend, ein überbordender Ausbruch reiner Lebenslust.[22]

## Mahlers wachsende Amerika-Verdrossenheit: »Mit Genugtuung sehe ich die Distanz, die ich hier noch zurückzulegen habe, kleiner werden …«

*(Gustav Mahler an Alfred Roller)*

Mahler las zwar nie die ihn betreffenden Rezensionen der »Vorgesetzten«, wie er scherzhafterweise die Kritiker nannte, ließ sich jedoch ab und zu berichten.[23] Das muss allerdings genug gewesen sein, dass er bereits wenige Monate nach Antritt seiner neuen Position in New York in einem Brief an Alfred Roller das Ende seines Engagements in Amerika herbeisehnte: »Mit Genugtuung sehe ich die Distanz, die ich hier noch zurückzulegen habe, kleiner werden. Und wenn Gott es will, so hoffe ich ungefähr in einem Jahr zu einer menschlichen Existenz zu gelangen. Irgendwo zu Hause zu sein und da leben und da arbeiten (nicht mehr vegetieren und arbeiten) zu dürfen, und hoffentlich so nahe meinen wenigen Freunden, daß ich sie von Zeit zu Zeit sehen kann. Trotzdem wir (ich und Alma), jede Woche einen neuen Sport haben bezüglich unserer Zukunft […] – so denke ich, besonders da die Amerikabegeisterung meiner Frau glücklicherweise ganz gehörig nachzulassen beginnt, daß wir in absehbarer Zeit irgendwo in der Nähe von Wien, wo die Sonne scheint und schöne Trauben wachsen, anlangen und nicht mehr weggehen werden.«[24]

Almas New York war freilich nicht das ihres Gemahls, der mit den philharmonischen Verhältnissen zu kämpfen hatte, auch nicht jenes soziale der Straße, wo im Dezember 1909 zwanzigtausend Blusennäherinnen um mehr Lohn und gegen Kinderarbeit marschierten, sie fühlte sich am wohlsten in den Salons und beim »Ladies Lunch«, wie sie es auch in Wien in ihrer Jugend gewohnt gewesen war. Sie war wie hingerissen beim Besuch des »Feenpalastes« der reichen New Yorker Kunstsammlerin Louisine Havemeyer, Tochter eines Zuckerfabrikanten, die das riesige Haus am »Central Park« nicht nur mit kostbaren zeitgenössischen Glasdekorationen im amerikanischen »Beaux-Artstil« à la Tiffany hatte dekorieren lassen, sondern auch hunderte von Originalen der europäischen Kunst von Cranach bis Rembrandt, von Veronese, von Goya, El Greco, Manet, Degas und Monet an den Wänden hängen hatte und unkalkulierbare Schätze fernöstlicher

Kunst, von japanischem Porzellan bis zu chinesischen und persischen Kultstücken, zur Schau stellte. Unter amerikanischer Gastfreundschaft verstand Alma die Bekanntschaft mit der Schwägerin des Präsidenten der Vereinigten Staaten, Laura Roosevelt, in deren unmittelbarer Nähe die sagenhafte Glasvilla von Präsident Theodore Roosevelt stand, und die Besuche beim steinreichen Glasdekorateur Louis Comfort Tiffany, Sohn des Gründers der »Tiffany Glass and Decoration Company«, der mit dekorierten Gläsern und Lampen während des Baubooms der amerikanischen Gründerzeit ein Vermögen gemacht hatte. Louis C. Tiffany, der als bedeutendster Vertreter des New Yorker Jugendstils gilt, äußerte seine Liebe zur Musik, indem er Mahler bat, im Verborgenen seinen Proben mit dem Philharmonischen Orchester beiwohnen zu dürfen.[25] Zu Almas Bekanntenkreis zählte auch der Multimillionär Otto H. Kahn, der im Eisenbahngeschäft reich geworden war und als »Chairman« der »Met« sowie als Vize-Präsident der »New York Philharmonic Society« einer der einflussreichsten Kunstmäzene New Yorks war. Otto H. Kahn wohnte in einer 126-Zimmer-Villa, in der allein das Speisezimmer 200 Gästen Platz bot. Kahn soll niemals mit weniger als 50 Gästen gespeist haben. Zu den Gepflogenheiten dieser New Yorker High Society gehörte offenbar auch ein Besuch bei Wahrsagern und Spiritisten. Es war Otto H. Kahn selbst, der Mahler mit Alma und deren Hausarzt Dr. Fraenkel ins »Spukhaus« des neapoletanischen Mediums Eusapia Palladino führte, die im Zustand ekstatischer Trance-Zustände mit verstorbenen Seelen zu kommunizieren vorgab. Seriöse Wissenschaftler wie Cesare Lombroso, der Physiologe Charles Richet und die Physiker Pierre und Marie Curie studierten den Fall eingehend und sahen derlei Phänomene im Bereich des Möglichen, während amerikanische Professoren von der Harvard-Universität die Tricks solcher spiritistischer »Materialisierung von Geist« aufdeckten. Auch der Musikverleger Schirmer gehörte zum Kreis befreundeter New Yorker Familien. Eines Abends, nach einem Dinner, lud dieser in Begleitung eines Chauffeurs und eines bewaffneten Detektivs Gustav und Alma Mahler zu einem Besuch in einer Opiumhöhle im Chinesen-Viertel ein und ließ sie einen Blick in die Halbwelt des New Yorker Lasters machen, nicht ohne ihnen auch das Juden-Elendsviertel zu zeigen, über das Alma entsetzt berichtet:

»Alles lebte hier, handelte, schrie. Der Rassenunterschied war ungeheuer, aber die Juden arbeiten hier mit Tag-und Nachtschicht, um keine Stunde zu versäumen. Die ganze Straße war durch alte Kleider und Hadern verunstaltet. Die Luft hing voller Speisegerüche. Ich fragte Mahler leise mit seinen Worten: ›Sind *das* unsere Brüder?‹ Er schüttelte verzweifelt seinen Kopf.«[26]

Zu den New Yorker Freunden zählte Alma auch den Primgeiger »des ersten New Yorker Quartetts« Franz Kneisel, den gebürtigen Wiener und Schüler von Joseph Hellmesberger, Jr. der aus Boston kommend ein erfolgreiches professionelles Streichquartett anführte; weiters den amerikanischen Pianisten Ernest Schelling, der nach Studien in Paris über mehrere Jahre Paderewskis einziger Schüler in Amerika war und in den Zwanzigerjahren das Jugendorchester des »New York Philharmonic« in den »Young People' s Concerts« leitete.

Über Mahlers Auftreten in der New Yorker Gesellschaft gibt es eine Geschichte, die Olga Samaroff-Stokowski, die aus Texas stammende russischstämmige Pianistin und spätere Frau Leopold Stokowskis, 1939 erzählte und die Mahlers Salonbegeisterung, von der Alma berichtet, weitgehend relativiert:

> Zweifellos war er reizbar und schwierig, aber er war ein großer Mann, und New York zollte ihm nie den gebührenden Respekt. Er war noch nicht lange in Amerika, als die Steinways mich einluden, mit ihm und seiner Frau zu Abend zu essen. Ich war so aufgeregt, dass ich eine geschlagene Stunde zu früh ankam. Charles Steinway begrüßte mich mit den Worten: »Sie werden heute Abend bei Tisch neben Mahler sitzen, aber erwarten Sie nicht, dass er sich mit Ihnen unterhält. Auf Dinner-Parties ist er nicht zum Sprechen zu bewegen.« Ich wollte die Herausforderung annehmen, aber als Mahler dann eintraf, verließ mich mein ganzer Mut. Er hatte auf den ersten Blick etwas Unnahbares, und ich konnte mir kaum vorstellen, dass er sich an einer gewöhnlichen Unterhaltung beteiligen würde. Als wir uns zu Tisch setzten, hatte er mich noch keines Blickes gewürdigt. Seine Aufmerksamkeit gehörte allein den Austern. Da er an der Suppe nicht so ganz interessiert zu sein schien, nutzte ich diesen Gang zu dem schüchternen Versuch, ein Gespräch in Gang zu setzen. Ohne mich anzusehen, sagte er nur »Ja« und schwieg hartnäckig weiter. Ich zerbrach mir den Kopf über ein provokantes Thema, aber keine Fragestellung aus dem Reich der Tiere, Pflanzen oder Mineralien konnte ihm eine Antwort

> entlocken [...]. Schließlich fiel mir ein, dass Mahler, der überhaupt keine Notiz von den Anwesenden zu nehmen schien, vor dem Essen »Die Brüder Karamasow« aus dem Bücherschrank genommen und darin geblättert hatte [...]. Ich beschloss also, das Meisterwerk Dostojewskis zu meiner letzten Hoffnung zu machen [...]. So fragte ich ihn kühn, ob er »Die Brüder Karamasow« nicht auch für ein weit überschätztes Werk halte. »Nein, überhaupt nicht«, antwortete Mahler heftig und legte Messer und Gabel zur Seite. »Das können Sie nur fragen, weil Sie das Buch nicht verstehen.« Und er setzte zu einem langen Vortrag über das Wesen der russischen Psyche und Dostojewskis tiefem Wissen davon an. Ich lehnte mich unterdessen befriedigt zurück, genoss mein Essen und meinen Triumph und beschränkte mich auf kurze provokative Einwürfe, wenn Mahler unterbrach, um einen Happen zu essen [...]. Mahler folgte mir nach dem Essen in den Salon und verbrachte den Rest des Abends damit, in den »Brüdern Karamasow« nach Stellen zu suchen, die seine Thesen stützen und meine Einwände widerlegen sollten.[27]

In diese Zeit fiel auch die für Mahler äußerst beunruhigende Episode Almas mit dem Pianisten Ossip Gabrilowitsch, der Alma in ihrer Hotelsuite im »Savoy« besuchte und ihr beim »kleinen A-Dur-Intermezzo von Brahms« (op. 76 Nr. 6 oder op. 118 Nr. 2) Lebewohl sagte. Aus Almas *Erinnerungen* geht nicht klar hervor, wann genau das geschah, vermutlich nach dem 1. Januar 1910, als Mahler in einem Brief an den Jugendfreund Guido Adler, den er wegen der Zweifel Adlers an Alma heftig schalt.[28] Alma berichtet von einem schweren Schlag für Mahler, der mit eigenen Ohren erfahren musste, dass Alma einen Flirt mit dem Pianisten Ossip Gabrilowitsch gehabt hatte: »In New York dann, viel später, sagten wir uns an einem Abend tieftraurig Adieu. Gustav Mahler war schlafen gegangen. Ossip Gabrilowitsch spielte mir noch einmal – ein letztes Mal – das kleine Intermezzo in A-Dur von Brahms vor, das ich so liebe, und er hat dieses Stück

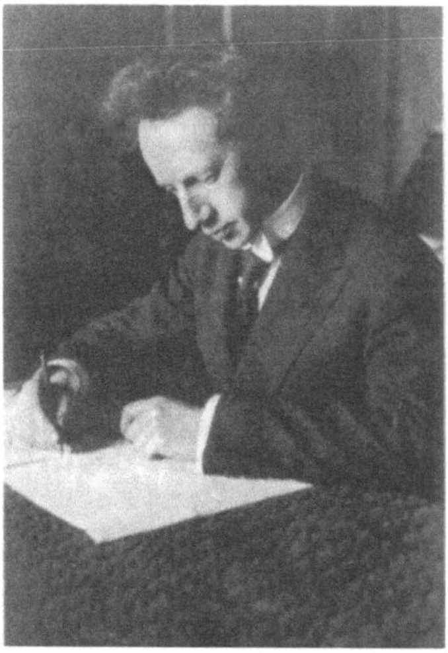

Der Pianist Ossip Gabrilowitsch

bestimmt nie wieder so schön gespielt. Wir waren glücklich über unseren Sieg – aber Mahler hatte gehorcht, und es kam zu einer großen Aussprache […]. Gustav Mahler glaubte mir, war aber über das Ganze so verzweifelt, daß ich die Nacht über vor dem offenen Fenster im elften Stock stand und um die Hilfe Gottes bat, mir die Kraft zu geben, diesem unseligen Leben ein Ende zu machen.«[29]

## Spannungen mit der »Philharmonischen Gesellschaft«, Misserfolge, gedämpfte Stimmung: »Resigniert saß er da, … Mit Wehmut suchte ich den Feuergeist von einst. – Er war milde und traurig geworden.« *(Leo Slezak)*

Als Mahler die New Yorker Philharmonie übernahm, waren ihm zwar die gewerkschaftlichen Auflagen bekannt, unter denen er Musiker aus Europa verpflichten konnte, doch hatte er noch nicht mit einigen von den »Unions« durchgesetzten Sonderbedingungen gerechnet, die ihm größte Schwierigkeiten bereiteten. Ein Brief an Bruno Walter, kurz vor Weihnachten 1909, in dem Mahler seinen in Wien wirkenden jüngeren Freund bat, den tüchtigen Schlagwerker des Wiener Konzertvereins, Albert Hohmann, für einen zeitlich begrenzten Vertrag bei den New Yorkern zu gewinnen, gibt interessante Einblicke in die protektionistischen Gebarungen der amerikanischen »Unions« am Beginn des vorigen Jahrhunderts: »[…] mit der hiesigen Union gibt es ekelhafte Schwierigkeiten: – Sie untersagen nämlich die Importation eines Musikers […]. Es ist daher nur ein Mittel für H[errn] *Hohmann* – nämlich *ohne* Kontrakt hieherzukommen; 6 Monate ohne Unterbrechung sich hier aufzuhalten, *keiner* Menschenseele ein Wörtchen davon verraten, daß er bei mir engagirt ist. […]«[30]

Der erste Teil der Saison 1909/10 brachte den Höhepunkt der Rivalität Toscanini-Mahler in New York. Die Kampfplätze waren zwar verschieden, Toscanini an der »Met« und Mahler als Chef des »Philharmonischen Orchesters«, Opernchef der eine und Konzertdirigent der andere. Doch der Umstand, dass Mahler Toscaninis Vorgänger an der Metropolitan Opera und dort als Wagner-Dirigent unumstritten gewesen war, während Toscanini italienische Stil- und Spieltraditionen einführte und selbst Wagner im Geiste der italienischen Oper interpretierte, machte einen Vergleich zwischen beiden unausweichlich. Toscaninis *Tristan*, Ende November 1909, der ganz allgemein als eine Herausforderung an die Adresse des Vorgängers verstanden wurde, war ein Triumph: Die gesamte Presse überschlug sich in enthusiastischen Kommentaren und Lobpreisungen: »Unbeschreibliche Exaltierung, überwältigende Höhepunkte und glühende Leidenschaft die ganze Oper hindurch«, schrieb Richard Aldrich von der *New York Times*. Selbst der sonst so distanzierte und kühle Henry Krehbiel war hin und weg und schwärmte: »So eine nuancierte Perfektion der Phrasierung und des Klanges!«[31] In ihren Erinnerungen erwähnt Alma dieses aufregende, für Mahler demütigende Opernerreignis, dem beide beiwohnten, nur mit ein paar Sätzen: »Mochte Toscanini den Tristan noch so wohlausgefeilt dirigieren, Wagner kam uns unter seiner Leitung immer übernuanciert vor.«[32]

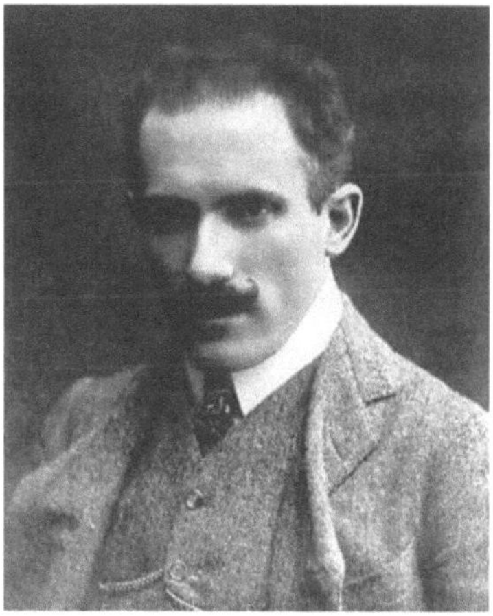
Arturo Toscanini 1908

Mahler blieb indes nicht untätig und begeisterte an der Spitze des Philharmonischen Orchesters mit einer inspirierten *Symphonie fantastique* von Hector Berlioz am 6. und 7. Januar 1910 Publikum und Kritik. »Eine lebendige und kräftige Konzeption der Partitur«, lobte ohne Einschränkungen Richard Aldrich von der *New York Times* und hob die zahlreichen Kontraste und den »elementaren Rhythmus« von Mahlers Interpretation hervor. Henry Finck von der *New York Evening Post* bezeichnete Mahlers Interpretation als »Wunder« und fand, dass diese *Phantastische* sogar jene von Felix Weingartner, der als Berlioz-Spezialist galt, in den Schatten stellte und so stürmisch klang, als hätte Safonow das Scherzo von Tschaikowsky *Pathétique* dirigiert oder »Paderewski eine Liszt-Rhapsodie gespielt.« Mahlers Erfolg war noch nachhaltiger durch den kolossalen Erfolg, den Ferruccio Busoni unter seiner Leitung mit Beethovens *Fünftem Klavierkonzert* errang:

»Die poetische Freiheit der Phrasierung war so faszinierend, dass er vom Publikum fünf Mal gerufen wurde«, schrieb derselbe Henry Finck über Busoni. Und Leonard Liebling vom *Musical Courier* fand Busonis Technik so phänomenal, dass man sie wie eine Selbstverständlichkeit bestaunte: »Busonis Technik besitzt einen Tonkörper und eine Tonseele, hat eine intellektuelle Richtung und klare Vorstellungen vom Werk [...]. Er vereint in sich die Mentalität von Bülow, die Technik von Liszt und das glühende Temperament von Rubinstein.«[33]

Doch dann kamen die Rückschläge. Nach dem folgenden Konzert, das dritte des Beethoven-Zyklus, in dem Mahler bei stürmischem Wetter in einer schwach besetzten Carnegie-Hall die *Fünfte* und *Sechste* von Beethoven dirigierte, begannen die Kritiker wieder mit der gewohnten Schärfe Mahlers Eingriffe in Beethovens Instrumentierung zu ahnden. Henry Krehbiel war von den Freiheiten, die sich Mahler nahm, wie »geschockt«, William Henderson irritierten die raschen Zeitmaße in der *Pastorale* und Richard Aldrich fand in der *Fünften* die Akzente gewalttätig und übertrieben. Die Kritik wurde noch lauter, als Mahler auf den ausdrücklichen Wunsch des Komitees hin an Tschaikowskys *Sechste* ging, die wohl beliebteste russische Symphonie, als deren idealer Interpret in New York der charismatische Tschaikowsky-Freund Wassilij Safonow galt. Wie Mahler dem Orchester zu verstehen gab, anerkannte er Tschaikowsky Symphonien nicht als solche, und er probte die Sätze eher widerwillig. Die Kritik fiel dann entsprechend verheerend aus. Eine solch ungenügende Interpretation der *Pathétique* habe es seit Damroschs Erstaufführung in New York noch nicht gegeben, schrieb der sonst Mahler wohlgesinnte Henry Finck, und Max I. Smith von der *New York Press* meinte, für diese Symphonie bräuchte es »den Impuls eines warmen Temperaments, eine Persönlichkeit, die für das sinnliche Appeal der Musik offen sei.«[34] Wenn man dem russischen Komponisten Benjamin Kohon glauben darf, war auch Rachmaninow, der sein erfolgreiches *Drittes Klavierkonzert* am 16. Januar 1910 im »populären Zyklus« der »New York Philharmonic« wiederholte, über Mahlers Begleitung enttäuscht, wenngleich er später die Ansicht vertrat, dass einzig Mahler dem großen deutschen Dirigenten Arthur Nikisch ebenbürtig sei.[35] Am Tag nach dem Konzert mit Rachmaninow gab Mahler mit seiner »Philharmonic« ein Gastspiel in der Musikakademie von Philadelphia mit einem erfolgssicheren Programm: u. a. Beethovens *Fünfter*, *Till Eulenspiegel* und dem *Meistersinger*-Vorspiel. Da am Vortag Toscanini seinen New Yorker *Tristan* mit Johanna Gadski als Isolde dirigiert hatte und die New Yorker »Philharmonic« in Philadelphia neu war, trat Mahler vor einem halbleeren Saal auf. Die Kritik zeigte sich zwar von Mahlers »feurigem Temperament, das wie ein Tornado auffuhr«, angetan, hob auch Energie, Klarheit und Formsinn in Beethovens *Fünfter* hervor und bescheinigte Mahler die unzweifelhafte Autorität eines »Feldmarschalls«, doch stufte sie die Qualität des Orchesters im Vergleich mit »gewissen anderen« als geringer ein: gemeint waren die Orchester von Philadelphia und Boston. [36]

Die Beziehungen zum Komitee der Philharmonie waren inzwischen auch nicht mehr dieselben wie früher. Ferruccio Busoni war während der Proben zu Berlioz' *Symphonie Phantastique* Zeuge eines polemischen Auftritts der Vorsteherin des Komitees, Mrs. Mary Sheldon, die vor dem Orchester an die Adresse Mahlers äußerst aufgebracht ein unverständliches »This will never do!« in den Saal geschrien haben soll. Busoni erklärte später der *Vossischen Zeitung* gegenüber: »Es ist bekannt, dass diese Frau [...] Mahler das Leben unmöglich gemacht hat.« [37]

Aus den von de La Grange vollständig aufgelisteten Zeitungsrezensionen für die zweite Hälfte der Saison 1909/10 entsteht ein Bild wechselnder Erfolge und Rückschläge in der Gunst des Publikums wie der Kritik. Als »Highlight« bezeichnet de La Grange Mahlers Interpretation der *Dritten* von Brahms, [38] während sich die Fehlbesetzung des *Klavierkonzerts* von Schumann mit dem unberechenbaren und psychisch labilen ungarischen Pianisten Joseph Weiss zu einem Debakel gestaltete. Nachdem Mahler dem armen Pianisten ein lukratives Engagement verschafft hatte, beschimpfte ihn dieser und warf Mahler bei der Generalprobe sogar die Noten vor die Füße. Der in letzter Minute und ohne Probe spielende Ersatz-Solist, der in New York lebende Triestiner Pianist und Komponist Paolo Gallico, spielte schlecht und ruinierte das Konzert. [39] Nach den Zeitungsmeldungen, dass Mahler vom Pianisten geschlagen worden sei – »Weiss hits Mahler on the head« –, strömte das Publikum besonders zahlreich in die Carnegie-Hall und war von Gallicos miserabler Darbietung – mit aufgeschlagenem Klavierpart – enttäuscht. Aber noch mehr waren es die Ladies des Philharmonischen

Komitees. De La Grange zitiert dazu ein öffentliches Dementi, das Stimmen von einer vorzeitigen Auflösung des Vertrages mit Mahler entgegentrat, ein klares Indiz, dass hinter den Kulissen bereits über das Ende der Ära Mahler in der New Yorker Philharmonie nachgedacht wurde. Hinter dem lapidaren Satz »Mahlers Vertrag wird vor Ende der nächsten Saison nicht aufgelöst werden« konnten Eingeweihte bereits unschwer die Ankündigung der Nichtverlängerung des Vertrages mit Mahler lesen.[40]

Bereits bei den nächsten beiden Konzerten, am 3. und 4. Februar, in denen Mahler vor halbleerem Saal Straussens symphonische Dichtung *Don Juan* und Schumanns *Vierte* dirigierte, registrierte der Kritiker Henry Finck, der Mahler günstig gewogen war, eine gewisse Nervosität Mahlers im willkürlichen Beschleunigen der Zeitmaße von Schumanns Symphonie.[41] Mit einem gelungenen Wagner-Programm zum Todestag des Meisters am 13. Februar konnte sich Mahler zwar vorübergehend rehabilitieren, doch schon das folgende Konzert mit Ouvertüren von Berlioz und Tschaikowsky sowie drei *Nocturnes* von Debussy erhielt, trotz einiger positiver Kommentare von Seiten der Kritik, geringen Publikumsapplaus. Henry Krehbiel registrierte »Totenstille« von Seiten des Publikums nach dem ersten Nocturne von Debussy, und Sylvester Rawling von der *New York Evening World* fand, dass Mahler keinen Bezug zur »ätherischen, mystischen und abstrakten Tonessenz« französischer Musik habe, da sein Schlag viel zu scharf und direkt sei.[42]

In der letzten Februar-Woche ging Mahler mit einem 96 Mann starken Orchester auf eine kleine Amerika-Tournee, die in kleinere Städte von Connecticut, Massachusetts und Rhode Island sowie nach Boston führte. Das Programm, das von Stadt zu Stadt variierte, umfasste die von Mahler arrangierte Bach-Suite, Griegs *Klavierkonzert* mit der texanischen Pianistin Olga Samaroff, Mozart-Arien mit der Sopranistin Corinne Rider-Kelsey, Wagners *Meistersinger*-Vorspiel, *Till Eulenspiegel* von Strauss und Berlioz' *Symphonie fantastique*, also Stücke aus seinen erfolgreichsten Konzerten. Die Agentur, die alle Konzerte organisierte, präsentierte Mahler als »the World's Greatest Symphony Conductor«. In New Haven, der ersten Stadt der Tournee, nahm deshalb ein Rezensent den Auftritt Mahlers zum Anlass, seine Dirigiertechnik zu definieren:

> Auf den ersten Blick erscheint Mahlers Dirigieren erratisch, ein einziges konfuses Zig-Zag von auf und ab, von quer und rundum, bald rasch, bald langsam, bald gedehnt, bald kurz. Doch bei genauerem Hinsehen wird man gewahr, dass jede seiner Bewegungen etwas andeutet und suggeriert. Das Tempo im üblichen Zeitmaß zu schlagen wäre ja für ein so gut trainiertes Orchester wie die ›Philharmonic‹ vollkommen überflüssig, sodass dem Dirigenten nur die Aufgabe zukommt, da und dort anzuregen und hervorzuheben […]. Herr Mahler ist ein Dirigent, dem es wenige gleichtun. Am gestrigen Abend hat er seine ganze Potenz bewiesen.[43]

Ein anderer Kritiker schrieb: »Mahler dirigiert sein Orchester wie ein General. Er ist ein Kommandant.«[44] In Springfield, der nächsten Station, schrieb ein Kritiker, dass Mahler mit seiner Interpretation der *Symphonie fantastique* die Zuhörer förmlich von den Stühlen riss und mit *Till Eulenspiegels lustigen Streichen* seine vollkommene Beherrschung des Orchesterapparates zeigte. In Boston, in der großen, 2.600 Personen fassenden »Symphony Hall«, spielten die New Yorker unter Mahler außer Berlioz und Strauss die Mahlersche *Bach-Suite* und Beethovens *Dritte Leonoren-Ouvertüre.* Das Konzert war nicht gut besucht, teils weil die Bostoner, im Bewusstsein, das beste amerikanische Orchester zu besitzen, es nicht der Mühe wert fanden, ein fremdes, minderwertigeres anzuhören, teils weil in der Stadt gleichzeitig eine intensive Opern-Stagione in Gang war. Trotz des schwachen Besuches wurde die Leistung der »New Yorker« unter Mahler von der Kritik unvoreingenommen und größtenteils gut besprochen. Der Kritiker des *Boston Herald* sah im Dirigenten Mahler vor allem den Komponisten, der nicht als sensationeller Virtuose agierte, sondern sich in die Werke seiner Kollegen vertiefte, so »wie ein Genie ein anderes versteht«. Der Rezensent des *Boston Globe* bewunderte Mahlers Auftritt in der von ihm arrangierten Bach-Suite am Klavier, den Rücken zum Publikum und ohne Taktstock dirigierend. Kritische Töne kamen allein vom *Sunday Globe*, der das schlechte Zusammenspiel des Orchesters im *Till Eulenspiegel* und die Farblosigkeit der Streicher kritisierte.[45]

Nach New York zurück, trat Mahler am 5. März in der »Met« mit *Pique Dame* von Tschaikowsky und Leo Slezak in der Hauptrolle auf, seinem einzigen Gastspiel in der Saison 1909/10. Dazwischen dirigierte er ein weiteres symphonisches Programm im Beethoven-Zyklus und ein monographisches Wagner-Programm mit verschiedenen Opern-Vorspielen.

Leo Slezak hat seine Eindrücke über Mahler einem ausführlichen Rückblick auf die Zeit von der Wiener Hofoper bis zur New Yorker »Met« anvertraut und darin vor allem die auffällige Veränderung des einstmals autoritären und auffahrenden Direktors der Wiener Hofoper bis zum rasch alternden, resignierenden Dirigenten an der »Met« beschrieben:

> Nach Jahren traf ich ihn wieder in New York. Ein müder, kranker Mann. Wir hatten *Pique Dame* – Uraufführung für Amerika, am Metropolitanopernhaus. Bei den Proben meist er und ich allein. Die anderen kamen oft gar nicht. Selten bekam er sein Ensemble zusammen. Resigniert saß er da, mit mir, ein anderer. – Mit Wehmut suchte ich den Feuergeist von einst. – Er war milde und traurig geworden.[46]

Dieses Mal galt die Aufmerksamkeit der Kritik nicht Mahler, sondern der Oper Tschaikowskys, die New York zum ersten Mal hörte, und Leo Slezak, der die Rolle des Hermann sang. Die Leistung Slezaks war so herausragend, dass mehr als ein Rezensent verlautbarte, diese Rolle sei dem Tenor auf den Leib geschrieben.

Mitten in der Opern-Tätigkeit an der »Met« dirigierte Mahler drei monographische Konzerte, ein Liszt-Wagner-Programm am 2. März, das vorletzte in der Beethoven-Reihe am 4. März und ein »All Tschaikowsky Program« am 6. März. Alle Programme waren ein Rekapitulieren und Zurückgreifen auf Werke, die Mahler mit der Philharmonie schon früher erarbeitet hatte und selbst gut kannte. Dies galt vor allem für das Liszt-Wagner-Programm, das aus Liszts *Les Préludes* und *Mazeppa* sowie Vorspielen und Arien zu *Meistersinger*, *Walküre*, *Der Fliegende Holländer*, *Lohengrin* und *Parsifal* bestand. Eine Novität war lediglich im Konzert des Beethoven-Zyklus zu hören, die selten gespielte *Namensfeier-Ouvertüre,* zusammen mit dem *Dritten Klavierkonzert* mit Yolanda Merö und der *Siebten Symphonie.* Der Kritik fielen vor allem die Extreme der Zeitmaße in der Symphonie auf: sehr rasch und vehement die Ecksätze, sehr langsam das *Allegretto.* Einen Tag nach der *Pique Dame*-Premiere dirigierte Mahler in Brooklyn ein vollständiges Tschaikowsky-Programm, u. a. die Symphonie *Pathétique* und das *Erste Klavierkonzert* mit Josef Lhevinne als Solisten. Da Mahlers Interpretation der *Sechsten* von Tschaikowsky schon im Januar Gegenstand eingehender Besprechungen gewesen war, wandten sich die meisten Kritiker dieses Mal dem brillanten Spiel des in Amerika gefeierten russischen Virtuosen Lhevinne zu, dessen überragende technische Beherrschung des schwierigen Werks alle begeisterte.

Im darauf folgenden Konzert der Hauptsaison mischte Mahler wiederum Klassisches und Bekanntes mit Zeitgenössischem. Der effektvollen Tondichtung *Tod und Verklärung* von Strauss und dem Brahms-*Violinkonzert* mit Fritz Kreisler als Solisten stellte er Debussys *Prélude à l'après-midi d'un faune* und als Uraufführung Busonis *Turandot-Suite* gegenüber, wiederum ein Werk, mit dem weder das Publikum noch die Kritik etwas anfangen konnten. Richard Aldrich von der *New York Times* meinte, das sei »keine Musik, die man ernst nehmen könne«, während für den gestrengen Krehbiel diese Suite besser in einem »popular concert« aufgehoben gewesen wäre.[47]

Ein Zeitzeuge, der russischstämmige Pianist und Kritiker Samuel Chotzinoff, der dieser Busoni-Uraufführung am 10. oder 11. März unter Mahler beiwohnte, liefert eine eindrucksvolle Beschreibung von Mahlers Einsamkeit in jener Zeit im New Yorker Musikleben:

> Ich war sehr betroffen von der Einsamkeit dieses Mannes. Mahler schien völlig isoliert und allein zu sein. Er wurde vom Publikum nicht geliebt und dirigierte vor immer weniger Zuhörern. Dieser Mangel an öffentlicher Anerkennung ärgerte mich sehr, bereitete mir insgeheim aber auch die Genugtuung, mich als einer der Auserwählten fühlen zu dürfen, als einer der wenigen Kenner, die sich nicht von Virtuosität blenden ließen, sondern die höheren Qualitäten der Interpretationskunst zu schätzen wussten.
>
> Mir war einiges über die Unzufriedenheit des Vorstandes der Philharmonic Society mit Mahlers Programmgestaltung zu Ohren gekommen. Man warf ihm vor, daß seine Programme viel zu karg und streng für die breite Öffentlichkeit seien, und man unternahm vergebliche Versuche, ihn dazu zu bringen, ein populäres Repertoire, wie etwa die stets beliebten Tschaikowsky-Symphonien, zu spielen. Die Standhaftigkeit des Dirigenten steigerte meine Hochachtung für ihn nur noch.
>
> Jedenfalls brach mir schon das Herz, wenn er in der Carnegie Hall aufs Podium kam und einem nur zur Hälfte gefüllten Saal gegenüberstand. An eine Sonntag-Matinée erinnere ich mich noch ganz genau. Das Publikumsinteresse war an diesem Vormittag außergewöhnlich gering. Mahler brachte unter anderem zwei Auszüge aus der Oper *Turandot* von Busoni,

> der in einer der Logen selbst anwesend war. Die beiden Stücke erhielten so gut wie gar keinen Applaus, so daß Mahler beim besten Willen das Publikum nicht auf den Komponisten hinweisen konnte. Eine Weile stand er unschlüssig in der beängstigenden Stille, dann verließ er niedergeschlagen die Bühne.[48]

Die letzten drei Programme, die Mahler in dieser Saison dirigierte, ein außerordentliches am Ostersonntag, 27. März, zugunsten des Pensionsfonds der Orchestermitglieder, eines am 30. März in der Reihe der »historischen Konzerte« und das letzte am 1. April in der Hauptserie der Saison, fassten noch einmal Mahlers Programmphilosophie zusammen: das Benefizkonzert als ein variables Potpourri mit der Wagner-Ouvertüre zum *Fliegenden Holländer*, der Beethovenschen *Dritten Leonoren-Ouverüre* in Verbindung mit mehreren Opern-Arien und Chor-Auftritten, Vieuxtemps *5. Violinkonzert* mit dem Konzertmeister Spiering und *Les Préludes* von Liszt, das Konzert in der Reihe »historische Programme« mit Werken von Bruckner, Richard Strauss und Pfitzner und Beethovens *Neunter* zum Abschluss der Saison als Ganzes. Während das Benefiz-Konzert »zum Wohle« der Orchestermitglieder gut besucht war, wurde das »historische Programm« vor halbleerem Saal gespielt. Die Kritik lobte zwar Mahlers kongeniale Interpretation der *Vierten* von Bruckner und die schäumend brillante Darbietung von Strauss' *Till Eulenspiegel*, verwarf aber Pfitzners Ouvertüre zu *Das Christelflein* mit Bezeichnungen wie »altmodische Melodik« und »Kapellmeistermusik ohne eine Spur von Originalität«. Mit Beethovens *Neunter* und der ihr verwandten *Chorphantasie* beschloss Mahler am 1. und 2. April seine erste Saison an der Spitze der »New York Philharmonic«. In der nicht ausverkauften Carnegie-Hall war der Publikumserfolg dennoch durchschlagend, wenngleich sich die Rezensenten wiederum in Mahler-Kritiker und Mahler-Verehrer teilten. Max Smith von der *New York Press* verglich Mahlers Interpretation mit jener des Vorjahres und stellte allerlei Deutlichkeits- und Konzentrations-Mängel fest und fand, dass diese »Darbietung die Zuhörer kalt« gelassen habe. Richard Aldrich von der *New York Times* berichtete von einer »eloquenten, tief dramatischen und gespannten« Interpretation, wenngleich er einschränkte, dass Mahlers Lesart der Symphonie manchmal zu »stürmischen Exzessen« neige. Dagegen fand Henry Finck Mahlers Verständnis der *Neunten* vollkommen im Einklang mit dem Temperament Beethovens, der ebenso wenig weiche und freundliche Töne gemocht und sich meist von der sturen und stürmischen Seite gezeigt habe. Ebenfalls begeistert war Herbert Peyser, der für diese *Neunte* die Worte »stupendous, colossal, overwhelming, indescribable« fand. Leonard Liebling rügte im *Musical Courier* nicht Mahler, sondern das New Yorker Publikum, das in der abgelaufenen Saison Mahlers Konzerten weitgehend ferngeblieben war: »Sollten unsere städtischen Musikliebhaber in der nächsten Saison nicht massenweise zu den von Mahler geleiteten philharmonischen Konzerten strömen, dann werden sie sich das als Schande für fehlenden Lokalstolz und mangelndes Kulturbewusstsein zuschreiben müssen.«[49]

Obwohl Mahler am 30. März in einem Interview mit der *New York Times* seine Zufriedenheit über das Erreichte bekundete und seinen Willen unterstrich, in der nächsten Saison vertragsgemäß seine Arbeit fortzusetzen, wurden da und dort Stimmen laut, Mahler sei nach den ständigen Querelen mit der Orchestergewerkschaft und wegen des mangelnden Publikumsinteresses Amerika-müde. Diese Gerüchte, die teilweise von ausländischen Zeitungen stammten – namentlich von der deutschen *Neuen Musik-Zeitung* –, fanden bald auch ein Echo in New York, wo der *Musical Leader* am 14. April den Gerüchten durch die Nachricht, Mahler könnte bald die New Yorker Position aufgeben, neuen Auftrieb gab.[50] Mahler war zu dieser Zeit noch in New York, wo er die folgende Saison vorbereitete und Interviews gab. So veröffentlichte die *New York Tribune* am 3. April ein längeres Gespräch mit ihm, in dem Mahler seine Einstellung zu Stil und Fortschritt in der Musik auseinandersetzte. Er verstehe nicht, warum man Strauss »dekadent« nenne. Er selbst bewundere ihn, wie er auch Debussy bewundere. In Bezug auf die zeitgenössische Musik müsse man wissen, dass alle Dinge sich in einem Durchgangsstadium befänden, dass es nur darauf ankomme, sich ehrlich auszudrücken, egal ob einer dabei die überkommenen Regeln verletze. Er verabscheue jede Form »dogmatischer Kritik«, ebenso die modernen Exzesse. Das »Radikale von heute«, sagte er, sei »das Konservative von morgen«. Sich selbst würde er eher als einen »skeptischen Enthusiasten« bezeichnen.[51]

## Zurück nach Europa – Aufführung der »Zweiten« in Paris:

**»Schattenbilder haben in Deutschland sein Mienenspiel, das einer sich windenden Katze am Dirigentenpult gleicht, bekannt gemacht …«**

*(Romain Rolland über den Dirigenten Gustav Mahler)*

Was Mahler schon Guido Adler am Beginn des Jahres bestätigt hatte, dass er sich nämlich »im ganzen frischer und wohler« fühle als 10 Jahre zuvor,[52] teilte er auch seiner Schwester Justine im März mit, als er sie aufforderte, ihm nach Paris entgegenzufahren, wo er im April zwei Wochen zur Aufführung seiner *Zweiten* verweilen würde: »Liebste Justi! […] Mir ist [es] heuer merkwürdig gut gegangen, und ich bin selbst erstaunt, wie gut ich alle Strapazen überstehe. – Ich bin entschieden arbeitsfähiger – und freudiger, als seit 10 Jahren.«[53]

Im Vollbesitz seiner Kräfte ging Mahler noch vor seiner Abreise daran, seine Gedanken für die kommenden europäischen Verpflichtungen zu ordnen. Am 11. April wurde er in Paris erwartet, wo Gabriel Pierné mit dem jungen Pierre Monteux das Colonne-Orchester mit seiner *Zweiten* vertraut machte. Mahler bestieg am 5. April die »Kaiser Wilhelm II« und landete wegen rauer See erst am 11. April in Cherbourg. Er stieg, wie schon das Jahr zuvor, im »Hotel Majestic« ab und nahm gleich Kontakt mit den Veranstaltern auf: insbesondere mit Alfredo Casella, der in unermüdlicher Arbeit ein halbes Jahr lang die rivalisierenden Pariser Konzertvereinigungen, die »Société des Grandes Auditions Musicales« und die »Société des Amis de la Musique« für das Unternehmen gewonnen hatte und die Disponenten des Orchesters mit der Organisation und dem Ablauf der Vorbereitungen für das große Werk vertraut machte. Von Casella musste Mahler erfahren, dass das Colonne-Orchester, das um den unlängst verstorbenen Gründer Édouard Judas Colonne trauerte, nur ein- oder zweimal geprobt hatte und dass von den zugesicherten vier Proben nur noch drei übrig geblieben seien, da die letzte am 16. April als offene Generalprobe angesetzt werden musste. Wie Alma erzählt, schienen die Musiker, namentlich die Sänger und der Chor, diese Proben sehr locker zu nehmen, denn sie kamen entweder nicht zur Probe oder »gingen […] wieder weg, wann es ihnen passte«. Da dieses Konzert die erste Begegnung mit dem

Komponisten auf französischem Boden darstellte, waren Besuche und Empfänge für Mahler schon im Vorfeld der Aufführung unerlässlich. Alma erzählt von einem Empfang, den der Chef des Orchesters, Pierné, Mahler zu Ehren gab, bei dem nicht nur dessen engste Freunde, Paul und Sophie Clemenceau, anwesend waren, sondern auch die Crème de la Crème der französischen Musik: Claude Debussy, Paul Dukas, Alfred Bruneau und Gabriel Fauré. Alma berichtet, dass sich Mahler in dieser Gesellschaft, in der vor allem Debussys unnahbares, individualistisches Gehabe auffiel, »unwohl und fremd fühlte«.[54]

In der Pariser Musikszene rührte inzwischen der unermüdliche Alfredo Casella als Propagandist für Mahler die Werbetrommel. Der geniale Italiener, der nicht selten Mahler-Symphonien »a quattro mani« spielte, nutzte sein Können und seine guten Beziehungen in der lokalen Musikszene, um das Pariser Ambiente für Mahler so günstig wie nur möglich zu stimmen. Noch während Mahler mit dem Colonne-Orchester probte, erschien in der Revue *Le Monde musical* aus seiner Feder ein langer Artikel über Mahlers historische Stellung in der Beethoven-Nachfolge, eingeleitet von einer eindrucksvollen Personenbeschreibung:

> Eine ausgesprochen hohe Stirn. Unter dieser Stirn, hinter großen Gläsern, leuchten zwei dunkle Augen von sonderbarem Glanz und verleihen dem Gesicht den Ausdruck eines eisernen Willens, der von einer kräftigen Nase und einem besonders hervorstehenden Kinn noch zusätzlich verstärkt wird. Ein delikater, beinahe weiblicher Mund, der oft von einem kindlichen Lächeln und unendlicher Freundlichkeit überzogen wird, steht in starkem Kontrast zur oberen Hälfte des Gesichts, das ständig von unzähligen nervösen Ticks gestört wird.[55]

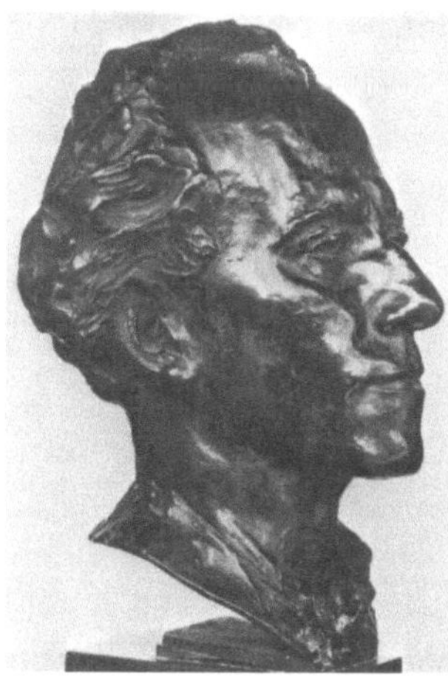

Gustav Mahlers Büste von Auguste Rodin

Einen ähnlichen Eindruck von Mahlers Auftreten hatte ein paar Jahre zuvor auch Romain Rolland gehabt:

> Ein langes, glattrasiertes Gesicht, die Haare über einem spitzen Schädel zerzaust, eine freie Stirn, die Augen fortwährend hinter der Brille blinzelnd,

> eine starke Nase, einen Mund mit schmalen Lippen, eingefallene Wangen. Sein Ausdruck ist asketisch, ironisch und verwüstet. Er ist von einer außerordentlichen Nervosität, und Karikaturen, Schattenbilder haben in Deutschland sein Mienenspiel, das einer sich windenden Katze am Dirigentenpult gleicht, bekannt gemacht.[56]

Casellas Verehrung für Mahler beruhte auf der Überzeugung, dass Mahler der Vollender des von Beethoven in der *Neunten* mit der *Hymne an die Freude* aufgezeigten symphonischen Weges sei. Dieser Meinung schien sich die musikalische Elite Frankreichs nicht anzuschließen, denn bei der Aufführung der *Zweiten* an einem Sonntagnachmittag, am 17. April, im Auditorium des Théâtre du Châtelet, wo sich neben der Gönnerin Comtesse Greffulhe in Begleitung des italienischen Priesterkomponisten Lorenzo Perosi eine breite Nobel- und Politiker-Elite einfand, standen – laut Almas Bericht – einige der wichtigsten Repräsentanten der französischen Musik – Claude Debussy, Paul Dukas und Gabriel Pierné – »mitten im zweiten Satz auf« und verließen den Saal, anscheinend, weil ihnen Mahlers Musik »zu Schubertisch« vorgekommen sei.[57] Ob nun Almas Beobachtungen zutreffend waren oder nicht ganz den Vorfällen entsprachen – de La Grange, der Almas Version bezweifelt, ist der Sache nachgegangen und hat Überlebende nach dem ungebührlichen Verhalten einiger befragt[58] –, die Aversion der Franzosen gegen eine so dezidiert deutsche Musik wie jene Mahlers lässt diese demonstrative Ablehnung durch Hinausgehen plausibel erscheinen. Vor allem mag der Bericht auf Debussy zutreffen, dessen musikalischer Chauvinismus gegenüber der deutschen Musiktradition an schiere Allergie grenzte. Und Debussy war nicht der einzige, denn während des Konzertes wurden neben »Encore«-Rufen auch Schreie wie »À bas la musique allemande!« vernommen. Der französische Musik-Chauvinismus hatte seine Wurzeln einerseits in der für Frankreich demütigenden Niederlage im Deutsch-Französischen Krieg von 1870 und andererseits im Bestreben der jüngeren französischen Komponistengeneration, einen eigenen nationalen Weg zu finden und sich von der Chromatik Wagnerscher Prägung abzusetzen. Wie sehr Debussy, der Anführer der französischen Modernen, nationalistische und revanchistische Gefühle hegte, beweist sein von Jean Barraqué überlieferter Ausspruch während des Ersten Weltkrieges: »Seit man Paris von diesen lästigen Ausländern gesäubert hat, sei es durch Erschießen, sei es durch Ausweisung, ist es augenblicklich ein reizvoller Ort geworden.«[59] Mahler galt in Frankreich pauschal als deutscher Komponist, weshalb ihn die offizielle Musik und die Medien weitgehend ignorierten. Romain Roland war da etwas genauer und unterschied zwischen dem »Deutschen« Richard Strauss und Mahler als dem »Hauptvertreter der süddeutschen Musik«.[60] William Ritter, der wie Casella unermüdlich für Mahler warb und sich dafür bei der französischen Presse verwandte, musste resignierend feststellen: »Die französischen Zeitungen und Fachzeitschriften stellten sich gegenüber jedem, der das Thema Mahler anspricht, taub.«[61] So fiel auch die Kritik zum Konzert mit der *Zweiten* eher moderat bis reserviert aus, obwohl die Aufführung zu einem großen Publikumserfolg wurde. Gabriel Fauré und Paul Dukas, die von Zeit zu Zeit Rezensionen schrieben, schwiegen. André Lamette von *Le Guide musical* fand, dass der Symphonie ganz einfach »die Schönheit abgeht«. Joseph de Marliave von der *Nouvelle Revue* nannte die Symphonie ein »großes Fresko, das willkürlich in fünf Bilder unterteilt« sei, im »zweiten Satz wie Sacharin-Süße« schmecke und im *Scherzo* viel zu laut und ohne Charakter« klinge. Der Kritiker des *Le Figaro* stellte sich die Frage, ob das applaudierende Publikum nur von den äußerlich wirkenden, gewaltigen Effekten angezogen worden war oder ob die Symphonie nicht vielleicht doch einen tieferen Sinn geoffenbart hätte. Er fand, dass sie als Ganzes großräumig, kolossal und erhaben sei, dass ihr jedoch die Balance fehle und dass sie ohne Programm noch Kommentar unverständlich sei. Auch Gabriel Prod' homme vom *Paris-Journal* gestand, dass einen die *Zweite* von Mahler nicht kalt lassen könne, bestätigte aber das Vorurteil der französischen Moderne, dass die Mahlerschen Themen »déjà vu« seien, wie jenes der Trompete im *Scherzo*, »das von Puccini stammen könnte«, ganz zu schweigen von der Harmonie, die man als »traditionell« einstufen müsse. Ähnliche Einschränkungen machte Louis Schneider von *Gil Blas*: Mahlers Werk berge in sich »alle Vorzüge, aber auch alle Defekte des Genialen«, zumindest in Bezug auf Gleichgewicht und Ausgeglichenheit. Gleichwohl war Louis Schneider von Mahlers Gewalt über das Orchester beeindruckt:

> Dieser trockene, kleine Mann mit seinem schwarzen, ungekämmten Haar, nervösem Gehabe, gehemmten wiewohl weitläufigen Gesten, brauchte nur seinen Arm auszustrecken, um das Volumen des Orchesters zu erhö-

> hen. Man ist von seiner Silhouette wie hypnotisiert und hat den Eindruck, als wirke auf einen eine Kraft ein und zöge uns in ihren Bann.

Quer durch die französische Kritik ging der Vorwurf der Banalität der Themen. Gaston Carraud von *La Liberté* verteidigte Mahler in diesem Punkt, indem er unterschied: »Er benützt zwar Elemente von mittelmäßiger Qualität, aber ohne auf deren Mittelmäßigkeit zu beharren.« Allerdings sei Mahler seinem Vorbild Bruckner, was die »Qualität seiner Emotionen betrifft, unterlegen«. Wieder andere hörten wild romantische Anklänge. Paul Souday von *L'Opinion* charakterisierte Mahler als »einen Exzentriker, der mit seinem langen, dünnen und glatt rasierten Gesicht E.T.A. Hoffmann gleiche und mit der buschigen Haarmähne an Berlioz erinnere«. [62]

## Konzerte in Rom: »Mit dem Wörterbuch in der Hand beschimpfte er dieses allerdings elende Orchester …« *(Alma Mahler)*

Nach dem Pariser Auftritt fuhr Mahler unverzüglich nach Rom, wo ihn weitere Konzerte mit der »Orchestra Sinfonica dell'Accademia Nazionale di Santa Cecilia« erwarteten. Das Orchester war das Nachfolge-Ensemble der »Orchestra Sinfonica dell'Augusteo«, benannt nach dem Austragungsort ihrer Konzerte, dem »Augusteo«, das auf den Ruinen des Augustus-Mausoleums und des »Anfiteatro Corea« erbaut worden war und bis 1936 als Konzertsaal diente. Die Musiker des Orchesters der Akademie Santa Cecilia waren allerdings nicht mehr dieselben, die Mahler 1907 im selben Theater als »Augusteo-Orchester« dirigiert hatte, denn die große Auswanderungswelle, die am Beginn des Jahrhunderts in Italien in Gang war, hatte auch viele der schlecht bezahlten Orchestermusiker nach Südamerika verschlagen, und die, die geblieben waren, waren ohne einen verantwortlichen Chefdirigenten, der erst 1912 ernannt werden würde, ohne Richtung. Dem alten »Direttore principale« Luigi Mancinelli, von Haus aus Cellist und Opern-Komponist, war es nicht gelungen, dem Orchester eine straffe Disziplin beizubringen, auch weil der Schwerpunkt des italienischen Musiklebens, auf Grund des Fehlens einer gewichtigen symphonischen Tradition, in der Oper lag und die Orchestermusiker ihre technischen und stilistischen Standards mehr an dieser Institution orientierten als an den Symphoniekonzerten. Der erste wichtige römische Dirigent, der sich der symphonischen Musik annahm, war Bernardino Molinari. Er war in der Saison 1909/10, als Mahler nach Rom kam, bereits mit sieben Programmen vertreten und übernahm 1912 die Chefposition der »Orchestra Sinfonica dell' Accademia Nazionale di Santa Cecilia«, die er bis zum Zweiten Weltkrieg innehatte. In der Stagione des Orchesters von Santa Cecilia dirigierten außer Wassilij Safonow, Mahlers Vorgänger an der Spitze der »New York Philharmonic«, der französische Komponist und Mahler-Gegner Vincent s'Indy, der Autor des Opernhits *Cavalleria Rusticana*, Pietro Mascagni, der junge italienische Pultstar Vittorio Gui und Willem Mengelberg. Dieser war es, der Mahler bei seiner Ankunft in Rom größte Strenge bei den Proben nahelegte. Alma erzählt, dass sich Mahler dies nicht zweimal sagen ließ, sich ein italienisches Wörterbuch besorgte und mit wirkungsvollen italienischen Schimpfwörter bewaffnet, zur ersten Probe ging. Alma erinnert sich: »Mit dem Wörterbuch in der Hand beschimpfte er dieses allerdings elende Orchester [...]. Bei den Worten Mahlers, er wisse nicht, ob er es mehr für ›stupidità‹ als für ›indolenza‹ halten solle, sprangen einige Mitglieder auf und verließen den Probesaal. Nur mit Mühe konnte Mahler das Konzert zu Ende dirigieren, denn das ganze Orchester leistete passive Resistenz. Der Erfolg war demnach auch mäßig.«[63]

Mahlers römisches Programm wäre eigentlich sehr umfangreich gewesen. Sein Agent Emil Gutmann hatte für ihn drei Programme ausgehandelt: Mahlers eigene *Fünfte*, zwei Beethoven-Symphonien, Berlioz' *Symphonie fantastique*, Bruckners *Zweite*, Brahms' *Dritte*, Casellas Orchesterrhapsodie *Italia*. Laut de La Granges Nachforschungen wollte Mahler in Rom anstelle der geplanten *Zweiten* von Bruckner seine *Erste* aufführen, gab aber nach zwei Proben auf. Am Ende dirigierte Mahler nur zwei Konzerte, seine Bach-Bearbeitung, Straussens *Till Eulenspiegel*, Beethovens *Dritte Leonoren-Ouvertüre*, ein paar Opern-Vorspiele von Wagner samt *Siegfried-Idyll* und Tschaikowskys *Pathétique*. Das dritte Konzert sagte er kurzfristig ab. Der Eklat wurde auch in New York bekannt, wo die Presse den römischen Misserfolg bekannt gab und auch einige Sätze Mahlers, die dieser beim Verlassen der Probe an die Adresse des Orchesters von sich gegeben haben soll, zitierte: »Sie nennen sich Musiker. Mit welchem Recht? Die wissen von Musik gar nichts; das sind Schuhputzer, und nicht einmal dafür gut [...]. Ausgerechnet ich soll diese Briganten dirigieren. Mir ist in meiner Karriere noch nie eine solche Disziplinlosigkeit, eine solche Ignoranz begegnet.«[64]

Die Rezensenten indes stellten Mahler als einen der bedeutendsten europäischen Dirigenten dar, lobten die »magnifici contorni« der Bach-Suite, den »carattere poetico« des *Siegfried-Idylls* und ließen Unvollkommenheiten unerwähnt. In Wirklichkeit soll es in Tschaikowskys *Pathétique* wie in einem »Pandämonium« zugegangen sein, mit Sektoren des Publikums, das nach jedem Satz applaudierte und am Beginn des folgenden Satzes munter weiterquatschte, während ein verzweifelter Mahler mal heftig den Takt schlug, mal mit dem Dirigieren aussetzte.[65] Bei Alfredo Casella entschuldigte sich Mahler brieflich und versprach ihm, die ausgefallene Orchesterrhapsodie in New York nachzuholen.

# XI. Sommer 1910: die Katastrophe – Toblacher Trilogie, Teil drei

## Die Vorproben zur »Achten«: »Aber ich wäre überhaupt der Ansicht, daß ich zuerst nach Toblach gehe, mich eine Zeit dort auslüfte und regeneriere ...« *(Gustav Mahler)*

Zurück nach Wien am 3. Mai, kümmerte sich Mahler um die Drucklegung des *Lieds von der Erde* durch die Universal-Edition und stürzte sich in die bereits angelaufenen Teilproben zur *Achten.* Bruno Walter, der sich in Wien um das Engagement der geeigneten Gesangssolisten kümmerte, hatte er noch im April aus New York wissen lassen, dass er die Aufführung der *Achten* »rücksichtslos absagen« würde, wenn nicht alles nach seinen Vorstellungen lief.[1] In Wien hatte sich Franz Schalk der Chöre angenommen. Mahler ließ keine dieser Proben aus, saß geduldig in einer Ecke des Raums und war danach begierig zu wissen, wie die Chöre denn wirkten. Auch Schönberg und Alban Berg sollen, mit dem Klavierauszug in der Hand, einigen dieser Proben beigewohnt haben.[2] Dabei scheint am Beginn nicht alles zum Besten gelaufen zu sein. Das geht aus einem Brief Mahlers an Alma hervor, in dem er zwar die Frauenstimmen »famos« fand, sich aber über die »Nichtsnutzigkeit des Wiener Männergesangsvereins [...] mit 14 Mandeln« ausließ und die völlig falschen Tempi Schalks beklagte. Nachdem er seine Familie, Alma, Gucki und Gouvernante, nach Tobelbad in die Steiermark auf Kur begleitet hatte, durchstreifte er mit Carl Moll die weitere Umgebung Wiens auf der Suche nach einem geeigneten »Schlössl« als Alterssitz.

Über diese Erkundungsfahrt westlich von Wien, im Automobil des ehemaligen Studienkollegen und Chirurgen Dr. Josef Winter mit dessen Frau sowie Carl Moll, schrieb Mahler ausführlich an Alma und meldete, dass das Objekt in – Pöchlarn –, wenngleich in »herrlichster Situation« »ganz verwahrlost« und voller »Gelsen« sei. [3]

Es folgten weitere Chorproben mit dem Riedel-Chorverein in Leipzig, danach intensive Proben mit einem 300 Stimmen starken Kinderchor, Solisten und Orchester in München. Briefe, die Mahler aus Leipzig und München an Bruno Walter, Carl Moll und Alma schrieb, verraten hektische Korrekturarbeiten, Ausmerzen von Kopistenfehlern, Übertragung der Änderungen in die Partitur: »Probieren und Radieren«, aber auch Zufriedenheit über den Gang der Vorbereitungen, vor allem jener mit dem Orchester in München. In sechsstündigen täglichen Proben strengte sich Mahler auch physisch so sehr an, dass er am linken Arm eine Muskelzerrung davontrug. Am 18. Juni schrieb er Alma aus München: »Mein Almscherl! Heute die erste Gesamtprobe! Das war ein wahres Fegefeuer. – Wenn ich hier fertig bin, weiß ich nicht, was ich dann thun soll. – Meine Rundreisekarte geht Innsbruck-Toblach. – Falls Du wünschest, daß ich gleich zu Dir komme, müsste ich sie verfallen lassen, und via Wien fahren. Denn auf der anderen Seite fahre ich 8 Stunden mehr. – Aber ich wäre überhaupt der Ansicht, daß ich zuerst nach Toblach gehe, mich eine Zeit dort auslüfte und regeneriere, und dann, Dich abzuholen, auf ein paar Tage nach Tobelbad käme.« [4]

## Die Entfremdung zweier verschieden veranlagter Seelen: »... daß alles Lieben ein Zeugen, Schaffen ist, daß es eben ein physisches und geistiges Zeugen giebt, das der Ausfluß dieses ›Eros‹ ist.« *(Gustav Mahler)*

Das Unglück, das im Sommer 1910 über Mahler hereinbrach und seine Existenz zerrüttete, nahm im steirischen Tobelbad südlich von Graz seinen Anfang. Tobelbad war ein »physiatrisches Wildbad-Sanatorium«, das nach der vom Dresdner Naturheiler Dr. Lahmann entwickelten ganzheitlichen Methode auf vegetarischer Ernährung, Dampf-, Licht- und Luftbädern und vor allem auf der heilenden Wirkung des Wassers beruhte. Alma hatte sich zur Auskurierung ihres »nervösen« Leidens sechs Wochen Aufenthalt in diesem Sanatorium verschreiben lassen. Photos aus dieser Zeit zeigen eine korpulente Dreißigjährige, die ihre eheliche Unbefriedigtheit und den Frust über vermutliche Fehlgeburten oder Abtreibungen[5] offenbar durch Gewichtzunahme somatisierte. Alma traf am 1. Juni in Begleitung der sechsjährigen Tochter Anna und der englischen Gouvernante in Tobelbad ein. Mahler, der sie dahin begleitet hatte, fuhr am Tag darauf nach Wien zurück.

Überblickt man die 349 Briefe und Telegramme, die Mahler im Laufe seiner zehnjährigen Ehe mit Alma, seinem »Lieben« oder »Liebsten Almschili« schrieb, dann fällt eine fast gesetzmäßige Übereinstimmung der Dichte seiner Korrespondenz mit der Ernsthaftigkeit der ehelichen Krisen auf. Mahler nahm mit seinem von Angst belasteten Sensorium die Veränderungen in der Beziehung zu Alma mit größter Nervosität wahr. Juni und Juli 1909, als Alma in Levico weilte, war ein solcher von hektischer Korrespondenz begleiteter Krisensommer gewesen. Auch in diesem Frühsommer 1910 stieg Mahlers Brieffieber wieder an und war Indiz für die fortschreitende eheliche Zerrüttung. Mahler schrieb von seiner Probentournee im Zwei-Tage-Takt lange beschwörende Briefe. Jens Malte Fischer sind insbesondere Mahlers unübliche Geschenksideen für die »nervöse« Gattin aufgefallen, nämlich die Suche nach einem »Schlösschen«, das Almas Erinnerungsvermögen an ihr kindliches Zuhause stimulieren konnte, und die Bestellung eines Diadems zu deren Geburtstag, wozu sich der allem Tand abholde Ehemann früher nie herbeigelassen hätte.[6] Mahler spürte Almas fortschreitendes Abdriften, umso mehr als sie nur noch selten schrieb oder auf seine langen Briefe überhaupt nicht reagierte. Auf die seelischen Probleme, die Alma offenbar in ihren immer spärlicher werdenden Briefen anriss, antwortete er platonisch, indem er ihr etwa die Potenz des »spiritus creator« erklärte, der ihn sowohl bei der

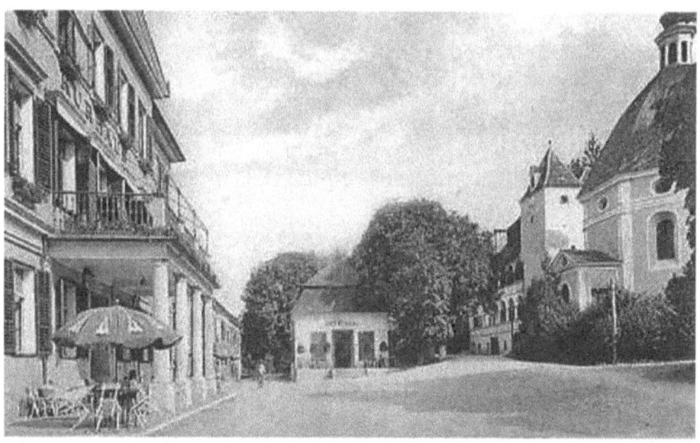

Tobelbad mit Kurhaus um 1910

*Siebten* – nach einem Ausflug in die Dolomiten – gepackt hatte, als auch bei der *Achten* »8 Wochen lang schüttelte und peitschte, bis das Größte fertig war«.[7] Mahler glaubte, Almas nervösen Problemen mit philosophischen Argumenten beikommen zu können, weshalb er ihr ein »merkwürdiges Buch« zum Eros im antiken Sinne schickte: »Im Plato bist Du nun richtig auf den springenden Punkt gerathen. In den Reden des Sokrates spricht Plato seine eigene Weltanschauung aus, daß alles Lieben ein Zeugen, Schaffen ist, daß es eben ein physisches und geistiges Zeugen giebt, das der Ausfluß dieses ›Eros‹ ist.«[8] Mahler meinte den schöpferischen Eros, während Alma auf der Suche nach der Konkretisierung dieses Eros im Leibseelischen war. Am 20. Juni schrieb ihr Mahler wieder und nahm Bezug auf ihr »trauriges Brieferl«, das ihn deprimierte, ging aber auf dieses nicht weiter ein, weil er viel von den Proben zu erzählen hatte. Mit selbigem Datum schrieb er jedoch an die Schwiegermutter Anna Moll: »Ich bin so beunruhigt durch die Briefe der Almschi, die einen so eigentümlichen Ton haben. Was geht denn da vor?« Und Tags darauf an Alma: »Heute bin ich besorgt, von Dir keinen Brief zu haben, nach dem gestrigen so traurigen. Verbirgst Du mit etwas? Denn ich glaube immer etwas zwischen den Zeilen herauszufühlen.«[9] Mahler befürchtete Ernstes, er bekam es mit der Angst zu tun. War noch bis zum 26. Juni Toblach sein Reiseziel, so änderte er nun Hals über Kopf die Richtung, fuhr am 27. Juni nach Wien und eilte, nach Erledigungen beim Verlag, zu Alma nach Tobelbad. Dort traf er am 30. Juni ein und blieb zwei Tage. Was Mahler nicht wusste: Almas Herz war in der Zwischenzeit für den jungen Architekten Walter Gropius in Liebe entbrannt, der ebenfalls im Sanatorium auf Kur weilte. Es gelang Alma anscheinend, die Affäre so gut zu verheimlichen, dass Mahler nach der Abreise an Schwiegermutter Moll erleichtert melden konnte: »Nun in wenigen Worten, daß ich Almschi viel frischer und fester angetroffen habe und der festen Überzeugung bin, daß ihr die Kur hier sehr gut anschlägt.«[10]

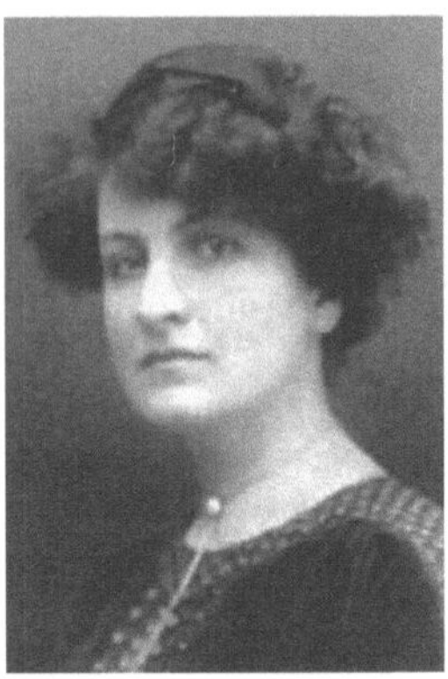

Alma Mahler um 1910

## Almas »kranke Nerven«: »In Tobelbad lebte ich wie immer, wenn ich irgendwo allein war, vollkommen einsam ...« *(Alma Mahler)*

Aus Almas Erinnerungen und Tagebucheintragungen spricht eine Persönlichkeit, die mit wohlkalkuliertem Schriftzug sich selbst günstig ins Zentrum des Geschehens zu rücken wusste, den Begegnungen mit hochstehenden Persönlichkeiten mehr Interesse entgegenbrachte als der Kunst ihres Gemahls und das gesellschaftliche Leben, in dem sie stets den Mittelpunkt einnahm, zum zentralen Argument ihres Daseins an der Seite des großen Komponisten machte. Der Unterton von Almas autobiographischer Prosa ist egozentrisch und vermittelt den Eindruck, dass Mahlers Glück und Gelingen in ihren Händen lag, dass sie sein Hort und seine Sicherheit war. Dieses ihr narzisstisches Wesen verleitete sie immer wieder zu irrigen Darstellungen der Ereignisse, wie etwa jenem, dass sie Anfang des Sommers 1910 »Mahler nach Toblach brachte« und dann »auf ärztliche Verordnung« auf eine einmonatige Kur nach Tobelbad in die Steiermark fuhr. Wahr ist umgekehrt, dass Mahler sie in den steirischen Kurort begleitete, mit dem Zug nach Wien zurückfuhr und von da aus in Leipzig und München drei Wochen lang die Proben zur *Achten* vorantrieb.

In ihren *Erinnerungen* verweist Alma immer wieder auf ihre »kranken Nerven«,[11] die sie einerseits auf das »Hetztreiben« durch die Überaktivität Mahlers und andererseits auf die mangelnde Beachtung als Frau durch Mahler zurückführte. Was die erste von ihr ins Feld geführte Ursache betrifft, so übertreibt Alma gewiss, führte sie doch ein komfortables Leben in besten Hotels, wurde von einer Gouvernante in den Haushalts- und Mutterpflichten unterstützt und hatte keinerlei künstlerische oder berufliche Verpflichtungen. Die Neurose, die sie periodisch heimsuchte, war also eher eine von existenzieller Unausgefülltheit und Leere. Die Psychoanalyse unterstreicht die enge Beziehung der Hysterie mit dem Zustand des Unbefriedigtseins als Frau. Laut Freuds Libido-Theorie steht am Beginn der Neurosen häufig eine narzisstische Verletzung des Selbstwertgefühls, die zu Nervenzerrüttung und Hysterie führt. Demzufolge manifestiert sich »der hysterische Charakter in einer erhöhten Tendenz zur Dramatisierung, Suggestibilität, Ichbezogenheit, Pseudosexualisierung und intensiven Phantasietätigkeit«. Nach Karl

Jaspers will der Hysteriker mehr scheinen als er ist, mehr erleben, als er erlebnisfähig ist. »Es ist dem Hysteriker ein Bedürfnis, ständig im Mittelpunkt der Beachtung zu stehen, was ihn oft auf Kosten seines Rufes mit Skandal, Klatsch, berühmten Persönlichkeiten, extremen Kunst- und Weltanschauungen in Berührung bringt, denen er sich jedoch stets nur für kurze Zeit verschreibt.« [12] Almas Dramatisierung der Ereignisse, auch der kleinsten und nebensächlichsten, zieht sich quer durch die Darstellung ihrer Erinnerungen. Hochtrabend ist bereits der Satz, mit dem sie ihre Memoiren beginnt: »Ich bin die Tochter eines großen Monumentes, gewissermaßen.« [13] Sie suggeriert damit, dass sich die Taten der Vorfahren und deren Lebensgenie, das wienerische »Savoir vivre«, auf ihren Charakter übertrugen und dass sie die legitime Erbin jener Lebensauffassung war, für die der Kultmaler Makart, ihr Vater Emil Jakob Schindler und die Ausstatter des gründerzeitlichen Wien standen. Während Mahler im Verborgenen einer Waldhöhle an einer originalen Version von Schönheit arbeitete, spielte sich Almas Leben ausschließlich im mondänen Widerschein dieser Kunst ab. Ihr überhöhtes Selbstgefühl machte sich auch in der Wahrnehmung und Einordnung der Mahlerschen Gebrechen bemerkbar, etwa wenn sie während eines Opern-Gastspiels im Februar 1908 in Philadelphia »neue Leidenszüge« in Mahlers Gesicht zu bemerken glaubte und darüber in Ohnmacht fiel: »Ich saß in der ersten Reihe, knapp hinter Mahler, und auf einmal sah ich schleierlos in seinem Gesicht so furchtbare neue Leidenszüge, bekam eine solche Todesangst, ihn zu verlieren, daß ich mit meinen eigenen todverängstigten Nerven einen Herzkrampf bekam und in Ohnmacht fiel. Professor Leon Corning, der mich beobachtet hatte, zerrte mich aus der Reihe heraus und brachte mich hinter die Bühne.« [14] Ohnmachtsanfälle wie Wutausbrüche gehören zum gängigen Dramatisierungs-Repertoire der hysterischen Persönlichkeiten. Der Leidende, nämlich der dirigierende Mahler, wog in den Augen der hysterischen Beobachterin geringer als das eigene Ich, welches das vermeintliche Leiden am Partner wahrnahm. So fiel nicht er, der die »furchtbaren neue Leidenszüge« aufwies, in Ohnmacht, sondern sie, die ihn beobachtete: ein Pseudo-Krampfanfall einer histrionischen Persönlichkeit.

Almas Darstellung der eigenen ehelichen Untreue passt genau in dieses Darstellungsklischee. Sie stellte den Ablauf des Geschehens so dar, dass es ihrem Image als treue und fürsorgliche Ehefrau nicht abträglich war: »In Tobelbad lebte ich wie immer, wenn ich irgendwo allein war, vollkommen einsam. So einsam und melancholisch, daß der Leiter der Anstalt, besorgt um meinen Zustand, mir junge Leute vorstellte, die mich auf meinen Spaziergängen begleiten sollten. Der Künstler X […] war mir besonders sympathisch, und es bestand für mich bald kein Zweifel, daß er mich liebte und meine Gegenliebe erhoffte. Ich reiste ab […], wünschte mir aber keinen neuen Zustand.«[15]

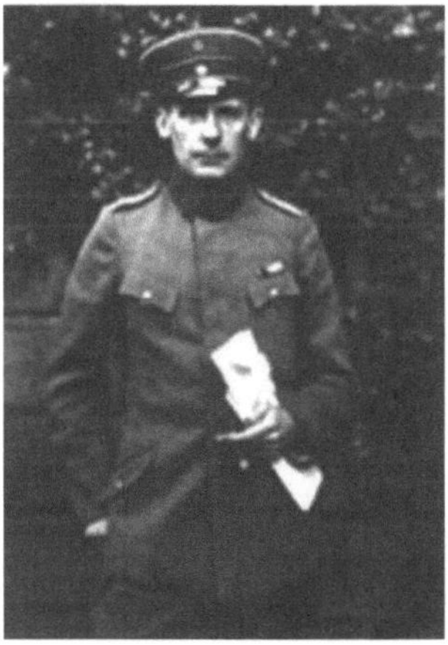

Der junge Walter Gropius als Soldat

Wie aus den von Reginald R. Isaac durchgeführten Nachforschungen hervorgeht, waren Alma und Gropius bereits in Tobelbad ein Liebespaar. Am Abend des 4. Juni, kaum als Mahler Tobelbad in Richtung Wien verlassen hatte, nahm Alma den jungen Architekten Gropius auf einen nächtlichen Spaziergang mit und unterhielt sich mit ihm am Rand eines Baches »im Mondschein und unter freiem Himmel« bis tief in die Nacht hinein.[16] Der junge 27-jährige Architekt Walter Gropius hatte sich erst vor kurzem in Berlin selbstständig gemacht und gönnte sich ebenfalls einen Kuraufenthalt in Tobelbad. Alma nennt Gropius »Künstler«, eine Klasse Mensch, mit der sie vorzugsweise zu verkehren pflegte und in der sie die Chance erblickte, an das frühere Leben, das sie vor ihrem 20. Lebensjahr in den Wiener Salons inmitten »rassiger« Verkehrer, vor allem Architekten und Künstler der Secession, geführt hatte, wieder anzuknüpfen. Mit anderen Worten, der gut aussehende und hochgewachsene Gropius vereinigte auf sich alle jene Vorzüge, die Alma in ihrer Jugend bei einer guten Partie als Grundvoraussetzungen für eine Heirat in Betracht gezogen hätte, nämlich Intelligenz, Persönlichkeit und Attraktivität. Alma erkannte in diesem jungen Unbekannten das Potential zur Berühmtheit, die Fähigkeit der Leidenschaft und die

Manifestation von »Rasse«. Letztere besaß ja Mahler nach Almas eigener Feststellung überhaupt nicht. [17] Im Verhältnis mit dem Siebenundzwanzigjährigen, der weder liiert noch verheiratet war, war gewiss sie, die Ältere und von der Ehe Enttäuschte, die bestimmende Kraft. Sie wollte dieses Mal keinen Flirt, wie noch mit dem Pianisten Ossip Gabrilowitsch, sondern sie ging aufs Ganze. Als Rechtfertigung für ihre Untreue führt Alma in ihrer Autobiographie den Umstand an, dass ihr Mann ein »Abstraktum« war, ein »Zelibatär« und einer, der »das Weib fürchtete«: »Gustav Mahler war, als ich ihn kennenlernte, von ein paar Verführungen abgesehen, die ihm von wissenden Frauen geschahen, jungfräulich geblieben.« [18] Henry-Louis de La Grange vermutet, dass Alma ihr Sexappeal, bei geringer persönlicher Befriedigung und nachfolgenden Schuldgefühlen, vor allem dazu gebrauchte, um Macht über Männer zu gewinnen, [19] eine Feststellung, die angesichts der nachfolgenden Verhältnisse, die Alma nacheinander und teilweise gleichzeitig hatte, plausibel wirkt. Ähnliches hat die Tochter Anna über ihre Mutter gemutmaßt, dass nämlich »Mama ein ungeheures Talent gehabt« habe, Männer »zu Sklaven zu machen. Und wenn jemand nicht Sklave geworden war, war er nichts wert«. Sexualität, meint Oliver Hilmes, der Biograph, sei für Alma eine »Art Kick« gewesen, »eine pathetische Inszenierung«, um Männer anzuziehen und sie dann gnadenlos mit dem Vorwurf fallen zu lassen, dass sie unansehnlich oder impotent – wie aus Almas Sicht Mahler – waren. [20] Ihr größter Wunsch blieb zeitlebens, dass sich die Männer – wie es in ihren jugendlichen Tagebüchern in Bezug auf Zemlinsky steht – »so recht an ihr verbrennen«. [21] Dieser sadistisch-narzisstische Umgang mit dem anderen Geschlecht lässt wohl auch eine Art Fluchtkomplex durchscheinen, den Alma aus ihrer Jugend mitnahm und der wahrscheinlich davon herrührte, dass sie nach dem Tod ihres idealisierten Vaters mit der Familie des Stiefvaters nicht klarkam. Die Heirat mit Mahler, Hals über Kopf, rührte einerseits von einem hysterischen Drang zur Veränderung her, und war andererseits Ausdruck des grenzenlosen Ehrgeizes, auch nach dem Tod des geliebten Vaters, der sie als Kind Prinzessin in einem Schloss hatte sein lassen, stets im Mittelpunkt des Interesses zu stehen.

## Mahler allein in Toblach: »Ha! Welch ein Vergnügen wäre der Landaufenthalt, wenn die Bauern taubstumm zur Welt kämen!« *(Gustav Mahler)*

Der ahnungslose Mahler fuhr am 3. Juli im strömenden Regen von Graz mit der Bahn nach Toblach und schrieb bereits am 5. Juli an Alma: »Von Dir noch keine Zeile! Almschi, hast Du wirklich nicht 5 Minuten für mich zu einer Corresp. Karte?« Mahler war beunruhigt, ließ sich jedoch seinen Argwohn nicht anmerken und wich auf die banalen Alltäglichkeiten und die ihn störenden Umweltgeräusche am Trenkerhof aus: »Also die munteren Landbewohner sind wieder alle vereint. Sie schneiden und schäkern wieder unter meinen Fenstern [...]. Ich zweifle nicht, daß sie mir demnächst auch in mein Waldhäuschen folgen werden, wenn ich dorthin ziehe. – Unten im Parterre zappelt ein kleiner Weltbürger, der sich zunächst seine Zeit mit Brüllen vertreibt. Die munteren Bibis schleichen auch wie Zwillinge herum und vertreiben mir gewöhnlich die Zeit mit munteren Spielen und jauchzen. Ha! Welch ein Vergnügen wäre der Landaufenthalt, wenn die Bauern taubstumm zur Welt kämen! Sonst wäre alles wieder herrlich hier, und bekommt mir vorzüglich.«

Und zwei Tage später: »Hier ist es herrlich und ich würde es genießen, wie ein Paradies, wenn diese ekelhaft lärmende Umgebung nicht wäre, die Einen gerade zum Menschenfeind machen müsste. Diese Leute haben alle eine Stimme, wie ein überfressener Papagei. Besonders die Alte ist widerwärtig mit ihrem Paperleorgan. – Andererseits wüsste ich auf der ganzen Welt kein Fleckerl, das so abgeschieden und doch so mitten im Verkehr, und so reizend und so gesund wäre. – Ich bummle so still für mich hin, lese, esse, spaziere, schaue. Meine Functionen sind alle in schönster Ordnung. Die Bedienung ist famos. Agnes zwar wahnsinnig dumm, aber das macht mir nichts, weil sie so folgsam ist, und wirklich nichts Anderes vorsetzt, als was ich befehle.«[22]

Wie schon im vorangegangenen Sommer verbrachte Mahler die Tage allein in Toblach mit der Erledigung der Korrespondenz in alle Richtungen und mit der Einstimmung auf die zu erwartende kreative Phase. Das Wetter war in diesem Juli meist kühl und regnerisch,[23] sodass zunächst der Aufenthalt im Komponierhäuschen nicht in Frage kam. Mahler korrespondierte mit seinem Wiener Rechtsberater Emil Freund zwecks Steuererklärungen und Vertragsabschlüssen mit der Universal-

Edition und schrieb Carl Moll, wie sehr er die Einsamkeit genoss – »Wie Du weißt, vertrage ich Einsamkeit so gut, wie ein Trinker den Wein.«[24] Der 7. Juli war Mahlers fünfzigster Geburtstag. Der von privaten Sorgen beunruhigte und jeder Art von Feier abholde Strohwitwer machte davon kein Aufhebens, konnte aber nicht verhindern, dass Freunde und Verehrer an diesen seinen runden Geburtstag dachten: Paul Stefan, Arnold Schönberg, Anton Webern und der langjährigen Freund Siegfried Lipiner. Paul Stefan hatte die Idee, eine Hommage in Form einer Festschrift zusammenzustellen, in der er Rodins zweite Mahler-Büste, Klimts Ritterbild aus dem Beethoven-Fries und Gedanken berühmter Zeitgenossen aus Kunst und Geisteswelt aneinanderreihte: Widmungsblätter von Arthur Schnitzler, Hugo von Hofmannsthal, Gerhard Hauptmann, Guido Adler, Angelo Neumann, Richard Strauss, Max Schillings und Max Reger.[25] Arnold Schönberg, der seine 1910 fertiggestellte *Harmonielehre* Mahler widmete, benützte die Geburtstagswünsche, um sich für die eigene jugendliche Unbotmäßigkeit – »die Kurzsichtigkeit und Sturheit« – zu entschuldigen, mit der er Mahler in jungen Jahren angegriffen und unterschätzt hatte. Er habe schon lange die Absicht gehabt, sich für dieses beschämende Verhalten zu entschuldigen, das allein dem Bestreben entsprungen sei, »einen eigenen Weg zu finden«.[26] Just in diesem Sommer 1910 sah sich Schönberg wegen der antisemitischen Angriffe eines Nachbarn, der sogar handgreiflich wurde, gezwungen, aus der Wiener Wohnung auszuziehen und zu seinem Schwager Zemlinsky an den Starnberger See zu fliehen. Der damit verbundene Verlust der Einnahmen aus dem privaten Musikunterricht brachte ihn so sehr in finanzielle Schwierigkeiten, dass Anton Webern unter Gleichgesinnten und Freunden eine Geldkollekte veranstaltete und 1.000 Kronen für ihn sammelte.[27] Auch der alte Freund Siegfried Lipiner, der an einer unheilbaren Krankheit litt, war unter den Geburtstagsgratulanten. Mahler antwortete auf sein Telegramm mit einem langen Brief:

»Liebster Siegfried! [...] ich wage Dich gar nicht zu fragen, ob Du wieder einen einigermaßen menschlichen Zustand erlangt hast [...]. Wann und wohin gehst Du im Sommer? Bitte eine Korrespondenzkarte mit lakonischer Meldung. – Ich habe mich für diese Zeit, wie jährlich, aber besonders für diesen Tag ganz allein hierher geflüchtet. – Es ist im Anfang jedes Mal ein schweres Stück Arbeit, sich selbst gegenüber zu treten. Die Erfahrung nützt einem da leider gar nichts, denn es ist jedesmal so, als ob man sich selbst vorstellen müsste. – Wahrscheinlich ist dies aber nur bei Leuten meines Lebensganges der Fall, die in einem solchen Saus dahinbrennen müssen.«[28]

Siegried Lipiner, der Nietzsche-Anhänger, dichtete zum Fünfzigsten des ehemaligen Bruders im Geiste ein 41-Strophen-Poem mit dem Titel *Der Musiker spricht*:

> [...] Heerschar des Geistes, nicht duldet's dich im Glück,
> Friedlos dein Wunsch, und Unrast dein Geschick!
>
> Dahin! dahin! war Jubel nicht der Flug?
> Und welch ein Gram, der ihn darniederschlug! –
>
> Und welch ein Sturm fährt in dies luft'ge Spiel –!
> Verlor'nes Irren – und nicht Weg noch Ziel!
>
> Nun alle Kraft gerafft in Kampf und Braus,
> Es zuckt das Licht und schlägt in Feuer aus! [...][29]

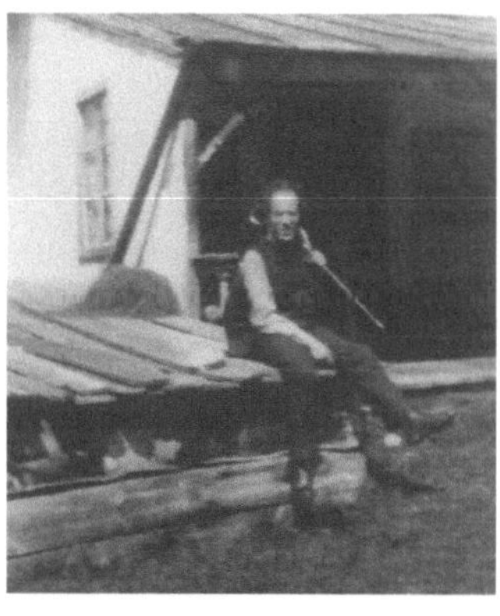

Mahler auf der Hinterseite des Trenkerhofes

Alma fuhr fort, sich gegenüber Mahler auszuschweigen. Am 9. Juli, während in Toblach »ein Sauwetter« herrschte, schrieb er ihr: »Wieder 2 Tage ohne Nachricht! Ich weiß wirklich nicht, warum das sein muß«, und am 10. Juli: »Liebste! Das waren 3 bängliche Tage für mich. – Ich weiß nicht, daß Du Dich nicht einmal zu einer Karte rechtzeitig aufschwingen kannst! – Wenn ich Ressentiment üben wollte und könnte, so sollte ich Dir überhaupt nicht mehr schreiben [...]. Schreiben und Dulden!« Im Zustand der Unruhe nahm Mahler den Toblacher Lärm doppelt stark wahr: »Hier ist viel Kindergeschrei – das Kleine an der Brust scheint bereits Sauerkraut und Schweinernes essen zu müssen. Denn der Jammer ist wirklich nicht auszuhalten. – Dieses Gethier sollte geprügelt werden. Da haben es doch die Kälber besser. – Auch sonst viel Lärm und Ungemach. Die beiden Rangen, reizend und lieb, bringen mich aber zur Verzweiflung durch ihr drolliges lallendes lärmendes Spielen.«[30]

## Die Aufdeckung der Liebesaffäre: »Da es quasi durch Zufall herausgekommen ist und nicht durch ein offenes Geständnis von meiner Seite – hat er jedes Vertrauen, jeden Glauben an mich verloren« *(Alma Mahler an Walter Gropius)*

Nach der Ankunft Almas in Toblach, Mitte Juli, blieben Alma und Gropius weiter in engem brieflichem Kontakt. Gropius schrieb postlagernd nach Toblach,[31] was bis Ende Juli auch reibungslos verlief, wenngleich Mahler die Veränderungen am Verhalten der Ehefrau sehr wohl wahrnahm. In einem Brief, den Alma am 21. Juli in Toblach aufgab, verriet sie Gropius, wie leid ihr Mahler täte, den sie in der neuen Situation peinlich von sich fernhielt.[32] Dann aber geschah das, was bis heute Rätsel aufgibt: Am 29. Juli, einem Freitag, ging Mahler, am Klavier sitzend, die Post durch und öffnete einen an ihn gerichteten Brief, der unmissverständliche Liebesschwüre und intime Andeutungen an seine Frau enthielt. Mahler wandte sich an Alma und fragte »mit erstickter Stimme«: »Was ist das?« Es war Walter Gropius' Brief an Alma, mit dem das Unglück im Toblacher Sommer seinen Lauf nahm. Noch in den *Erinnerungen an Gustav Mahler* spielte Alma die Ahnungslose: »nach acht Tagen ungefähr« sei ein Brief von einem »jungen Mann« gekommen, der ihr schrieb, dass er ohne sie nicht leben könne und der sie aufforderte, »alles zu verlassen und zu ihm zu kommen«. Dieser Brief trug auf dem Couvert deutlich die Anschrift »An Herrn Direktor Mahler«. Niemals, so Alma, sei aufgeklärt worden, »ob der Jüngling im Fieberwahn gehandelt« habe, oder ob es sein Wunsch gewesen sei, diesen Brief direkt in Mahlers Hände gelangen zu lassen. Alma schreibt weiter: »Was jetzt kam, ist unsagbar! Endlich durfte ich alles aussprechen: Wie ich mich jahrelang nach seiner Liebe gesehnt hatte und wie er, in seinem ungeheuren Missionsgefühl, mich einfach übersehen hatte [...]. Er fühlte plötzlich Schuld. Wir gingen tagelang unter lautem Weinen nebeneinander her.«[33]

Die heute zugängliche Gropius-Korrespondenz von und mit Alma Mahler, die im Bauhaus-Archiv Berlin aufbewahrt ist, erzählt freilich eine andere Geschichte. Zwei Tage nach dem erwähnten Eklat schrieb Alma an Gropius: »Da es quasi durch Zufall herausgekommen ist u. nicht durch ein offenes Geständnis von meiner Seite – hat er jedes Vertrauen, jeden Glauben an mich verloren! [...] Bedenke – der Brief, in dem Du offen von allen Geheimnissen unsrer Liebesnächte schreibst – war an: Herrn Gustav Mahler – Toblach Tirol adressirt. Wolltest Du das wirklich? Und er hätte es *fast* gelesen.«[34]

Gropius hat Henry-Louis de La Grange gegenüber, der ihn 1950 in seinem Büro in Cambridge, Mass. darauf ansprach, auf der Version eines Versehens (»mistake«) beharrt,[35] was wohl auch, wie im Fall Almas, mit dem Bestreben zu tun hatte, der Nachwelt ein günstigeres Bild von sich zu vermitteln. Plausibler scheint hingegen, dass Gropius absichtlich die Affäre aufdecken wollte, um Almas Entscheidung zu seinen Gunsten zu beschleunigen, dass er jedoch, in Erwägung der zu erwartenden heftigen Reaktion der Geliebten, die Zerstreutheit als Entschuldigung vorgab.

Auf Mahler wirkte die Eröffnung von Almas Geheimnis niederschmetternd: Er verlor die Fassung und geriet in Panik. Alma erzählt: »Es war Nacht. Alles schlief. Da erwachte ich, als ob mich Gott berührt hätte. Ich rief sofort nach Mahler – keine Antwort. Lief zu seinem Bett – leer. Stürzte in den Vorraum und fand ihn ohnmächtig neben der brennenden Kerze. Ich trug ihn ins Bett, rief meine Mutter, schickte den Diener mit Rad um den Arzt (einen ärztlichen Freund, der in Schluderbach wohnte) und gab Mahler unterdessen alles, was an Herzstärkendem im Hause war.«[36]

Nach der Aufdeckung der Untreue befand sich nun Alma in der dramatischen Position der Frau zwischen zwei Männern: Auf der einen Seite spürte sie, dass ihr Bleiben Mahler das Leben und ihr Scheiden der Tod bedeuten würde, auf der anderen Seite konnte sie sich nicht vorstellen, dass sie Walters »starke Liebe« für ihr »Leben nicht mehr haben sollte«. Gropius hingegen, dem eine Dreiecksbeziehung ein Horror war, wollte klare Verhältnisse: »Ich werde irrsinnig, wenn Du mich nicht rufst, ich will mich selber vor Euch rechtfertigen, um das Rätsel lösen zu helfen«, schrieb Gropius aus Tobelbad.[37] Gropius hatte außer der Sehnsucht nach Alma ein dringendes Erklärungsbedürfnis, da auf ihm der nicht unberechtigte Verdacht lastete, dass er Mahler durch den an ihn adressierten Brief absichtlich mit einem harten Schlag hatte ausschalten wollen. Also fuhr er auf eigene Faust nach Toblach, um Mahler gegenüberzutreten. Jörg Rothkamm hat anhand einiger Brief- und Telegrammentwürfe von Gropius nachgewiesen, dass Alma von der Absicht des Geliebten, nach Toblach zu fahren, informiert war und wahrscheinlich auch von dessen Eintreffen am 3. oder 4. August wusste.[38] Almas Darstellung klingt wiederum so, als ob sie der Besuch des Geliebten überrascht hätte. Sie habe den »jungen X...« zufällig auf einer Spazierfahrt verborgen unter einer Brücke erblickt. Er habe, wie sie nachher von ihm hörte, schon lange in der Gegend mit der Absicht geweilt, sie »irgendwo zufällig zu treffen« und zu einer »Antwort auf seinen Brief« zu bewegen. Ihr sei dabei das Herz »vor Schreck, nicht vor Freude« stehen geblieben. Sie habe den unerwarteten Besuch sofort Mahler gemeldet, der mit den Worten »Ich selber hole ihn her« nach Toblach geeilt sei und den Fremden bei pechschwarzer Nacht, mit einer Laterne in der Hand, wortlos den weiten Weg mit ihm gehend, zum Trenkerhaus begleitet habe. Mahler habe sie mit »X...« zunächst allein gelassen, was sie, Alma, nur wenige Minuten aushielt, da sie »plötzlich Angst um Mahler« bekam. Mahler habe unterdessen im Zimmer, wo auf dem Tisch zwei Kerzen brannten, auf und abgehend in der Heiligen Schrift gelesen und habe dann an sie gewandt gesagt: »Was Du tust, wird recht getan sein. Entscheide Dich!«[39]

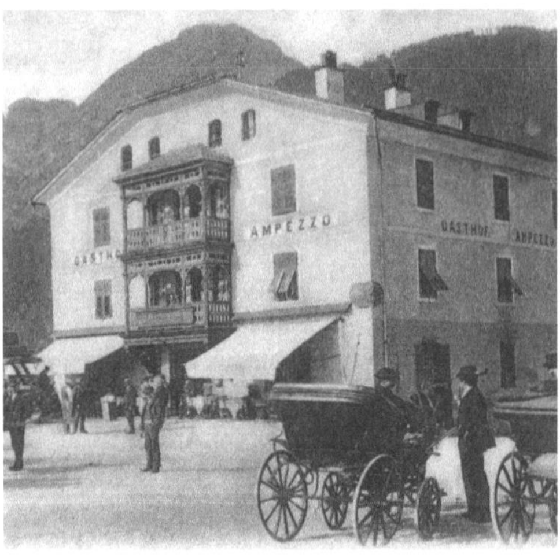

Toblach, Platz vor dem Hotel Ampezzo mit Einspannern

Walter Gropius hat Henry-Louis de La Grange gegenüber der Geschichte noch einige Details hinzugefügt. Demnach hätte er sich, einen Tag vor der schicksalhaften Konfrontation mit Mahler, zum Trenkerhaus vorgewagt, sei aber vom Haushund vertrieben worden. Daraufhin sei er ins Dorf gegangen, wo er Mahler beim Friseur zu sehen glaubte, und sei erst tags darauf, als ihn Alma, wie sie schrieb, von weitem unter einer Brücke sah, zum Trenkerhof gegangen. Alma, so Gropius, sei fest entschlossen gewesen, mit Mahler zusammenzubleiben, worauf ihn dieser »mit feierlicher Geste und mit dem Hut in der Hand« bis zur Grenze des Grundstückes begleitet und verabschiedet habe.[40]

Mahler reagierte auf die Affäre also ganz anders als es der Ehrenkodex seiner Zeit und die Romanliteratur des Fin de Siècle vorsah. Weder tötete er seine Frau in einem Anfall wütender Eifersucht wie Pozdnysev in Tolstojs *Kreutzersonate*, noch ließ er sich, zur eigenen Ehrenrettung, scheiden. Vielmehr richtete er – metaphorisch gesprochen – den Revolver gegen sich selbst und gab sich, unfähig in den Freitod zu gehen, wie jener durch eine nicht satisfaktionsfähige Beleidigung am Boden zerstörte *Leutnant Gustl* aus Schnitzlers gleichnamiger Novelle, selbstzerstörerischen Gedanken über die eigene Nichtigkeit hin.

Alma schreibt, sie hätte im Grunde gar keine Wahl gehabt, ein Leben ohne Mahler wäre selbst »in den verzweifelten Momenten« für sie nie vorstellbar gewesen. Also hätte sie sich für den Ehemann entschieden. Diese Aussage scheint im Widerspruch zu einer Frage zu stehen, die sie Gropius in einem ihrer Briefe aus Toblach stellte: »[…] wie Du es einrichten würdest – was mit mir geschehen würde – wenn ich mich für das Liebesleben mit Dir entscheide. Ach – wenn ich daran denke – mein Walter, daß ich Deine *starke* Liebe für mein ganzes Leben nicht mehr haben sollte! Ach Du – hilf mir – ich weiß nicht, was ich thun soll – wozu ich das Recht habe.«[41]

Dieser Widerspruch bestand nur scheinbar, denn Alma wollte vermutlich den Geliebten nur auf die Probe stellen, um herauszufinden, wie weit er mit seiner Leidenschaft zu gehen bereit war. In Wahrheit entschied sie, sich nicht zu entscheiden, das heißt: Sie entschied sich für beide. Bevor Gropius mit dem Zug aus Toblach abfuhr, unternahm sie mit ihm noch eine Autofahrt nach Cortina und kehrte dann zu dem bange auf sie wartenden Gatten zurück. Wenige Tage später, am 7. August, ließ sie dazu den Geliebten wissen, dass sie Gustav in traurigster Stimmung zu Hause erwartet und gemeint hätte, er »wünsche sich, nur für einen Tag Gropius zu sein«.[42] Vor seiner Abreise aus Toblach wandte sich der Herausforderer noch mit ein paar persönlichen Zeilen an Mahler, dankte ihm für die »Noblesse«, mit der er ihm »entgegengekommen« sei und fügte hinzu: »Wir hatten uns leider eben ja nur so wenig zu sagen.«[43] Alma ließ indes Gropius gegenüber keinen Zweifel offen, wem ihr Herz gehörte: »Du mußt wissen, daß ich Dich liebe – daß Du mein einziger Gedanke bei Tag u. Nacht bist – daß ich für meine Zukunft nichts anderes ersehne, als Dein zu werden u. zu bleiben.«[44]

In dieser Liebesaffäre war von allem Anfang an auch Almas Mutter, Anna Moll, mit von der Partie. Anna Bergen-Schindler/Moll entstammte einem verarmten Hamburger Bürgerhaus; sie war als Babysitterin und Au-pair-Mädchen nach Wien gekommen, um der Familie mit dem Geld, das sie verdiente, unter die Arme zu greifen. Dass sie am Konservatorium Gesang studiert hätte, soll laut de La Grange Almas Erfindung gewesen sein.[45]

In der Dreier-Konstellation Alma-Gropius-Mahler war ihre Rolle nun eine doppelt zwielichtige, denn während ihr Mahler blind vertraute, fasste sie zu Gropius eine besondere Zuneigung und forderte den »lieben Walter«, der »ihrem Herzen so nahe« stand, auf, Geduld zu haben. So schrieb sie am 18. August an Gropius: »Alma kann Gustav vorläufig nicht verlassen. Daran ist nicht zu denken! […] Ihr müsst selbst die Kraft in Euch finden und stark sein! Ihr seid ja beide noch so jung, Ihr könnt noch warten […]. Über Gustavs Zustand kannst Du Dir keine Vorstellung machen […]. Er hat eine ernste Herzstörung und es ist ein Wunder, daß ihn der Schock nicht umgebracht hat.«[46]

Möglicherweise spekulierte Anna Moll bereits insgeheim mit dem baldigen Ende Mahlers, ein Verdacht, den Alma mit der Anmerkung in ihrem Tagebuch 1920 bestätigt: »Gustavs Tod auch – habe ich gewollt. Ich liebte einst einen Andern und er war die Mauer, über die ich nicht steigen konnte.«[47]

## Mahlers seelischer Kollaps, das gespaltene Bild der Frau als »Weibsteufel« und Madonna: »Erbarmen! … Der Teufel tanzt es mit mir!«

*(Gustav Mahler in Toblach 1910)*

Mahlers seelischer Zusammenbruch lässt sich am treffendsten mit Almas Satz umschreiben, mit dem sie Gropius die Unmöglichkeit mitteilte, ihren Mann zu verlassen: »Gustav ist wie ein krankes, herrliches Kind.«[48] Damit umschrieb sie die Regression zu dem Zustand, den auch Freud nach seinem Gespräch mit Mahler in Leiden Holland, am 26. August, als »Zwangsneurose« und »dominante Mutterbindung« diagnostizierte und der sich in Form massiver Verlustängste äußerte. Alma, an die sich Mahler nun verkrampft anklammerte, nahm in seinem ödipalen Unbewussten die Umrisse der Mutter an, die ihn als Kleinkind ernährt und am Leben erhalten hatte. Otto Rank hat ein Jahrzehnt später die Nichtüberwindung der »Urfixierung an die Mutter« und die daraus resultierenden Verlustängste, die Freud als Mahlers Problem erkannte, zur eigentlichen Quelle der Neurosen erklärt. Alma erzählt, dass Mahler sie förmlich »an sich riss«, dass die Türen zwischen ihren nebeneinanderliegenden Schlafzimmern immer offen stehen mussten, dass er sie nachts »atmen hören« wollte, dass er, während sie schlief, an ihrem Bett stand und sie beobachtete: »Jeden Tag mußte ich ihn aus seinem Arbeitshaus zum Essen holen. Ich tat das sehr vorsichtig, denn in dem Übermaß seiner Angst, er könne mich verlieren, […] lag er oft auf dem Boden der Hütte und weinte. Denn so, sagte er, sei er der Erde näher.«[49] Auf Mahlers seelische Destabilisierung, die auch eine sexuelle nach sich zog, verweist eine spätere Anmerkung Almas in ihrem Tagebuch vom 4. Juni 1920. Darin vermerkt Alma, dass sie nach den Erfahrungen mit »Walter« und »Werfel« zur Einsicht gekommen sei, dass, »je wichtiger Männer seien, um so kränker deren Sexualität sei«. In diesem Zusammenhang äußerte sie sich auch über den aus »Angst vor dem Weib« impotenten Mahler, dass seine Art sie zu lieben »im letzten Toblacher Sommer mehr und mehr einem Anschlag« glich, den er in der Nacht, wenn sie schlief, auf sie verübte, was sie allerdings so sehr gestört habe, dass sie die Tür zu ihrem Schlafzimmer zusperrte.[50]

Im zweiten Aufsatz zur *Psychologie des Liebeslebens* beschreibt Freud die Pathologie der Aufspaltung der weiblichen Imago beim Mann in vergötterte Madonna versus Hure. Ersteres Bild der Frau umschrieb er mit dem »Marienkomplex«, den er auch an Mahler diagnostizierte. Freud bringt in der zitierten Abhandlung von 1912 die männliche Potenz in Beziehung zur verächtlichen Seite der Weiblichkeit und behauptet, »daß, wer im Liebesleben wirklich frei und damit auch glücklich werden soll, den Respekt vor dem Weibe überwinden und sich mit der

Vorstellung des Inzests mit Mutter oder Schwester befreundet haben« muss.[51] Wenn es tatsächlich zutraf, dass Mahler, wie Alma behauptete, »impotent« war, dann könnte es die von Freud angesprochene Spaltung der Frauen-Imago gewesen sein, die Mahlers Vorstellung von weiblicher Attraktivität beeinflusst und ihn in seiner Begierde Alma gegenüber beeinträchtigt hat. Man weiß von einer ähnlichen Libido-Spaltung bei Brahms, der seine platonische Liebe zu Frauen nicht mit der körperlichen zusammenbringen konnte, da er diese als depravierten Sexus in Hamburgs Freudenhäusern hatte ansehen müssen, wo er in der Pubertät als Klavierspieler aufgetreten war: Wo er liebte, begehrte er nicht, und wo er begehrte, konnte er nicht lieben. Allerdings bezweifelt Henry-Louis de La Grange Mahlers angebliche Impotenz und glaubt, dass Almas Bericht über Mahlers eheliches Ungenügen einzig und allein der Rechtfertigung ihrer Untreue diente.[52]

Die Briefe und Gedichte, die Mahler in diesem Zustand Alma aufs Nachtkästchen legte, beschreiben in der Tat eine enorme platonische Distanz zwischen dem Verliebten und der Angebeteten: Der Treulosen trat Mahler nicht mit Vorwürfen gegenüber, sondern machte sich vor ihr hilflos und klein. In diesen Phantasien der Selbsterniedrigung erschien ihm Alma als ein übermächtiges strafendes Mutter-Monster und als Göttin, der man Opfer darbringt. Wie ein hilfloses Kind flehte Mahler sie an: »Komm, banne die finsteren Geister, sie umklammern mich, sie schleudern mich zu Boden. Bleib mir, mein Stab, komm bald heute, damit ich mich erheben kann. Ich liege darnieder und warte und frage stumm, ob ich noch erlöst werden kann, oder ob ich verdammt bin.« Mahler hatte Alma schon immer wie auf Händen getragen, nun aber, da die so Idealisierte ihn zutiefst enttäuschte, mischte sich in seine irrationale Ehrfurcht abgrundtiefe Angst vor dem Weiblichen schlechthin. Mahlers Ich drohte in der Panik auseinanderzubrechen: »Mein Athem ist – mein Wesen nicht mehr meins! Nicht ich mehr – ich bin von mir selbst geschieden.« Das Gefühl der Minderwertigkeit, das ihn nun überkam, trieb ihn zu den unterwürfigsten Ehrerweisungen: »Ich habe die Pantöffelchen tausendmal abgeküsst und bin in Sehnsucht an Deiner Thüre gestanden. Du hast dich meiner erbarmt, Du Herrliche, aber mich haben die Dämonen wieder gestraft, weil ich wieder an mich und nicht an Dich, du Theuere, gedacht habe. Ich kann nicht weg von Deiner

Thüre und möchte so lange davor stehen, bis ich Deines Lebens und Athmens süssen Laut empfunden. – Aber ich soll es ja! Meine Fürstin hat mich hinunter verbannt.« Mahler spricht hier die von Alma erwähnte Verschließung ihres Schlafzimmers bei Nacht an. Mahler, ein Zerrissener, der in wehleidiges Selbstmitleid verfiel und sich seiner »Herrin« als Sklave anbot: »Du süße Hand, die mich gebunden! / O holdes Band, das ich gefunden! / Mit Wollust fühl' ich mich gefangen / und ewige Sklaverei ist mein Verlangen!«[53] Immer wieder schlichen sich *Tristan*-Motive in die Verszeilen: »O wonniger Tod in schmerzensvollsten Stunden! / O Leben – sprieße auf aus meinen Wunden!«[54] Mahlers Selbsterniedrigung kannte keine Grenzen: In drei längeren Briefen, die er am 4. September von den Proben zur *Achten* aus München schrieb, bezeichnete er sich als »Gymnasiast« und signalisierte dabei unterwürfige Lernbereitschaft. Seine infantil erlebte Abhängigkeit von Alma führte, wie bei oral ungesättigten Kleinkindern, zu seelischen Entzugserscheinungen. Ebenfalls von den Proben zur *Achten* schrieb er aus München: »Gott sei Dank! – jetzt habe ich eben Deine Brieferln bekommen! Nun kann ich athmen. Eine halbe Stunde war ich selig! Aber jetzt halte ich es nicht mehr aus! Wenn Du eine ganze Woche noch ausbleibst, so bin ich gestorben.«[55]

Der Ausspruch Mahlers, der von Alma überliefert ist, er habe bis zu diesem Zeitpunkt »Papier gelebt!«[56] – er meinte damit wohl Notenpapier –, lässt erkennen, wie sehr Mahler sein Ich an Almas Bedürfnisse anzupassen suchte und wie ernsthaft er daran dachte, das egozentrische Komponistendasein im Sommer ihr zuliebe aufzugeben. Mahler sprach ihr nach dem Mund, er übernahm ihre Argumente, mit denen sie sich aus der Gropius-Affäre herauszureden suchte, dass er, Mahler, ein »Abstraktum« sei, dass er sie jahrelang ignoriert und als Frau übersehen habe. Durch diese Selbsterniedrigung kehrte sich das Verhältnis der Ehepartner im Laufe des Sommers vollkommen um. Hatte Mahler früher den Rhythmus des Alltags nach seinen eigenen kreativen Impulsen bestimmt, so unterwarf er sich nun vollkommen dem Tagesablauf der Frau, von der er glaubte, dass sie wie eine Schicksalsgöttin sein Leben lenkte. So geschah es, dass er ihr zuliebe sogar Almas Jugend-Lieder aus dem Kasten holte und diese nicht nur als bedeutende Kompositionen pries, sondern auch andere dazu anhielt, sie für solche zu halten. Eines Abends bat er Alma, dem befreundeten Oscar Fried, der gerade

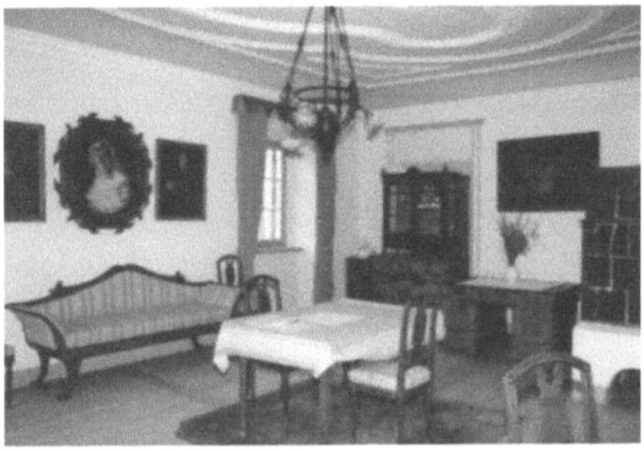

Das Wohnzimmer im Trenkerhof

zu Besuch war, einige Lieder vorzuspielen. Alma schreibt, dass sie dies »gezwungen tat«. Als Fried, von Mahler nach seinem Eindruck befragt, sich zu einem kühlen »begabt, sehr nett« herbeiließ, tobte Mahler und war nahe daran, Fried »hinauszuwerfen«.[57] Mahler spielte nun fortwährend Almas Lieder: nach Auskunft Almas an Gropius fand er diese sogar »genial«. Jörg Rothkamm ist deshalb der Meinung, dass die 14 Lieder Almas, die wir kennen, das Resultat von Mahlers Revision im Sommer 1910 sind.[58]

## Mahlers Besuch bei Sigmund Freud im niederländischen Leiden:

**»Es war, wie wenn man einen einzigen Schacht durch ein rätselhaftes Bauwerk graben würde«** *(Sigmund Freud über Gustav Mahler)*

In dieser willfährigen Haltung gegenüber Alma, nämlich im Bestreben, alles zu tun, um ihr Herz wieder zu gewinnen, entschloss sich Mahler, Sigmund Freud zur Konsultation in Holland aufzusuchen, und dies, obwohl er von Psychoanalyse nicht viel hielt, weil diese, wie er sagte, »alles von einem Punkt aus erkläre«.[59] Über das Zustandekommen eines Termins mit dem Vater der Psychoanalyse berichtet der Freud-Biograph Ernest Jones, dass es Dr. Nepallek, Almas Salonbekannter vor der Ehe, gewesen sei, der von Innsbruck aus ein Zusammentreffen mit Freud vereinbart habe,[60] das Mahler allerdings zweimal absagte – vermutlich wegen einer Angina-Erkrankung um den 20. August[61] und wegen der Arbeit an der *Zehnten* – und erst in extremis, nach Freuds ultimativer Mitteilung, dass er im Begriffe sei, nach Sizilien zu reisen, wahrnahm.[62] Während Mahler von den Bahnhöfen seiner Reise aus Liebesbezeugungen an Alma kabelte, unternahm die Angebetete mit ihrer Mutter einen Ausflug in die Berge und bewunderte von einer Höhe von 2000 Metern aus das Dolomiten-Panorama.

Mahlers Liebeswerben brachte Alma einerseits in große Bedrängnis und lieferte ihr andererseits den Vorwand zu einem Teilrückzieher in der Beziehung mit dem Liebhaber. Sie hatte nämlich Gropius versprochen, Mahler allein nach Amerika reisen zu lassen, was ihr nun, angesichts von Mahlers intensivem Werben nicht mehr zumutbar erschien, da er, wie sie Gropius schrieb, »fast stündlich Telegramme aus Innsbruck« sandte und »ohne sie nicht leben« könne.[63] Auch was das geplante heimliche Treffen mit Gropius in München anlässlich der Uraufführung von Mahlers *Achter* anging, war sie sich nicht mehr so sicher und bat den Geliebten, die Beziehung zu ihr in Freundeskreisen unbedingt geheim zu halten, da »sehr viele Leute Gustav kannten« und diese Art Klatsch für besonders empfindliche Menschen unangenehm sein konnte.[64]

Ob Mahler Sigmund Freud in Wien je begegnet ist, ist nicht belegt und eher unwahrscheinlich. Freuds Interesse für die Musik war gering, er verkehrte weder im Opern- noch im Konzertambiente und machte sich wegen aller möglichen Anfeindungen im öffentlichen Wiener Leben rar. 1896 hatte er den Begriff »Psychoanalyse« zum ersten Mal öffentlich gemacht, 1899 beschrieb er den skandalumstrittenen »Ödipus-Komplex«, 1900 ging er mit der *Traumdeutung* an die Öffentlichkeit und stieß 1905 mit den *Drei Abhandlungen zur Sexualtheorie* das bürgerliche Moralempfinden gehörig vor den Kopf, und zwar nicht nur die Wissenschaft, sondern auch die Literaten und die Gesellschaftskritiker. Hugo von Hofmannsthal, der mit seiner *Elektra* und dem unausgesprochenen »Elektra-Komplex« in die Nähe von Freuds »Ödipus-Komplex« kam, hielt Freud für eine mittelmäßige Erscheinung, ein Vorurteil, das sich in Wien auch bei Karl Kraus bemerkbar machte, der die Psychoanalytiker »Durchschauer der Leere und Schwindler der Tiefe« nannte.

Über die Begegnung Mahlers mit Freud, einen Nachmittag lang in einem Cafe-Restaurant und auf einem Spaziergang durch Leiden, gibt es einen knappen Bericht Sigmund Freuds an den Mahler-Verehrer und Psychoanalytiker Theodor Reik, in dem er mit Genugtuung feststellt, dass er gegen die »Abwendung von Mahlers Libido von seiner Frau viel ausgerichtet habe«, dass er aber in langen Gesprächen zwar die »geniale Verständnisfähigkeit des Mannes« bewundert habe und nach »höchst interessanten Streifzügen durch sein Leben seine Liebesbedingungen«, seinen »Marienkomplex«, nämlich eine starke Mutterbindung, aufgedeckt« habe, dass er aber »die Fassade seiner Zwangsneurose« nicht habe durchschauen können: »Es war, wie wenn man einen einzigen Schacht durch ein rätselhaftes Bauwerk graben würde.«[65] Für Freud war also Mahler eine zu komplizierte Persönlichkeit, als dass er sie von einem einzigen Punkt aus hätte analysieren können. So blieb ihm nur die Feststellung, dass Mahler an einer ödipalen Mutterfixierung litt und dass die viel jüngere Alma in ihm das Bild des abgöttisch geliebten Vaters wiederfand. Mahler gab seinem Analytiker in Bezug auf den an ihm diagnostizierten »Marienkomplex« recht, dies geht aus einer Passage eines Briefes hervor, den er aus München an Alma schrieb: »Freud hat recht – Du warst mir immer das Licht und der Centralpunkt.«[66]

Mehr erfährt man aus den Tagebuchaufzeichnungen von Marie Bonaparte, einer Urenkelin Lucien Bonapartes, des Bruders von Napoléon Banaparte, die nach zahlreichen Skandalen und Liebesaffären, u. a. mit dem französischen Ministerpräsidenten Aristide Briand, in schwere Depression fiel und sich 1924 dank einer intensiven psychoanalytischen Behandlung durch Freud aus dieser befreien konnte. Diese französische Prinzessin wurde zu einer der treuesten Schüler Sigmund Freuds. Henry-Louis de La Grange hat den vollständigen Eintrag Bonapartes zur Begegnung Freuds mit Mahler aufgespürt und publiziert. Demnach habe Mahler ihm das »ganze Leben« erzählt, bis es spät wurde und er, Freud, das Gespräch abbrechen musste, um die letzte Sraßenbahn zu seinem Ferienort nicht zu versäumen. Auf die Frage von Frau Bonaparte, ob er, Mahler, seiner Frau immer treu gewesen sei, antwortete Freud, er habe bis zu seiner Frau, die er liebte, nur ein paar oberflächliche Affären gehabt. Als ihm Freud seine Mutterfixierung klarmachte, habe Mahler einen Aha-Effekt gehabt und plötzlich verstanden, warum ihm viele Leute den unvermittelten Wechsel von einer sehr vornehmen Melodie zu einer sehr banalen vorwarfen. Mahler, so Freud, habe begriffen, dass dieser Gegensatz auf den Konflikt seiner Kindheit zurückzuführen sei, als er den hässlichen Eifersuchtsszenen eines »abnormalen« Vaters der Mutter gegenüber davonlief und auf der Straße der banalen Drehorgel-Melodie *O du lieber Augustin* lauschte. Zum Beweis des Wahrheitsgrundes der Psychoanalyse und der Tatsache, dass die Neurosen den Künstlern eigentlich nützen, schließt Frau Bonaparte den Eintrag mit der Bemerkung: »wäre Mahler damals von seiner Neurose geheilt worden, dann wäre seine Musik wohl ganz anders ausgefallen.«[67]

Der österreichische Psychoanalytiker Erwin Ringel hat Mahlers Widerstand, sich einer weiterführenden Psychoanalyse zu unterziehen, mit dessen Einsicht begründet, die Mahler auch Freud gegenüber geäußert haben soll, dass er sich »weiterhin die Fähigkeit bewahren wolle, Symphonien zu schreiben«. Mahler, so die Behauptung Ringels, sei sich der unbewussten Korrelation zwischen »Lebensqual« und schöpferischem Lebensquell bewusst geworden und habe sich quasi schützend vor die eigene Neurose als Stimulans für eine kreative Regression gestellt.[68]

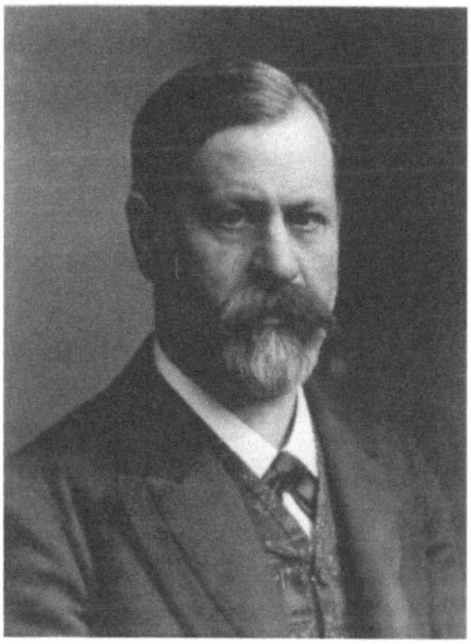

Sigmund Freud um 1905

Alma hat die Begegnung mit Freud nach Mahlers Darstellung in ihrem Sinne gedeutet: Freud habe ihm »nach seiner Beichte« die heftigsten Vorwürfe gemacht: »Wie kann man in einem solchen Zustand ein junges Weib an sich ketten?« Er, Freud, kenne seine Frau: Sie liebte ihren Vater und könne »nur *den* Typus suchen und lieben«. Es sei gerade sein Alter, das ihn für die viel jüngere Frau anziehend mache. Im Übrigen trage Mahler das Bild seiner vergrämten und leidenden Mutter in sich und übertrage dieses auf seine Frau.[69]

Mahler scheint Freud für das klärende Gespräch nicht bezahlt zu haben. Jens Malte Fischer hat in einem Auktionskatalog von Sotheby's in London einen zur Auktion stehenden Brief Sigmund Freuds an den Nachlassverwalter Dr. Emil Freund aufgespürt, in dem »Prof. Dr. Freud« nach Mahlers Tod seinen »Honoraranspruch an den Verstorbenen« mit der Begründung anmeldete, er habe »für seine mehrstündige Konsultation im August 1910 in Leiden (Holland)« eigens für Mahler von Noordwijk a. Z. anreisen müssen.[70] Freud forderte also kein Honorar, sondern eine Art Spesenvergütung, denn das Gespräch mit Mahler war keine Psychoanalyse im klassischen Sinne, da weder die Zeit reichte noch Mahlers Wille vorhanden war, sich einer solchen zu unterziehen.

Mehr als Psychoanalyse war es vermutlich eine lockere Logotherapie, in deren Verlauf Freud instinktiv Mahlers seelische Defizite erfasste. Freud wurde dabei wohl mehr von seinem Empathievermögen geleitet als von der Technik des langen Befragens. Der amerikanische Psychiater Stuart Feder hat auf die Ähnlichkeit beider Charaktere hingewiesen, die einander ohne lange Umschweife verstanden: Beide, fast gleichaltrig – Freud war vier Jahre älter als Mahler – stammten aus mährischen Familien, hatten eine philosophische Bildung, waren in Schopenhauer und Nietzsche bewandert, waren zeitlebens mit dem Problem des Todes befasst, litten an psychosomatischen Störungen wie Migräne und Magen-Darm-Schwäche, waren Arbeitstiere und auf ihren Gebieten unangefochtene Koryphäen.[71] So wie bei Psychiatern das Verstehen der Neurosen anderer häufig die Behandlung der eigenen mit einschließt, so verstand Freud Mahlers Liebestrauma mehr durch Einfühlung als durch graue Theorie. Mahler war nach der Aussprache mit Freud gelöster Stimmung. Am 27. August schrieb er auf der Rückreise von Leiden an Alma die erlösenden Verse:

> Nachtschatten sind verweht an einem mächt'gen Wort,
> verstummt der Qualen nie ermattend Wühlen.
> Zusammen floß zu einem einzigen Akkord
> mein zagend Denken und mein brausend Fühlen.
>
> *Ich liebe Dich!* – ist meine Stärke, die ich preis
> die Lebensmelodie, die ich im Schmerz errungen,
> *O liebe mich!* – ist meine Weisheit, die ich weiß,
> der Grundton, auf dem jene mir erklungen.
>
> *Ich liebe Dich!* – ward meines Lebens Sinn.
> Wie selig will ich Welt und Traum verschlafen.
> *O liebe mich!* – Du meines Sturms Gewinn!
> Heil mir – ich starb der Welt – ich bin im Hafen.[72]

Am selben Tag, als Mahler diese Verse voller Zuversicht hinsichtlich der Wiederherstellung eines harmonischen Ehelebens an Alma sandte, schrieb diese an Walter Gropius: «Ich glaube an meinem Organismus bemerkt zu haben, daß für das Herz und alle anderen Organe – nichts schlechter ist – als erzwungene Askese. – Ich meine nicht nur die Sinnenlust damit, deren Entbehren mich vorzeitig fast zur weltfremden Frau gemacht haben, sondern auch das fortwährende Ruhen für meinen Körper [...]. Jetzt liege ich im Bett [...] und ich bin bei Dir, so intensiv, daß Du mich fühlen musst.«[73]

Das überbordende Gefühl, das Mahler – nach dem Treffen mit Freud – Alma entgegenbrachte, war freilich der falsche Weg, der Treulosen zu imponieren: Alma fühlte sich bedrängt und fürchtete sogar eine beginnende Geisteskrankheit. So meinte sie gegenüber Gropius, »daß diese abgöttische Liebe und Verehrung«, die ihr Mahler entgegenbrachte, »kaum mehr normal zu nennen« sei:[74]

Holdeste! Liebste!
Mein Saitenspiel!
Und mein Sturmlied!
Du Herrliche! O könnt' ich Töne finden –
Mein stammelnd Seufzen Dir in Worten künden!
Mein Athem ist – mein Wesen nicht mehr meins!
Nicht ich mehr – ich bin von mir selbst geschieden
– nicht eher kann mich Himmelsruh befrieden
Als bis ich trunken deines süßen Weins!

Der Lenz hat mich und dich zu sich bezwungen.
Ich gab mich gleich, nicht hab ich erst gerungen.
Ich starb – wie gern – und süß küsst er mich wach!
Die Töne brausen – wüthen mir im Herzen,
Die heißen Worte flammen – Hochzeitskerzen –
Es strömt mein Wesen dir in's Brautgemach![75]

## Die Skizzen zur »Zehnten«: »Ich habe eben in der eisernen Kassette Gustav Mahlers Abschied an mich gefunden. Es sind die Skizzen zur 10. Symphonie.«

*(Alma Mahler im Dezember 1911)*

Trotz der aufwühlenden und niederschmetternden Erkenntnisse um Liebe und Ehe versiegte Mahlers schöpferische Ader nie. Komponieren war über die Jahre für ihn fast zwanghaft zur ausschließlichen Sommertätigkeit geworden. Deshalb gab er, trotz mehrfachen Aussetzens, den

Plan, eine neue Symphonie zu schaffen, nicht auf. Jörg Rothkamm hat die möglichen Entstehungsräume für die *Zehnte* ausgeforscht und die Arbeit an der Symphonie auf zwei mögliche Zeitabschnitte eingegrenzt: eine erste Phase, die zwischen dem 6. und 17. Juli begann und bis zum Eklat mit dem Gropius-Brief ging, und eine zweite, die vom 8. bis zum 22. August dauerte. Zieht man in Betracht, dass in Toblach in diesem Juli dauernd schlechtes Wetter herrschte und das Holzhäuschen lange feucht blieb, so muss man diese Zeitspanne noch einmal eingrenzen. In der letzten Augustwoche war Mahler wegen einer Angina-Erkrankung und der Reise nach Holland untätig und hatte, nach der Rückkehr aus Leiden, nur noch wenige Tage bis zur Abreise nach München am 3. September.[76] Auch ist nicht belegt, wie entschlossen Mahler in den wenigen Wochen ans Komponieren ging. Das durchweg schlechte Wetter im Juli, die Sorgen um Alma, das bange Warten auf Post aus der Steiermark, das kühle Benehmen Almas nach Tobelbad und das Gefühl, dass seine Frau ihm etwas verbarg, waren für Mahlers Arbeitsbereitschaft sicherlich nicht förderlich. Als dann Ende Juli der Gropius-Brief die Katastrophe auslöste, mied Mahler das Holzhaus trotz schönen Wetters[77] für gut zwei Wochen. Über die zerfahrene und unkonzentrierte Arbeitsweise nach dem Gropius-Eklat gibt ein Gedicht, das der Zerrissene am 17. August aus dem Komponierhäuschen für Alma schrieb, Auskunft:

> Meiner Holden!
> Immer Gegenwärtigen!
> Die Zeit ist da, die Feder ist zur Hand –
> doch die Gedanken wollen nicht verweilen.
> Auf die fünf Linien blick' ich unverwandt
> – Es flimmern vor den Augen mir die Zeilen –
> denn noch bin ich geblendet von dem Licht,
> das mir gestrahlt von Aphroditens Angesicht! […]
> Zusammenfassen will ich alle Schauer meiner Lust,
> der Gotteswonne Ewigkeit an ihrer Brust
> zu einer Melodie, die wie der Sonnenbogen
> den Himmel ihrer Holdheit kühn durchzogen –
> in tiefste Tiefen tauchend ihrer Schöne,
> dann flammend niedersinkt zum Hochzeitsbett!
> O fände doch bei *Dir,* wie ehmals meine Töne,
> mein Liebessehnen Heimatsruh und Stätt'![78]

Wenn man bei dieser Botschaft zwischen den Zeilen liest, dann erkennt man, dass es vor allem Alma war, die Mahler zur eigenen Beruhigung und Entlastung zum Komponieren animierte: Mahler ging also vor allem ihr zuliebe an die Arbeit. So klingt die Botschaft, die Alma am 8. August an Gropius sandte: »[...] heute ist der erste Tag – an dem Gustav (wieder) in sein kleines Arbeitshaus gegangen ist – wir fühlen es alle – als eine große Freude.«[79] Doch Mahler hatte, wie das zitierte Gedicht zeigt, seine liebe Not mit der Komposition, er plagte sich mit Einfällen und war unfähig, an den Sorgen vorbei zu den reinen Quellen seiner Inspiration vorzustoßen. Das Komponierhäuschen als Ort der Absicherung gegen Geräusche von außen wurde nun durch Stimmen von innen, die ununterbrochen an seine Schläfen hämmerten, so laut, dass er die Einfälle nur noch undeutlich wahrnahm. Laut Alma suchte er fortwährend ihre Nähe und mied das Alleinsein. Sie beklagte sich diesbezüglich in einem Brief an Gropius, dass er, »Gustav«, die ganze Zeit hinter ihr her war und »ihr an den Fersen klebte.«[80]

Das Manuskript zur *Zehnten* hinterließ Mahler laut Almas Aussage in einer Kassette in Wien. Im Dezember 1911 schrieb sie in ihr Tagebuch: »Ich habe eben in der eisernen Kassette Gustav Mahlers Abschied an mich gefunden. Es sind die Skizzen zur *10. Symphonie.* Wie eine Manifestierung muten sie mich an, diese ungeheuren Liebesworte aus dem Jenseits.«[81] Alma war zunächst – so scheint es – mehr von den verbalen, höchstpersönlichen Liebesbezeugungen als von dem schwer lesbaren Notentext beeindruckt. Sie ließ ihn deshalb 10 Jahre lang liegen. Allerdings wussten relativ früh zwei Mahler-Kenner von der Existenz dieses Materials, Richard Specht, ein Mahler-Anhänger der ersten Stunde, und Ludwig Karpath, ein ehemaliger Freund aus der glorreichen Zeit der Hofoperndirektion. Insbesondere soll Richard Specht Alma zu überzeugen versucht haben, dieses Material, so wie es war, zu veröffentlichen:[82] Es waren insgesamt 72 Seiten eines Partiturentwurfs sowie 93 Seiten vom Particell. Davon schien ein Satz, nämlich das Eingangs-*Adagio*, beinahe fertig und der Satz *Purgatorio* bis zu Takt 30 in den Orchesterstimmen weitgehend definiert. Der Rest jedoch, drei weitere Sätze, bestand aus einem sehr provisorischen Material, das über das Particell-Stadium, mit spärlichen Instrumentierungsangaben, nicht hinausging. Constantin Floros hat in einer umfassenden Studie alle Sätze nach deren Gehalt und Struktur befragt und für das einleitende Adagio einen Sonatensatz festgestellt, für den zweiten Satz, den Mahler als »Scherzo-Finale« bezeichnete, eine klassische Form A-B-$A^1$-$B^1$-$A^2$ angenommen und für den kurzen 3. Satz mit der Überschrift *Purgatorio*, von dem Richard Specht glaubte, er sei dem Mahler-Lied *Das irdische Leben* nachgebildet, eine Dacapo-Liedform erkannt. Im vierten Satz mit dem berühmten Ausruf »Der Teufel tanzt es mit mir!«, den Mahler in verschiedenen Momenten für einen zweiten Satz, dann einen Finalsatz, dann für einen ersten und schließlich einen vierten hielt, konstatierte Floros eine Art Scherzo mit Trio-Form und für den fünften, der aus Rückgriffen auf Teile des *Purgatorio* und des vierten Satzes beruht, eine gewisse Dreiteiligkeit mit Koda. [83]

Unter Eingeweihten war bekannt, dass Mahler seinem New Yorker Arzt Dr. Fraenkel gegenüber den Wunsch geäußert hatte, die Skizzen zu verbrennen, falls es ihm nicht mehr möglich sein sollte, daran weiterzuarbeiten. [84] Diesen Wunsch ignorierte die Witwe und ließ das Material, wenngleich fragmentarisch und unzusammenhängend, drucken. Es gab auch Freunde, unter ihnen Bruno Walter, die von einer Veröffentlichung der Skizzen überhaupt abrieten, da die verbalen Anmerkungen zwischen den Noten zu persönlich und zu intim waren. Aber eines war die Veröffentlichung des handschriftlichen Materials – aus dem Alma die peinlichsten Passagen herausschnitt –, etwas anderes freilich war dessen Verwertung für den Zusammenbau einer ganzen Symphonie. Zu Letzterem entschloss sich Alma 1923, indem sie den jungen Komponisten Ernst Krenek, damals Schüler von Franz Schreker und Freund ihrer Tochter Anna, mit der Komplettierung der Symphonie beauftragte. Da die Auflage für die Operation naturgemäß auf notengetreue Transkription des notierten Vermächtnisses lautete, konnte Krenek jedoch nur das Adagio und den mit *Purgatorio* überschriebenen Satz für Orchester einrichten. Diese Orchestrierung wurde von Alban Berg auf Schreibfehler geprüft und von Franz Schalk, dem Dirigenten der Uraufführung, durch Verbreiterung des Klanges und Stimmverdoppelungen ergänzt. Für Almas Entscheidung, das Material zu veröffentlichen und ökonomisch zu nutzen, gibt es drei naheliegende Gründe. Erstens lag die Verfügungsgewalt über Mahlers Wunsch, die Skizzen zu verbrennen, nach dem Tod Dr. Fraenkels, dem Mahler seinen Willen anvertraut hatte, einzig und allein in Almas Hand; zweitens waren diese Handschriften mit den verzweifelten Liebesschwüren besonders geeignet, die Zentralität ihrer Person in Mahlers Leben zu untermauern, und drittens versprach deren symphonische Verwertung, in Zeiten der katastrophalen Geldentwertung nach dem Ersten Weltkrieg, satte Tantiemen, zumal die Witwe die Rechte mit keinem Verlag teilte. Die Wiener Musikszene reagierte auf Almas Entscheidung kritisch bis feindselig, zumal bekannt war, wie fragmentarisch und lückenhaft die Skizzen waren. Auf diese Kritik antwortete Alma in einem offenen Brief an die *Neue Freie Presse*:

> Ein heutiges Morgenblatt veröffentlicht Mitteilungen über eine *nachgelassene Symphonie* meines verstorbenen Mannes Gustav Mahler, die in ihrem wesentlichen Inhalte unrichtig und daher geeignet sind, mich zu schädigen. Es ist durchaus kein Geheimnis, dass Gustav Mahler eine unvollendete Symphonie hinterließ, es waren davon vielmehr schon in den Nekrologen die Rede. Es ist auch nicht richtig, dass vom ersten und letzten Satz nur Bleistiftskizzen existieren. Die Wahrheit ist, dass diese beiden Ecksätze in der Komposition sehr weit fortgeschritten sind, und dass die Mittelsätze (Adagio und Scherzo) *vollkommen komponiert* und *instrumentiert vorliegen.* Es ist selbstverständlich, dass ich, als eine Aufführung in Erwägung gezogen wurde, einen Fachmann mit der Revision des vorhandenen Materials betrauen musste. Der mir persönlich befreundete Komponist *Ernst Krenek,* dessen große Fähigkeiten außer Frage stehen, hatte die Liebenswürdigkeit, die zwei zur Aufführung bestimmten Sätze durchzusehen, kleine Schreibfehler richtigzustellen, mit einem Worte, das Manuskript druckreif zu machen [...]. Wäre eine kompositionelle Ergänzung nötig gewesen, würde ich mich nie zu einer Aufführung des Werkes herbeigelassen haben, weil mir dies als Betrug und Pietätlosigkeit erschiene [...]. Hinsichtlich einer *öffentlichen Aufführung* dieser unvollendeten Mahlerschen Symphonie sind *Verhandlungen* im Zuge, wonach die Uraufführung unbedingt in Wien stattfinden soll [...]. Da auch die Tantiemenfrage öffentlich erörtert wurde, muß ich schon sagen, dass dies meine ureigenste Privatangelegenheit ist, die ans Licht zu ziehen niemand berechtigt ist [...]. Alma Maria Mahler.[85]

Bruno Walter reagierte empört auf Almas Ansinnen, das Material einer öffentlichen Aufführung zuzuführen. Er griff zur Feder und ließ Alma mit Schreiben vom 10. November 1923 seine Meinung wissen:

> Kein Komponist war einem Bekanntwerden eines unvollendeten Werkes abgeneigter als Mahler; das wissen Sie so gut wie ich; und ich bedauere es sehr, daß Sie diese tief in seinem Wesen und Schaffen begründete Abneigung nicht berücksichtigt haben, und einen Torso, der Mahler's bis zuletzt bessernder und feilender und hierin unersetzlicher Hand entbehrt, der Öffentlichkeit aussetzen, noch dazu an einer für die Uraufführung eines symphonischen Werkes akustisch durchaus ungünstigen Stelle.[86]

Wenige Monate nach Almas Ankündigung erschien die Faksimileausgabe des Autographen im Zsolnay-Verlag. Darauf folgte, am 12. Oktober 1924, die Uraufführung des *Adagios* unter Franz Schalk in der Wiener Staatsoper im Rahmen eines größtenteils Mahler gewidmeten Konzertes. Am Tag danach schrieb Ernst Decsey, der Mahler-Kenner, der ein gern gesehener Gast der Mahlers in Toblach gewesen war, folgenden, mit Seitenhieben auf die selbstbewusste Witwe gespickten Kommentar:

> Das Musik- und Theaterfest, bisher ein Füllhorn von Schwachitäten, brachte ein Kunstwerk großen Formats an den Tag: das Adagio aus Gustav Mahlers Zehnter Symphonie, seiner »Unvollendeten«.
> Von den fünf Sätzen, die sie haben sollte, ist nur dieser erste, das Adagio, vollständig in Partitur und Skizze. Scheu liest man in den Blättern, die Alma Maria Mahler in Nachbildung der Handschrift erscheinen ließ, angeschauert von Mahlers unmittelbarer Gegenwart.
> Noch ein dritter Satz ist anscheinend fertig: ein B-moll-Intermezzo, ein schattenhaftes Kreisen von Motiven (wie in Mahlers »Irdischem Leben«), aber mitten drinnen beginnen in hinwühlender dicker Schrift die Ausrufe: »Tod!« Oder: »Erbarmen«, dann die Christusbitten: »O Gott, warum hast du mich verlassen. Dein Wille geschehe!«
> Aber es geschah der Wille Alma Marias, einer faszinierenden Frau, die über den lebendigen wie den toten Mahler gebot. Man sieht die Überlegungen des bauenden Künstlers, der das Scherzo von der ersten an die zweite, an die xte Stelle rückte, Überlegungen von schwererer Natur als die der Veröffentlicher. Mitten im Scherzo folgen die Schreie: »Der Teufel tanzt es mit mir [...]. Wahnsinn, fass mich an, Verfluchten! Vernichte mich, dass ich vergesse, dass ich bin, dass ich aufhöre, zu sein, dass ich ver« – Man hat dieses facsimiliert.
> Im vierten Satz findet sich der unheimliche Trommelschlag, den Mahler in New York beim Leichenbegräbnis eines Feuerwehrmannes als einzige Konduktmusik hörte und der nach der Versicherung des Vorwortes zum

»nachwirkenden Erkenntnisschlag seines Endes« wurde [...]. Ernst Krenek hat die Bruchstücke aufführungsreif gemacht, Franz Schalk und Alban Berg revidierten die Arbeit philologisch und die Philharmoniker, die sich im letzten Spieljahr unter Weingartner das Mahlerspielen abgewöhnt hatten, brachten unter Schalk in der Staatsoper Mahlers Grabgesang zu Gehör, in den der Tod die letzte Fermate mit hineinsetzte.
Man wagte kaum hinzuhören, der Bratschenmonolog klang wie eine Stimme von drüben. Es schienen auch hineingeschriebene Worte mitzuklingen: »Almschi, für Dich leben, für Dich sterben. Du allein weißt, was es bedeutet. Ach! Ach! Ach! Leb' wohl, mein Saitenspiel! Leb' wohl, leb' wohl!« Man spürt daraus die einzige Todesangst, die ein Künstler hat: zu sterben, bevor sein Werk vollendet ist. Wie sie Wagner vor dem »Tannhäuser« hatte. Nun sind die Todesschreie faksimiliert, der Öffentlichkeit preisgegeben, Mahler kann nicht hindern, dass man sein Gesicht abtastet, seine Geheimnisse befühlt. Er kann nicht wehrend den Arm heben, wie der tote Siegfried.
Das Adagio holt seine Linie aus einer anderen Abschiedssymphonie, aus der Neunten von Bruckner – dem Gott seiner Jugend –, um zum eigenen Mahlerton heimzufinden. Gerade sein unvollständiger Eindruck, die Farbenklumpen, erhöhen seine suggestive Macht. Der Sterbende öffnet den Mund [...] zur letzten Rede. Das B-Moll-Intermezzo ist ein fertiggemachtes Musikstück, daher unvollständig wirkend und schwach [...]. Dr. Ernst Decsey.[87]

Drei Tage später meldete sich auch Julius Korngold, der führende Musikkritiker Wiens und einst ebenfalls willkommener Gast Mahlers in den Toblacher Sommern, in einem langen Feuilleton der *Neuen Freien Presse* zu Wort und ging, wie Decsey, der Frage nach, welchen Sinn denn eine Rekonstruktion eines so fragmentarischen Materials haben könne. Er kam zum Schluss, dass sich grundsätzlich »neue Musik nicht weiterdenken läßt« und dass es – wennschon – »eines zweiten Mahler bedurft hätte, das Unvollendete auszudenken und zu ergänzen«:

Eingehende Deutungsversuche ziemen nicht. Jedenfalls enthüllt sich ein Seelendrama, das so recht mahlerisch ist. Ist es auch die Musik? Zur Aufführung gelangten nur das Adagio, das in den meisten Partien als zu Ende instrumentiert gelten kann, dann der »Purgatorio«-Satz, dessen Orchestrierung nur in zirka dreißig Anfangstakten vorgezeichnet vorliegt. Die als »Partiture« bezeichnete Niederschrift des zweiten Satzes bringt fast keinen Takt ausgefüllt: Instrumente, Tonarten bleiben wiederholt undeutlich.

> Mehr oder minder ähnlich zkizziert sind vierter und fünfter Teil. Unter all diesen Sätzen kann wohl, soweit sich Themenmaterial, Entwicklungen und Struktur der in der Skizze gebliebenen Stücke überschauen lassen, das Adagio als das bedeutendste gelten [...]. Hier hatte ein neuer Mahler begonnen, ein milder, abgeklärter, verklärter, auch technisch verfeinerter, in intimen, seelischen Ausdruck aufgehender Mahler, im Gegensatze zu dem Schöpfer einer zwar immer metaphysisch gerichteten, immer seelisch ringenden, aber zugleich sich massig mitteilenden, oft theatralisch bewegten und gefärbten Alfreskosymphonik. Insbesondere der neue lyrisch-innerliche Ausdruck war es, der diesen letzten Stil umformte, eine sanfte Wehmut, ein weich gewordenes Natur- und Weltgefühl, eine rührende Ergebung [...]. Das Adagio scheint in manchen Takten so unfertig geblieben zu sein, wie es war, was noch immer fremder Zutat vorzuziehen. Wie vieles hätte der Komponist, der noch am Fertigen nach einer Probe, nach einer Aufführung Feilende, geändert, vielleicht fortgelassen, wie hätte er die Verbindungen in Satz, Stimmführung, in der instrumentalen Dynamik hergestellt, die jetzt fehlen [...].

Korngold beschäftigte sich eingehend mit der Unschlüssigkeit Mahlers bei der Anordnung der einzelnen Sätze:

> Dem Werke waren offenbar zwei Scherzi zugedacht, deren erstes auch als erster Satz geplant war, während das zweite das Finale bilden sollte. Also eigentlich ein Formneues, eine Scherzosymphonie, aber sicherlich eine nichts weniger als bittere. Jenes erste Scherzo rückte dann auf den Platz des zweiten, dann des vierten Satzes, während das zweite Scherzo die Stelle des zweiten Satzes erhielt. Der Rang des ersten Teiles wurde einem Adagio eingeräumt. Als dritter Abschnitt war ein mit »Purgatorio« bezeichnetes Stück in Aussicht genommen. Im Titel findet sich hier nach einem »oder« auch das ausgestrichene Wort »Inferno«. Fegefeuer oder Hölle? Mahler schwankte auch da. In der Musik stimmt aber weder das eine noch das andere. Ein fünfter Satz, in ziemlich fortgeschrittener Skizzierung mindestens der führenden Stimmen vorhanden, schließt dann als Finale ab.[88]

Wenn schon die Zeitgenossen nach Anhören des einzigen von Mahler vollendeten Satzes Unfertiges zu bemerken glaubten, um wie viel problematischer müssen jene Versuche gelten, die alle Sätze komplettierten, Polyphonie, Durchführung, Höhepunkte, Dynamik, Dichte und Instrumentation entschieden und zum Teil erfanden: die Versuche von Joe Wheeler, Clinton Carpenter, Hans Wollschläger, Deryck Cooke, Remo Mazzetti, Rudolf Barshai.[89] Alle diese Rekonstruktionen entstanden un-

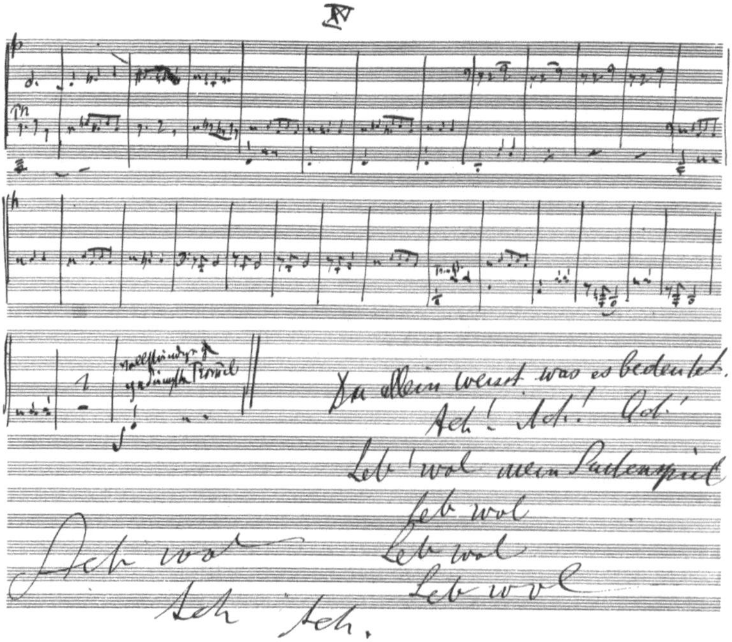


Ende des vierten Satzes der »Zehnten«, Faksimile-Ausgabe 1924

ter dem Missverständnis, dass die Niederschrift im Sommer 1910 Mahlers letztes kompositorisches Wort gewesen sei. Man weiß, dass Mahler zwar ausschließlich in den warmen Sommermonaten komponierte, wo ihn Ruhe und frische Luft zu origineller Erfindung stimulierten, doch war das nur der erste Akt eines komplex artikulierten Arbeitsprozesses. Die selbstkritische Abklärung des aus dem Unbewussten vulkanisch aufgestoßenen Materials folgte erst in einer zweiten Arbeitsphase. Der Sommer war der Moment der musikalischen Empfängnis, gleichsam die Hochzeitsnacht der kompositorischer Fruchtbarkeit, ihm folgte die Phase der Reifung, der Klarheit, der Klärung. Erst danach wurden die Stimmen in der Partitur verteilt, Klimax und Antiklimax errechnet und Dauern und Dichte durch eine energetisch verstandene Instrumentierung potenziert. Dieser geteilte Arbeitsprozess zwischen irrationalem Einfall und wohl überlegter Ausführung hatte in der dreiteiligen Systematisierung des Kompositionsprozesses – Particell, Partiturentwurf und Partiturreinschrift – ihre logische und rationelle Entsprechung.

Das Material zur *Zehnten*, bestehend aus 1945 Takten, entstand, nach Jörg Rothkamps Schätzungen, in nur »fünf bis sieben Wochen«,[90] es ist ausgeschlossen, dass dieser Wurf bereits die Symphonie war, umso weniger, als in diesem Sommer 1910 die erwähnte seelische Katastrophe Mahlers Unbewusstes zum Einsturz brachte und das Zutagefördern des inspirierten Urgesteins, aus dem er seine Symphonien zu bauen pflegte, außerordentlich erschwerte.

Wenn man sich das *Adagio* als den am weitesten gediehenen Satz der *Zehnten* anhört, kann man mit einiger Deutlichkeit die inspirierten Einfälle von den kapellmeisterlich ausgearbeiteten Varianten unterscheiden. Damit ist dem Satz eine gewisse Diskontinuität und fragmentarische Uneinheitlichkeit anzumerken. In Thomas Manns *Doktor Faustus* werden bei der Korrektur von Adrian Leverkühns Kompositionen durch seinen Lehrer Kretschmar ausführlich die Schwächen einer unfertigen Komposition angesprochen: »Was Kretschmar tat, war, ihn auf flaue Stellen hinzuweisen, ihm Tempokorrekturen, die Belebung eines starr wirkenden Rhythmus [...] zu empfehlen [...]. Er legte den Finger auf einen Übergang, der nur äußerlich zusammenhing, sich nicht organisch ergab, den natürlichen Fluß in Frage stellte.« In ähnlicher Weise fallen im *Adagios* der *Zehnten*, insbesondere in der Schlussgruppe der Exposition, Wiederholungen auf, redundante Phrasen in Bogenform, die, durchsichtig und delikat instrumentiert, ausgesprochen dünn klingen und sich kaum aufraffen, um – wie bei Mahler sonst üblich – nach vorne zu drängen. Kurz: Nach der herrlich intensiven Exposition scheinen sich Durchführung und Reprise in zerstreuten Episoden zu verlieren. Der agogische Blutdruck ist niedrig, viel zu niedrig für Mahlers sanguinisches Temperament: Es klingt nach Katatonie, nach Depression. Der ganze Satz lebt zwar von einem der schönsten Themen Mahlers, einem warm instrumentierten Fis-Dur im Weihrauch-geschwängerten Bruckner-Ton, das refrainartig wiederkehrt und in der Exposition mehrere ekstatische Höhepunkte erreicht, doch was die Exposition verheißt, hält die Durchführung mit anschließender Reprise nicht. Darin herrscht nicht Aufbruch, sondern Auflösung, nicht Drang, sondern Durchhängen. Denkt man an Mahler, so denkt man an Verarbeitung und Durchbruch, »an das technische Prinzip, durch das die herrische Subjektivität sich der musikalischen Organisation bemächtigt, also die Durchführung«. So bezeichnet Adrian

Leverkühn in Thomas Manns *Doktor Faustus* die Kunst der Veränderung und Verarbeitung in Bezug auf die deutsche Musik seit Beethoven: »Der Einfall also, eine Sache von drei, vier Takten, nicht wahr, mehr nicht. Alles Übrige ist Elaboration, ist Sitzfleisch.« Der Adagio-Satz der *Neunten* verdeutlicht eindrucksvoll diesen Gegensatz von Einfall und »Sitzfleisch«. Gegenüber dem berührenden Fis-Dur-Thema, das Mahler im Laufe des Satzes 21-mal zum Singen bringt, sind Durchführung und Reprise spröde »Elaboration« und als Ganzes ein redundantes von immergleichen Bogenmotiven beherrschtes Feld des Zusammenbruchs. Die Dynamik erschlafft, die Vielstimmigkeit schrumpft, die Themen bewegen sich im Kreise. Die knappe Durchführung, die wohl eher einem Intermezzo als dem Mittelteil einer Sonatensatzform gleicht, ist zu einem Ort der kompositorischen Ermüdung geworden: Mahler hetzt nicht mehr die Stimmen wie in früheren Kompositionen, sondern schont sie in milder Behandlung. Das Trauma des Sommers hat das Traumatische der früheren Katastrophenmusik überdeckt und entkräftet. In diese Leere strahlt das Fis-Dur-Thema, dem das Herz voll ist und der Mund übergeht, doppelt emphatisch. Die »langen Blicke der Sehnsucht« (Adorno), die dieses herrliche Thema intendiert, sind in seiner Kürze freilich nur der Nachklang jener »unersättlichen Musik«, die Mahler ein Leben lang als seine Version von Tröstung suchte und realisierte.

Es kann wohl sein, dass Mahler, der im Sommer 1910 wochenlang zwischen heftigen Emotionsschüben und Verzagen schwankte, die formale Brüchigkeit des Satzes als Dokument seiner Verzweiflung niederschrieb. Darauf weisen mehrere chiffrierte musikalische Botschaften in den Noten hin. Die einsame Bratschen-Melodie, die das Adagio einleitet, spielt im Verweis auf die Wagnersche Liebesoper unmissverständlich auf die eigene Liebesnot an. Dass Mahler, der sonst nie ein so ausgedehntes Unisono an den Beginn eines Symphoniesatzes setzte, sich ausgerechnet die »traurige Weise« aus der Einleitung zum dritten Akt des *Tristan* vornahm, sie in ihrer Diktion nachahmte, kann nur eines bedeuten: dass der unglücklich Liebende sich in seiner Liebesraserei mit dem tragischen Helden Tristan identifizierte. Zu dieser Tristanschen Raserei schien ihm das Moment des eigenen »Vergehens«, welches er mit der Kürzel »ver.« andeutete, die sinnstiftende Idee für die Inspiration zu sein.[91] Die verzweifelten Anmerkungen im vierten Satz,

Der Teufel tanzt es mit mir.
Wahnsinn, fass mich an, Verfluchten!
vernichte mich,
dass ich vergesse, dass ich bin!
dass ich aufhöre, zu sein
dass ich ver.,

die ähnlich lauten wie der Tristan-Wunsch: »gieb Vergessen, daß ich bin […] löse von der Welt mich los!«, artikulieren jedoch nicht Freitod-Gedanken, sondern die Klage, kraft des »Liebestrankes« von der Liebesleidenschaft nicht loszukommen und nicht sterben zu können: »den Gifttrank gab sie mir zu trinken, […] da ward der sehrendste Zauber erlesen: daß nie ich sollte sterben« (*Tristan, 3. Akt*). Psychologisch steckt in dieser Identifikation die Empfindung einer unerträglichen seelischen Anspannung nach der Gropius-Affäre, in die sich Mahler in seiner angeborenen Vehemenz hineingesteigert und die ihn in Tristansche ambivalente Todessehnsüchte gestürzt hatte. Ambivalent, weil das Adagio und dessen weiche Entspanntheit das Moment der Ermüdung nach dieser verzehrenden Passion nach sich zieht. Mahler hat damit die Musik in extremer Weise verdinglicht und zum Psychogramm eigener erlebter Seelendynamik degradiert. In ähnlicher Weise ist der heftige Neunton-Akkord am Ende der Reprise wie ein dissonanter Stich ins Herz zu verstehen. Schließlich kann auch die Koda mit den zarten Dominant-Septime- und Nonen-Weisen, die an melodieseliges alpenländisches Jodeln erinnern, als Zerfließen und Zergehen nach dem Toben der Liebesleidenschaft aufgefasst werden.

Allen Kommentatoren fiel auf, dass dieses Adagio in keines der gewohnten Formschemen Mahlerscher Symphoniehauptsätze passt. Dem Mahler-Exegeten Richard Specht stellte es sich als eine besondere Art eines freien Rondos dar,[92] Eberhard Klemm beschrieb die Form mit Hilfe der Dynamik, die »ein dauerndes Auf- und Ab, ein ›Unterwegs‹« darstellt, »dessen Durchstoß […] ständig vereitelt wird.«[93] Tyll Rohland fiel in der häufigen Wiederholung der drei Themen eine geringe Kontrastierung auf: Er nannte sie »morphologische Variation«.[94]

Auf den einfachsten Nenner gebracht, ist das Adagio eine ausgedehnte *Tristan*-Reminiszenz, die kryptisch auf die Beziehungskrise in jenem tragischen Toblacher Sommer anspielt. Sieht man nämlich in

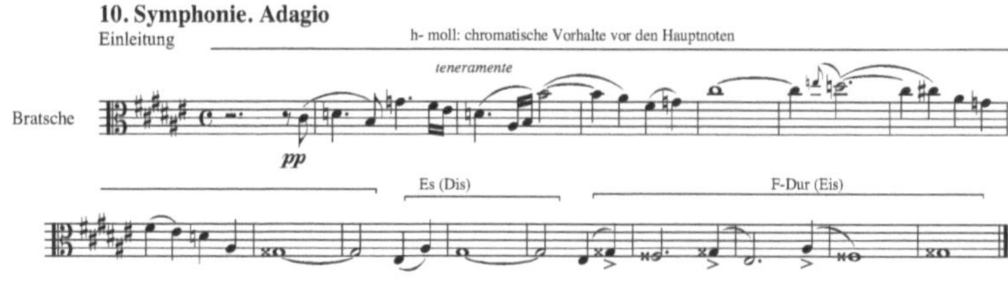


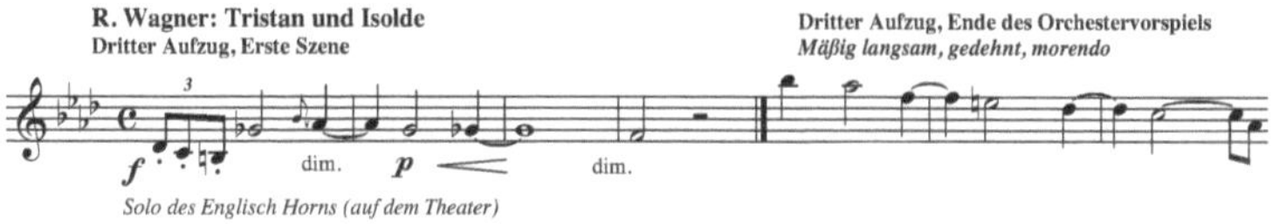


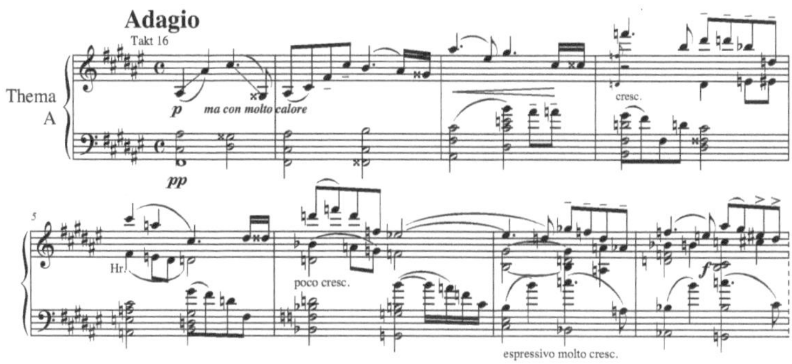


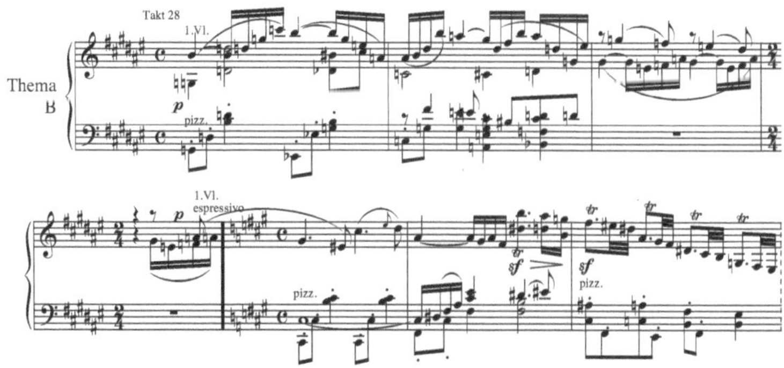


dem einleitenden Bratschen-Solo eine Art »Leitmotiv«, dann sind alle weiteren Abschnitte eine freie Variation dieser aus dem *Tristan* abgeleiteten Idee. In der Tat setzt sich das einleitende Solo aus Anklängen verschiedener Wagnerscher Chromatismen zusammen, die einigen Stellen des Vorspiels zum dritten *Tristan*-Akt gleichen.

Die Phrasierung des *Adagios* entzündet sich stereotyp an diesen Affektmodellen, die mit einem weiten Intervall momentane Erregung zünden, sich aber sogleich wieder in chromatisch absteigenden Schritten beruhigen. Daraus entstehen die charakteristischen Bogenmotive: eine Takthälfte heftige Aufwallung und die andere Abtrieb und ausschwingende Beruhigung. Die einleitende Bratschen-Melodie stiftet somit die Form für den gesamten Satz. Sie hat eindeutig fallenden Charakter und erzählt im Gleichklang mit dem Englisch-Horn-Solo des *Tristan* von Verwundung und desolater Leere. Die Stimmung von Endzeit und Vergehen ist nicht zu überhören. Tristan steht für Liebestod, im weiteren Sinne aber auch für Schlusspunkt und Untergang. Es ist bezeichnend, dass Mahler sein Komponistendasein, das er mit der Verwahrung der Toblacher Skizzen in einer Kassette zu beenden gedachte, ausgerechnet mit einer Tristan-Reminiszenz beschloss. Möglicherweise sah er in Wagners Musik auch das Ende der großen Musik und die *Zehnte* als einen Schritt zu weit in Richtung Expressionismus, zu dem er, der Romantiker, nicht bereit war. Eine ähnliche Fixierung auf den *Tristan* als Schlusspunkt der »schönen« tonalen Musik ist auch von Richard Strauss bekannt, der einmal auf den Nationalsozialismus angesprochen, die Gründe für die deutsche Barbarei im Verschwinden der großen deutschen Musik sah, die seiner Meinung nach mit Wagners Tod eingeleitet wurde. Bezeichnend, dass auch Strauss' Gedanken beim Ableben auf dem *Tristan* verweilten. Seine letzten Worte auf dem Sterbebett waren: »Nun leb wohl, Brangäne! Grüß mir die Welt!«[95]

**Einleitung: Takt 1–15**

Diese »traurige Weise« setzt sich aus dem schmerzlich sich aufschwingenden und daraufhin chromatisch absteigenden Tristan-Leitmotiv und aus Motiven vom Beginn des dritten Aktes des *Tristan* zusammen. Die Zitate sind nicht wörtlich, sondern solche von Assonanz, in dem Sinne, dass sie die Fieberkurve der Erregung im Anschwellen bis zur Sexte und im chromatischen Abfallen der Spannung mimetisch nachzeichnen. Die Bratschen-Melodie erreicht bereits in Takt 5 den Höhepunkt auf dem d'. Diese Stelle kehrt leitthematisch auf dem Kulminationspunkt der Exposition wieder, wo auf dem hohen

»d« der Geigen der erste Abschnitt der Klimax erreicht wird. Diese »traurige Weise« der Einleitung verhält sich zum Hauptthema in Fis-Dur wie das Dunkel zum Licht, wie Liebesleid zur Liebesekstase.

**Exposition: Takt 16–104**

Die Exposition, bestehend aus einem liedhaften Thema A (Takt 16–27) und einem tänzerischen Thema B (Takt 28–39), wird, nach verkürzter Wiederaufnahme des einleitenden Solos, in variierter Form von Takt 40 bis Takt 80 wiederholt. Das Hauptthema erreicht bei Takt 75 den Höhepunkt. Das Seitenthema lässt mit der tänzelnden Pizzicato-Begleitung traumhaft irreale Tanzszenen erstehen, die sich sogleich wieder in unverbindlichen Arabesken verlieren. Daran schließt eine Art Schlussgruppe, die den Zerfall der traumhaften Illusion beschreibt: Takt 91–104. Die bogenförmige Prosodie der Exposition ergeht sich in weiten Lagen und beschreibt einen tiefen harmonischen Raum. Die Intensität des jauchzenden Gesanges und der Drang, der sich durch die Dichte der Instrumentierung ausdrückt, verweist auf heftige Gefühlswallungen und ekstatische Glücksmomente. Die weiten Intervalle der Melodie beschreiben intensive Umarmung, sind also mehr romantisches Gefühl als Melodie. »Wie in den Romanen«, schreibt Adorno in seinem Mahler-Essay, »gedeiht bei Mahler Glück am Rand der Katastrophen.«[96]

**Durchführung: Takt 105–140**

Es werden vorwiegend Elemente des filigranen Seitenthemas variiert. Die Pizzicato-Begleitfiguren und die hohen Holzbläser artikulieren Tanzcharaktere. Diskantisch hervortretende Melodiebögen, Arabesken und Arpeggien sowie bogenförmige Melodien verbreiten eine farbig-dekorative Atmosphäre. Chromatisches Changieren von Harmonien im verminderten und übermäßigen Akkordbereich. Farbe geht vor Dynamik und Agogik.

**Reprise: Takt 141–193**

Thema A in Fis Dur in neuer Variante mit hervortretenden Hörnern im Unisono mit den Streichern (Takt 141–152). Seitenthema B in fis moll (Takt 153–171), polyphon variiert und filigran aufgelichtet. Rückgriff auf die tänzerischen Elemente der Schlussgruppe der Exposition (Takt 172–177). Verkürztes Thema A mit Elementen der Einleitung ausklingend (Takt 178–193).

**Koda: Takt 194–275**

Unvermitteltes Fortissimo in as-moll: ein Hexensabbat, lärmender Einbruch in die Stille, düster getrübtes Moll als Klangsymbol des Schreies und Bruches. Über dem Orgelpunkt auf As ein Choral wie von einer Schwarzen Messe mit schrägen Orgelmixturen (Takt 194–198). Wie aus einem anderen Raum klingt ein Fragment des tänzerischen Seitenthemas in Moll herüber (Takt 199–202). Wiederum ein dissonantes

Fortissimo-Tutti, ein Neunton-Akkord, bestehend aus sieben kleinen Terzen: gis, h, d, f, a, c, es, g, die sich zwischen dem tiefen Orgelpunkt cis + gis und dem hohen Orgelpunkt a mit dem Tritonus zwischen den äußersten Stimmen cis und g auftürmen (Takt 203–212). Ausklang mit Elementen des Hauptthemas in Auflösung, rührselige Dominantsept-akkorde (Takt 213–216). Reminiszenz des tänzerischen Seitenthemas (Takt 217–232). Nachklang des Hauptthemas in warmen tiefen Lagen (Takt 233–246). Rückblick auf den Bratschen-Prolog (Takt 247–252). Fragmente aus dem Hauptthema: Dominantsept- und Dominantnonen-Akkorde, die wie ein Echo von Jodelstimmen aus dem Gebirge nostalgisch nachklingen.

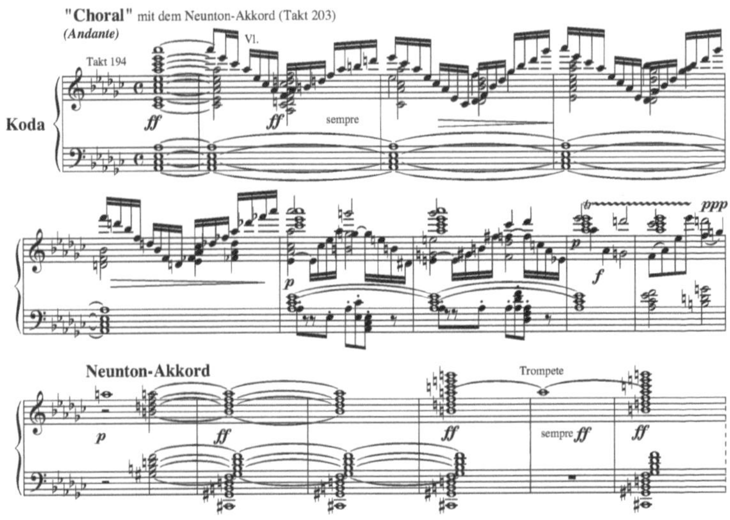


Die Koda klingt wie ein Einsturz, ein Zusammenbruch, eine Bestürzung: Sie ist das seelische Protokoll von Mahlers innerem Zustand im August 1910. Die Zeichen der Panik und der Fassungslosigkeit gegenüber den Ereignissen im intimen Bereich sind in den letzten Abschnitten des Adagios wie Risse nach einem Beben eingetragen: als »Gewalt des Herzbrechenden und Durchbrechenden«, die sich laut Adorno bei Mahler »bis zur Weißglut erhitzte«.[97] Der verminderte Septakkord gis-h-d-f, der sich unter die plötzlich nach a-Moll verschobene tektonische Platte der Tonika a-c-e-g schiebt, erzeugt in der wilden Dissonanz auf dem Orgelpunkt cis ein wahres harmonisches Beben. Dieses Kataklisma in der Harmonie verweist auf Fundamentbrüche und tiefenpsychologische Erschütterungen, die in der finalen Diskontinuität des Satzes bereits expressionistisch klingen. Der wilde Klang des Neuntonakkordes – eines der ersten Beispiele pathographer expressionistischer Schreibweise – wirkt wie ein Fanal für alle möglichen zukünftigen Katastrophen. Mahler hat hier im freien stilistischen Fall und im Augenblick psychischer Selbsterniedrigung mit Hilfe einer desperaten Traumschrift ein Tor zur Zukunft aufgetan, durch das er, als er wieder zur Besinnung kam, letztendlich nicht schreiten wollte. Er muss wohl selbst angesichts der unerhörten Dissonanz dieses letzten Abschnittes so erschrocken sein, dass er sich im Ausklingen des Satzes auf konsonante tonale Tonfelder mit rührseligen Jodelmotiven zurückzog. So soll es E.T.A. Hoffmann ergangen sein, der bei Tag schaurige Gestalten erfand und sich bei Nacht vor diesen fürchtete und wie sein »Kapellmeister Kreisler« in der Enttäuschung über die verlorene Liebe die untreue Geliebte von »schlangenzüngigen Septimen« umgeben sah. Die Schreckensfigur Neuntonakkord wurde für Alban Berg, der dieses Adagio genau studiert hat, zur Grundlage seiner expressionistischen Tonsprache und ein Leitakkord im *Wozzeck*.

## Die glanzvolle Uraufführung der »Achten« in München: »... auf einem Höhepunkt seines Lebens stehend und schon vom Schicksal seiner baldigen Abberufung gezeichnet ...« *(Bruno Walter)*

Wegen der dramatischen Ereignisse rund um Walter Gropius erfährt man aus Almas Memoiren wenig über Besucher im Trenker-Haus und allfällige Toblacher Ereignisse im Sommer 1910. So muss man sich über besondere Vorkommnisse, die Mahler tangiert haben könnten, bei der lokalen Presse erkundigen, aus der man erfährt, dass am 24. Juli im »Altschluderbacher Walde«, also in unmittelbarer Nähe zum Trenker-Haus, ein großes »Waldfest zu Gunsten der Hochwasseropfer« dieses extrem regnerischen Juli stattfand[98] und dass am 2. August der Thronfolger Erzherzog Franz Ferdinand mit seiner Familie im Automobil in Toblach vorfuhr, sich unter Fremde und Dorfbewohner mischte und »beim Besuch des Kaufgeschäftes von Anton Baumgartner leutselig« mit der Bevölkerung verkehrte.[99] Von den spärlichen Gästen der Mahlers in diesem unglücklichen Sommer hat de La Grange den polnischstämmigen Pianisten Alexander Lambert aufgespürt, einen New Yorker Mahler-Bekannten, der dort am »New College of Music« Klavier lehrte und sich als Komponist von Klavierminiaturen hervortat. Der Jahrhundertvirtuose Leopold Godowky spielte in Konzerten öfters dessen virtuose *Humoresque*, und einer seiner Schüler war der erfolgreiche Musical-Komponist Jerome Kern. Neben den alljährlichen Sommergästen Oscar Fried und Alfred Roller mit Familie war diesen Sommer auch der Berliner Schriftsteller Oscar Bie zu Besuch in Toblach. Den einflussreichen Kritiker des Berliner *Börsen-Couriers* und Leiter des führenden deutschen Kulturmagazins *Neue Deutsche Rundschau* amüsierte es vor allem, dass er Mahler mit Alma aus dem Fenster der Toblacher »Bauernvilla« Offenbachs *Schöne Helena* am Klavier – er die Melodiestimme – herunterhämmern hörte.[100]

Von der Freud-Visite nach Toblach zurückgekehrt, traf Mahler im Trenker-Haus das Ehepaar Roller an, das wie alle Jahre auf Besuch kam, obschon Roller im Sommer 1909 geschworen hatte, wegen der »krampfhaft hysterischen Lustigkeit« Almas[101] nicht mehr wiederzukommen. Wie Roller dieses Mal Alma fand und ob er eine Ahnung vom Grund von Mahlers Abwesenheit hatte, ist nicht bekannt. Alma meldete Gropius den Besuch und nannte dabei Rollers Frau Milewa »eine serbische Wildkatze«.[102] Am 3. September reiste Mahler nach München, wo er im Hotel Continental Quartier nahm und in Erwartung Almas ein geräumiges Apartment mietete, das er mit einer »Unzahl von Rosen schmückte«.[103] Mahler war von der Idee berauscht, dass die *Achte*, die kurz vor der Uraufführung stand, Alma gewidmet war: »So, mein geliebtes Almscherl […]. Es war mir doch eigenthümlich und aufregend zu Muth, den geliebten, süßen Namen auf dem Titelblatt vor aller Welt zu sehen – wie ein freudiges Bekenntnis! Ach, ich schnitt es gern in alle Clavierauszüge ein […] ich will, daß die Welt dieß ernst nimmt, und daß es ihr mehr bedeutet als eine Schnurre des Verliebten.«[104] Noch am selben Tag, unmittelbar vor Beginn der ersten Orchesterprobe, musste Mahler mit Fieber ins Bett: Die in Toblach erworbene und nur notdürftig durch ungeeignete Mittel gedämpfte Angina war wieder aufgeflackert.

Dr. Gutmann, der Impresario, fürchtete um das Konzert, ließ einen Arzt kommen, der ein neues Präparat zur Senkung des Fiebers verabreichte, und assistierte dem bettlägerigen Mahler als »Badewaschel« bei der Schwitzkur. Mahler dachte auch noch in diesem Zustand unentwegt an Alma und klagte über »verlorene Lieb«: »Aber Almschilitzilitzilitzili! [...] kein liebes Zeichen von Dir – und mir ist so bange – es ist kein Leben, wenn ich deine Augerln [nicht] sehe und Deine Stimme [nicht] höre. – Und Du brauchst mich so gar nicht, sonst müsstest Du mir ja schreiben [...]. Freud hat ganz recht – du warst mir immer das Licht und der Centralpunkt! [...] Aber welche Qual und welcher Schmerz, daß Du es nicht mehr erwidern kannst. Aber so wahr als Liebe wieder Liebe erwecken muß, und Treue wieder Treue finden wird, so lange Eros unter den Göttern sein wird, so wahr will ich mir wieder Alles zurückerobern, das Herz, das einst mein war, und das doch nur mit dem meinen vereint zu Gott und der Seligkeit finden kann.[105]

Alma hatte indes ihre Gedanken anderswo: Sie dachte an Gropius und plante ihr nächstes Rendezvous mit ihm in Wien. München, wie ursprünglich in Aussicht gestellt, schien ihr nicht der geeignete Ort zu sein, da dort anlässlich der Uraufführung der *Achten* allzu viele Bekannte verkehrten. So schlug sie Gropius Wien vor, wo sie nach dem Münchner Großereignis, Mitte September, einen Termin bei der Schneiderin würde wahrnehmen können, um bei dieser Gelegenheit unauffällig zum Geliebten zu eilen. Doch es kam anders: Gropius hatte sich auf München eingestellt und reiste ohne Vorwarnung dahin, von wo aus er Alma per Telegramm wissen ließ, dass er sie im Hotel Regina Palast erwartete. Nun fügte sich Alma in die neue Lage, ließ Gropius wissen, dass sie am 6. September abfahren und während einer der Orchesterproben Mahlers zu ihm ins Hotel kommen würde. Noch im »ratternden« Zug durch das Pustertal schrieb sie an den Geliebten und mahnte zu »äußerster Vorsicht«, stieg in Franzensfeste aus, gab den Brief auf und reiste nach München, wo sie sich am 7. September zu Gropius ins Hotel schlich.[106]

Obwohl seine gesundheitliche Verfassung wegen der nicht auskurierten Angina äußerst labil war und immer wieder der Arzt geholt werden musste, ließ es sich Mahler nicht nehmen, Alma und Schwiegermutter feierliche Aufwartung zu machen. Alma berichtet, dass die

Mutter in ihrem Zimmer einen Klavierauszug mit der Widmung vorfand: »Unserem lieben Mamerl, die ja immer zu allem gehört und die mir Almscherl geschenkt hat – von ihrem Gustav, dessen Dankbarkeit nie erlöschen kann. – München, 9. September 1910.«[107]

Die Spannung im Vorfeld der Uraufführung stieg durch gezielte Vorbesprechungen und Hinweise in der Presse von Tag zu Tag. Das Ausmaß der Besetzung und die zu erwartende Wirkung in der riesigen Halle aus Eisenbeton und Glas der Münchner Ausstellung – heute Teil des Transport-Zentrums des Deutschen Museums – ließen ein Ereignis von europäischer Dimension erwarten. So fanden sich bereits zu den Proben zahlreiche Fremde und Fachleute ein, die sich das Schauspiel der gewaltigen Chor- und Orchesterauftritte mit den flammenden Appellen des alles lenkenden Mahler nicht entgehen lassen wollten. Für das gigantische Konzert hatte Alfred Roller eigene Podeste geplant, die Mahlers Übersicht über Solisten, Orchester, Kinder- und gemischten Chor in optimaler Weise gewährleisteten. Unter den zahlreichen Neugierigen befand sich auch der junge Otto Klemperer, der von Hamburg, wo er am Theater im Engagement war, nach München fuhr, um Mahler bei den Proben dieses monumentalen Werkes zu erleben: »Ich gestehe, daß ich zum ersten Mal die Mahlersche Musik soweit begriff, daß ich mir sagte: ›Hier steht ein großer Komponist vor dir!‹«[108]

Die kollektive Wahrnehmung der Mahlerschen Uraufführung als ein epochales Ereignis wurde durch den außerordentlichen Aufwand des Jahrhundertfestivals noch gesteigert: ein Festival, das vom 22. Juni bis zum 7. Oktober dauerte und neben einer beeindruckenden Fülle von Symphonie-Konzerten mit einem Richard-Strauss-Schwerpunkt und Konzerten zur französischen Moderne gerade das Interesse für die zeitgenössische Musik und damit für Mahler weckte. Im Kontext dieser kolossalen Musikschau war Mahlers *Achte* der absolute Höhepunkt. Deshalb reiste alles, was Rang und Namen hatte, zum Uraufführungskonzert am 12. September nach München: Mahlers Geschwister, Studienkollegen aus alter Zeit, wie die einst eng mit Mahler befreundeten Rudolf Krzyzanowski und Dr. Guido Adler, die Freunde aus Hamburger Tagen, Adele Marcus und Arnold Berliner, Sophie Clemenceau aus Paris, die Countess Greffulhe, der getreue Alfredo Casella, weiters die Zunftkollegen Franz Schalk, Willem Mengelberg, Oscar Fried, Leopold Stokowski, die

Komponisten Richard Strauss, Siegfried Wagner, Alexander Zemlinsky, Alban Berg und Anton Webern, aus Frankreich Paul Dukas und sogar der alte Camille Saint-Saëns, dem Mahler »unerträglich« war, [109] weiters Sänger, die mit Mahler diesseits und jenseits des Ozeans gearbeitet hatten: Erik Schmedes, Lilli Lehmann, Marie Gutheil-Schoder, ja sogar die Ex-Geliebten Selma Kurz und Anna von Mildenburg, letztere am Arm ihres Gatten Hermann Bahr in vorderster Reihe sitzend, weiters die Regisseure Max Reinhardt und Alfred Roller, dann Stefan Zweig, Gerhart Hauptmann, Thomas Mann. An die tausend Korrespondenten hatten im Vorfeld das Ereignis angekündigt, 200 davon waren in Vertretung ebenso vieler Zeitungen bei der Uraufführung anwesend. [110] Das *Neue Münchner Tagblatt* beschrieb ausführlich die Szene der anreisenden Zuhörer, die trotz hoher Preise die 3.500 Menschen fassende Halle füllten, die »Hunderte und Hunderte von Automobilen«, die vorfuhren, das feierliche Bild »der Männer im schwarzen Anzug oder Frack, die stolze Schönheit der exquisit gekleideten und geschmückten Frauen an deren Seite, den Auftritt der Repräsentanten der »Aristokratie von Geist und Herkunft«, die »interessanten Köpfe aus der Musikwelt mit mehr oder minder auffälligen Frisuren«. [111]

Die lokale Kritik fiel nicht zu Gunsten Mahlers aus. Die Stadt, in der Richard Strauss der lebende Heros war und die Mahler-feindliche »Neudeutsche Schule« ihr geistiges Zentrum hatte, machte es Mahler nicht gerade leicht zu siegen. Dies zeigte sich schon in den Kontakten zu den Münchner Musikinstitutionen. Als Mahler beim Nationaltheater um die Ausborgung eines Glockenspiels anfragte, ließ ihm Generalmusikdirektor Felix Mottl kaltschnäuzig ausrichten, er »brauche es selber«. [112] Zur Stimmung gegen Mahler trugen auch Max Reger und Richard Strauss bei. Ersterer bemängelte an Mahler, den er den »Meyerbeer unserer Zeit« nannte, das »vollkommene Fehlen von Stil«, [113] während der zweite, Richard Strauss, sich mit sarkastischen Bemerkungen gegen den Kollegen hervortat. Strauss war zwar im Konzert, doch soll er nach Mahlers Auskunft seine »feindliche Haltung« ihm gegenüber unmissverständlich mit einem »ironischen Lächeln« beim Händeschütteln kundgetan haben. [114] In der Münchner Szene kursierten auch allerlei Witze und Pamphlete, die Mahlers »Messe« – wie der Komponist selbst sein Werk bezeichnete – der Lächerlichkeit preisgaben. So sollen Max von Schillings und Hans Pfitzner gezweifelt haben, ob der »Heilige Geist«, den Mahler in der Symphonie anrief, »wohl überhaupt kommen werde«.[115] Der Mann, der jedoch am heftigsten gegen Mahler schürte, war Dr. Rudolf Louis, der Lokalideologe der »Neudeutschen Schule«, Herausgeber – mit Ludwig Thuille – der nach beiden benannten *Harmonielehre* und Autor des 1909 erschienenen germanisch und antisemitisch konnotierten Buches *Die deutsche Musik der Gegenwart.* Darin vertrat Rudolf Louis die These, dass der Fall Mahler im Kontext der Rolle der Juden in der westlichen Kultur gesehen werden müsse und dass das Abstoßende an Mahlers Musik »der explizit jüdische Charakter« sei. Jüdische Musik könne man ja ertragen, wenn sie sich nur als solche gäbe; an Mahler sei besonders widerwärtig, dass er »Deutsch mit jüdischem Akzent spricht«. Das wäre, so Louis, wie wenn »ein Schauspieler des Budapester Orpheum ein Gedicht von Schiller« rezitiere.[116] Louis und »ein Kreis von traurigen Leuten«, wie Klaus Pringsheim sie nannte, versuchten schon im Vorhinein Mahler mit dem Argument zu diskreditieren, dass aus zwei so ungleichen Hälften, wie der alten Kirchenhymne ›Veni Creator spiritus‹ und der Schlußszene aus Goethes ›Faust‹, nie und nimmer ein symphonisches Ganzes werden könne.[117] So darf es nicht wundernehmen, dass die Münchner Rezensenten diesem Vorurteil folgend die *Achte* mehr oder weniger verrissen. Arthur Hahn von der *Münchener Zeitung* war einer der schärfsten. Er fand das Werk voll »billiger Sentimentalitäten« und »Trivialitäten«. Für das *Münchner Tagblatt* war das Werk mehr das Resultat von kalkulierender Reflexion als Inspiration. Selbst Friedrich Keyfel von der *Münchener Post*, der Mahlers Symphonie als Ganzes und den *Chorus Mysticus* im besonderen bewunderte, hatte Einwände gegen einige »vulgäre«, auf Effekt ausgerichtete Arien, so wie auch die *Neue freie Volkszeitung*, die von der Aufführung angetan war, »Banalitäten« feststellte, die allzu sehr »nach Sacharin« schmeckten.[118]

Ein ganz anderes Bild gewinnt man, wenn man die internationale und österreichische Kritik liest. Der französische Kritiker Lèon Vallas von der *Revue musicale de Lyon*[119] schrieb von »endlosen Ovationen«, von »einem unvergesslichen Ereignis«, von »Begeisterung an der Grenze des Deliriums«, von den »tausend Ausführenden, die ihre Partituren wie eine einzige Welle schwangen«. Oscar Bie, der Chefredakteur der *Neuen*

*Rundschau*, Deutschlands wichtigster kultureller Monatszeitschrift, gab zu, dass er »etwas Gewaltigeres an Aufführung« nie erlebt habe, dass ihm jedoch schiene, dass durch Mahlers Wesen ein »tragischer Riß« gehe. Bie nannte in dieser Besprechung Mahlers Vorgangsweise »unkeusch«, da er das impulsive Material nicht läutere und sublimiere: »Mahler beginnt innerlich, wie kein Zweiter heut, Beethovensch, er zürnt und schlägt und poltert, bis er zur Tochter aus Elysium sich durchgebissen hat.« Nur, wendet Bie ein, seine Beethovensche Ader habe noch immer nicht »die süße Phrase überwunden, die Mahler so oft den Vorwurf der Banalität einbrachte«. Mahler, so Bie, nehme »Empfindungskomplexe in die Komposition hinein«, die sentimental berühren, die aber als Rohmaterial in einem »kultivierten Kunstwerk« trivial wirken.[120]

In der österreichischen Kritik stimmten einige Mahlerianer das Hohe Lied auf Mahlers *Achte* an. Richard Specht schrieb im *Wiener Fremdenblatt*, dass es seit Wagners Eröffnung der Bayreuther Festspiele 1876 kein musikalisches Ereignis von solcher Tragweite für ganz Deutschland gegeben habe. Etwas distanzierter klingt hingegen die Kritik der *Neuen Freien Presse*, in der Korngold mit seinem langen Feuilleton weit ausholte und Mahler mit den Leistungen der großen Symphoniker – »Beethoven zur Rechten und Berlioz zur Linken« – maß:

> […] nichts verwunderlicher, als wenn Mahler, diese Faust-Natur, keine »Faust«-Musik komponiert hätte. Heine sagte einmal, jeder Dichter sollte einen Faust schreiben. Jeder Musiker sollte ähnlicherweise seinen Faust komponieren. Mit besonderem Fug, wenn er wirklich noch die tief bewegte, den letzten Fragen des Seins zugewendete Seele hat, die aus tiefem Gefühle quellende Wahrheitssucht […]. Das hieratische Purpurrot des ersten Teiles macht im zweiten einem schimmernden Weiß Platz. Die lauen Wellen zarter und verzückter Klänge umspülen uns […]. Wiederholt bringt dieses seraphische Musizieren das Inbrünstige und Heilige auf eine melodische Formel, die Gefühlswert und Eindringlichkeit hat […]. Mahler hat gewiß seine ganze Seele in den zweiten Teil gelegt. Wir ziehen musikalisch den ersten vor. Es weht eine kräftige, gesunde Luft in ihm, sein gehobener Hymnenton ist auf so lange Strecken leichter zu ertragen als die ekstatische Zerflossenheit des »Faust«-Satzes. Welche Musik vermöchte sich hier überhaupt mit Goethes heiliger Schar zu immer höheren Gipfeln zu heben, welche bliebe nicht unter der Dichtung zurück, in einer tieferen Region? Geistvoll drückt Paul Marsop die

Schwierigkeit aus: »Wer die Glut, welche in der Verklärung Fausts das ganze Firmament in lohenden Purpur kleidet, mit Tonfarben schildern wollte, müsste neben der Palette Wagners die von Stufe zu Stufe in stets sich erweiternden Gefühlskreisen ihre Themen zum Erhabenen steigernde Formkraft Beethovens und die unsägliche Innigkeit, den alles Weltelend überwindenden, mit allen Engelschören jubilierenden Glauben Johann Sebastian Bachs besitzen.« [...] Wohl gefallen sich in Mahlers Streben nach tiefstem seelischen Ausdruck, nach dem monumentalen, seiner Ehrfurcht vor der hohen Mission des Schaffenden, seiner Liebe zur Natur, die er ebenso hingebungsvoll anruft wie den Heiligen Geist, mancherlei Bizzarrien, nervöse Dränge, Gourmandisen des Musikalisch-Geistreichen. Allein die erstgenannten Eigenschaften bleiben noch immer stärker, das deutsche Musikpublikum zu erobern, als letztere, es abzustoßen.[121]

Uneingeschränkte Begeisterung, ja Vergötterung, klingt aus den Kommentaren einiger Künstler, die von der Aufführung tief bewegt waren. Anton Webern, der seinem Lehrer aus München von der Generalprobe schrieb, fand keine Worte, die »Schönheit des Werkes zu beschreiben«.[122] Bruno Walter, der Mahler bei den Proben unterstütze, blieb das Erlebnis lange im Gedächtnis:

> Es waren große Tage für uns, die wir den Proben der Achten beiwohnen konnten. Der ungeheure Apparat gehorchte [...] der Meisterhand, die ihn mühelos regierte. Alle Mitwirkenden befanden sich in feierlicher Gehobenheit, am meisten vielleicht die Kinder, deren Herzen ihm von Anfang an gehörten. Welch ein Augenblick, als er, von den Tausenden der Zuhörer in der riesenhaften Ausstellungshalle begrüßt, vor den tausend Mitwirkenden seinen Platz einnahm – auf einem Höhepunkt seines Lebens stehend und schon vom Schicksal seiner baldigen Abberufung gezeichnet –, als sein Werk nun den creator spiritus anrief, aus dessen Feuer es in ihm entstanden war, als von allen Lippen der Sehnsuchtsruf seines Lebens ertönte: »accende lumen sensibus, infunde amorem cordibus!« Als der letzte Ton der Aufführung verklungen war und der Sturm der Begeisterung zu ihm drang, stieg Mahler die Stufen des Podiums empor, auf dessen Höhe der Chor der Kinder postiert war, die ihm entgegenjauchzten, und drückte alle ihm hingestreckten Hände, ihre Reihe entlang schreitend [...]. In der Aufführung selbst schien er auf der Höhe seiner Macht – die Seelenerhebung gab dem müden Herzen noch einmal die alte Kraft zurück; aber es war die letzte Aufführung einer eigenen Schöpfung gewesen, die er geleitet hatte.«[123]

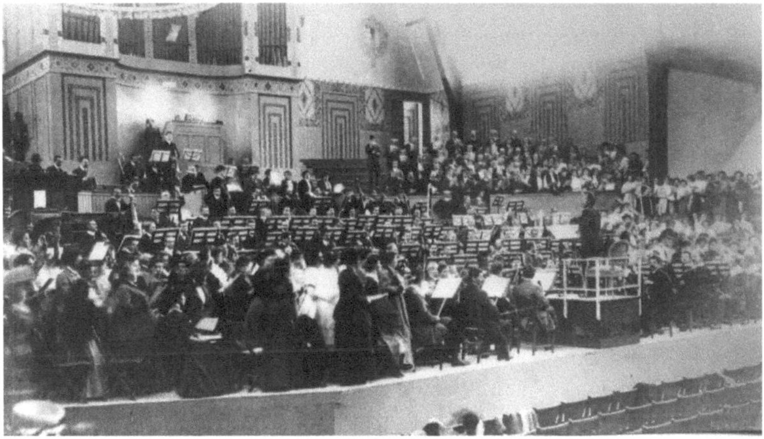

Gustav Mahler als Dirigent der »Achten« in München, 12. September 1910

Auch Lilli Lehmann, die legendäre Sängerin der Jahrhundertwende, zeigte sich von der Symphonie sehr angesprochen, umso mehr als sie Mahlers kränkelnde Erscheinung tief berührte:

> Zum letzten Mal sah ich Mahler 1910 in München, als er seine VIII. Sinfonie dirigierte [...]. Mahler war sehr gealtert, ich erschrak förmlich. Sein Werk, das mit 1000 Mitwirkenden besetzt war, klang wie aus einem Instrument, aus einer Kehle. Der zweite Teil der Sinfonie, der vom zweiten Faustteil gebildet, berührte mich schmerzlich. War er's, seine Musik, sein Anblick, eine Todesahnung, Goethes Worte, Erinnerungen an Schumann, meine Jugend, ich weiß es nicht; weiß nur, daß ich während des ganzen zweiten Teils in Rührung zerfließend, mich nicht zu fassen vermochte. [124]

Wie auf die Lehmann machte auch auf Thomas Mann der leichenblasse Mahler einen bewegenden Eindruck, so dass dieser, nach dessen Tod, neun Monate später, die Figur des Gustav Aschenbach in *Tod in Venedig* nach der Leidens-Physiognomie Mahlers während der Münchner Aufführung gestaltete. Dies geht aus einem Brief Manns an seinen Buch-Illustrator hervor, dem er bekannte, dass ihn im Frühsommer 1911 auf der Insel Brioni »die Nachricht vom Tode Gustav Mahlers«, »dessen Bekanntschaft er in München hatte machen dürfen« und »dessen verzehrend intensive Persönlichkeit den stärksten Eindruck auf ihn gemacht« hatte, tief betroffen gemacht habe. Er verriet ihm dabei, dass ihn Mahlers Erscheinung, zusammen mit den im »fürstlichen Stile gehaltenen Bulletins der Wiener Presse über seine letzten Stunden«, zur Figur des »orgiastisch der Auflösung verfallenen Helden« der Erzählung *Tod in Venedig* inspiriert habe, und dass die Erschütterung darüber so stark war, dass er dem Protagonisten nicht nur den Vornamen »Gustav«, sondern auch die »Maske Mahlers« gab. [125] In der Tat weisen in Thomas Manns Novelle zahlreiche Andeutungen auf Gustav Mahler: der Name Gustav, seine wesentlichste Charaktereigenschaft, »das Fortschwingen des produzierenden Triebwerkes in seinem Innern« – der »motus animus continuus«–, weiters »die Merkmale fremder Rasse in seinem Äußeren«, dann der Charakter: »die Vermählung dienstlich nüchterner Gewissenhaftigkeit mit dunkleren, feurigeren Impulsen«, »die Welt«, die sich ihm mit der Neigung zum »Fremden und Fratzenhaften« darstellte und die Nachricht vom Ende: »Und noch desselben Tages empfing eine respektvoll erschütterte Welt die Nachricht von seinem Tode.«

William Ritter, dem Schweizer Kritiker und Mahler-Verehrer, der unter den Zuhörern der Münchner Aufführung war, blieb Mahlers Erscheinung noch Jahrzehnte im Gedächtnis. Am Ende des Zweiten Weltkrieges ging er im Geiste noch einmal an jene denkwürdige Münchner Uraufführung zurück und bestätigte Mahlers todblasse Erscheinung:

> Als Mahler nach dieser ›Achten‹ in der großen Ausstellungshalle jenseits der Theresienwiese, schrecklich bleich und gelb wie altes Elfenbein, so klein und zerbrechlich auf die Rampe dieser gewaltigen Bühne, die schwarz von tausend Ausführenden war, vortrat und sich verneigte, hatten wir alle den Eindruck – Bruno Walter könnte es bestätigen –, dass dieser Mann den Tod ins Gesicht geschrieben hatte […]. Und er, der Maestro, hatte während der Proben gegenüber jenen kleinen Münchner Schülern des Kinderchores jede mögliche Liebenswürdigkeit aufgeboten, alle möglichen Mittel angewendet, über die ein Mann verfügt, um die kleine Welt der Kinder für sich zu gewinnen […]. Er wollte, dass in ihnen die Erinnerung an ihn eine unvergessliche bleiben sollte. […]. Und dies alles soll vielleicht die Hitler-Soldaten von heute hervorgebracht haben? Und in die Haut der mörderischen SS gefahren sein? [126]

Alma hat das Münchner Ereignis in ihrer Autobiographie mit wenigen Worten beschrieben:

»Durch meinen metaphysischen Leib sind die Ströme dieser großen Musik und dieses Menschen hindurchgegangen [...]. Das Publikum ahnte eine Schicksalsnähe und verstand Gustav Mahler plötzlich. Bei seinem Erscheinen erhoben sich alle – lautloses Schweigen. Es war eine ergreifende Huldigung, und ihm noch nie vorher geschehen. Ich saß fast ohnmächtig vor Erregung in meiner Loge.«[127] Und in den *Erinnerungen*: »Mahler, dieser göttliche Dämon, bezwang hier ungeheure Massen, die zu Lichtquellen wurden. Unfaßbar groß das innere Erlebnis für jeden, der dabei sein durfte. Unfaßbar groß auch der äußere Erfolg. Alles stürzte sich auf ihn. Ich wartete hinter der Bühne, tief ergriffen, bis die vehemente Brandung zerschellt war. Dann fuhren wir, die Augen voll Tränen, ins Hotel.«[128]

## Zurück nach Wien – Almas Strategien zur Aufrechterhaltung der Dreierbeziehung: »Auf den Knien bin ich vor Dir gelegen ...«

*(Walter Gropius an Alma Mahler)*

Am Morgen des 14. September, nach der zweiten Aufführung, begleitete Klaus Pringsheim, der gut situierte Münchner Komponist und Zwillingsbruder von Katia, der späteren Frau Thomas Manns, Mahler zum Bahnhof und verabschiedete sich von ihm, wobei ihm dieser verriet, dass er in Wien zwei neue Werke fertig in der Schublade habe: die *Neunte* und das *Lied von der Erde*.[129] Im Zug soll Mahler dem Kölner Musikkritiker Otto Neitzel, der ihm zur *Achten* gratulierte, zu verstehen gegeben haben, dass er mit der Aufführung der *Achten* nicht zufrieden war.[130]

In Wien angekommen, war Almas allererste Sorge, ihren Mann zu einem Arzt zu bringen, um dessen Mandeln, die immer noch entzündet waren, kurieren zu lassen. Alma erzählt, dass sich der Arzt mit einer »Kauterisierung« begnügte und die Mandeln nicht herausnahm, da sich Mahler als allzu »schmerzempfindlich« zeigte.[131]

In Wien traf Mahler, wie immer nach den Ferien, Freunde und Bekannte. Er ging die Witwe Berta Szeps-Zuckerkandl besuchen und bemühte sich, sie mit amerikanischen Impressionen von ihrer Trauer um den verstorbenen Mann abzulenken.[132] Dann betrieb er seine Angelegenheiten beim Universal-Verlag, korrigierte die Druckfahnen der *Achten*, nahm sich der kommenden Saison mit den New Yorker Philharmonikern an, ging Partituren durch und schloss die Revision seiner *Vierten* ab, die im Winter in seiner Konzertreihe auf dem Programm stand. Dazu gab es noch immer das ungelöste Hausproblem für die Zeit nach Amerika. Zwar konnte er mit Alma und Kind bei den Schwiegereltern auf der Hohen Warte wohnen, doch eine feste Behausung in Wien oder Umgebung wurde im Hinblick auf den in New York auslaufenden Vertrag immer dringlicher. Mahler und Alma dachten in erster Linie an einen Hauskauf, doch das Traumhaus war nicht zu finden. So nahm Mahler die Gelegenheit seines Zwischenaufenthalts in Wien wahr und bat wiederum seinen Bekannten, den Chirurgen Dr. von Winter, der schon im Frühsommer mit seinem Automobil zur Hand gewesen war, ihn und Carl Moll zum Semmering zu fahren, um dort nach möglichen Objekten für eine dauerhafte Bleibe Ausschau zu halten. Dort endlich wurden er und Carl Moll fündig. In Breitenstein am Semmering nahmen sie ein Grundstück mit einem kleinen, umbaufähigen Haus in Augenschein, das ihnen gefiel und für das sie sich sogleich entschieden. Carl Moll übernahm die Aufgabe, alle Formalitäten zu erledigen und das Objekt nach dem Ankauf auf die Namen Alma und Gustav Mahler grundbuchlich einzutragen.

Aber es gab auch noch anderes zu besprechen. Nach dem kolossalen Münchner Erfolg wurden wieder die bereits im Juni vom *Neuen Wiener Tagblatt* genährten Stimmen laut, Mahler könnte zum Nachfolger des amtsmüden und zur Abdankung bereiten Felix Weingartner an der Wiener Hofoper berufen werden. Dieses Gerücht hatte nach einer Meldung des *Berliner Tagblattes* vom 3. September, Mahler sei bereits zum Nachfolger des mit Saisonende 1910/11 ausscheidenden Weingartner ernannt worden, durch Mahlers Anwesenheit in Wien neue Nahrung bekommen. Zwar hatte sich Mahler, von Journalisten in München darauf angesprochen, entschieden gegen eine solche Eventualität ausgesprochen, dennoch aber die Möglichkeit offen gelassen, an der Wiener Oper, »unter bestimmten Voraussetzungen«, einige Sonderprojekte zu übernehmen. Im Oktober war die Nachfolge Weingartners noch nicht entschieden. Henry-Louis de La Grange, der die Schritte zur Berufung des Nachfolgers verfolgt hat, ist zum Schluss gekommen, dass Prinz

Montenuovo fest mit der Bereitschaft Mahlers für etwaige Sonderproduktionen rechnete und in dieser Gewissheit, für die es allerdings keine Abmachungen gab, Hans Gregor, den Gründer der Komischen Oper Berlin, zum neuen Hofoperndirektor bestellte. [133]

Die *Neue Freie Presse* teilte diese Entscheidung am 1. November mit. Mahler, der zu dieser Zeit bereits in New York war, war über diese Vorgangsweise ungehalten und ließ seinen Wiener Rechtsberater Dr. Emil Freund wissen, dass eine Zusammenarbeit mit dem ihm »ganz unbekannten und nach allem was ich höre, durchaus unsympathischen Menschen« nicht in Frage komme. [134]

In Wien nahm Mahler auch wieder Kontakt mit Arnold Schönberg auf. Alma berichtet, dass es zwischen beiden zu lebhaften Diskussionen über musikästhetische Fragen kam, etwa über das »Klingenlassen eines Tones durch verschiedene Instrumente«, die sogenannte »Klangmelodie«, was Mahler – laut Alma – »heftig ablehnte«. [135] Schönberg befand sich 1910 inmitten seiner Geniezeit und suchte von sich aus den Kontakt zu Mahler. Er hatte gerade seine *Zweite Kammersymphonie*, die *Klavierstücke*, op. 11, das *Buch der hängenden Gärten* nach George, die *Fünf Orchesterstücke* und die *Harmonielehre* beendet und trug sich mit dem expressionistischen Bühnen-Projekt *Die Glückliche Hand.* Gleichzeitig war er der Mittelpunkt einer Ausstellung mit eigenen Portraits und Bildern, in deren Rahmen sein neues hochexpressionistisches *Zweites Streichquartett in fis-moll,* op.10, zur Aufführung gebracht wurde. Diese Überaktivität war teilweise das Resultat großer privater Erschütterungen. Schönberg war noch immer dabei, die Folgen einer fatalen Dreiecksbeziehung zu überwinden, die mit der rasenden Liebe des Malers Richard Gerstls zu Mathilde, seiner Frau, im Sommer 1907 begonnen und unter schmerzhaften Trennungen, Entdeckung der beiden beim Liebesspiel, Sorgen um die Kinder, Selbstmord-Gedanken und dem makabren Freitod Gerstls mit einem Messer vor dem Spiegel im November 1908 geendet hatte. Das expressionistische Libretto zum Drama mit Musik, *Die glückliche Hand*, in schwärzesten Farben erdacht und als eine Art expressionistischer Schrei-Therapie seiner selbst nach der Gerstl-Affäre verfasst, gab Schönberg Alma in jenen September-Tagen zur Lektüre, ohne zu wissen, dass Frau Mahler zu Gropius in einem ähnlichen Verhältnis stand, wie vor drei Jahren seine Frau Mathilde zum

Maler Gerstl.[136] Über Mahlers weitere Kontakte zu Schönberg Anfang Oktober berichtet Paul Stefan. Er vermutet, dass Mahler wenigstens eine der Proben zu Schönbergs *Zweitem Streichquartett* verfolgt hat, einem weiteren Werk aus dessen durchlittener »Sturm und Drang«-Periode, das am 12. Oktober, vier Tage vor Mahlers Abreise, mit dem Rosé-Quartett und Marie Gutheil-Schoder als Sopran im Rahmen der »Bilderausstellung Arnold Schönberg« gegeben wurde. Mit diesem Quartett, das Stefan Georges Verse aus dem *Siebenten Ring* – »Ich fühle luft von anderem planeten« – einer Sopranstimme zuweist, vollzog Schönberg den endgültigen Bruch mit der Tonalität, was im damaligen Wien wie ein Affront aufgefasst wurde und in einer Woge des Gelächters, Zischens und Pfeifens unterging. Schönberg hat die Liquidierung des letzten tonalen Bezuges in diesem *Zweiten Streichquartett* später mit den Worten kommentiert: »Die Entwicklung hat dazu gedrängt. Am meisten vielleicht hat Richard Strauss ein Verdienst hieran und Gustav Mahler.«[137] Ob Mahler auch bei der Uraufführung dieses Quartetts anwesend war, wie noch 1905, als das *Erste* in d-moll unter ähnlichen tumultartigen Protesten uraufgeführt wurde, ist nicht bekannt. Wahrscheinlich war die Distanz zwischen dem tonalen Fis-Dur Mahlers im *Adagio* der *Zehnten* und dem völlig ins Atonale abgedrifteten fis-moll des neuen Schönberg-Quartetts so groß, dass sich Mahler dieses Mal nicht mehr in der Lage sah, seinem jüngeren Kollegen auf dem radikalen Weg in die Zukunft zu folgen.

Unter den mehreren Tausend Zuhörern, die am 12. September der *Achten* Mahlers lauschten, vermutet Henry-Louis de La Grange auch Walter Gropius. Er kommt zu diesem Schluss auf Grund eines langen Briefentwurfes, in dem dieser, vermutlich von der Wirkung der Musik und von Mahlers Auftritt überwältigt, an Almas Aufrichtigkeit zweifelt. Dieser lange Brief an Alma – der längste überhaupt –, mit vielen Korrekturen, der nach de La Granges Rekonstruktion nach einer Diskussion mit Alma um den 13. September in München entstanden sein dürfte, ist ein erschütterndes Dokument der Ohnmacht eines jungen Liebhabers gegenüber einem viel Größeren. Der Brief erzählt von Eifersucht, von verletztem Eigenwert, von Minderwertigkeitsgefühlen gegenüber dem »Dämon« Mahler, meint aber in Wirklichkeit Misstrauen gegen Alma und Zweifel am Sinn der Beziehung selbst. Gropius wird Alma am Arm ihres Gatten beobachtet haben, wie sie mit diesem den triumphalen Auftritt genoss und als Mahlers legitime Gemahlin und liebende Ehefrau auftrat, folglich – wenn der Augenschein nicht täuschte – ihn, den Geliebten, betrog und missbrauchte: Von Eifersucht und Misstrauen verzehrt, fragt Gropius Alma geradeheraus, seit wann sie mit Mahler wieder intim sei: «Laß mich heute sprechen, ganz ruhig […]. Eine schwere Frage, die Du mir beantworten sollst, bitte!: wann bist Du zum erstenmale wieder seine G. geworden? […] Kein Glaube konnte nur *darauf* stehen, daß Du ihm folgtest, ihn bewahrtest und hütetest bis an sein Ende, aber – nicht seine Geliebte warst […]. Damit, daß Du *das* tatest, hast Du die Leidenschaft zu mir als eine Verirrung bezeichnet, und das fällt *nur* auf mich zurück […]. Ich habe einen Tristanglauben – ich bin zu sehr Idealist […] ich hasse es für *Dich* u. mich u. ich weiß mit aller Bestimmtheit, daß ich für Jahre Dir treu bleiben muß. Aber diese Verdammnis ist nicht das schlimmste für mich, sondern daß mir die Begeisterung, der Glaube an mich selbst genommen ist.«[138]

Gropius schlägt zwei mögliche Auswege aus dem Dilemma vor: erstens die moralische Lösung, die darin bestünde, einem so großen Mann wie Mahler nichts zuleide zu tun und die Affäre zu beenden, und zweitens die *Tristan*-Variante, an der Wunde der unmöglichen Vereinigung weiter zu leiden und die Durststrecke, bis »Isolde« komme, mit der Sehnsucht nach ewiger Vereinigung auszufüllen. Gropius neigte scheinbar letzterer Lösung zu und schwor Alma, sich für sie opfern zu wollen, selbst auf die Gefahr hin, dass sie ihn, wenn Mahler sterben werde, nicht mehr liebte.[139]

Die Briefe, die Alma daraufhin an Gropius schrieb, belegen, dass ihr die vom Geliebten romantisch entgegengebrachte *Tristan*-Entsagung sehr behagte: Sie ging mit ihrem Ehemann für ein halbes Jahr in einen anderen Kontinent, musste also gegenüber dem einen wie dem anderen Schuldgefühle haben und konnte das nur durchstehen, wenn wenigstens an einer Front Ruhe herrschte. In dieser Situation war es das Beste, eine Zeit lang zum Geliebten auf Distanz zu gehen und auf der häuslichen Seite den Schein der Unversehrtheit der Ehe aufrechtzuerhalten. Damit ihr dieser Seiltanz gelang, streute sie ihrem Geliebten heiße Liebesschwüre wie Sand in die Augen, erotisierte ihn so sehr, dass er ihr vollends verfiel. So schrieb sie ihm aus Wien: »Wann wird die Zeit kommen, wo Du nackt an meinem Leib liegst, wo uns nichts trennen kann – als höchstens der Schlaf? Ich weiß, daß ich nur für die Zeit lebe, wann ich ganz und gar die Deine werden kann […]. Dein Weib.«[140] Alma steigerte sich so sehr in die Rolle der »unsterblichen Geliebten« hinein, dass sie am 19. September in einem weiteren heißen Liebesbrief ein Kind von ihm wünschte und diesen Wunsch mit der Aussicht verband, »ohne Reue, mit Sicherheit und Ruhe« – d. h. nach Mahlers Tod – dem Geliebten »für immer in die Arme zu sinken«: »Schreibe mir, Walter – ob das heute Dein Wunsch noch eben so stark ist, wie vor einem Monat.«[141] Das Opium der Liebe, das Alma zielgerichtet einsetzte, zeitigte an Gropius bald seine Wirkung. Am 21. September antwortete er ihr ekstatisch aus Babelsberg: »Mein Lebensglück, zum erstenmale saß ich wieder über meiner Denkmalsarbeit versunken – da kam Dein Brief! Auf den Knien bin ich vor Dir gelegen, Du Wahrheit, und habe dankerfüllt zu Dir aufgeschaut […]. Du gabst dem Lebensdocht neue Nahrung – junges, schöneres Leben seh' ich aus unseren Schmerzen erblühen […]. Eine Feierlichkeit ist in mir, Bewegungen, Handlungen, Worte werden getragener; muß ich nicht zum pater ecstaticus werden an Deiner Seite?, die Du, um meiner Mission zu folgen, übermenschliche Opfer bringst, ohne zu klagen. Meine Alma.«[142]

Oliver Hilmes hat in seinem Buch *Witwe in Wahn* als Teil von Almas Kalkül in jenen Herbsttagen eine Handlung aufgedeckt, die zeigt, wie strategisch Alma in Beziehungsfragen vorging. Sie ließ das 6-jährige katholisch getaufte Töchterchen zum evangelischen Glauben konvertieren, weil angeblich eine katholische Freundin verzweifelt war, sich als Katholikin nicht scheiden lassen zu können. Anna Mahler erinnerte sich später: »Am nächsten Tag hat mich die Mami bei der Hand genommen, und ich bin übergetreten zum Protestantismus. Wie gescheit! Das ist doch nett, nicht wahr?«[143] Anna fand das nett, weil ihr »Mami« damit rechtzeitig den Weg für ihre späteren fünf Ehen frei machte. Alma selbst hatte offensichtlich dieses Problem nicht, denn sie dachte nicht an Scheidung von dem erfolgreichen und inzwischen wohlhabenden Mahler, und angesichts der zahlreichen Diphtherie-Todesfälle in der Familie Mahler, die alle mit Angina begannen und zum Tode führten, konnte sie berechtigte Hoffnungen auf ein baldiges Ende Mahlers haben.

Vor der langen Trennung gewährte Alma dem Geliebten noch ein Rendezvous im Zug, der sie am 14. Oktober nach Paris brachte, offiziell, um dort Freunde zu besuchen: »Rendezvous wäre München […]. Ich reise Freitag, den 14ten October um 11.55 vormittags mit dem Orientexpress von hier ab. Mein Coupée-Bett No.13 – ist im IIten Wagon-Schlafwagen […]. Ich würde dir rathen – (wenn Du fährst), Dein Schlafwagenbillet auf den Namen *Walter Grote* aus Berlin ausstellen zu lassen – da G. 2 Tage später fährt u. sich vielleicht die Liste zeigen läßt. Baldigste Antwort A. M. 50. Sei 1000-mal umarmt.«[144] In der Folge teile Gropius Alma wohl seinen Entschluss mit, nicht in München zuzusteigen, sondern schon in Wien. Dies geht aus einer weiteren Botschaft Almas an Gropius hervor, in der sie den Geliebten um äußerste Vorsicht beim Besteigen des Zuges mahnt und ihn bittet, sich zu versichern, dass ihm ja keiner folge – zum Beispiel Mahlers Schwester Justine.[145]

Der Hinweis auf Mahlers Schwester Justine Rosé legt die Vermutung nahe, dass Mahler und seine engsten Vertrauten von der Fortsetzung der Beziehung Almas mit Gropius wussten oder diese zumindest nicht ausschlossen. Wenn dem so war, dann erhebt sich die Frage, warum denn Mahler Alma alleine nach Paris fahren ließ, während er selbst zwei Tage später mit dem Zug nach Bremen fuhr, von dort am 18. Oktober mit der »Kaiser Wilhelm II« nach Cherbourg reiste und Alma mit Töchterchen zusteigen ließ. Henry-Louis de La Grange spricht die Vermutung aus, dass Mahler Almas Entscheidung, ihm nach New York zu folgen, stillschweigend mit einer letzten Begegnung mit dem Geliebten honorierte.[146] Dies würde freilich bedeuten, dass Mahler seinen Kampf um Alma als nur halb gewonnen ansah und sich mit der Situation arrangierte, damit das Töchterchen eine Familie hatte und er nicht vollkommen alleine dastand. Eine zweite Hypothese wäre, dass Alma ihr Doppelspiel so perfekt beherrschte, dass Mahler wieder Vertrauen zu ihr fasste und sie zum Beweis seiner Sicherheit alleine fahren ließ. Wenn man freilich Mahlers Verhaltensklischees bei früheren Beziehungskrisen zum Vergleich heranzieht, die zahlreichen amourösen Nervenzusammenbrüche, denen nach Wochen Liebesraserei rasch die Erschlaffung der Begierde auf dem Fuße folgte, dann kann man mit Fug und Recht behaupten, dass Mahlers Seele auch dieses Mal, nach 5

Wochen erotischer Raserei, müde und die Angebetete entzaubert war. Der Beweis dafür läge im Umstand, dass nach Toblach und München Mahlers Liebesbotschaften an Alma ganz verstummten und einer leidenschaftslosen Partnerschaft wichen.

# XII. Noch einmal Amerika – Die Krankheit – Das Ende

## Neue Auflagen für den Chefdirigenten des »New York Philharmonic«:

»... dass die müden Zuhörer mit den kakophonen Schlusstakten von Richard Strauss' ›Also sprach Zarathustra‹ nach Hause gehen mussten ...« *(»New York Daily Tribune«, Nov. 1910)*

Das New York von 1910 war eine urbanistisch und sozial aus allen Nähten platzende Großstadt, die um so rascher und chaotischer wuchs, als sie einerseits das Ziel der amerikanischen Landbevölkerung war, die sich verstädterte, und andererseits von Millionen Einwanderern angelaufen wurde. Das brachte Kriminalität und soziale Spannungen mit sich, zumal die neuen Zuwanderer aus unterentwickelten Ländern größtenteils Analphabeten und teilweise kriminell waren. 1911 legte eine New Yorker Kommission einen 42-bändigen Report vor und empfahl der Regierung, die »minderwertigen Einwanderer« mit einem Sprach- und Lesetest auszusortieren und an der Grenze abzuweisen. In den Jahren zwischen 1890 und 1910 hatte sich nämlich die Qualität der Einwanderung drastisch verschlechtert. Waren es in den Jahrzehnten vor 1890 etwa 10 Millionen Europäer gewesen, die aus vorwiegend nördlichen europäischen Ländern nach Amerika eingewandert waren, so suchten zwischen 1890 und 1910 süditalienische, griechische, russische, ostjüdische, ungarische, slawische und türkische Einwanderer ihr Glück in den Vereinigten Staaten: 15 Millionen, die von den Behörden als »inferior migrants« klassifiziert wurden. Diese neuen Massen von teilweise analphabetischen Arbeitslosen stellten eine ernste Gefahr für das soziale Gefüge dar, denn sie nahmen dem ohnedies schon schwachen einheimischen Proletariat die billigen Jobs weg. Dies erhöhte die Ausländerfeindlichkeit und als Reaktion darauf den gewerkschaftlichen Protektionismus. Aber auch der Mittelstand, der im wild expandierenden Kapitalismus an den Rand der Gesellschaft gedrängt wurde, verarmte. 1910 betrug das mittlere Jahreseinkommen eines Amerikaners 750 $. Zum Vergleich: Mahler verdiente 1910–1911 für ein halbes Jahr an der Spitze des »New York Philharmonic« an die 25.000 $. Diese gewaltigen Einkommensunterschiede wurden bei Amerikanern im Namen des ungebremsten Liberalismus noch hingenommen, bewirkten aber gegenüber Europäern, die nur für eine Saison ins Land reisten, tüchtig absahnten und mit vollen Koffern Geldes wieder abdampften, Klassenneid und Ausländer-Antipathie. Wie eine Karikatur einer New Yorker Zeitung von 1908 zeigt, wurden die astronomischen Summen, die Sänger und Dirigenten in New York verdienten, schon bald zu einem öffentlichen Ärgernis.[1]

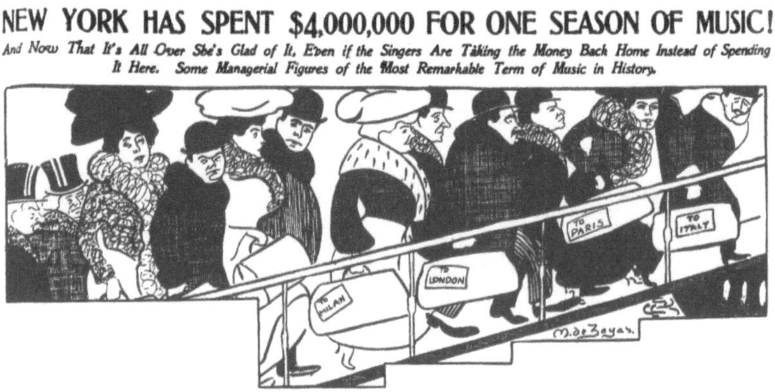


Karikatur der New Yorker Zeitung »The World«, 29. März 1908

Unter dem Einfluss der Medien wurde die öffentliche Meinung kritischer und begann das Verhältnis von Lohn und Leistung zu hinterfragen. Zudem brachte auch die neue, auf Massenfertigung und Fließband basierende industrielle Revolution – 1909 stellte Henry

Ford seine Automobilproduktion auf Fließband um – das Thema des Verhältnisses von sagenhaften Profiten und gerechter Entlohnung auf die Tagesordnung. Die »Unions« legten mächtig zu, erfassten auch die Unterhaltungsindustrie und kümmerten sich um die Orchester, in denen sie gegen die Zuwanderung europäischer Orchestermusiker auftraten. Auch andere Interessengruppen gingen auf die Straße und verschafften sich Gehör für ihre Belange. 1910 kam es in New York zur ersten amerikanischen »Womens Suffrage Parade«, die zehn Jahre später zur Einführung des weiblichen Wahlrechts in Amerika führte. Der feministischen Bewegung folgte die Revolution der Mode auf dem Fuße. In New York wurde 1910 ein neuer Frauentypus kommerzialisiert, der im Stile der von Dana Gibson gezeichneten »Gibson Girls«, mit kürzeren Röcken, körperhaft anliegenden Formen, hochgesteckten Haaren und selbstbewussten Blicken die traditionellen paternalistischen Werte der amerikanischen Gesellschaft auf den Kopf stellte.

Gegen diese sich anbahnenden radikalen Veränderungen reagierte das Establishment nervös und beeilte sich, den eigenen Herrschaftsanspruch durch verstärkte Kontrolle in Betrieb und Gesellschaft zu sichern. Das bekam auch Mahler zu spüren, als er nach seiner Ankunft in New York am 25. Oktober mit zahlreichen Neuerungen konfrontiert wurde, die während seiner Abwesenheit im Aufsichtsrat der »Philharmonic« beschlossen worden waren. Die Sprecherin des »Guarantors' Committee«, die steinreiche Mrs. Mary Sheldon, die nicht unbedingt zu Mahlers Freunden zählte, hatte ihren Einfluss im Komitee gegenüber der künstlerischen Leitung weiter ausgebaut und dem Musikdirektor, dem sie misstraute, einen Konzertagenten an die Seite stellen lassen. Sie hatte außerdem Vorkehrungen getroffen, dass sie mehr und mehr in die Programmgestaltung einbezogen wurde. So verlangte sie u. a. von Mahler, dass am Beginn der Konzerte nur kurze Stücke und nicht Symphonien gespielt werden sollten, damit die Abonnenten, von denen die meisten Sponsoren waren, von den zu spät Kommenden nicht gestört würden, weiters, dass der unpopuläre Beethoven-Zyklus abgesetzt werde und anstatt dessen mehr Musik aus Spanien, Frankreich, Italien, Böhmen, Ungarn, Russland, also Werke der nationalen Schulen, gebracht würden. Der neue Manager, der Konzert-Impresario Laudon Charlton, war angehalten, die Produktionen des Orchesters auch außerhalb New Yorks zu verkaufen, sodass allmählich eine Auslastung von bis zu 100 Konzerten erreicht werden könne. Auf Mahlers Honorar-Aufbesserungswünsche war die Antwort: für mehr Geld mehr Leistung. Das hieß im Klartext: mehr Konzerte und längere Programme. Mahler hatte sich diesen neuen Auflagen zu fügen. In der Tat dauerte bereits das Eröffnungskonzert der Saison am 1. November mit der arrangierten Bach-Suite, der *Großen C-Dur-Symphonie* von Schubert, der Ballettmusik aus *Idomeneo* und einer Auswahl *Deutscher Tänze* von Mozart samt abschließender symphonischer Dichtung *Also sprach Zarathustra* gut zwei Stunden, die Pause nicht eingerechnet. Auch die »Unions« stellten Forderungen: Sie verlangten die Verdoppelung des Probengeldes und die Erhöhung der Konzertbeilage um einen Dollar. Ebenso meldete sich die französische »Sacem«, die Verwertungs-Gesellschaft für Aufführungsrechte, zu Wort und verlangte die Ausbezahlung der Royalties für die von der »Philharmonic« in der abgelaufenen Saison gespielten zeitgenössischen französischen Werke. Aus diesen und ähnlichen finanziellen Gründen verfügte das »Committee« die Verkleinerung des Orchesters von 92 auf 83 Spielern: alles Maßnahmen, die Mahlers Machtbefugnisse schmälerten und dessen künstlerische Freiheit einschränkten. [2]

Die erste Hälfte der Saison gestaltete sich für Mahler noch zu einem beachtlichen persönlichen Erfolg. Im ersten Konzert am 1. mit Wiederholung am 4. November fand sich eine elegant gekleidete Zuhörerschaft ein, die Mahler wohlwollend applaudierte. Vor Beginn der *Großen C-Dur-Symphonie* von Schubert herrschte sogar »atemlose Stille«, wie der Kritiker der *New York Evening Post* schrieb. Die *New York Times* hob vor allem die weihevolle Dehnung der musikalischen Zeit mit ihren »himmlischen Längen« hervor, die Verschärfung des Rhythmus, die flexiblen Zeitmaße und die Eingriffe in die Instrumentation. Die *New York Daily Tribune* kritisierte die Länge des Konzertes, das über zwei Stunden dauerte, was »um so schlimmer war, als die müden Zuhörer mit den kakophonen Schlusstakten von Richard Strauss' ›Also sprach Zarathustra‹ nach Hause gehen mussten«. [3] Maurice Halperson von der deutsch-amerikanischen *New York Staatszeitung* fand die *Große C-Dur* sogar die schönste, die man je in New York zu hören bekommen hätte. Harry Chapin Plummer vom *New York Evening Call* rehabilitierte Mahler als Tschaikowsky-Dirigenten und lobte dessen Interpretation der *Fünften*. Auch die *Erste* von Brahms und die *Zweite* von Schumann kamen außerordentlich gut an. Der Kritiker der *New York Evening Post*, Henry T. Finck, fand Schumanns *Zweite*, wenngleich von Mahler retouchiert, sogar »superb«. Auch war Mahlers Solisten-Wahl dieses Mal eine glücklichere als noch die Saison zuvor. Am 15. und 18. November trat unter seiner Leitung der in Amerika allerorts bejubelte Tastenvirtuose Józef Hofmann als Solist des 4. Klavierkonzertes von Camille Saint-Saëns auf und riss das Publikum förmlich von den Stühlen. Auch das Konzert vom 27. November mit einem weiteren in New York beliebten Klaviermeister, dem 60-jährigen Xaver Scharwenka, war ein Erfolg. Der außer in Berlin auch in New York mit einem privaten Scharwenka-Konservatorium bekannte polnische Meister in der Chopin-, Liszt- und Henselt-Nachfolge spielte unter Mahlers Leitung die amerikanische Erstaufführung seines brandneuen *4. Klavierkonzerts*. Auch nahm Mahler zahlreiche Stücke ins Programm, die seine bekannte Beethoven- und Wagner-Einseitigkeit korrigierten. Er dirigierte zum Teil ganz neue Stücke, die er zwar nicht liebte, die aber dem Geschmack des Publikums entgegenkamen: Tschaikowsky-Symphonien, Rimskij-Korsakows *Schéhérazade*, *España* von Chabrier. Weniger positiv äußerte sich die Kritik über seine zeitgenössischen Premieren. Als er am 15. und 18. November Debussys *Rondes de printemps* aus dem Orchesterzyklus *Images* als amerikanische Erstaufführung brachte, rümpften sie allesamt die Nase. Reginald de Koven von der *New York World* verglich diese Art Musik mit einer »Pfeffermühle«, aus der Noten und Zeichen planlos über die Pentagramme gestreut waren. Dem anonymen Kritiker der *Evening Sun* kam sie »anämisch und körperlos« vor und dem gestrengen Henry Edward Krehbiel, der neue Musik überhaupt nicht mochte, »formal völlig desintegriert«. Diesem New Yorker Beckmesser und Mahler-Antagonisten war freilich nie etwas recht, vor allem, wenn es um klassische Werke ging, die Mahler ständig retouchierte, etwa wenn er in der *Großen C-Dur Symphonie* von Schubert die Hörner verdoppelte und das Blech im Piano »gestopft« blasen ließ, oder wenn er in den Schumann-Symphonien ganze Passagen uminstrumentierte und orchestral verstärkte.[4]

Im Dezember unternahm Mahler mit seinem Orchester eine Tournee von 6 Konzerten nach Pittsburgh, Cleveland, Buffalo, Rochester (Ontario), Syracuse und Utica. Dabei kam es zu einem ernsten Zwischenfall, der das Verhältnis Mahlers zum Orchester nachhaltig belastete. Wie Alma erzählt, hatte Mahler einem lungenkranken Orchestermitglied namens Johner, der Stimmführer der zweiten Geigen war, über längere Zeit sein Ohr geliehen und diesen, wohl aus Pietät, zum Orchesterinspektor ernannt. Dieser Geiger sei jedoch, nach Almas Auskunft, ein »Ohrenbläser« gewesen, der seine Zeit damit verschwendete, die Kollegen im Orchester auszuspionieren und deren Mahler-kritischen Kommentare dem Chefdirigenten zu hintertragen. Das habe dazu geführt, dass Mahler, von den Indiskretionen beleidigt, gegenüber dem Orchester mürrischer als sonst auftrat und sich deswegen das Arbeitsklima verschlechterte. Die Musiker wussten bald, dass Johner der »Judas« in ihren Reihen war. Als dieser sogar eine Liste von 30 Musikern in Umlauf brachte, die am Ende der Saison nicht mehr bestätigt werden sollten,[5] verlangten sie dessen Entlassung, was Mahler ablehnte. Alma vermerkt in ihren Erinnerungen: »Jonas (*recte: Johner*) wurde mitten in der Saison entlassen, was Mahler als Affront gegen sich empfand. Das ganze Orchester hatte es verlangt. Mahler dirigierte weiter, mit Groll im Herzen gegen das Orchester und gegen das Komitee.«[6] Diese Episode zeigt, wie wenig Mahler aus der Erfahrung mit seinem Schwager Arnold Rosé gelernt hatte, der als Konzertmeister des Wiener Hofopernorchesters Schwachstellen im Orchester aufgedeckt und Indiskretionen an Mahler weitergeleitet hatte, was auch dort zum Zerwürfnis mit dem Orchester geführt hatte.[7]

Mahler dachte zu dieser Zeit ernsthaft an ein weiteres Jahr in New York. Am 21. November, nach sehr erfolgreichen Konzerten, hatte er seinem Wiener Freund und Rechtsberater Dr. Emil Freund mitgeteilt, dass es ihm trotz »rasender« Tätigkeit »recht gut gehe« und dass er an ein »Wiedereintreten in die Hofoper«, wie von Wiener Zeitungen kolportiert, nicht im entferntesten denke. Und noch zum Jahresende, als er auf Anfragen des Münchner Konzertagenten Emil Gutmann für weitere Konzerte und Uraufführungen, u. a. seiner *Neunten* in München, antwortete, rechnete Mahler fest mit der Verlängerung seines New Yorker Vertrages um ein Jahr.[8]

Die Konzerte am südlichen Rand des Ontario-Sees waren für Mahler äußerst erfolgreich, denn er konnte sich mit Beethoven- und Wagner-

Werken von seiner stärksten Seite zeigen. Die *Pittsburgh Dispatch* war trotz der »Modernisierung und Mahlerisierung« der *Pastorale* von der männlichen und »wunderbar atmenden« Beethoven-Interpretation fasziniert. In Cleveland, der Stadt der Stahlhütten und der Rockefellers, wo die besten amerikanischen Orchester auftraten, fand Alice Bradley vom *Cleveland Leader*, dass Mahler die *Pastorale* so dirigierte, »als ob Beethoven noch lebte«. Miriam Russel vom *Plain Dealer* widmete Mahler, an dem sie vor allem die »Größe der Persönlichkeit« bewunderte, sogar ein Gedicht: »Little Mahler, with the big brain. / Little Mahler with the mighty force. / Little Mahler with the great musical imagination. / Little Mahler, whose gigantic power makes the other conductors seem like pygmies.« Ähnlichen Eindruck machte Mahler in Buffalo, wo ein Kritiker dem «großen Dirigenten und großen Musiker« die »Kraft eines starken Mannes und die Grazie eines Kindes« bescheinigte. In Rochester kam es nach jeder Wagner-Nummer sogar zu tumultartigem Applaus, während ein Kritiker in Syracuse Mahler als die »perfekte Inkarnation der nervösen Energie« bezeichnete.[9]

In New York zurück, dirigierte Mahler, im Gedenken an Beethovens Todestag am 16. Dezember, ein ganzes Beethoven-Programm, u. a. das *Fünfte Klavierkonzert* mit Xaver Scharwenka als Solisten und die auf der Tournee ausgiebig gespielte *Pastorale*. Aber ausgerechnet in New York passierte Mahler ein Missgeschick, das die Kritiker seiner Klassiker-Manipulationen entsetzte: Auf dem Höhepunkt des musikalischen Geschehens, im »Gewittersatz« vor dem Finale, setzte der Pauker zu früh ein und schockte die Halle. Richard Aldrich von der *New York Times* schimpfte und meinte, dass selbst Beethoven über einen so »schrillen und realistischen Donnereffekt« erschrocken wäre. Auch das nächste monographische Konzert, das dem 70. Geburtstag von Tschaikowsky gewidmet war und bis Jahresende mehrere Male gespielt wurde, brachte Mahler kein Lob von der Kritik ein: Der Geiger Édouard Déthier, der Tschaikowskys *Violinkonzert* spielte, war laut Aldrich von der *New York Times* den enormen technischen Schwierigkeiten nicht gewachsen, während Henry E. Krehbiel die Wahl der eher schwächeren *Zweiten Symphonie* kritisierte und den Abend als »insgesamt wenig erhebend« bezeichnete.[10]

## Almas »triadisches« Verhältnis – Mahlers letztes Weihnachten:

»Und er hatte hauptsächlich lauter solche Dinge gewählt, die er sonst nicht leiden mochte, wie Parfum, das er haßte und ich liebte« *(Alma Mahler, Weihnachten 1910)*

Kaum in New York angekommen, schrieb Alma an Gropius und verscheuchte dessen Befürchtungen um Abwesenheit und Veränderung, indem sie sich als sein »Weib« erklärte und ihm in der hochtrabenden Sprache der Heroen zu verstehen gab, dass sie auf ihn wartete wie Penelope auf Odysseus: »Vergeude nicht Deine liebe Jugend, die mir gehört. – Mir ward ganz schwindlig, als ich das wieder sah und fühlte, was mich so unendlich und allein glücklich gemacht hat. *Ich liebe Dich!* So sicher, so legitim, möchte ich sagen – so als ob ich Dein *Weib* sei – verreist sei – und eben – auf Dich warte [...]. Halte Dich gesund für mich, – Du weißt warum.«[11]

Gropius schrieb postlagernd nach New York und Alma antwortete, indem sie im Verweis auf die seligen Stunden im Orient-Express und die Tage danach in erotischen Erinnerungen schwelgte: »Die Tage in Paris – entzückend – voll ungetrübter Stimmung. Noch nie war ein Missklang in unserer Liebe – nur daß Du *armer* Kerl so lang immer auf mich warten musstest. Das war mir *schrecklich* [...]. Du schwebst gleich einer Lichtgestalt vor mir – schönster Jüngling – und bestimmst meine Handlungen.« Sie gebärdete sich wie eine Liebende aus der Mythologie und gaukelte dem Geliebten ferne Begegnungen vor, nährte in ihm die Flamme der Begierde: »Wann werde ich sie physisch wieder vor mir haben! *Wann!* werde ich Dich wieder so sehen, wie ein Gott – denn nur ein solcher kann so etwas zustande bringen – Dich erschaffen hat. Deine ganze Schöne *will ich* in mich aufnehmen. Unser beider Vollendetes muß einen Halbgott erstehen lassen.«[12]

Da die Post per Schiff nach Europa 14 Tage benötigte, war auch die Mutter zur Hand, dem verliebten Jüngling aus der Nähe und als Schwiegermutter in spe die Qual der Trennung zu lindern: »Es ist ja das traurige, daß man selbst jetzt gar nichts tun kann, – man muß alles der Zeit überlassen und ich glaube fest, daß bei Euch Beiden Eure Liebe alles überdauern wird. Ich habe so unbegrenztes Vertrauen zu Ihnen und bin fest überzeugt, Sie haben mein Kind so lieb, daß Sie alles tun werden, um sie nicht noch unglücklicher zu machen.«[13]

Das »Unglück«, das Anna Moll meinte, war die Ehe mit Mahler und das Fernsein vom Geliebten. Liest man jedoch Almas *Erinnerungen*, so gewinnt man den Eindruck, dass Almas Leidenschaft zum »schönsten Jüngling«, kaum dass sie das Schiff bestiegen hatte, von der Sehnsucht nach Highlife, das ihr Mahler zu bieten in der Lage war, verdrängt wurde und sie die »Nähe des Geliebten« mit der blauen amerikanischen Ferne vertauschte. In diesen *Erinnerungen* ist die Rede von zehn Tagen entspannter »Ruhezeit« bei der Überfahrt auf der »Kaiser Wilhelm II«, die sie und Mahler als »wunderschöne Tage« an Bord des Schiffes genossen. Darin schwärmt sie von einem sorgfältig auf sein Äußeres achtenden Mahler, in »modischen Westen, schönen Anzügen, schönen Schuhen«, in denen »ein elastischer und ebenmäßiger Körper« steckte, von einem Gesicht, dem Mahlers, »das ja so schön ist!«. In diesen Erinnerungen steht, dass es ihr in New York sehr gut ging, dass sie Mahler in der Beziehungen zum Orchester beriet, dass sie den Gatten auf Konzertreisen durch die Provinz begleitete, gemeinsam mit ihm die spektakulären Niagara-Fälle erlebte und sich beim Besuch einer ländlichen Kneipe irgendwo in Ohio freute, einen Kellner aus Wien zu treffen, der den einstigen Hofoperndirektor Mahler erkannte und sie beide freudigst bediente. Nach Almas Schilderungen scheint das eheliche Einvernehmen das beste gewesen zu sein. Als sie vor Abschluss der Tournee im Dezember vorzeitig nach New York zurückfuhr, nahm sie sogar Mahler zuliebe die *Brüder Karamasow* von Dostojewski als Zuglektüre mit und telegrafierte ihm aus New York: »Reise mit Aljoscha prachtvoll«, worauf Mahler zurückgekabelt haben soll: »Reise mit *Almjoscha* noch viel prachtvoller.« Der Höhepunkt dieser Familienidylle war Weihnachten. Alma erzählt von einem gegenüber früheren Jahren harmonischen Weihnachten: »Auf einmal ging die Türe auf, und Vater und Tochter luden mich Arm in Arm ein, ihnen zu folgen. Ich kam in das lichte Weihnachtszimmer […] auf einem Tisch ganz für mich allein hatte Mahler seine Gaben aufgebaut, das Spitzentuch darüber gebreitet und diesen Hügel mit rosa Rosen von oben bis unten zugedeckt. Ich riß das Tuch herunter, beruhigte Mahler, der traurig daneben stand, und beruhigte so auch mich, die eine schreckliche Ahnung nicht loslassen wollte. Dann aber freute ich mich unbeschreiblich über all die kleinen Herrlichkeiten, die er mit seltenem Geschmack ausgesucht hatte.

Und er hatte hauptsächlich lauter solche Dinge gewählt, die er sonst nicht leiden mochte, wie Parfum, das er haßte und *ich liebte* etc.«[14] Zum ersten Mal legte Mahler, höchst spendabel, Gutscheine unter den Weihnachtsbaum und lud Alma zu gemeinsamen »Lustwandeln durch die Gefilde« ein. Über die auffällig positive Stimmung im Hotel Savoy und die Veränderungen in Mahlers Verhalten gibt es die Schilderung des Leiters des deutschen Ensembles im New Yorker Irving-Theater, des aus Wien stammenden Maurice Baumfeld, der Mahler bei den Weihnachts-Einkäufen in New York »stundenlang begleitete« und in der Auswahl der Objekte beriet.[15]

Dieselbe Hochstimmung klingt auch aus den Briefen an Carl und Anna Moll. Anfang des Jahres 1911 schreibt er an die Schwiegermutter: »Von Almschl kann ich Dir diesmal das Allerschönste berichten. Sie blüht ordentlich auf, hält eine prachtvolle Diät, hat dem Alkohol vollständig entsagt, sieht täglich jünger aus. Fleißig ist sie und hat ein paar neue *reizende* Lieder gemacht, die von einem großen Fortschritt zeugen. Das trägt natürlich auch zu ihrem Wohlbefinden bei.«[16]

Alma war während dieses vierten Amerika-Aufenthaltes also alles eher als traurig und deprimiert. Keine Spur von Verdrossenheit und Nervenzerrüttung. Es war auch das erste Mal, dass sie Weihnachten allein mit der Familie, ohne Außenstehende, verbringen wollte. Die Nostalgie, die sie früher regelmäßig am Heiligen Abend und zu Silvester überkam, schien wie verflogen. Ihre rosige Darstellung des letzten gemeinsam erlebten »Festes der Liebe« klingt also durchaus glaubwürdig. Nach der stürmischen Gropius-Affäre im Spätsommer fanden sie und Mahler in New York in einer dialektischen Aufhebung aller Widersprüche wie magisch zueinander: er, weil er nach Überwindung der Toblacher Trennungsängste sein Gleichgewicht wiedergefunden hatte und die Leidenschaftslosigkeit als Entspannung genoss; sie, weil sie ebenfalls die extremen Rauschzustände der Liebespassion hinter sich gelassen hatte und vom heftigen Begehren des Geliebten, der weit weg war, in der neuen Harmonie mit Mahler nicht mit Gewissensbissen belastet wurde. Wahrscheinlich wurde Alma in New York auch gewahr, dass die Liebschaft mit Gropius nur gut gehen konnte, wenn diese eine phantastische blieb und nicht allzu sehr ihre reale, nach äußerem Erleben gierende Existenz tangierte. In den Briefen an Gropius aus New York, die dem ersten, extrem leidenschaftlichen vom 8. November folgten, klingen die Liebesschwüre Almas nur noch wie leere Hülsen. So schilderte sie, etwa im Brief vom 23. November lang und breit ihren spannenden Alltag: dass der langjährige Wiener Freund und Hausarzt Dr. Fraenkel, der sie liebte, bei ihr war, dass ihr ein neues Lied – *Licht in der Nacht* nach Dehmel – exzellent gelungen sei, dass es »Gustav« nach Schumanns Vorbild im Klaviersatz verbessert habe, dass sie an einem größeren Chorwerk arbeitete, dass Gustav mit der von ihm retouchierten »wunderbaren Schumann-Symphonie« einen großen Erfolg gehabt habe. Derselbe Ton in einem weiteren Brief, in dem sie ausführlich über Gustavs Tournee in Ohio und von den Plänen zum neuen Haus am Semmering schwärmte, in das sie mit Mahler einziehen würde. Das Einvernehmen und das Vertrauen, das Mahler in sie hatte, scheint sogar so weit wiederhergestellt gewesen zu sein, dass sie Gropius am 5. Dezember mitteilen konnte, dass sie »mit Mahler nie über ihn spreche«, obwohl er von ihrem postlagernden Briefverkehr in New York wüsste. [17]

Wie die zahlreichen späteren Liebesverhältnisse von Alma beweisen – alles Liebschaften in der Aufwallung eines »Amour fou« –, hatten diese nur solange Bestand, als der Docht der Leidenschaft in der Vereinigung mit dem Geliebten brannte. Danach erloschen die Gefühle ebenso rasch und stürzten die Unstete in depressive Zustände. Diese überintensive Libido, die kurz währte, war Almas fataler Libido-Defekt, der sie zur »Wanderung durch die Seelen« trieb, wie sie es selbst in ihrer Autobiographie ausdrückte. [18] Almas Eros war also kein zeugender, auf eine bleibende Verbindung ausgerichteter, sondern ein ungebundener, frei vagierender, der allein dem narzisstischen Ich zu Diensten war und der sie beständig nach neuen Lichtern am Liebeshorizont Ausschau halten ließ.

Almas »gedoppeltes Verhalten« dem Ehemann und dem Geliebten gegenüber, das offenbar keinerlei Schuldkomplexe zeitigte, kann aber auch anders gedeutet werden, nämlich als eine Wiederherstellung der von Freud theoretisierten Komponente des Liebesverbots, das auf die in der Kindheit verhängten Tabus zu sinnlicher Betätigung zurückgeht. Demnach hätte Alma durch die Möglichkeit, sich geheim einen Geliebten halten zu dürfen, die eigene psychologische Impotenz dem Gatten gegenüber durch die Wiederherstellung der sinnlich-erotischen Betätigung im Kontext des Verbotes geheilt. Wenn man das Freudsche

Modell der Fixierung auf frühkindliche Verhaltensformen heranzieht, das ja besonders bei unreifen, nie ganz erwachsenen Persönlichkeiten plausibel erscheint, dann hätte Almas Untreue einen restaurativen, also quasi »heilenden« Charakter gehabt. In seinem *Beitrag zur Psychologie des Liebeslebens*, speziell im Abschnitt *Über die allgemeinste Erniedrigung des Liebeslebens*, schreibt Freud, dass die weibliche psychologische Impotenz auf dem Unvermögen beruht, »die Verknüpfung der sinnlichen Betätigung mit dem Verbot« nicht auflösen zu können, und dass die »Fähigkeit normal zu empfinden« erst dann wieder zurückkehrt, »sobald die Bedingung des Verbots in einem geheimen Liebesverhältnis wieder hergestellt ist«.

Die Ferne wirkte auch auf Gropius wie eine Katharsis und beeinflusste rückwirkend Almas Empfindungen. Dazu kam, dass Gropius nach Anhörung der *Siebten Symphonie* Mahlers in Berlin unter Oscar Fried den Rivalen in Liebessachen und dessen Frau zu idealisieren begann. Am 23. Januar 1911 schrieb er konsterniert nach New York: »Ich komme aus Gustavs 7. – erschöpft – aufgewühlt [...]. Mir ist wirr zu Mute, wie einem, der sich festklammern muß, um nicht aus seiner Bahn geworfen, von seinen Idealen fortgelockt zu werden, wie einem, der staunend ein fremdes Land betritt. [...] ein fremder, ferner Titan hat mich geschüttelt, mich mit seinem kolossalischen Impuls mit fortgerissen, alle Register des Herzens berührt vom Dämonischen bis zur rührenden Kindereinfalt. Das arglose Aufstreben, das einsame Gottsuchen in diesem Werk hat mich ergriffen [...], aber ich fürchte mich vor dieser fremden Stärke, denn meine Kunst wächst in einem anderen Boden auf [...]. Mir ist an diesem Abend abermals *wichtiges* klar geworden über Gustav und Dich [...]. Du bist ein reiner Engel.«[19] Die in diesem Brief ausgesprochene Vergötterung des »reinen Engels« Alma, die Gropius in Bezug auf Mahler nun zu idealisieren begann, veränderte nachhaltig auch Almas Einstellung dem Geliebten gegenüber und brachte Alma Gustav Mahler näher.

## Mahlers Aktivitäten am Beginn des Jahres 1911: »Kann es denn sein, dass die zweit größte Stadt der Welt nicht die Mittel aufbringt, den größten lebenden Dirigenten zu halten?« *(»New York Evening Post«, 1911)*

Im Zustand der wiedergefundenen Seelenruhe und vom großen Erfolg der *Achten* in seinem Selbstvertrauen bestärkt, dachte nun Mahler intensiver als früher an die Verbreitung der eigenen Werke. In New York stand die Aufführung der *Vierten* bevor und in Europa waren Mahler-Konzerte für Paris, Holland und Frankfurt geplant. Er nutzte die Feiertage am Jahresende, um letzte Hand an die *Vierte* und *Fünfte* zu legen und sie in die definitive Form zu bringen. An Dr. Göhler vom Leipziger Riedel-Chor, der ihm bei der Vorbereitung zur *Achten* nützliche Dienste geleistet hatte, schrieb er am 8. Februar voller Stolz: »Die 5. habe ich fertig – sie mußte faktisch völlig neu uminstrumentiert werden. Es ist unfassbar, wie ich damals wieder so völlig anfängerhaft irren konnte. Offenbar hatte mich die in den ersten 4 Symphonien erworbene Routine hier völlig im Stich gelassen – da ein ganz neuer Stil eine neue Technik verlangte.«[20] Mehrere Male korrespondierte er mit Emil Hertzka von der Universal-Edition, wo zahlreiche Korrekturbögen zur Bearbeitung auflagen, und informierte Emil Gutmann, den Organisator des Münchner Events der *Achten*, der an weiteren Mahler-Auftritten in München interessiert war, über verfügbare Termine. Aus dieser Korrespondenz spricht ein ungewohnt selbstbewusster Mahler, der zum Teil herrisch und arrogant seine künstlerischen Interessen verfolgt. Als er aus einem der Briefe von Dr. Hertzka erfuhr, dass es in Wien Pläne für »Mahler-Weltpremieren« ohne ihn gebe, stellte er unmissverständlich klar, dass über den Zeitpunkt der Uraufführung irgendeines seiner Werke er und nur er entscheide und dass neue Partituren »geheim und vertraulich« zu bleiben hätten, bis sie sein »Imprimatur« hätten.[21] Noch unfreundlicher antwortete er Emil Gutmann, der sich nach dem Münchner Megakonzert um das Recht der Uraufführung der *Neunten* bemühte. Mahler antwortete ziemlich harsch, dass er sich mit der Uraufführung dieser Symphonie noch Zeit lassen wolle und wunderte sich, dass Gutmann überhaupt auf diese Idee käme, wenn ihn doch das Münchner Orchester bei der Aufführung der *Achten* in der »unfreundlichsten Art« behandelt habe und bis dato

»weder eine Erklärung noch eine Entschuldigung« vorgebracht worden sei. Er, Gutmann, solle gefälligst, wenn er mit ihm in Verhandlungen trete, das Erinnerungsvermögen reaktivieren und seine – Mahlers – »Prinzipien und Neigungen« akzeptieren.[22]

In mehreren Briefen ließ Mahler durchblicken, dass er den New Yorker Vertrag um eine Saison verlängern könnte. Hinter dieser auch Emil Gutmann angedeuteten Überlegung stand vermutlich auch Alma, die sich nach der Aufführung der *Vierten* Mahlers in der Carnegie-Hall am 17. Januar beeilte, Gropius darauf vorzubereiten, dass sie und Mahler auch für die Saison 1911/12 nach New York zurückkehren würden, vorausgesetzt, dass sich »Gustavs künstlerische Vorstellungen« realisieren ließen.[23]

Bereits am 3. Januar war Mahler wieder am Dirigentenpult der Philharmoniker und eröffnete die Reihe, die den nationalen Schulen gewidmet war. Das erste Konzert galt der französischen Musik: Lalo, Massenet, Chabrier, Debussy. Das Programm, das auch den Rumänen George Enescu berücksichtigte, war nicht glücklich gewählt, denn das einzige repräsentative Stück des Abends, Debussys neueste *Iberia*, wurde von der Kritik zerrissen: »eine Musik ohne Melodie und ohne harmonische Entwicklung«, schrieb Henry T. Finck von der *Evening Post*. Ein anderer meinte, das Stück trage allein wegen der Kastagnetten einen iberischen Titel und könnte ohne weiteres auch »Siberia« heißen. Im nächsten Konzert, dem 27. der Saison, einem vollständigen Wagner-Programm, in dem Toscaninis »Isolde«, Johanna Gadsky, den *Liebestod* sang, war Mahler wieder voll in seinem Element. Der Kritiker der *Evening Post* stellte in seiner Rezension die rhetorische Frage: »Kann es denn sein, dass die zweit größte Stadt der Welt nicht die Mittel aufbringt, den größten lebenden Dirigenten zu halten? Einige glauben, Nikisch sei größer als Mahler. Möglicherweise ist er es auch in manchen Dingen; aber nicht einmal Nikisch hätte solche Schauer das Rückgrat der Zuhörer des gestrigen Abends hinunterfließen lassen können, wie Mahler mit der außerordentlich männlichen und leidenschaftlichen […] Faust-Ouverture« und dem Vorspiel samt Finale aus ›Tristan und Isolde‹.«

Das nächste Programm in der Reihe »Nationale Schulen« war der zeitgenössischen deutschen Musik gewidmet: Hans Pfitzner, Richard

Strauss und Gustav Mahler, wiederum ein Programm, das den konservativen New Yorker Kritikern die Gelegenheit gab, ihre Pfeile auf den Komponisten Mahler abzuschießen. Mahler dirigierte die eben erst vollendete Neufassung der *Vierten*. Wenn man Alma glauben darf, war das Publikum in der Carnegie-Hall von der Symphonie begeistert. Die Kritik war es jedoch weniger. Mit Ausnahme der *New York Times* hatten alle an Mahlers *Vierter* etwas auszusetzen. Max Smith von der *New York Press* tat die Symphonie als »wenig sagende Kapellmeistermusik« ab und pries hingegen die große »Vitalität und männliche Kraft« von Strauss' symphonischer Dichtung *Heldenleben*, mit der Mahler den Abend beschloss. Reginald de Koven von der *New York World* fand das gesamte Programm, in dem auch Pfitzners Ouvertüre zum *Käthchen von Heilbronn* gespielt wurde, »stumpfsinnig und unschön«. Insbesondere machte Mahlers Symphonie auf ihn den Eindruck, als ob sich der Komponist mitten in den nach Haydnscher Einfachheit strebenden Passagen plötzlich sagte: »Oh, ich habe vergessen, modern zu sein.« Auch für Arthur Farwell, der für *Musical America* schrieb und selbst Komponist war, war die Symphonie »schwach und unbedeutend« und das Anhören »eine musikalisch höchst schmerzhafte Tortur«.[24] Dafür hatte Mahler mit den weiteren Konzerten Erfolg. Die tiefgreifend uminstrumentierte *Dritte* von Schumann, in der u. a. einige Streicherpassagen statt »arco« »pizzicato« gespielt wurden, Schuberts *Unvollendete*, Berlioz' *Roméo et Juliette* und Beethovens *Siebte* wurden zu Highlights der Saison. Letztere machte am 19. Februar einen so starken Eindruck, dass der Kritiker des *New Xork Evening Call*, Harry Chapin Plummer, in deren Darbietung eine Art »Farewell« zu erkennen glaubte, die alle berührte. In seinen letzten Konzerten hatte Mahler noch eine glückliche Hand mit der Wahl des beliebten *d-moll-Klavierkonzertes* des Amerikaners Edward MacDowell, das er mit dem australischen Virtuosen Ernest Hutcheson zum Besten gab. Die Reihe nationaler Schulen war für Mahler eine große Herausforderung, da er stilistisch ständig über den eigenen Schatten springen und sich Partituren aneignen musste, die auch das Publikum nicht mochte. So ging auch das weitere Programm der Reihe am 14. und 17. Februar, mit Werken von Elgar Stanford und einigen anderen heute unbekannten amerikanisch-englischen Komponisten, im Nörgeln der Kritik unter. Außerdem leistete sich Mahler in einem seiner seltenen Interviews über die Bedeutung der amerikanischen Musik einen Fauxpas, der ihm von amerikanischer Seite nie verziehen wurde. Auf die Frage eines Redakteurs der Zeitschrift *The Etude*, was er denn vom amerikanischen Volkslied halte, antwortete er: »Wo ist denn das amerikanische Volkslied? Ich bin zwar kein Fachmann für amerikanische Musik, aber nach den Informationen zuverlässiger Freunde und dem, was ich selbst gehört habe, ist die populäre Musik Amerikas ja gar nicht amerikanisch, sondern beruht eher auf dem, was die auf amerikanische Erde verfrachteten Neger zu ihrer Musik gemacht haben. Man darf nicht vergessen, daß die Musik der afrikanischen Wilden – ob Zulu, Hottentotten, Kaffern oder Abessinier – nur sehr geringfügig über die rhythmischen Grundmuster hinausgeht. Schließlich waren diese Menschen, die Vorfahren der heutigen amerikanischen Neger, als sie aus dem Dschungel des Schwarzen Kontinents zur Reise in die Neue Welt gezwungen wurden, in den meisten Fällen schlicht und einfach Wilde. Obwohl ich den größten Respekt für die Leistung einiger amerikanischer Neger habe, ist es nicht anzunehmen, daß eine Rasse innerhalb von nur ein oder zwei Jahrzehnten den Sprung vom Wilden auf eine derart hohe ethnologische Stufe schaffen könnte. Nordeuropa hat fast tausend Jahre gebraucht, um sich den Weg von der Barbarei zur Zivilisation zu erkämpfen.«[25]

Mahlers letztes Programm im Zyklus »Nationale Schulen« galt am 21. Februar italienischen zeitgenössischen Komponisten: Bossi, Martucci, Sinigaglia, Busoni. Ursprünglich war auch eine Sgambati-Symphonie im Programm, doch Mahler strich sie, nachdem er sie einmal durchgespielt hatte, kommentarlos aus dem Programm und ersetzte sie mit Mendelssohns *Italienischer*. Neben dem pompösen und weitläufigen *Zweiten Klavierkonzert* von Giuseppe Martucci, das Ernesto Consolo spielte, waren das spärliche Publikum und die Kritik vor allem an Busonis *Berceuse* interessiert, ein Trauerstück im Gedenken an die verstorbene Mutter. Busoni, der sich gerade auf Amerika-Tournee befand, war selbst anwesend, an seiner Seite Arturo Toscanini. Alle Werke kamen bei der Kritik schlecht weg, auch Busonis Werk, wenngleich dieses, von der *New York Press* als »ein MitteldING zwischen Strauss und Debussy« bezeichnet, wegen der enormen Reputation, die Busoni als Pianist genoss, einiges Interesse weckte und ausführlich besprochen wurde. Dieses war Mahlers letztes Konzert. Er dirigierte es mit Fieber und starken Kopfschmerzen, was möglicherweise auch die Zeitmaße von Busonis langsamem Grabgesang beeinflusst haben mag. In der Tat vermerkte der Komponist in einem Brief an die Gattin, dass Mahler dieses Stück viel weniger liege »als die Rhythmen und Trommeln der Turandot«, die er im Vorjahr dirigiert hatte.[26]

Nun fehlten nur noch fünf Wochen bis zum Ende der Saison und noch immer war nicht entschieden, ob Mahler ein weiteres Jahr bleiben würde oder nicht. Der Grund für diese Unklarheit lag in der Umwandlung der Philharmonischen Gesellschaft in eine Stiftung, in der es klarer definierte Zuständigkeiten geben sollte, eine Art Künstlerischen Beirat mit Programmfunktionen und einen neuen Aufsichtsrat mit Unterkommissionen. Am 28. Januar hatten mehrere Zeitungen die Verlängerung von Mahlers Vertrag für so gut wie sicher gemeldet, woraufhin sich die Sprecherin des Komitees, Mrs. Mary Sheldon, genötigt sah, diese Nachricht in einem Interview mit *Musical America* zu dementieren. Sie stellte klar: erstens, dass es oberstes Ziel des neuen Komitees sei, New York und dem Land, egal was es koste, die bestmöglichen Konzerte zu garantieren und das Orchester soweit zu bringen, dass es mit Spitzenensembles wie den Bostoner Symphonikern mithalten könne. Zweitens, dass es nicht darum gehe, ein Orchester für Mahler zu unterhalten, sondern umgekehrt dafür zu sorgen, dass die Musik der großen Komponisten in der bestmöglichen Weise aufgeführt würden. Drittens, dass es dazu eines berühmten und geeigneten Dirigenten bedürfe. Ihr sei vollkommen klar, dass Mahler, der wohl »bedeutendste Dirigent in Europa und Amerika«, für diese Aufgabe prädestiniert sei, und, da er noch frei sei, gehe sie davon aus, dass er noch ein weiteres Jahr bleiben werde.[27] Die Wiederbestätigung hing aber von mehreren der Öffentlichkeit nicht bekannten Überlegungen des Aufsichtsrates ab. Henry-Louis de La Grange hat die über Wochen sich hinziehende Diskussion innerhalb

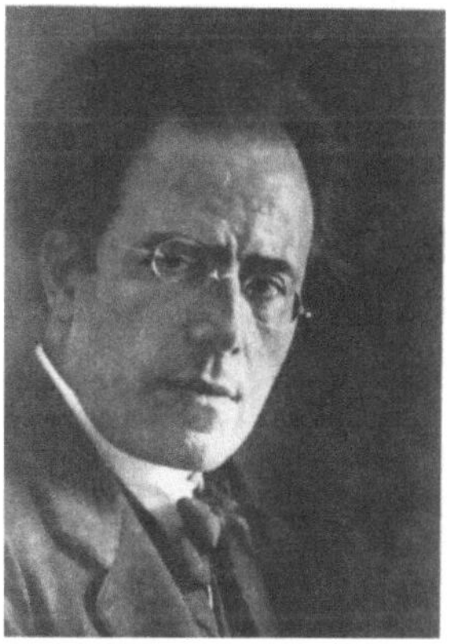

Mahler im Jahr 1911

des Board rekonstruiert und anhand von Statements und Protokollen chronologisch geordnet. Demnach gab es im Januar, nach dem Beschluss des Komitees, Mahler für die zusätzlich dirigierten Konzerte in der Saison 3000 $ draufzulegen, eine inoffizielle Anfrage bei dem früheren Konzertmeister und assistierenden Dirigenten des »Boston Symphony Orchestra« Franz Kneisel, ob er für ein Jahr die New Yorker dirigieren würde, was dieser wegen der Kürze des vorgeschlagenen Vertrages ablehnte. Daraufhin wurde der Orchestermanager beauftragt, Mahler zu fragen und dessen Bedingungen für ein weiteres Jahr zu erkunden. Mahlers Forderung für 90 bis 100 Konzerte pro Saison lautete: 30.000 $, eine gewaltige Summe gegenüber den 100.000 $ der »Garantiesumme«, die das Orchester als Ganzes für die laufende Saison zur Verfügung hatte, zu einem Zeitpunkt, als Pulitzer noch nicht die berühmte Summe von 500.000 Dollar – »zur besseren Entwicklung des Orchesters« – gestiftet hatte. Die nächsten Schritte waren die Ernennung eines neuen Komitees und die Aufteilung des »Guarantors' Committee« in mehrere »Sub-Komitees«, Beiräte also, die sich um spezifische Bereiche des Orchesteralltags kümmern sollten. Nach de La Granges Recherchen war das Komitee zwischen dem 16. Januar und 4. Februar mitten in der Diskussion um die Zukunft des Orchesters. Mahler, an dessen Wiederbestätigung man zu diesem Zeitpunkt noch festhielt, sollte allerdings auf seine Verfehlungen in der Johner-Affäre hingewiesen und informiert werden, dass man bei seiner Absicht, 30 ältere Musiker zu feuern, mit dem Widerstand der »Unions« rechnen müsse. Das war laut de La Grange der Zeitpunkt, zu dem Mahler von Mrs. Sheldon vor ein Gremium zitiert wurde und ihm in Gegenwart eines Advokaten der Kompetenzrahmen des Chefdirigenten mitgeteilt wurde. Alma berichtet, dass Mahler nach dieser Unterredung, in deren Verlauf er von Mrs. Sheldon »scharf ins Gebet genommen wurde«, »fassungslos und wütend mit einem Schüttelfrost nach Hause kam«.[28] De La Grange nimmt Mrs. Sheldon in Bezug auf Almas drastische Darstellung in Schutz und erklärt Mahlers »Wut« damit, dass er auf Grund seiner ungenügenden Englisch-Kenntnisse nicht alles verstanden habe, wenngleich er zugibt, dass die nun verfügte Kompetenzbeschränkung für Mahler ein gravierendes Problem darstellte. Aus dem Komitee gelangten weitere Indiskretionen an die Presse. So wurde am 14. Februar offenbar, dass Franz Kneisel das Angebot der Dirigentenstelle abgelehnt habe, auch das keine gute Nachricht für Mahler. In der Tat meldete die *New York Times* am 11. März, als Mahler, offiziell an Grippe erkrankt, Konzerte absagen musste, aus seiner Umgebung sei durchgesickert, »dass er, solange die Angelegenheit nicht in seinem Sinne gelöst werde, mit der ›Society‹ nicht weiter verhandeln wolle«. Die Öffentlichkeit glaubte also, Mahler würde wegen der ungelösten Vertragsfragen schmollen und erst dann wieder den Stab in die Hand nehmen, wenn er sich gegenüber dem Komitee mit seinen Vorstellungen durchgesetzt hätte. Diese Meinung führte bei Teilen der ihm ohnedies nicht gewogenen Printmedien zu polemischen Reaktionen, etwa in der Art des *Musical Courier*, der den Mahler ersetzenden Konzertmeister Theodor Spiering über alles lobte und feststellte, dass das Orchester sogar »lebendiger und enthusiastischer spielte als unlängst unter Mahler«. Am 25. März, als Mahlers schwere Krankheit noch immer nicht publik war, meldete *Musical America*, dass Mahler weder die laufende Saison zu Ende dirigieren noch die nächste übernehmen werde. Die Schwierigkeiten lägen im ungenügenden Spiel einiger Musiker und im Affront gegen ihn selbst bei der Entlassung des Stimmführers der zweiten Geigen.[29] Der Schreiber wusste offenbar nicht, dass die »Philharmonic Society« bereits am 8. März, nach Ablehnung der Forderungen Mahlers, dem Exekutiv-Komitee den Auftrag gegeben hatte, mit Felix Weingartner in Verhandlung zu treten und nur im Falle einer Nichtverfügbarkeit Weingartners die Verhandlungen mit Mahler wieder aufzunehmen.[30]

## Der Ausbruch der Krankheit – Mahlers Abschied von New York:

**»Mahlers Wunsch, in Wien zu sterben, war mehr als eine geographische Frage. Sein Wunsch heimzukehren, war spiritueller Natur …«** *(Stuart Feder)*

»Am 20. Februar stellte sich bei Mahler wieder Fieber ein«, so beginnt die von Alma verfasste Krankheitsgeschichte. Man dachte zunächst an einen Rückfall jener nicht auskurierten Angina, die sich gerade erst zu Weihnachten bemerkbar gemacht hatte und die Mahler schon in Toblach und in München mit hohem Fieber flachgelegt hatte. Am Tag danach, am 21. Februar, stand in der Carnegie-Hall das erste Konzert mit Werken zeitgenössischer Komponisten auf dem Programm. Das Konzert war wichtig, denn es wurden Busoni und sein Landsmann Toscanini, Mahlers Rivale von der »Met«, erwartet, und es abzusagen, wozu der Hausarzt Dr. Fraenkel dringend riet, kam nicht in Frage. Mahler meinte, es wäre nicht das erste Mal, dass er mit Fieber dirigierte. Er setzte sich durch und fuhr tags darauf, in Decken eingehüllt, zur Carnegie-Hall. Alma erzählt: »In der Pause fühlte er sich sehr matt, hatte Kopfschmerzen, überwand sich aber und dirigierte das Konzert zu Ende. Das letzte Konzert!« Am Tag danach war das Fieber, nach Aspirineinnahme, abgeklungen und auch die Angina schien weg. Doch dann kehrte das Fieber zurück. Ernsteres wurde vermutet. Dr. Fraenkel fühlte den Puls, maß Fieber, untersuchte Rachen und Mundhöhle. Das Fieber, das nicht abnahm, der anamnetische Zusammenhang mit vorausgegangenen Anginen, die Herzgeräusche: Nach der Schulmedizin war das ein Fall von suspekter Endocarditis. Auch Mahler fühlte, dass es dieses Mal ernster war als andere Male. Noch gab es keine Gewissheit, so konnte Mahler seinen schwarzen Humor ausspielen: »Wenn ich abkratze, dann bist Du jetzt eine gute Partie«, soll er mit Alma gescherzt haben, »jung bist Du, schön bist Du, also wen werden wir heiraten? [...]. Na warte, wen hätten wir denn? X ... ist zu langweilig, Y ... zu monoton, bei allem Geist, usw.«. Er empfahl Alma seine retuschierten Beethoven- und Schumann-Partituren, die sie nach seinem Tod drucken zu lassen da sie seiner Meinung nach viel Geld bringen würde.[31] Der Zustand verschlechterte sich, es wurde ein Spezialist für Bakteriologie und entzündliche Herzkrankheiten geholt, Dr. Emanuel Libman vom »Mount Sinai Hospital«, Schüler des berühmten Professors William Osler aus Baltimore. Dieser bestätigte zunächst die klinische Diagnose eines rheumatischen Herzklappenfehlers, untersuchte die Bindehaut der Augen auf Läsionen, betastete die Milz und kam zum selben Schluss wie Dr. Fraenkel: dringender Verdacht auf Endocarditis oder Herzinnenwand-Entzündung. Um letzte Sicherheit zu gewinnen, wurde Blut entnommen und im Labor eine Blutkultur angelegt, aus der nach bakteriologischer Präparierung die eventuellen Erreger nachgewiesen werden sollten. Der Befund war positiv: Es handelte sich um eine bakterielle, von Streptokokken verursachte Endocarditis. Die Diagnose lautete: »Subacute Endocarditis lenta«, ein Krankheitsbild septischer Art: Entzündung der Herzinnenwand, Besiedlung der Herzklappen mit bakterienhaltigen Auflagerungen von progredienter Destruktivität. Das Bakterium, »Streptococcus viridans«, ließ einen tödlichen Krankheitsverlauf befürchten, mit progressiver bakterieller Infektion der anliegenden Adern und Venen, Gewebe-Auflagerungen der bakteriellen Vegetationen, Transport dieser Auflagerungen mit dem Blut in die peripheren Organe, Anschwellen der Gliedmaßen, im schlimmsten Fall Embolien, Lungenödeme, Nierenversagen: bei den damaligen medizinischen Möglichkeiten, vor der Entdeckung des Penicillins, praktisch das Todesurteil. Bald bildeten sich an den Fingerkuppen Verbreiterungen, die sogenannten Osler-Knoten, ein Zeichen, dass die Embolisierung der Extremitäten bereits eingesetzt hatte und dass wenig Hoffnung auf einen guten Ausgang der Infektion bestand. Der Philharmonie wurde »Grippe« gemeldet. Bei dieser offiziellen Diagnose blieb es bis zur Abreise aus New York. Mahler ahnte Schlimmstes und wollte Gewissheit. Der amerikanische Psychoanalytiker Stuart Feder, der Mahlers psychisches Profil studiert hat, hat viele Jahre später Dr. George Baehr, den Assistenten von Dr. Libman, befragt und von diesem die Auskunft erhalten, dass Mahler von Dr. Libman unbedingt die Wahrheit wissen wollte: »Es war für Dr. Libman überhaupt nicht üblich, einem Patienten eine fatale Diagnose mitzuteilen. Sein Grundsatz war, so etwas nicht zu machen, um dem Patienten nicht auch die Hoffnung zu nehmen, auch weil eine solche Eröffnung dem Arzt nur Schwierigkeiten bringen würde. Entweder machte Libman eine Ausnahme bei Mahler, [...] oder er wurde von Mahlers Insistenz dazu verleitet.« Mahler soll geantwortet haben, dass er in Wien sterben und an der Seite seiner Erstgeborenen begraben werden wollte. Stuart Feder fügt hinzu: »Mahlers Wunsch, in Wien zu sterben, war mehr als eine geographische Frage. Sein Wunsch heimzukehren, war spiritueller Natur. Putzi war in einem Grinzinger Vorort begraben und Mahler wollte an der Seite seines Töchterchens begraben sein [...]. Als Mahler den Text der ›Kindertotenlieder‹ leicht änderte, wurde das Grab mit dem Schoß, mit ›Mutters Haus‹, gleichgesetzt: ›Von keinem Sturm erschrecket / Von Gottes Hand bedecket, / Sie ruh'n wie in der Mutter Haus.‹«[32] Sterben als Rückkehr in den vorgeburtlichen Zustand.

Dennoch, angesichts der später immer wieder aufblühenden Hoffnungen Mahlers ist es unwahrscheinlich, dass Dr. Libman Mahler die volle Wahrheit gesagt hat. Diese ihrem Geliebten mitzuteilen, beeilte sich hingegen Alma. Am 11. März schrieb sie an Gropius, mit der Bitte, es niemandem zu sagen und mit seiner Liebe etwas Geduld zu haben, dass »Gustav ein rheumatisches Fieber am Herzen« habe und dass das eine sehr gefährliche Situation sei, die mehrere Wochen dauern könne.[33]

Während in der Stadt die Zeitungen wiederholt die baldige Rückkehr ans Pult des »Philharmonic« ankündigten und hinter der Krankheit nur einen Vorwand zur besseren Positionierung der eigenen Interessen in den Verhandlungen mit dem Philharmonischen Komitee sahen, verfiel Mahler zusehends. Im Zustand perennierender Fieberschwäche wurde er besonders hilfsbedürftig. Alma schreibt, dass Mahler in diesem Zustand zum Kind regredierte: »Er aß nichts mehr allein, jeden Bissen steckte ich ihm in den Mund, in der Nacht schlief ich angezogen in seinem Zimmer.«[34] Solches berichtete sie auch Gropius, dem sie am 25. März auch die Art der Krankheit eröffnete: »Es ist eine recurrierende Endocarditis – also eine schwere Krankheit und bei seinem Herzen sehr gefährlich.« Alma machte mit Mahlers hoffnungsloser Erkrankung dem Geliebten Hoffnung und träumte am Bett des Schwerkranken vom Bett des Geliebten. »Momentan ist meine Empfindung erstarrt – aber ich weiß, wenn ich Dich sehe, wird alles in mir aufleben – aufblühen [...]. Mein lieber Walter – ich beschwöre Dich, werde auch Du ein ganz gesunder, kräftiger und physisch junger Mensch, damit wir, wenn wir uns wieder sehen, eine unendliche Freude an uns und an unserer Liebe haben können [...]. Liebe mich! [...] Ich will Dich!!! Aber Du?? – Du – auch – mich?«[35]

Die New Yorker Ärzte waren ratlos. Sie dachten an therapeutische Versuche mit Bluttransfusionen und Kochsalz-Injektionen, was Dr. Fraenkel jedoch ablehnte, da Mahler für Experimente ein zu berühmter Fall war. So wurde eine Kommission von Spezialisten gebildet, die zum Schluss kam, Mahler solle zu einem bedeutenden Bakteriologen nach Paris oder Wien geschickt werden. Dies entsprach auch dem Wunsch Mahlers, der sobald als möglich nach Europa zurückkehren wollte. Alma und ihre Mutter machten sich ans Einpacken und bereiteten alles für die Abreise vor. Am 8. April verließ der bereits sichtlich geschwächte Mahler das Hotel Savoy und nahm Abschied von der Stadt, in der er Höhen und Tiefen erlebt hatte und wo ihn der lange in ihm schwelende

Bakterienherd zur Strecke brachte. Der getreue Dr. Fraenkel und die wohlwollende Mrs. Untermeyer vom Board des »Philharmonic«, die in guten wie schlechten Zeiten zu Mahler gestanden hatte, begleiteten ihn zum Hafen, wo sie sich von ihm an Deck des Überseedampfers »Amerika« für immer verabschiedeten. »Die Kabinen«, schreibt Alma, »waren voll von Geschenken und Blumen von Freunden und Fremden.« Maurice Baumfeld, der Familienfreund und gebürtige Wiener, erlebte den Abschied auf seine Weise:

> Am Nachmittag vor seiner Abreise habe ich Abschied von ihm genommen. In warme Decken gehüllt, lag er wie in früheren Zeiten auf seinem Diwan vor dem offenen Fenster, den Blick auf jenes New York gerichtet, das ihn in der Erinnerung immer begleitet hat. Die kurze Frist, in der ich ihn nicht gesehen hatte, genügte, um eine wahre Verwüstung in seinen Zügen anzurichten. Der ewig Bewegliche, mit dem reichsten Mienenspiel Begabte lag müde und abgezehrt, fast schon wie auf der Bahre. Ob Mahler ahnte, daß es ein Abschied für immer war, weiß ich nicht. Sein kleines Mäderl spielte noch ganz lustig um ihn herum. Wie in früheren Tagen, mußte ich ihm das Neueste erzählen [...]. Aber alles klang wie aus einer weiten Ferne [...]. Seine Hand, die so treukräftig den Druck zu erwidern wußte, war heiß geworden von innerm Verbrennen. Das gebietende Auge, das brennend so oft über uns gelegen, war in brechendem Verglimmen. Nur für Augenblicke war man sich dessen bewusst, daß hier ein Kämpfer liege, der es auch dem Tode nicht leicht machen wird. Denn Mahler hat mit jeder Faser am Leben gehangen.[36]

An Bord des Schiffes war für Mahler eine Ecke reserviert worden, wo er, vor den Blicken anderer geschützt, die April-Sonne genießen konnte. Alma erzählt, dass Busoni, der auch auf dem Schiff war, ihm täglich »verrückte Kontrapunkte schickte, um ihn abzulenken«. Sie schreibt, dass »Mahler erschütternd und erschreckend schön« aussah: »schwarze, strahlende Augen, das weiße Gesicht, die schwarzen Locken, ein blutroter Mund.«[37] Mahler ließ laut Almas Auskunft »keinen Menschen an sich herankommen«; sie selbst sorgte dafür, dass niemand zu ihm vordrang. So verbrachte Mahler unter ständig steigendem und fallendem Fieber, von möglichen Gesprächspartnern ferngehalten, die ihn hätten zerstreuen können, die Überfahrt zwischen einsamem Deck und enger Kajüte. Es war die Karwoche 1911: für Mahler der Beginn einer langen »Via crucis«.

## Die erste Manifestation der Krankheit in Toblach – Die erbliche Vorbelastung: »... dass er schon als Kind häufig an Infektionen des Rachens litt und in seiner Jugend einmal eine Gelenksentzündung sowie eine Chorea Sydenham, also einen ›Veitstanz‹ durchmachte« *(Anton Neumayr)*

Über den kausalen Zusammenhang von Mahlers Todeskrankheit liefern erbliche, familiäre und biographische Faktoren entscheidende Hinweise. Mahler entstammte einer kinderreichen Familie, in der die Veranlagung zu Entzündungen der oberen Atemwege, Diphtherien, Anginen, rheumatischem Fieber, Gelenksentzündungen, Chorea Sydenham und Herzschädigungen charakteristisch war. Ernst, der Lieblingsbruder Mahlers, war mit dreizehn Jahren an einer Herzbeutelentzündung, Pericarditis, gestorben, der andere Bruder Alois litt an einer Herzmuskelentzündung und starb an Myocarditis.[38] Als Mahler elf war, starben sogar zwei Geschwister an ein und demselben Tag an Scharlachdiphtherie, einer Infektionskrankheit, der auch Mahlers Erstgeborene »Putzi« 1907 erlag. Eine ererbte Prädisposition zu rheumatischen Prozessen war also vorgegeben, wobei die Neigung zu entzündlichen Rachenkrankheiten offensichtlich die »Causa prima« für die zahlreichen in der Familie auftretenden Herzschädigungen – Herzvergrößerungen und Herzklappenfehler – war. Anton Neumayr vermutet bei Mahler einen durch Gelenksentzündung rheumatisch erworbenen Herzfehler, also keinen angeborenen: »Manifestationen des sogenannten rheumatischen Fiebers, also einer entzündlichen Erkrankung, welche als Spätfolge von Racheninfektionen mit Bakterien, die der Gruppe A der Streptokokken zugeordnet werden, auftritt.« Neumayr glaubt auf Grund des Umstandes, dass Mahlers Herzfehler lange unentdeckt blieb, also kompensiert war, an eine »postendocarditische« Schädigung der Aorta- und Mitralklappen.[39] Dieser kausale Zusammenhang von bakterieller Entzündung und Herzkrankheit scheint umso plausibler, als diese Art von Erkrankungen vor allem in jenen Gegenden endemisch war, wo schlechte hygienische Verhältnisse, Wohnen in feuchten und schimmeligen Behausungen und ungenügende Beheizung der Zimmer grippale Ansteckungen begünstigten. Medizinisch betrachtet war also die Vernachlässigung der chronischen Angina, an der Mahler litt, gepaart mit vererbter Disposition zu rheumatischen Entzündungen, die fatale Ausgangslage zu Mahlers tödlicher Erkrankung. Der kompensierte doppelseitige Herzklappenfehler allein wäre Mahler niemals zum Verhängnis geworden, wenn nicht die aus der chronischen Racheninfektion ausgestreuten Streptokokken das Herz infiziert hätten.

Franz Willnauer ist allen Anginen vor dem Sommer 1910 nachgegangen: 1893, 1897, 1899, 1901, 1903 und 1909. Mahler hatte es immer abgelehnt, sich einer Mandelresektion zu unterziehen, was den chronischen Entzündungsherd beseitigen hätte können, angeblich – wie Alma erzählt – aus Angst vor der Operation und Schmerzempfindlichkeit. Anstatt dessen nahm er mit längeren Höllensteinpinselungen[40] vorlieb und vertrieb das Fieber mit Schwitzkuren. Im Jahr 1910 häuften sich diese rekurrierenden Anginen und nahmen an Heftigkeit zu. Den Anfang nahm das Unglück in dem äußerst wechselhaften, von Unwettern und großen Temperaturschwankungen gekennzeichneten Toblacher Sommer. Alma berichtet von einer Ansteckung durch die englische Hausgehilfin, die sich im August erkältet hatte: »Meine Engländerin verheimlichte uns, um keine Umstände zu machen, daß sie eine schwere Angina habe. Da sie nun immer mit uns beisammen war, so steckte sie alle der Reihe nach an. Zum Schluß auch Mahler und am leichtesten, so schien es.«[41] Mahler erlitt um den 20. August einen Kollaps, hatte hohes Fieber und musste deshalb die Reise zu Freud nach Holland um ein paar Tage verschieben. Diese Angina, die nicht auskuriert wurde, flackerte zehn Tage später in München vor den Proben zur *Achten* wieder auf und wurde durch Aspirin und Schwitzkuren vorübergehend unterdrückt, bis sie sich kurz vor Weihnachten, im extrem kalten New Yorker Winter von 1910, zum dritten Mal bemerkbar machte. Toblach scheint also nicht nur der Ort von Mahlers Ehetragödie gewesen zu sein, sondern auch der Bazillenherd, der Mahler zum Verhängnis wurde. Besonders gesundheitsschädigend muss in diesem feuchten Sommer auch das Verweilen in dem von heftigen Regengüssen durchfeuchteten Komponierhäuschen gewesen sein. Dort verbrachte Mahler Tage und Stunden beim Entwurf seiner *Zehnten*. Die Toblacher Komponierhütte war ja – im Unterschied zu jenen von Attersee und Maiernigg – ohne solides Fundament, das gegen die aufsteigende Feuchtigkeit hätte schützen können. Zudem waren Mahlers Widerstandskräfte durch die

Gropius-Affäre aufs äußerste geschwächt und das Liegen am Boden in dieser Hütte, »um«, wie Mahler sagte, »der Erde näher zu sein«, muss wohl auch nicht das Beste gewesen sein.

### Mahlers Krankheitsbild im Lichte der Psychoanalyse: »Solange dieser Trieb als Todestrieb im Innern wirkt, bleibt er stumm, er stellt sich uns erst, wenn er als Destruktionstrieb nach außen gewendet wird …« *(Sigmund Freud)*

In neuerer Zeit hat sich Anton Neumayr eingehend mit dem Einfluss psychologischer Determinanten auf die Todeskrankheit beschäftigt und die in den letzten Lebensjahren immer stärker hervortretenden Todesgedanken Mahlers mit einer Art »pathologischem Todestrieb« in Zusammenhang gebracht. Seine These ist, dass Mahlers Arbeitswut so sehr die Lebensgrundlagen schwächte, dass er der Krankheit keinen Widerstand entgegensetzen konnte. Der kritische Wendepunkt in seinem Leben seien die drei Schicksalsschläge 1907 gewesen, der Tod der Tochter, die Entdeckung eines Herzfehlers und der Abschied von Wien: »Die sich daraus ergebenden ungeheuren Spannungen versuchte Mahler durch eine ›Flucht in die Arbeit‹ abzubauen, ohne zu bedenken, dass ein derart pathologischer Lebensstil einer Erbringung von Höchstleitungen um jeden Preis eine Selbstzerstörung bedeuten kann.« Beim Mahler der letzten Jahre habe sich also der latente Masochismus verstärkt, der seine Widerstandskraft zerstörte. Neumeyer deutet in diesem Sinne auch Mahlers Schuldgefühle und »Selbstunterwerfung« unter Almas »Bevormundung« im Sinne einer »Überkompensation und Wiedergutmachung« als masochistisch. Er geht noch weiter und deutet sowohl Mahlers frühe Schuldgefühle gegenüber den Eltern und den Traum, ein »Märtyrer« zu werden, als auch sein späteres unduldsames Auftreten gegenüber den Orchestermusikern als «Aggressivität mit Selbstbestrafungstendenzen«: »Da sich aber ein eingebildeter Märtyrer sozusagen im ›sadomasochistischen Kreis‹ bewegt, nahm auch Mahler nicht immer nur Dulderstellung ein, sondern gelegentlich auch die Haltung eines Tyrannen. Seine mitunter geradezu sadistischen Methoden der Behandlung von Orchestermitgliedern, die in späteren Jahren fast paranoide Züge annahmen, erschwerten oft ernsthaft eine ersprießliche Zusammenarbeit. Nur seiner bedingungslosen Hingabe an das Werk und seinem ökonomischen Auskosten narzisstischer Wünsche dem Publikum gegenüber ist es zuzuschreiben, dass die auch in seinen Geschwistern ruhenden Keime zur Entwicklung in eine psychotische Richtung nicht ausreifen konnten.«[42]

Ähnlich sah es Erwin Ringel, der in einem Vortrag in Toblach im Sommer 1986 vor allem auf Mahlers Arbeitsdrang hinwies, mit dem er nach den Katastrophen von 1907 die daraus resultierenden Spannungen abreagierte: »Mahler hatte ein Gewissen, das ihm einfach nicht erlaubte, krank zu sein. ›Krankheit ist Talentlosigkeit‹, pflegte er zu sagen.« Auch enthielt laut Ringel der den ganzen Sommer 1910 anhaltende, verzehrende Kampf um die viel jüngere Alma Elemente der Selbstzerstörung: »diese Menschen laufen hinter der Liebe mit ihren letzten Kräften her, gleich den Windhunden, die bei den Rennen einen elektrisch getriebenen Hasen zu erjagen versuchen und oft genug tot zusammenbrechen, bevor sie ihr vermeintliches Ziel erreichen.« Die auffälligste Manifestation des »pathologischen Todestriebes« sah Ringel jedoch in Mahlers latenten Schuldgefühlen den Eltern gegenüber: »Wir wissen heute, daß ein unbewußtes Schuldgefühl zu den entscheidenden Symptomen jeder Neurose gehört [...]. Damals sind sicher signifikante Aggressionen gegen Vater und Mutter entstanden, die auf Grund der kindlichen Situation automatisch mit Schuldgefühlen verbunden sein müssen. Schon der kleine Gustav antwortete auf die Frage, was er werden wollte: ›Märtyrer‹ – ein eindeutiger Hinweis auf schon damals gegebene Selbstbestrafungstendenzen [...]. Nach einer gefährlichen Blutung infolge eines Hämorrhoidenleidens 1901 verfaßte Mahler einen imaginären Nachruf folgenden Inhaltes: ›Gustav Mahler hat schließlich das Schicksal erlitten, das er wegen seiner zahlreichen Vergehen verdient hat.‹«[43]

Die von Erwin Ringel analysierten Selbstaufgabe-Phantasien und Untergangsdelirien erinnern sehr stark an die zahleichen erschütternden Beziehungskrisen, die Mahler emotional jedes Mal wie eine Überflutung erlebte. Und auch die gewaltigen Gefühlsausbrüche und deren Abstürze in den Symphonien umschreiben auf der metapsychologischen Ebene eine Art Veranlagung zu zerstörerischen Kräften gegen sich selbst.

Im Lichte dieser Erkenntnisse wird auch Mahlers philosophische Beschäftigung mit dem Tod auf dem Sterbebett als Sublimation des in ihm durch die Krankheit manifest gewordenen Todestriebes verständlich. Da er zum Komponieren nicht mehr fähig war, verlagerte er die Sublimierung seiner panischen Angst vor dem Tod auf das Lesen und blickte dem »Alienen«, der lebenslang in seinem Innern auf ihn lauerte, metaphysisch in die Augen. Lesen war für den sterbenden Mahler offensichtlich eine Art Exorzismus dieses seines zerstörerischen Dämons und »in extremis« der Strohhalm, an den er sich in seiner Verzweiflung klammerte. Solange in ihm der »Lebenstrieb« als Überaktivität die Oberhand behielt, war das Bewusstsein zu sterben, wie Freud sagt, nur vage: »Solange dieser Trieb als Todestrieb im Innern wirkt, bleibt er stumm, er stellt sich uns erst, wenn er als Destruktionstrieb nach außen gewendet wird. Daß dies geschehe, scheint eine Notwendigkeit für die Erhaltung des Individuums.«[44] Der »Destruktionstrieb nach außen« war Mahlers Krankheit, die überhandnahm. Erst sie und das Ersterben der Kreativität machten ihm diese negative, wiewohl notwendige Seite des Lebens bewusst. Es scheint, dass Mahler durch das Verschlingen des Buches *Das Problem des Lebens* von Eduard von Hartmann den obskuren Drang in seinem Innern verstand, der sich früher unbewusst in den Trauermärschen, in den *Kindertotenliedern*, im *Abschied* des *Lieds von der Erde* und im ersterbenden Schlusssatz der *Neunten* bemerkbar gemacht hatte. Das Buch, das er gegen Ende aus Schwäche nicht mehr zu halten imstande war und deshalb in Stücken las, nahm er gleichsam wie ein Medikament zu sich, das ihn wenigstens philosophisch vor der Zerstörung schützen sollte, die der Todestrieb in ihm anrichtete. Denn das Thema des Buches vom Leben war jene Art Tod, die metaphysisch und psychoanalytisch neues Leben möglich macht: »Das Ziel des Todestriebes ist, den Organismus wieder in den Zustand anorganischen Lebens zurückzuführen, wie er vor der Entstehung des Lebens bestand«, meinte Freud. Es sollte in Mahlers letzter Vorstellung also ein positiver, sinnstiftender Tod sein. Hartmanns Feststellung, dass »die Welt immer neuer Geschlechter bedarf, die sich in die veränderten Zeitumstände mit frischem, unbefangenem Bewusstsein einzuleben vermögen, um ihrerseits die Entwicklung um eine Stufe weiterzufördern« muss den durch Goethe, Schopenhauer und Nietzsche zur Seelenwanderung neigenden Pantheisten Mahler auf dem Totenbett in der Gewissheit bestärkt haben, dass nach seinem leiblichen Tod sein Geist im Werk weiterleben und mit der »lieben Erde«, die »allüberall aufblüht im Lenz und grünt aufs neu« als große Musik auferstehen werde.

Der amerikanische Psychoanalytiker Peter Ostwald, der sich eingehend mit der Neurose von Künstlern befasst hat, verweist in einer Studie auf erste Erkenntnisse der Wiener Psychoanalytischen Gesellschaft, die sich schon bald nach dem Tod Mahlers in Grinzing traf und den Fall Mahler diskutierte. Insbesondere wurde auf Anregung von Dr. Ernst Federn der psychosomatische Zusammenhang zwischen psychischem Konflikt und tödlicher Krankheit untersucht und die Möglichkeit diskutiert, dass sich bei Depressiven, die »sich schädigen wollen«, »das Unbewußte auch damit durchsetzen könne, indem es den Krankheitskeimen durch den Wegfall der Hemmungen die Eingangspforte öffnet«. Auffallend sei, so Dr. Ernst Federn, die verhältnismäßig große Zahl genialer Menschen, insbesondere schaffende Künstler, die in frühen Jahren sterben.« In dieser Grinzinger Diskussionsrunde teilte Sigmund Freud mit, er könne »die für Mahlers Tod ausgesprochene Vermutung leicht beweisen, da ihm bekannt sei, daß sich Mahler an einem Wendepunkt seines Lebens befand, wo er die Wahl hatte, entweder sich zu ändern und damit die Basis seiner Künstlerschaft aufzugeben oder sich dem Konflikt zu entziehen«.[45] Freud pflichtete also der These von Dr. Federn bei, dass man nicht an Krankheit sterbe, sondern gleichsam durch den Willen des Unbewussten, zu sterben. In diesem Sinne habe Mahler seine bis dahin allein der Komposition reservierte Libido unterbunden und diese, um seine Frau zurückzugewinnen, von seinem Ich abgezogen, mit der Folge, dass ihm diese kreative Selbstaufgabe das Leben kostete.

Ein Aspekt, den unter den modernen Psychoanalytikern besonders George H. Pollock interessierte, war der Einfluss der zahlreichen Kindestode in der Familie auf Mahlers Psyche.[46] Mahler sei durch den häufigen Anblick des Sterbens im Kindesalter – von den 13 Geschwistern starben einige in den ersten Lebensjahren und als 11-Jähriger musste er sogar zwei Brüder an einem Tag an Scharlach sterben sehen – für sein Leben depressiv geworden. Für den New Yorker Psychiater Stuart

Feder, der mit dem Buch *Gustav Mahler, a life in crisis* bekannt wurde, wurde die Ausbreitung der Streptokokken bis zur Herzinnenwand vom übermenschlichen emotionalen Stress begünstigt, den in ihm der dreifache Verlust der Operndirektion, der Erstgeborenen und der Ehefrau auslöste.[47] Mahler hätte also nach Dr. Feders Theorie unter Panik und Verlustängsten gelitten, die ihn im Innersten aufgewühlt und sein Abwehrsystem geschwächt hätten. Ähnliches hatte schon 1935 der Freud-Schüler Theodor Reik behauptet. Nach Ansicht des amerikanischen Psychiaters habe Mahlers Physis den enormen »inneren Spannungen«, denen er zeitlebens ausgesetzt war und die er »kaum beherrschen konnte«, nicht standhalten können. Insbesondere verweist Reik auf Mahlers passives Ausgeliefertsein den »Produkten seiner Phantasie« gegenüber und auf den maßlosen Ehrgeiz, der sich u. a. darin äußerte, dass er einen seltsamen Drang entwickelte, in die Fußstapfen älterer Dirigenten zu treten und diese sobald wie möglich aus dem Amt zu verdrängen. Als Beispiele nennt Reik die Fälle Nikisch in Leipzig, Erkel in Budapest, von Bülow in Hamburg und Jahn in Wien.[48]

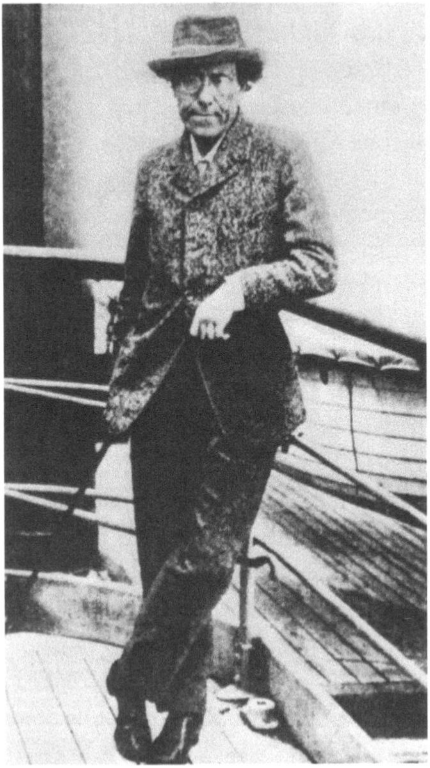

Gustav Mahlers letztes Photo auf der Überfahrt nach Cherbourg, April 1911

## Letztes Aufflackern der Hoffnung in Paris – Heim nach Wien, um zu sterben: »Aber diese seine Silhouette – unvergesslich, unvergesslich! – war gegen eine graue Unendlichkeit gestellt von Himmel und Meer ...« *(Stefan Zweig)*

Die »Amerika« erreichte Cherbourg am Abend des Ostersonntags, 16. April. Bei der Landung herrschte wie üblich großes Gedränge: Ausladen der 40 Koffer und Warten vor dem Zoll. Mahler, auf einen Liegestuhl gebettet, musste sich gedulden. Der junge Stefan Zweig, der unter den Passagieren war, hat sich später an das Bild des schwerkranken, eingefallenen Mahler erinnert:

> Ich reiste von Amerika herüber, und auf demselben Schiff war er, todkrank, ein Sterbender. Vorfrühling lag in der Luft, die Überfahrt ging sanft durch ein blaues, leichtwogiges Meer, ein paar Menschen hatten wir uns zusammengefunden, Busoni schenkte uns, den Freunden, von seiner Musik. Immer lockte er uns, froh zu sein, aber unten, irgendwo im Schacht des Schiffes, dämmerte er, behütet von seiner Frau, und wir fühlten es wie Schatten über unserm leichten Tag. Manchmal, wenn wir lachten, sagte einer: ›Mahler! Der arme Mahler!‹ und wir wurden stumm. Tief unten lag er, ein Verlorener, verbrennend im Fieber, und nur eine kleine, lichte Flamme seines Lebens zuckte oben im Freien am Verdeck: sein Kind, sorglos im Spiel, selig und unbewußt. Wir aber, wir wussten es: wie im Grabe fühlten wir ihn drunten, unter unseren Füßen. Und dann in Cherbourg bei der Landung, im Remorquer, der uns hinüberfuhr, sah ich ihn endlich: er lag da, bleich wie ein Sterbender, unbewegt, mit geschlossenen Lidern. Der Wind hatte ihm das ergraute Haar zur Seite gelegt, klar und kühn sprang die gewölbte Stirn vor, und unten das harte Kinn, in dem die Stoßkraft seines Willens saß. Die abgezehrten Hände lagen müdegefaltet auf der Decke, zum erstenmal sah ich ihn, den Feurigen, schwach. Aber diese seine Silhouette – unvergesslich, unvergesslich! – war gegen eine graue Unendlichkeit gestellt von Himmel und Meer, grenzenlose Trauer war in diesem Anblick, aber auch etwas, das durch Größe verklärte, etwas, das ins Erhabene verklang wie Musik. Ich wußte, daß ich ihn zum letzten Mal sah. Ergriffenheit drängte mich nah, Scheu hielt mich zurück, von fern nur mußte ich auf ihn sehen und sehen, als könnte ich in diesem Blick noch von ihm empfangen und dankbar sein.[49]

Mit dem Zug erreichten die Mahlers Paris, wo im Hotel Èlysée Almas Stiefvater Carl Moll aus sie wartete. Dort trat über Nacht, wie ein

Wunder, Besserung ein: nach durchschlafener Nacht stand Mahler am Morgen des nächsten Tages – es war Ostermontag, 17. April – voll angezogen und rasiert auf dem Balkon der Hotel-Suite und wartete auf das Frühstück. Alma erzählt: »Ich traute meinen Augen nicht. ›Ich habe es immer gesagt, in Europa werde ich sofort wieder gesund sein. Ich will am Vormittag ausfahren, und in wenigen Tagen, wenn wir uns von der Reise vollkommen erholt haben, fahren wir zwei nach Ägypten‹« [50] Alle schüttelten ungläubig den Kopf: seit Wochen im Bett, beim Gehen gestützt und noch tags zuvor beim Verlassen des Schiffes mehr getragen als aufrecht gegangen. Mahler schien wie verwandelt. Ein Elektromobil musste vorfahren, für eine Fahrt ins Freie. Es war die sogenannte von Dr. Libman vorausgesehene »spes endocardica«, die Patienten manchmal in diesem Stadium der Krankheit ein vorübergehendes, wenngleich trügerisches Gefühl des Wohlbefindens zurückgibt. [51] Doch schon nach einer Stunde holte Mahler die Krankheit wieder ein. Alma schreibt: »Im Bois war er bleich und bleicher geworden, [...] hatte zum Schluß seinen Kopf auf Mamas Schultern, die mit ihm Fond des Wagens saß, gelehnt.« Es wurde ein Arzt geholt, der Mahler eine Kampferinjektion verabreichte, das damals gebräuchliche Analepticum gegen Neuralgien und Rheuma. Alma schreibt, dass Hoffnungslosigkeit Mahler überkam. Unter vier Augen und unter Tränen soll er die Schwiegermutter gebeten haben, in Grinzing, an der Seite seiner Erstgeborenen begraben zu werden, ein einfaches Begräbnis zu erhalten und einen Grabstein, auf dem allein der Name »Mahler« stehen sollte. [52] Dies geschah am 17. April, genau ein Jahr nach der denkwürdigen Aufführung seiner *Zweiten Symphonie* im Théatre Chatelet, in welcher der Auferstehungsgedanke das alles beherrschende Thema war. Eigentlich wären auch zu diesem Zeitpunkt Mahler-Konzerte in Paris geplant gewesen, 3 Auftritte mit Wagner-Werken, einer *Neunten* von Beethoven und der eigenen *Siebten,* Konzerte, die Mahlers Gönnerin Comtesse Greffulhe und das »Comité des Grandes Auditions Musicales« geplant hatten. Aber dazu kam es nicht mehr. Mahler wurde eiligst in ein Sanatorium in Neuilly eingeliefert, wo der französische Bakteriologe Prof. André Chantemesse auf ihn wartete. Der Professor hoffte, dass ein von ihm entwickeltes Serum gegen die Bakterien wirksam sein werde: eine Illusion. Die Nachricht von der Anwesenheit Mahlers als Patient verbreitete sich in Windeseile auch außerhalb Frankreichs. Am 21. April meldete der Pariser Korrespondent der Wiener *Neuen Freien Presse*:

> Paris, 21. April. Heute vormittags hat Gustav Mahler das von dem Wiener Ronacher trefflich geleitete Élysée Palace Hotel in den Champs Élysées verlassen. Er wurde in einen Automobil-Ambulanzwagen gebettet und in das Sanatorium gebracht, welches in der Nähe des Bois de Boulogne in einem herrlichen Park gelegen ist [...]. Als Mahler im Sanatorium eintraf, wartete bereits Chantemesse auf ihn, um nach einer nochmaligen Untersuchung mit der Serumbehandlung zu beginnen. Ich habe Chantemesse nach seinem Besuche gesprochen. Er fand Mahler bei besserem Befinden als gestern und konstatierte insbesondere die befriedigende Herztätigkeit [...]. Ich hatte Gelegenheit Mahler zu sehen, als man ihn ins Sanatorium brachte. Er sieht nicht schlecht aus. Seine lebhaften Gesten, seine feurigen Augen bestätigen die Mitteilung seiner Umgebung, daß Mahler durch das lange Fieber nichts von seiner Geistesfrische, seiner bewunderungswürdigen Willenskraft und seiner Lebensenergie eingebüßt hat [...]. Zu seinem New Yorker Arzt, Dr. Fraenkel, hat Mahler großes Vertrauen, und er strahlte förmlich vor Glück, als Chantemesse ihm erklärte, daß er den Befund von Fraenkel in allen Teilen bestätigt finde [...]. Dieses feste Vertrauen Mahlers zur Wissenschaft ist ein sehr interessanter Zug in dem Charakter des Künstlers.

Die Serum-Kuren des Pariser Bakteriologen zeitigten indes keinerlei Wirkung. Die unter dem Mikroskop »vergrünenden Streptokokken«, die wie Strähnen von Meeralgen aussahen, bewiesen, wie wenig Hoffnung auf Heilung bestand. Zwar gab es Tage, an denen das Fieber sank, doch tags darauf war es wieder da. Auch begann Mahler an Atemnot und Herzschwäche zu leiden, ein Zeichen, dass die Streptokokken auch andere Organe in Mitleidenschaft zogen. Anna und Alma forderten Carl Moll, der inzwischen nach Wien zurückgekehrt war, auf, den berühmten Wiener Internisten Dr. Franz Chvostek zu kontaktieren und ihn nach Paris zu bringen. Als dieser ankam, nahm ihn Alma beiseite und wies ihn an, Mahler Hoffnung zu machen und ihn zu diesem Zweck nach Wien zu überweisen. Mahlers Zustand war nämlich bereits so schlecht, dass er Moll um Gift bat, da er die rasenden Kopfschmerzen nicht länger ertragen konnte. Deshalb die Sorge der Frauen, ihn sobald wie möglich transportfähig zu machen, bevor es zu spät war. Prof. Chvostek ging auf Almas Täuschungsvorschlag ein und deutete Mahler gegenüber die

Krankheit als eine Art Nervenzusammenbruch durch Überarbeitung: »Na, Mahler, was machen Sie denn für Geschichten? Das kommt vom vielen Arbeiten. Na, jetzt müssen Sie ein halbes Jahr, vielleicht sogar ein Jahr ausspannen. Das haben's jetzt davon. So darf man an seinen Nerven nicht sündigen!«[53] Vor Alma hielt Chvostek freilich mit der Wahrheit nicht zurück: abfahren, bevor es zu spät ist! Chvosteks zuversichtliche Worte zeigten bei Mahler ihre Wirkung: Er fasste Hoffnung und wollte nun auch selbst so rasch wie möglich nach Wien zurück.

In der ausführlichen, auf die selbstlose Rolle der sich aufopfernden Ehefrau abgestimmten Krankheitsgeschichte, die Alma verfasste, gibt es einige störende Misstöne: erstens die Abwesenheit von Mahlers alten Freunden – Fritz Löhr, Heinrich Krzyzanowski, Guido Adler, Siegfried Lipiner, Albert Spiegler und zweitens die noch auffälligere Verbannung von Mahlers Lieblingsschwester Justine aus diesen Zeilen. Über den »alten Freundeskreis«, in dem aus ihrer Sicht nichts als »Schmockerei, Langweiligkeit und Schöngeisterei« geherrscht hatte und deren Protagonisten sie schon einmal als intrigante jüdische »M-Zähler« und »Lebenskrüppel« bezeichnet hatte,[54] lässt Alma ihren Gemahl auf dem Krankenbett folgende unwahrscheinlichen Beleidigungen aussprechen: »Wie Spinnen haben sie mich umstrickt! Sie haben mein Leben gestohlen! [...] Warum habe ich es geschehen lassen? Ach, ich habe Papier gelebt!«[55] Es bedarf keiner besonderen Psychologie, um zu erkennen, dass diese ungerechten Worte niemals aus Mahlers Mund gekommen sein können, sondern Almas Animosität entsprangen, die es denen heimzahlte, die sie als Ehefrau nie anerkannt hatten. Dass sie Mahlers ehemalige Geliebte Anna von Mildenburg, die sie verächtlich mit dem Kürzel »M.« bezeichnet, oder die »alte und hässliche« Natalie Bauer-Lechner nicht nennt, kann man ja noch verstehen, aber Justine? Henry-Louis de La Grange hat in der Urfassung der *Erinnerungen* eine Justine betreffende Stelle aufgespürt, die Alma vor der Veröffentlichung gestrichen hat. Darin ist von Mahlers Schwester die Rede, die in Paris Alma ihre Mithilfe bei der Pflege Mahlers angeboten habe, aber abgewiesen wurde.[56] Warum hat Alma diese Stelle gestrichen? Vermutlich, um sich posthum nicht eine menschliche Blöße zu geben und um Justine, ihre gefährlichste Rivalin im Herzen Mahlers, von der sie glaubte, dass sie sie »mit rasender Eifersucht verfolgte,[57] und mit der ihr Gatte noch in Toblach und in New York hinter ihrem Rücken hatte korrespondieren müssen[58], ein für alle Mal zu beseitigen. Alma wollte in ihrem grenzenlosen Narzissmus bis zum Schluss Mahlers einzige Herzenskönigin bleiben, wie es im Märchen vom *Schneewittchen* die böse Königin tut.

In der Schlussphase der Krankheit wurde das journalistische Interesse an Mahlers Krankheit so aufdringlich, dass es nicht einmal vor der ärztlichen Schweigepflicht Halt machte. Während der Todkranke im Schlafwaggon des Orient-Express nach Wien unterwegs war, stand am 12. Mai folgende Nachricht in der *Neuen Freien Presse*:

> Paris, 11. Mai. Heute nachmittags hat Mahler Paris verlassen und ist auf eine Krankenbahre gebettet, mit seiner Frau, Herrn Moll und Professor Chvostek abgereist [...]. Mahler, welcher schwer zu täuschen ist, scheint auch durch die Erlaubnis zur Reise eine Probe gewinnen zu wollen, dass sein Zustand nicht hoffnungslos sei. Die Ärzte haben also der Reise aus psychologischen Gründen, kann man sagen, zugestimmt.

Als Mahler in Wien am frühen Morgen ankam, liefen in den Redaktionen die Leitungen heiß: Eine Zeitung wusste mehr als die andere. So meldete die *Wiener Zeitung* am 13. Mai, dass »Mahler auf der Reise von Paris nach Wien im Sonderwaggon völlig apathisch gewesen sei und nichts zu sich genommen habe«. Am 15. Mai kam die *Neue Freie Presse* mit folgendem ärztlichen Bulletin heraus:

> Bei Gustav Mahler zeigten sich in den letzten 24 Stunden Symptome, welche auf die Lösung einzelner Verdichtungen in der Lunge hinweisen. Der Kranke war aufgeregt, musste neben den herzstärkenden Medikamenten wiederholt Morphium erhalten und sprach viel. Von den Nahrungsmitteln, die ihm geboten wurden, nahm er nur kleine Mengen [...]. Gustav Mahler hat Samstag nachts eine kleine Krise durchgemacht und trotz seines erschöpften müden Organismus überwunden. In den unteren Abschnitten der Lunge bestehen mehrere Herde, kleine umschriebene Lungenentzündungen. Einige dieser Herde lösten sich; der Kranke wurde unruhig, die Zahl der Pulse stieg, der Puls wurde beschleunigt und zeitweilig aussetzend; das schwache Herz schien durch die Vorgänge in der Lunge in Mitleidenschaft gezogen und des Kranken bemächtigte sich eine große Unruhe. Es gelang mit starken Herzmitteln diesen Zustand der allgemeinen Aufregung und der drohenden Herzschwäche zu beseitigen und der Kranke schlief unter Morphiumwirkung recht gut.

> Am Sonntag zeigte der Kranke eine gewisse seelische Erregung, indem er unausgesetzt sprach. Abends trat wieder die drohende Herzschwäche auf. Das Pulsbild kann nicht als günstig bezeichnet werden, da der Puls beschleunigt, unregelmäßig, zeitweise aussetzend ist.

Bald verbreitete sich die Nachricht, dass Mahler im Sterben lag, in allen Teilen des Reiches. Die täglichen ärztlichen Bulletins, zweimal am Tag, mit Angaben von Fieberwerten und Pulsskalen wurden millionenfach wie Wetterprognosen gelesen und bildeten den makabren Gesprächsstoff in allen Kaffeehäusern der Monarchie: Mahler wurde berühmt, weil er in aller Öffentlichkeit verschied. Jede noch so kleine Provinzzeitung übernahm die alarmierenden Berichte der Wiener Presse und bot sie einer voyeuristischen Öffentlichkeit feil. Selbst in Tirol, wo nach katholischem Brauch Sterben nicht von Journalisten, sondern von Priestern begleitet wurde, wurde Mahler durch die Gazetten beim Sterben zugesehen. Besonders paradox war diese Berichterstattung im südlichen Tirol, wo früher keine der sieben deutschsprachigen Tageszeitungen je ein Wort über den in Toblach weilenden Mahler verloren hatte. Nun aber, da sein Todeskampf öffentlich war, wurde er zum Gegenstand morbider Reportagen. So schilderten die *Bozner Nachrichten* Mahlers letzten Gang mit den täglich schwankenden Sterbens-Szenarien wie in einem Fortsetzungsroman mit tragischem Ausgang:

> Wien, 12. Mai. Gustav Mahler hat sich trotz seines bedenklichen Zustandes plötzlich entschlossen, Paris zu verlassen und sich nach Wien überführen zu lassen. Entgegen allen eindringlichen Vorstellungen beharrte er auf diesem Entschlusse und wurde daher unter Beobachtung aller Vorsichtsmaßregeln mit dem Orient-Expresszuge nach Wien gebracht, wo er heute um 6 Uhr abends eingetroffen ist. Er hat die Fahrt leidlich verbracht und fühlt sich nur sehr schwach [...]. Mahler konnte nicht sogleich in das bereitstehende Automobil gebracht werden, weil die Tragbahre und der Krankensessel nicht in das Coupé gingen. Er wurde aus dem Coupé gehoben und in das Bett des Sanitätswagens gebracht und der Wagen fuhr langsam zum Sanatorium Löw. Im Sanatorium verlangte der Kranke ein Glas Wasser und bemerkte: ›Endlich wieder einmal Wiener Hochquellwasser‹. Er lag mit geschlossenen Augen, eingefallenen Wangen totenblaß auf der Tragbahre [...]. Die Herztätigkeit ist schwach, aber nicht schlecht [...]. Professor Chwostek hofft, daß sich nach einer ruhigen Nacht der Zustand des Kranken bessern werde [...]. Chwostek

gedenkt eine neue Behandlungsmethode anzuwenden, trotzdem er sich selbst nicht viel davon verspricht [...]. Mahlers Zustand gilt in ärztlichen Kreisen als hoffnungslos und man gibt ihm, da schon die wichtigsten Organe von der Infektion ergriffen sind, kaum eine Woche Lebenszeit.

Wien, 14. Mai: Das Befinden Gustav Mahlers ist subjektiv und objektiv ein ziemlich günstiges, wenn es freilich auch zu viel wäre, von einer Besserung zu sprechen. Das Krankheitsbild ist stationär. Als günstige Erscheinungen können nur die sichtlich gehobene Stimmung, die befriedigende Herztätigkeit und der bessere Appetit verzeichnet werden.«

Wien, 15. Mai: »Der Zustand Gustav Mahlers ist unverändert. Gestern ist konstatiert worden, daß die Entzündungserscheinungen am linken Lungenflügel in Lösung begriffen sind. In die Nachtwache teilten sich die Gattin des Künstlers und seine Schwester Frau Rosé. Das subjektive Befinden war sehr gut!

Wien, 16. Mai. Heute früh wurde über das Befinden Gustav Mahlers folgendes Bulletin aufgelegt: Temperatur im Laufe des gestrigen Tages allmählich bis 38,3 steigend. Am oberen Lappen der linken Lunge treten neue Verdichtungserscheinungen auf. In dem basalen Anteil der rechten Lunge stärkere katarrhalische Erscheinungen. Puls 130, nicht aussetzend, relativ gut. Nachts mit medikamentöser Beihilfe ziemlich guter Schlaf. Nahrungsaufnahme früh sehr günstig. Um 4 Uhr nachmittags verschlimmerte sich der Zustand Mahlers noch weiter. Der Puls wurde unregelmäßig, die Herztätigkeit schwach. Überdies traten Atembeschwerden auf. Der Appetit ist vollkommen geschwunden. Das subjektive und objektive Befinden des Kranken verschlimmert sich zusehends. Eine Katastrophe ist aber für die nächsten Stunden nicht zu erwarten.

Wien, 18. Mai. Es besteht kein Zweifel mehr, daß der Zustand Gustav Mahlers nahezu hoffnungslos ist. Dem langsam fortschreitenden Kräfteverfall wird der Organismus nicht mehr lange standhalten können. Der Ernst der Lage geht daraus hervor, daß die behandelnden Ärzte nur mehr die Auskunft geben: es geht nicht schlechter. – Das Befinden Mahlers hat sich während des Nachmittags und Abends wieder verschlechtert. Der Puls stieg bis auf 140, das Sensorium ist vollständig getrübt. Die Lösungserscheinungen in den Lungen schreiten vorwärts, infolgedessen sich größere Schleimabsonderungen einstellen, von denen sich aber der bewusstlose Kranke nicht befreien kann, was zeitweise krampfartige Erstickungsanfälle hervorruft. Selbst die Zufuhr flüssiger Nahrung ist unmöglich. Um halb 10 Uhr abends sind bereits Erscheinungen von Lungenödem eingetreten.

> Wien 19. Mai. Gustav Mahler ist heute nachts gestorben. Gestern am Spätnachmittag trat im Befinden Mahlers eine kritische Wendung ein. Auf Fragen antwortete der Kranke nicht mehr, er reagierte nicht mehr auf laute Zurufe. Auch war er nicht mehr imstande, sich ohne Hilfe zu bewegen und bot ein Bild völligen Verfalls. In den Abendstunden ging der Dämmerzustand allmählich in völlige Bewusstlosigkeit über. In der Lunge trat Rasselgeräusch auf, die Pulse stiegen, der Kranke lag in Fieberhitze. Der Versuch, ihm flüssige Nahrung einzuflößen, scheiterte, da er die Zähne fest zusammenhielt. Die ärztliche Hilfeleistung beschränkte sich auf Injektion von Coffein und Zufuhr von Sauerstoff. Später wurden Äther- und Kampferinjektionen gegeben, um der beginnenden Lungenlähmung entgegenzuwirken. Die Krankheit war in ihr letztes Stadium getreten, wenige Stunden später erfolgte die Auflösung.[59]

## Nachrufe, Kondolenz, Begräbnis: »Ja! Im Aufbahren waren die Wiener immer groß« *(Gesangskomiker Alexander Girardi)*

Nur wenige Stunden nach Mahlers Tod, der am 18. Mai fünf Minuten nach 11 Uhr abends eintrat, erschien im Morgenblatt der Wiener Neuen *Freien Presse* vom 19. Mai ein sieben Kolonnen langes Feuilleton als Nachruf aus der Feder des ersten Wiener Musikkritikers und Mahler-Freundes Julius Korngold:

> Mahler ist gestorben. Nie empfanden wir die Pflicht, sprechen, würdigen zu müssen, grausamer als diesmal, da uns Groll gegen brutales Naturgesetz die Lippen zu trotzigem Schweigen aufeinander pressen möchte. Das Wort versagt sich, die Gedanken wollen nicht standhalten […]. Mahler hatte sich nur notdürftig abgefunden mit Amerika, nie im Innern mit ihm zusammengefunden. Widerstrebend war er hingegangen […]. Man begreife nur die Psychologie des aus Wien Vertriebenen, der nicht weit genug entfliehen konnte. Und in der Brust mahnte ein unregelmäßig pochendes Herz, das in den Kämpfen Schaden genommen hatte, die ihm erbarmungslos in der Heimat aufgezwungen worden waren […]. Nichtsdestoweniger fasste er die Dinge auch drüben mit seiner wunderbaren künstlerischen Energie an, rüttelte auch dort am Herkommen, […] verfocht Beethoven gegen Caruso. Nur dass das sieche Herz nicht mehr recht mitwollte und schließlich mit dem Gegner gemeinsame Sache machte, als sich die tückische Krankheit heranschlich.

Mahler ist der Bülow der nachwagnerischen Zeit, ein Bülow mit schöpferischer Begabung. Er vertrat vielleicht am eigenthümlichsten den Typus des modernen Musikers, bei dem die Nervosität zur treibenden künstlerischen Macht geworden ist. Die Empfindlichkeit der Nerven erzeugt da Stärke, nicht Schwäche. Sie gebiert die Unruhe der vielseitigen geistigen Interessen, den vorwärts drängenden Willen, die unermüdlich stürmende Tatkraft, sie schürt die Skepsis, die das Bedürfnis nach Reform und Neuerung weckt, sie macht hellsehend in der Auffassung des Kunstwerkes und sie bildet den Interpreten zum geistreichen, dem Neuen nachsinnenden Selbstschöpfer um [...]. Man darf sagen, dass Mahler seine Zeit in Atem gehalten, auf sie mächtig gewirkt hat. Zu allererst als der eigenwillige und selbstständige und doch so treue Nachbildner des Kunstwerkes.
So gesegnet der moderne Musikbetrieb mit glänzenden Musikbegabungen ist, keine hat es Mahler gleich in der Originalität und zugleich Natürlichkeit der Auffassung, im inspirierten Schönheitsgefühle, in der differenzierenden Ausgestaltung aus einem feinen Nervenleben heraus, in der Individualisierung der Stile und in einer beinahe dämonisch zu nennenden Kraft der Suggestion. Er selbst pflegte ›Deutlichkeit‹ als das Grundprinzip seiner Dirigierkunst zu bezeichnen. Aber er konnte nur deshalb so ›deutlich‹ im weitesten Sinne des Wortes werden, weil er, wenn er Beethoven darlegte, selber das Beethovensche in sich trug, wenn Mozart, das Mozartsche, wenn Wagner, das Wagnersche [...].
Sprechen wir kurz auch von ihr, von dieser merkwürdigen Aera Mahler. ›Aera Mahler‹ – das heißt: ein allererstes, altes, mit ›Tradition‹ gesättigtes Hoftheater wurde zehn Jahre lang zum Bollwerk fortschrittlicher Reformen. Es wurde modern und bekam Nerven. Dirigent, Regisseur, Vortragsmeister und Dramaturg in einer Person, vereinigte Mahler sämtliche Gewalten in seiner Hand, in jedem dieser Herrschaftsbereiche schöpferischer Einfälle voll [...]. Rücksichtslos wurde der künstlerische Zweck allen gesellschaftlichen und höfischen Tendenzen vorangestellt, das Kunstwerk dem Darsteller übergeordnet, das Prinzip des Ensembles festgehalten [...]. Man hatte hier stets einen gemütlichen und zärtlichen Flirt mit der Kunst der verzehrenden großen Passion vorgezogen. Und Mahler verlangte wie von sich selbst, so von jedem anderen, vollste Hingabe. Dieser fanatische, zu keiner Konzession bereite Kunstidealismus schuf geräuschvolle Widerstände, Reibungen, Kämpfe. Der Wiener Ostrazismus forderte sein Opfer [...].
Umstrittener, doch gerechter Würdigung nahe ist der Komponist Mahler, der eigentlich nicht zu verstehen ist ohne den Dirigenten, ohne den Theatermann [...]. Deutlich spricht aus Mahlers Konzeptionen der

moderne Ausdrucksdirigent; in seinem Zeichen sind gar manche dieser seltsamen Klänge, dieser merkwürdigen Musikgesten geboren [...].
Mahlers Symphonie strebt den höchsten Ideen nach, sie hat die höchsten Begriffe von sich selbst, will sich mit dem bedeutendsten Inhalte füllen. Es hebt ihn unter den zeitgenössischen Komponisten heraus, dass er eine tief bewegte, den letzten Fragen des Seins zugewendete Seele zeigt, den aus tiefem, leidenschaftlichem, fast quälerischem Gefühle quellenden Wahrheitsdrang [...]. Hebbel sagt einmal, das Schöne entstehe, sobald die Phantasie Verstand bekommt. Manches in Mahlers Musik mag entstanden sein, indem der Verstand Phantasie bekam [...]. Ein Werk wie die c-moll-Symphonie wird auf die Nachwelt übergehen. Neben ihr werden Sätze wie das Adagio aus der Dritten, diese Synthese von Beethoven und Wagner, oder wie das F-Dur-Notturno aus der Siebenten ihrem Schöpfer als repräsentierenden Tonkünstler der modernen deutschen Musik neben Strauß, Reger und Pfitzner seinen Platz wahren. Ja vielleicht einen ganz besonderen Platz als einer gar nicht mit dem Begriffe der ›Musikmoderne‹ unserer Tage zu messenden Individualität. Denn Mahler sucht noch das breite Thema, die fortgesetzte Melodie, hält am diatonischen Glauben fest und lässt erst das fertige Musikalische – Schumann gleich – in Beziehung zur Poesie treten. Das zwanzigste Jahrhundert klingt hauptsächlich aus seinem Orchester und aus den unersättlichen, von verzweifelten, diabolischen Kämpfen durchwogten Durchführungen. Seine Klangphantasie wird auch noch das 21. Jahrhundert bestaunen [...].
Seit Beethoven scheint wirklich kein Tondichter über die Neunte Symphonie hinauskommen zu können. »Denken Sie nur«, erzählte mir Mahler, »da ist mir richtig auch meine Neunte in D eingefallen! Aber in Dur, nicht in Moll«, setzte er scherzend hinzu, und jenes Lächeln, in dem sich eine kindliche Naivität ebenso spiegelte wie ein geistreicher Sarkasmus, überflog das scharf geschnittene Gesicht. Er starb aber auch nach einer Neunten [...]. Immer wieder stocken wir, die Feder will nicht weiter. Es will uns nicht eingehen, dass uns der Künstler und Freund entrissen ist. Der bedeutende, geistvolle Mensch hat uns alle fasziniert, auch die Gegner, die hassen mussten, wenn sie nicht lieben sollten. Man musste ihm feindselig entrinnen oder liebend zufallen. Seine letzte Bezauberung vollbrachte er im verflossenen Sommer in jenen Münchener Festtagen, die der Aufführung seiner achten Symphonie gewidmet waren [...]. Tausend Mitwirkende unterstanden seinem Herrschaftswillen und auf Tausende von Zuhörern übertrug er ihn durch sein Werk. Inmitten des ungeheuren Raumes der Ausstellungshalle sah der kleine, schmächtige Mann mit den Gesten eines Hoffmannschen Gespenstes noch gespenstischer aus, wenn er den Stab zu Geisterbeschwörungen hob, seltsame

Zeichen zu beschreiben, zu segnen und zu fluchen, bald Blumen, bald Feuerbrände in die Masse zu werfen schien, die dem Magier hingerissen zujubelte […]. Damals im Siege seiner ›Faust‹-Musik genoss er gleichsam selbst als Faust den höchsten Augenblick […]. Ja, wie wir ihn da gesehen, als glücklichen Künstler, wollen wir ihn für immer in die Erinnerung übernehmen […].« Julius Korngold

Die telegraphischen und schriftlichen Beileidsbekundungen, welche der Witwe Gustav Mahlers sowie dem Herrn Carl Moll zukamen, zählten nach Hunderten: unter ihnen Kondolenzen von Politikern, von Vertretern der Theater und Musikgesellschaften, wie des ehemaligen Burgtheater-Direktors Dr. Max Burckhard, des Österreichisch-ungarischen Musikerverbandes, des Wiener Konzertvereins, ja sogar der Hofschauspielerin Katharina Schratt, der Geliebten des Kaisers. Zahlreiche Beileidstelegramme und Kränze kamen aus dem europäischen Ausland. Der Korrespondent der *Neuen Rotterdamer Zeitung* wurde beauftragt, an der Bahre Mahlers zwei Kränze niederzulegen: einen von der Gesellschaft zur Förderung der Tonkunst in Amsterdam und einen zweiten von den zahlreichen Verehrern und Freunden Mahlers im Umkreis des Konzerthauses Amsterdam.[60]

Über das Begräbnis berichtete am 23. Mai die *Neue Zeitung*:

An dem gestrigen unfreundlichen und wenig frühlingshaften Tage wurde Gustav Mahler zur letzten Ruhe nach den unruhevollen Jahren seiner letzten Lebenszeit geleitet. Den Meister der Töne hat, seinem letzten Wunsch entsprechend, kein Lied auf dem letzten Wege begleitet, ihn hat die Ruhe geehrt, lautlose Stille, die beredter sprach als hallende Grabreden. Die Himmelstraße in Grinzing war gestern nachmittags so dicht von Menschen besät, wie kaum an Sonntagen. Alles strebte in traurigem Ernste entweder dem Friedhof oder der Kirche zu. Der Platz vor der kleinen Kapelle auf dem Friedhofe war ganz erfüllt von Leidtragenden. Um etwa ¼ 3 Uhr wurde der Sarg in der Kapelle, in der er einfach aufgebahrt lag, gehoben und durch das Spalier der Andächtigen und an den Gruften vorbei auf den vierspännigen Leichenwagen, der vor der Friedhofspforte harrte, gehoben. Hinter dem Sarge schritten in lebhaftem Schmerze Mahlers Schwiegervater, Maler Moll, sein Schwager Professor Rosé, Maler Lengler und Dr. Emil Freund, zwei intime Freunde Mahlers. Mahlers Witwe Frau Alma Marie Mahler und seine Tochter Anna Maria haben der Leichenfeier nicht beigewohnt.

> Das Unglück der letzten Wochen hat auf die Frau zu sehr eingewirkt, als dass sie die Kraft gehabt hätte, dem Sarge zu folgen. Auf dem Sarge lagen bloß zwei Kränze: der eine von Frau Mahler, der andere von der Familie. Der Sarg wurde in die Kirche getragen und vor dem Hochaltar auf eine Bahre gestellt. Unter größerer geistlicher Assistenz nahm der hochwürdige Herr Pfarrer Petrus Fourerius Hellebrand, Chorherr des Stiftes Klosterneuburg, die feierliche Einsegnung der Leiche vor. Nach der Zeremonie setzte sich der Kondukt zum Friedhofe in Bewegung. Auch auf diesem letzten Wege öffneten sich die Schleusen des Himmels und ein Guß ging auf den Leichenzug nieder. Nach kurzer Zeit war der Friedhof erreicht, und an den Kränzen vorbei trug man den Sarg zu der letzten Ruhestätte [...]. Dann traten Maler Moll und Konzertmeister Rosé an das Grab heran und warfen die ersten Hände voll Erde auf den Silbersarg. Tief ergriffen verließen die Trauergäste den Friedhof.

Berta Zuckerkandl, in deren Haus sich einst Mahler und Alma Schindler zum ersten Mal begegneten, blieb dem Begräbnis fern und trauerte zu Hause in Begleitung des beliebten Wiener Gesangskomikers und Nestroy-Interpreten Alexander Girardi, der ihr aus der Zeitung vorlas. Darüber berichtete sie in einem Brief an ihre Schwester Sophie Clemenceau nach Paris:

> Du hast Mahler vor wenigen Wochen in Paris gesehen, den todkranken Mann [...]. Vor wenigen Tagen ist er in Wien gestorben. Er hat viel gelitten? Und vielleicht nichts mehr von einem Schauspiel gewusst, das ihm, dem philosophisch klaren Geist, [...] nur ein resigniertes Kopfschütteln entlockt hätte. Denn: Von dem Augenblick an, da die Presse meldete, Mahler sei schwer krank auf der Heimfahrt begriffen, erfasste vehemente Trauer diese Stadt. Diese Menschen, die den gesunden, den tätigen, den für sie opfervoll Schaffenden verjagt hatten. In sensationellen Aufschriften brachte die Presse täglich Bulletins vom Krankenbett [...]. Und es umstanden das Sanatorium Loew, wo von Alma behütet der Sterbende lag, täglich hunderte Menschen. Über Wien lagerte eine Atmosphäre angstvoller Erwartung und Trauer. Dann ging ein Blumenregen auf das Totenbett nieder. Aber der an Umfang mächtigste Kranz, der so schwer war, daß ihn zwei Männer tragen mussten, ein Kranz auf dessen breitwallende Schleifen die überschwängliche Liebe für den unvergesslichen Meister goldgedruckt stand, dem sie in tiefster Dankbarkeit mit ganzer Seele gedient hatten! Den legte das Orchester der Wiener Oper, legten die Philharmoniker als letzten Gruß Mahler auf sein Grab. Ich wollte dem

Begräbnis nicht beiwohnen. Ich hasse von jeher dieses Abschied nehmen, umgeben von einer Horde gleichgültiger Zuschauer. Zu Hause konnte ich viel ungestörter trauern. Aber der gute, liebe Girardi, feinfühlig wie immer, hatte sich eingefunden. Er wollte mich nicht allein wissen. Schweigend folgte ich in Gedanken dem Trauerzug. Mein Stubenmädchen trat ein und brachte das Abendblatt. Girardi begann den sensationell aufgemachten Artikel zu lesen, der ausführlich von den rührenden Zeichen der allgemeinen Trauer berichtete, die die Wiener einem ihrer größten Söhne darbrachten. Zum Schluss wurde der von den Philharmonikern am Grab niedergelegte Kranz besonders erwähnt und die erschütternd verfasste Würdigung seiner Getreuen. Das konnte ich nicht weiter ertragen. »Hör auf«, bat ich Girardi. Es ekelt mich an. Aber mehr noch als diese Charakterlosigkeit, die stupende Dummheit. Wenn es eine Komödie wäre, die man sich selbst und den anderen vorspielt, [...] eine jesuitische Verdrehung, die dem Zweck dient, sich zu entschuldigen. Aber nein [...]. Sie glauben wirklich an die Trauer, sie sind überzeugte Leidtragende. Sie haben keine Ahnung, daß sie wieder einmal Verbrecher am Geist gewesen sind. Da sagt Girardi mit seinem sardonischen Lächeln, das so weise und so närrisch ist: »Ja! Im Aufbahren waren die Wiener immer groß.«[61]

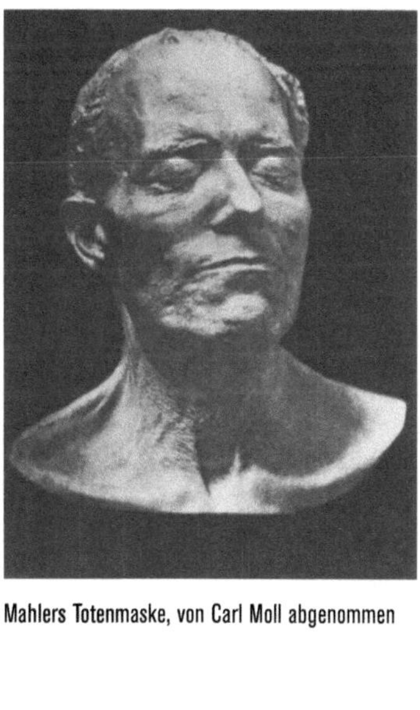

Mahlers Totenmaske, von Carl Moll abgenommen

# Endnoten

## Endstation Toblach

1 Th. W. Adorno, Mahler. *Eine musikalische Physiognomik,* in: Die musikalischen Monographien, S. 177 ff.

2 Oliver Knussen, *The Art of Conducting – Great Conductors of the Past,* Warner Vision, Australia, 1993.

3 Originalstimme Puccinis von der »Columbia Phonograph Company«, New York, aufgenommen. Siehe dazu die Sendung von »Rai – Educational«: »La Storia siamo noi« von Giovanni Minoli, Puccini, Regie: Luca Mancini, 25. März 2011

4 siehe Kap.10, 1. Absatz.

5 CD *Gustav Mahler und sein Klavier,* »Mahler spielt Mahler« von Reinhold Kubik, Preiser Records, PR 90781.

6 Bruno Walter, *Gustav Mahler. Ein Portrait,* Wilhelmshaven 1989, S. 29.

7 Thomas Quasthoff, *Die Stimme – Autobiographie,* Berlin 2005, S. 35–36.

8 Bruno Walter, *Gustav Mahler. Ein Portait,* Wilhelmshaven 1989, S. 30.

9 AML, S. 47.

10 Zehnte Symphonie, Particell des Vierten Satzes.

## 1. Mahlers Gefühl der Fremdheit – Abstammung und Peripherie

1 Stefan Zweig, *Die Welt der Sicherheit,* in »Die Welt von Gestern«.

2 Hugo Gold, *Die Juden und Judengemeinden Mährens in Vergangenheit und Gegenwart,* Brünn 1929.

3 Wilma Iggers (Hg.), *Die Juden in Böhmen und Mähren. Ein historisches Lesebuch,* München 1986.

4 W. Iggers (Hg.), Ibid., S. 55.

5 Sigmund Freud, *Abriß der Psychoanalyse, Das Unbehagen in der Kultur,* Fischer-Bücherei, Frankfurt a. M. 1971, S. 104.

6 Nathalie Bauer-Lechner, *Erinnerungen an Gustav Mahler,* Wien 1923, zitiert aus GMLW, Kurt Blaukopf, *Mahler. Sein Leben, sein Werk und seine Welt in zeitgenössischen Bildern und Texten,* Wien 1976 – Die von Natalie Bauer-Lechner überlieferte Äußerung stammt aus dem Jahr 1896.

7 Christian d'Elvert, *Geschichte und Beschreibung der (königlichen Kreis- und) Bergstadt Iglau in Mähren,* Brünn 1850.

8 AMGM, S. 137.

9 LJBFam.

10 G. Mahler, Brief an die Schwester Justine, Prag, Anfang Juni 1886, in: LJBrFam., S. 61.

11 H. Brenner, in: LJBFam., S. 14.

12 Erich H. Mueller von Asow, *Ein ungedruckter Brief Mahlers,* in: Österreichische Musikzeitschrift 12, 1957, S. 63.

13 G. Mahler, Brief an die Eltern, Leipzig, 29. Januar 1888, in: LJBFam., S. 85.

14 G. Mahler, Brief an Justine, Herbst 1892, in: LJBFam., S. 261.

15 G. Mahler, Brief an Justine, Hamburg, Mitte Dezember 1892, in: LJBFam., S. 280–281.

16 G. Mahler, Brief an Justine, Hamburg, April 1892, in: LJBFam., S. 230.

17 G. Mahler, Brief an Emma, Hamburg, 6. Januar 1893, in: LJBFam., S. 284.

18 Justine Mahler an Ernestine Löhr, 21.–22. Februar 1895, in: LJBFam., S. 20.

19 Paul Stefan, *Gustav Mahler*, München 1912, S. 35.

20 Paul Stefan, Ibid., S. 30, und Constantin Floros, *Gustav Mahler, Visionär und Despot,* Zürich-Hamburg 1998, S. 228

21 Arthur Schopenhauer, *Die Welt als Wille und Vorstellung,* Kap. I, § 56.

22 G. Mahler an Anna von Mildenburg, Steinbach, 1. Juli 1896, in: WGMM, S. 135: Mahler berief sich dabei auf ein Gedicht aus *Des Knaben Wunderhorn:* »Maria: Mein Kind, sieh an die Brüste mein, / Kein Sünder laß verloren sein. Christus: Mutter, sieh an die Wunden, / Die ich für Dein Sünd trag alle Stunden.«

23 Mahler nimmt hier Bezug auf eine Nachricht seines Jugendfreundes Emil Freund, dass sich ein verwandtes Mädchen in Seelau – Zeliv, wo Mahler im Spätsommer 1879 Gast der Familie Freund gewesen war, aus Liebeskummer das Leben genommen hatte, in: Jens Malte Fischer, »Gustav Mahler, Der fremde Vertraute«, Wien 2003, S. 136; G. Mahler, Brief an Emil Freund, Wien, I. Nov. 1880, in: GMBr., S. 39/40

24 NBL, S. 31/32.

25 Sigmund Freud, *Vorlesungen zur Einführung in die Psychoanalyse,* Gesammelte Werke, Bd. 11, Frankfurt a. M. 1968, S. 554.

26 Hugo von Hofmannsthal, *Österreich im Spiegel seiner Dichtung,* in: *Reden und Aufsätze II,* hg. von Berndt Schoeller, Frankfurt a. M. 1980, S. 13.

27 zitiert nach Hilde Spiel, *Glanz und Untergang, Wien 1866–1938,* Wien 1987, S. 27.

28 Robert Musil, *Der Mann ohne Eigenschaften,* Erstes Buch, Kapitel 1–80, Reinbeck bei Hamburg 1978, *S. 34.*

29 Werner Hanak-Lettner, *Die Stadt der Immigranten,* in: Reinhold Kubik und Thomas Trabitsch (Hgg.), »Gustav Mahler und Wien«, Österreichisches Theatermuseum, Wien, Ausstellungskatalog zu »Gustav Mahler und Wien«, Wien 2010, S. 27.

30 AMGM, S. 66.

31 ARBM, S. 10–11

32 Reinhold Kubik und Thomas Trabitsch (Hgg.), *Gustav Mahler und Wien,* Österreichisches Theatermuseum, Wien, Ausstellungskatalog zu »Gustav Mahler und Wien«, Wien 2010, S. 29.

33 Victor Adler, *Die Lage der Ziegelarbeiter,* in: »Gleichheit«, 1. Dez. 1888, zitiert nach: Werner Hanak-Lettner, »Die Stadt der Immigranten«, in: Reinhold Kubik und Thomas Trabitsch (Hgg.), »Gustav Mahler und Wien«, Österreichisches Theatermuseum, Wien, Ausstellungskatalog zu »Gustav Mahler und Wien«, Wien 2010, S. 26.

34 Felix Somary, *Erinnerungen aus meinem Leben,* Zürich 1955, in: Brigitte Hamann: »Hitlers Wien« – München 1996, TB 2001, S. 132.

35 Werner Hanak-Lettner, *Die Stadt der Immigranten,* in: Reinhold Kubik und Thomas Trabitsch (Hgg.), »Gustav Mahler und Wien«, Österreichisches Theatermuseum, Wien, Ausstellungskatalog zu »Gustav Mahler und Wien«, Wien 2010, S. 24.

36 G. Mahler, Brief an Albert Spiegler, The Pierpont Library, New York, and The Mary Flagler Cary Charitable Trust, in: GMLWW, Wien 1976, S. 156.

37 Heinrich Krzyzanowski, *Aufzeichnungen zu Hans Rott,* in »Musikkonzepte« 103/104, München 1999, S. 49

38 H. Krzyzanowski, Ibid., S. 51.

39 Max Auer, *Bruckner und sein Werk,* Wien 1934, S. 210–211.

40 M. Auer, Ibid., S. 224.

41 *Hans Rotts schriftlicher Nachlass,* in »Musikkonzepte«, 103/104, München 1999, S. 45.

42 H. Krzyzanowski, Ibid., S. 51.

43 NBL, S. 17.

44 Richard Specht, *Gustav Mahler*, Berlin 1913, S. 35.

45 Gustav Mahler, Brief an Fr. Löhr, Hamburg 1894/95, in: GMBr., S. 141.

46 AMGM, S. 95.

47 Zu Mahlers bevorzugter Lektüre siehe auch Herta Blaukopf, *»Bücher fresse ich immer mehr und mehr«, Gustav Mahler als Leser*, in: Friedberg Aspetsberger/

Erich Wolfgang Partsch (Hgg.), »Mahler-Gespräche«, Innsbruck 2002, S. 96 ff und Jens Malte Fischer, *Der Bücherfresser: Mahler und die Literatur* in: »Gustav Mahler, der fremde Vertraute«, Wien 2003, S. 166 ff.

48 Joh. Karl August Musäus, *Volksmärchen der Deutschen. Eine Sammlung von Märchen, Legenden und Sagen,* 1782–1786, Bd. 2: »Legenden von Rübezahl«.

49 BWGM, S. 106.

50 G. Mahler, Brief an Max Marschalk, März 1896, in: GMB, S. 171.

51 Paul Stefan, *Gustav Mahler,* München 1912, S. 16.

52 in: *Deutsches Lesebuch,* hg. Von Hugo von Hofmannsthal, Frankfurt a. M. 1977, S. 156.

53 Friedrich Eckstein, *Alte unnennbare Tage,* Wien 1936, 2. Auflage Wien 1988, S. 112.

54 Wilhelm Kienzl, *Meine Lebenswanderung, Erlebtes und Erlauschtes,* Stuttgart 1926, S. 150.

55 Felix Salten, *Geister der Zeit,* Wien 1924, S. 67.

56 NBL, S. 81.

57 Carl Flesch, *Erinnerungen eines Geigers,* Zürich 1960, S. 122, in: NLGM, S. 120.

58 Ernst Décsey, *Stunden mit Mahler,* in »Die Musik«, Heft 18, Juni 1911, S. 352–356, und Heft 21, August 1911, S. 143, 153, in: NLGM, S. 234–250.

59 Otto Klemperer, *Erinnerungen an Gustav Mahler,* Zürich 1960, S. 5, in: NLGM, S. 195.

60 Otto Klemperer, Brief an Alma Mahler, November 1911, zitiert nach Peter Heyworth, *Otto Klemperer, his Life and Times,* Cambridge 1983, Band I, in: NLGM, S. 196.

61 Arthur Schnitzler, *Tagebücher* 1909–1912, Wien 1981.

62 ARBM, S. 11–12.

63 AMGM, S. 103.

64 AMGM, S. 73.

65 Anna von Mildenburg, *Aus Briefen Mahlers,* in »Moderne Welt«, Heft 3/7, 1921, S. 13 in: NLGM, S. 101.

66 AMGM, S. 92.

67 NBL, S. 80.

68 ARBM, S. 14.

69 AMGM, S. 73.

70 ARBM, S. 17.

71 ARBM, S. 21.

72 Wilhelm Kienzl, *Meine Lebenswanderung, Erlebtes und Erlauschtes,* Stuttgart 1926, S. 150.

73 Hermann Bahr, *Essays,* Wien 1962, S. 275–278.

74 Sigismund Stojowski, *Gustav Mahler – The Composer, the Conductor, the Man, Appreciations by Distinguished Contemporary Musicians,* 9. 4. 1916, in: NLGM, S. 78.

75 Bruno Walter, *Mahlers Weg. Ein Erinnerungsblatt,* in »Der Merker«, Heft 3/5, März 1912, in: NLGM, S. 96.

76 Felix Salten, *Geister der Zeit,* Wien 1924, S. 67.

77 Max Graf, *Legende einer Musikstadt,* Wien 1949, S. 309.

78 AMGM, S. 126.

79 Alfred Roller, *Die Bildnisse von Gustav Mahler,* Leipzig 1922

80 G. Mahler, Brief an Fr. Löhr, Hamburg, Ende Januar 1895, in: GMA, S. 141.

81 NBL, S. 26.

82 NBL, S. 28, S. 34, S. 160.

83 NBL. S. 161.

84 C. G. Jung, *Typologie,* München 1979–1990, S. 128–130.

85 Guido Adler, Gustav Mahler, Wien 1916, S. 9, in: GMLWW, S. 147

86 Sigmund Freud, *Die Traumdeutung,* G.W. S. 463.

87 C. G. Jung, Ibid., S. 157.

88 NBL, S.162/163.

89 Joseph Bohuslav Foerster, *Gustav Mahler in Hamburg,* Prager Presse, April–Juli 1922, in: GMLWW, S. 194.

90 G. Mahler, Brief an Richard Batka, 18. Februar 1896, in: GMLWW, S. 206.

91 C. G. Jung, *Typologie,* München 1990, S. 122.

## II. Mahlers Feriengewohnheiten von Berchtesgaden bis Schluderbach

1 Hans Heiss, *Grandhotel Toblach,* Wien-Bozen 1999, S. 14.

2 T. Mösl, *Die Eisenbahn im mittleren Alpenraum. Ihre Entstehung, gegenwärtige Bedeutung und Zukunft, ein Beitrag zur Tiroler Eisenbahngeschichte*, Innsbruck 1999, S. 5–16.

3 GHSG, S. 12–13.

4 GHSG, S. 13.

5 GHSG, S. 82.

6 GHSG, S. 128.

7 GHSG, S. 40.

8 GHSG, S. 82.

9 GHSG, S. 41.

10 GHSG, S. 129.

11 GMBr., S. 220.

12 Barbara Rosenegger-Bernard, »*Wir kennen uns vom Attersee*«, in: »Der Attersee, die Kultur der Sommerfrische«, Wien 2008, S.19.

13 Hermine Schwarz, *Ignaz Brüll und sein Freundeskreis, Erinnerungen an Brüll, Goldmark und Brahms,* Wien/Berlin/Leipzig/München 1922, S. 103.

14 GHSG, S. 105.

15 Mitteilung von Frau Katharina Ulbrich an den Autor, Januar 2011, siehe auch: Erich Wolfgang Partsch, *Mahler in Bad Hall – Eine Dokumentation,* in: »Nachrichten zur Mahlerforschung 50«, Internationale Gustav-Mahler-Gesellschaft, Wien 2004.

16 Katharina Ulbrich, Mitteilung an den Autor.

17 Hans Peter Holnsteiner, Mitteilung an den Autor, 31. Jan. 2011.

18 AMGM, S.136–137.

19 *Bozner Zeitung*, 6., 9. und 12. Februar 1879, 25. Januar und 18. Februar 1881, siehe auch Hubert Stuppner, *Musik und Gesellschaft in Südtirol,* Bozen 2009, S. 245/246.

20 AMGM, S. 137 und Katharina Ulbrich, Aufstellung der bezahlten Gagen, Mitteilung an den Autor.

21 G. Mahler, Brief an Josef Steiner, Puszta-Batta, 17. Juni 1879, in: GMBr., S. 30–31.

22 G. Mahler, Brief an Josef Steiner, Puszta-Batta, 19. Juni 1879, in: GMBr., S. 32–33.

23 G. Mahler, Brief an Anton Krisper, Wien, 22. 9.1879, in: GMBr., S. 34.

24 G. Mahler, Brief an Anton Krisper, Wien, Poststempel 3. 3. 1880, in: GMBr., S. 36–37.

25 G. Mahler, Briefe an Emil Freund, 18. 8. 1881, an Fr. Löhr, 29. Juni 1884 und 20. Juli 1884, Brief an Fr. Löhr, Sommer 1884, an Fr. Löhr, Iglau 10. Juli 1885 und nochmals an Fr. Löhr, Prag 30. Juni 1886, in: GMBr., S. 41, 53, 54, 55, 67, 72.

26 G. Mahler, Brief an Fr. Löhr, Kassel, April 1885, in: GMBr., S. 61.

27 GMLWW, S. 163.

28 G. Mahler, Brief an die Eltern, Reichenhall, 28. Juli 1887, in: LJBFam., S. 76.

29 Fr. Löhr über Mahlers Italienreise, in: GMLWW, S.188 und GMBr., S. 482.

30 G. Mahler, Brief an Emil Freund, Herbst/Winter 1891/92, in: GMBr. S. 119.

31 NBL., S.23.

32 Herbert Killian, *Gustav Mahler in den Erinnerungen von Natalie Bauer-Lechner*, Hamburg 1984, S. 11.

33 G. Mahler, Brief an Justine, Hamburg, zwischen 7. und 9. Februar 1892, in: LJBFam., S. 218/219.

34 LJBFam., S. 220.

35 G. Mahler, Brief an Justine, April 1892, Brief an Ernestine Löhr, die Schwester von Fr. Löhr, Ende April 1892. Brief an Justine, Ende April 1892, in: LJBFam., S. 229, S. 234, S. 240.

36 Anhand der englischen Postcard-Poststempel London, Ju 9 92, Ankunftstempel Wien, 11.6. 92 –, in: LJBFam., S. 255, lässt sich die Berchtesgadener Unterkunft genau lokalisieren.

37 NBL, S. 23/24.

38 NBL, S. 24.

39 LJBFam., S. 263.

40 Alfred Rosé, *Aus Mahlers Sturm- und Drangperiode,* »Hamburger Fremdenblatt« 5. Oktober 1928, in: NBL, S. 213.

41 NBL, S. 39

42 G. Mahler, Brief vom 27. März 1888, Hans von Bülow/Richard Strauss, *Briefwechsel,* in Richard Strauss-Jahrbuch 1954, Bonn 1953, S. 59, in: GMLWW, S. 180.

43 G. Mahler, Brief an Fr. Löhr, Hamburg, 28. November 1891, in: GMBr., S. 118.

44 G. Mahler, Brief an Richard Batka vom 18. Februar 1896, in: GMLWW, S. 206.

45 NBL, S. 50.

46 NBL, S. 25.

47 NBL, S. 25–32.

48 G. Mahler, Brief an Justine, Hamburg, 28. August 1893, in: LJBFam., S. 332.

49 G. Mahler, Brief an Justine, Hamburg, 3. September 1893, in: LJBFam., S. 335

50 G. Mahler, Brief an Justine vom 7. September 1893, in: LJBFam., S. 336.

51 Alfred Rosé, *Aus Mahlers Sturm-und Drangperiode,* Hamburger Fremdenblatt 5. Oktober 1928, in: NBL, S. 214.

52 Alfred Rosé, Ibid., S. 215.

53 Alfred Rosé, Ibid., S.215/16.

54 G. Mahler, Brief an Arnold Berliner, 10. Juli 1894, in: GMBr., S. 137.

55 G. Mahler, Brief an Fr. Löhr, 29. Juli 1894, in: GMBr., S. 136.

56 NBL, S.35.

57 NBL, S.49

58 G. Mahler, Brief ohne Datum, Poststempel vom 17. August 1895, Steinbach am Attersee, in: GMBr., S. 148.

59 G. Mahler, Briefe an Justine, 3. und 9. Juli 1895 an Justi, in: LJBFam., S.398/99.

60 LJBFam., S. 349

61 von Bülows Brief an Mahler, 25. Oktober 1892, in: Marie von Bülow, *Hans von Bülow in Leben und Wort,* Stuttgart 1925, S. 176

62 Wilhelm Kienzl, *Meine Lebenswanderung,* Stuttgart 1926, S. 143.

63 GMBr., S. 145.

64 Brief an Oskar Eichberg, 30. März 1895, in: GMBr., S. 144.

65 NBL, S. 48–57.

66 WGMM, S. 115/116, S. 119/120, S.132/133.

67 NBL, S. 59.

68 NBL, S. 57–61.

69 Briefe an Anna von Mildenburg vom 11. und 17. Juli 1896, in: WGMM, S. 144 – 145

70 NBL, S. 72.

71 FWWO, S. 31–34.

72 GWMM, S. 205.

73 G. Mahler, Brief an A. Berliner, Hamburg, 22. April 1897, in: GMBr., S. 239/240.

74 WGMM, S. 236–243

75 Rosa Papier an Anna v. Mildenburg, 24. September 1897, in: WGMM, S. 249–251.

76 G. Mahler an Anna v. Mildenburg, Hamburg, 25. April 1897, in: WGMM, S. 205.

77 G. Mahler, Brief an Anna von Mildenburg vom 3.VI. 1897, in: AMGM, S. 223.

78 G. Mahler, Brief an Anna von Mildenburg vom 8. Juni 1897, in: WGMM, S. 226.

79 Brief aus Wien vom 8. Juni, in: WGMM, S. 226.

80 NBL, S. 93.

81 G. Mahler, Brief an Ludwig Karpath, Juni 1897, in: HLDG, II, S. 35.

82 NBL, S. 93.

83 Adressenangabe im Beileids-Brief Gustav Mahlers vom 19. Juni 1897 an seinen ehemaligen Lehrer Heinrich Fischer in Iglau, dessen Frau verstorben war, Stadtarchiv Iglau, in: HLDG, II, S. 35.

84 *Almanach der Bäder – Sommerfrisch- und Lufcurorte Tirols,* Innsbruck, 1899.

85 G. Mahler, Brief an Anna v. Mildenburg, in: WGMM, S. 232–233.

86 WGMM, S. 236.

87 Franz Willnauer ergänzt das Datum 24. Juni mit dem Ort Vahrn, was allerdings im Widerspruch mit den dokumentierten Bewegungen von Mahler und seiner Gefolgschaft steht: am 24. Juni waren die Mahlers nämlich noch in Steinach am Brenner, am 2. Juli in Gries am Brenner, daraufhin, ab dem 11. Juli, im Ridnauntal und erst in der zweiten Juli-Hälfte in Vahrn bei Brixen, WGMM, S. 238.

88 Natalie Bauer-Lechner, Brief an Rosa Papier, Abschrift aus dem Nachlass Ludwig Karpath, in: GMLW, S. 124.

89 G. Mahler, Brief an Rosa Papier, Steinach in Tirol, Villa Zirnheim, 26. Juni 1897, in: FWVG, S. 204

90 NBL, S. 93.

91 G. Mahler, Brief an Anna von Mildenburg, 9. Juli 1897, in: WGMM, S. 242.

92 NBL, S. 94.

93 Paul Felizetti, persönliche Mitteilung an den Autor, 24.1.2011.

94 HLDG, II, S. 35.

95 NBL, S. 93.

96 *Tiroler Volksbote*, 15. Juli 1897.

97 zitiert nach Heinz Haffter, *»Selten so wohlgefühlt wie hier«, Vahrns Fremdenverkehr vor dem Ersten Weltkrieg,* in: Vahrn, Heimat zwischen den Welten, Brixen 1992, S. 279–280.

98 Heinrich Noë, *Bozen und Umgebung.* Aus dem Nachlasse hrsg. vom Heinrich-Noë-Denkmal-Comité, Bozen 1898, zitiert nach Ernst Parschalk, *Sehnsucht Sommerfrische, Vahrn zwischen Idylle und Aufbruch*, Wien-Bozen 1998, S. 25/26.

99 Carl Toldt, *Autobiographie*, Wien-Berlin 1922. Toldt verfasste u. a. eine *Somatologie der Tiroler*, machte anthropologische *Untersuchungen an Tiroler Kaiserjägern*, maß die Schädel der »Altslawen in österreichischen Wohngebieten«, klassifizierte die verschiedenen »Kinnbildungen« und »Brauenwülste«.

100 Arthur Schnitzler, *Tagebuch 1893–1902*, zitiert nach Heinz Haffter, *»Selten so wohl gefühlt wie hier«*, in: Vahrn, Heimat zwischen den Welten, Brixen 1992, S. 286.

101 Heinz Haffter, *»Selten so wohl gefühlt wie hier«*, in: Vahrn, Heimat zwischen den Welten, Brixen 1992, S. 282. Zur Adresse »Villa Mair«, siehe Mahlers Brief aus Trofaiach vom 29. Juli 1897 an die Schwester Justine, in: LJBFam., S. 436.

102 NBL, S. 94.

103 G. Mahler, Brief an Regierungsrat Eduard Wlassack, Vahrn in Tirol, 23. Juli 1897, in: FWVC, S. 211.

104 WGMM, S. 243–245.

105 G. Mahler, Brief an Rosa Papier, Vahrn, 26. Juli 1897, in: GMBr., S. 252.

106 NBL, S. 119.

107 *Neues Wiener Tagblatt,* 9. Oktober 1897, in: GMLW, S. 127.

108 NBL, S. 119.

109 G. Mahler, Brief an Hermann Behn, Vahrn, 30. Juli 1898, in: GMLW, S. 131.

110 NBL, S. 119.

111 HLDG, II, S.109.

112 Erich Wolfgang Partsch, *Gustav Mahler in Bad Aussee,* in: »Nachrichten zur Mahlerforschung«, Band 42, Wien 2000, S. 30.

113 Natalie Bauer-Lechner, *Mahleriana*, Fragment, in Privatbesitz, in: GMLW, S. 137.

114 NBL, S. 135.

115 NBL, S. 135–136.

116 G. Mahler, undatierter Brief an Siegfried Lipiner, Juni–Juli 1899, in: GMBr., S.264.

117 G. Mahler, Brief an Fr. Löhr, Aussee 4. Juli 1899, in: GMBr., S. 266.

118 G. Mahler, Brief an Justine Mahler, 29. Juli 1899, in: LJBFam., S. 447.

119 NBL, S. 136–143.

120 GMA, S. 50.

121 G. Mahler, Brief an Justine Mahler, 10. August 1899, in: LJBFam., S. 449.

122 NBL, S. 141.

123 FWGMO, S. 126.

124 G. Mahler, Brief an Nina Spiegler, Paris, um den 19. Juni 1900, in: GMBr., S. 269/270.

125 Brief von Justine Mahler an die Schwester Emma, Maiernigg, 18. 7. 1900, in: LJBFam., S. 464.

126 NBL, S. 157–164.

127 LJBFam., S. 463.

128 NBL, S. 159–162.

129 LJBFam., S. 463 und HLDG, III S. 280.

130 NBL, S. 165

131 G. Mahler, Brief an Nina Spiegler, 18. August an, in: GMB, S. 270–271.

132 NBL, S. 164.

133 AMGM, S. 38.

134 Der Direktor des Hofoperntheaters, *An die Wiener Philharmoniker*, Wien, April 1901, in: GMBr., S. 281.

135 AMGM, S. 37.

136 NBL, S. 178.

137 AMGM, S. 49.

138 NBL, S. 188–191.

139 GMBr., S. 282–283.

140 NBL, S.192–192.

141 G. Mahler Brief an Justine, Musurina, Mitte Juli 1901, in: LJBFam., S. 468.

142 Aus einer unveröffentlichten Passage der *Erinnerungen an Gustav Mahler*, in: LJBFam., S. 469.

143 NBL, S. 192–194.

144 G. Mahler Brief an Henriette Mankiewicz, zwischen dem 22. und 24. August, Maiernigg, in: GMBr., S. 287.

145 HLDG, S. 368 und NBL, 195.

146 NBL, S. 204.

147 G. Mahler, Brief an Justine, Wien, 5. Sept. 1901, in: LJBFam., S. 481–482.

148 G. Mahler, Brief an Justine, Anfang September 1901, in: LJBFam., S. 490.

149 GMA, S. 32.

150 G. Mahler, Briefe an Justine, 7., 8., 9. September 1901, in: LJBFam., S. 483–485.

151 NBL, S. 12.

152 AMGM, S. 68–73.

153 G. Mahler, Brief an Justine, 2. Juli 1902, in: LJBFam., S. 509; Brief an Arnold Rosé, Sommer 1902, in: LJBFam., S. 510; Brief an Justine, Juli 1902, in: LJBFam., S. 509/510.

154 G. Mahler, Brief an Fr. Löhr, 6. Juli 1904, in: GMBr., S. 315.

155 AMGM, S. 51.

156 AMGM, S. 74.

157 GMA, S. 156, Fußnote 82.

158 GMA, S. 155.

159 AMGM, S. 92–94.

160 G. Mahler, Brief an Alma, 23. Juni 1904, in: GMA, S. 198.

161 G. Mahler, Brief an Alma, 24. Juni 1904; G. Mahler, Brief an Alma, 26. Juni 1904; G. Mahler, Brief an Alma 3. Juni 1904; G. Mahler, Brief an Alma, 4. Juli 1904; G. Mahler, 2 Briefe an Alma, 11. Juli 1904, in: GMA, S. 211–216.

162 G. Mahler, Brief an Bruno Walter, ohne Datum, Sommer 1904, in: GMBr., S. 317.

163 Brief vom 18. August 1904, in: GMA, S. 217.

164 Erica Conrat, *Erinnerungen,* aus dem Nachlass Almas, Philadelphia, mit dem Zusatz: »Von Frau Dr. Erica Tiedze (recte Tietze, geb. Conrat) mir zur Veröffentlichung überlassen«, in: GMA, S. 216.

165 AMGM, S. 97.

166 GMA, S. 253

167 AMGM, S. 117 und S. 359.

168 Alma, Tagebuch-Eintragung, 6. Juli 1905, GMA, S. 254 und 542, zitiert nach dem Originaltyposkript des *Tagebuches* von Alma in der Charles Patterson Van Pelt Library, University of Pennsylvania, Philadelphia, USA, Passage in AML unterdrückt.

169 AMGM, S. 127–131.

170 G. Mahler, Briefe an Ludwig Karpath, Josef Reiter, Alfred Roller, Fr. Löhr sowie Ansichtskarte Lago di Misurina, ohne Datum, Sommer 1906, in: GMBr., S. 330–334.

171 G. Mahler, Brief an Willem Mengelberg, ohne Datum, vermutlich 18. August 1906, in: GMBr., S. 335.

172 G. Mahler, Brief an Alma Mahler, 16. August 1906, in: AMGM, S. 315.

173 G. Mahler an Alma, eine Korrespondenzkarte aus Puchberg vom 23. Juni und 2 Briefe vom Hochschneeberg vom 29. Juni 1907, in: GMA, S. 321.

174 AMGM, S. 151.

175 G. Mahler, Briefe an Alma, Toblach, Juli 1907, in: GMA, S. 324–326.

176 GMA, S. 326.

## III. Mahlers glücklose Liebesverhältnisse

1 *Der Vermittler,* Iglau, 16. Oktober 1870 und *Der Mährische Grenzbote*, Iglau, 24. April 1873, zitiert nach GMLWW, S. 148.

2 AMGM, S. 31–32.

3 Stefan Zweig, *Die Welt von Gestern,* Frankfurt a. M. 1970, S. 59.

4 G. Mahler, Brief an Emil Freund, Wien, 1. November 1880, in: GMLWW, S. 160.

5 G. Mahler, Glückwunsch zum Jahreswechsel für Anton Krisper, Wien, 1882/83, in: GMLWW, S. 164.

6 G. Mahler, Brief an Josef Steiner, Puszta-Batta, 17. – 18. Juni 1879, in: GMBr., S. 30 – 33.

7 GMBr., S. 32.

8 G. Mahler, Brief an Anton Krisper, Café Imperial, Wien 22. 9. 1879, in: GMBr., S. 34

9 G. Mahler, Brief an Anton Krisper, Wien, Ende November und 14. Dezember, 1879, in: GMBr., S. 34 – 35.

10 G. Mahler, undatierter Brief an Anton Krisper, Poststempel Wien, 3. März 1880, in: GMLWW, S. 158.

11 GMBr., S. 34.

12 Sigrid von Moisy, *Gustav Mahlers Briefe*, in: »Gustav Mahler, Briefe und Musikautographen aus den Moldenhauer-Archiven in der Bayerischen Staatsbibliothek«, München 2003, S. 53, zitiert nach Jens Malte Fischer, *Gustav Mahler. Der fremde Vertraute*, Wien 2003, S. 114.

13 GMLWW, S. 167.

14 G. Mahler, Brief an seinen Theateragenten Lewy, undatiert, vermutlich Ende Oktober, in: GMBr., S. 50.

15 G. Mahler, Brief an Hans von Bülow, Kassel, ohne Datum, 25. oder 26. Januar 1884, in: GMBr., S. 51 – 52.

16 Jens Malte Fischer, *Gustav Mahler, Der fremde Vertraute,* Wien 2003, S. 161.

17 G. Mahler, Brief an Fr. Löhr, Kassel, 19. September 1883, Mittlere Carlstraße Nro. 17, 2. Stock bei Frank, in: GMBr., S. 48, Fußnote 7.

18 Hans Joachim Schaefer, *Gustav Mahler, Jahre der Entscheidung in Kassel,* 1883 – 1885, Kassel 1990, S. 79.

19 G. Mahler, Brief an Fr. Löhr, 10. Oktober 1883, in: GMBr., S. 49.

20 K. J. Kutsch / Leo Riemens, *Großes Sängerlexikon,* 3. Auflage, München 1997, S. 2911.

21 G. Mahler, Brief an Fr. Löhr, Kassel, Ende August 1884, in: GMBr., S. 56.

22 Siehe das Kapitel in GMLWW, S. 167: *Aus der Dienst-Instruktion für den Musik- und Chordirektor*

23 G. Mahler, Brief an Fr. Löhr, Kassel, 1.Januar 1885, in: GMBr., S. 57.

24 Hans Joachim Schaefer, *Gustav Mahler, Jahre der Entscheidung in Kassel, 1883 – 1885,* Kassel 1990, S. 80.

25 H. J. Schaefer, Ibid., S.78 – 83.

26 Constantin Floros, *Gustav Mahler, Visionär und Despot,* Zürich-Hamburg, 1998, S. 181 – 190. Über Mahlers Autorschaft sowie Nachdichtungen und Varianten des *Wunderhorn*-Gedichtes *Wann mein Schatz Hochzeit macht,* siehe Susanne Vill, *Vermittlungsformen verbalisierter und musikalischer Inhalte in der Musik Gustav Mahlers,* Tutzing 1979, S. 31.

27 G. Mahler, Brief an Fr. Löhr, Kassel, 1. Januar 1885, in: GMBr., S. 57 – 58.

28 G. Mahler, Brief an Fr. Löhr, Kassel, 1. April 1885, in: GMBr., S. 60.

29 G. Mahler, Brief an Fr. Löhr, Kassel, 1. April 1885.

30 G. Mahler, Brief an Fr. Löhr, Kassel, 28. Mai 1885.

31 G. Mahler, Brief an Fr. Löhr, ohne Datum, Kassel, Juni 1885.

32 AMGM, S. 138.

33 Angelo Neumann, *Mahler in Prag*, in: GMLWW, S. 173.

34 G. Mahler, Brief an Mutter und Geschwister, Prag, 6. September 1885, in: LJBFam., S. 54.

35 K.J. Kutsch/Leo Riemens, *Großes Sängerlexikon,* 3. Auflage, München 1997, S. 1194.

36 Jitka Ludvová, *Betty Frank, Gustav Mahlers Freundin,* in: Gustav Mahler a Praha 1996, S. 48.

37 G. Mahler, Brief an Fr. Löhr, Prag, 28. Nov 1885, Rittergasse 24, und 3. Dez. 1885, in: GMBr., S. 67 – 69.

38 Tageszeitung *Bohemia*, 20. April 1886, in: GMLWW, S. 175.

39 Henry-Louis de La Grange, *Mahler und die Frauen*, in: HDM, S. 50.

40 G. Mahler, Brief an Fr. Löhr, Leipzig, 18. August 1886, in: GMBr., S. 74.

41 G. Mahler, Brief an Fr. Löhr, Leipzig, August 1886, Gottschedstraße 4, II, in: GMBr., S. 75.

42 Fr. Löhr, Brief an einen Bekannten, etwa März 1886, in: GMLWW, S. 175.

43 Tageszeitung *Bohemia*, 23. Februar 1886, in: GMLWW, S. 175.

44 K. J. Kutsch / Leo Riemens, *Großes Sängerlexikon*, 3. Auflage, München 1997, S. 1194.

45 G. Mahler, Brief an Fr. Löhr, Leipzig, Oktober 1886, in: GMBr., S. 78.

46 G. Mahler, Brief an Fr. Löhr, Leipzig, Oktober 1886, in: GMBr., S. 78.

47 G. Mahler, Brief an Max Staegemann, Leipzig, 6. 11. 1889, in: GMBr., S.79.

48 G. Mahler, Brief an Max Staegemann, Leipzig, 27. 11. 1886, in: GMBr., S. 80.

49 G. Mahler, Brief an Fr. Löhr, Leipzig, 25. Dezember 1886, in: GMBr., S. 81.

50 Franz Willnauer, *Das Kapitel Wiener Philharmoniker*, in: FWGMO, S. 121 – 133.

51 G. Mahler, Brief an Fr. Löhr, Februar 1887, in: GMBr., S. 85.

52 Ethel Smyth, *Impressions that remained*, Bd. 2, London 1919, S. 164, in: GMLWW, S. 181.

53 G. Mahler, Brief an Fr. Löhr, Leipzig, Oktober 1886, in: GMBr., S. 78.

54 G. Mahler, Brief an Fr. Löhr, Anfang Januar 1887, Gottschedstraße 4, II, in: GMBr., S. 83.

55 G. Mahler, Brief an die Eltern, Ende Dezember 1887, in: GMBr., S. 88.

56 G. Mahler, Brief an Fr. Löhr, ohne Datum, Leipzig, Ankunftspoststempel 4. Januar 1888, in: GMBr., S. 88.

57 G. Mahler, Brief an Fr. Löhr, Leipzig, März 1888, in: GMBr., S. 92.

58 Fr. Löhr, Anmerkung zum Brief Mahlers vom März 1888 aus Leipzig, in: GMBr. S.436, Anm. Nr. 39.

59 NBL, S. 26.

60 G. Mahler, Brief an Max Steinitzer, Iglau, Frühsommer 1888, in: GMBr., S. 95.

61 AMGM, S. 138 – 139.

62 Natalie Bauer-Lechner über Mahlers Geschwister, in: LJBFam., S. 22.

63 AMGM, S. 35.

64 Ludwig Karpath, *Begegnung mit dem Genius*, 2. Auflage, Wien 1934, S. 11, in: GMLWW, S. 183.

65 Rezension von Victor von Herzfeld, in *Neues Pester Journal*, 21. November 1889, in: GMLWW, S. 186.

66 GMLWW, S. 110.

67 GMLWW, S. 188.

68 Brief an Bernhard Pollini, Budapest, 7. November 1890, in: GMLWW, S. 189.

69 GMLWW, S. 192 – 193.

70 P. I. Tschaikowsky, *Briefe an die Familie*, hrsg. von V. A. Zhdanow, Moskau 1955, in: NLGM, S. 79.

71 G. Mahler, undatierter Brief an Ödön von Mihalovich, 17. Januar 1893, in: GMLWW, S. 196 – 197.

72 G. Mahler, Brief an Justine, Hamburg, 18. April 1893, in: LJBr. Fam., S. 317.

73 BWT, S. 105.

74 GMLWW, S. 198 – 199.

75 Ferdinand Pfohl, *Gustav Mahler*, Hamburg 1973, S. 50.

76 G. Mahler, Brief an Arnold Berliner, Hamburg, ohne Datum, August – September 1895, in: GMBr., S. 152.

77 Anna von Mildenburg, *Erinnerungen*, Wien 1921, S. 12.

78 WGMM.

79 G. Mahler an Anna von Mildenburg, Hamburg, ohne Ort, ohne Datum, ohne Anrede, in: WGMM, S. 23.

80 G. Mahler, Ibid., S., 24.

81 G. Mahler, Ibid., S., 26.

82 WGMM, S. 30.

83 G. Mahler, Brief an Anna v. Mildenburg, ohne Ort, ohne Datum, Ende Nov./Anfang Dez. 1895, in: WGMM, S. 44.

84 WGMM, S. 67.

85 WGMM, S. 68.

86 G. Mahler, Brief an Anna v. Mildenburg, ohne Ort, ohne Datum, in: WGMM, S. 68.

87 WGMM, S. 74.

88 G. Mahler, Brief an Anna v. Mildenburg, ohne Ort, ohne Datum, vermutlich 6. Februar 1896, in: WGMM, S. 76.

89 G. Mahler, Brief an Anna v. Mildenburg, Hamburg, 7. Februar 1896, ohne Unterschrift, in: WGMM, S. 78.

90 Franz Willnauer, *Warum hast Du mich blind gemacht? Gustav Mahlers Beziehung zu Anna v. Mildenburg im Spiegel seiner Briefe,* Vortrag anlässlich der Mahler-Wochen am 17. Juli 2005.

91 G. Mahler, Brief an Anna v. Mildenburg, ohne Ort, ohne Datum, vermutlich Berlin, 11. März 1896, in: WGMM, S. 82.

92 Briefe in: WGMM, S. 83–84.

93 G. Mahler, Brief an Anna v. Mildenburg, ohne Ort, ohne Datum, vermutlich 24. März 1896, in: WGMM, S. 92–93.

94 G. Mahler, Brief an Anna v. Mildenburg, in: WGMM, S. 95–96.

95 WGMM, S. 108.

96 WGMM, S. 117.

97 G. Mahler, Briefe an Anna v. Mildenburg, Steinbach, 22. und 29. Juni 1896, in: WGMM, S. 119 und 133.

98 G. Mahler, Brief aus Steinbach, Juli 1896, in: WGMM, S. 143.

99 G. Mahler, Briefe aus Steinbach, 17. und 21. Juli 1896, in: WGMM, S. 147 und 148.

100 G. Mahler, Brief an Anna v. Mildenburg, in: WGMM, S. 156.

101 G. Mahler, Ibid., S. 160.

102 G. Mahler, Brief an Anna v. Mildenburg, in: GMLWW, S. 210.

103 G. Mahler, Ibid., S. 208.

104 G. Mahler, Brief an Anna v. Mildenburg, Hamburg, 25. April 1897, in: WGMM, S. 205.

105 G. Mahler, Ibid., S. 236.

106 GMLWW, S. 214.

107 GMLWW, S. 214 –215.

108 Rosa Papier, Brief an Anna von Mildenburg, Wien, 24. 9. 1897, in: WGMM, S 249–251.

109 HLDG, II, S. 198.

110 AMTS, *Tagebuchsuiten* S. 84 und S. 101.

111 Dési Halban, *Selma Kurz, die Sängerin und ihre Zeit,* Stuttgart, Zürich 1983, S. 85.

112 Dési Halban, Ibid., S. 88–90.

## IV. Alma Schindler, eine Frauengestalt des »Fin de Siècle«.

1 TBS, S. 661–662

2 Robert Hirschfeld, *Feuilleton,* in: Frankfurter Zeitung, 30. 9. 1902, zitiert nach Karlheinz Rossbach, *Literatur und Bürgertum, Fünf Wiener jüdische Familien von der liberalen Ära zum Fin de Siècle,* Wien-Köln-Weimar 2003, S. 99–100.

3 Karlheinz Rossbacher, *Literatur und Bürgertum, Fünf jüdische Familien von der liberalen Ära zum Fin de Siécle,* Wien-Köln-Weimar, 2003; siehe auch: Gabriele Wiener, Fritz Kohlbauer, *Splendid Isolation, oder: Gustav Mahler als ›Steinerner Gast‹ in den Wiener Salons,* in: Reinhold Kubik und Thomas Trabitsch (Hgg.), »Gustav Mahler und Wien«, Österreichisches Theatermuseum, Wien, Katalog zur Ausstellung »Gustav Mahler und Wien« 2010.

4 AML, S. 11.

5 AML, S. 14–18.

6 TBS, 8. 10. 1899, S. 384.

7 TBS, 28. 12. 1898, S. 168.

8 TBS, 23. 01. 1899, S. 437.

9 TBS, 22. 09. 1899, S. 371.

10 TBS, 27. 01. 1898, S. 5–6

11 TBS, 24. 10. 1899, S. 385.

12 AML, S. 24.

13 TBS, 18.11. 1900, S. 585–586.

14 TBS, 23. I. 1901, S. 616.

15 TBS, 01. 05. 1899, S. 245.

16 TBS, 06. 04. 1899, S. 235.

17 TBS, 28. 09. S. 374.

18 TBS, 07. 02. 1900, S. 448–449.

19 TBS, 23. 10. 1900, S. 571.

20 TBS, 23. 06. 1900, S. 518

21 TBS, 23. 03. 1901, S. 646.

22 TBS, 26. 02. 1900, S. 453–454.

23 TBS, 16. 06. 1901, S. 677–678.

24 TBS, 07. 07. 1901, S. 686.

25 TBS, 23. 07. 1901, S. 690.

26 TBS, 26. 10. 1901, S. 718.

27 TBS, 02. 11. 1901, S. 721.

28 Bertha Zuckerkandl, *Österreich intim, Erinnerungen 1892–1942*, Frankfurt a. M. 1970, S. 43.

29 GMA, S. 54.

31 TBS, 20. 11. 1901, S. 727.

32 TBS, 3. 12. 1901, S. 731–732.

33 TBS, 2. 12. 1901, S. 730.

34 A. Zemlinsky an Alma, in: GMA, S. 60–61.

35 A. Zemlinsky an Alma, in: GMA, S. 61.

36 TBS, S. 733.

37 G. Mahler, Brief an Alma, 11. Dezember 1901, in: GMA, S. 80.

38 TBS, 19. 12. 1901, S. 745.

39 G. Mahler, Brief an Alma, Hotel Bellevue, Dresden, 19. Dezember 1901, in: GMA, S. 104–111.

40 TBS, 18. 12. 1899, S. 321–322.

41 Astrid Seele, *Alma Mahler-Werfel*, Hamburg, 4. Aufl. 2010, S. 46.

42 TBS, S. 449

43 AML, S. 26.

44 AMGM, S. 47.

45 BWB, S. 52.

46 TBS, 27. 12. 1901, S. 749.

47 TBS, 01. 01. 1902, S. 751.

48 TBS, 05. 01. 1902, S. 751.

49 AMM, S. 39.

50 Hermann Bahr, *Tagebücher, Skizzenbücher, Notizhefte,* Bd. 5: 1906–1908, hg. von Moritz Csaky, Wien-Köln-Weimar 2003, S. 247, zitierte nach: Kurt Ifkovits, *Mahler, das war ein Wille,* in: »Gustav Mahler und Wien«, hgg. von Reinhold Kubik und Thomas Trabitsch, Wien 2010, S. 194.

51 Alma Schindler, *Tagebuch*, 16. Jänner. 1902, in: GMA, S. 125–126.

52 AMGM, S. 58.

53 Alma, *Tagebuch*, 10. Juli 1902, Maiernigg, in: GMA, S. 135–136.

54 AML, S. 154.

55 AML, S. 33.

56 AML, S. 53.

57 Alma, *Tagebuch*, 6. Juli 1905, in: GMA, S. 254 und 542, zitiert nach dem Originaltyposkript des Tagebuches von Alma in der Charles Patterson Van Pelt Library, University of Pennsylvania, Philadelphia, USA, Passage in AML unterdrückt.

58 AML, S. 44.

## V. Abstieg und Neubeginn – Amerika, Mahlers »Gelobtes Land«– 1907/08

1 AMGM, S. 134.

2 AMGM, S. 140.

3 Artikel im *Illustrirten Extrablatt* vom 17. Januar 1907.

4 Richard Strauss-Tagebücher, in: FWMO, S. 211.

5 FWMO, S. 212/214.

6 GMLW, S. 192.

7 FWMO, S. 211.

8 in: GMLW, S. 193/194.

9 Brief an Alma, Berlin, Hotel »Der Kaiserhof«, 5. Juni 1907, in: GMA, S. 320.

10 FWMO, S. 34.

11 in: GMA, S. 320.

12 GMLW, S. 196.

13 AMGM, S. 385.

14 AMGM, S. 154.

15 G. Mahler, 7. Dezember 1907, in: FWWO, S. 213.

16 Brief an Arnold Berliner vom Juni 1907, in: GMBr., S. 343.

17 AMGM, S. 147.

18 AMGM, S. 155.

19 AMGM, S. 157.

20 HLDG, IV, S.28–30.

21 HLDG, IV, S. 36–37.

22 HLDG, IV, S. 20–37.

23 AMGM, S. 160.

24 HLDG, IV, S. 164.

25 AMGM, S. 157.

26 HLDG, IV, S. 50–51.

27 Statement eines Orchestermusikers in einem Interview mit dem »Musical Courier«, 15. Januar 1908, in: HLDG, IV, S. 51.

28 HLDG, IV, S. 50–61.

29 HLDG, IV, S. 82.

30 HLDG, IV, S. 78–83.

31 AMGM, S. 161–162.

32 G. Mahler, Brief an Paul Hammerstein, New York, 17. Februar 1908, in: GMBr., S. 353/354.

33 G. Mahler, Brief an Alfred Roller, 20. Januar 1908, in: GMBr., S. 348.

34 in: HLDG, IV, S. 133–139.

35 Samuel Chotzinoff, *Day's at the Morn,* New York 1964, S. 122–127, in: NLGM, S. 221.

36 Jonathan C. Carr, *Gustav Mahler,* Düsseldorf-München 1997, S. 239–240.

37 Jonathan C. Carr, Ibid., S. 241.

38 HLDG, IV, S. 142–143.

39 AMGM, S. 175/176.

40 G. Mahler, Brief an Anna Moll, März 1908, in: GMBr., S. 360–361.

41 J. Carr, *Gustav Mahler*, Düsseldorf-München 1997. S. 244.

42 J. Carr, Ibid., S. 239.

43 G. Mahler Brief an Alfred Roller, 20. Januar 1908, in: GMBr., S. 348.

44 G. Mahler, Brief an Anna Moll, Anfang März 1908, in: GMBr., S. 358.

45 Brief vom 17. April 1908, GMBr., S. 362/363.

46 AMGM, S. 166.

47 AMGM, S. 158–159.

48 AMGM, S. 165.

49 HLDG, IV, S. 161–167.

50 AMGM, S. 166.

51 ARBM, S. 19.

52 HLDG, IV, S. 179–181.

## VI. Mahlers Ankunft in Toblach 1908

1 Hans Heiss, *Grandhotel Toblach,* Bozen-Wien 1999, S. 6.

2 zitiert nach H. Heiss, Ibid. 36.

3 H. Heiss, Ibid., S. 27–36.

4 *Wanderungen durch Tirol und Vorarlberg, Geschildert von Ludwig von Hörmann, Herman von Schmid, Ludwig Steub, Karl von Seyffertitz, Ignaz Zingerle, Illustriert von Franz Defregger, Alois Gabl, Adolf Obermüllner, Franz von Pausinger, Richard Püttner, Mathias Schmid, Gottfried Seelos, Josef Wapfner u. a.,* Stuttgart 1877, Reprint, München 1977.

5 *Illustrierter Führer durch die Sommerfrischen und Heilbäder von Deutsch-Tirol,* Innsbruck 1899, *Almanach der Bäder, Sommerfrisch- und Luft-Curorte Tirols,* herausgegeben vom Landesverband für Fremdenverkehr in Tirol, zweite vermehrte Auflage, Innsbruck 1901.

6 *Illustrierter Führer durch die Sommerfrischen und Heilbäder von Deutsch-Tirol,* Innsbruck 1899, S. 64.

7 Franz Fliri, *Das Klima der Alpen,* hg. von Univ.-Prof. Dr. A. Leidlmair und Univ.-Prof. Dr. F. Huter, Innsbruck 1975.

8 *Der Burggräfler,* 15. Juli 1908.

9 *Pustertaler Bote,* 18. August 1908.

10 Briefe vom 22. Juni. und 29. Juni 1896, in: WGMM, S. 119 und 132/133.

11 G. Mahler, Brief an Regierungsrat Eduard Wlassack, Vahrn in Tirol, 23. Juli 1897, in: FWVC, S. 211.

12 G. Mahler, Brief an Justine, 10. August 1899, in: LJBFam., S.449.

13 G. Mahler, Brief an Justine 17.7.1900, in: LJBFam., S. 463 und NBL, S. 159.

14 AMGM, S. 167.

15 *Illustrierter Führer durch die Sommerfrischen und Heilbäder von Deutsch-Tirol,* Innsbruck 1899, S. 64.

16 Siehe den Brief Mahlers an Alma vom 22. Mai 1908 aus Prag, in dem Mahler »neugierig ist« zu erfahren, »was wir am Ende doch noch für den Sommer bekommen werden. Ich überlasse alles Dir.« In: GMA, S. 358.

17 AMGM, S. 167.

18 LJBrFam., S. 529.

19 *Brixner Chronik,* 19. Juli 1908.

20 *Brixner Chronik,* 2. August 1908.

21 *Pustertaler Bote,* 11. September 1908.

22 AMGM, S. 168.

23 G. Mahler, Brief an Paul Hammerschlag, 17. Februar, 1908, in: GMBr., S. 354.

24 *Das Alldeutsche Tagblatt*, 12. Februar 1908, in: Brigitte Hamann, *Hitlers Wien*, München 2001, S. 93–95.

25 G. Mahler, Brief an Josef Reitler, 4. Februar 1908, in: GMBr., S. 351.

26 *Das Alldeutsche Tagblatt*, 20. Juni. 1908, in: Brigitte Hamann, *Hitlers Wien*, München 2001, S. 93/94.

27 G. Mahler, Brief aus Toblach vom 27. Juni 1908, in: GMBr., S. 364.

28 *Simplicissimus*, 15.Juni 1908, in: Brigitte Hamann, *Hitlers Wien*, München 2001, S. 148.

29 Leitartikel des *Tiroler Volksboten*, 5. Juli 1908.

30 *Pustertaler Bote*, 9. Juli 1908.

31 *Pustertaler Bote*, 4. September 1908.

32 *Tiroler Volksbote*, 21. Juni 1908.

33 *Der Tiroler*, 5. Januar 1907.

34 *Der Tiroler*, 18. April 1908.

35 *Bozner Nachrichten*, 14. Juli 1910.

36 *Brixner Chronik*, 4. Juni 1908.

37 *Israelitisches Familienblatt*, 16. Juni 1904.

38 AMGM, S.79.

39 G. Mahler, Brief an Bruno Walter, Toblach, ohne Datum, Sommer 1908, in: GMBr., S. 365/366.

40 G. Mahler, Brief an Bruno Walter, Toblach, 18. Juli 1908, in: GMr., S. 367/368.

41 Mündliche Mitteilung von Dr. Josef Lanz.

42 AMGM, S.127.

43 Broschüre *Gustav Mahler in Toblach*, Wien/Toblach 1980, S. 7 und *Gustav Mahler in Toblach*, hrsg. von Josef Lanz, Erich Wolfgang Partsch, Brixen 2005.

44 AMGM, S. 169.

45 GMBr., S. 449 und HLDG, IV, S. 208.

46 AMGM, S. 168.

47 Hermann Bahr, in: FWGMO, S. 256

48 Oskar Pausch, *Alfred Roller und Ladinien*, San Martin de Tor 2005, S. 16

49 AMGM, S. 127.

50 Oskar Fried, *Erinnerungen an Mahler*, in »Musikblätter des Anbruch«, Heft 1,1919, S. 16–17, in: NLGM, S. 171–173.

51 AML, S. 43.

52 Julius Korngold, *Lebenserinnerungen*, unveröffentlichtes Manuskript im Besitz von Ernst W. Korngold, Los Angeles, S. 131–136, in: NLGM, S. 177/178.

53 AMGM, S. 127 und S. 156.

54 AML, S. 44.

55 AML, S. 44, in: HLDG, IV, S. 209.

56 AML, S. 53.

57 HLDG, IV, S. 210.

58 Oliver Hilmes, *Witwe in Wahn: Das Leben der Alma Mahler-Werfel*, Berlin 2004, in: HLDG, IV, S. 210/211.

59 siehe dazu Klaus Taschner, *Hatte Paul Kammerer doch recht?*, in: »Der Standard«, Printausgabe, 3. 9. 2009.

60 *Bozner Nachrichten*, 13. September 1908.

61 Gespräch von Norman Lebrecht mit Anna Justine Mahler, in: NLGM, S. 250/251.

62 Finn Benestad, Dag Schjelderus-Ebbe, *Edward Grieg, Mensch und Künstler*, Oslo 1993, S. 208.

63 Angelika Overath, Manfred Koch, Silvia Overath, *Genies und ihre Geheimnisse*, Berlin 2006, S. 48 und 65.

64 Angelika Overath, Manfred Koch, Silvia Overath, *Genies und ihre Geheimnisse*, Berlin 2006, S. 88.

65 Alfred Polgar, *Theorie des Café Central*, in: »Wien und seine Kaffeehäuser, ein literarischer Streifzug durch die berühmtesten Cafés der Donaumetropole«, Hg. Petra Neumann, München 1997, S. 128–129.

66 Ludwig Hirschfeld, *Kaffeehauskultur*, ebenda: S. 24.

67 Ludwig Wittgenstein, *Analyse eines Fragments von Johannes Philologus im letzten Abschnitt des »Tractatus Logico-Philosophicus«*.

68 Karl Kraus, *Die demolirte Literatur*, in: Alfred Polgar, *Theorie des Café Central*, S. 96.

69 Ludwig Hirschfeld, *Kaffeehauskultur*, ebenda, S. 29.

70 Otto Friedländer, ebenda, S. 31.

71 Otto Friedländer, ebenda, S. 32–34.

72 NBL, S. 214.

73 *Deutscher Kinderschatz, Schöne alte Kinderreime, Lieder, Märchen, Zungenbrecher und Rätsel,* Hg. von Roland W. Pinson, Bindlach 2003, S. 158.

74 Carl Gustav Jung, *Typologie,* S. 14.

75 C. G. Jung, Ibid., S. 14–15.

76 NBL, S. 161.

77 C. G. Jung, *Typologie,* S. 77–124.

78 C. G. Jung, Ibid., S. 126.

79 Georg Groddeck, *Das Buch vom Es, psychoanalytische Briefe an eine Freundin,* Wien 1924, hrsg. von Samuel Müller und Wolfram Groddeck, Frankfurt a. M. und Basel 2004.

80 BWT, S. 139.

81 Bertram Lewin D., *Sleep, the Mouth and the Dream Screen,* in: »The Psychoanlaytic Quarterly«, N. 4, 1946, New York, S. 419–434.

82 Michael Balint, *The doctor, his Patient and the Illness,* 1957, deutsch: Der Arzt, der Patient und die Krankheit, Stuttgart 1966.

83 René Spitz, *The First Year of Life. A Psychoanalytic Study of Normal and Deviant Development of Object Relations,* New York 1965, deutsch: *Vom Säugling zum Kleinkind, Naturgeschichte der Mutter-Kind-Beziehungen im ersten Lebensjahr,* Stuttgart 1974.

84 Sandor Ferenczi, *Versuch einer Genitaltheorie,* Wien 1924.

85 C. G. Jung, *Typologie,* S. 35.

86 G. Mahler, Brief an Adele Marcus, Toblach, August 1908, in: GMBr., S. 370–371.

87 *Goethes Gespräche mit Eckermann,* Leipzig 1908, S. 170.

88 Ibid., S. 171.

89 G. Mahler, Brief an Max Marschalk, 26. März 1896 in: GMBr., S. 171.

90 NBL, S. 161.

91 G. Mahler, Brief an Bruno Walter, Sommer 1904, in: GMBr., S. 316.

## VII. Sommer 1908 – Toblacher Trilogie, Teil eins

1 AMGM, S. 172.

2 AMGM, S. 168.

3 AMGM, S. 143.

4 HLDG, IV., S. 1311/1312, Stephen E. Hefling, Vortrag über die Quellen von *Das Lied von der Erde,* gehalten auf dem AMS-Kongress 1983 in Hamilton, zitierte nach Hermann Danuser, *Gustav Mahler, Das Lied von der Erde,* in der Reihe »Meisterwerke der Musik«, München 1986, S. 13–17. Stephen E. Hefling hat für die Internationale Gustav-Mahler-Gesellschaft Wien die kritische Ausgabe der Klavierfassung des *Lieds von der Erde* betreut.

5 HLDG, IV, S. 1304–1311.

6 Partiturmanuskript, 218 Seiten, im Format 34 x 26,5.

7 HDLE, S. 20.

8 HLDG, IV, S. 1311.

9 HLDG, IV, S. 1312.

10 AMGM, S. 172.

11 Bericht von Ernst Decsey, in: NLGM, S. 236.

12 GMA, S. 360.

13 HLDG, IV, S. 1.300.

14 Inselverlag, Leipzig, 1907.

15 *Gegen den Strich,* 1884, in: Mario Praz, *Liebe, Tod und Teufel, Die Schwarze Romantik,* München 1970, S. 266 ff.

16 NLGM, S. 235.

17 BWGM, S. 94.

18 G. Mahler, Brief an Josef Steiner, 17. Juni, 1879, in: GMBr., S. 30.

19 G. Mahler, Brief an Josef Steiner, 17. Juni, 1879, in: GMBR, S. 30.

20 J. W. v. Goethe: *Die Leiden des jungen Werthers Am 4. September.*

21 Arnold Schönberg, Brief an Gustav Mahler, 12. Dezember 1904, nach der Probe der III. Symphonie, in: *Mahlers Symphonien, Entstehung, Deutung und Wirkung,* hrsg. von Renate Ulm, München 2002, S. 117.

22 William Ritter, *Une nouvelle symphonie,* in: »La Vie Musicale«, 5. Jg, Nr. 7, Dezember 1911, S. 110–119, in: HDLE, S. 122–123.

23 Rudolf Mengelberg, *Gustav Mahler,* Leipzig 1923, in: HDLE, S. 122–123.

24 Armin Schiebler, *Zum Werk Gustav Mahlers,* Lindau 1955.

25 Kurt von Fischer, *Bemerkungen zu Gustav Mahlers Liedern*, 1977, in: *Gustav Mahler*, hrsg. von Hermann Danuser, Darmstadt 1992, S. 69, und Hermann Danuser, *Gustav Mahler, Das Lied von der Erde,* München 1986, S. 32.

26 Egon Wellesz, *The symphonies of Gustav Mahler,* in »Music Review, 1. Jg., 1940, in: HDLE, S. 122–123.

27 Hermann Danuser, *Gustav Mahler. Das Lied von der Erde,* München 1986, S. 24.

28 NBL, S. 26.

29 Ernst Kurth, *Romantische Harmonik und ihre Krise in Wagners ›Tristan‹*, Leipzig 1920, S.1.

30 NBL, S. 50.

31 Paul Stefan, *Gustav Mahler,* München 1912, S. 27.

32 HDLE, S, 49.

33 HLDG, IV, S. 1320.

34 Zum Exotismus im »Lied von der Erde« siehe Peter Revers, *Gustav Mahler, Untersuchungen zu den späten Symphonien,* Hamburg 1985, S. 66 ff.

35 Hans Joachim Schaefer, *Jahre der Entscheidung in Kassel 1883–1885,* Kassel 1990, S. 82.

36 Richard Muther, *Studien,* Berlin 1925, S. 640.

## VIII. Jubel und »Jammerleben«-Amerika 1908–1909

1 G. Mahler, Brief an Bruno Walter, Toblach, ohne Datum, Anfang September 1908, in: GMBr., S. 371.

2 AMGM, S. 172.

3 Otto Klemperer, *Erinnerungen an Gustav Mahler,* Zürich 1960, S. 6–20, in: NLGM, S. 197/198.

4 G. Mahler, Brief an Alma, Prag, Hotel Blauer Stern, September 1908, in: AMGM, S. 343/344.

5 G. Mahler, Brief an Alma, Prag, Hotel Blauer Stern, 10. September 1908, in: AMGM, S. 345/346.

6 William Ritter, *Einige Erinnerungen an Gustav Mahler,* in »Revue Musicale Suisse«, Nr. 1, Januar/Februar 1961, in: NLGM, S. 192.

7 AMGM, S. 172–173.

8 William Ritter, *Quelques Souvenirs sur Gustav Mahler*, Revue Musicale Suisse, Nr. 1, 1961, in: HLDG, IV, S. 230.

9 HLFG, IV, S. 231/232.

10 AMGM, S. 173.

11 Otto Klemperer, *Erinnerungen an Gustav Mahler,* Zürich 1960, S. 6–20, in: NLGM, S. 198.

12 *Österreichische Rundschau,* November 1908, S.76.

13 HLDG, III, S. 247.

14 G. Mahler, Brief an Emil Gutmann, Toblach, Villa Alt-Schluderbach, 23. Juli 1908, in: GMBr., S.369/370.

15 G. Mahler, Brief an Emil Gutmann, Wien, Spätherbst 1908, in: GMBr., S. 372/373.

16 G. Mahler, Brief an Alma, München, Hotel Vier Jahreszeiten, Oktober 1908, in: AMGM, S. 346–347.

17 Janko Cádra, Tagebuch 1908, in: HLDG, IV, S. 265.

18 Edgar Istel in *Allgemeine Musik-Zeitung*, in: HLDG, IV, S. 266

19 HLDG, IV, S. 265.

20 HLDG, IV, S, 267.

21 HLDG, S. 268.

22 AMGM, S. 174.

23 G. Mahler, Brief an Alma, Hamburg, ohne Datum, in: AMGM, S. 347.

24 AMGM, S.174.

25 HLDG, IV, S. 358.

26 Arturo Toscanini, Brief an Pietro Sormani, 15. Februar 1905, in: Harvey Sachs, *The Letters of Toscanini,* London 2002, S. 70.

27 HLDG, IV, S. 363.

28 G. Mahler, Brief an Bruno Walter, New York, Hotel Savoy, ohne Datum, Anfang 1909, in: GMBr., S. 374–375.

29 G. Mahler, Brief an Bruno Walter, New York, Hotel Savoy, ohne Datum, Anfang 1909, in: GMBr., S. 374–375.

30 siehe dazu Kap. V, Absatz 4.

31 *Musical America*, November 1908, 4. Dezember, 1908, S. 4, in: HLDG, IV, S. 297.

32 HLDG, IV, S. 298.

33 Howard Shanet, *Philharmonic: A History of New York's Orchestra*, Garden City, NY, 1975, S. 196, in: HLDG, IV, S. 290–295.

34 HLDG, IV, S.301–302.

35 HLDG, IV, S. 332.

36 HLDG, IV, S. 370.

37 HLDG, IV, S. 384–395.

38 G. Mahler, Brief an Bruno Walter, ohne Datum, Frühjahr 1909, in: GMBR, S. 379.

39 AMGM, S. 179.

40 Almas Zusatz zu einem Brief Mahlers an die Schwester Justine vom 28. April 1909 aus Paris, in: LJBFam., S. 533.

41 AMGM, S. 180.

42 HLDG, IV, S. 413–414.

## IX. Sommer 1909 – Toblacher Trilogie, Teil zwei

1 G. Mahler, Brief an Willem Mengelberg, Wien, 6. Juni 1909, in: GMBr., S. 382.

2 HLDG, IV, S. 458.

3 AMGM, S. 181.

4 Sigmund Freud, Psycho-Analysis, Ges. Werke, Bd. 14, S. 302.

5 Postkarte ohne Datum, Toblach, Sommer 1909, in: GMBr., S. 386.

6 AMGM, S. 181–182.

7 GMA, S. 400.

8 G. Mahler, Briefe an Alma, 13. Juni bis 22.(?)Juni 1909, in: GMA, S. 378–390.

9 AMGM, S.181.

10 G. Mahler, Brief an Alma, 8. Juli 1909, in: GMA, S.402–404.

11 G. Mahler, Brief an Alma, Toblach, 16. Juni 1909, in: GMA, S. 381.

12 G. Mahler, Brief an Alma, Toblach, 27. Juni 1909, in: GMA, S. 395.

13 *Bozner Zeitung*, 5. Juli 1909.

14 G. Mahler, Brief an Alma, Toblach, Ende Juni 1909, in: GMA, S. 397.

15 G. Mahler, Brief an Alma, 13.(?) Juni 1909, in: GMA, S. 378.

16 Temperaturangaben und Wettermeldungen im *Pustertaler Boten* zwischen dem 11. Juni und dem 20. Juli 1909.

17 G. Mahler, Brief an Alma, Göding, 18. September 1909, in: GMA, S. 408.

18 G. Mahler, Brief an Fr. Löhr, Wien, 8. Juni 1909, in: GMBr., S. 383.

19 G. Mahler, Brief an Alma, Toblach, 13. (?) Juni 1909, in: GMA, S. 379.

20 G. Mahler, Brief an Arnold Berliner, Toblach, 20. Juni 1909, in: GMBr., S. 385.

21 G. Mahler, Brief an Arnold und Justine Rosé, Toblach, Juni 1909, in: LJBFam., S. 533–534.

22 G. Mahler, Brief an Justine Rosé, Amsterdam, 6. Oktober 1909, in: LJBFam., S. 534–545.

23 AMGM, S. 33.

24 AMGM, S. 81.

25 G. Mahler, Briefe an Emil Freund, Toblach, Juni 1909, in: GMBr., S. 384, 386 und 389.

26 G. Mahler, Brief an Anna Moll, Toblach, ohne Datum, in: GMBr., S. 386.

27 G. Mahler, Briefe an Alma, Toblach, ohne Datum und 2. Juli 1909, in: GMA, S. 396–399 und HLDG, IV, S. 470

28 Ernst Décsey, *Stunden mit Mahler, in* »Die Musik«, Heft 18, Juni 1911, S. 352–356, und Heft 21, August 1911, S. 143, 153, in: NLGM, S. 234–235.

29 G. Mahler, Brief an Alma, Toblach, Ende Juni 1909, in: GMA, S. 397.

30 Paul Becker, *Gustav Mahlers Sinfonien*, Berlin 1921, Reprint Tutzing 1969, S. 340.

31 Arnold Schönberg, *Stil und Gedanke*, hrsg. von Ivan Vojtech, Frankfurt a. M. 1995, S. 274.

32 Alban Berg, Brief an seine Frau, vermutlich Herbst 1912, in: »Mahlers Symphonien, Entstehung, Deutung und Wirkung«, hrsg. von Renate Ulm, München 2002, S. 288.

33 G. Mahler, Brief an Bruno Walter, Toblach, ohne Datum, Sommer 1909, in: GMBr., S. 387.

34 Sigmund Freud, *Die Traumdeutung,* Ges. Werke, Bd. 2/3, Frankfurt a. M. 1965, S. 554.

35 Erwin Ratz, IX. Symphonie, Partiturentwurf der ersten drei Sätze, Faksimile nach der Handschrift, Wien 1971.

36 Philip Barford, *Mahler Symphonies and Songs,* BBC Music Guides, London 1970, S. 55.

37 Dika Newlin, *Arnold Schoenbergs Debt to Mahler,* in *Chord and Discord,* 2, 1948, S. 21, zitiert nach HLDG, IV, S. 1392.

38 Bernd Sponheuer, *Logik des Zerfalls, Untersuchungen zum Finalproblem in den Symphonien Gustav Mahlers,* Tutzing 1978, S. 404–406.

39 Dieter Schnebel, *Mahlers Spätwerk als Neue Musik,* in: *Denkbare Musik, Schriften 1952–1952,* hrsg. von Hans Rudolf Zeller, Köln 1972, S. 75.

40 Willem Mengelberg, *Partitureintragungen,* in: Peter Andraschke, »Gustav Mahlers Symphonie«, Wiesbaden (Hg.), 1976, S. 81.

41 Bruno Walter, *Gustav Mahler,* Frankfurt a. M. 1957, S. 94.

42 Erwin Ratz, *Zum Formproblem bei Gustav Mahler, Eine Analyse des ersten Satzes der IX. Symphonie,* in: Hermann Danuser (Hg.), *Gustav Mahler,* Darmstadt 1992, S. 276–288.

43 Carl Dahlhaus, *Form und Motiv in Mahlers Neunter Symphonie,* in: Hermann Danuser (Hg.), *Gustav Mahler,* Darmstadt 1992, S. 289–299.

44 Dieter Schnebel, *Mahlers Spätwerk als Neue Musik,* in: *Denkbare Musik, Schriften 1952–1952,* hrsg. von Hans Rudolf Zeller, Köln 1972, S. 77.

45 Eberhardt Klemm, *Über ein Spätwerk Gustav Mahlers,* in: Hermann Danuser (Hg.), »Gustav Mahler«, Darmstadt 1992, S. 328.

46 Friedrich Krummacher, *Struktur und Auflösung, Über den Kopfsatz aus Mahlers IX. Symphonie,* Hermann Danuser (Hg.), »Gustav Mahler«, Darmstadt 1992, S. 308.

47 Constantin Floros, *Gustav Mahler, III, Die Symphonien,* Wiesbaden 1985, S. 274.

48 Sigmund Freud, *Abriß der Psychoanalyse,* Ges. Werke, Bd. 17, Frankfurt a. M. 1965, S. 88.

49 Alban Berg, Brief an seine Frau, vermutlich Herbst 1912, in: »Mahlers Symphonien, Entstehung, Deutung und Wirkung«, hrsg. von Renate Ulm, München 2002, S. 288.

50 Andrea Banki, *Ein Psychiater hört Musik. Der emotionale Gehalt des Kopfsatzes der 9. Symphonie von Gustav Mahler,* Stuttgart 2003.

51 Sigmund Freud, *Das Ich und das Es,* in: Ges. Werke, Bd. 13, Frankfurt a. M. 1965, S. 275.

52 Max Brod, *Jüdische Volksmelodien,* in: »Der Jude« I, 1919–1917, S. 344, in: Gaelle Vassogne, »Conditio Judaica«, Max Brod in Prag: *Identität und Vermittlung,* Tübingen 2009, S. 201.

53 NBL, S. 28.

54 Richard Wagner, *Beethoven-Schrift,* in: »Sämtliche Schriften und Dichtungen«, Bd. 9, S. 74.

55 Brief an Arnold Berliner, London 14. Juli 1892, in: GMBr., S. 123.

56 Alma Mahler, *Mein Leben,* Frankfurt a. M. 1963, S. 40.

57 NBL, S. 28.

58 NBL, S. 34.

59 NBL, S. 82.

60 NBL, S. 83.

61 Th. W. Adorno, *Mahler, eine musikalische Physiognomik,* in: »Die musikalischen Monographien«, Frankfurt a. M. 1971, S. 179.

62 Th. W. Adorno, Ibid., S. 179.

63 Th. W. Adorno, Ibid., S. 203.

64 Th. W. Adorno, Ibid., S. 183.

65 AMGM, S. 37.

66 Wilhelm Heinrich Wackenroder, *Phantasien über die Kunst für Freunde der Kunst,* 1799.

67 Theodor Wiesengrund Adorno, *Spätstil Beethovens,* in: Auftakt, XVII, 5/6, 1937, S. 66.

68 Maurice Baumfeld, *Erinnerungen an Gustav Mahler,* in: *New Yorker Staatszeitung,* 21. 5. 1911, Typoskript der Bibliothèque Gustav Mahler, Paris, in: NLB, S. 273.

69 Sigmund Freud, *Trauer und Melancholie,* 1915, G. W. Bd. 10, S. 466.

70 E. Décsey, *Stunden mit Mahler,* in: »Die Musik«, Heft 18, Juni 1911, S. 352–356, und Heft 21, August 1911, S. 143–153, in: NLB, S. 235.

71 Sigmund Freud, *Vorlesungen zur Einführung in die Psychoanalyse,* 1909, Ges. Werke, Bd. 8, S. 52.

72 G. Mahler, Brief an Bruno Walter, Toblach, August 1909, in: GMBr., S. 391.

73 Constantin Floros, *Gustav Mahler III,* Wiesbaden 1985, S. 292.

74 Julius Korngold, Kritik zur Uraufführung von Mahlers Neunter in der »Neuen Freie Presse«, 27. 6. 1912. Die Andeutung Korngolds wurde von Monika Tibbe, *Über Gustav Mahlers Verwendung von Liedern und Liedelementen in instrumentalen Symphoniesätzen,* München 1971, aufgegriffen und spezifiziert, siehe C. Floros, Ibid., S. 292.

75 Th. W. Adorno, *Mahler, eine musikalische Physiognomik,* S. 218.

76 Th. W. Adorno, Ibid., S. 270.

77 Th. W. Adorno, Ibid., S. 219.

78 GMA, S. 497 und 405–406.

79 H. L. de La Grange folgt darin Franz Trenner, *Strauss: Chronik zu Leben und Werk,* Wien 1999, S. 312, in: HLDG, IV, S. 500.

80 G. Mahler, Brief an Alfred Roller, Toblach, ohne Datum, Poststempel Graz 23. August 1909, in: GMBr., S. 392–393.

81 AMGM, S. 182.

82 Richard Strauss, *Blaues Tagebuch,* von Alice Strauss Frau Herta Blaukopf zur Verfügung gestellt und von dieser erwähnt, in: HLDG, IV, S. 501.

83 G. Mahler, Schreiben an Richard Strauss, Toblach, ohne Poststempel, August 1909, in: HLDG, IV, S. 501.

84 G. Mahler, Brief an Alfred Roller, Toblach Poststempel Graz 23. August 1909, in: GMBr., S. 392–393.

85 Alfred Roller, Brief an Mileva Roller, Toblach, 26. August 1909, Österreichisches Theatermuseum, Sign. Ro 2/1/4. E 4551, zitiert nach Oscar Pausch, »Alfred Roller und Ladinien«, San Martin de Tor 2005, S. 77.

86 Alfred Roller, Brief an Mileva Roller, Toblach, 31. August 1909, Österreichisches Theatermuseum, Sign. Ro 2/1/4. E 4551, zitiert nach Oscar Pausch, *Alfred Roller und Ladinien,* San Martin de Tor 2005, S. 76–78.

87 G. Mahler, Brief an Oskar Fried, Toblach, undatiert, August 1909, in: HLDG, IV, S. 496.

88 Der Brief von William Ritter an Mahler trägt das Datum 27. August 1909, zitiert nach HLDG, IV, S. 506–507.

89 AML, S. 36.

90 G. Mahler, Brief an Alfred Roller, Toblach, Poststempel Graz 23. August 1909, in: GMBr., S. 392–393.

91 Bruno Walter, *Gustav Mahler,* Wien 1936, S. 47.

92 G. Mahler, Brief an Bruno Walter, Toblach, Ende August 1909, in: GMBr., S. 391–392.

93 G. Mahler, Brief an Fr. Löhr, ohne Datum, Poststempel Wien 17. September 1909, in: GMBr., S. 393.

94 G. Mahler, Notiz für Alma, Toblach, 6. September 1909, in: GMA, S. 406.

95 AMGM, S. 183.

96 G. Mahler, Brief an Alma, Göding, 18. September 1909, in: GMA, S. 408–409.

97 G. Mahler, Brief an Emil Gutmann, Wien, Herbst 1909, in: GMBr., S. 394.

98 HLDG, IV, S. 516–517.

99 Theodor Helm, Kritik zu Mahlers *Siebter,* Anfang November 1909, in: HLDG, IV, S. 524.

100 Richard Batka, Rezension zur Dritten im Wiener *Fremdenblatt,* zitiert nach HLDG, IV, S. 520.

101 Elsa Bienenfeld, Kritik im *Neuen Wiener Journal,* in: HLDG, IV, S. 523.

102 Robert Hirschfeld, Rezension zu Mahlers Dritter in der *Abendpost,* Wien 5. November 1909.

103 Heinrich Löwy, *Das Ende vom Lied,* in: »Ostwalds Annalen der Naturphilosophie«, Leipzig 1911.

104 Arnold Schönberg, Brief an Gustav Mahler, Wien, 19. Dezember 1909, in: HLDG, IV, S. 524–526.

105 G. Mahler, Brief an Bruno Walter, New York, 18. oder 19. Dezember 1909, in: GMBr., S. 395–396.

106 G. Mahler, Brief an Alma, Amsterdam, 29. September 1909, in: GMA, S. 411.

107 Max Tak, *Onder de boomen von het plein,* Amsterdam 1952, S. 21, in: HLDG, IV, S.532.

108 In: HLDG, IV, S. 545.

109 Zitiert nach Eduard Reeser, *Gustav Mahler und Holland,* in: Nachrichten zur Mahler-Forschung, 1993.

110 zitiert nach HLDG, IV, S. 534–541.

111 Rudolf C. Mengelberg, *Gustav Mahler an Willem Mengelberg* in: »Ein Blatt zeitgenössischer Musikgeschichte«, in: »Neue Musikzeitung« 41, 1920, 15, S. 233, in: HLDG, IV, S. 545.

112 HLDG, IV, S. 546.

113 Erstausgabe der vierhändigen Fassung für Klavier, erschienen bei Bote&Bock, Berlin 1910.

114 HLDG, IV, S. 551.

115 Theodor Spiering, *Zwei Jahre mit Gustav Mahler in New York,* in: »Vossische Zeitung«, 21. Mai 1911, in: HLDG, IV, S. 551.

116 G. Mahler, Ansichtskarte: La Transatlantique allemande ›Kaiser Wilhelm II‹ de la Nordd. Lloyd, Poststempel: Deutsch-Amerikanische Seepost, Bremen-New York, 19. 10. 1909, in: LJBFam., S. 536.

117 AMGM, S. 184.

## X. Mahlers schwindende Popularität in seiner dritten New Yorker Saison, 1909 - 1910.

1 G. Mahler, Interview mit *Musical America,* 10 – 1909, 30. Oktober 1909, in: HLDG, IV, S. 553.

2 HLDG, IV, S. 553–554.

3 Howard Shanet, *Philharmonic, A History of New York's Orchestra,* New York 1975, S. 220.

4 Th. Spiering, *Zwei Jahre, Spiering on his Late Conductor,* in »Musical America«, 15. Juli 1911, S. 21

5 *Musical America,* 10, 30. Oktober 1909, in: HLDG, IV, S. 553.

6 Radio Los Angeles, Interviews zur Sendung »They remember Mahler«, 4.–5. Mai 1974, in: HLDG, IV, S. 558.

7 *Malerthon,* in: NLGM, S. 269.

8 In: HLDG, IV, S. 603.

9 *Musical America,* 11, 1909: 6., 4., 18. Dezember 1909, in: HLDG, IV, S. 574.

10 HLDG, IV, S. 555 und 709.

11 Harold C. Schonberg, *The Great Pianists,* London 1965, S. 235–236.

12 AMGM, S. 185.

13 G. Mahler, Brief an Bruno Walter, New York, ohne Datum, 18. oder 19. Dezember 1909, in: GMBr., S. 397.

14 HLDG, IV, S. 562–575.

15 G. Mahler, Brief an Guido Adler, New York, 1. Januar 1910, in: GMBr., S. 399.

16 Samuel Chotzinoff, *Day's at the morn,* New York 1964, S. 122–127, in: NLGM, S. 221.

17 HLDG, IV, S. 579–580.

18 H. Krehbiel, Beiheft zum Konzert am 16. und 17. Dezember 1909, in: HLDG, IV, S. 588.

19 Henry Krehbiel, *New York Daily Tribune,* 18. Dezember 1909.

20 Henry Krehbiel, *Death of Mr. Mahler; His Influence on Music in New York, New York Daily Tribune*, 21. 5. 1911, in: NLGM, S. 230.

21 G. Mahler, Brief an Bruno Walter, New York, ohne Datum, 18. oder 19. Dezember 1909, in: GMBr., S.395–396.

22 HLDG, IV, S. 592–597.

23 G. Mahler, Brief an Bruno Walter, New York, ohne Datum, 18. oder 19. Dezember 1909, in: GMBr., S. 395.

24 G. Mahler, Brief an Alfred Roller, New York, 6. Januar 1910, in: GMBr., S. 401.

25 AMGM, S. 189.

26 AMGM, S. 190–191.

27 Olga Samaroff-Stokowski, *An American Musician's Story,* New York 1939, S. 158–162, in: NLGM, S. 226–228.

28 G. Mahler, Brief an Guido Adler, New York 1910, in: GMBr., S. 399.

29 Alma Mahler, *Mein Leben,* S. 38.

30 G. Mahler, Brief an Bruno Walter, New York, 18. oder 19. Dezember 1909, in: GMBr., S. 397.

31 HLDG, IV, S. 625–626.

32 AMGM, S. 192.

33 HLDG, S. 632–637.

34 HLDG, IV, S. 639–650.

35 *Rachmaninov's Recollection, told to Oscar von Riesemann,* in: NLGM, S. 224–225.

36 *The Philadelphia Enquirer,* 17. Januar 1910, in: HLDG, S. 647.

37 Ludwig Karpath, *Gustav Mahlers Todeskrankheit,* in: »Vossische Zeitung«, 25. August 1928.

38 HLDG, IV, S. 654.

39 AMGM, S. 194.

40 Stellungnahme in *Musical America,* in: HLDG, IV, S. 659.

41 Henry Finck, *New York Evening Post,* in: HLDG, IV, S. 665.

42 HLDG, IV, S. 668.

43 Rezension des *New Haven Register,* 24. Februar, in: HLDG, IV, S. 671.

44 Rezension des *New Haven Palladium,* in: HLDG, IV, S. 673.

45 HLDG, IV, S. 677–681

46 Leo Slezak, *Gustav Mahler,* in: »Moderne Welt«, Heft 3/7, 1921, S. 16 f., in: NLGM, S. 126–128.

47 HLDG, IV, S. 689–696.

48 Samuel Chotzinoff, *Day's at the Morn,* New York 1964, S. 122–127, in: NLGM, S. 221–222.

49 HLDG, IV, S. 701–707.

50 *Musical Leader,* New York, 14. April 1910, in: HLDG, IV, S. 708.

51 G. Mahler, Interview mit der *New York Tribune,* 3. April 1910.

52 G. Mahler, Brief an Guido Adler, 1. Januar 1910, in: GMBr., S. 398

53 G. Mahler, Brief an Justine, New York, 18. März 1910, in: LJBFam., S. 536.

54 AMGM, S. 198.

55 Alfredo Casella in *Le Monde musical,* 15. April 1910, S. 99, in: HLDG, IV, S. 729.

56 Romain Rolland, *Musiker von heute,* München 1925, S. 239–246.

57 AMGM, S. 198.

58 HLDG, IV, S. 732–735.

59 Jean Barraqué, *Claude Debussy,* Hamburg 1964, S. 148.

60 Romain Rolland, *Musiker von heute,* München 1925, S. 239–246.

61 In: HLDG, IV, S. 735.

62 HLDG, IV, S. 736–749.

63 AMGM, S. 199.

64 *Musical America,* 21. Mai 1910, in: HLDG, IV, S. 761.

65 Philip Greeley Clapp, in: HLDG, IV, S. 764–765.

## XI. Sommer 1910: die Katastrophe – Toblacher Trilogie, Teil drei

1 G. Mahler, Brief an Bruno Walter, New York, 1. April 1910, in: GMB, S. 406–407.

2 Franz Schalk, *Mahlers Achte: Erinnerung an die Erstaufführung,* München 1910, in »Neues Wiener Tagblatt«, 8. April 1918.

3 G. Mahler, Brief an Alma, Wien, 8. Juni 1910, in: GMA, S. 425.

4 G. Mahler, Brief an Alma, München, Regina-Palast-Hotel, 18. Juni 1910, in: GMA, S. 429.

5 Oliver Hilmes, *Witwe in Wahn, das Leben der Alma Mahler-Werfel,* München 2004, S. 102.

6 Jens Malte Fischer, *Gustav Mahler. Der fremde Vertraute,* Wien 2003, S. 780.

7 G. Mahler, Brief an Alma, Wien, 8. Juni 1910, in: GMA, S. 424.

8 G. Mahler, Brief an Alma, München, 18. Juni 1910, in: GMA, S. 429–430.

9 G. Mahler, Brief an Alma, München, Regina-Palast-Hotel, 21. Juni 1910, in: GMBr., S. 432.

10 GMA, S. 435.

11 AMGM, S. 200.

12 Uwe Henrik Peters, *Lexikon der Psychiatrie, Psychotherapie und Medizinischen Psychologie,* München 2007, S. 251.

13 AML, S. 11.

14 AMGM, S. 161.

15 AMGM, S. 200.

16 Reginald R, Isaacs, *Walter Gropius, der Mensch und sein Werk,* Bd. 1, Berlin 1982, S. 98.

17 Alma Mahler, TBS, 12. 12. 1901, S. 740.

18 AML, S. 47.

19 HLDG, IV, S. 853.

20 OHWW, S. 56.

21 TBS, 24. Februar 1901.

22 G. Mahler, Briefe an Alma, Toblach, 5. und 7. Juli 1910, in: GMA, S. 437.

23 *Bozner Zeitung,* 21. August 1910.

24 G. Mahler, Brief an C. Moll, Toblach, ohne Datum, in: GMBr., S. 414.

25 Paul Stefan (Hg.), *Gustav Mahler. Ein Bild seiner Persönlichkeit in Widmungen,* München 1910, siehe dazu auch Jens Malte Fischer, S. 781 – 782.

26 Arnold Schönberg, Brief an Gustav Mahler, 5. Juli 1910, in: *Schönberg-Briefe* hrsg. von Erwin Stein, Mainz 1958.

27 Hans und Rosaleen Moldenhauer, *Anton Webern, Chronik seines Lebens und Werkes,* Zürich 1980, S. 132.

28 G. Mahler, Brief an Siegfried Lipiner, Toblach, 7. Juli 1910, in: GMBr., S. 413.

29 Hartmut von Hartungen, *Der Dichter Siegfried Lipiner* (1856 – 1911), München, Dissertation, zitiert nach: Dika Newlin, *Bruckner-Mahler-Schönberg,* Wien 1954, S. 129.

30 G. Mahler, Brief an Alma, Toblach, 10. Juli 1910, in: GMBr., S. 414.

31 GMA, S. 104, RJWG, S. 99.

32 Alma Mahler, Brief an Walter Gropius, Toblach: das Datum vom 21. Juli wurde von Jörg Rothkamm eruiert, Bauhaus-Archiv, in: HLDG, IV, S. 840.

33 AMGM, S. 200 – 201.

34 Alma Mahler, Brief an Walter Gropius, Toblach, 31. Juli 1910, in: OHWW, S. 104.

35 HLDG, IV, S. 843.

36 AMGM, S. 202.

37 Walter Gropius, Brief an Alma, Tobelbad, undatiert, vermutlich Juni 1910, in: RJWG, S. 99.

38 Jörg Rothkamm, *Wann entstand Mahlers Zehnte Symphonie? Ein Beitrag zur Biographie und Werkdeutung,* in: »Musik-Konzepte«, Nr. 106, München 1999, S. 108.

39 AMGM, S. 202.

40 HLDG, IV, S. 871.

41 Alma Mahler, Brief an Walter Gropius, Toblach, undatiert, Sommer 1910.

42 Alma Mahler, Brief an Walter Gropius, 7. August, in: HLDG, IV, S. 872.

43 Walter Gropius, Brief an Gustav Mahler, Toblach, undatiert, in: RJWG, S. 100.

44 Alma Mahler, Brief an Walter Gropius, undatiert, Bauhaus-Archiv, in: OHWW, S. 106.

45 HLDG, IV, S. 860.

46 Anna Moll, Brief an Walter Gropius, 18. August 1910, in: OHWW, S. 107.

47 Alma Mahler, *Tagebuch,* 27. Juli 1920, Typescript, University of Pennsylvania Library, S. 171.

48 Alma Mahler, Brief an Walter Gropius, Toblach, undatiert, vermutlich Juni 1910, in: RJWG, S. 100.

49 AMGM, S. 201.

50 Alma Mahler, *Tagebuch,* 4. Juni 1920, Typescript, University of Pennsylvania Library, in: HLDG, IV, S. 899 – 900.

51 Sigmund Freud, Ges. Werke, Bd. 8, S. 86.

52 HLDG, IV, S. 923.

53 G. Mahler, Brief an Alma, Toblach, August 1910, in: GMA, S. 446 – 449.

54 G. Mahler, Brief an Alma, Toblach, 17. August 1910, in: GMA, S. 449.

55 G. Mahler, Brief an Alma, München, 5. September 1910, in: GMA, S. 459.

56 AMGM, S. 226.

57 AMGM, S. 205.

58 Jörg Rothkamm, *Wer komponierte die unter Alma Mahlers Namen veröffentlichten Lieder? Unbekannte Briefe der Komponistin zur Revision ihrer Werke im*

*Jahre 1910,* in: »Die Musikforschung«, Jg. 53, 2000, S. 432–445.

59 Klaus Pringsheim, *Erinnerungen an Gustav Mahler,* »Neue Zürcher Zeitung«, 7. Juli 1960.

60 Ernest Jones, *Das Leben und Werk von Sigmund Freud,* Bd. II, »Jahre der Reife, 1901–1919«, Bern/Stuttgart 1962, S. 103.

61 Alma Mahler, Brief an Walter Gropius, Toblach, 23. August 1910, in: Jörg Rothkamm, »Wann entstand Mahlers Zehnte?« in: »Musik-Konzepte« Nr. 106, München 1999, S. 113.

62 Anton Neumayr, *Berühmte Komponisten im Spiegel der Medizin,* Wien 2007, S. 282–283.

63 Alma Mahler, Brief an Walter Gropius, Toblach, undatiert, BHA, in: HLDG, IV, S. 925.

64 Alma Mahler, Brief an Walter Gropius, Toblach, unmittelbar nach Mahlers Abreise nach Holland, um den 27. August 1910, in: HLDG, IV, S. 926.

65 Sigmund Freud an Theodor Reik, 4. Januar 1935, in: Theodor Reik, »The haunting melody«, New York 1935/1983, S. 343, in: »Mahlers Symphonien, Deutung und Wirkung«, hrsg. von Renate Ulm, München 2002, S. 313.

66 G. Mahler, Brief an Alma, München, 4. September, in: GMA, S. 466.

67 Marie Bonaparte, *Tagebuch,* 6. November 1925, in: HLDG, IV, S. 889–894.

68 Erwin Ringel, *Versuch eines Psychogramms von Gustav Mahler,* in: Neue Mahleriana, Essays in Honour of Henry-Louis de La Grange an his 70th Birthday, Bern 1997.

69 AMGM, S. 203.

70 Jens Malte Fischer, *Gustav Mahler, Der fremde Vertraute,* Wien 2003, S. 807–808.

71 Stuart Feder, *A Life in Crisis,* New Haven 2004.

72 G. Mahler, Brief an Alma, im Zug nach Toblach, 27. August 1910, in: GMA, S. 452.

73 Alma Mahler, Brief an Walter Gropius, Toblach, 27. August, in: RJWG, S. 102–103.

74 Alma Mahler, Brief an Walter Gropius, Toblach, ohne Datum, BHA.

75 G. Mahler, Brief an Alma, Toblach, August 1910, in: GMA, S. 447.

76 Jörg Rothkamm, *Wann entstand Mahlers Zehnte Symphonie?,* in: »Musikkonzepte« Nr. 106, »Gustav Mahler durchgesetzt?«, München 1999, S. 118–119.

77 *Bozner Zeitung,* 20. August 1910.

78 G. Mahler, Brief an Alma, August 1910, in: GMA, S. 448–449.

79 Alma Mahler, Brief an Walter Gropius, Toblach, 8. August 1910: »Mama ist hier, sie ist gestern gekommen.« BHA.

80 Alma Mahler, Brief an Walter Gropius, Toblach, undatiert, vermutlich 3. September 1910, BHA.

81 AML, S. 49.

82 HLDG, IV, S. 1455

83 Constantin Floros, *Gustav Mahler, III, Die Symphonien,* Wiesbaden 1985, S.297–314.

84 Ludwig Karpath, *Von Mahlers nachgelassener Symphonie,* in: HLDG, IV, S. 1455 und HLDG, IV, S. 1241–1244.

85 Alma Mahlers Erklärung in die »Neue Freie Presse« 30. Oktober 1923.

86 Bruno Walter, *Briefe 1894–1962,* hrsg. von Lotte Walter Lindt, Frankfurt a. M. 1969, S. 204.

87 Ernst Decsey in »Neues 8 Uhr-Blatt« Wien, 13. Oktober 1924.

88 Julius Korngold, Feuilleton in der »Neuen Freie Presse«, 15. Oktober 1924.

89 Dietmar Holland, *Ein ›Work in Progess?‹, Annäherungen an Mahlers Zehnte«,* Manuskript zum Vortrag anlässlich der Gustav-Mahler-Wochen Toblach, 17. Juli 2010.

90 Jörg Rothkamp, *Wann entstand die Zehnte?,* in »Musikkonzepte«, N. 106, München 1999, S. 118–122.

91 Constantin Floros zieht in *Gustav Mahler, III, Die Symphonien,* Wiesbaden 1986, S. 306 für die Abkürzung »ver.« auch »verende«, »verkomme«, »verrecke« in Betracht.

92 Richard Specht, *Einführende Bemerkungen* zur Faksimilie-Ausgabe von 1924, S. 7.

93 Eberhard Klemm, *Über ein Spätwerk Gustav Mahlers,* in: »Deutsches Jahrbuch für Musikwissenschaft für 1961«, Leipzig 1962, S. 19.

94 Till Rohland, *Zum Adagio aus der X. Symphonie von Gustav Mahler,* in: »Musik und Bildung«, 5. Jg., 1973, S. 605.

95 Walter Panofsky, *Richard Strauss, Partitur eines Lebens,* München 1965, S. 347.

96 Th. W. Adorno, *Mahler, eine musikalische Physiognomik,* in: Gesammelte Schriften 13, Frankfurt a. M. 1971, S. 218.

97 Theodor W. Adorno, *Die musikalischen Monographien,* Frankfurt a. M. 1971 S. 280.

98 *Der Pustertaler Bote,* 29. Juli 1910.

99 *Der Pustertaler Bote,* 5. August, 1910.

100 Oscar Bie, in: »Die neue Rundschau, XXI-ter Jahrgang der freien Bühne«, 1910, S. 1603.

101 Siehe 9. Kap., Absatz 4.

102 Alma Mahler, Brief an Walter Gropius, Toblach, 28. August 1910, in: HLDG, IV, S. 930.

103 AMGM, S.206.

104 G. Mahler, Brief an Alma, München, Grand Hotel Continental, 4. September 1910, in: GMA, S. 455.

105 G. Mahler, Brief an Alma, München, 5. September 1910, in: GMA, S. 457–458.

106 Alma Mahler, Brief an Walter Gropius, Poststempel Franzensfeste 6. September 1910, in: HLDG, IV, S. 932 und 1029.

107 AMGM, S. 206.

108 Otto Klemperer, *Erinnerungen an Gustav Mahler,* Zürich 1960, S. 6–20.

109 In: HLDG, IV, S. 952–953.

110 Paul Stefan in »Neue Musikzeitung«, 31, 1910, S. 499, und Felix Adler, Artikel, der am 10. September in Mannheim erschien, in: »Gustav Mahler Dokumente Sammlung Eleonore Vondenhoff, hrsg. von Bruno Vondenhoff, Bd. 4 der Österreichischen Musikdokumentation, Wien 1978.

111 *Neues Münchner Tagblatt,* 14. September 1910.

112 Katia Mann, *Ungeschriebene Erinnerungen,* hrsg., von Elisabeth Plessen und Michael Mann, London 1975, S. 65, in: HLDG, IV, S. 966.

113 Max Reger, *Briefwechsel mit Herzog Georg II von Sachsen-Meiningen,* hrsg. von Emil Hermann Müller von Asow, Weimar 1949, S. 261, in: HLDG, IV, S. 976–977.

114 Julius Korngold, *Die Korngolds in Wien: der Kritiker und das Wunderkind,* Zürich 1991, S. 141.

115 HLDG, IV, S. 975–976.

116 Rudolf Louis, *Die deutsche Musik der Gegenwart,* München 1909, S. 181.

117 Klaus Pringsheim, *Erinnerungen an Gustav Mahler,* in »Neue Zürcher Zeitung«, 7. Juli 1960, in: NLGM, S. 190.

118 HLDG, IV, S. 981–983.

119 HLDG, IV, S. 1005.

120 Oscar Bie, in: »Die neue Rundschau, XXI-ter Jahrgang der freien Bühne, 1910, S. 1606–1607.

121 Julius Korngold in: »Neue Freie Presse«, Wien, 14. Sept. 1910

122 Anton Webern, Brief an Arnold Schönberg, München, 12. September 1910, in: Hans Moldenhauer, Anton von Webern, A Chronicle of his Life and Work, London 1978, in: HLDG, IV, S. 967.

123 Bruno Walter, *Gustav Mahler, ein Portrait,* Wilhelmshaven 1981, S. 51.

124 Lilli Lehmann, *Mein Weg,* Leipzig 1913, S. 160, in: NLGM, S. 261.

125 Thomas Mann, Brief an Wolfgang Born, 18. März 1921, in: »Thomas Mann, Briefe 1889–1936, Frankfurt a. M. 1961.

126 William Ritter, *Souvenirs de Gustav Mahler,* in: »Revue Musicale Suisse«, année 101, n.1, 1061, Zürich, S. 29–39.

127 AML, S. 48.

128 AMGM, S.208.

129 Klaus Pringsheim, *Erinnerungen an Gustav Mahler,* »Neue Züricher Zeitung«, 7. Juli 1960.

130 HLDG, IV, S. 1011.

131 AMGM, S. 210.

132 Berta Szeps-Zuckerkandl, *Mahlers Abschied,* Wien, undatiert, Kopie der Bibliothèque Gustav Mahler, Paris.

133 HLDG, IV, S. 1012–1014.

134 G. Mahler, Brief an Dr. Emil Freund, New York, ohne Datum, November 1910, in: GMB, S. 423.

135 AMGM, S. 210.

136 HLDG, IV, S. 1019.

137 Arnold Schönberg, in: »Österreichische Musikzeitschrift« 5/6, 1969, S. 288.

138 Walter Gropius, Brief oder Briefentwurf an Alma Mahler, auf Papier des Hotels Kummer, Wien, undatiert, vermutlich nach der Aufführung der *Achten* in München, ca. Mitte September 1910, BHA, Berlin AMB.

139 Henry-Louis De la Grange neigt zur Datierung des Briefentwurfes, auf Mitte September 1910, HLDG, IV, S. 1029.

140 Alma Mahler, an Walter Gropius, Wien, undatiert, BHA, in: RIWG, S. 103.

141 Alma Mahler, Brief an Walter Gropius, Wien, 19. September 1910, BHA, in: RIWG, S. 103.

142 Walter Gropius, Brief an Alma Mahler, Babelsberg, 21. September 1910, BHA, in: RIWG, S. 103.

143 Interview von Peter Stephan Jungk mit Anna Mahler, Videoaufzeichnung, Privatbesitz, in: OHWW, S. 112.

144 Alma Mahler, Brief an Walter Gropius, Wien, 12. Oktober 1910, in: RIWG, S. 104.

145 Alma Mahler, an Walter Gropius, undatiert, BHA, Alma-Mahler-Briefe, Nr. 39.

146 HLDG, IV, S. 1032–1034.

## XII. Noch einmal Amerika – Die Krankheit – Das Ende

1 *The World*, New York, 29. März 1908, in: GMLWW, S. 261.

2 HLDG, IV, S. 1037–1041.

3 GMLWW, S. 275.

4 HLDG, IV, S. 1042–1061.

5 HLDG, IV, S. 1065–1066.

6 AMGM, S. 218.

7 AMGM, S. 213, HLDG, IV, S. 1056–1057.

8 G. Mahler, Briefe an Emil Gutmann, New York, zwischen November 1910 und Januar 1911, in: GMBr., S. 423–425.

9 HLDG, IV, S. 1066–1080.

10 HLDG, IV, S. 1082–1085.

11 Alma Mahler, Brief an Walter Gropius, New York, 27. Oktober 1910, in: RJWG, S. 104.

12 Alma Mahler, Brief an Walter Gropius, New York, 8. November 1910, in: RJWG, S. 104–105.

13 Anna Moll, Brief an Walter Gropius, Wien, 13. November 1910, in: RJWG, S. 105.

14 AMGM, S. 211–214.

15 Maurice Baumfeld, *Erinnerungen an Gustav Mahler,* in: New Yorker Staatszeitung, 21. 5. 1911, in: GMLWW, S. 276.

16 G. Mahler an Anna Moll, New York, Hotel Savoy, Januar–Februar 1911, in: GMBr., S. 426.

17 Alma Mahler, Brief an Walter Gropius, New York, 23. November und 5. Dezember 1910, in: HLDG, IV, S. 1050–1059.

18 AML, S. 51.

19 Walter Gropius, Brief an Alma Mahler, Berlin, 23. Januar 1911, in: RJWG, S. 110.

20 G. Mahler, Brief an Georg Göhler, New York, Hotel Savoy, 8. Februar 1911.

21 G. Mahler, Brief an Emil Hertzka, New York, 29. Dezember 1910, in: Hans Moldenhauer, »Unbekannte Briefe Gustav Mahlers an Emil Hertzka«, in: Neue Zeitschrift für Musik«, 135, 1964.

22 G. Mahler, Brief an Emil Gutmann, New York, Poststempel 31. Januar 1911, in: Herta Blaukopf (Hg.), »Gustav Mahler«, Unbekannte Briefe, Wien 1983.

23 Alma Mahler, Brief an Walter Gropius, New York, Poststempel 19. Januar 1911, BHA, AMB.

24 HLDG, IV, S. 1122–1131.

25 G. Mahler, Interview mit »The Etude«, ohne Datum, 1911, in: NLGM, S. 267.

26 Ferruccio Busoni, *Briefe an seine Frau,* Erlenbach 1935, S. 221.

27 Interview mit Mrs. M. Sheldon durch »Musical America«, in: HLDG, IV, S. 1168–1169.

28 AMGM, S. 218.

29 HLDG, IV. S. 1157–1176.

30 Protokoll des Garanten-Komitees der »Philharmonic Society« vom 8. März 1911, in: GMLWW, S. 278.

31 AMGM, S. 218–219.

32 Stuart Feder, *Gustav Mahler, A Life in Crisis*, New Haven 2004, S. 146.

33 Alma Mahler, Brief an Walter Gropius, New York, 11. März 1911, in: HLDG, IV, S. 1254.

34 AMGM, S. 220.

35 Alma Mahler, Brief an Gropius, New York, 25. März 1911, in: RJWG, S. 110.

36 Maurice Baumfeld, *Erinnerungen an Gustav Mahler,* »New Yorker Staatszeitung«, 21. 5. 1911, in: NLGM, S. 275.

37 AMGM, S. 224.

38 Jens Malte Fischer, *Gustav Mahler, der fremde Vertraute,* Wien 2003, S. 396.

39 Anton Neumayr, *Berühmte Komponisten im Spiegel der Medizin,* Wien 2007, S. 296.

40 Franz Willnauer, *Muss man denn dabei sein, beim unsterblich werden?* in: »Gustav Mahler und Wien«, hg. von Reinhold Kubik und Thomas Trabirsch, Wien 2010, S. 199.

41 AMGM, S. 201–202.

42 Anton Neumeyer, *Berühmte Komponisten im Spiegel der Medizin,* Wien 2007, S. 292–293.

43 Erwin Ringel, *Das Problem der Todesbewältigung am Beispiel Gustav Mahlers,* in: »Mahler a Dobbiaco«, hrsg. von Hubert Stuppner, Reggio Emilia 1989, S. 281–283.

44 Sigmund Freud, *Abriß der Psychoanalyse,* Ges. Werke, Bd.17, Frankfurt a. M. 1965, S. 71.

45 *Protokolle der Wiener Psychoanalytischen Gesellschaft,* hrsg. von Hermann Nunberg und Ernst Federn, Frankfurt a. M. 1979, III, S. 249–51, in: Peter Ostwald, *Gustav Mahler from the viewpoint of psychoanalysis,* in »Akte des Internationalen Gustav-Mahler-Kongress im Rahmen des Gustav-Mahler-Festes, Hamburg 1989, S. 90.

46 George H. Pollock, *Mourning Through Music: Gustav Mahler,* in: »The Mourning-Liberation Process in Health and Desease«, Madison, Wisconsin, 1990.

47 Stuart Feder, *Gustav Mahler, a life in crisis,* New Haven 2004.

48 Theodor Reik, *The haunting melody,* New York 1935/1983, S. 343.

49 Stefan Zweig, *Gustav Mahlers Wiederkehr,* in »Neue Freie Presse«, 25. April, 1915.

50 AMGM, S. 225.

51 HLDG, IV, S. 1249.

52 AMGM, S. 226.

53 AMGM, S. 228.

54 AMGM, S. 82.

55 AMGM, S. 226.

56 HLDG, IV, S. 1250.

57 AMGM, S. 82.

58 LJBFam., S. 535 und S. 536–537.

59 *Bozner Nachrichten*, 14.–21. Mai 1911.

60 *Wiener Zeitung*, 22. Mai 1911.

61 Berta Szeps-Zuckerkandl, *Mahlers Abschied,* Manuskript, Wien 1911, in: NLGM, S. 183–184, Bibliothèque Gustav Mahler, Paris.

# Siglenverzeichnis


AMGM Alma Mahler, *Erinnerungen an Gustav Mahler,* Franfurt a. M., Berlin, Wien 1980

AML Alma Mahler, *Mein Leben,* Frankfurt a. M. 1963

ARBM Alfred Roller, *Die Bildnisse von Gustav Mahler,* Leipzig 1922

BWGM Bruno Walter, *Gustav Mahler, ein Portrait,* Wilhelmshaven 1989

BWT Bruno Walter, *Thema und Variationen, Erinnerungen und Gedanken,* New York 1947, Frankfurt a. M. 1988

FWVC Franz Willnauer, *Gustav Mahler: ›Verehrter Herr College‹,* Wien 2010

FWWO Franz Willnauer, *Gustav Mahler und die Wiener Oper,* Wien 1993

GHSG Gottfried Heindl, *Das Salzkammergut und seine Gäste,* Linz 1993

GMA Henry-Louis de La Grange und Günther Weiß (Hg.), *Ein Glück ohne Ruh, Die Briefe Gustav Mahlers an Alma,* Berlin 1995

GMBr. Herta Blaukopf (Hg.), *Gustav Mahler, Briefe,* Wien 1996

GMLW Herta und Kurt Blaukopf (Hg.), *Mahler, Leben und Werk in zeitgenössischen Zeugnissen,* Stuttgart 1994

GMLWW Kurt Blaukopf mit Beiträgen von Zoltan Roman, *Gustav Mahler, sein Leben, sein Werk und seine Welt in zeitgenössischen Bildern und Texten,* Wien 1976

HDLE Hermann Danuser, *Das Lied von der Erde,* Reihe »Meisterwerke der Musik« 1986

HDM Hermann Danuser, *Gustav Mahler,* Die Deutsche Bibliothek, Darmstadt 1992

HLDG Henry-Louis de La Grange, *Gustav Mahler* I-IV (englische Ausgabe), Oxford, New York, 1972-2008

LJBFam. Stephen McClatchie/Helmut Brenner (Hg.) *»Liebste Justi!« Briefe an die Familie,* Bonn 2006

NBL Herbert Killian (Hg.), *Gustav Mahler in den Erinnerungen von Natalie Bauer-Lechner,* Hamburg 1984

NLGM Norman Lebrecht (Hg.), *Gustav Mahler im Spiegel seiner Zeit,* Zürich/St. Gallen 1990

OHWW Oliver Hilmes, *Witwe in Wahn,* München 2004

PSGM Paul Stefan, *Gustav Mahler,* München 1912

RJWG Reginald R. Isaacs, *Walter Gropius, Der Mensch und seain Werk I,* Berlin 1983

TBS Antony Beaumont (Hg.), *Alma Mahler-Werfel, Tagebuch-Suiten 1898–1902,* Frankfurt a. M. 1997

WGMM Franz Willnauer, *»Mein lieber Trotzkopf, meine süße Mohnblume!«, Briefe von Gustav Mahler an Anna von Mildenburg,* Wien 2006

# Personenregister

## D



## E



## F



## G



## H

# I



# J



# K



# L



# M

## N



## O



## P



## R

## S



## T

## U



## V



## W



## Z

# Bildnachweis

**Bilder aus dem Band »Mahler, sein Leben, sein Werk und seine Welt in zeitgenössischen Bildern und Texten« von Kurt Blaukopf mit Beiträgen von Zoltan Roman, Universal Edition, Wien, 1976, Bilder und Fotos, die aus folgenden Museen und Sammlungen stammen:**

Archiv der Wiener Philharmoniker: S. 19, 204;

Muzeum Vysiciny, Jihlava, Sammlung Iglaviensia (Heimatmuseum Iglau): S. 29, 57;

Bezirksarchiv Iglau, Kleine Hinterlassenschaften (Fischer): S. 134, 321;

Österreichische Nationalbibliothek: 351, 455;

Österreichische Nationalbibliothek, Bildarchiv: S. 20, 73, 81, 136, 142, 156, 161, 172, 199, 208, 237, 417, 497, 349;

Im Besitz von Anna Mahler, Spoleto: S. 510;

Gustav-Mahler-Sammlung Eleonore Vondenhoff, Frankfurt a. M.: S. 471;

The New York Public Library, Astor, Lenox and Tilden-Foundation: S. 216, 219, 325, 390, 482;

Private Collection of Mr. John Kallir, Scardale, NY: S. 307;

Österreichisches Theatermuseum: S. 184;

**Bilder aus Archiven:**

Internationale Gustav-Mahler-Gesellschaft, Wien: S. 105, 112, 376, 433, 523;

Mahler-Komitee, Toblach: S. 442, 255;

Archiv Museum »Forum Hall«, Stadt Bad Hall, Oberösterreich: S. 67;

Privatarchiv von Paul Felizetti, Ridnaun: S. 93;

Südtiroler Heimatpflegeverband: S. 60;

Kulturamt der Stadt Klagenfurt und Internationale Gustav-Mahler-Gesellschaft Wien: S. 257 unten, 374;

Google-Bilder: S. 131, 160, 168, 179, 187, 257 oben (courtesy Paul Eggert), 340, 407, 425, 426, 429, 445;

**Bilder aus Publikationen:**

»Vahrn – Heimat zwischen den Welten«, hg. vom Kultur-, Bildungs- und Freizeitverein

»Vahrn anlässlich der 1000-Jahr-Feier der Gemeinde Vahrn« 1992: S. 97 und 98;

»Über österreichische Alpenhotels mit besonderer Berücksichtigung Tirols« von August Prokop, Wien 1897: S. 232;

»Grandhotel Toblach« von Hans Heiss, Wien/Bozen 1999: S. 130, 436;

»Brixner Chronik« vom 21. Mai 1908: S. 234;

»Der Floh« vom 21. Juni 1908: S. 244;

»Der Merker«, Jg. 3, Heft 4: S. 284;

»The World« vom 29. März 1908: S. 480;

»The Great Pianists« von Harold Schonberg, London 1965: S. 405;

# Danksagung

Mein erster Dank geht an Dr. Josef Lanz, den musikalischen Leiter der Mahler-Wochen, sowie an Dr. Alfons Gruber, Programmleiter für Tirolensien im Athesiaverlag in Bozen, die beide eine nähere Betrachtung der letzten Sommer Mahlers in Toblach für sinnvoll erachteten und mich zu diesem Buch animierten.

Anregungen im weitesten Sinne, wissenschaftliche wie musikalische, empfing ich in den Toblacher Sommern von den ersten Ausgaben der »Musikwoche in memoriam Gustav Mahler« an, als ein kulturell engagiertes Mahler-Komitee unter dem Vorsitz von Herbert Santer die damals führenden Mahler-Experten nach Toblach einlud und ein Forum wissenschaftlich wie musikalisch beachtlicher Mahler-Exegese ins Leben rief. Die Beiträge, die in jenen Jahren u. a. von Herta und Kurt Blaukopf, von Henry-Louis de La Grange, von Heinz Klaus Metzger, Ugo Duse, Donald Mitchell, Hans Mayer, Hans Heinrich Eggebrecht, Rudolf Stephan, Dieter Schnebel, Erwin Ringel, Hans Rudolf Zeller, Peter Oswald, Quirino Principe und Sergio Martinotti erbracht wurden, konnte ich später bei »Edizioni Unicopli«, Mailand, in Buchform herausbringen.

Die Auseinandersetzung mit Mahler vertiefte ich in den Jahren meiner künstlerischen Leitung, als ich mich u. a. durch die Transkription des *Lieds von der Erde* für Kammerorchester auch musikalisch auf das Werk Mahlers einlassen konnte. Dieses Interesse ist seither nicht erloschen. Mein *Viertes Streichquartett »Eine Mahler-Soirée auf der Titanic am 14. April 1912«* und meine dem Kronos-Quartett gewidmeten Mahler-Nachschöpfungen wurden in Toblach zur Aufführung gebracht. Danken möchte ich in diesem Zusammenhang auch David Harrington vom Kronos-Quartett, der mich zu den erwähnten Paraphrasen des

*Lieds von der Erde* und anderer Mahler-Lieder animiert hat, und Peter Keuschnig, der die Streichorchester-Version von *Mahlers Erde* in Wien im Mahlerjahr 2010 uraufgeführt hat.

Zu Dank verpflichtet bin ich auch Heinz Klaus Metzger und Rainer Riehn, die mich durch die Mitarbeit an den von ihnen herausgegebenen *Musik-Konzepten* zu einer unkonventionellen Betrachtungsweise von Musik angeregt haben. Dank auch Dr. Erich Wolfgang Partsch von der Internationalen Gustav-Mahler-Gesellschaft, Wien, für einige nützliche Hinweise.

Besonderen Respekt zolle ich schließlich Henry-Louis de La Grange, dem Mahler-Enzyklopädisten, von dessen fundamentalen Forschungen und Erkenntnissen diese Arbeit besonders zehrt.

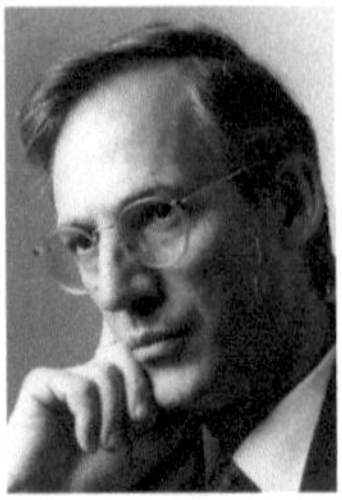

**HUBERT STUPPNER**, Absolvent des Konservatoriums Bozen (Klavier und Komposition) und der Universität Padua (Dissertation über das Liedschaffen von Johannes Brahms), ist neben zahlreichen Funktionen als künstlerischer Leiter Südtiroler Musikinstitutionen (Festival Zeitgenössischer Musik, Konzertverein Bozen, »F. Busoni«-Klavierwettbewerb, Mahler-Wochen Toblach, Haydn-Orchester) vor allem als Komponist zahlreicher Werke in verschiedensten Besetzungen und als Publizist zu musikalischen Themen hervorgetreten. Dem vorliegenden Buch geht eine lange Beschäftigung mit dem Werk Gustav Mahlers voraus, die u. a. in der Bearbeitung des »Liedes von der Erde« für 24 Instrumente und in zwei Paraphrasen von Mahler-Werken für das Kronos-Quartett ihren Niederschlag fand.